全国中医药行业高等职业教育"十二五"规划教材

妇产科护理

（供护理专业用）

主　编　张　欣（南阳医学高等专科学校）
副主编　刘贵香（河北中医学院）
　　　　刘志宏（山东中医药高等专科学校）
　　　　胡　春（四川中医药高等专科学校）
编　委（以姓氏笔画为序）
　　　　冉　波（重庆三峡医药高等专科学校）
　　　　刘志宏（山东中医药高等专科学校）
　　　　刘贵香（河北中医学院）
　　　　沈　宁（四川省遂宁市中医院）
　　　　张　丽（安徽中医药高等专科学校）
　　　　张　欣（南阳医学高等专科学校）
　　　　胡　春（四川中医药高等专科学校）
　　　　程　琳（南阳医学高等专科学校）

中国中医药出版社

·北　京·

图书在版编目（CIP）数据

妇产科护理/张欣主编．—北京：中国中医药出版社，2015.9
全国中医药行业高等职业教育“十二五”规划教材
ISBN 978－7－5132－2501－4

Ⅰ．①妇… Ⅱ．①张… Ⅲ．①妇产科学－护理学－高等职业教育－教材
Ⅳ．①R473.71

中国版本图书馆 CIP 数据核字（2015）第 108475 号

中国中医药出版社出版
北京市朝阳区北三环东路 28 号易亨大厦 16 层
邮政编码 100013
传真 010 64405750
廊坊市晶艺印务有限公司印刷
各地新华书店经销
*
开本 787×1092 1/16 印张 27.75 字数 621 千字
2015 年 9 月第 1 版 2015 年 9 月第 1 次印刷
书 号 ISBN 978－7－5132－2501－4
*
定价 56.00 元
网址 www.cptcm.com

社长热线 010 64405720
购书热线 010 64065415 010 64065413
微信服务号 zgzyycbs
书店网址 csln.net/qksd/
官方微博 http：//e.weibo.com/cptcm
淘宝天猫网址 http：//zgzyycbs.tmall.com

全国中医药职业教育教学指导委员会

张美林（成都中医药大学附属医院针灸学校党委书记、副校长）
张登山（邢台医学高等专科学校教授）
张震云（山西药科职业学院副院长）
陈　燕（湖南中医药大学护理学院院长）
陈玉奇（沈阳市中医药学校校长）
陈令轩（国家中医药管理局人事教育司综合协调处副主任科员）
周忠民（渭南职业技术学院党委副书记）
胡志方（江西中医药高等专科学校校长）
徐家正（海口市中医药学校校长）
凌　娅（江苏康缘药业股份有限公司副董事长）
郭争鸣（湖南中医药高等专科学校校长）
郭桂明（北京中医医院药学部主任）
唐家奇（湛江中医学校校长、党委书记）
曹世奎（长春中医药大学职业技术学院院长）
龚晋文（山西职工医学院/山西省中医学校党委副书记）
董维春（北京卫生职业学院党委书记、副院长）
谭　工（重庆三峡医药高等专科学校副校长）
潘年松（遵义医药高等专科学校副校长）

秘　书　长　周景玉（国家中医药管理局人事教育司综合协调处副处长）

前　言

中医药职业教育是我国现代职业教育体系的重要组成部分，肩负着培养中医药多样化人才、传承中医药技术技能、促进中医药就业创业的重要职责。教育要发展，教材是根本，在人才培养上具有举足轻重的作用。为贯彻落实习近平总书记关于加快发展现代职业教育的重要指示精神和《国家中长期教育改革和发展规划纲要（2010—2020年）》，国家中医药管理局教材办公室、全国中医药职业教育教学指导委员会紧密结合中医药职业教育特点，充分发挥中医药高等职业教育的引领作用，满足中医药事业发展对于高素质技术技能中医药人才的需求，突出中医药高等职业教育的特色，组织完成了“全国中医药行业高等职业教育‘十二五’规划教材”建设工作。

作为全国唯一的中医药行业高等职业教育规划教材，本版教材按照“政府指导、学会主办、院校联办、出版社协办”的运作机制，于2013年启动了教材建设工作。通过广泛调研、全国范围遴选主编，又先后经过主编会议、编委会议、定稿会议等研究论证，在千余位编者的共同努力下，历时一年半时间，完成了84种规划教材的编写工作。

“全国中医药行业高等职业教育‘十二五’规划教材”，由70余所开展中医药高等职业教育的院校及相关医院、医药企业等单位联合编写，中国中医药出版社出版，供高等职业教育院校中医学、针灸推拿、中医骨伤、临床医学、护理、药学、中药学、药品质量与安全、药品生产技术、中草药栽培与加工、中药生产与加工、药品经营与管理、药品服务与管理、中医康复技术、中医养生保健、康复治疗技术、医学美容技术等17个专业使用。

本套教材具有以下特点：

1. 坚持以学生为中心，强调以就业为导向、以能力为本位、以岗位需求为标准的原则，按照高素质技术技能人才的培养目标进行编写，体现“工学结合”“知行合一”的人才培养模式。

2. 注重体现中医药高等职业教育的特点，以教育部新的教学指导意见为纲领，注重针对性、适用性及实用性，贴近学生、贴近岗位、贴近社会，符合中医药高等职业教育教学实际。

3. 注重强化质量意识、精品意识，从教材内容结构、知识点、规范化、标准化、编写技巧、语言文字等方面加以改革，具备“精品教材”特质。

4. 注重教材内容与教学大纲的统一，教材内容涵盖资格考试全部内容及所有考试要求的知识点，满足学生获得“双证书”及相关工作岗位需求，有利于促进学生就业。

5. 注重创新教材呈现形式，版式设计新颖、活泼，图文并茂，配有网络教学大纲指导教与学（相关内容可在中国中医药出版社网站 www. cptcm. com 下载），符合职业院校学生认知规律及特点，以利于增强学生的学习兴趣。

在“全国中医药行业高等职业教育‘十二五’规划教材”的组织编写过程中，得到了国家中医药管理局的精心指导，全国高等中医药职业教育院校的大力支持，相关专家和各门教材主编、副主编及参编人员的辛勤努力，保证了教材质量，在此表示诚挚的谢意！

我们衷心希望本套规划教材能在相关课程的教学中发挥积极的作用，通过教学实践的检验不断改进和完善。敬请各教学单位、教学人员及广大学生多提宝贵意见，以便再版时予以修正，提升教材质量。

国家中医药管理局教材办公室
全国中医药职业教育教学指导委员会
中国中医药出版社
2015 年 5 月

编写说明

《妇产科护理》是“全国中医药行业高等职业教育‘十二五’规划教材”之一。本教材是依据习近平总书记关于加快发展现代职业教育的重要指示和《国家中长期教育改革和发展规划纲要（2010—2020年）》精神，为充分发挥中医药高等职业教育的引领作用，满足中医药事业发展对于高端技能型、应用型中医药人才的需求，由全国中医药职业教育教学指导委员会、国家中医药管理局教材办公室统一规划、宏观指导，中国中医药出版社具体组织，全国中医药高等职业教育院校联合编写，供中医药高等职业教育教学使用的教材。

本教材在编写中注重“三基”“五性”，内容以必需、够用为度，将整体护理的理念贯穿全书，突出妇产科护理应用能力的培养。全书共22章，内容包括女性生殖系统解剖与生理，正常与异常妊娠、分娩、产褥期妇女的护理，妇科疾病患者的护理，妇产科常用手术及常用检查患者的护理配合，计划生育技术及护理和妇女保健等。在内容的编排上，紧密结合护士执业资格考试大纲，参照护理行业最新标准，实现理论与实践的融合；同时适当拓展学科的新知识和新技术；提升教材的科学性、先进性和实用性；在附录部分增加了《中医中药在产科中的保健与应用》，体现教材的中医药特色。

本教材参编教师来自全国6所高等院校和1家中医院，他们有着丰富的理论和临床经验，在教材编写中重视整体优化，注重知识更新，注重工学结合。本教材适用于全国中医药高等职业教育护理专业教学使用，也可供在职护士和各层次护理专业教学人员参考使用。

本教材编写过程中，得到了南阳医学高等专科学校、河北中医学院、山东中医药高等专科学校、四川中医药高等专科学校、安徽中医药高等专科学校、重庆三峡医药高等专科学校、遂宁中医院的大力支持，各位参编老师都付出了辛勤的劳动，在此谨表示诚挚的谢意！

由于编写人员水平有限，时间仓促，本书难免存在错误和不足之处，殷切希望各校师生和妇产科同道们提出宝贵意见，以便再版时修订提高。

《妇产科护理》编委会

2015年7月

目　录

第十章　分娩期并发症妇女的护理

第十一章　产褥期异常母儿的护理

第十二章　产科常用手术及护理

第十三章　妇科常用特殊检查及护理配合

第十四章　妇科常用护理技术

第十五章　女性生殖系统炎症患者的护理

第十六章　月经失调患者的护理

绪 论

学习目标

1. 概述妇产科护理的发展过程及现代新进展。
2. 说出妇产科护理工作的主要特点。
3. 总结妇产科护士应具备的素质。
4. 结合自身实际写出本课程的学习计划。

妇产科护理是运用护理程序对护理对象实施整体护理，为妇女健康提供服务的一门科学，是临床护理的重要组成部分，也是预防护理和保健护理的主要组成部分。护理对象包括生命各阶段不同健康状态的女性，以及相关的家庭和社会成员。妇产科护理的工作内容包括正常、异常孕产妇的护理，妇科疾病患者的护理，计划生育指导与妇女保健等。

一、古代妇产科护理发展概要

自有人类以来，就有专人参与照顾妇女的生育过程，通常由年长、有分娩经验的妇女帮助年轻的母亲分娩，这是早期产科护理的雏形。妇产科护理最早来源于产科护理。

公元前1500年（距今约3500年前），在古埃及的Ebers古书中，记载了关于公元前2200年古埃及民间对缓解产科阵痛的处理、胎儿性别的判断及妊娠诊断方法，也有关于分娩、流产、月经及一些妇科疾病处理方法的描述。因此，Ebers古书是西方医学史中被公认的最早记述有医学、妇产科学及妇产科护理学的发展史著作。

公元前460年，西方“医学之父”希波克拉底创立了著名的“希氏医学”。在他的医学巨著中描述了古希腊的妇产科学及他反对堕胎的誓言，同时记录了他关于阴道检查和妇科疾病的治疗经验。此后，伴随着社会的进步和医学的发展，医疗和护理学逐渐摆脱了宗教和神学的色彩，患病妇女开始求助于医疗机构。

在我国，最早记录妇产科疾病的是公元前1300～公元前1200年，在甲骨文撰写的卜辞中对王妃分娩染疾的记载。我国现存最早的医学古书是成书于战国至秦汉时期的《黄帝内经》，在《素问》中有对女子成长、发育、月经疾患、妊娠诊断及相关疾病治疗的认识和解释。唐代孙思邈（公元581～682年）在《千金要方》和《千金翼方》的

“妇人方”中，对妊娠、胎产、杂病、调经、种子、恶阻、养胎、妊娠等疾病的治疗，临床注意事项，产后护理及崩漏诸症皆有比较详尽的分析和论述。唐朝大中初年（公元8世纪中叶）昝殷所著《经效产宝》是我国现存最早的一部中医妇产科专著，使产科自此从内科分出。宋朝嘉祐五年（公元1060年），产科正式确立为独立学科。从宋朝到清朝近千年间，中医妇产科学有了较大的发展，宋代陈自明的《妇人大全良方》及清代乾隆御纂的《医宗金鉴·妇科心法要诀》等，对女性疾病也做了比较系统、详尽的分析和论述。

二、现代妇产科及妇产科护理的进展

随着社会的发展，现代医学模式、护理模式及健康观念的转变，人们对生育、健康及医疗保健需求的变化，妇产科护理模式随现代护理学发展的趋势进行着相应的调整。妇产科护理中“以家庭为中心的产科护理”代表了妇产科护理的发展趋势。

1. 产科理论体系的转变。以往的产科护理是“以母亲为中心的理论体系”，研究孕妇的生理、病理变化，而对胎儿、新生儿的情况关注不够。近年产科理论体系发生了显著转变，“以母子统一管理的理论体系”使围生医学、优生学、新生儿学等分支学科出现。对产科护理工作而言，不仅要为护理对象提供连续的健康照顾，还要及时与个体、家庭沟通，真正实现以“患者为中心”的服务。

2. 胎儿宫内监护技术的应用，大大降低了围生儿的死亡率。随着围生医学的开展，越来越多的无创伤性胎儿监护手段用于临床，如超声胎头双顶径测量、羊水分析判断胎儿成熟度、胎盘功能测定、胎儿电子监护仪、胎儿心电图、超声多普勒脐血流测定等，能及早发现胎儿异常，及早处理，大大降低了围生儿的死亡率。

3. 产前诊断技术的提高，减少了遗传性疾病及先天畸形儿的出生率。目前产前诊断技术广泛应用于临床，如超声检查、各种内窥镜检查、羊膜腔内造影、胎儿镜检查、绒毛细胞或羊水细胞染色体检查、羊水甲胎蛋白测定、羊水中某些酶测定等。这些宫内诊断技术的应用，可及早发现胎儿畸形及遗传性疾病，大大减少了遗传性疾病儿及先天畸形儿的出生，从学科层面为提高人口素质做出了贡献。

4. 辅助生殖技术的应用，为不孕妇女及家庭带来了福音。辅助生殖技术迅猛发展并应用于临床，如人工授精、体外受精与胚胎移植、配子输卵管内移植、宫腔内配子移植等新的助孕技术的应用，为不孕妇女及家庭带来了幸福，并促进了生殖医学的发展，为基因治疗各种遗传性疾病奠定了基础。

5. 爱母分娩行动。随着经济的发展和社会的进步，广大孕产妇需要高质量的产前、产时、产后护理，以“家庭为中心的产科护理”的整体护理理念逐渐被人们所接受。转变产时服务模式，减少不必要的医疗干预，已引起国际社会和世界医学界的关注。世界卫生组织提出了以保护、支持自然分娩为中心内容的“爱母分娩行动”，强调分娩过程的正常性、无损伤性，分娩支持的重要性，维护产妇的自主权，以及关注医务人员的职责等。

目前，一些新的服务内容如孕妇学校、导乐陪伴分娩、无痛分娩等正在全国各地推广应用。爱婴医院、温馨待产、LDR 产房等家庭式待产及分娩护理环境，大大降低了产妇及家庭成员的紧张、恐惧与分离性焦虑，使产妇能够在轻松、愉快的状态下完成分娩，降低了难产的发生率。

6. 妇科内分泌学、妇科肿瘤学的新理论、新技术的临床应用，使妇科内分泌疾病、生殖器官肿瘤的诊疗进入崭新阶段。腹腔镜、宫腔镜等微创手术的广泛开展，使妇科手术进入崭新的阶段。

三、妇产科护理工作的特点

1. 护理对象的特殊性　妇产科护理对象包括母亲和胎儿、新生儿两方面，工作中的不慎和疏忽很可能给母婴带来威胁，造成不应有的痛苦和经济负担。轻者给母婴留下永久的伤害，如母体器官损伤、新生儿疾患等；重者威胁母婴的生命。因此，产科护理既要重视孕产妇的健康和安全，又要考虑到胎儿宫内的安危和出生后新生儿的健康。

2. 妇产科护理工作的特点　妇产科危急患者多，夜间来诊多，产妇、胎儿、新生儿病情变化快，具有“急”和“快”的特点。医疗和护理工作能否及时、正确，关系到母婴生命安全及家庭幸福。因此要求妇产科护士反应敏捷、判断准确、技能熟练，与医生密切配合采取有效措施，保证母儿安全。

3. 妇产科护理包括大量预防保健工作　妇产科护理对象多数为正常人群如正常孕妇、正常产妇、计划生育受术者等，指导她们建立良好的生活方式、预防疾病、促进健康等保健指导工作十分重要。如做好孕期保健，可预防或早期发现异常；做好产褥期保健，可预防产褥期并发症的发生；开展防癌普查，可早期发现子宫颈癌；等等。

4. 妇产科患者的心理特点　由于妇女特有的生理和心理特点以及妇女在家庭、社会中的特定地位，使她们在妊娠、分娩和疾病的过程中承受较大的心理压力。如孕产妇常担心胎儿性别不符合家庭期望、胎儿发育有无畸形、分娩过程能否顺利等而表现出紧张、焦虑。妇科肿瘤患者可因手术治疗担心影响婚育、夫妻感情和家庭幸福等。因此，妇产科护士应关注服务对象的心理反应，理解其心情，在做好临床护理的同时做好心理护理。

四、妇产科护士应具备的素质

1. 良好的职业道德与职业素养　妇产科护理工作关系到母婴的健康及多个家庭的幸福，也关系着出生人口的质量。所以，妇产科护士要有高度的责任心，遵循护理工作行为规范和护理质量评价标准，工作认真细致，严谨负责。妇产科护理工作中经常需接触患者的体液，如血液、阴道分泌物、羊水等，要求妇产科护士要有不怕脏、不怕累、吃苦耐劳、乐于奉献的职业精神及良好的职业防护素养。此外，护理工作中时常还会遇到患者隐私问题，如婚姻生活、患有性传播疾病、生殖道畸形等，因此，妇产科护士要有良好的职业道德修养，尊重和维护患者的隐私。

2. 扎实的理论知识及熟练的操作技能　妇产科护士不仅要有扎实的妇产科理论知识和专业技能，还应具有基础护理、外科护理、儿科护理等方面的基本知识及护理操作技能，遇到妇产科急、危、重症患者时能头脑清醒、技术娴熟、操作迅捷，具有良好的团队协作能力、应急协调能力。同时，在临床实践中能运用护理程序和科学管理方法，为护理对象提供高质量、个体化护理，最大限度满足护理对象的需求。

3. 全面的综合素质 随着人们对生育、健康及医疗保健更高的需求，要求妇产科护士必须具有高尚的道德情操、精湛的医学护理基本技能、扎实的临床护理专业技能，同时要心理健康、情绪稳定、精神振作。不仅要有良好的职业核心胜任力，还应具有人文学科的知识、良好的人际沟通协调能力与健康教育等专业胜任力。在临床一线能够为孕产妇、妇产科患者及其家庭提供健康指导、预防疾病等方面的知识和具体措施，增强护理对象的自我保健知识和能力，为确保母婴的身体健康做出应有的贡献。

五、妇产科护理的学习目的和学习方法

妇产科护理是一门实践性很强的科学。学习妇产科护理，其目的在于学好妇产科护理理论和技术，发挥护理特有的职能，为患者提供缓解痛苦、促进康复的护理活动，帮助患者尽快获得生活自理能力；为健康女性提供自我保健知识、预防疾病并维持健康状态。

妇产科护理的学习过程一般分两个阶段，即理论学习阶段和临床实践阶段。理论是基础，要认真学习，扎实掌握；实践是应用，包括课内实验和实训及临床见习和实习，实验、实训可以进行模拟操作练习，见习、实习可以进行真实操作练习，通过实践能够培养正确的临床思维方法，并初步掌握各种诊疗和护理技术。学习过程中要注意做到以下3个方面：一是要树立整体观念，女性的身心健康与自己所处的环境有密切联系，任何一种健康问题的出现都要综合考虑人的生理、心理、社会、文化、精神等诸多因素的影响，用整体护理的理念、科学的管理方法为护理对象提供高质量的护理服务，最大限度地满足护理对象的需求；二是要具备高尚的职业道德和良好的医风，才能充分发挥自己的诊疗护理技术水平，更好地为患者服务；三是要坚持理论联系实际，在实践中不断总结，不断提高。

思 考 题

1. 简述妇产科护理发展过程。
2. 妇产科护理工作的特点有哪些？
3. 妇产科护士应具备哪些素质？结合自身情况谈谈在学习中应注意什么？
4. 谈谈你对“以人为中心”的护理理念的认识，在妇产科护理中如何体现？

第一章　女性生殖系统解剖与生理

学习目标

1. 说出内生殖器官的组成、位置及生理功能。
2. 对比雌激素与孕激素的生理功能。
3. 概述女子一生中各阶段的生理特点，月经的临床表现。
4. 说出女性骨盆的组成、分界及骨盆底的组织结构。
5. 阐述月经周期的调节机制。

第一节　女性生殖系统解剖

女性生殖系统包括内、外生殖器官及相关组织，骨盆为生殖器官的所在地，且与分娩密切相关。

一、外生殖器

女性外生殖器又称外阴，指生殖器官的外露部分，位于两股内侧，前面为耻骨联合，后面以会阴为界（图1-1）。

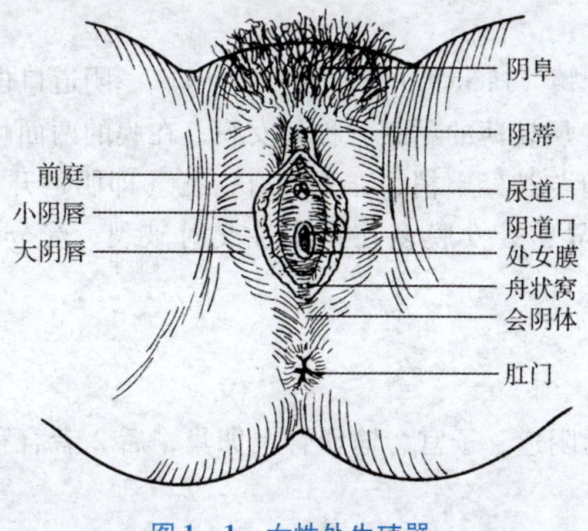

图1-1　女性外生殖器

1. 阴阜（mons pubis） 即耻骨联合前面隆起的脂肪垫。青春期该部位皮肤开始生长阴毛，分布呈尖端向下的倒三角形，阴毛疏密、粗细、色泽因人或种族而异（为女性第二性征）。

2. 大阴唇（labium majus） 为两股内侧的一对隆起的皮肤皱襞，起自阴阜止于会阴。两侧大阴唇前端深面为子宫圆韧带的终点，后端在会阴体前融合，形成会阴后联合。大阴唇外侧面与皮肤相同，皮层内有皮脂腺和汗腺，青春期长出阴毛；其内侧面皮肤湿润似黏膜。大阴唇皮下脂肪层较厚，内含丰富的血管、淋巴管和神经，当局部受伤易形成大阴唇血肿。未婚女性两侧大阴唇自然合拢，遮盖阴道口及尿道口；经产妇大阴唇受分娩影响向两侧分开；绝经后大阴唇呈萎缩状，阴毛稀少。

3. 小阴唇（labium minus） 为大阴唇内侧一对薄的皮肤皱襞，富含神经末梢，极敏感。两侧小阴唇前端相互融合，分为两叶包绕阴蒂，前叶形成阴蒂包皮，后叶与对侧结合。小阴唇与大阴唇后端汇合，在正中线形成横皱襞，称阴唇系带，经产妇受分娩影响已不明显。

4. 阴蒂（clitoris） 阴蒂位于两侧小阴唇顶端的联合处，与男性阴茎海绵体组织相似，具有勃起性，为性反应器官。阴蒂分为3部分：前端为阴蒂头，富含神经末梢，极敏感；中间为阴蒂体；后部为两个阴蒂脚，附着于两侧耻骨支上，仅阴蒂头外露。

5. 阴道前庭（vaginal vestibule） 为两侧小阴唇之间的菱形区域，前端为阴蒂，后方为阴唇系带。在此裂隙内有以下各部：

（1）前庭球（vestibular bulb） 又称球海绵体，位于前庭两侧，由勃起性的静脉丛构成。前部与阴蒂相接，后部与前庭大腺相邻，浅层为球海绵体肌覆盖。

（2）前庭大腺（major vestibular glands） 又称巴多林腺，位于大阴唇后部，亦为球海绵体肌所覆盖，如黄豆大，左右各一。腺管细长弯曲，开口于前庭后方小阴唇与处女膜之间的沟内。性兴奋时分泌黄白色黏液起润滑作用。前庭大腺在妇科检查时不能触及，若因感染腺管堵塞，形成脓肿或囊肿时，则可看到或触及。

（3）尿道口（urethral orifice） 位于阴蒂头后下方及前庭前部，开口呈椭圆形；后壁有一对并列腺体，称尿道旁腺或斯基恩腺，分泌物有润滑作用，此腺体常为细菌潜伏的部位。

（4）阴道口及处女膜（vaginal orifice and hymen） 阴道口位于尿道口后方前庭后部；阴道口周缘覆盖一层较薄的黏膜，称处女膜；在膜的两面均为鳞状上皮覆盖，其间含有结缔组织、血管与神经末梢，在中央有一孔（即阴道开口），孔的形状、大小及处女膜厚薄因人而异；处女膜多在初次性交时破裂，受分娩影响产后留有处女膜痕。

二、内生殖器

女性内生殖器包括阴道、子宫、输卵管及卵巢，后2者合称为子宫附件（图1－2）。

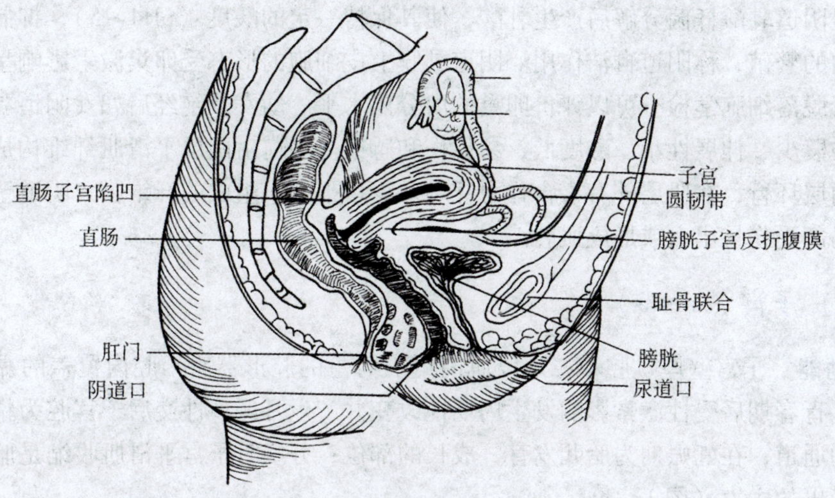

A. 矢状断面观

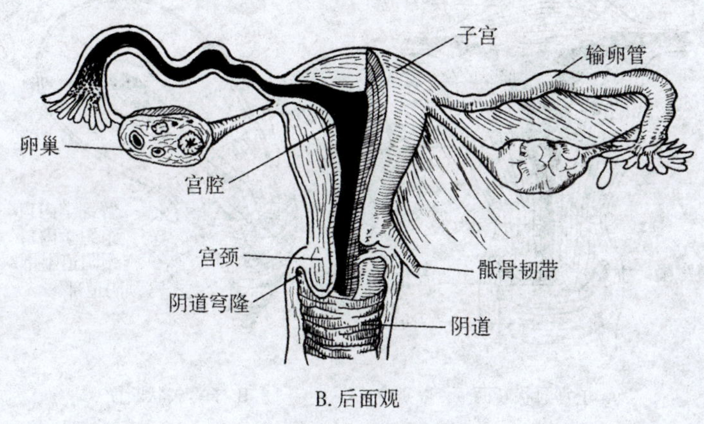

B. 后面观

图1－2　女性内生殖器

（一）阴道（vagina）

1. 功能　阴道为排泄月经血、子宫分泌物及性交的通道，阴道外1/3是性兴奋的敏感区，分娩时为软产道的一部分，也是妇科检查及阴式手术的操作途径。

2. 位置形态　阴道为连接内外生殖器的通道，位居小骨盆腔的下部中央，上宽下窄，呈扁平的肌性管道，前壁长7～9cm，与膀胱和尿道相邻，后壁长10～12cm，与直肠贴近。正常情况下阴道前后壁靠拢，横断面呈"H"形；上端呈顶棚状包绕宫颈，环绕宫颈周围的部分称阴道穹隆，按其位置分前、后、左、右4部分，其中后穹隆最深，与直肠子宫陷凹紧密相邻，顶部为盆腔最低垂部位，临床上经此行穿刺术或引流术；阴道下端开口于阴道前庭的后半部。

3. 组织结构　阴道壁由黏膜、肌层和纤维组织构成。青春期后阴道黏膜有许多横纹皱襞，有较大的伸展性；阴道黏膜呈粉红色，由复层鳞状上皮细胞覆盖，无腺体，黏膜上的毛细血管能产生少量渗出液，使阴道保持一定的湿润度；上皮细胞内含有丰富的糖原，经阴道乳酸杆菌分解后产生乳酸，使其保持一定的酸度（pH4～5），抑制致病菌在阴道内的繁殖，称阴道自洁作用。阴道黏膜上皮细胞的形态受卵巢激素影响呈周期性变化，行脱落细胞学检查可以评价卵巢的内分泌水平。幼女及绝经后妇女阴道黏膜上皮甚薄、皱襞少、伸展性小、酸度低，易创伤和感染。阴道由两层平滑肌纤维构成，外层纵行，内层环行，在肌层外有富含弹力纤维及少量平滑肌组成的纤维膜。阴道壁静脉丛丰富，局部受伤易出血或形成血肿。

（二）子宫（uterus）

1. 功能 子宫壁厚、腔小，是以肌肉组织为主的腔形器官。腔内覆盖的黏膜称子宫内膜，青春期后受性激素影响发生周期性改变并产生月经；性交后子宫腔为精子到达输卵管的通道；在妊娠期为胎儿发育、成长的部位；分娩时子宫平滑肌收缩是胎儿及其附属物娩出的主力（图1－3）。

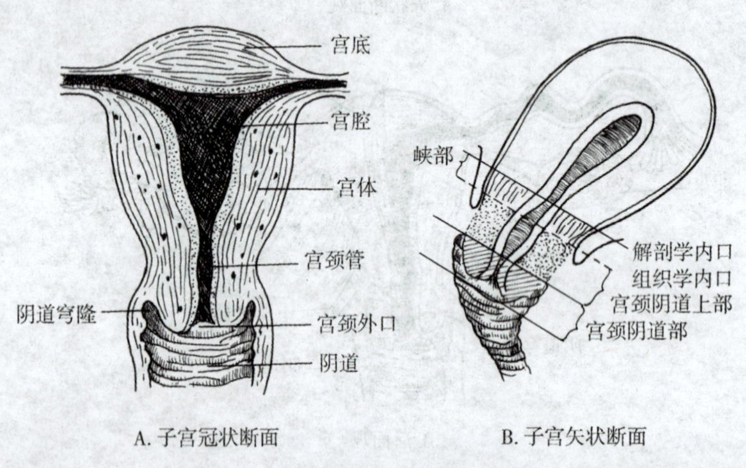

图1－3 子宫冠、矢状切面

2. 位置形态 子宫位于小骨盆腔的中央，膀胱与直肠之间，下端接阴道，两侧与输卵管相通和卵巢相邻，正常子宫呈轻度前倾前屈位，宫底位于骨盆入口平面以下，宫颈外口位于坐骨棘平面稍上方；子宫的活动度较大，其位置与膀胱、直肠的充盈度及妊娠有关；成人子宫前面略扁，后面较突，呈倒置的“扁梨形”，重50～70g，长7～8cm，宽4～5cm，宫壁厚2～3cm；宫腔容积约5mL。子宫分为底、体、颈3部分，上端宽而圆凸的部分为子宫底，宫底两侧为子宫角，与输卵管相通；下端狭长而细的称子宫颈；子宫底与子宫颈间的部分为子宫体；宫体与宫颈的比例，在婴儿期为1∶2，青春期1∶1，成年女性为2∶1。宫腔为倒置的三角形，其上部的两端通向输卵管，尖端向下与子宫颈管相通。在宫体与宫颈间最狭窄的部分，称子宫峡部（为子宫下段剖宫产术切口部位），在非孕期长约1cm，其上端因解剖上较狭窄，为解剖学内口，下端因黏膜组织在此由宫腔黏膜转变为宫颈黏膜，称为组织学内口。子宫颈管内腔呈梭形，成年女性的颈管长2.5～3.0cm，下端伸入阴道内的部分称为宫颈阴道部，并开口于阴道内，称为宫颈外口；未产妇的宫颈外口呈圆形，已产妇因受分娩的创伤，宫颈分为前后唇，呈“一”字形。

3. 组织结构　子宫体和子宫颈的组织结构有所不同。

（1）子宫体　宫壁外层为浆膜层（即脏腹膜），中间是肌层，内层为黏膜层。①子宫黏膜为一层薄而呈粉红色的绒样组织，青春期开始受卵巢激素的影响，表面的2/3发生周期性变化，称功能层；其下的1/3靠近子宫肌层无周期性变化，称基底层，具有修复和再生作用。功能层在月经周期中每月脱落一次形成月经，在妊娠期增厚、充血、水肿，称为蜕膜样变，为孕卵着床和胎儿发育提供条件。②子宫肌层为三层组织中最厚的一层，非孕期约0.8cm厚，孕期可增至2.5cm，由平滑肌和纤维组织构成，其肌束走向（外纵、中交织、内环）纵横交错如网状；肌层内富含血管，子宫平滑肌收缩时血管被压缩，能有效制止子宫出血。③子宫浆膜层为覆盖在宫底和宫体的腹膜，子宫前面近子宫峡部的浆膜与子宫壁结合较疏松，此处向前反折覆盖膀胱形成膀胱子宫陷凹，其后面向下行至宫颈后方及阴道后穹隆部折向直肠前壁，形成直肠子宫陷凹，亦称道格拉斯陷凹，为人体站立时盆腔最低垂的部位，当盆腔有少量积血或积液时，通过B型超声波能检测到。

（2）宫颈　由纤维结缔组织构成，其内含有少量平滑肌。颈管黏膜有纵行皱襞，上皮为单层高柱状细胞组成，含有许多腺体分泌碱性黏液，并形成黏液栓堵塞宫颈口阻止细菌上侵；排卵期分泌的黏液量增多、变稀薄，利于精子穿过；在卵巢激素的影响下宫颈黏膜腺体分泌黏液的量、性状、酸碱度呈现周期性变化，涂片检查其性状可评价卵巢的内分泌功能。宫颈阴道部的黏膜变为复层鳞状上皮细胞，其表面光滑，在柱状上皮与鳞状上皮交界处是宫颈癌的好发部位。

4. 子宫韧带　维持子宫正常位置除了盆底组织外，还有4对韧带（图1-4）。

（1）圆韧带　呈圆索状而得名，长12~14cm，由结缔组织和平滑肌组成。起于两侧子宫角的前面输卵管近端的下方，之后向前下方伸展达两侧骨盆壁，再穿过腹股沟管终止于大阴唇前端的深部，其作用是保持子宫前倾位。

（2）阔韧带　为覆盖于子宫前后壁的脏腹膜，在子宫侧缘融合向两侧延伸达骨盆侧壁形成一对翼状组织。阔韧带分前后两叶，上缘内2/3包围输卵管（伞部无腹膜遮盖）；外1/3移行为骨盆漏斗韧带（亦称卵巢悬韧带），卵巢动、静脉经此穿过；卵巢内侧与子宫角间的阔韧带稍增厚，称卵巢固有韧带；在输卵管以下、卵巢以上的韧带，称输卵管系膜；子宫体两侧的阔韧带内有丰富的血管、神经、淋巴管及大量疏松结缔组织，统称为宫旁组织，子宫动、静脉和输尿管均从阔韧带基底部穿过。

（3）主韧带　在阔韧带的下方，起自宫颈两侧横行于骨盆侧壁，为一对坚韧的平滑肌与结缔组织纤维束构成，又名宫颈横韧带，固定子宫颈位置，保持子宫处于盆腔的正中位。

（4）子宫骶韧带　起自宫颈两侧（相当于组织学内口水平）向后绕过直肠两侧，终止于第2、3骶椎前筋膜；韧带短厚有力，将宫颈向后上牵引，间接维持子宫处于前倾位置。

若以上韧带、盆底肌肉和筋膜薄弱或受损伤后，可导致子宫位置异常，形成不同程度的子宫脱垂。

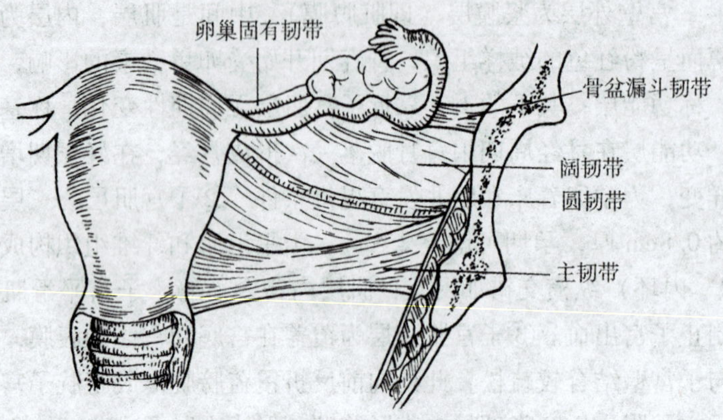

图1-4 子宫各韧带

（三）输卵管（fallopian tube or oviduct）

1. 功能 输卵管为输送精子、卵子、受精卵的通道，也是卵子与精子相遇结合为受精卵的场所。

2. 位置形态 输卵管位于阔韧带的上缘，下端与卵巢接近，内侧开口于子宫角的宫腔内，外端游离开口于腹腔，通过腹腔口与体外直接相通；外形似喇叭状细长弯曲，全长8~14cm。输卵管由内向外分为4部分：①间质部：为通入子宫壁内的部分，管腔狭窄而短，仅1cm长；②峡部：在间质部外侧，管腔较窄，长2~3cm（行绝育术的部位）；③壶腹部：在峡部外侧，长5~8cm，管腔较宽大，为精子和卵子结合为受精卵的场所；④伞部：为输卵管的末端，开口于腹腔，游离呈漏斗状，有许多指状突起，具有“拾卵”作用（图1-5）。

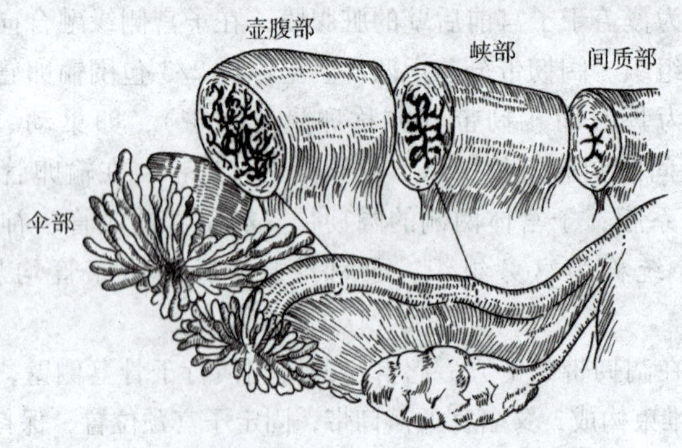

图1-5 输卵管各部

3. 组织结构 ①外层即浆膜层，为腹膜的一部分，亦即阔韧带上缘。②中层为肌层，由内环行、外纵行的平滑肌构成，由远端向近端有节奏地蠕动。③内层是黏膜层，由单层高柱状上皮组成，上皮细胞分为纤毛细胞、无纤毛细胞、楔状细胞及未分化细胞；纤毛细胞的纤毛摆动有助于运送卵子，无纤毛细胞有分泌作用（又称分泌细胞）；楔形细胞可能为无纤毛细胞的前身；未分化细胞亦称游走细胞，为上皮的储备细胞，其他上皮细胞可能由它产生或补充。

（四）卵巢（ovary）

1. 功能　具有生殖和内分泌功能，能产生和排出卵细胞、分泌性激素。

2. 位置形态　卵巢位于输卵管后下方的卵巢窝内，前缘以卵巢系膜连接于阔韧带后叶，称卵巢门，血管与神经即经此出入卵巢，外侧借卵巢悬韧带连于骨盆壁；内侧为卵巢固有韧带与子宫相连。卵巢为一对扁椭圆形的性腺器官，青春期前卵巢表面光滑，青春期后周期性的排卵、黄体的形成和纤维化使其表面凹凸不平；成年女性的卵巢为4cm×3cm×1cm大小，重5~6g，呈灰白色；35岁后逐渐缩小，绝经后萎缩变小、变硬，盆腔检查一般不易触及。

3. 组织结构　卵巢表面无腹膜，由单层立方上皮覆盖，称生发上皮（又名生殖上皮），由胚胎期体腔上皮衍生而来；在其内有一层纤维组织，称卵巢白膜；再向内为卵巢组织，分为皮质与髓质两部分，皮质在外层，含有数以万计的原始卵泡（又称始基卵泡）及致密结缔组织（即卵巢间质）；髓质在卵巢的中央，有疏松结缔组织及少量平滑肌纤维组成，对皮质起营养作用（图1-6）。

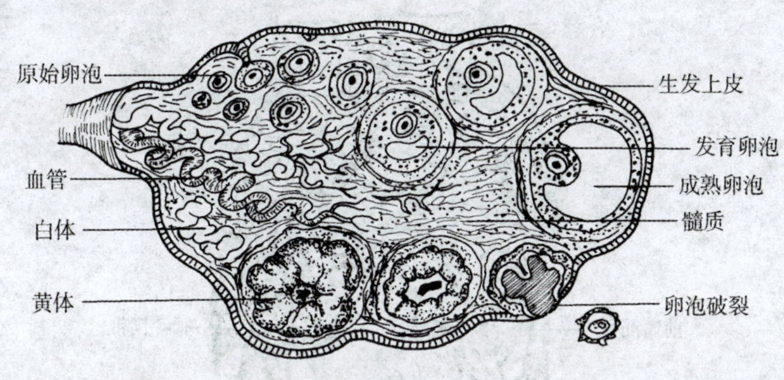

图1-6　卵巢的结构（切面）

三、骨盆

骨盆（pelvis）为生殖器官所在地。女性骨盆是胎儿阴道娩出时必经的通道，其大小、形状对分娩有直接影响。

（一）骨盆的组成

1. 骨骼　由骶骨、尾骨及左右2块髋骨组成。每块髋骨又由髂骨、坐骨及耻骨融合而成。骶骨由5~6块骶椎构成；尾骨由4~5块尾椎合成。（图1-7）

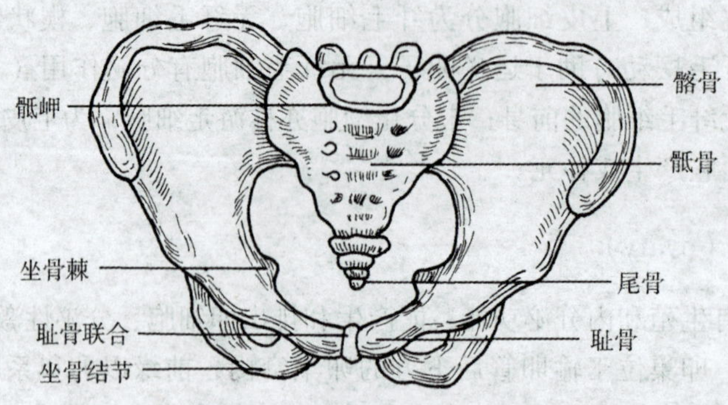

图1-7 女性骨盆（前上观）

2. 关节 有耻骨联合、左右骶髂关节和骶尾关节。两耻骨间有弹力软骨形成耻骨联合，位于骨盆的前方；骶髂关节由骶骨和髂骨的耳状面构成；在骨盆后方有骶尾关节，为骶骨与尾骨的联合处；各关节具有一定的活动度。

3. 韧带 主要有两对。一对是骶、尾骨与坐骨结节间的骶结节韧带；另一对为骶、尾骨与坐骨棘间的骶棘韧带。骶棘韧带的宽度即坐骨切迹宽度，是判断中骨盆是否狭窄的重要指标之一（图1-8）。

妊娠期受激素的影响，骨盆各韧带变得较松弛，各关节的活动性亦稍有增加，利于分娩时胎儿通过骨产道。

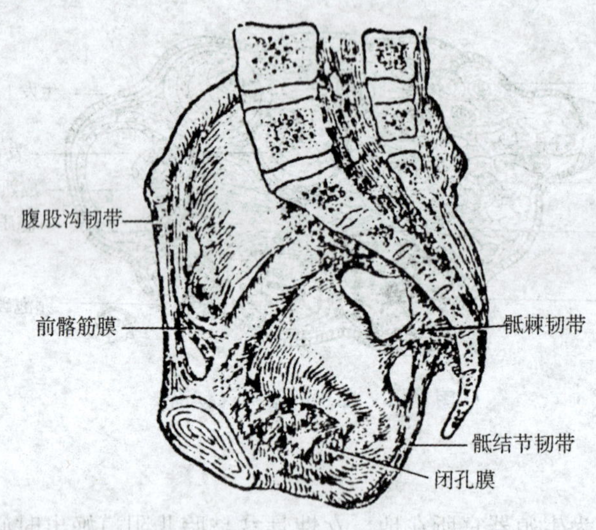

图1-8 骨盆韧带

（二）骨盆分界

以耻骨联合上缘、两侧髂耻缘及骶骨岬上缘的连线为界，将骨盆分为假骨盆和真骨盆两部分。

1. 假骨盆 即大骨盆，位于骨盆分界线之上，为腹腔的一部分，其前为腹壁下部，两侧为髂骨翼，其后为第5腰椎。假骨盆的大小、形态与产道无直接关系，但其某些径线的长短关系到真骨盆的大小，测量假骨盆的某些径线可间接评价真骨盆的大小和形态。

2. 真骨盆 即小骨盆，位于骨盆分界线之下，又称骨产道，是胎儿经阴道娩出的通道。真骨盆有上、下两口，即骨盆入口与出口。两口之间为骨盆腔，其前浅后深。骨盆腔的后壁是骶骨与尾骨，两侧为坐骨、坐骨棘、骶棘韧带，前壁为耻骨联合。坐骨棘位于真骨盆中部，经肛诊或阴道检查能触到，在分娩过程中是判断胎先露部下降程度的重要标志。骶骨前面凹陷形成骶窝，第1骶椎的椎体向前凸出形成骶骨岬，为测量对角径的重要据点。耻骨两升支的前部相连构成耻骨弓。

（三）骨盆各平面及径线

为了便于骨盆大小形态的观察与判断，了解胎儿通过产道的过程，将骨盆划分为3个假想平面和不同的径线：

1. 骨盆入口平面（pelvic inlet plane） 是真假骨盆的分界面，多呈横椭圆形。前方为耻骨联合上缘，两侧为髂耻缘，后方为骶岬前缘。入口平面共有4条径线（图1-9）。

（1）入口前后径：也称真结合径。耻骨联合上缘中点至骶岬前缘正中的距离，平均值约11cm，是胎先露部进入骨盆入口的重要经线。

（2）入口横径：两侧髂耻缘间的最大距离，平均值约13cm。

（3）入口斜径：左右各一。左骶髂关节至右髂耻隆突间距离为左斜径；右骶髂关节至左髂耻隆突间距离为右斜径，平均值约12.75cm。

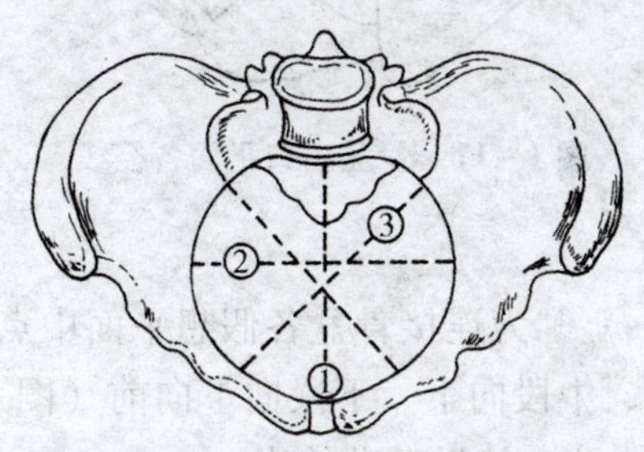

图1-9　骨盆入口平面各径线

2. 中骨盆平面（pelvic midplane） 为骨盆最小平面，骨盆腔的最狭窄部分，呈前后径长的纵椭圆形。其前方为耻骨联合下缘，两侧为坐骨棘（图1-10）。

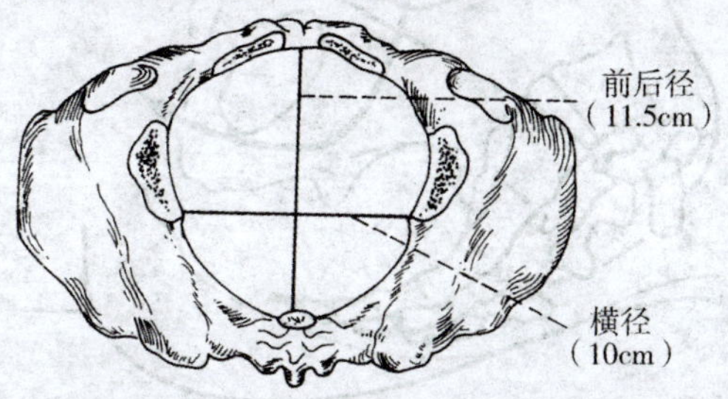

图1-10　中骨盆平面各径线

(1) 中骨盆前后径　自耻骨联合下缘中点通过两侧坐骨棘连线中点至骶骨下端间的距离，平均值约 11. 5cm。

(2) 中骨盆横径　又称坐骨棘间径。指两坐骨棘间的距离，平均值约 10cm，是胎先露部通过中骨盆的重要径线，其长短与分娩机制关系密切。

3. 骨盆出口平面（pelvic outlet plane）　即骨盆腔下口，由两个在不同平面的三角形组成。前三角顶为耻骨联合下缘，两侧为左右耻骨的降支；后三角顶为骶尾关节，两侧为左右骶结节韧带。骨盆出口平面有 4 条径线（图 1 – 11）。

(1) 出口前后径　自耻骨联合下缘至骶尾关节间距离，平均值约 11. 5cm。

(2) 出口横径　即坐骨结节间径，两坐骨结节内侧缘距离，平均值约 9cm。

(3) 出口前矢状径　自耻骨联合下缘中点至坐骨结节间径中点的距离，平均值约 6cm。

(4) 出口后矢状径　自骶尾关节至坐骨结节间径中点的距离，平均值约 8. 5cm。若出口横径小于 8cm，其与后矢状径之和大于 15cm 时，正常大小的胎头可经后三角区经阴道娩出。

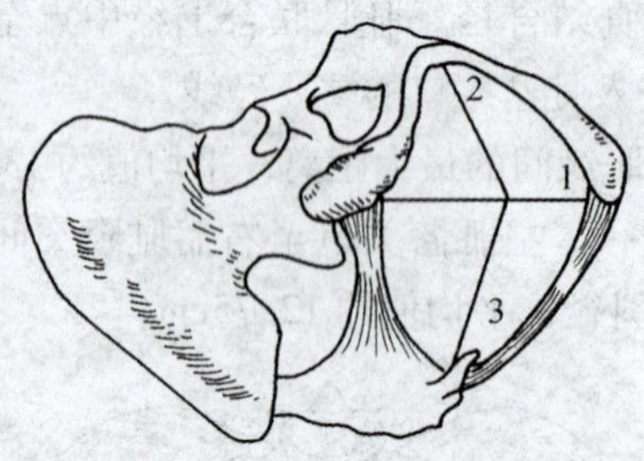

图 1 – 11　骨盆出口平面各径线

4. 骨盆轴与骨盆倾斜度

(1) 骨盆轴（pelvis axis）　为连接骨盆各假想平面中点的曲线，称为骨盆轴。直立位时此轴的上段向下向后、中段向下、下段向下向前（图 1 – 12）。分娩时胎儿沿此轴娩出，助产时也应按骨盆轴方向协助胎儿娩出。

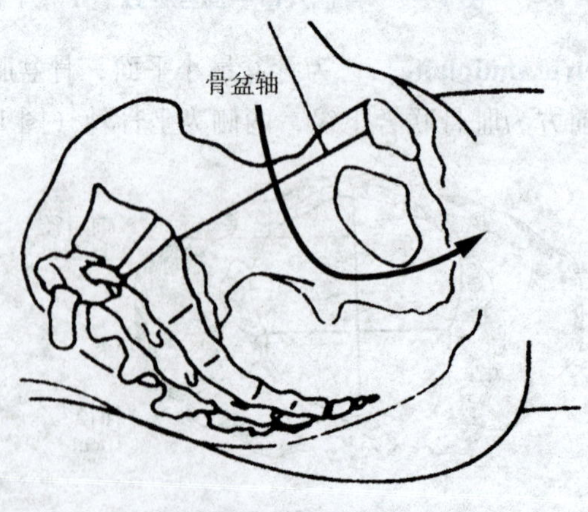

图 1 – 12　骨盆轴

（2）骨盆倾斜度（inclination of pelvis）　为女性直立时，骨盆入口平面与地平面所形成的角度，一般为60°（图1-13）。若倾斜度过大，影响胎头衔接和娩出。

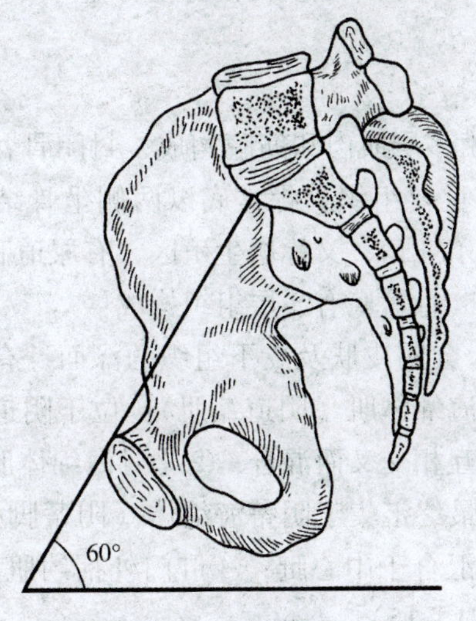

图1-13　骨盆倾斜度

（四）骨盆的类型

根据骨盆的形状将其分为4种基本类型（图1-14）。

1. 女型骨盆　其入口呈横椭圆形，髂骨翼宽而浅，入口横径较前后径稍长，耻骨弓较宽，坐骨棘间径≥10cm。占女性骨盆的52%～58%。

2. 男型骨盆　其入口略呈三角形，两侧壁内聚，坐骨棘突出，耻骨弓较窄，骶坐切迹呈高弓形，骶骨较直而前倾，出口后矢状径较短，呈漏斗形，易致难产。占女性骨盆的1%～4%。

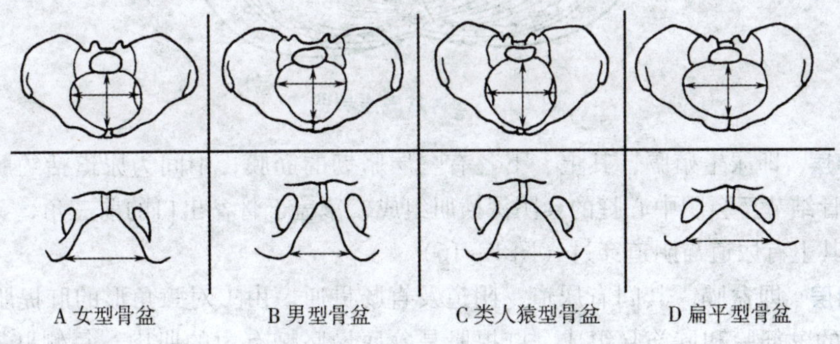

图1-14　骨盆的四种基本类型

3. 类人猿型骨盆　骨盆3个平面的横径均缩短，前后径稍长。坐骨切迹较宽，两侧壁稍内聚，坐骨棘较突出，耻骨弓较窄，骶骨向后倾斜，骨盆前半部窄后半部宽。占女性骨盆的14%～18%。

4. 扁平型骨盆　骨盆入口前后径短而横径长，呈扁椭圆形。耻骨弓宽、骶骨失去正常弯度，变直向后翘或呈深弧型，骨盆短浅。占女性骨盆的23% ~29%。

骨盆的形态、大小除种族差异外，其还受遗传、营养及性激素的影响。上述4种基本类型的骨盆只是理论上归类，临床上多为混合型骨盆。

四、骨盆底

骨盆底（plevic floor）由多层肌肉和筋膜构成，封闭骨盆出口前后三角区；为承载并保持盆腔脏器正常位置的重要组织。骨盆底以两侧坐骨结节前缘作连线，将其分为前、后两部分：前部为尿生殖三角，又称尿生殖区，有尿道和阴道通过。后部为肛门三角，又称肛区，有肛管通过。骨盆底有3层组织构成：

1. 外层 在外生殖器、会阴皮肤及皮下组织的深面，有一层会阴浅筋膜及3对肌肉和1个括约肌组成。①球海绵体肌（阴道缩肌）：位于阴道两侧，覆盖前庭球及前庭大腺，向后与肛门外括约肌互相交叉而混合；②坐骨海绵体肌：从坐骨结节内侧沿坐骨升支内侧与耻骨降支向上，最终汇集于阴蒂海绵体（阴蒂脚处）；③会阴浅横肌：自两侧坐骨结节内侧面起向中线汇合于中心腱；④肛门外括约肌：为围绕肛门的环形肌束，肌腱向前汇合于中心腱（图1－15）。

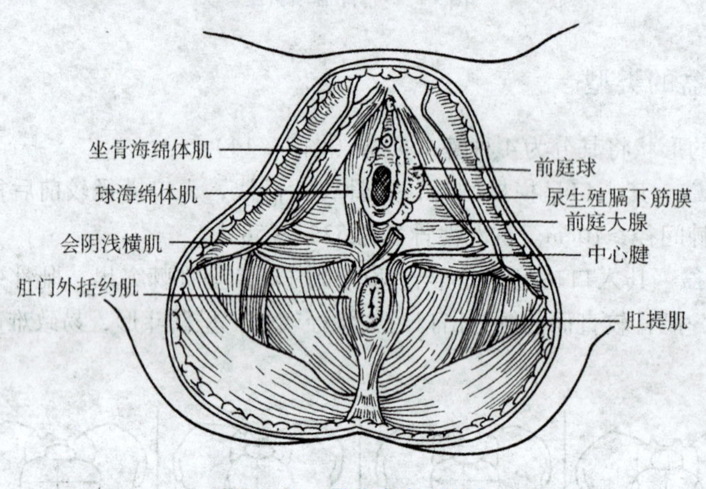

图1－15 骨盆底浅层肌肉

2. 中层 即尿生殖膈，其上、下各有一层坚韧的筋膜，中间为尿道括约肌和一对由两侧坐骨结节至会阴中心腱的会阴深横肌组成，覆盖于骨盆出口的前三角，又称为三角韧带；其上有尿道与阴道穿过（图1－16）。

3. 内层 即盆膈。其间有尿道、阴道及直肠贯通。由1对三角形的肛提肌和覆盖其内外面的盆筋膜和肛筋膜组成。肛提肌是盆底最坚韧有力的肌肉。每侧肛提肌由3部分组成：①耻尾肌：为肛提肌的主要部分，在阴道分娩时，此层组织易受损伤而导致膀胱、直肠膨出；②髂尾肌：为居中部分；③坐尾肌：为靠外后方的肌束（图1－17）。

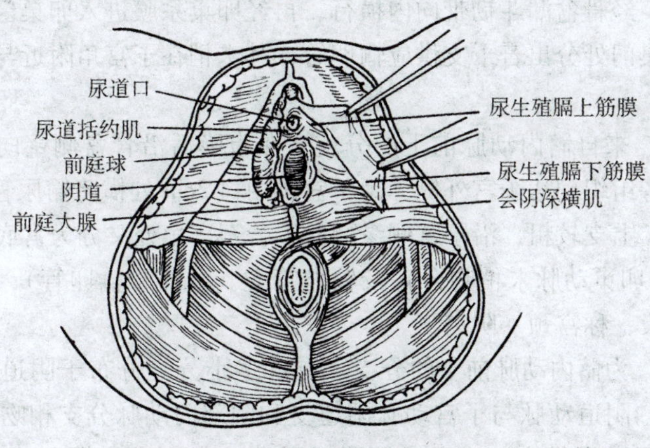

图 1-16　骨盆底中层肌肉

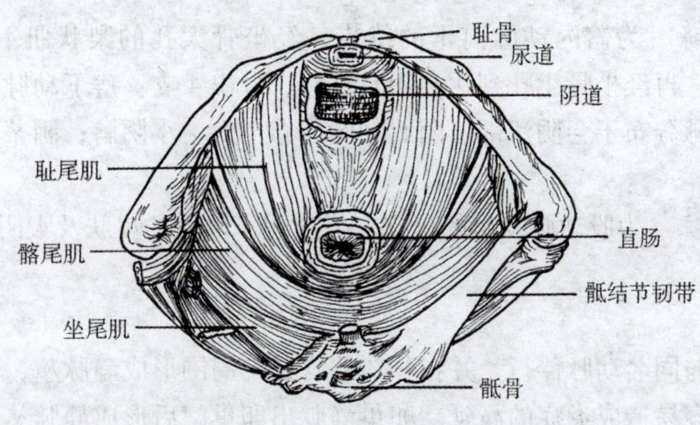

图 1-17　骨盆底内层肌肉

4. 会阴（perineum）

（1）广义的会阴　指封闭骨盆出口的所有软组织，前为耻骨联合下缘，后为尾骨尖，两侧为耻骨下支、坐骨支、坐骨结节和骶结节韧带。

（2）狭义的会阴　指阴道口与肛门之间的软组织。由外向内逐渐变窄呈楔状，表面为皮肤及皮下脂肪，内层为会阴中心腱（球海绵体肌、会阴浅横肌、会阴深横肌和肛门外括约肌的肌腱组成）和部分肛提肌（即耻尾肌）组成，厚 3～4cm，又称会阴体。妊娠期会阴组织变软利于分娩。分娩时承受很大压力，伸展性很大，如处理不当会造成不同程度的裂伤。

五、女性生殖器官的血管、淋巴及神经

（一）动脉

女性内、外生殖器官的血液供应主要来自卵巢动脉、子宫动脉、阴道动脉及阴部内动脉。

1. 卵巢动脉　自腹主动脉分出，在腹膜后沿腰大肌前下行至骨盆腔，跨过输尿管

与髂总动脉下段，经骨盆漏斗韧带向内横行，再经卵巢系膜进入卵巢门。卵巢动脉在输卵管系膜进入卵巢门处分出若干支供应输卵管，其末梢在子宫角附近与子宫动脉上行的卵巢支相吻合。

2. 子宫动脉 来自髂内动脉前干的分支，在腹膜后沿骨盆侧壁向下前行，经过阔韧带基底部、宫旁组织到达子宫外侧，距子宫颈内口2cm处横跨输尿管至子宫侧缘，此后分为上下两支：上支较粗，沿子宫侧缘迂曲上行至宫角处又分为宫底支（分布于宫底部）、卵巢支（与卵巢动脉末梢吻合）及输卵管支（分布于输卵管）；下支较细，分布于宫颈及阴道上段，称宫颈－阴道支。

3. 阴道动脉 为髂内动脉前干的分支。有许多小分支分布于阴道中下段前后壁及膀胱顶、膀胱颈。阴道动脉与子宫动脉阴道支和阴部内动脉分支相吻合，阴道上段由子宫动脉宫颈－阴道支供应，中段由阴道动脉供应，下段由阴部内动脉和痔中动脉供应。

4. 阴部内动脉 为髂内动脉前干的终支，经坐骨大孔的梨状肌下孔穿出骨盆腔，绕过坐骨棘背面，再经坐骨小孔到达会阴及肛门，分出4支：痔下动脉供应直肠下段及肛门部；会阴动脉分布于会阴浅部；阴唇动脉分布于大、小阴唇；阴蒂动脉分布于阴蒂及前庭球。

5. 阴部外动脉 为股动脉发出的分支，供应阴阜附近的皮肤及大阴唇前部。

（二）静脉

盆腔静脉均与同名动脉伴行，并在相应器官及其周围形成静脉丛，且互相吻合，盆腔某脏器感染后容易造成炎症的蔓延。卵巢静脉出卵巢门后形成静脉丛，与同名动脉伴行，右侧汇入下腔静脉，左侧汇入左肾静脉，左侧盆腔静脉曲张较多见。

（三）淋巴

女性生殖系统具有丰富的淋巴管和淋巴结，多与相应的血管排列，其数目、大小和位置均不恒定。分为外生殖器淋巴与盆腔淋巴两组。当内、外生殖器官有感染和癌肿时，往往经淋巴道传播或转移，引起相应淋巴结肿大。（图1－18）

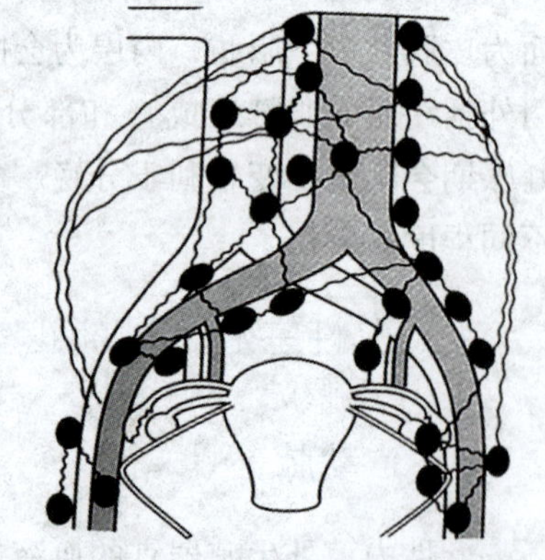

图1－18 生殖器官淋巴管、淋巴结分布

1. 外生殖器淋巴 分为深、浅两部分。

（1）腹股沟浅淋巴结 位于腹股沟韧带下方和大隐静脉两侧，接受阴道下段、外生殖器、会阴、肛门和下肢的淋巴液。

（2）腹股沟深淋巴结 位于股管内、股静脉内侧，收纳阴蒂、股静脉区及腹股沟浅淋巴液，之后汇入闭孔、髂内等淋巴结。

2. 盆腔淋巴 位于盆腔深部，分为3组，即髂淋巴组、骶前淋巴组和腰淋巴组。

（四）神经

1. 外生殖器的神经支配 主要为阴部神经，在坐骨结节内侧下方分成3支，即会阴神经、阴蒂背神经及肛门神经（又称痔下神经），分布于会阴、阴唇、阴蒂、肛门周围。

2. 内生殖器的神经支配 主要由交感神经与副交感神经支配。交感神经纤维自腹主动脉前神经丛分出，下行入盆腔分为两部分：①卵巢神经丛，分布于卵巢和输卵管；②骶前神经丛，大部分在宫颈旁形成骨盆神经丛，分布于宫体、宫颈、膀胱上部等。骨盆神经丛中有来自第Ⅱ、Ⅲ、Ⅳ骶神经的副交感神经纤维，并含有向心传导的感觉神经纤维；子宫平滑肌有自律活动，完全切除其神经后仍能有节律性收缩，临床上下半身截瘫的产妇能顺利自然分娩。

六、女性生殖器官的邻近器官

女性生殖器官与骨盆腔其他器官不仅在位置上互相邻接，而且血管、淋巴及神经也相互密切联系，当某一器官有创伤、感染、肿瘤等，易累及邻近器官。

1. 尿道（urethra） 介于耻骨联合和阴道前壁之间，长4~5cm，直径约0.6cm，从膀胱三角尖端开口出发，穿过尿生殖膈，终止于阴道前庭部的尿道口。尿道内括约肌为不随意肌，尿道外括约肌为随意肌，且与会阴深横肌密切联合。由于女性尿道短而直，又接近阴道、肛门，易引起泌尿系统感染。

2. 膀胱（urinary bladder） 为一囊状肌性器官，排空的膀胱为锥体形，位于耻骨联合之后子宫之前，其大小、形状可因其盈虚度及邻近器官的大小、位置而变化。膀胱充盈时凸向骨盆腔甚至腹腔。膀胱分为顶、底、体和颈4部分，各部间无明显界限，膀胱底部黏膜形成一个三角区称膀胱三角，三角的尖向下为尿道内口，三角底的两侧为输尿管入口，两口相距约2.5cm，此部与宫颈及阴道前壁相邻，其间组织较疏松。膀胱充盈时影响子宫及阴道的位置，故妇科检查及盆腔手术时必须保持其空虚。膀胱壁由浆膜、肌层及黏膜层构成，肌层由平滑肌纤维组成，外层和内层多为纵行，中层为环行，三层相互交织，对排尿起重要作用。

3. 输尿管（ureter） 为1对肌性圆索状长管，长约30cm，粗细不一；女性输尿管在腹膜后，从肾盂出发沿腰大肌前面偏中线侧下降（腰段），在骶髂关节处经髂外动脉起点的前方进入骨盆腔（骨盆段）继续下行，于阔韧带基底部向前内方行，于宫颈外侧约2cm处，在子宫动脉的后方与之交叉（俗称桥下流水），又经阴道侧穹隆顶端绕向前方而入膀胱壁（膀胱段），在壁内斜行1.5~2cm，开口于膀胱三角区的两外侧角。在施行子宫切除结扎子宫动脉时，避免损伤输尿管。

4. 直肠（rectum） 位于盆腔后部，其上端在第3骶椎平面与乙状结肠相接，向下穿过盆膈，下端与肛管相连。成人直肠从左侧骶髂关节至肛门全长15~20cm，前为子宫及阴道，后为骶骨。直肠上段有腹膜遮盖，至直肠中段腹膜折向前上方，覆于宫颈及子宫后壁形成直肠子宫陷凹，直肠下部无腹膜覆盖；肛管长2~3cm，在其周围有肛门内外括约肌及肛提肌附着，肛门外括约肌为盆底浅层肌的一部分，在妇科手术及分娩时均应注意避免损伤肛管及直肠。

5. 阑尾（vermiform appendix） 阑尾根部连于盲肠的后内侧壁，远端游离，长7~9cm，位于右髂窝内，其位置、长短、粗细变化颇大，下端达右侧输卵管及卵巢部位，妊娠期阑尾位置随妊娠月份增加逐渐向外上方移位，女性患阑尾炎可累及子宫附件，注意鉴别诊断。

第二节 女性生殖系统生理

一、女性一生中各阶段的生理特点

女性从出生到衰老是一个渐进连续的生理过程，也是下丘脑-垂体-卵巢内分泌轴线功能发育、成熟和衰退的过程。妇女一生根据其生理特点按年龄划分为以下几个阶段(并无截然界限)，因受遗传、环境、营养等因素的影响，存在个体间的差异。

1. 胎儿期（fetal period） 从受精后的第9周开始，胎儿已具雏形，此后各个器官的结构、功能逐渐形成和完善，此期易受内外界各种环境因素的影响，导致流产或胎儿畸形等。

2. 新生儿期（neonatal period） 出生后4周内称新生儿期。女性胎儿在宫内受胎盘及母体性腺所产生的女性激素影响，子宫和乳房均有一定程度的发育，部分新生儿出生后数日内阴道内出现混有血液的黏液流出，俗称假月经，乳房略隆起或有少量泌乳，均属于生理现象，短期内自然消退。

3. 儿童期（childhood） 为出生4周~12岁左右。10岁之前体格生长发育较快，生殖器官仍处于幼稚型。表现为：阴道狭长，黏膜上皮薄、无皱襞，上皮细胞内缺乏糖原，阴道酸度低，抗感染力弱；子宫小，肌层薄，宫颈较长，约占子宫全长的2/3；输卵管弯曲而细；卵巢内的原始卵泡虽能大量生长，但仅为低度发育即萎缩、退化。10岁以后，卵巢内的原始卵泡受脑垂体促性腺激素影响有一定程度的发育，但发育仍达不到成熟、排卵，能分泌低量雌激素，促使女性第二性征开始出现，如皮下脂肪在胸、髋、肩部及耻骨前面沉积，乳房、外生殖器开始发育。

4. 青春期（puberty or adolescence） 从月经初潮至生殖器官逐渐发育成熟的时期。世界卫生组织（WHO）规定女性青春期为10~19岁。其生理特点有：①体格发育迅速，体型逐渐达到成人。②下丘脑与脑垂体促性腺激素分泌量增加、作用加强，卵巢内卵泡发育与性激素分泌，促使内、外生殖器官从幼稚型转变为成人型。表现为：阴阜隆起，大阴唇肥厚，小阴唇变大且有色素沉着；阴道变长、增宽，黏膜变厚并出现皱襞；子宫增大，宫体占据子宫全长的2/3；输卵管变粗，弯曲度减小；卵巢增大，皮质内有不同发育阶段的卵泡。③第二性征出现。如音调变高，乳房丰满而隆起；阴、腋毛出现；骨盆横径发育大于前后径；胸、肩部皮下脂肪增多，显现女性特有的曲线美。④月经来潮是青春期开始的重要标志。青春早期各种激素水平开始有规律性波动，引起子宫内膜撤退性出血即为月经来潮。由于卵巢功能尚不健全，初潮后数年月经周期多为无排卵型，周期多不规律。⑤青春期少女的思想情绪不稳定，自以为成熟，能独立处事，不喜欢别人的管束，遇事又胆怯，依赖成人；父母及师长应关心其身心发育状况，并给予心理疏导。

5. 性成熟期（sexual maturity period） 多自18岁开始，历时30年左右，此期女性身体各器官的结构及功能发育日趋成熟，表现为卵巢有周期性排卵、分泌性激素和规律性行经，内生殖器和乳房均有周期性改变，此期是女性生殖能力最旺盛的时期，又称生育期。

6. 绝经过渡期（menopausal transition period） 女性由成熟期进入衰老的过渡时期。此期因人而异，时间长短不一，可始于45岁，历时十余年，甚至20年不等；曾称为更年期、围绝经期。此期女性从典型性激素特征的有生殖能力、有排卵的月经周期，过渡到低雌、孕激素，高促性腺激素的后绝经期；在40～65岁的女性中，有40%～85%的人出现典型的绝经期相关症状，最常见的有血管舒缩障碍导致的烘热及乳房胀痛、抑郁焦虑、睡眠障碍、胸闷、心悸、乏力、阴道干涩和性交痛等。

7. 绝经后期（postmenopausal period） 60岁后的女性机体逐渐老化，步入老年期，此期卵巢功能已衰竭，雌激素水平低落，乳房内腺体减少、脂肪组织增多；内、外生殖器官萎缩；钙磷代谢失调出现骨质疏松，易骨折；部分女性血压、血脂升高；肌肉和结缔组织萎缩，肌张力降低，皮肤松弛，出现老年斑；脂肪在腹部、肩部、胸部沉积，出现肥胖等。

二、卵巢周期性变化及其分泌的激素与激素功能

（一）卵巢周期性变化

性成熟期的女性除妊娠期和哺乳期外，卵巢在形态和功能上发生周期性变化，称为卵巢周期。其主要变化如下：

1. 卵泡发育及成熟 人类卵巢中卵泡的发育始于胚胎时期，新生儿出生时卵巢内大约有200万个原始卵泡。原始卵泡内有一个卵母细胞，周围有一层梭形或扁平细胞；青春期后卵母细胞逐渐减少。每月一般只有一个优势卵泡发育成熟，排出卵子，其余的卵泡发育到一定程度自行退化，这个过程称卵泡闭锁（图1－19）。女子一生只有400～500个卵泡发育成熟并排卵，根据卵泡发育过程中形态、大小、生长速度和组织学特征，将其依次分为始基卵泡、窦前卵泡、窦状卵泡和成熟卵泡。成熟卵泡为卵泡发育的最后阶段，大多数窦状卵泡发生退化。成熟卵泡体积显著增大（直径达18～23mm），卵泡液急骤增加，卵泡腔增大，卵泡向卵巢表面移行突出。成熟卵泡的结构从外向内依次为：①卵泡外膜：为致密的卵巢间质组织，与卵巢间质无明显界限。②卵泡内膜：细胞呈多边形，血管丰富，由卵巢皮质层间质细胞衍化而来。③颗粒细胞：细胞呈立方形，能分泌雌激素，无血管，其营养来自外围的卵泡内膜，在颗粒细胞层与卵泡内膜层间有一基底膜。④卵泡腔：充满大量清澈的卵泡液，由颗粒细胞产生。⑤卵丘：突出于卵泡腔，卵细胞深藏于其中。⑥放射冠：围绕卵细胞周围的一层颗粒细胞，呈放射状排

列而得名。在放射冠与卵细胞间还有一层很薄的膜，称透明带（图1－20）。

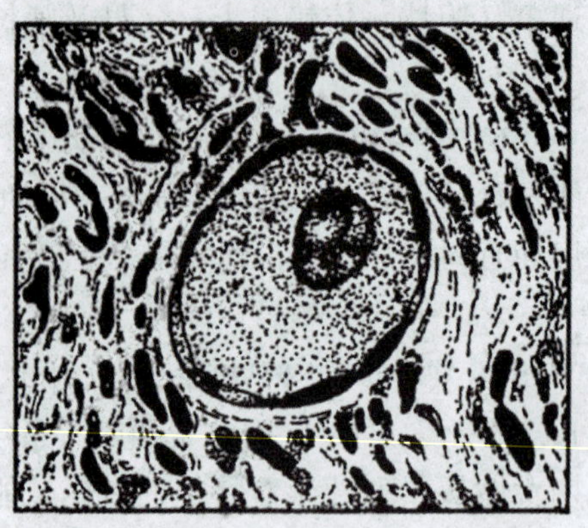

图1－19　卵泡结构

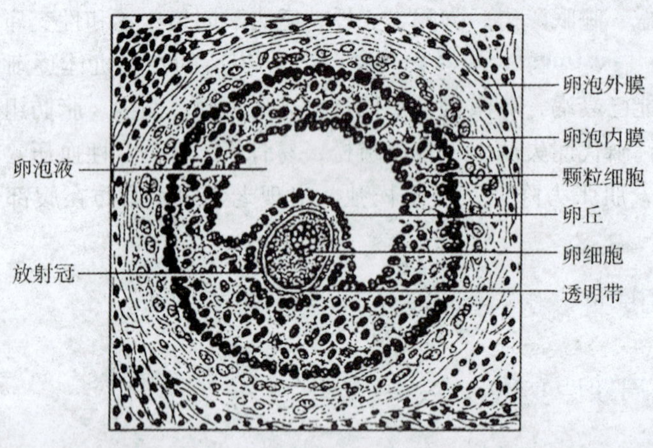

图1－20　成熟卵泡

2. 排卵　随着卵泡的发育成熟逐渐移向卵巢的表面，成熟卵泡内含有的蛋白溶解酶、水解酶和前列腺素（促进卵泡周围组织收缩）的作用，使卵泡膜发生溶解、破裂，卵细胞及其周围的部分颗粒细胞、卵泡液随即离开卵巢，此过程称为排卵（图1－21）。排卵多发生在下次月经来潮前的14天左右，卵子可由两侧卵巢轮流排出，或一侧卵巢连续排出。卵子排出后，被输卵管伞部捡拾后经输卵管壁蠕动，以及黏膜纤毛摆动等协同作用进入输卵管，并循管腔向其壶腹部运送，之后等待与精子相遇结合。

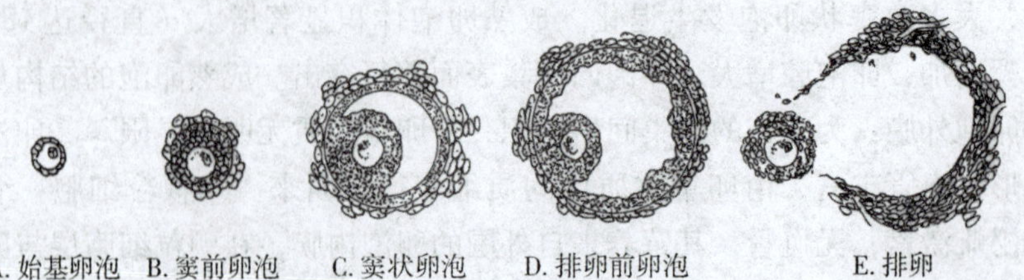

图1－21　卵泡的发育成熟及排卵

3. 黄体形成及退化　排卵后卵泡液流出，卵泡腔内压下降，卵泡壁塌陷，形成许多皱褶，卵泡腔内充满血块，称为血体；残存在卵泡腔内的颗粒细胞和卵泡膜细胞体积迅速增大，胞浆中出现黄色颗粒，使之外观呈黄色，称为黄体，之后卵泡膜的结缔组织、毛细血管伸入黄体中心，使之呈花瓣状，在排卵后7~8天（月经周期第22天左右）黄体发育达最高峰，直径为1~2cm，为成熟黄体（图1-22）。黄素化后的颗粒细胞及卵泡膜细胞，统称为黄体细胞，能分泌雌激素和孕激素。若排出的卵子已受精，则黄体继续发育更名为妊娠黄体，约于妊娠10周后开始退化，其功能由胎盘逐渐取代。若排出的卵子未受精，则黄体在排卵后9~10天开始退化（黄体寿命为14天左右）。退化时黄体细胞逐渐萎缩变小，周围的结缔组织及成纤维细胞侵入，最终由结缔组织代替，组织纤维化，外观呈白色，称之为白体。黄体功能衰退后雌、孕激素分泌水平下降，月经随之来潮，本周期结束，之后卵巢中又有新的卵泡发育，新周期重新开始。

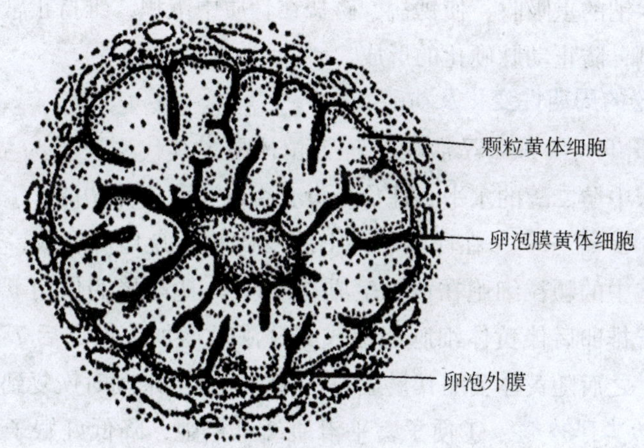

图1-22　卵巢黄体

（二）卵巢分泌的激素及其功能

卵巢合成及分泌的性激素，主要为雌激素（estrogen）、孕激素（progesterone）和少量雄激素（androgen）。

1. 雌激素分泌的周期性变化及功能

（1）雌激素存在的形式　主要为雌二醇和雌酮，雌三醇为其降解产物。雌激素的生物活性以雌二醇最强，雌酮次之，雌三醇最弱。雌激素、雄激素及孕激素之间的关系密切，黄体酮是雄烯二酮及睾酮的前身，雄烯二酮和睾酮又是雌酮和雌二醇的前身，3者基本结构虽极相近，但作用却不同。甾体激素主要在肝脏代谢，降解产物大部分经肾小球滤过，或经肾小管分泌到尿中排出。

（2）雌激素的分泌水平　雌激素主要由发育中的颗粒细胞、卵泡膜细胞和排卵后的黄体细胞产生。在卵泡开始发育时，雌激素分泌量很少，随着卵泡渐趋成熟，雌激素分泌量也逐渐增加，于排卵前形成第1高峰，排卵后分泌量略有下降（颗粒细胞数目略减少），在排卵后7～8天黄体成熟时形成第2高峰，但其峰值低于第1高峰；黄体萎缩时雌激素水平急骤下降，在月经来潮前达最低水平。

（3）雌激素的生理功能 ①促使子宫平滑肌细胞增生肥大，肌层变厚，血运增加；提高其对缩宫素的敏感性，增强子宫收缩力；使子宫内膜增生；宫颈口松弛，宫颈腺体分泌量增加，黏液质地变稀薄，拉丝变长，涂片见羊齿植物叶状结晶。②使阴道上皮细胞增生、角化、成熟；黏膜变厚，细胞内糖原增加，保持阴道酸性环境；促使阴唇发育、变丰满。③促使卵巢中卵泡发育，有助于卵巢积储胆固醇。④促进输卵管发育，上皮细胞分泌及纤毛生长；加强输卵管节律性收缩的振幅，利于精子、卵子和受精卵运行。⑤促使乳腺腺管增生，乳头、乳晕着色；大量的雌激素抑制乳汁的分泌。⑥促进女性第二性征的发育。⑦对下丘脑的正、负反馈调节，控制脑垂体促性腺激素的分泌量。⑧促进肾小管对水钠的重吸收，使钙盐、磷盐在骨质中沉积，维持正常骨质。⑨降低胆固醇与磷脂的比例，防止动脉硬化的形成。

2. 孕激素分泌的周期性变化及功能

（1）孕激素存在的形式 孕激素又称为黄体酮，其代谢产物为孕二醇经尿排出，临床上通过测定尿中孕二醇的水平，评价卵巢有否排卵和黄体功能。

（2）孕激素的分泌水平 在卵巢、肾上腺皮质和胎盘均可合成，卵泡期无黄体酮分泌，排卵前卵泡中的颗粒细胞在黄体生成素（LH）达高峰的作用下开始黄素化，分泌少量黄体酮，于排卵后伴黄体细胞的形成其分泌量增加，排卵后7～8天黄体成熟，分泌量达最高峰，之后随黄体萎缩其量逐渐下降，在月经来潮时恢复到排卵前水平。

（3）孕激素的生理功能 ①使子宫平滑肌纤维松弛，降低妊娠子宫对缩宫素的敏感性，利于胚胎及胎儿在宫腔内生长发育；在雌激素作用的基础上使子宫内膜由增生期转变为分泌期，为受精卵着床做准备；使宫颈腺体分泌黏液量减少、变稠，拉丝度减少，涂片呈椭圆体，并形成黏液栓堵塞宫口，防止病原菌上行感染。②抑制输卵管平滑肌节律性收缩的振幅。③使阴道上皮细胞角化现象消失，涂片细胞卷边，呈舟形。临床上通过阴道脱落细胞学检查以评价卵巢的内分泌功能。④在雌激素作用的基础上，孕激素能促进乳腺腺泡的发育，使乳房丰满。⑤对下丘脑的负反馈调节，影响脑垂体促性腺激素分泌水平。⑥兴奋下丘脑体温调节中枢，使排卵后基础体温升高0.3℃～0.5℃，临床上测定基础体温作为评价卵巢是否排卵的重要标志。⑦孕激素能促进肾小管对水钠的排泄。

以上两种激素的生理功能显示，孕激素多在雌激素作用的基础上，进一步促使女性生殖器和乳房的发育，为妊娠准备条件；二者即有协同作用，又有拮抗作用。

3. 雄激素的生理作用 雄性激素主要来源于肾上腺，少量来自卵巢中卵泡膜和卵泡间质细胞合成。雄性激素是合成雌激素的前体，亦为雌激素的拮抗物，是维持女性正常生殖功能的重要激素，促使阴蒂、阴唇、阴阜的发育和阴毛、腋毛的生长；促进蛋白质合成，使基础代谢率增加，并刺激骨髓中红细胞的增生，在性成熟期前，促使长骨骨基质生长和钙的保留，性成熟后可使骨骺关闭，使生长停止。

4. 卵巢多肽激素 卵巢除分泌甾体类激素外，还能分泌一定量多肽激素（松弛素、促卵泡素）、性腺分泌抑制素和生长因子等。

三、月经

子宫内膜随卵巢的周期性变化而发生周期性脱落及出血的现象，称为月经。月经是生殖功能渐成熟的标志之一。第1次月经来潮称为初潮，多数女性在13～15岁，其早晚与遗传、身体健康、营养状况及气候条件等因素有关。

（一）月经的表现

1. 月经周期 月经来潮的第1天为月经周期的开始，相邻两次月经来潮的第1天相间隔的时间，称为月经周期，一般为21～35天，平均28天。

2. 经期及经量 每次月经持续的时间，称为经期，一般为2～8天，平均4～6日。一次月经出血的量，称为经量，正常为20～60mL，多数学者认为每月的经量超过80mL者，即为月经过多。

3. 月经期的症状 月经属于生理现象，经期多无特殊症状。部分女性在经前、经期有轻度下腹坠胀及腰骶部的酸痛，轻度神经系统不稳定症状（如头痛、失眠、精神忧郁、易于激动等）、胃肠功能紊乱（如食欲不振、恶心、呕吐、便秘或腹泻等），以及鼻黏膜出血、皮肤痤疮出现等，多不影响生活、工作和学习。

（二）月经血的特征

月经血呈弱碱性，黏稠暗红色，除血液外，还含有子宫内膜碎片、宫颈黏液及脱落的阴道上皮细胞。正常的经血有血腥味，无臭味，不凝固。（剥脱的子宫内膜中含有活化物质，激活了经血中的纤溶酶原，使其转变为纤溶酶，能促使纤维蛋白裂解为流动的降解产物；另外，子宫内膜组织含有其他活性酶能破坏许多凝血因子。）

（三）月经期卫生

月经期盆腔充血，子宫颈口较松，宫腔有创面，生殖器官抵抗力减弱。经期要保持外阴清洁；避免过劳，防寒保暖；忌食辛辣刺激性食物；保持良好心情；禁止盆浴、坐浴、阴道冲洗；禁止性交和游泳。

四、子宫内膜及生殖器其他部位的周期性变化

卵巢的周期性变化促使女性生殖器也发生一系列相应的周期性变化，尤以子宫内膜

的周期性变化最为显著。

（一）子宫内膜的周期性变化

以28天月经周期为例，子宫内膜组织的周期性变化分为3个时期（图1－23）。

1. 增生期 月经周期的第5～14天。在卵泡发育及成熟过程中分泌雌激素，作用于子宫内膜，使子宫内膜上皮与间质细胞开始增生变厚，腺体增多变长，内膜呈充血状态。

2. 分泌期 月经周期的第15～28天。黄体形成后，在孕激素作用下，子宫内膜由增生期转变为分泌期，内膜继续增厚，血管增多迂曲，腺体增多变长呈分泌状态，间质疏松水肿，血供充足，适合囊胚植入和胚胎发育。

3. 月经期 月经周期第1～4天。黄体萎缩，雌、孕激素水平下降，内膜中的前列腺素合成活化，刺激子宫肌层收缩，使内膜功能层螺旋小动脉持续痉挛，血流减少，内膜缺血受损，组织变性、坏死，血管壁通透性增加、破裂，导致内膜底部血肿形成，加速组织坏死剥脱与血液相混而排出，即形成月经。

子宫内膜组织学变化是连续过程，各期间存在着交叉关系。近年来通过电镜观察子宫内膜超微结构，发现在月经周期的任何阶段，内膜腺腔中均存在分泌现象；因此，也有学者提出“增生期”与“分泌期”的名称不够确切，建议代之以“排卵前期”与“排卵后期”为宜。

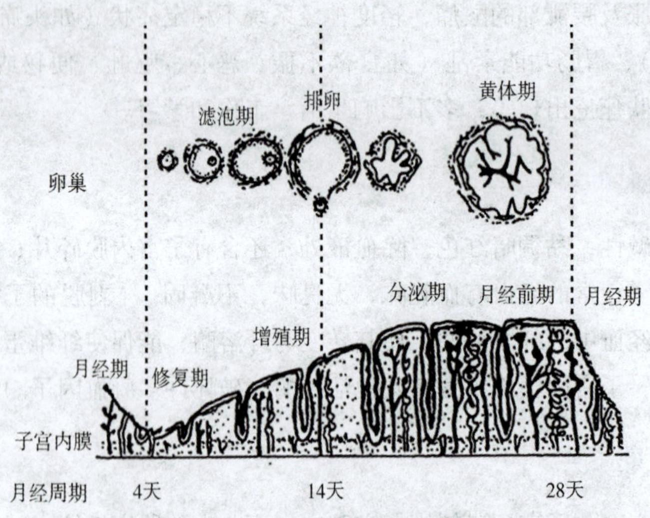

图1－23 子宫内膜周期性变化与卵巢周期性变化的关系

（二）生殖器其他部位的周期性变化

1. 阴道黏膜的周期性变化 在月经周期中，随着雌、孕激素水平的消长，阴道黏膜发生周期性改变，其改变在其上段更明显。排卵前，阴道上皮在雌激素的作用下，底层细胞增生逐渐演变为中层与表层细胞，使阴道上皮增厚，表层细胞出现角化，其程度在排卵期最明显；上皮细胞内富含糖原，经阴道杆菌的分解成为乳酸，使阴道内保持一定的酸度，防止致病菌的繁殖；排卵后，在孕激素的作用下，表层细胞脱落。临床上借助阴道脱落细胞学检查，评价体内激素水平和卵巢有否排卵。

2. 宫颈黏液的周期性变化 在卵巢激素的作用下，宫颈腺体分泌的黏液在其物理、化学性质上均有明显的周期性改变。月经干净后随着雌激素水平的不断提高，至排卵期宫颈黏液的分泌量增加，变稀薄、透明，拉丝度长达10cm以上，取黏液涂片干燥后镜检见羊齿植物叶状结晶，于周期的第6~7天开始出现，至排卵期最为典型；排卵后受孕激素的影响，黏液分泌量逐渐减少，质地黏稠、混浊，拉丝度差，易断裂，涂片镜检结晶逐步模糊，至月经周期第22天左右此现象完全消失，取而代之的是以排列成行的椭圆体。观察宫颈黏液涂片的周期性变化是临床上评价卵巢功能的辅助检查项目。

五、下丘脑－垂体－卵巢轴的相互调节

在性成熟期，除妊娠、哺乳期外，卵巢及生殖器其他部位发生一系列周期性变化，这种变化称为性周期，月经周期是性周期变化的重要标志。从青春期开始在大脑皮质的控制下，丘脑下部－脑垂体－卵巢三者的相互作用，成为性周期调节的主要轴线（图1－24）。

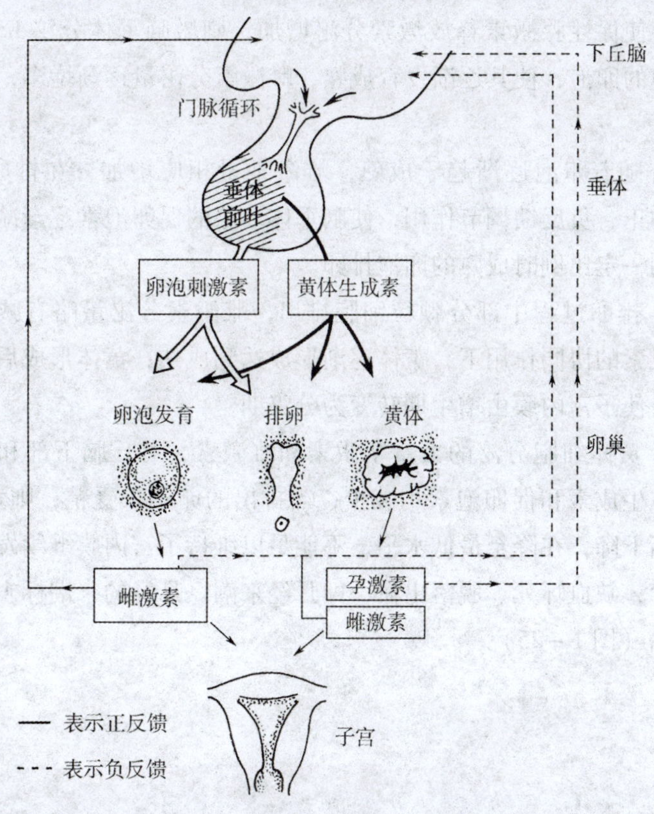

图1－24 下丘脑－垂体－卵巢的相互关系

1. 丘脑下部对垂体的调节作用 丘脑下部的某些神经细胞兴奋时，能分泌促性腺激素释放激素（gonadotropin releasing hormone，Gn－RH），包括促卵泡刺激素释放激素（FSH－RH）与黄体生成素释放激素（LH－RH），二者通过下丘脑与脑垂体之间的门脉系统进入脑垂体前叶，促使其合成和释放促性腺激素。

2. 脑垂体前叶对卵巢的调节作用 脑垂体在下丘脑分泌的促性腺激素释放激素作用下，分泌促卵泡素（FSH）与黄体生成素（LH），这两种激素能控制卵巢中的卵泡发育、成熟和排卵过程，并促使排卵后残留的卵泡腔形成黄体，产生孕激素与雌激素。

3. 卵巢激素对丘脑下部和脑垂体的反馈性调节作用 卵巢激素对丘脑下部和脑垂体分泌活动的调节，称为反馈性调节。丘脑下部不同部位对卵巢激素作用的反应不同，能使其兴奋性增强，分泌性激素量增加者，称正反馈；反之，为负反馈。大量的雌激素能抑制下丘脑分泌促卵泡素释放激素（负反馈）；同时又兴奋下丘脑分泌黄体生成素释放激素（正反馈）；大量孕激素和雌激素有协同作用，对丘脑下部分泌的黄体生成素释放激素均有抑制作用（负反馈）。

4. 月经周期的调节机制

（1）卵泡期 前一周期末黄体萎缩，孕激素和雌激素水平急剧下降，对丘脑下部负反馈作用解除，使促性腺激素释放激素分泌增加，刺激脑垂体分泌 FSH 和少量 LH；二者作用于卵巢中的卵泡，使其逐渐发育成熟，雌激素分泌量逐渐增多，促使子宫内膜增生、修复。

（2）排卵期 随着卵泡逐渐趋于成熟，雌激素量相应增加，在排卵前达到高峰，通过对丘脑下部的正、负反馈调节作用，使脑垂体分泌的促卵泡素逐渐减少，黄体生成素增多，二者达到一定比例时成熟的卵泡排卵。

（3）黄体期 排卵过程中部分颗粒细胞排出，雌激素分泌量略有减少，在少量促卵泡素和黄体生成素的协同作用下，黄体逐渐形成达到成熟；黄体形成后黄体细胞分泌雌激素和孕激素，使子宫内膜由增生期转变为分泌期。

（4）月经期 黄体细胞分泌的大量孕激素和雌激素，对丘脑下部和脑垂体形成负反馈作用，使黄体生成素和促卵泡素均减少；当排出的卵子未受精，则黄体开始萎缩，雌、孕激素量逐渐下降，在降至最低水平，不能足以维持子宫内膜继续发生分泌期变化时，内膜血管痉挛，缺血坏死、脱落出血，即月经来潮。月经的来潮标志着本周期的结束，新周期的开始（图1－25）。

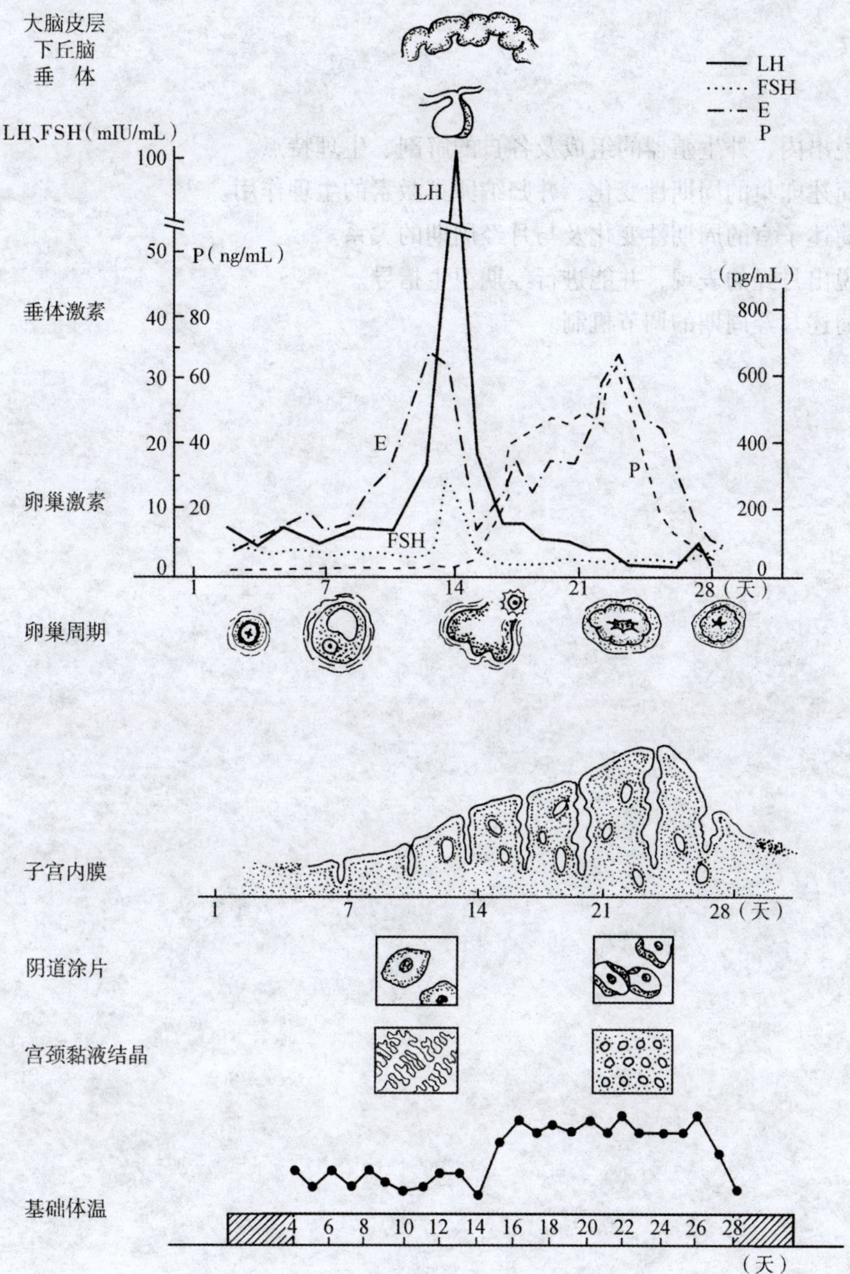

图 1－25　月经周期中脑垂体、卵巢、子宫内膜、阴道涂片、宫颈黏液和基础体温的周期性变化

（5）新周期　黄体萎缩，雌激素和孕激素分泌量下降，对丘脑下部负反馈作用解除，促性腺激素释放激素分泌增多，促使卵巢中新的卵泡发育，新的周期开始。

思 考 题

1. 说出内、外生殖器的组成及各自的解剖、生理特点。
2. 简述卵巢的周期性变化，并归纳卵巢激素的生理作用。
3. 简述子宫的周期性变化及与月经周期的关系。
4. 说出月经的表现，并能进行经期卫生指导。
5. 简述月经周期的调节机制。

第二章　妇产科护理病历书写

学习目标

1. 阐述妇产科病史的特点及妇产科疾病的常见症状。
2. 说出盆腔检查的护理配合。
3. 概述阴道窥器检查及双合诊检查的方法和内容。
4. 解释护理评估、护理诊断、护理措施、护理评价。

女性一生经历胎儿期、新生儿期、儿童期、青春期、性成熟期、围绝经期和老年期7个阶段，每一阶段女性生殖生理、生殖内分泌功能和心理－社会状态的变化均有可能导致异常，而出现妊娠、分娩及产褥异常、女性生殖器官肿瘤、感染性病变、生殖内分泌疾病等。每一次接诊患者，均包括采集病史、体格检查、分析综合、确定护理诊断、制订护理计划以及护理方案的实施和随访。采集病史与检查是为护理对象提供护理的主要依据，也是妇产科护理临床实践的基本技能。通过本章内容的学习，学生应能正确采集病史、进行体格检查、评估并分析护理对象的心理－社会状态，根据不同服务对象的需要，制订相应的护理计划并实施。

护理病历是记录护理对象的护理评估、护理诊断、护理目标、护理措施及护理评价的系统文件。是把收集的资料进行分析、归纳和整理的书面记录。护士在实施护理计划的过程中，还要将护理对象在接受医疗和护理的情况随时记录在护理病历上。内容要求客观、真实、全面与完整。书写要认真细致、重点突出、主次分明、字迹端正清楚、语句通顺精练。

第一节　护理评估

一、收集资料的方法

收集资料可以通过观察、交谈、身体检查及心理测试等方法进行。

交谈是护士与患者有计划、有目的的交流，是有效收集与患者健康相关的资料和信息的重要手段。交谈要与患者直接进行，因为唯有患者对自己的病情最清楚，体会最深刻。对不能口述的危重患者可询问其家属或知情者。遇病情危重者应在初步了解病情后立即抢救，以免贻误治疗。外院转诊者，应获取病情介绍。由于妇产科问诊常涉及婚次、妊娠、性生活等隐私问题，护士要有良好的职业道德，询问时态度和蔼、语言亲切，关心、体贴、尊重患者，并给予保护隐私的承诺。

身体评估是护士运用望、触、叩、听、嗅等方法对患者进行检查。除病情危重外，应按全身检查、腹部检查和盆腔检查的顺序实施。女性生殖系统是人体最隐秘的部位，在盆腔检查即妇科检查时患者会感到害羞与不适，检查者要关心患者，解释检查的必要性，取得患者的配合，并注意遮挡，避免第 3 者在场，态度要严肃认真，动作应准确轻柔。

二、病史内容

1. 一般项目 包括患者的姓名、年龄、婚姻、职业、民族、文化程度、宗教信仰等，记录联系地址、联系方式（电话号码）、入院方式、入院日期。护理对象年龄、婚姻、信仰、职业等不同，对疾病有不同的影响，比如孕妇年龄过小容易发生难产，35岁以上初孕妇容易在妊娠期发生妊娠期高血压疾病、分娩期出现产力异常等，妇女的婚姻状况、性伴侣与妇科疾病有关。若非本人陈述内容，应注明陈述者与患者的关系。

2. 主诉 患者就诊的主要症状及持续时间。通过主诉可了解患者就诊的主要目的和主要护理问题。产科常见的就诊问题有停经、停经后阴道流血和（或）下腹疼痛不适、见红、产后发热伴下腹痛等。妇科常见症状有阴道流血、白带异常、外阴瘙痒、闭经、下腹痛、下腹包块及不孕等。也有本人无任何自觉不适，妇科普查发现问题的患者。书写主诉通常不超过 20 字，一般采用症状学名称，避免使用病名，如“停经 × 日，阴道流血 × 日”，或“普查发现子宫肌瘤 × 日”。

3. 现病史 是病史的主要部分。包括疾病发生、发展、变化的全过程及诊疗情况。按时间顺序，详细询问其发病时间、原因及可能的诱因，发展经过，是否就医，采取的治疗和护理措施及效果，同时须了解患者有无伴随症状及出现时间、特点和演变过程，特别是与主要症状的关系。此外应详细询问患者的食欲、大小便、体重变化、活动能力、睡眠及自我感觉、角色关系、应激能力等心理－社会状况。

4. 月经史 询问初潮年龄、月经周期、经期、经量、末次月经时间、经前期及经期有无不适如痛经、乳房胀痛、情绪变化等。已绝经者要询问绝经年龄。月经史的简单书写方式：初潮年龄$\frac{\text{经期}}{\text{月经周期}}$绝经年龄。如 13 岁初潮，每 28～30 天来一次月经，持续 4～5 天，49 岁绝经，可简写为：$13\frac{4\sim5}{28\sim30}49$。

5. 婚育史 包括结婚年龄、婚次、男方健康状况、足月产、早产、流产及现存子女数（可简写表达，依次为：足－早－流－存或孕 n 产 n，如足月产 1 次，无早产，流产 2 次，现存子女 1 人，可简写为 1－0－2－1 或孕 3 产 1）、分娩方式、有无难产史、有无产后或流产后出血、感染史，末次分娩或流产的时间，目前采用的计划生育措施及效果。

6. 既往史 询问既往健康状况，曾患过何种疾病，特别是妇产科疾病及与妇产科疾病密切相关的病史如生殖系统炎症、肿瘤、损伤、畸形等，是否肥胖，有无肝炎、心血管疾病、肺结核、肠结核、结核性腹膜炎及腹部手术史等。同时询问食物及药物过敏史。

7. 个人史 询问患者的生活和居住情况、出生地、曾居住地、个人特殊嗜好、自理情况，与疾病有关的职业、工种、劳动条件。

8. 家族史 了解患者的家庭成员包括父母、兄弟、姐妹及子女的健康状况，询问家族中有无遗传性疾病（如白化病、血友病等）、可能与遗传有关的疾病（如糖尿病、高血压、肿瘤等）以及传染病（病毒性肝炎、结核等）。

三、身体评估

病史采集完成后进行体格检查，包括全身体格检查、腹部检查和盆腔检查。孕妇的体格检查还应包括骨盆测量、产道检查和肛门指诊检查。盆腔检查为妇科所特有，又称妇科检查。

1. 全身体格检查 测量体温、脉搏、呼吸、血压、身高、体重；观察营养状况、精神状态、面容、体态、全身发育、毛发分布；检查皮肤及浅表淋巴结（特别是锁骨上淋巴结、腹股沟淋巴结）、头面部器官、颈部、乳房、心、肺、脊柱及四肢。

2. 腹部检查 腹部检查是盆腔检查前进行的重要检查。患者平卧，露出腹部，观察腹部形状和大小、腹壁是否膨隆、有无瘢痕、静脉曲张、妊娠纹、腹壁疝、腹直肌分离。触诊腹壁厚度，肝、脾、肾有无肿大及压痛，腹部其他部位有无压痛、反跳痛及肌紧张，腹部有无包块及其大小、部位、形态、质地、活动度、表面光滑与否、有无压痛。叩诊注意鼓音、浊音分布范围，有无移动性浊音。如为妊娠，应检查宫高、胎方位、胎心音及胎动等。

3. 骨盆测量 骨盆大小及其形状对分娩有直接影响，是决定胎儿能否顺利经阴道分娩的重要因素。产前检查时必须做骨盆测量。骨盆测量分内测量和外测量两种。

4. 肛门指诊检查 可以了解胎先露部、骶骨前面弯曲度、坐骨棘间径、坐骨切迹宽度以及骶尾关节活动度，并测量后矢状径。

5. 盆腔检查 又称妇科检查，主要检查女性内生殖器官。

（1）检查器械 无菌手套、阴道窥器、鼠齿钳、长镊子、子宫探针、宫颈刮板、玻片、棉拭子、消毒液、液体石蜡或肥皂水、生理盐水等。

（2）检查基本要求

①检查者应关心体贴患者，态度严肃认真。检查前向患者做好解释工作，告知患者检查可能引起不适，减轻紧张感。检查要仔细，动作轻柔。

②检查前嘱患者排空膀胱，必要时导尿和排尽充盈的大便。

③每检查 1 人更换置于臀下的垫单，每人使用一套检查器械，以防交叉感染。

④除尿瘘患者有时取特殊体位外，一般妇科检查均取膀胱截石位，患者臀部置于台

缘，头部略抬高，两手平放于身旁，使腹肌放松。检查者面向患者，立在患者两腿之间。

⑤正常月经期应避免检查，如为异常出血则必须检查。检查前应先消毒外阴，并使用无菌手套及器械。

⑥未婚者仅限做直肠－腹部诊，禁作双合诊和阴道窥器检查。如确需检查，应取得家属及本人同意，可用示指放入阴道触诊。男性医护人员进行检查时，需有女性医护人员在场，以减轻患者紧张心理和避免发生不必要的误会。

⑦如患者紧张，可边检查边与患者交谈，使其放松。若怀疑盆腔内有病变，但因患者腹壁肥厚或高度紧张不合作使检查不满意时，可肌肉注射哌替啶后，甚至在骶管麻醉下行盆腔检查，以做出正确的判断。

（3）检查方法　按下列步骤进行。

①外阴检查　观察外阴发育及阴毛分布情况，外阴皮肤和黏膜色泽、有无萎缩、增厚等变化，外阴有无畸形、炎症、水肿、溃疡、赘生物或肿块。左手拇指、示指分开小阴唇，暴露阴道前庭、尿道口和阴道口，检查处女膜的完整性，有无残痕。嘱患者向下屏气用力，观察有无阴道前后壁膨出、子宫脱垂和尿失禁等。

②阴道窥器检查　选择合适的阴道窥器，将窥器的两叶合拢，用润滑剂（液体石蜡或肥皂液）润滑两叶前端；左手拇指和食指将两侧小阴唇分开，暴露阴道口，右手持阴道窥器斜行插入阴道口，沿阴道侧后壁缓慢插入阴道内，边旋转边向上向后推进，并将两叶转平，张开，直至完全暴露宫颈，再固定窥器（图2－1，图2－2）。如拟做宫颈刮片或阴道涂片细胞学检查，则不用润滑剂，改用生理盐水，以免影响结果；取出窥器时将两叶合拢后退出，以免夹伤患者的小阴唇和阴道壁黏膜，引起患者疼痛和不适。

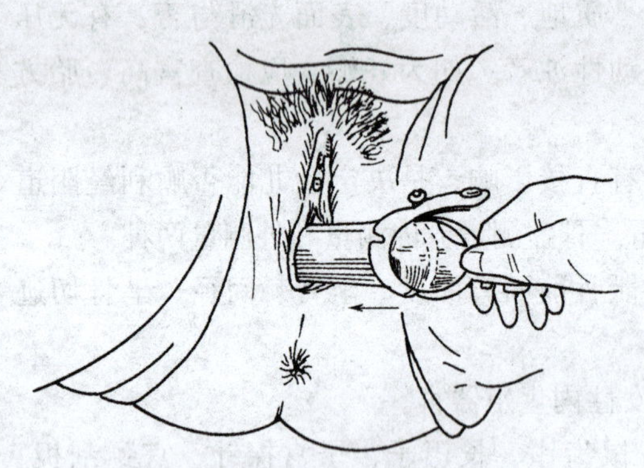

图2－1　沿阴道侧后壁放入阴道窥器

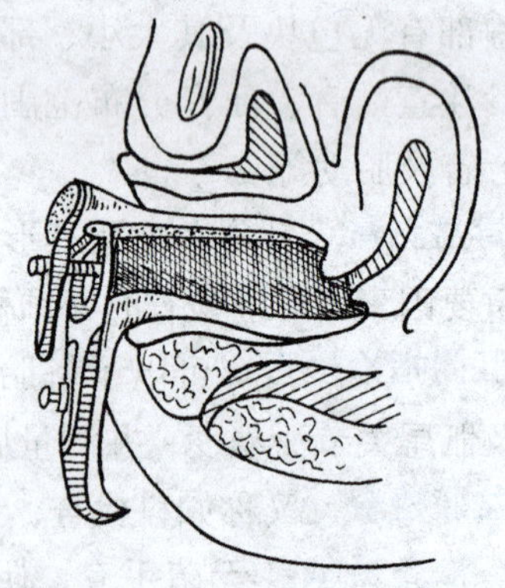

图2－2　暴露宫颈

阴道窥器检查内容包括宫颈、阴道。观察宫颈的大小、颜色、外口形状，有无出血、糜烂样改变、息肉、肥大、腺囊肿等慢性炎症表现及畸形，宫颈管内有无出血或异常分泌物，必要时可取宫颈管分泌物和行宫颈刮片检查。观察阴道壁黏膜颜色、皱褶多少，有无阴道畸形，有无溃疡、赘生物及囊肿等。观察阴道分泌物的量、色泽、性状、有无臭味。白带异常者应进行涂片检查。

③双合诊　检查者一手戴消毒手套，其食指和中指涂润滑剂后伸入阴道内，另一手放于腹部，两手配合检查为双合诊。逐步检查阴道、宫颈、子宫、输卵管、卵巢、宫旁组织和韧带，以及盆腔内壁情况（图2-3，图2-4）。双合诊可以检查阴道通畅度、深度、弹性，有无畸形、瘢痕、肿块及阴道穹隆情况；触摸宫颈的大小、形态、硬度、有无接触性出血和宫颈举痛及摇摆痛；触摸子宫体大小、位置、形态、软硬度、活动度、有无压痛，正常子宫位于盆腔中央，呈前倾前屈位，活动，中等硬度；触摸子宫附件处有无肿块、增厚、压痛，注意肿块的位置、大小、形态、硬度、活动度、与子宫的关系、有无压痛等，正常卵巢偶尔可扪及，触之有酸胀感，正常输卵管多不能触及。

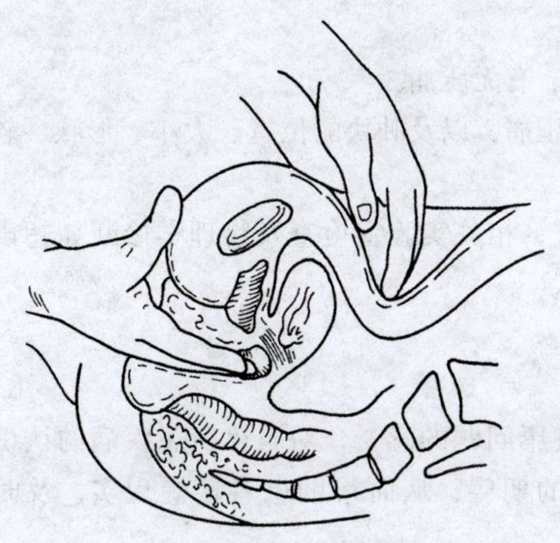
图2-3　双合诊检查子宫

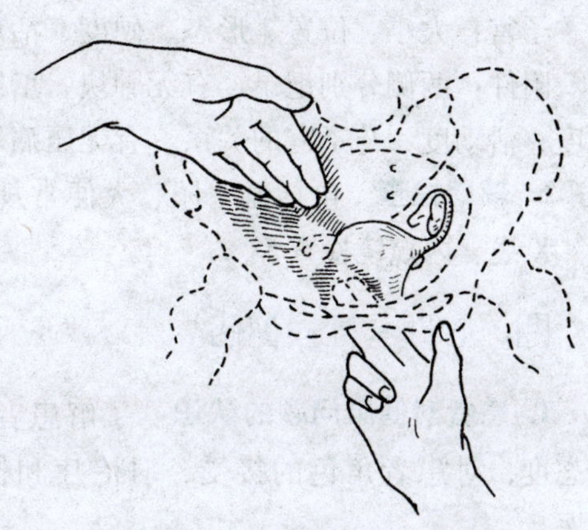
图2-4　双合诊检查子宫附件

④三合诊　检查者一手示指在阴道内，中指在直肠，另一手在腹部配合检查，此为三合诊（图2-5）。主要检查后倾或后屈子宫的大小，检查子宫后壁、宫颈旁、直肠子宫陷凹、宫骶韧带、盆腔后壁、骶骨前方及直肠内有无病变，可估计癌肿浸润盆壁的范围，所以三合诊在生殖器官肿瘤、结核、子宫内膜异位症、炎症的检查时尤为重要。

做双合诊、三合诊检查时，除应按常规操作外，掌握下述各点有利于检查的顺利进行：当两手指放入阴道后，患者感疼痛不适时，可单用示指替代双指进行检查；三合诊时，在将中指伸入肛门前，可先在肛门周围轻轻按摩，然后嘱患者像解大便一样用力向下屏气，使肛门括约肌自动放松，再插入中指可减轻患者的疼痛和不适感；若患者腹肌紧张，可边检查边与患者交谈，使其张口呼吸而使腹肌放松；当检查者无法查明盆腔内解剖关系时，继续强行扪诊，不但患者难以耐受，而且往往徒劳无益，此时应停止检查。待下次检查时，多能获得满意结果。

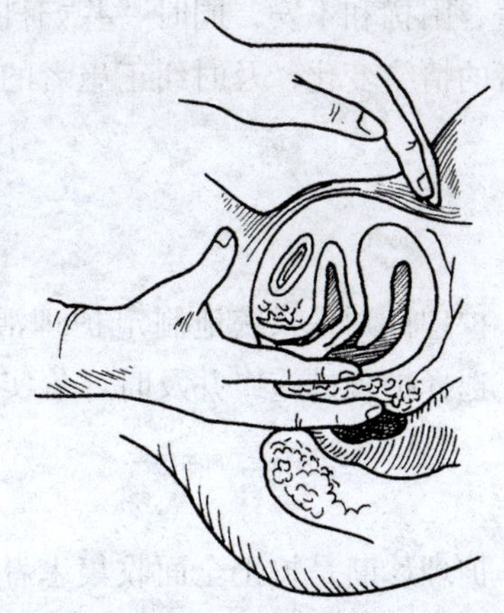
图2-5　三合诊检查

⑤直肠－腹部诊　检查者一手示指伸入直肠，另一手在腹部配合检查为直肠－腹部诊，也称肛腹诊。检查内容同双合诊和三合诊，适用于未婚、阴道闭锁或经期不宜做阴道检查者。

（4）记录　产科记录通常以表格的形式完成，妇科记录需通过盆腔检查，将检查结果按照解剖部位的先后顺序进行记录。

外阴：发育情况、阴毛分布、婚产式、有无异常情况。

阴道：是否通畅、黏膜情况、分泌物情况。

宫颈：大小、硬度、有无糜烂样改变、息肉、腺囊肿，有无接触性出血、举痛及摇摆痛等。

子宫：大小、位置、形态、硬度、活动度、有无压痛。

附件：两侧分别记录，有无肿块、增厚、压痛，以及肿块的位置、大小、形状、软硬度、活动度、与子宫的关系、有无压痛等。

6. 辅助检查　包括血、尿、大便常规检查，相关实验室检查及物理学诊断如超声波、X 线、内窥镜检查等。

四、心理－社会评估

1. 患者对健康问题的认识　了解患者对健康问题的感受，对自己所患疾病的认识和态度，对患者角色的接受，对治疗和护理的期望，从而帮助患者接受现实，及时就医。

2. 患者对疾病的反应　应用量化评估表评估患者患病前后的应激方法，面对压力时的解决方式，处理问题中遇到的困难等。这样可以明确患者的心理－社会问题，从而采取相应的心理护理措施，帮助患者减轻或消除心理因素对健康的影响。

3. 患者的精神心理状态　心理变化可以影响患者的精神状态，精神状态在妇产科疾病的发生、发展及预后中占有重要的地位。妇产科一些检查部位的暴露常使患者感到害羞、困扰和不安，同时一些妇科疾病常影响到患者的家庭与夫妻生活等，所以要注意患者的情绪变化，及时纠正患者的不良情绪，以利于疾病的康复。

第二节　护理计划

护理计划是系统地制定护理活动的过程，包含对护理诊断进行排序、制定护理目标、选择护理措施，并及时评价实施措施后的反应。

一、护理诊断/问题

护理诊断是护士全面收集患者的生理、心理、精神、社会和文化等方面的资料，加以综合整理、分析后，根据患者的问题做出的阐述。护理诊断包括患者潜在性和现存性的问题、自我护理能力和妇女群体健康改变的趋势。我国目前使用的是北美护理诊断协会（NANDA）2005 年认可的护理诊断。护士确认护理诊断后，按其重要性和紧迫性排列先后顺序，根据病情轻重缓急采取先后行动。

二、护理目标

护理目标是通过护理干预，护士期望患者达到的健康状态或在行为上的改变。护理目标也是评价护理效果的标准。根据目标所需时间的长短分为长期目标和短期目标。长期目标又称远期目标，是指在较长时间内（数周或数月）才能达到的目标，常用于妇产科出院患者、慢性炎症患者和手术后康复患者。短期目标又称近期目标，是指在较短时间内（1 周或 1 天甚至更短的时间）能够达到的目标，常用于病情变化较快或短期住院的妇产科患者。长期目标和短期目标在时间上没有绝对的分界。有些护理计划只有短期目标，有些护理计划可能具有长期和短期目标。长期目标和短期目标的相辅相成有利于护士做好各个护理阶段的工作。

三、护理措施

护理措施是护士为帮助患者达到预定目标所采取的具体护理活动。具体内容可分为以下 3 类。

1. 依赖性护理措施　是指护士执行医师、药剂师、营养师等人的医嘱。要求护士既要执行医嘱，又要对给予患者的治疗和护理负责任。

2. 协作性护理措施　是指护士与其他医务人员协同完成的护理活动。

3. 独立性护理措施　是指护士运用自己的护理知识和能力，自行或授权其他护理人员进行的护理活动。包括对患者住院环境、生活护理、患者教育等的管理及患者病情和心理－社会反应的监测两方面。应注意制订护理措施要具有科学性和可执行性，以保证患者的安全和实现恢复健康的目的。

四、护理评价

护理评价是对整个护理效果的鉴定，是评价护理目标是否达到的手段。将患者目前的健康状况与护理计划中的护理目标进行比较，可能会存在目标完全实现、部分实现、未实现等几种结果，此时应重新收集患者的资料，调整护理计划。

1. 停止　对于已解决的护理问题，目标已完全实现，其相应护理措施可同时停止。

2. 修订　对护理目标部分实现或未实现的情况进行仔细分析，然后对护理问题、护理目标、护理措施中不恰当的地方进行修改。

3. 排除　经过分析和实践，排除已不存在的护理问题。

4. 增加　评价过程也是一个再评估的过程，根据对所获得的资料的评判，可发现新的护理问题，应将其纳入护理计划中，改进和提高护理质量，争取患者早日康复。

五、健康指导

妇科患者由于疾病或手术牵涉性生活、生育等家庭方面的问题，常常影响家庭和睦和夫妻生活，所以妇科患者思想顾虑多，心理压力大，在健康教育方面尤其不可忽视。如生殖器炎症患者，应指导她寻找病因，注意个人卫生，在特殊时期如月经期、妊娠期应预防感染，注意休息，清淡饮食，保持会阴部清洁，理解丈夫心情，保持心情愉快等。

附 1：妇科门诊病例（问诊记录、体检记录）

主诉：白带增多伴外阴瘙痒 3 天。

现病史：3 天前不明原因出现阴道分泌物增多，水样、淡黄色、有臭味，伴外阴瘙痒、灼热，轻度尿痛，以上症状逐渐加重。

孕产史：1－0－2－1。

妇科检查：

外阴：发育正常，皮肤潮红，阴唇后联合及小阴唇可见抓痕。

阴道：通畅，黏膜充血，后穹隆有多量白带，稀薄、灰黄色、泡沫状。

宫颈：已产型，宫颈充血，光滑。

子宫：居中，正常大小，质地中，活动度可，无压痛。

附件：未见异常。

临床诊断：滴虫性阴道炎。

处理：1. 阴道分泌物悬滴法检查。

2. 抗滴虫治疗。

签字：________

附 2：妇科病历摘要；护理病程记录

妇科病历摘要：

张女士，32 岁，因“扪及左侧下腹部包块 2 月余”于 2014 年 9 月 1 日入院。既往月经周期 30 天左右，周期规律，经期 4～5 天，经量中等，每次月经需用卫生巾 10 片左右，无痛经。两个月前无意间触摸到左下腹包块，无疼痛。门诊 B 超检查为“左侧卵巢肿瘤”。发现包块以来，体重无明显减轻，大小便无异常。既往体健，G3P1，末次妊娠为 5 年前，行人工流产术，IUD 避孕。入院查体：T：36.9℃，P：89 次/分，R：18 次/分，BP：120/82mmHg，心律齐，心界正常，心尖区未闻及杂音，肺部无异常，腹软，肝脾未扪及，左下腹扪及约鸭蛋大的包块，圆形、实性、光滑、无粘连、无压痛，移动性浊音阴性。

妇科检查：

外阴：阴毛女性分布，外阴已婚已产型，大阴唇和小阴唇无红肿及溃疡，尿道口正常，前庭大腺未触及。

阴道：通畅，分泌物较多，白色黏稠状，无臭味。

宫颈：宫颈糜烂样改变，占 1/3 面积，触之无出血。

宫体：呈前屈，居中，正常大小，质地中，活动度可，无压痛。

附件：左侧附件区鸭蛋大包块，椭圆形、实性、光滑、无粘连、无压痛。右侧附件区无异常。

初步诊断：左侧卵巢肿瘤。

签名：________

护理病程记录：

2014 年 9 月 2 日

患者入院第 2 日，未诉特殊不适，T 36.6℃。医疗诊断明确，手术指征明确，积极进行术前准备。于上午 9 点进行了入院宣教，介绍医院和病区的相关规章制度、病室环境及主管医师和主管护士，患者表示理解相关信息，已签字知情。协助患者行血、尿常规检查，肝肾功能检查，凝血功能及胸透检查，阴道 B 超检查，心电图检查，阴道准备 3 天，择期手术。

签名：________

2014 年 9 月 5 日

患者于今日上午 8：20 进入手术室，在持续硬膜外麻醉下行剖腹探查手术，术中行左侧附件切除，手术经过顺利。10 点安全返回病房，测得体温 36.2℃，脉搏 92 次/分，呼吸 22 次/分，血压 106/70mmHg，保留导尿管通畅，尿液清晰，神志清醒。帮助患者去枕平卧 6 小时。每 15 分钟进行一次腿部活动，每 2 小时翻身、咳嗽、做深呼吸一次。注意继续观察生命体征。

签名：________

2014 年 9 月 5 日 11：30 am

测脉搏 86 次/分，呼吸 22 次/分，血压 110/70mmHg。神志清楚，手术切口敷料清洁干燥，尿管通畅，尿液清晰，尿量约 200mL，未见阴道流血。

签名：________

2014 年 9 月 5 日 2：00 pm

测脉搏 86 次/分，呼吸 22 次/分，血压 110/76mmHg。神志清楚，手术切口敷料清洁干燥，尿管通畅，尿液清晰，尿量约 500mL，未见阴道流血。

签名：________

2014 年 9 月 5 日 5：30 pm

测脉搏 86 次/分，呼吸 22 次/分，血压 110/78mmHg。神志清楚，手术切口敷料清洁干燥，尿管通畅，尿液清晰，未见阴道流血。

签名：________

2014 年 9 月 5 日 11：00 pm

测脉搏 86 次/分，呼吸 22 次/分，血压 120/78mmHg。神志清楚，手术切口敷料清洁干燥，尿管通畅，尿液清晰，未见阴道流血。诉伤口疼痛难忍，遵医嘱给予哌替啶 100mg 肌内注射。

签名：________

2014 年 9 月 6 日

术后第 1 天，体温 38.5℃，脉搏 80 次/分，呼吸 20 次/分，血压 120/80mmHg。

主诉伤口疼痛，较难忍受。手术切口敷料洁净干燥，未见阴道流血。心、肺听诊无异常。肠鸣音活跃，但未排气，嘱患者多翻身活动。遵医嘱给予哌替啶 100mg 肌内注射。今日输液 2000mL。尿管通畅，尿液清，保留导尿管持续开放，明晨停用。继续观察患者疼痛情况、尿管及伤口情况。

签名：________

2014 年 9 月 7 日

患者术后第 2 天，体温 37.1℃，脉搏 78 次/分，呼吸 20 次/分，血压 120/80mmHg。主诉伤口疼痛明显减轻，不影响休息。肛门已排气。手术切口敷料洁净干燥，未见阴道流血。心、肺听诊无异常。上午 8：10 拔除保留导尿管，11 点自解小便约 400mL。告知患者明日可进普食。

签名：________

2014 年 9 月 12 日

患者一般情况好，生命体征平稳，食欲可，大小便正常，腹部切口已拆线，愈合良好。切除的卵巢肿瘤病理检查为成熟畸胎瘤，良性。

签名：__________

2014 年 9 月 13 日

患者一般情况良好，生命体征正常，心情愉快。预计明日出院，为患者作出院健康教育，内容包括：①休息 1 个月；②1 个月后门诊复查；③保持外阴清洁。患者表示理解信息并接受。

签名：__________

思 考 题

1. 妇产科疾病的常见症状有哪些?
2. 妇科检查的基本要求有哪些?
3. 双合诊的检查方法和内容有哪些?

第三章 妊娠期妇女的护理

学习目标

1. 解释妊娠、受精、蜕膜、早孕反应、黑加征、妊娠试验、胎产式、胎先露、胎方位、围生期的概念。

2. 概述妊娠的发生，胎儿附属物的结构和功能。

3. 说出妊娠期母体的变化、妊娠的分期、早期妊娠及中晚期妊娠诊断的依据。

4. 说出产前检查的时间；预产期的计算方法；妊娠期妇女产前护理评估（首次产前检查及复诊产前检查）的主要内容。

5. 简述妊娠期妇女常见症状的护理及健康教育的内容。

第一节 妊娠生理

案例引导

刘女士，末次月经记不清，现急产分娩一新生儿，身长 40cm，体重 1700g，皮肤表面有胎脂，能啼哭、吞咽。请问：

1. 该新生儿娩出时孕周？试估算。

2. 新生儿能否存活？

妊娠（pregnancy）是指胚胎和胎儿在母体内发育成长的过程，是一个复杂而又协调的生理过程。卵子受精是妊娠的开始，胎儿及其附属物排出母体是妊娠的终止，实际只有 266 天。临床为了计算的方便，往往以末次月经的第 1 天作为妊娠的开始，全过程共 10 个妊娠月（1 个妊娠月为 4 周），40 周，280 天。

一、受精与着床

（一）精子获能与受精

精液射入阴道后，精子靠自身活动经宫颈进入宫腔并向输卵管方向游动，子宫内膜白细胞产生的α、β淀粉酶解除精子顶体酶上的“去获能因子”，使精子具有受精能力，称精子获能。

成熟的精子与卵子结合的过程称受精。受精通常发生在排卵后的12小时内。卵子从卵巢排出，经输卵管伞端进入输卵管壶腹部与峡部的连接处等待受精。当卵子与到达输卵管的精子相遇时，精子顶体外膜破裂，释放出顶体酶，溶解卵子外周的放射冠、透明带，称顶体反应。借助此反应精子进入卵细胞，与卵子表面接触开始受精，约24小时后卵原核和精原核融合，完成受精，受精后的卵子称受精卵或孕卵，标志着新生命的诞生。

（二）受精卵的发育与输送

受精后24小时，孕卵进行有丝分裂。在雌激素的作用下，输卵管平滑肌蠕动和纤毛的摆动，使受精卵向宫腔方向移动，大约在受精后第3日，分裂成由16个细胞组成的实心细胞团，形似桑葚，称桑葚胚，也称早期囊胚。约在受精后第4日，早期囊胚进入宫腔。受精后的第5~6日，早期囊胚在宫腔内继续分裂发育成晚期囊胚。

（三）着床

晚期囊胚侵入到子宫内膜的过程，称为植入，又称为着床（图3-1）。约于受精后第6~7日开始，第11~12日完成。着床部位多在子宫体的前壁或后壁。完成着床必须具备以下4个条件：①透明带消失；②囊胚细胞滋养层分化出合体滋养层细胞；③囊胚和子宫内膜同步发育并相互适应配合；④孕妇体内有足够的黄体酮。

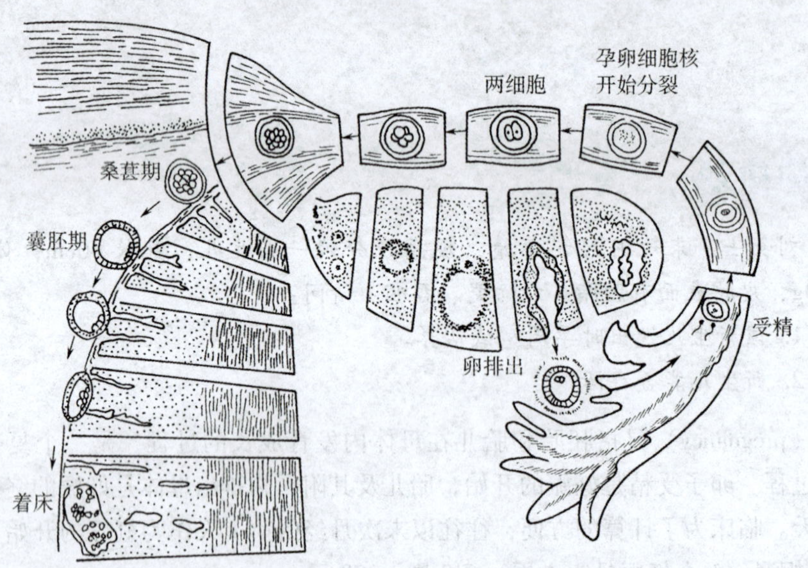

图3-1 卵子受精与孕卵植入

二、胎儿附属物的形成与功能

胎儿附属物包括胎盘、胎膜、脐带和羊水，它们对维持胎儿宫内的生命及生长发育起重要作用。

（一）胎盘

胎盘是母体与胎儿之间进行物质交换的重要器官，也是妊娠期特有的器官。

1. 胎盘的结构 妊娠足月时，胎盘多呈圆形或椭圆形，重450~650g，直径16~20cm，厚1~3cm，中央厚，边缘薄。胎盘分母体面和胎儿面：母体面呈暗红色，粗糙，有18~20个胎盘小叶；胎儿面表面为羊膜，光滑，灰白色。脐带附着于胎儿面中央或稍偏处，脐动脉和脐静脉从脐带附着点向四周呈放射状分布，分支达胎盘各小叶。

2. 胎盘的组成 胎盘由母体部分的底蜕膜以及胎儿部分的羊膜和叶状绒毛膜构成（图3-2）。

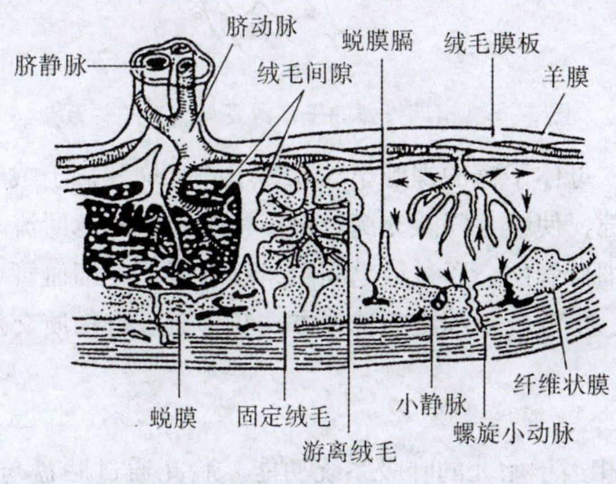

图3-2　胎盘模式图

（1）底蜕膜　受精卵植入分泌期的子宫内膜后，子宫内膜迅速发生蜕膜样改变，称蜕膜。按蜕膜与孕卵着床部位的关系分为3部分：底蜕膜、包蜕膜和壁蜕膜（图3-3）。①底蜕膜：指孕卵着床处的蜕膜，在孕卵与子宫肌层之间，以后发育成胎盘的母体部分。②包蜕膜：指覆盖在孕卵上的蜕膜。随着囊胚的发育凸向宫腔，约在14~16周与壁蜕膜贴近并融合，宫腔消失。③壁蜕膜：指底蜕膜、包蜕膜以外覆盖宫腔表面的蜕膜称壁蜕膜，又称真蜕膜。

（2）叶状绒毛膜　是胎盘的主要结构。晚期囊胚着床后，滋养层细胞迅速分裂增殖，内层为细胞滋养细胞，是分裂生长的细胞；外层为合体滋养细胞，是执行功能的细胞，是由细胞滋养细胞分化而来。与底蜕膜相接触的绒毛因有丰富的血供，发育良好，称为叶状绒毛膜或丛密绒毛膜；与包蜕膜接触的绒毛膜因缺乏血液供应而萎缩退化，称为平滑绒毛膜。绒毛滋养层合体细胞溶解周围的蜕膜形成绒毛间隙，多数绒毛游离其中，称游离绒毛。少数绒毛紧紧长入蜕膜深部，称为固定绒毛。

（3）羊膜　为附着在胎盘胎儿面的半透明薄膜。羊膜光滑，无血管、神经及淋巴。具有分泌和吸收羊水的功能。

3. 胎盘的血循环 胎盘有母体和胎儿两套血液循环，两者的血液在互不相混、各

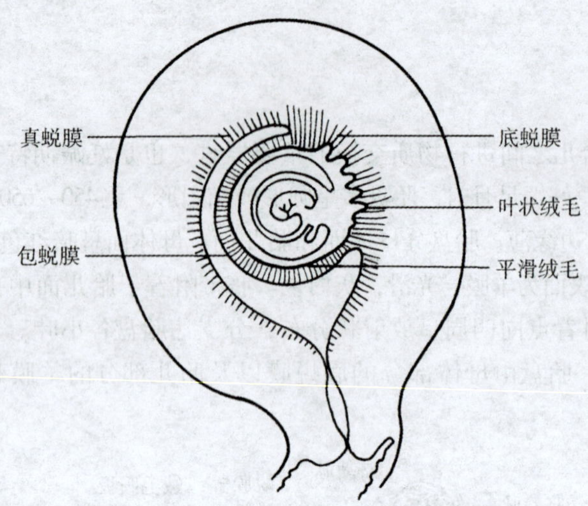

图 3-3 早期妊娠的子宫蜕膜与绒毛的关系

自封闭的管道内循环。母体子宫的螺旋小动脉和小静脉均开口于绒毛间隙，压力高的动脉把血液喷入绒毛间隙，使绒毛间隙充满母血，经蜕膜小静脉回流入母体血循环。胎儿血由脐动脉入绒毛毛细血管网，通过绒毛间隙，隔着绒毛毛细血管壁、绒毛间质及绒毛表面细胞层，靠渗透、扩散以及细胞的选择方式与母血进行物质交换，再经脐静脉流入胎儿体内。

4. 胎盘的功能

(1) 气体交换　相当于胎儿的呼吸系统功能。胎儿通过胎盘与母体进行气体交换，利用胎血与母血中 O_2 与 CO_2 的分压差，以简单扩散的方式吸收 O_2，排出 CO_2。

(2) 营养物质供应　相当于胎儿的消化系统功能。各种营养成分如葡萄糖、氨基酸、脂肪酸、电解质及维生素等以易化扩散和主动转运的方式通过胎盘输送到胎儿血中，供胎儿生长发育。

(3) 排出代谢废物　相当于胎儿的泌尿系统功能。胎儿的代谢产物如尿酸、肌酐、肌酸等均经胎盘进入母血而排出体外。

(4) 防御功能　表现为胎盘能阻止母血中一般细菌或更大的病原体进入胎儿血中；母体血液内的免疫球蛋白（IgG）能通过胎盘进入胎儿体内，使胎儿获得被动免疫力。但胎盘防御功能有限，小分子的药物和体积微小的病毒如风疹、流感、巨细胞病毒等，均可通过胎盘；有些病原体如结核杆菌、疟原虫、弓形虫、衣原体等可破坏绒毛结构，进入胎儿血中感染胎儿。

(5) 合成功能　胎盘能合成多种激素和酶。

①人绒毛膜促性腺激素（HCG）　受精后第 6 日，受精卵滋养层形成时，开始分泌微量 HCG，受精后 10 日左右即月经周期的第 24 ~25 日，可用放射免疫法自母体血清中测出，是诊断早孕最敏感的方法之一。妊娠 8 ~10 周 HCG 分泌达高峰，持续 1 ~2 周后逐渐下降，一般产后 2 周内消失。HCG 的主要生理作用是作用于月经黄体，使黄体增大成为妊娠黄体，增加雌、孕激素的分泌以维持妊娠。

②人胎盘生乳素（HPL）　由合体滋养细胞分泌。于妊娠第5～6周用放射免疫法可在母血中测出，至妊娠34～36周达高峰，并维持至分娩。HPL可促进母体乳腺的生长发育。

③雌激素和孕激素　受精卵着床后，卵巢的月经黄体转变为妊娠黄体，继续分泌雌、孕激素维持妊娠。自妊娠8～10周起黄体逐渐萎缩，由胎盘合成，并随妊娠进展逐渐增高。雌、孕激素共同参与妊娠期母体各系统的生理变化。

④胎盘能合成多种酶　主要有缩宫素酶和耐热性碱性磷酸酶，其生物学意义尚未明确。

知识拓展

中药紫河车

紫河车是胎儿附属物之一，具有补气、养血、益精的功效。世上没有紫河，何以命名为“紫河车”呢？据《本草纲目》解释：“天地之先，阴阳之祖，乾坤之始，胚胎将兆，九九数足，胎儿则乘而载之。”其遨游于西天佛国、南海仙山，飘荡于蓬莱仙境、万里天河，故称之为河车。母体娩出时为紫红色，因此，入药时称为“紫河车”。你知道它是什么吗？

（二）胎膜

胎膜由平滑绒毛膜和羊膜组成。平滑绒毛膜外周的包蜕膜和壁蜕膜也参与胎膜的组成。胎膜外层为绒毛膜，在发育过程中因缺乏营养供应而逐渐退化成平滑绒毛膜。胎膜内层为羊膜，与覆盖胎盘、脐带的羊膜层相连。胎膜具有防止病原体进入羊膜腔的作用。

（三）脐带

脐带是由胚胎发育过程中的体蒂发展形成的，是连接胎儿与胎盘的条索状器官，一端连于胎儿腹壁脐轮，另一端附着于胎盘的胎儿面。足月胎儿的脐带长30～70 cm，平均约55cm，直径0.8～2cm。脐带较长，常呈弯曲状，表面由羊膜覆盖，中央有一条管腔较大、管壁较薄的脐静脉和两条管腔较小、管壁较厚的脐动脉，血管周围有保护脐血管的胚胎结缔组织，称华通胶。脐带是胎儿与母体间进行气体交换、供应营养物质和排出代谢产物的重要通道。脐带受压血流受阻时，胎儿可因缺氧导致胎儿宫内窘迫，危及生命。

（四）羊水

羊水为充填于羊膜腔内的液体。妊娠早期主要来源于母体血清的渗透液，无色透明，妊娠中、晚期主要来源于胎儿的尿液。羊水的吸收50%由胎膜完成，足月胎儿每日吞咽羊水500～700mL，经消化道进入胎儿血循环，形成尿液再排至羊膜腔。羊水通过胎膜、胎儿不断循环更新，保持羊水量的动态平衡。妊娠38周羊水量约为1000 mL，妊娠足月羊水量约为800 mL，含有胎儿上皮细胞、胎脂、毳毛及白蛋白等而略显浑浊，呈中性或弱碱性（pH 7.20）。临床上通过产前羊水检查可监测胎儿的成熟度、某些遗传性疾病、先天性畸形等。

羊水的功能：一是保护胎儿，使胎儿有一定的活动度，防止胎儿与羊膜粘连，保护胎儿不受外来损伤。二是保护母体，减少胎动给母体带来的不适感；保持宫腔内温度恒定；分娩时羊水还可传导子宫收缩压力，形成前羊水囊，促使宫颈扩张；破膜后可以冲洗润滑产道。

三、胎儿的发育特征及生理特点

晚期囊胚着床后继续发育，体积增大，内细胞团和滋养层之间形成一个囊腔，称羊膜腔；随后在内细胞团的囊胚腔一侧形成另一个囊腔，称卵黄囊。两囊壁相接处呈盘状，称胚盘，是胚胎的始基。大约受精后第3周，在胚盘的外胚层分化出中胚层，此时称三胚层时期。3个胚层继续发育，形成胎儿身体的各个部分。

外胚层：主要分化为皮肤、毛发、乳腺、唾液腺、鼻通道、外耳道、眼晶状体、结膜、角膜、肛门及神经系统等。

中胚层：主要分化为骨骼、肌肉、结缔组织、循环系统、血液、泌尿生殖系统及肾上腺皮质等。

内胚层：主要分化为消化道、呼吸道、肝、胆囊、胰腺、扁桃体、甲状腺、甲状旁腺、胸腺及女性尿道、男性尿道末段和膀胱上皮等。

（一）胚胎、胎儿的发育特征

妊娠8周内的胎体称胚胎，是其主要器官分化发育的时期；从妊娠第9周起至足月，各器官进一步发育成熟，称胎儿。

妊娠4周末：神经管形成，可辨认出胚盘和体蒂。

妊娠8周末：胚胎初具人形，头占整个胎体的一半，可分辨出眼、耳、口、鼻，四肢已具雏形，B超可见早期心脏搏动。

妊娠12周末：胎儿身长9cm，体重约20g，外生殖器可初辨性别，胎儿四肢可活动。

妊娠16周末：胎儿身长16cm，体重约110g，外生殖器可确定性别，头皮已长毛发，胎儿已开始呼吸运动，除了胎儿血红蛋白外，开始形成人血红蛋白，孕妇可自觉胎动，X线检查可见脊柱阴影。

妊娠20周末：胎儿身长25cm，体重约320g，可听到胎心音，全身有毳毛，此期出生可有心跳、呼吸、排尿及吞咽运动。

妊娠24周末：胎儿身长30cm，体重约630g，各脏器均已发育，皮下脂肪开始沉积。

妊娠28周末：胎儿身长35cm，体重约1000g，皮肤粉红色，皮下脂肪沉积不多，可有呼吸运动，出生后加强护理可以存活，但易发生呼吸窘迫综合征。

妊娠32周末：胎儿身长40cm，体重约1700g，面部毳毛已脱，指甲平指尖，生活力尚可。此期出生如注意护理，可以存活。

妊娠36周末：胎儿身长45cm，体重约2500g，出生后能啼哭或吸吮，生活力良好，皮下脂肪发育良好，毳毛明显减少。此期出生者基本可以存活。

妊娠40周末：胎儿身长50cm，体重约3400g，发育成熟，体型外观丰满，皮肤粉红，男性睾丸已降至阴囊内，女性大小阴唇发育良好，出生后哭声洪亮，吸吮力强，能很好存活。

（二）胎儿的生理特点

1. 循环系统 胎儿的1条脐静脉将来自胎盘的含氧量较高、营养较丰富的血液带入胎体，2条脐动脉将来自胎儿氧含量较低的混合血注入胎盘，与母血进行气体及物质交换。

胎儿出生后开始自主呼吸，肺循环建立，胎盘循环停止，循环系统血流动力学发生显著变化，肺动脉血不再流入动脉导管，动脉导管闭锁成为动脉韧带。脐静脉闭锁为静脉韧带。脐动脉闭锁，与相连的闭锁的腹下动脉成为腹下韧带。

2. 血液 胎儿体内的红细胞、白细胞总数均较高，红细胞体积较大，无论早产儿或足月儿，总数约为$6\times10^{12}/L$。妊娠2月时，胎儿循环中即出现白细胞，形成防止细菌感染的第1道防线，足月时白细胞可达$(1.5\sim2.0)\times10^{10}/L$；妊娠12周，胸腺及脾脏发育，两者均可产生淋巴细胞，成为机体内抗体的主要来源，构成了对抗外来抗原的第2道防线。

胎儿血红蛋白分为3种，即原始血红蛋白、胎儿血红蛋白和成人血红蛋白。随着妊娠的进展，血红蛋白不仅是数量的增加，其种类也从原始类型向成人类型过渡。

3. 呼吸系统 胎儿在母体内可见呼吸样运动，但无呼吸。母儿血液在胎盘进行气体交换完成呼吸功能。胎儿在出生前完成呼吸道（包括气管直至肺泡）、肺循环及呼吸肌的发育，而且在中枢神经系统支配下活动协调。

4. 消化系统 妊娠11周小肠已有蠕动，妊娠16周胃肠功能已基本建立。胎儿可吞咽羊水，并通过排出尿液参与羊水循环。

胎儿肝脏功能不健全，缺乏某些酶（如葡萄糖醛酸转移酶、尿苷二磷酸葡萄糖脱氢酶），不能结合因红细胞破坏后产生的大量游离胆红素。胆红素主要通过胎盘由母体肝脏代谢后排出体外。仅有小部分是在胎儿肝内结合，通过胆道氧化成胆绿素排出肠外。胆绿素的降解产物导致胎粪呈墨绿色。

5. 泌尿系统 妊娠11～14周胎儿肾脏已有排泄功能。妊娠14周，胎儿膀胱内已有尿液。

6. 内分泌系统 甲状腺于妊娠6周开始发育，是胎儿发育最早的内分泌腺。妊娠12周已能合成甲状腺激素。胎儿的肾上腺发育较为突出，其重量与胎儿体重之比远超过成年人，与胎儿肝脏、胎盘、母体共同完成雌三醇的合成。因此，血、尿雌三醇测定已成为临床上了解胎儿、胎盘功能的常用有效方法。

第二节 妊娠期母体的变化

一、生理变化

在妊娠期，由于胎儿生长发育和分娩的需要，在胎盘产生的激素作用下，母体各系统将发生一系列适应性的解剖和生理变化。

（一）生殖系统

1. 子宫 妊娠后子宫体明显增大、变软，子宫大小由非妊娠时的7cm×5cm×3cm增大至妊娠足月时的35cm×22cm×25cm。宫腔容积由非妊娠时的5mL增加至妊娠足月时的约5000 mL，子宫重量由非妊娠时的50g增加至足月时的1000g。妊娠12周时，增大的子宫超出盆腔，可在耻骨联合上方触及。妊娠晚期子宫呈不同程度的右旋，与盆腔左侧为乙状结肠占据空间向前推挤子宫有关。

子宫峡部非孕时长约1cm，孕12周起，峡部逐渐变软并伸展拉长变薄，扩展成为宫腔的一部分。临产时长7～10cm，成为软产道的一部分，称为子宫下段。

子宫颈因黏膜充血、组织水肿，外观肥大、变软，呈紫蓝色。宫颈管内腺体肥大，黏液分泌增多，在子宫颈管形成黏稠的黏液栓，可防止细菌入侵宫腔。宫颈外口鳞、柱状上皮交接部受雌激素影响而外移，宫颈外口表面呈鲜红色如糜烂外观，称假性糜烂。

2. 卵巢 妊娠早期略增大，无排卵及卵泡发育。一侧卵巢可见妊娠黄体，妊娠黄体分泌雌、孕激素以维持妊娠。妊娠10周后，妊娠黄体功能被胎盘取代，黄体功能减退，开始萎缩。

3. 输卵管 输卵管管壁充血，随子宫增大而伸长，但肌层并不增厚，黏膜上皮细胞稍扁平。有时黏膜可见到蜕膜样改变。

4. 阴道黏膜 妊娠期阴道黏膜充血、水肿呈紫蓝色，皱襞增多，结缔组织变松软，伸展性增加。阴道脱落细胞增多，分泌物增多呈白色糊状。阴道上皮细胞含糖原增加，乳酸含量增加，使阴道pH值降低，不利于一般致病菌生长，从而有利于防止感染。

5. 外阴 妊娠期外阴皮肤增厚，大、小阴唇色素沉着，会阴拉长，伸展性增加，有利于分娩时胎儿的通过。

（二）乳房

妊娠期胎盘分泌大量的雌激素刺激乳腺腺管的发育，大量的孕激素刺激乳腺腺泡发育。妊娠期乳房增大，充血明显，乳头、乳晕着色，乳晕外周皮脂腺肥大形成散在的结节状小突起，称蒙氏结节。尚有垂体催乳素、胎盘生乳素、皮质醇及甲状腺素等多种激素参与使乳腺发育完善，为泌乳作准备。妊娠后期，尤其近分娩期，挤压乳房时可有少许稀薄黄色液体溢出，称初乳。

（三）循环系统

在妊娠期由于子宫增大，膈肌升高，心脏向左、向上、向前方移位，心尖搏动左移1～2 cm，心浊音界稍扩大。心脏容量从妊娠早期至孕末期约增加10%，心率每分钟增加10～15次。由于血流量增加、血流加速及心脏移位使大血管扭曲，多数孕妇心尖区及肺动脉瓣区可闻及柔和的吹风样收缩期杂音，产后杂音逐渐消失。

血容量自妊娠6～8周起开始增加，心搏出量自妊娠10周开始增加，至妊娠32～34周时，心搏出量和血容量均达到高峰，血容量增加30%～45%，平均增加约1500mL，其中，血浆增加较多，约1000mL，红细胞增加约500mL，使血液相对稀释，呈现妊娠期生理性贫血。

随着妊娠月份的增加，盆腔血液回流至下腔静脉的血量增加；右旋增大的子宫压迫下腔静脉使血液回流受阻，导致孕妇下肢、外阴及直肠的静脉压增高，孕妇易发生痔疮、外阴及下肢静脉曲张。如果孕妇长时间仰卧位，可引起回心血量减少，心搏量降低，血压下降，称为仰卧位低血压综合征。因此，妊娠中、晚期应鼓励孕妇侧卧位休息。

妊娠期血液呈高凝状态，凝血因子Ⅱ、Ⅴ、Ⅶ、Ⅷ、Ⅸ、Ⅹ均增加，这种高凝状态是预防产后出血的重要机制之一。血小板无明显改变。妊娠期血沉加快，可达100mm/h。

（四）泌尿系统

由于孕妇及胎儿代谢产物增多，肾脏负担加重。肾血浆流量（RPF）及肾小球滤过率（GFR）均增加，而肾小管对葡萄糖再吸收能力不能相应增加，约15%的孕妇餐后可出现糖尿，应注意与真性糖尿病相鉴别。

妊娠早期，由于增大的子宫在盆腔压迫膀胱，引起尿频，妊娠12周以后子宫体高出盆腔，膀胱压迫症状消失，尿频改善。而妊娠末期，由于胎先露下降进入盆腔，膀胱受到压迫，孕妇可再次出现尿频。此现象产后可逐渐消失。

受孕激素影响，泌尿系统平滑肌张力下降，轻度扩张，蠕动减弱，使尿液滞留，容易感染。右侧输尿管受右旋子宫的压迫，有尿液逆流现象，孕妇易发生肾盂肾炎，以右侧多见。可采取左侧卧位预防。

（五）呼吸系统

妊娠期表现为胸廓横径及前后径加宽，周径加大，横膈上升。妊娠中期肺通气量增加大于耗氧量，孕妇出现过度通气现象，有利于提供孕妇和胎儿充足的氧气。妊娠晚期因为子宫增大，腹肌活动幅度减少，胸廓活动度相应加大，以胸式呼吸为主。妊娠期呼吸较深，呼吸次数每分钟不超过20次。上呼吸道黏膜轻度充血、水肿，纤毛摆动受抑制，易发生上呼吸道感染。

（六）消化系统

妊娠期受孕激素影响，妊娠期胃肠平滑肌张力降低，蠕动减弱，贲门括约肌松弛。妊娠早期（6 周左右）约 50% 的妇女出现不同程度的恶心、呕吐，清晨起床时明显，食欲与饮食习惯也有改变，如食欲不振、挑食等，称早孕反应，一般于妊娠 12 周左右自行消失。胃排空时间延长，易发生肠胀气和便秘。

由于雌激素影响，牙龈充血、水肿、增生，刷牙时易牙龈出血；孕妇常有唾液增多，有时流涎。

妊娠期由于子宫对下腔静脉的压迫，影响下肢及盆腔静脉回流，常引起痔疮或使原有痔疮加重。胆囊排空时间延长，胆汁淤积，易诱发胆结石。

（七）内分泌系统

妊娠晚期腺垂体明显增大，嗜酸粒细胞肥大、增多，形成“妊娠细胞”。产后 10 日左右可恢复。产后若发生出血性休克，可使增生、肥大的垂体缺血、坏死，从而导致希恩综合征（Sheehan syndrome）。

由于妊娠黄体和胎盘分泌大量雌、孕激素，对下丘脑及腺垂体产生负反馈作用，使促性腺激素分泌减少，故妊娠期无卵泡发育成熟，也无排卵。

随着妊娠进展，垂体催乳素分泌增加，分娩前达高峰，约 150 μg/L，为非孕妇女的 10 倍，与其他激素协同作用，促进乳腺发育，为产后泌乳作准备。促甲状腺激素（TSH）、促肾上腺皮质激素（ACTH）分泌增多，但游离的甲状腺素及皮质醇不多，因此孕妇没有甲状腺、肾上腺皮质功能亢进的表现。

（八）其他

1. 体重 妊娠 13 周前体重无明显变化，13 周起平均每周增加 350g，妊娠晚期最多不超过 500g。妊娠足月时，体重平均增加 12. 5kg，包括胎儿、胎盘、羊水、子宫、乳房、血液、组织间液、脂肪沉积等重量的增加。

2. 皮肤 妊娠期由于黑色素和雌激素增加，孕妇面颊、乳头、乳晕、腹白线、外阴等处出现色素沉着。面颊呈蝶形分布的褐色斑，称妊娠斑，产后逐渐消退。随着妊娠子宫增大，腹壁皮肤弹力纤维过度伸展而断裂，使腹壁皮肤出现紫色或淡红色不规则平行略凹陷的裂纹，称妊娠纹。产后妊娠纹逐渐变为银白色，持久不退。

3. 矿物质 妊娠期胎儿生长发育需要大量的钙、磷、铁。故应于妊娠中、晚期补充维生素 D、铁、钙等，防止缺钙或缺铁性贫血。

4. 骨骼、韧带 妊娠期部分孕妇自觉腰骶部及肢体疼痛不适，可能是松弛素使骨盆、椎骨间、骶髂、骶尾、耻骨联合等处的关节、韧带松弛。由于子宫增大，孕妇重心前移，为保持平衡，孕妇往往头、肩后移，腰部向前挺，形成典型的孕妇姿势。

二、心理变化

妊娠期，孕妇体内环境、激素水平及身体形象发生较大的变化，孕妇需要重新安排自己的社会角色，改变自己与家庭成员之间的关系，这些都是一种应激，使孕妇产生一系列的心理变化。

（一）孕妇常见的心理反应

1. 惊讶和震惊　在妊娠初期，多数孕妇都会为受孕感到惊讶和震惊。

2. 矛盾心理　可能是因工作、学习等原因暂时不想要孩子或由于计划生育原因不能生孩子有关；也可能与缺乏初为人母的准备，或对恶心、呕吐等生理性变化不适应而感到无所适从。表现为情绪低落，抱怨身体不适等。

3. 接受　随着妊娠的进展，当胎动出现时，孕妇真实感受到“胎儿”的存在，开始接受“孩子”，猜测“孩子”性别，关心孩子的喂养和生活护理等方面的知识，甚至开始构想自己和孩子的未来。

4. 情绪波动　孕妇往往情绪波动较大，常为一些小事而生气、哭泣，使配偶茫然不知所措。可能是由于体内激素的作用、妊娠晚期的不适或对分娩是否顺利、分娩中母儿的安危、胎儿有无畸形等感到焦虑。

5. 自省　表现为以自我为中心，专注于自己的身体变化、穿着、体重和饮食。孕妇往往喜欢独处和自身休息，这种自省状态使孕妇能更好地调节和适应，以迎接新生儿的来临，但也可能会使配偶及其他家庭成员感到受冷落以致影响相互之间的关系。

（二）孕妇的心理调节

美国妇产科护理学专家鲁宾（Rubin）认为，孕妇为维持个人及家庭的功能完整，必须完成以下 4 项心理发展任务，从而顺利度过妊娠期，完成孕育胎儿的任务。

1. 确保孕妇及胎儿安全　为了确保自己和胎儿的健康和安全，孕妇会学习有关妊娠期和分娩的知识（如营养、活动、性生活及避免意外伤害等），听从医护人员的建议和指导，使整个妊娠期保持最佳的健康状况。

2. 使家庭成员接受孩子　孩子的出生会对整个家庭、社会产生较大影响。因此，孕妇不仅自己要接受孩子，还要寻求家庭主要成员特别是配偶对孩子的接受和认可。

3. 角色认同，情绪上与胎儿连成一体　随着妊娠的进展，尤其是胎动产生以后，孕妇对胎儿的感情逐渐加深，情绪上与胎儿连成一体，采用各种胎教方式与宫内的胎儿进行情感、动作和声音等方面的沟通，并学习如何承担母亲角色。

4. 学会奉献自己　无论是生育或养育，孕妇必须调整自己，培养自制能力，学会为孩子而奉献，延迟自己的需求，满足孩子的需要，以便产后顺利担负起照顾孩子的重任。

第三节　妊娠诊断

妊娠全过程从末次月经的第 1 日计算，孕龄为 280 天，即 40 周。临床上分为 3 个时期：妊娠 13 周末以前称为早期妊娠；第 14 ~ 27 周末称为中期妊娠；第 28 周及其后称为晚期妊娠。

一、早期妊娠诊断

（一）症状

1. 停经 是妊娠最早出现的重要症状。月经周期正常、有性生活史的健康生育年龄妇女，一旦月经过期10日以上，应首先考虑早期妊娠的可能。如停经已达8周，则妊娠的可能性更大。但停经不一定就是妊娠，应与精神、环境因素等引起的月经失调鉴别。哺乳期妇女月经虽未恢复，仍可能再次妊娠。

2. 早孕反应 约半数妇女在停经6周左右出现晨起恶心、呕吐、食欲减退、偏食、喜食酸辣、乏力、嗜睡等症状，称为早孕反应，多在12周左右自行消失。恶心、呕吐可能与体内HCG增多、胃酸分泌减少及胃排空时间延长有关。

3. 尿频 由于增大的子宫压迫膀胱而致尿频，孕12周左右，增大的子宫进入腹腔，对膀胱的压迫解除，尿频症状自然消失。

4. 乳房胀痛 自妊娠8周起，乳房逐渐增大，有轻微胀痛及乳头刺痛。

（二）体征

1. 乳房的变化 乳房增大，乳头、乳晕着色，乳晕周围有蒙氏结节出现。妊娠12周后可挤出少量初乳。

2. 生殖器官的变化 阴道黏膜及子宫颈充血，呈紫蓝色。双合诊检查子宫，随停经月份而逐渐增大，子宫峡部极软，子宫体与子宫颈似不相连，称黑加征（Hegar sign），是妊娠早期特有的体征。妊娠12周以后子宫超出盆腔，在耻骨联合上方可以触及。

（三）辅助检查

1. 妊娠试验 妊娠后孕妇体内HCG水平升高，采用免疫学方法测定受检者血或尿中HCG的含量，可以协助诊断早期妊娠。临床上多采用早早孕诊断试纸法检测受检者尿液，阳性者在白色显示区上下呈现两条红色线，表明受检者尿中含HCG，早期妊娠的可能性较大。如为阴性应在1周后复查。

2. 超声检查 B超是诊断早期妊娠快速而准确的方法。最早在妊娠5周时，可见到增大的子宫内出现妊娠囊，若妊娠囊内见节律性的胎心搏动，可确诊为早期妊娠活胎。妊娠7周左右，用超声多普勒仪能听到有节律、单一高亢的胎心音，胎心率110～160次/分。可确诊为早期妊娠、活胎。

3. 宫颈黏液检查 宫颈黏液量少、黏稠，拉丝度差，涂片干燥后光镜下检查，仅见排列成行的椭圆体，而不见羊齿植物叶状结晶，则早期妊娠的可能性较大。椭圆体持续2周仍不消失，早孕的可能性更大。

4. 基础体温（BBT）测定 基础体温曲线能反应黄体功能，体温双相型的妇女，停经后高温相持续18日不见下降者，早孕可能性大；持续3周以上者，可能性更大。

5. 黄体酮试验 利用孕激素在体内突然撤退导致子宫内膜脱落出血的原理，对既往月经周期正常、可疑早孕的妇女，每日肌注黄体酮20mg，连用3～5日。如停药后3～7日有阴道流血，则排除妊娠可能，如超过7日仍未出现阴道流血，则早孕可能性大。这种方法因有一定的风险，临床现一般不用。

根据症状及体征疑为早孕者，可尽快行妊娠试验或B型超声检查等辅助检查，依据检查结果进行综合判断，明确宫内妊娠，排除异位妊娠，了解胚胎发育情况，确定孕周。

二、中、晚期妊娠诊断

（一）健康史与症状

孕妇有早期妊娠经过，并感觉腹部日益膨大，妊娠18～20周自觉有胎动，正常胎动每小时3～5次。随着妊娠的进展，胎动逐渐增多，至妊娠32～34周达高峰，38周后胎动逐渐减少。

（二）体征

1. 子宫增大 随着妊娠进展，子宫逐渐增大。腹部检查时，手测宫底高度或尺测耻上子宫长度，可以初步判断子宫大小与妊娠周数是否相符（表3－1）。

表3－1　不同妊娠周数的子宫底高度及子宫长度

妊娠周数	手测子宫底高度	尺测耻上子宫长度（cm）
满12周	耻骨联合上2～3横指	
满16周	脐耻之间	
满20周	脐下1横指	18（15.3～21.4）
满24周	脐上1横指	24（22.0～25.1）
满28周	脐上3横指	26（22.4～29.0）
满32周	脐与剑突之间	29（25.3～32.0）
满36周	剑突下2横指	32（29.8～34.5）
满40周	脐与剑突之间或略高	33（30.0～35.3）

2. 胎动 胎儿在子宫内的躯体活动称胎动。检查腹部时可扪及胎动。腹壁薄而松软者，可在腹壁上看到胎动。

3. 胎心音 听到胎心音能够确诊为妊娠且为活胎。妊娠18～20周，用听诊器在孕妇腹壁可以听到胎心音，胎心音呈双音，似钟表的“滴答”声，速度较快，正常时每分钟110～160次。听胎心音时要与子宫杂音、腹主动脉音及脐带杂音相鉴别。

4. 胎体 妊娠20周以后，经腹壁可以触及子宫内的胎体，妊娠24周以后，运用四步触诊法可区分胎头、胎背、胎臀及胎儿四肢。胎头圆而硬，有浮球感；胎背宽而平坦饱满；胎臀软而宽，且形状不规则；胎儿四肢小且有不规则活动。

（三）辅助检查

1. 超声检查 超声检查不仅能显示胎儿数目、胎方位、胎心搏动、羊水量、胎盘位置等，还能测量胎头双顶径、股骨长度等，观察胎儿有无结构畸形，了解胎儿生长发育情况。

2. 胎儿心电图 能协助诊断胎心异常。目前国内检测胎儿心电图常用间接法，通常妊娠12周以后就能显示较规律的图形，妊娠20周以后成功率更高。

三、胎姿势、胎产式、胎先露和胎方位

由于胎儿在子宫腔内的位置不同，形成了不同的胎产式、胎先露和胎方位。

1. 胎姿势 胎儿在子宫内所取的姿势称为胎姿势。正常为胎头俯屈，颏部贴近胸壁，脊柱略向前弯，四肢屈曲交叉于胸腹前，整个胎体呈头端小、臀端大的椭圆形，以适应妊娠晚期椭圆形子宫腔的形状。

2. 胎产式 胎儿身体纵轴与母体身体纵轴之间的关系称胎产式。两轴平行者称纵产式，两轴垂直者称横产式，两轴交叉者称斜产式。以纵产式为多，约占妊娠足月分娩总数的99.75%。斜产式在分娩过程中多转为纵产式，偶尔转为横产式（图3-4）。

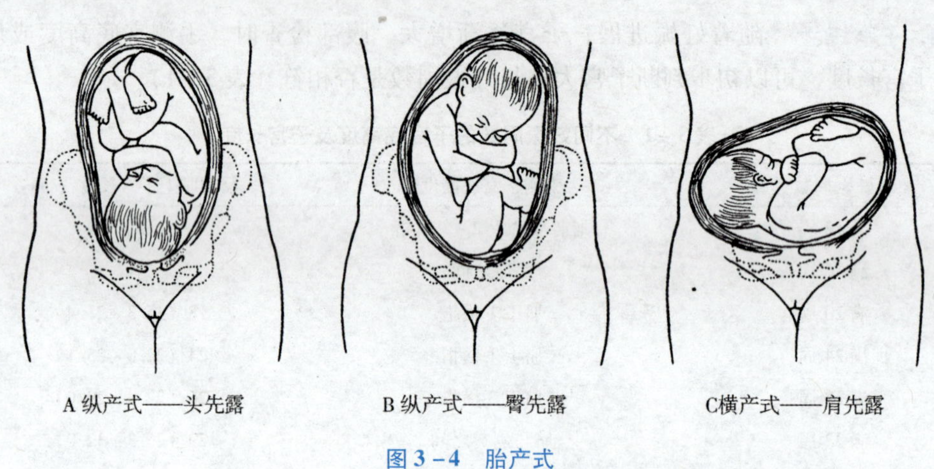

A纵产式——头先露　　B纵产式——臀先露　　C横产式——肩先露

图3-4 胎产式

3. 胎先露 最先进入母体骨盆入口的胎儿部分称为胎先露。纵产式有头先露和臀先露，横产式有肩先露。头先露因胎头屈伸程度不同又分为枕先露、前囟先露、额先露和面先露（图3-5）。臀先露因入盆先露不同又分为混合臀先露、单臀先露、单足先露和双足先露（图3-6）。

4. 胎方位 胎儿先露部的指示点与母体骨盆的关系称胎方位，简称胎位。枕先露以枕骨、面先露以颏骨、臀先露以骶骨、肩先露以肩胛骨为指示点。根据指示点与母体骨盆入口前、后、左、右、横的关系不同而有不同的胎位（表3-2）。

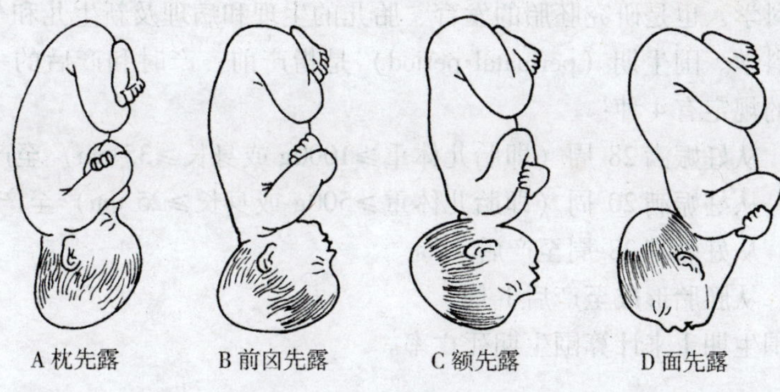

图 3-5 头先露的种类

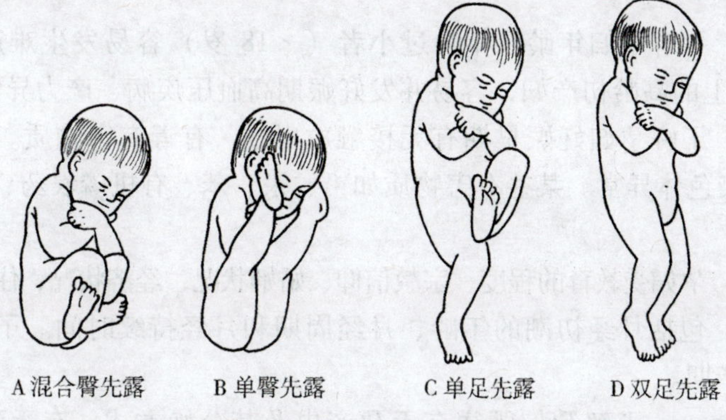

图 3-6 臀先露的种类

表 3-2 胎产式、胎先露和胎方位的关系及种类

胎产式	胎先露		胎方位
纵产式（99.75%）	头先露（95.75% ~97.75%）	枕先露（95.55% ~97.55%）	枕左前（LOA）、枕左横（LOT）、枕左后（LOP）
			枕右前（ROA）、枕右横（ROT）、枕右后（ROP）
		面先露（0.2%）	颏左前（LMA）、颏左横（LMT）、颏左后（LMP）
			颏右前（RMA）、颏右横（RMT）、颏右后（RMP）
	臀先露（2% ~4%）		骶左前（LSA）、骶左横（LST）、骶左后（LSP）
			骶右前（RSA）、骶右横（RST）、骶右后（RSP）
横产式	肩先露（0.25%）		肩左前（LScA）、肩左后（LScP）
			肩右前（RsCR）、肩右后（RScP）

第四节 妊娠期护理管理

妊娠期妇女的监护是通过定期的产前检查来实施对孕妇和胎儿的健康监护。产前检查从确诊早孕开始；系统的产前检查从妊娠 20 周开始，妊娠 20 ~ 36 周每 4 周检查 1 次，妊娠 36 周以后每周检查 1 次，共计 9 次。凡属高危妊娠者，应酌情增加产前检查次数。

围生医学（perinatology）又称围产医学，是研究在围生期内加强围生儿及孕产妇卫生保健的一门科学，也是研究胚胎的发育、胎儿的生理和病理及新生儿和孕产妇疾病的诊断和防治的科学。围生期（perinatal period）是指产前、产时和产后的一段时间。国际上对围生期的规定有4种：

围生期Ⅰ：从妊娠满28周（即胎儿体重≥1000g或身长≥35 cm）至产后1周。

围生期Ⅱ：从妊娠满20周（即胎儿体重≥500g或身长≥25 cm）至产后4周。

围生期Ⅲ：从妊娠满28周至产后4周。

围生期Ⅳ：从胚胎形成至产后1周。

我国采用围生期Ⅰ来计算围生期死亡率。

一、健康史

1. 个人资料

（1）年龄　了解孕妇年龄，年龄过小者（<18岁）容易发生难产；年龄过大者，尤其是35岁以上的高龄初产妇，容易并发妊娠期高血压疾病、产力异常等。

（2）职业　了解孕妇妊娠早期有无接触放射线、有毒有害物质。放射线能诱发基因突变，导致染色体异常。某些有害物质如铅、汞、苯、有机磷农药、一氧化碳等可引起胎儿畸形。

（3）其他　孕妇受教育的程度、宗教信仰、婚姻状况、经济状况、住址及电话等资料。

2. 月经史　包括月经初潮的年龄、月经周期和月经持续时间。了解月经周期有助于准确推算预产期。

3. 既往孕产史　了解孕妇既往有无孕产史及其分娩方式，有无流产史、难产史、死胎死产史、产后出血史等。

4. 本次妊娠经过　了解孕妇本次妊娠有无早孕反应，早孕反应严重程度，有无病毒感染史及用药情况，首次胎动时间，妊娠过程中有无阴道流血、头痛、心悸、气短、下肢水肿等症状。

5. 预产期推算　了解末次月经（last menstrual period，LMP）的日期，推算预产期（expected date of confinement，EDC）。计算方法：末次月经第1日起，月份减3或加9，日期加7。如为农历，可先换算成公历计算。实际分娩日期与推算的预产期可以相差1～2周，如孕妇末次月经的日期记不清或哺乳期月经来潮前受孕，则可根据早孕反应出现时间、胎动开始时间以及子宫底高度等加以估计。

6. 既往史及手术史　重点了解有无高血压、心脏病、糖尿病、肝肾疾病、血液病、传染病等，注意患病时间及治疗情况，有无手术史及手术名称。

7. 家族史　询问孕妇家族中有无高血压、糖尿病、双胎及其他遗传性疾病史。

8. 丈夫健康状况　了解孕妇的丈夫有无烟酒嗜好、遗传性疾病及性传播性疾病等。

二、身体状况

（一）全身检查

观察孕妇发育、营养和精神状态，注意身高及步态。身材矮小者（145cm以下）常伴有骨盆狭窄。检查心、肺有无异常，乳房发育情况，脊柱及下肢有无畸形。测量血压，正常不应超过140/90 mmHg，或与基础血压相比，升高不超过30/15 mmHg。测量体重，妊娠晚期体重每周增加不应超过0.5kg，超过者应注意有无水肿，仅膝以下或踝部水肿，休息后能消退者，为生理性水肿。

（二）产科检查

产科检查包括腹部检查、骨盆测量、阴道检查、肛门检查和绘制妊娠图。

1. 腹部检查 嘱孕妇排尿后仰卧于检查床上，头部稍抬高，露出腹部，双腿略屈曲分开，放松腹肌。检查者站在孕妇的右侧。

（1）视诊 注意腹形及大小，腹部皮肤有无妊娠纹、手术瘢痕和水肿。腹部过大者，应考虑双胎、羊水过多、巨大儿的可能；腹部过小者，应考虑胎儿宫内发育迟缓（IUGR）、孕周推算错误等；如腹部向前突出或向下悬垂应考虑有骨盆狭窄的可能。

（2）触诊 注意腹壁肌肉紧张度及子宫敏感程度。用手测宫底高度，软尺测耻骨上子宫长度及腹围。四步触诊法检查可以了解胎儿大小、胎产式、胎先露、胎方位、先露是否衔接（图3-7）。

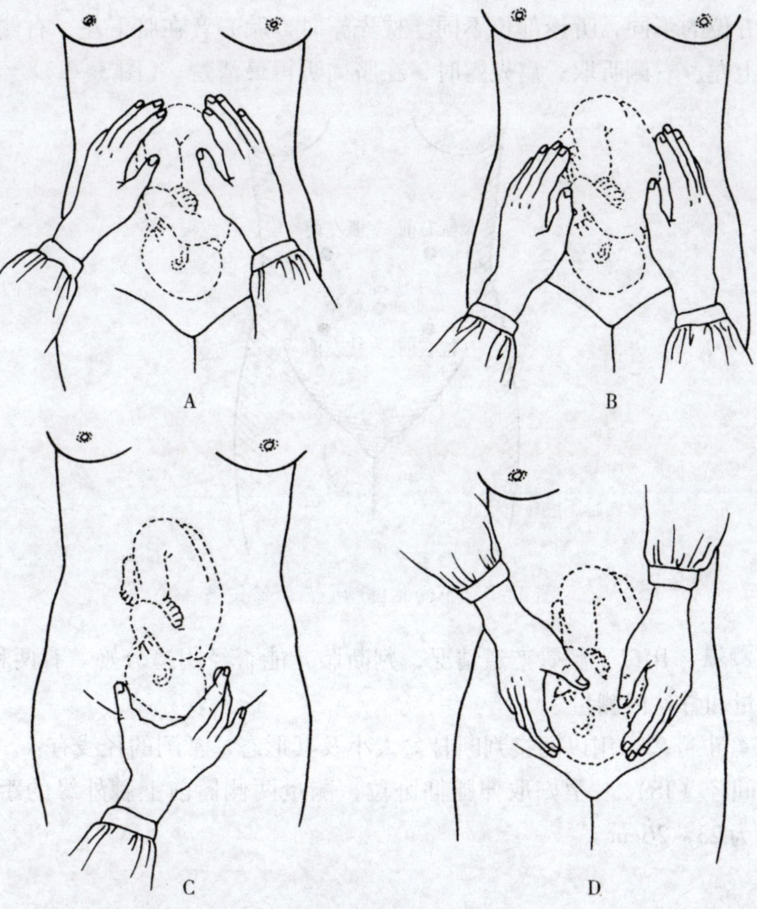

图3-7 胎位检查的四步触诊法

第 1 步：检查者双手置于子宫底部，了解子宫外形并摸清宫底高度，估计胎儿大小与妊娠周数是否相符。然后以双手指腹相对交替轻推，判断子宫底部的胎儿部分，如为胎头则硬而圆，有浮球感；如为胎臀，则软而宽，且形状不规则。如在宫底触及较大的空虚部分，应考虑横产式可能。

第 2 步：检查者双手分别置于腹部左右两侧，一手固定，另一手轻轻深按，两手交替，仔细分辨胎背及胎儿四肢。平坦饱满者为胎背，可变形的高低不平部分是胎儿肢体。同时可以估计胎儿大小和羊水的多少。

第 3 步：检查者右手拇指与其余 4 指分开，置于耻骨联合上方，握住胎先露部，进一步查清是胎头或胎臀，左右轻轻推动以确定是否衔接。如先露部仍可以活动，表示尚未入盆；如胎先露部不能被推动，表示已衔接。

第 4 步：检查者面向孕妇足端，双手分别置于胎先露部的两侧，向骨盆入口方向深按，再次判断先露部的诊断是否正确，并确定先露部入盆程度（浮动、半固定、固定）。先露部难以确定时，可做肛门检查及 B 超协助判断。

(3) 听诊　胎心音在靠近胎背上方的孕妇腹壁听得最清楚。妊娠 24 周前，胎心音多在脐下正中线的偏左或偏右侧处听到；妊娠 24 周后，胎心音在胎背近头端听得最清楚，根据胎方位的不同，听诊部位不同。枕先露时，胎心音在脐下左、右侧听取；臀先露时，在脐上左、右侧听取；肩先露时，在脐周听得最清楚。（图 3－8）

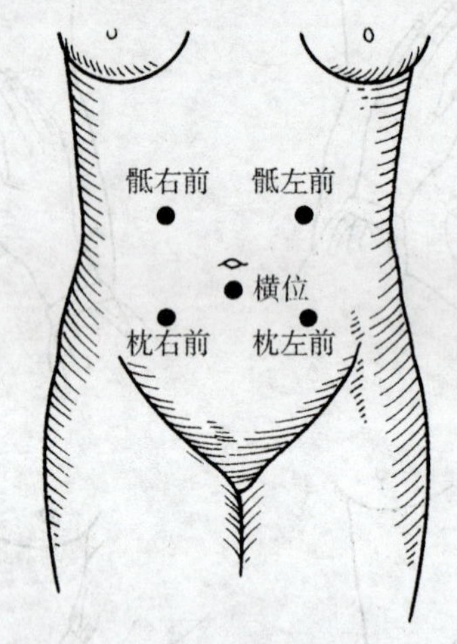

图 3－8　不同胎位胎心音听诊位置

2. 骨盆测量　用以了解骨产道情况，判断胎儿能否经阴道分娩。有两种测量方法，即骨盆外测量和骨盆内测量。

(1) 骨盆外测量　用以间接判断骨盆大小及其形态，常测的径线有：

①髂棘间径（IS）　孕妇取伸腿仰卧位，测量两侧髂前上棘外缘的距离（图 3－9），正常值为 23～26cm。

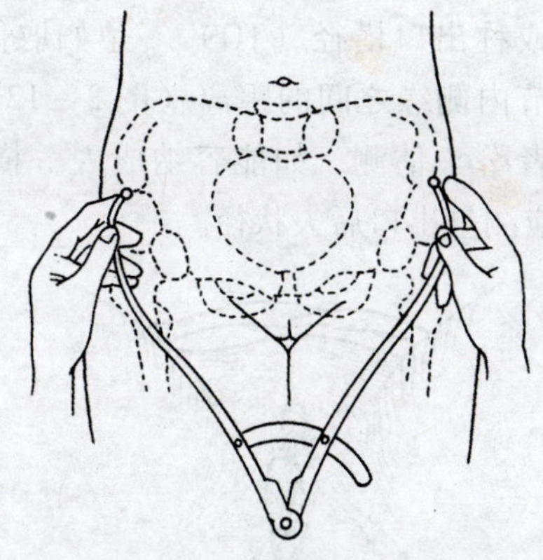

图 3-9　测量髂棘间径

②髂嵴间径（IC）　孕妇取伸腿仰卧位，测量两侧髂嵴外缘最宽的距离（图 3-10），正常值为 25～28cm。

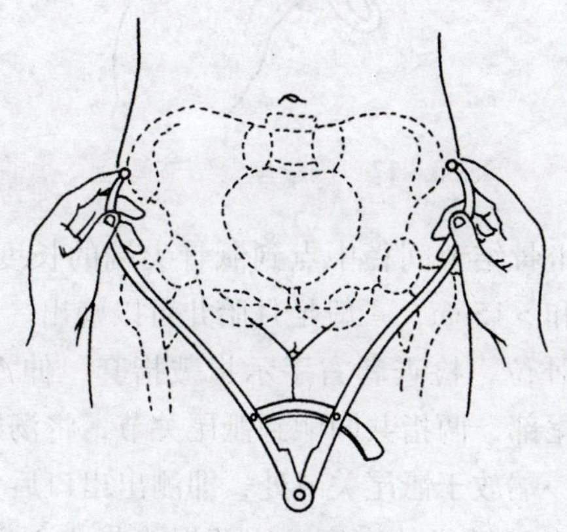

图 3-10　测量髂嵴间径

③骶耻外径（EC）　孕妇取左侧卧位，右腿伸直，左腿屈曲，测量耻骨联合上缘中点至第 5 腰椎棘突下相当于腰骶部米氏菱形窝的上角（或髂嵴后连线中点下 1～1.5 cm 处）的距离（图 3-11），正常值 18～20cm。此径线可间接推测骨盆入口前后径长短，是骨盆外测量中最重要的径线。

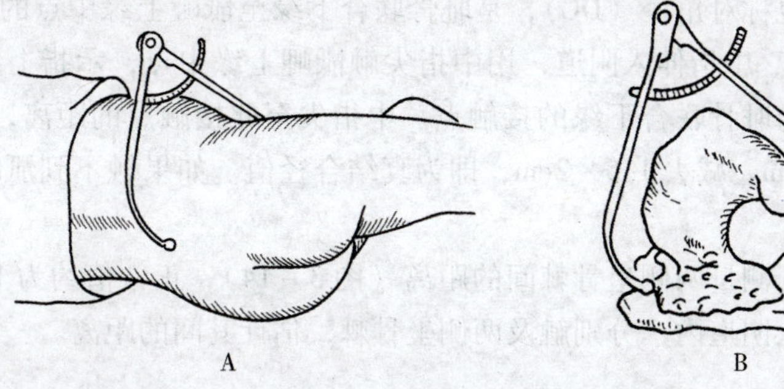

图 3-11　测量骶耻外径

④坐骨结节间径（IT）或称出口横径（TO） 孕妇取仰卧位，两腿向腹部屈曲，双手抱膝。测量两侧坐骨结节内侧缘之间的距离（图 3－12），正常值为 8.5～9.5cm，平均值为 9cm。也可用检查者拳头估测，如能容纳成人一横拳，则大于 8.5cm，属正常。如出口横径小于 8cm，应测量出口后矢状径。

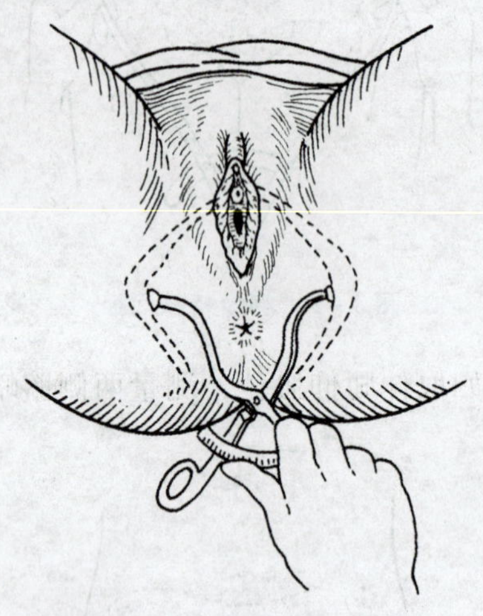

图 3－12 测量坐骨结节间径

⑤出口后矢状径 为坐骨结节间径中点到骶骨尖端的长度，正常值为 8～9cm，出口横径与出口后矢状径之和 > 15cm，一般足月胎儿可以娩出。

孕妇左侧卧位或膝胸卧位，检查者右手示指戴指套，伸入孕妇肛门后扪向骶骨方向，拇指放在孕妇体外骶尾部，两指共同触到骶尾关节，将汤姆斯出口测量器一端放于坐骨结节间径的中点，另一端放于骶尾关节处，即测出出口后矢状径值。

⑥耻骨弓角度 反映出口横径的宽度。用两拇指指尖斜着对拢，放于耻骨联合下缘，左右两拇指平放在耻骨降支上面，测量两拇指之间角度即为耻骨弓角度。正常为 90°，< 80°为异常。

（2）骨盆内测量 用于骨盆外测量有狭窄者。以妊娠 24～36 周阴道松软时测量为宜。测量时，孕妇取膀胱截石位。外阴消毒，检查者戴消毒手套并涂润滑油，食指和中指放入阴道内检查。主要径线有：

①骶耻内径 也称对角径（DC），是耻骨联合下缘至骶岬上缘中点的距离（图 3－13）。检查者一手示、中指伸入阴道，用中指尖触骶岬上缘中点，示指上缘紧贴耻骨联合下缘，标记示指与耻骨联合下缘的接触点。中指尖至此接触点的距离，即为对角径。正常值为 12.5～13cm。减去 1.5～2cm，即为真结合径值。如果触不到骶岬，说明此径线大于 12.5cm。

②坐骨棘间径 测量两侧坐骨棘间的距离（图 3－14），正常值约为 10cm。检查者一手的食、中指伸入阴道内，分别触及两侧坐骨棘，估计其间的距离。

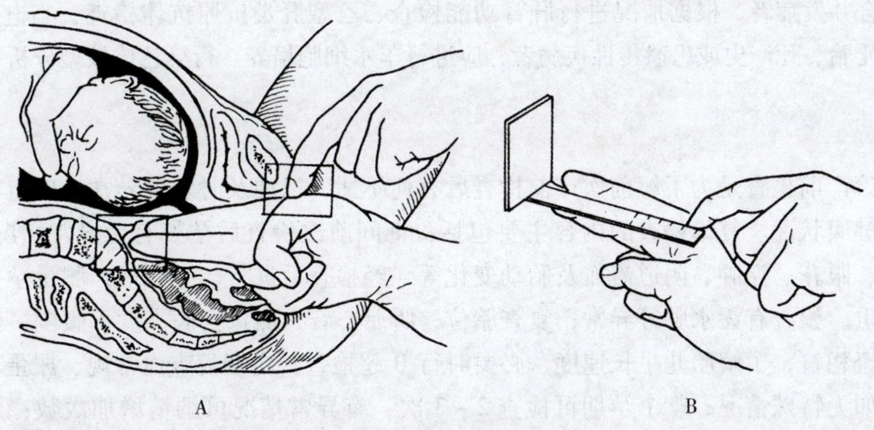

图 3－13　测量骶耻内径

③坐骨切迹宽度　代表中骨盆后矢状径，为坐骨棘与骶骨下部间的距离，即骶棘韧带的宽度（图 3－15）。检查者将伸入阴道内的示、中指并排置于韧带上，如能容纳 3 横指（5～5.5cm）为正常，否则属中骨盆狭窄。

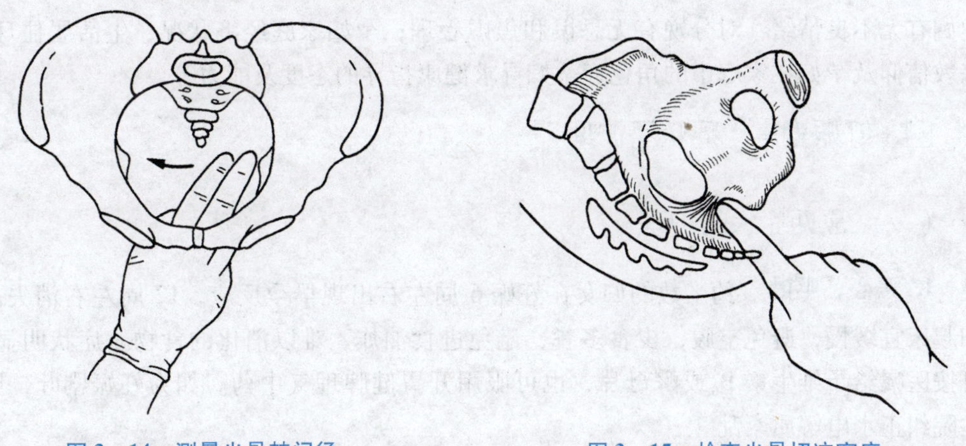

图 3－14　测量坐骨棘间径　　图 3－15　检查坐骨切迹宽度

3. 阴道检查　确诊早孕时，应行阴道双合诊检查。妊娠 24～36 周可行骨盆内测量。妊娠最后 1 个月及临产后，应尽量避免不必要的阴道检查，以防感染。

4. 肛门检查　可以了解胎先露部、骶骨前面弯曲度、坐骨棘间径及坐骨切迹宽度以及骶尾关节活动度。

5. 绘制妊娠图　是反映胎儿在子宫内发育及孕妇健康情况的动态曲线图。将每次产前检查所得的血压、体重、宫底高度、腹围、尿蛋白、胎位、胎心率等数值记录于妊娠图上，绘制成标准曲线，观察动态变化，有利于及早发现及处理孕妇或胎儿的异常情况。

（三）辅助检查

常规检查血常规、血型和尿常规。B 超检查了解胎儿宫内发育情况，有无畸形等。出现妊娠合并发症者，根据情况进行肝肾功能检查、乙型肝炎抗原抗体检查、心电图检查等。有死胎、死产史或患遗传性疾病者，应进行羊水细胞培养、行染色体核型分析等。

（四）复诊检查

复诊产前检查是为了解前次产前检查后有何不适，以便及时发现异常，确定孕妇和胎儿的健康状况。复诊检查的内容主要包括：询问前次检查后孕妇有无异常情况出现，如头痛、眼花、浮肿、阴道流血及胎动变化等，经检查后进行相应处理；测量孕妇的血压、体重，检查有无水肿等异常；复查胎位，听胎心音，测量宫底高度、腹围，判断与孕周是否相符，了解胎儿生长速度，必要时行 B 超检查；定期复查血常规、尿蛋白、尿糖等，如无特殊情况，整个孕期可检查 2 ~ 3 次，有异常情况可酌情增加次数；进行孕期健康指导，预约下次复诊日期。

三、心理 – 社会状况

妊娠不仅会引起身体各系统的生理变化，孕妇的心理也会随着妊娠而有不同的变化。妊娠早期，重点评估孕妇及家庭成员对妊娠的态度及接受程度；妊娠中晚期，了解孕妇有无不良情绪，对分娩有无恐惧和焦虑心理；孕妇家庭经济状况、生活居住环境、宗教信仰及孕妇在家庭中的角色；孕妇寻求健康指导的态度及能力等。

四、妊娠期常见症状与护理

（一）常见症状的护理

1. 恶心、呕吐 约半数的妇女在妊娠 6 周左右出现早孕反应，12 周左右消失。孕妇起床宜缓慢，避免空腹，少食多餐，避免进食油炸、难以消化的食物。症状明显者，可按医嘱给予维生素 B_6 或酵母片，也可服用开胃健脾理气中药。如为妊娠剧吐，则需住院纠正水电解质紊乱。

2. 尿频、尿急 在妊娠初 3 个月和末 3 个月明显。系因妊娠子宫压迫所致，属正常生理变化。产后可逐渐消失。

3. 白带增多 排除真菌、滴虫、淋菌、衣原体等感染，嘱孕妇保持外阴部清洁，每日清洗外阴或经常沐浴，严禁阴道冲洗。穿透气性好的棉质内裤，经常更换，增加舒适感。

4. 下肢水肿 妊娠后期子宫增大压迫下腔静脉，使下腔静脉回流受阻，孕妇下肢常出现踝部及小腿水肿，如果休息后消退，属生理性水肿。如果下肢明显凹陷性水肿或经休息后不消退，应警惕妊娠期高血压疾病的发生。嘱孕妇左侧卧位，解除右旋增大的子宫对下腔静脉的压迫，下肢垫高 15°，避免长时间地站或坐，以免加重水肿的发生。适当限制孕妇对盐的摄入，但不必限制水分。

5. 下肢、外阴静脉曲张 孕妇避免两腿交叉或长时间站立、行走，注意经常抬高下肢，穿弹力裤或弹力袜，避免穿妨碍血液回流的紧身衣裤。会阴静脉曲张者，可于臀下垫枕，抬高髋部休息。

6. 便秘 妊娠期由于活动少，肠蠕动减弱，容易发生便秘。增大的子宫及胎先露压迫，孕妇也会感排便困难。嘱孕妇多吃富含纤维素的蔬菜和水果，每日清晨喝一杯温开水或蜂蜜水，养成定时排便的好习惯。注意适当的活动。未经医生允许不随便使用大便软化剂或缓泻剂，禁用峻泻剂，以免引起流产或早产。

7. 腰背痛 妊娠期由于关节韧带松弛及增大的子宫向前突出，孕妇身体重心后移，背伸肌处于持续紧张状态，孕妇常出现腰背轻微疼痛。嘱孕妇注意休息，穿平跟鞋，在俯拾或抬举物品时，保持上身直立，弯曲膝部，用两下肢的力量抬起。疼痛明显者，必须卧床休息（硬床垫），局部热敷。

8. 下肢肌肉痉挛 于妊娠后期多见，常于夜间发作，与孕妇摄取钙量不足有关。痉挛发作时，指导孕妇将痉挛下肢伸直，局部热敷、按摩至痉挛消失。孕妇饮食中应增加钙的摄入，避免腿部疲劳、受凉，伸腿时避免脚趾尖伸向前，走路时脚跟先着地。必要时遵医嘱口服钙剂。

9. 仰卧位低血压 妊娠晚期孕妇仰卧位时，增大的子宫压迫下腔静脉，使回心血量减少，心排出量突然降低，出现低血压。嘱孕妇左侧卧位后症状可自然消失，不必紧张。

10. 失眠 每日坚持散步等户外活动，睡前梳子梳头，温水泡脚，喝热牛奶等，有助入睡。

11. 贫血 妊娠期血容量增加导致血液稀释，出现生理性贫血。调节饮食，增加含铁食物的摄入，如动物肝脏、瘦肉、蛋黄、豆类等。病情需要时，应遵医嘱补充铁剂，于餐后20分钟，用温水或水果汁送服，以促进铁的吸收。

（二）心理护理

孕妇的生理和心理活动会波及胎儿，孕妇的情绪变化可以通过血液和内分泌调节的改变而影响胎儿，要保持心情愉快、轻松。给孕妇提供心理支持，帮助孕妇消除不良情绪。

五、健康教育

1. 活动与休息 孕妇可坚持日常工作，妊娠28周后宜适当减轻工作量，避免长时间站立或重体力劳动。坐位时可抬高下肢，减轻下肢水肿。接触放射线或有毒物质的工作人员，妊娠期应予以调离。每日应保证8～9小时的睡眠，午休1～2小时，宜左侧卧位，以增加胎盘血供。居室内保持安静、空气流通。孕期要保证适量的运动，以增进食欲和睡眠。散步是孕妇最适宜的运动，但不要到人群拥挤、空气不佳的公共场所，以免发生流感、风疹病毒感染等；避免接触小猫小狗等动物，以免发生弓形虫感染。一切家务操作均可进行，但不要攀高举重。

2. 个人卫生与衣着 怀孕后孕妇排汗量增多，应勤淋浴更换内衣，养成良好的刷牙习惯。孕妇衣服应宽松、柔软、舒适，冷暖适宜。不宜穿紧身衣裤或袜子，以免影响血液循环和胎儿发育、活动。胸罩以舒适、合身为标准，以减轻不适感。孕期宜穿轻便舒适的鞋子，鞋跟宜低，但不应完全平跟，以能够支撑体重而且感到舒适为宜；避免穿高跟鞋，以防腰背痛及身体失衡。

3. 乳房护理 妊娠24周后用温水毛巾清洁乳头和乳晕；若乳头平坦或内陷，应指导孕妇做乳头伸展和牵拉练习进行纠正。乳头伸展练习方法：两拇指平行放于乳头两侧，慢慢向外方牵拉乳晕皮肤及皮下组织，使乳头向外突出；同法上、下纵形拉开。此练习可反复多次，做满15分钟，2次/日。乳头牵拉练习方法：一手托着乳房，另一手的拇指和中、示指将乳头向外牵拉，反复牵拉15～20次，2次/日。

4. 孕期自我监护 胎心音和胎动计数是孕妇自我监护胎儿宫内情况的一种重要手段。教会家庭成员听胎心音，并作记录，不仅可了解胎儿宫内情况，而且还可和谐孕妇和家庭成员之间的亲情关系。嘱孕妇自妊娠30周开始，每日早、中、晚各数1小时胎动，每小时胎动数应不少于3次，12小时内胎动累计数不得<10次。凡12小时内胎动累计数<10次，或逐日下降>50%而不能恢复者，均应视为子宫胎盘功能不足，胎儿有宫内缺氧，应及时就诊，进一步诊断并处理。

5. 饮食与营养指导 妊娠期孕妇为适应胎儿发育和自身的需要，其营养的需求量大大增加。若营养摄入不足，会直接影响胎儿生长和智力发育；若营养摄入过多，又可导致胎儿过大，使难产机会增加。因此，孕妇孕期应合理饮食，科学增加营养。

6. 药物的使用 许多药物可通过胎盘影响胚胎及胎儿发育，尤其在妊娠21～56天是胚胎器官发育形成时期，也是药物致畸最敏感时期，此期用药应特别注意。胎儿各器官形成后，药物致畸作用明显减弱，但对生殖系统、神经系统的影响仍存在。近预产期和临产后用药，应考虑对新生儿有无影响。美国食品和药品管理局（FDA）将药物对胎儿的危害分为A、B、C、D、X 5个级别。A级药物对胎儿无危害，如维生素A、B、C、D、E等；B级药物对胎儿基本无危害，如青霉素、红霉素、胰岛素、地高辛等；C级药物可能有危害，选用时需权衡利弊，如庆大霉素、异丙嗪、异烟肼等；D级药物对胎儿确有危害，除非万不得已，否则不考虑使用，如硫酸链霉素、盐酸四环素等；X级药物可使胎儿异常，孕期禁止使用，如甲氨蝶呤、己烯雌酚等。在妊娠12周前，以不用C、D、X级药物为好。因此，要强调妊娠期合理用药，应在医生指导下进行，既不可滥用药物，影响胎儿，也不宜一概拒绝用药，延误病情。

7. 性生活指导 妊娠前3个月及末3个月，应避免性生活，以防流产、早产、胎膜早破及感染。

8. 胎教 胎教是有目的、有计划地为胎儿实施早期教育。现代研究发现，胎儿的眼睛能随送入的光亮而活动，触其手足可产生收缩反应；外界音响可传入胎儿听觉器官，并能引起心率的改变。胎教方法有：①语言胎教：孕妇通过对胎儿进行语言交流或朗诵诗歌、儿歌及散文等进行胎教，可刺激胎儿脑部发育，增进母子感情；实验表明胎儿最爱听男中音，因此提倡准父亲也参与胎教。②抚摸胎教：孕妇通过腹壁对胎儿进行抚摸，可以激发胎儿的活动积极性，有利于胎儿的身心健康成长。③音乐胎教：对胎儿进行音乐训练，听优美舒缓的音乐，以促进脑部发育，但宜每日定时且音量不宜过强。

9. 异常症状的判断　孕妇出现下列症状时应立即就诊：阴道流血，妊娠3个月后仍持续呕吐，寒战发热，腹部疼痛，头痛、眼花、胸闷，心悸、气短，液体突然自阴道流出，胎动计数突然减少等。

第五节　分娩前准备

多数孕妇由于缺乏分娩方面的相关知识，再加上担心分娩过程中自身和胎儿的安全，会产生焦虑和恐惧的心理，而这些心理问题又会影响产程的进展及母婴的安全。因此指导孕妇做好分娩准备是非常必要的，主要包括以下方面：

一、识别先兆临产

分娩发动前，出现的预示孕妇不久即将临产的症状称为先兆临产。临产前的症状有假临产、胎儿下降感、见红。

二、分娩的物品准备

帮助准备分娩后产妇和新生儿的物品，可减少准父母的紧张和焦虑，从而增加抚养孩子的责任心和信心。

1. 母亲物品准备　包括各种证件、孕妇健康手册、足量消毒的大卫生巾、内裤、合适的胸罩、数个垫于胸罩内的小毛巾、数套替换的内衣以及吸奶器等。

2. 新生儿物品准备　数套柔软、舒适、宽大、便于穿脱的衣服，质地柔软、吸水、透气性好的纯棉尿布，婴儿包被、毛巾、梳子、围嘴、爽身粉、温度计、澡盆等，还要准备柔和、无刺激的肥皂、清洁剂、洗涤液。对不能进行母乳喂养者，准备奶瓶、奶粉、奶嘴、杯子、勺子等物品。

三、分娩前训练方法

分娩前的运动可有效减轻身体不适，如腰背酸痛、静脉曲张等；伸展会阴部肌肉使分娩得以顺利进行；有助于产后身体健康迅速有效地恢复。应遵循循序渐进、持之以恒的原则；运动前排空大小便；若有流产、早产现象者应停止锻炼。

1. 腿部运动　手持椅背，左腿固定，右腿抬高向外画圈，膝关节勿弯曲，做完后换对侧下肢。目的是增进骨盆与会阴部肌肉的弹性，以利于生产。

2. 腰部运动　手持椅背，缓慢吸气，同时手用力，使身体重心集中于椅背，脚尖立起使身体抬高，腰部伸直使下腹部紧贴椅背，然后缓慢呼气的同时，手放松，脚还原。目的是减少腰背部疼痛，并可在分娩时增加腹压及会阴部肌肉的伸展性。

3. 盘腿坐式　孕妇平坐于床上，两小腿平行交接，两膝远远分开，两小腿不可重叠。可在看电视或聊天时采用此种姿势（图3－16）。目的是增强腹股沟肌肉及关节韧带的弹性和张力，预防妊娠末期膨大的子宫所致的痉挛或抽筋；伸展会阴部肌肉。

图 3-16 盘腿坐式

4. 盘坐运动 平坐于床上，将两跖骨并拢，两膝分开，双手轻放于两膝上，然后用手臂力量缓慢下压膝盖，配合深呼吸运动，再把手拿开，持续 2~3 分钟。目的是加强小腿肌肉的张力，避免腓肠肌痉挛。

5. 骨盆与背摇摆运动 平躺仰卧，双腿屈曲，两腿分开与肩部同宽，用足部和肩部力量将背部和臀部轻轻抬起，然后并拢双膝，收缩臀部肌肉，再分开两膝将背部和臀部慢慢放下，重复运动至少 5 次（图 3-17）。

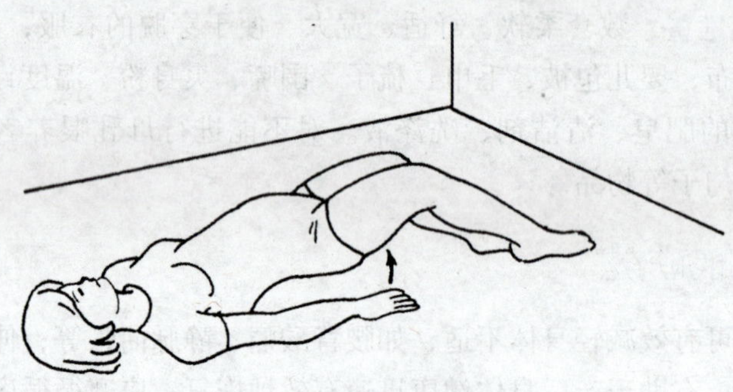

图 3-17 骨盆与背摇摆运动

6. 骨盆倾斜运动 双手及双膝支撑于床上，两手背与肩部垂直，大腿沿臀部垂下，利用背部和腹部的缩摆运动。此种运动也可采取仰卧位或站立式（图 3-18）。目的与骨盆和背摇摆运动相同。

7. 双腿抬高运动 平躺仰卧，双腿垂直抬高，足部抵住墙壁，每次持续 5 分钟（图 3-19）。此运动自妊娠 8~9 个月开始练习。目的是伸展脊椎骨骼，锻炼臀部肌肉张力，促进下肢血液循环。

8. 腹式深呼吸 平卧屈腿，用鼻深呼吸，使腹部隆起。两手至两侧向腹部中央移动，再用口呼气，同时收缩腹部，双手向两侧移动并放回原处。此运动自妊娠 8~9 个月开始练习。目的是放松腹部肌肉和转移注意力，配合分娩过程。

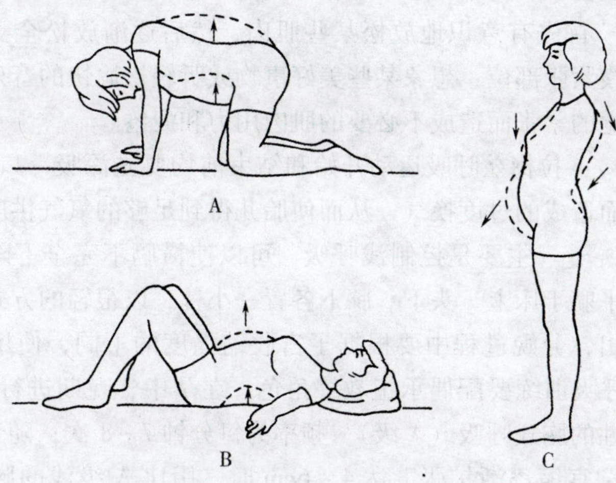

图 3－18　骨盆倾斜运动

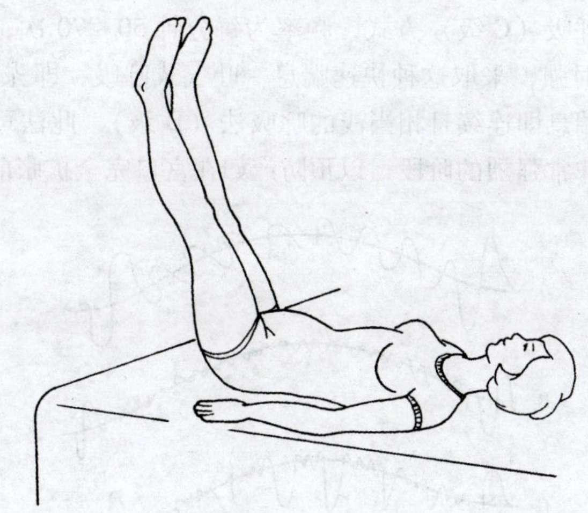

图 3－19　双腿抬高运动

四、减轻分娩不适

目前有很多不同方式可协助减轻分娩时的疼痛。这些方法依据 3 个重要前提：①孕妇在分娩前已获取足够知识，会应用腹式呼吸运动来减轻分娩时的不适；②临产后子宫阵缩时，如能保持腹部放松，则不适感会减轻；③疼痛感会随着注意力的分散而得到减轻。目前减轻分娩时不适的常用方法有：

1. 拉梅兹分娩法　该法又称“精神预防法”，由法国医生拉梅兹提出，是目前广泛使用的预习分娩法。根据巴甫洛夫的条件反射原理，拉梅兹提出分娩时的疼痛也是机体对宫缩刺激的一种心理反应。因此首先应训练产妇在分娩时听到“开始收缩”口令或感觉收缩开始时，使自己自动放松；其次产妇要学习集中精神于自己的呼吸上，并专注于某一特定目标，排除其他干扰，利用这一特定目标占据脑中用以识别疼痛的神经细胞，使痛的冲动无法被识别，从而达到减轻疼痛的目的。具体做法是：

（1）放松技巧　首先有意识地放松某些肌肉，然后逐渐放松全身肌肉。放松的方法多样，可通过触摸紧张部位、想象某些美好事物或听轻松愉快的音乐，让产妇在分娩过程中不会因不自觉的紧张而造成不必要的肌肉用力和疲倦。

（2）廓清式呼吸　拉梅兹呼吸运动开始和结束前均要先深吸一口气，再完全吐出，以减少因快速呼吸而造成的过度换气，从而使胎儿得到足够的氧气供应。

（3）意志控制呼吸　主要是控制浅呼吸，可以使横膈不完全下降，以减少对膨大子宫的压力。产妇平躺于床上，头下、膝下各置一小枕，以很轻的方式吸气后，再以稍强于吸气的方式吐出，分娩过程中要根据子宫收缩强度的不同，使用不同频率的呼吸（图 3－20）。这种呼吸训练要配偶承担教练角色，在孕中、晚期进行训练。宫缩早期，进行缓慢而有节奏性的胸式呼吸（A 级），频率为每分钟 7～8 次；随着产程进展，宫缩的频率和强度增加，宫缩逐渐扩张，达 4～6cm 时，用比 A 级浅的胸式呼吸（B 级），频率为每分钟 30 次；当宫口继续扩大，产妇的不适感增加，尤其在子宫收缩时，孕妇以主要运动在胸骨的呼吸（C 级）方式，频率为每分钟 50～70 次，这种呼吸的特点是吐气的力量要比吸气时强，采取这种快速喘息－吐气式呼吸，即先快速呼吸 3～4 次后用力吹气 1 次；胸式喘息即连续且相当浅的呼吸法（D 级），此法可用在宫口近开全或进入第二产程、宫缩非常强烈的阶段，以预防产妇在宫口完全扩张前向下用力。

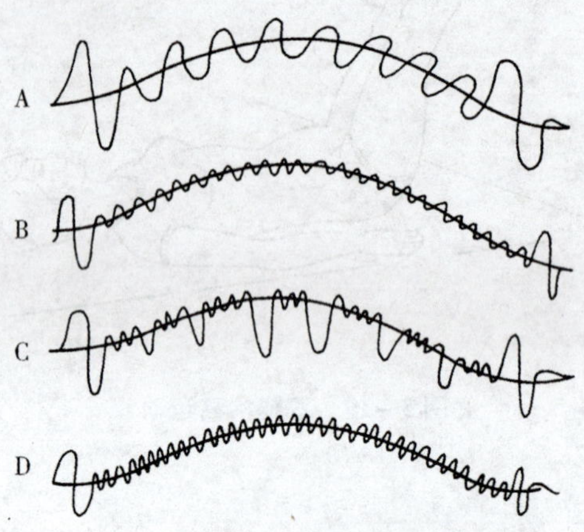

图 3－20　拉梅兹意志控制呼吸示意图

训练时，当孕妇听到“收缩开始”的指令，先做一次廓清式呼吸，然后以每分钟 10～12 次的呼吸频率；听到“收缩变得剧烈”，改为每分钟 30 次左右的呼吸；听到“宫缩更强烈了”，呼吸次数增加至每分钟约 70 次；听到“宫缩减轻”，逐渐改变呼吸，一次廓清式呼吸后，恢复平静。模仿分娩过程中可能遇到的情况。例如：阵痛开始一段时间后，宫缩变得较强而持久，听到“收缩开始”指令，开始由 A 级呼吸（3～4 次）转成 B 级（4～6 次），然后转成 C 级（10 次或更多）；当收缩减弱时，再把呼吸转为 B 级，然后再转为 A 级，一次廓清式呼吸后，逐渐恢复平静。

2. 迪克·瑞德法　由英国医生迪克·瑞德（Dick Read）提出。其原理为恐惧会导致紧张从而造成或强化疼痛。若能预防或打破恐惧－紧张－疼痛这一恶性循环，便能减轻分娩的疼痛。瑞德法主要包括放松技巧和腹式呼吸。具体如下：

（1）放松技巧　孕妇先侧卧，头下垫一小枕，身体的任何部位均不重叠，让腹部的重量施于床垫上，联系方法与拉梅兹法类似，使全身肌肉处于松弛状态。适用于子宫收缩间歇期休息，以防体力过度消耗。

（2）腹式呼吸　孕妇平躺，集中精神使腹肌提升，缓慢呼吸，使子宫在收缩时有足够的空间，并维持良好的血液供应。妊娠中期开始练习，每次呼吸时间持续约 20 秒，每天练习十余次，至妊娠晚期将呼吸时间延长至每分钟只呼吸 1 次（30 秒吸气，30 秒呼气）。该状态可使产妇在胎儿娩出前有效地控制身体不适，直至感受最后一次宫缩后新生命诞生的喜悦。

3. 布莱德雷法（丈夫教练法）　此法由罗伯·特·布莱德雷（Robert Bradley）医生提出，常称为“丈夫教练法”。此法放松和控制呼吸的技巧同前，主要强调了丈夫在妊娠、分娩及新生儿出生后最初几天的重要作用。分娩过程中，丈夫可以鼓励产妇适当活动来促进产程进展，转移注意力以减轻疼痛。

思考题

1. 说出胎盘的组成及生理功能。
2. 如何诊断早孕？哪些辅助检查可以确诊？
3. 简述妊娠期子宫底高度与孕周的关系。
4. 说出腹部四步触诊法的操作步骤、骨盆外测量的主要径线及其正常值。
6. 孕期常见的症状有哪些？应如何护理？

第四章 正常分娩期妇女的护理

学习目标

1. 阐述分娩期护理评估、护理诊断、护理目标、护理措施。
2. 简述枕左前位的分娩机制以及分娩4个产程的临床表现。
3. 说出决定分娩的4因素、产程分期及临床的标志。

分娩（delivery）是指妊娠满28周（196日）及以后，胎儿及其附属物从母体临产发动至从母体全部娩出的过程。妊娠满28周至不满37周（196～258日）期间分娩称为早产（premature delivery）；妊娠满37周至不满42周（259～293日）期间分娩称为足月产（term delivery）；妊娠满42周（294日）及其以后分娩称为过期产（postterm delivery）。

第一节 影响分娩的因素

影响分娩的4大因素是产力、产道、胎儿和产妇的精神心理状态，这些因素与分娩方式的选择、分娩进程及结局关系密切。若这些因素均在正常范围又相互协调，则胎儿可顺利经阴道自然娩出，称为正常分娩。若这些因素发生异常或相互之间不协调，将造成分娩受阻。

知识拓展

分娩发动的原因是什么

目前较为公认的是以下多种因素综合作用的结果：

1. 机械性：妊娠末期，宫内压升高，肌壁上的机械感受器受刺激，通过神经内分泌系统释放缩宫素，从而引起宫缩。

2. 内分泌控制：足月妊娠及临产前产妇血浆及羊水中前列腺素显著增多，可诱发宫缩，子宫缩宫素受体显著增多，增强了子宫对缩宫素的敏感性。

3. 神经介质：子宫主要受自主神经支配，交感神经能兴奋子宫肌层上的α肾上腺素能受体，促进子宫收缩。

一、产力

分娩时将胎儿及其附属物从子宫内逼出的力量称产力，包括子宫收缩力（简称宫缩）、腹肌及膈肌收缩力（统称腹压）和肛提肌收缩力。

（一）子宫收缩力

子宫收缩力为临产后的主要力量，贯穿于整个分娩过程。临产后的宫缩能迫使子宫颈口扩张、胎先露下降、胎儿及其附属物娩出。正常宫缩有以下几个特点。

1. 节律性 临产后的子宫收缩是子宫体部不随意、呈节律性的阵发性收缩，伴疼痛，亦称阵缩或阵痛。子宫收缩总是由弱渐强（进行期），维持一定时间（极期），随后再由强渐弱（退行期），直至完全消失进入间歇期（图 4－1）。如此反复出现，直到分娩结束。临产初期，宫缩持续时间约 30 秒，宫腔压力增高，宫缩极期时宫腔内压力 25～30mmHg，间歇期 5～6 分钟。随着产程进展，当宫口开全（10cm）后，宫缩持续时间可达 60 秒，宫腔压力进一步增高，宫缩极期时宫腔内压力可增至 100～150mmHg，间歇期短至 1～2 分钟。宫缩时肌纤维间的血管被挤压，血流量减少，胎盘血循环暂时受到影响，间歇时子宫壁放松，子宫肌壁和胎盘血流恢复，胎儿需要具备良好的储备能力才能适应子宫收缩的节律性变化，顺利度过分娩。这种节律性的收缩有利于胎儿血氧供应。随着产程进展，宫缩持续时间渐长，间歇时间渐短，强度也逐渐增加。

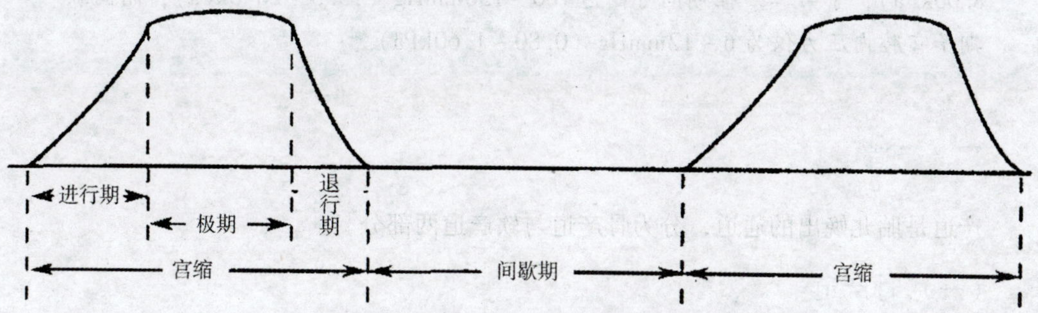

图 4－1　正常子宫收缩的节律性

2. 对称性与极性 正常宫缩起自双侧子宫角部，迅速向子宫底中线集中，左右对称，再向子宫下段扩散，均匀协调地遍布整个子宫，称为对称性。然后，由子宫底上部向下移行，收缩力量以子宫底部最强、最持久，向下逐渐减弱，称为极性，宫底收缩的强度是子宫下段的 2 倍。（图 4－2）

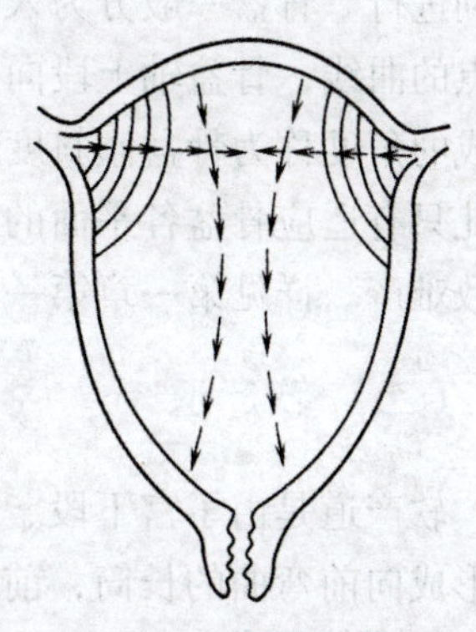

图 4－2　正常子宫收缩的对称性与极性

3. 缩复作用 子宫收缩时子宫体部肌纤维逐渐缩短变宽，间歇时子宫肌纤维松弛，但肌纤维并不能完全恢复到原来的长度，经过反复的收缩，子宫体部的肌纤维越来越短，这种现象称为缩复作用。分娩过程中，由于子宫肌纤维的缩复作用，使子宫腔的容积逐渐缩小，从而迫使胎先露逐渐下降、子宫颈管慢慢消失和宫颈口扩展。

（二）腹肌和膈肌收缩力

当宫口开全后，胎先露下降至阴道，每当宫缩时，先露部或前羊水囊压迫盆底组织和直肠，反射性地引起腹肌和膈肌的强力收缩，使产妇产生“排便”动作而用力屏气。结果腹腔内压力增高，作用于子宫而促使胎儿下降，成为娩出胎儿的重要辅助力量。此收缩力尚可辅助已剥离的胎盘娩出。

（三）肛提肌收缩力

肛提肌收缩力有协助胎先露在骨盆腔进行内旋转的作用。当胎头枕部露于耻骨弓下时，还能协助胎头仰伸及娩出。胎儿娩出后，肛提肌收缩力还有助于胎盘娩出。

知识拓展

你知道子宫收缩的力量有多大?

宫缩强度随着产程的进展而逐渐增加，子宫腔内压力于临产初期约升高25～30mmHg（3.33～4.00kPa），于第一产程末可增至40～60mmHg（5.33～8.00kPa），于第二产程期间可高达100～150mmHg（13.3～20.0kPa），而间歇期子宫腔内压力仅为6～12mmHg（0.80～1.60kPa）。

二、产道

产道是胎儿娩出的通道，分为骨产道与软产道两部分。

（一）骨产道

骨产道是指真骨盆部分，在分娩过程中变化不大，其形态、大小直接影响分娩能否顺利进行。骨盆一般分为入口平面、中骨盆平面和出口平面。骨盆轴是连接骨盆各平面中点的曲线，骨盆轴上段向下向后，下段向下向前。女性直立时骨盆入口平面与地平面所成的角度称为骨盆倾斜度，一般为60°，若骨盆倾斜度过大，则影响胎头衔接和娩出，胎儿只有适应骨盆各平面的形态特点才能经阴道顺利娩出，否则，就会使产程进展受阻而致难产。详见第一章第一节。

（二）软产道

软产道是由子宫下段、子宫颈、阴道及骨盆底软组织所构成的弯曲管道。软产道下段形成向前弯曲的长筒，前壁短后壁长。

1. 子宫下段 子宫下段由非孕时长约1cm的子宫峡部形成，妊娠12周后逐渐扩展成为宫腔的一部分，至妊娠末期逐渐被拉长形成子宫下段，临产后随着规律宫缩，子宫下段进一步拉长达7～10cm，肌壁变薄成为软产道的一部分。由于子宫肌纤维的极性和缩复作用，子宫上段肌壁越来越厚，子宫下段肌壁越来越薄。由于子宫上下段的肌壁厚薄不均，使两者间的子宫内面形成一环状隆起，称为生理性缩复环（图4－3）。正常情况下，此环不能在腹部见到，若在腹部见到子宫上下段的缩复环则为病理性缩复环，是先兆子宫破裂的表现。

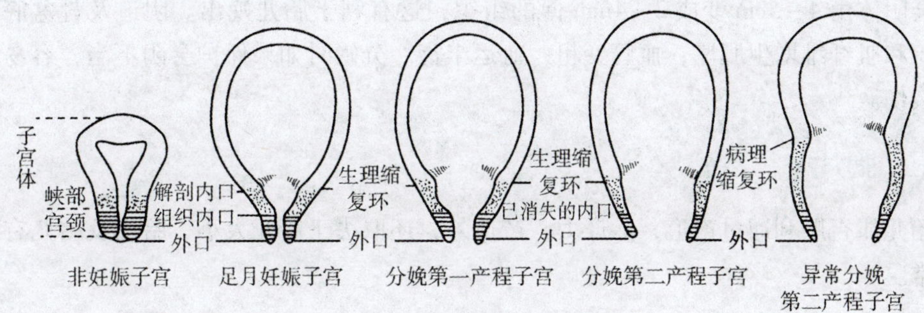

图4－3　宫口扩张及子宫下段形成

2. 子宫颈的变化

（1）宫颈管消失　临产前宫颈管长2～3cm，初产妇较经产妇稍长。临产后的规律宫缩牵拉宫颈内口的子宫肌纤维及周围韧带，同时，胎先露部支撑前羊水囊呈楔状，致使宫颈内口向上向外扩张，宫颈管形成漏斗状，继而宫颈管逐渐变短直至宫口开全（宫口扩张至10cm）。初产妇多为宫颈管先消失，宫口再扩张；而经产妇宫颈管消失与宫口扩张大多同时进行（图4－4）。

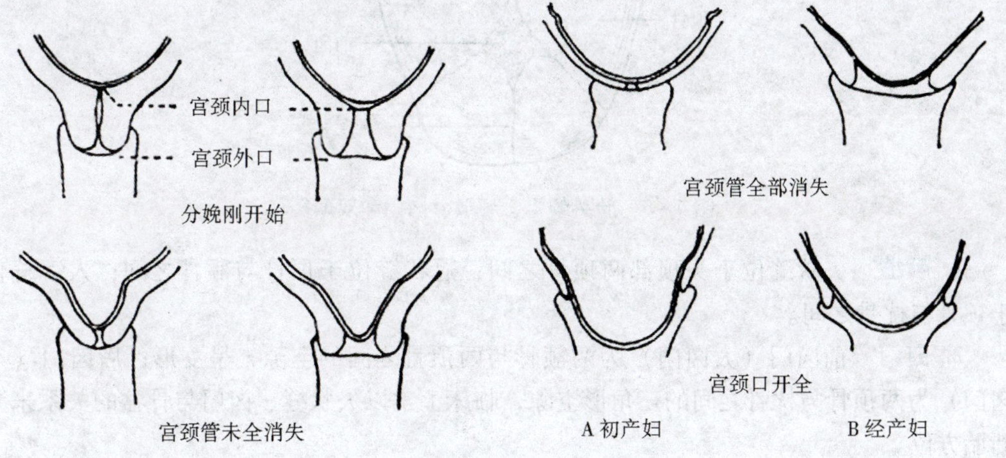

图4－4　宫颈管消失与宫口扩张的步骤

（2）宫口扩张　临产前，初产妇宫颈外口仅容纳一指尖，经产妇能容一指。临产后，子宫收缩及缩复向上牵拉促使宫口扩张。胎儿先露部衔接使前羊水在宫缩时不能回流，加之子宫下段蜕膜发育不良，胎膜容易与该处蜕膜分离而向宫颈管突出形成前羊水囊，协助扩张宫口，胎膜多在宫口近开全时自然破裂。胎膜破裂后，胎先露部直接压迫宫颈，扩张宫口的作用更明显。当产程继续进展，宫口开全时，妊娠足月胎头方能顺利通过。

3. 骨盆底、阴道及会阴的变化 前羊水囊及胎先露下降逐渐扩张软产道，破膜后胎先露部下降，直接压迫并扩张阴道和骨盆底，使软产道下段形成一个向前弯的长筒，前壁短后壁长，阴道黏膜皱襞展平使管道加宽。肛提肌向下及向两侧扩展，肌纤维拉长，会阴体由 4 ~5cm 变成 2 ~4mm 薄的组织，这有利于胎儿娩出。阴道及骨盆底的结缔组织和肌纤维增生肥厚，血管变粗，血运丰富。分娩时如果保护会阴不当，容易造成会阴裂伤。

三、胎儿

胎儿能否顺利通过产道，除产力、产道外，还取决于胎儿大小、胎位及胎儿有无发育异常。

（一）胎儿大小

成熟胎儿的胎头是胎体的最大部分。胎头由 7 块扁骨构成，即顶骨、额骨、颞骨各两块，枕骨一块。颅骨之间的缝隙称颅缝，缝与缝会合处的空隙称囟门。颅缝和囟门均有软组织覆盖，分娩时可以重叠，从而缩小头颅体积，有利于娩出（图 4 –5）。

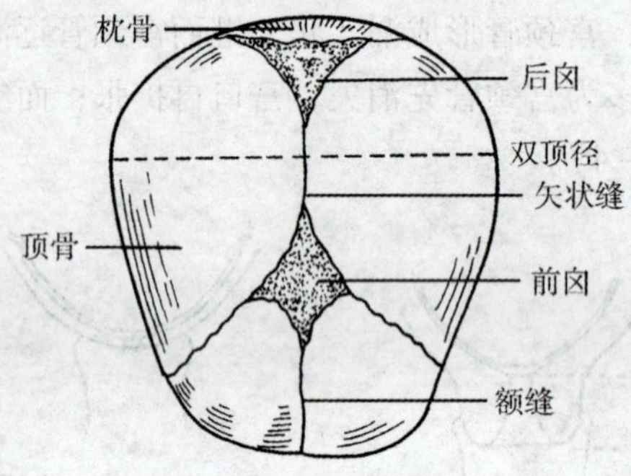

图 4 –5 胎头颅骨、颅缝、囟门和双顶径

1. 颅缝 矢状缝位于头顶部两顶骨之间；冠状缝位于顶骨与额骨之间；人字缝位于顶骨与枕骨之间。

2. 囟门 前囟门（大囟门）为两额骨与两顶骨之间的空隙，呈菱形；后囟门（小囟门）为两顶骨与枕骨之间的三角形空隙，临床上常以矢状缝、囟门与骨盆的关系来判断胎方位。

3. 胎头径线 主要径线有 4 条：

（1）双顶径 为两顶骨隆突间的距离，是胎头的最大横径，足月时平均值约为 9.3cm，临床上通过 B 超测量此径线来估计胎儿大小（图 4 –5）。

（2）枕额径 又称前后径，指从鼻根上方至枕骨隆突下方间的距离，足月时平均值约为 11.3cm，胎头常以此径线衔接。

（3）枕下前囟径 又称小斜径，为前囟中央至枕骨粗隆下方的距离，足月时平均值约为9.5cm，胎头俯屈后以此径线通过产道。

(4) 枕颏径　又称大斜径，指颏骨下方中央至后囟顶部的距离，足月时平均值约为13.3cm。

（二）胎位

产道为一纵行管道，纵产式时胎体纵轴与骨盆纵轴相一致，胎儿容易通过产道。胎儿以头的周径最大，肩次之，臀最小。头先露时，分娩过程中颅骨轻度重叠，胎头变形，周径变小，有利于胎头娩出。胎头娩出后，产道经过扩张，胎肩和胎臀娩出时一般不会困难。臀先露时，比胎头周径小而软的胎臀先娩出，软产道没有得到充分扩张，当胎头娩出时又无变形机会，可导致胎头娩出困难。肩先露时，胎体纵轴与骨盆轴垂直，妊娠足月活胎不能通过产道，对母儿威胁极大。

（三）胎儿畸形

胎儿某一部分发育异常，如脑积水、联体双胎等，由于胎头或胎体过大，通过产道发生困难，易造成难产。

四、产妇的精神心理状态

除了产力、产道、胎儿3种影响分娩的因素外，产妇的精神心理因素正日益受到重视。越来越多的研究表明，产妇不良的精神心理状态可增加难产的发生率，易造成产程延长、会阴切开、剖宫产、产钳助产等，同时易发生产时和产后出血、产褥感染、产后子宫复旧不良和产后抑郁等。分娩时产妇常见的精神心理状态有孤独、紧张、无助、焦虑、抑郁及恐惧等。

分娩是一个生理现象，但对产妇却是一种持久而强烈的心身应激源。主观上，母体因担心疼痛、难产、出血、母婴生命危险或胎儿不理想等，以致产生紧张情绪。客观上，待产室陌生、不适的环境，产房内的噪声刺激，逐渐频繁、增强的宫缩，使产妇处于焦虑、不安与恐惧的心理状态。现代医学研究证明，产妇的这种紧张情绪改变会促使产妇神经内分泌发生变化，使交感神经兴奋，释放儿茶酚胺，导致产妇血压升高、心率加快、呼吸急促、肺内气体交换不足，致使子宫缺氧收缩乏力、宫口扩张缓慢、胎先露下降受阻、产程延长，同时胎儿缺血缺氧，出现胎儿宫内窘迫等。

在分娩过程中，助产人员应采取针对性措施，给产妇建立家庭和社会支持系统；注重妊娠期的健康教育，扩大教育的覆盖面以及增加有效性，提高产妇对分娩过程的认识；积极创建温馨的分娩环境，加强分娩过程中的人文关怀和护理；满足个性化需要，提供导乐服务和家庭化产房；尽可能消除产妇的焦虑和恐惧状态，允许丈夫或亲属陪伴，以便顺利度过分娩过程。

第二节　枕先露的分娩机制

分娩机制是指胎儿先露部随骨盆各平面的不同形态，被动地进行一系列适应性转动，以其最小径线通过产道的全过程。临床上以枕左前位最多见，故以枕左前位的分娩机制为例说明（图4-6）。

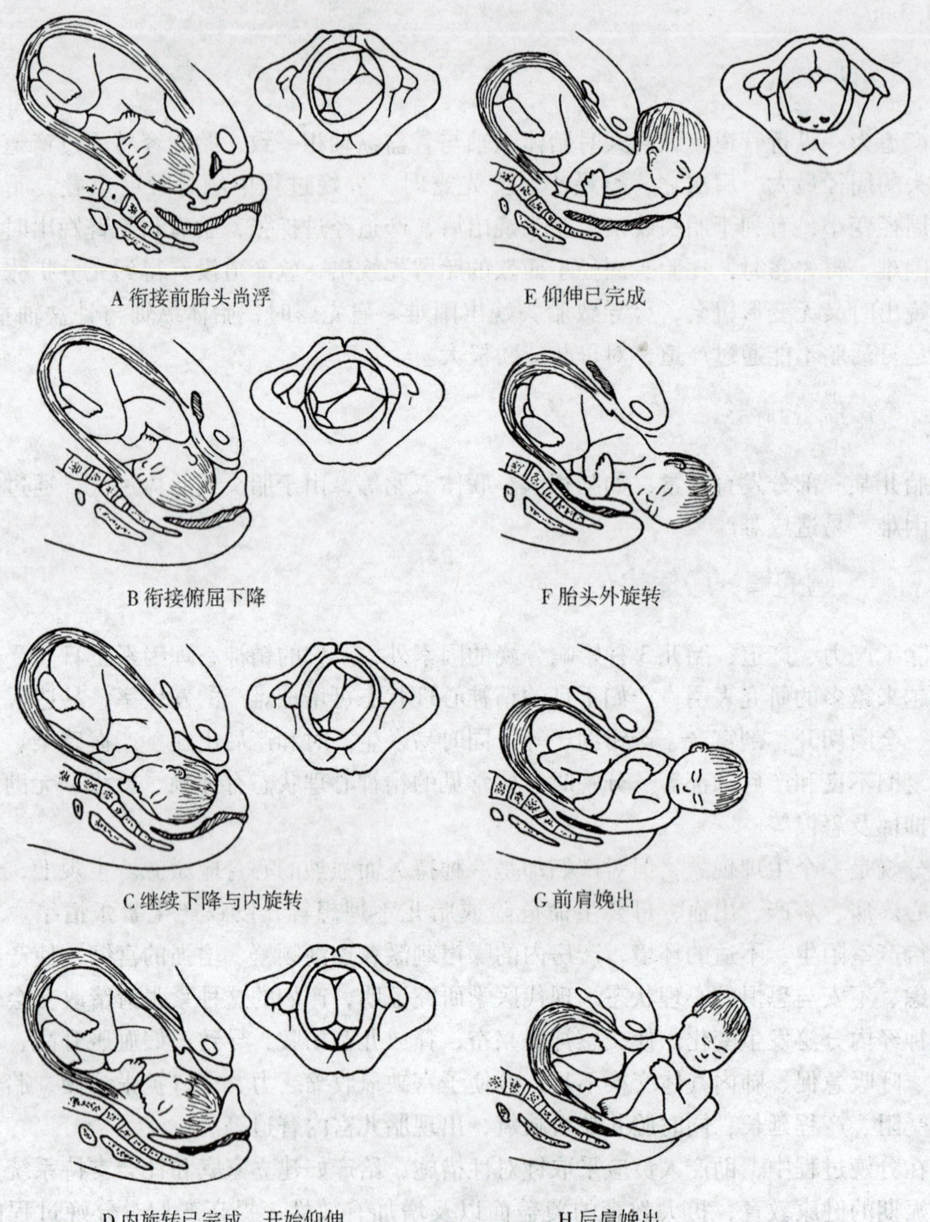

图4-6 枕左前位分娩机制示意图

1. 衔接 胎头双顶径进入骨盆入口平面，颅骨最低点接近或达到坐骨棘水平，称为衔接（或入盆）。正常情况下，胎头半俯屈以枕额径进入骨盆入口，由于枕额径大于骨盆入口前后径，胎头枕骨位于骨盆左前方，矢状缝坐落在骨盆入口右斜径上。一般初产妇在预产期前1~2周内胎头衔接，经产妇多在分娩开始后胎头衔接。

2. 下降 胎头沿骨盆轴前进的动作称下降。下降贯穿于分娩全过程，下降动作呈间歇性，宫缩时胎头下降，间歇时胎头又稍回缩。临床上注意观察胎头下降程度，作为判断产程进展的重要标志。

3. 俯屈　当胎头继续下降至骨盆底时，处于半俯屈状态的胎头枕部遇肛提肌阻力，借杠杆作用进一步俯屈，使下颏接近胸部，变胎头衔接时的枕额径（11.3cm）为枕下前囟径（9.5cm），以最小径线适应产道，有利于胎头继续下降。

4. 内旋转　胎头围绕骨盆纵轴旋转，使矢状缝与中骨盆和骨盆出口前后径相一致的动作称内旋转。枕左前位时，胎头枕骨向母体耻骨联合前方旋转45°，后囟转至耻骨弓下，以适应中骨盆及出口前后径大于横径的特点，利于胎头下降。胎头在第一产程末完成内旋转动作。

5. 仰伸　内旋转完成后，俯屈的胎头继续下降达阴道外口，双顶径已过骨盆出口。宫缩和腹压继续迫使胎头下降，肛提肌收缩力又将胎头向前推进，两者的合力作用使胎头沿骨盆轴下段继续向前，当胎头枕骨下部达耻骨联合下缘时，以耻骨弓为支点，使胎头逐渐仰伸，胎头的顶、额、鼻、口、颏相继娩出。当胎头仰伸时，胎儿双肩径沿左斜径进入骨盆入口。

6. 复位及外旋转　胎头仰伸娩出时，胎儿双肩径沿骨盆入口左斜径下降。胎头娩出后，为恢复胎头与胎肩的正常关系，胎头枕部向左旋转45°，称复位。随着胎肩在盆腔内继续下降，前肩继续向母体前方中线旋转45°时，胎儿双肩径转成与骨盆出口前后径相一致，胎头随胎肩的转动在外继续向左旋转45°以保持胎头与胎肩的垂直关系，称外旋转。

7. 胎儿娩出　胎头完成外旋转后，胎儿前肩在耻骨弓下方娩出，胎体取侧弯动作，后肩随即从会阴前缘娩出，随后胎体及胎儿下肢取侧位娩出。

第三节　先兆临产及临产诊断

一、先兆临产

分娩发动之前，往往出现一些预示孕妇不久将临产的症状，称为先兆临产。

1. 假临产　孕妇产前1~2周子宫常发生不规则收缩，但不逐渐增强，也不使子宫颈扩张和胎先露下降，给予镇静药物能抑制假临产。

2. 胎儿下降感　多数初孕妇感到上腹部较前舒适，进食量增多，呼吸较轻快，此为胎先露下降进入骨盆入口使宫底下降的原因。因为先露压迫膀胱，常引起尿频症状。

3. 见红　分娩开始前的24~48小时内由于宫颈内口附近的胎膜与子宫壁分离，毛细血管破裂，引起少量出血，并与宫颈管的黏液相混而排出的血性分泌物，称见红。是分娩即将开始的一个比较可靠的征象。

二、临产诊断

临产开始的主要标志：有规律且逐渐增强的子宫收缩，持续30秒或以上，间歇5~

6分钟，同时伴进行性子宫颈管消失、宫口扩张和胎先露下降。

第四节　正常分娩期妇女的护理

案例引导

王女士，30岁，孕39周，孕3产0，下腹胀痛，大约每间隔3～4分钟腹痛1次，每次持续约40秒，生命体征平稳，肛门检查宫颈口扩张4cm，每次腹痛时均大声哭叫，不愿进食进水，请问：

1. 该产妇处于第几产程？
2. 如何对产妇护理才能促进产程顺利进行？

一、产程分期

分娩的全过程是指从规律宫缩开始到胎儿及其附属物完全娩出为止，简称总产程。临床一般将其划分为3个产程。

第一产程：又称为宫颈扩张期，是从间歇5～6分钟的规律宫缩开始到子宫颈口开全（10 cm）。初产妇需要11～12小时，经产妇需要6～8小时。

第二产程：又称胎儿娩出期，是从子宫颈口开全到胎儿娩出。初产妇需要1～2小时，经产妇仅需数分钟至1小时。

第三产程：又称胎盘娩出期，是从胎儿娩出到胎盘娩出，为5～15分钟，一般不应超过30分钟。

二、产程护理

（一）第一产程妇女的护理

【临床表现】

1. 规律宫缩　产程开始时，宫缩持续时间较短（约30秒），间歇时间较长（5～6分钟），宫缩较弱。随着产程的进展，宫缩的持续时间渐长（50～60秒），间歇期渐短（2～3分钟），且强度增加。当宫口近开全时，宫缩持续时间可长达1分钟或以上，间歇时间仅1～2分钟，且强度不断增强。

2. 子宫颈口扩张　临产后子宫收缩逐渐增强，由于子宫肌纤维的缩复作用，宫颈管逐渐缩短直至展平，宫口逐渐扩张。当宫口开全（10cm）时，宫颈口边缘消失，子宫下段及阴道形成宽阔的管腔。分两期：①潜伏期：从规律宫缩到宫颈口开大3cm，平均每2～3小时开大1cm，约需8小时，超过16小时为潜伏期延长。②活跃期：从子宫颈口扩张3cm到子宫颈口开全，此期又分为加速阶段、最大倾斜阶段和减速阶段。此期扩张速度明显加快，平均约4小时，超过8小时为活跃期延长。

3. 胎头下降 随着子宫收缩和宫颈口扩张，胎儿先露部逐渐下降。胎头下降的程度以颅骨最低点与坐骨棘平面的关系为标志。胎头颅骨最低点平坐骨棘平面时，以“0”表示；在坐骨棘平面上1cm时，以“－1”表示；在坐骨棘平面下1cm时，以“＋1”表示，依此类推（图4－7）。潜伏期胎头下降不明显，活跃期下降加快。一般宫口开大至4～5cm时，胎头达坐骨棘水平。

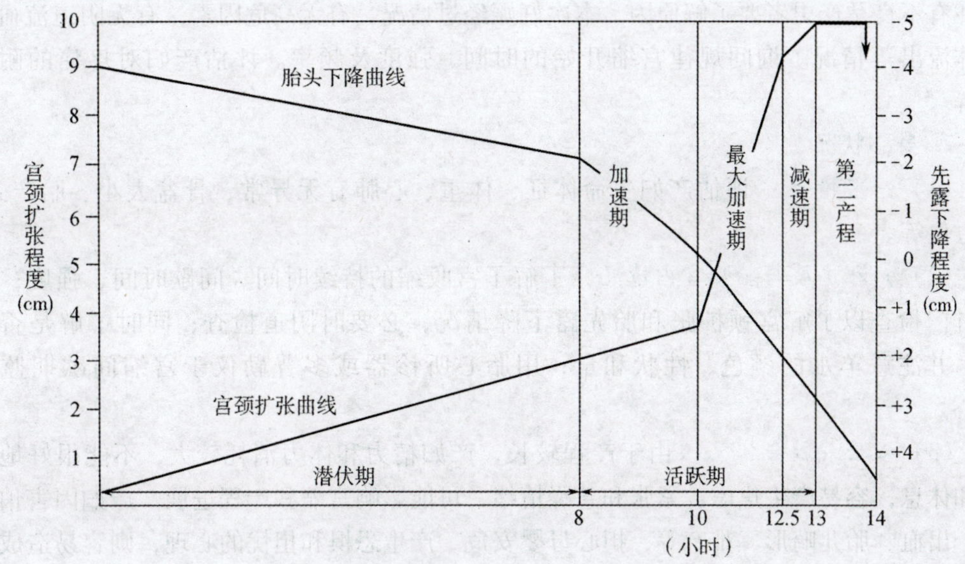

图4－7　胎头高低的判断

4. 胎膜破裂 简称破膜。随着宫缩逐渐增强，当羊膜腔压力增加到一定程度时自然破裂。破膜多发生在宫口近开全时。

为了细致观察产程，做到检查结果记录及时，发现异常能及早处理，目前多采用产程图（图4－8）。

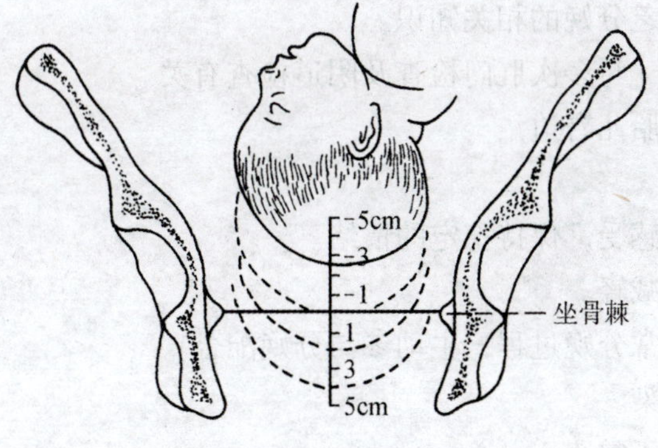

图4－8　产程图

5. 疼痛 表现为逐渐加重的阵发性腹痛。分娩时的阵发性腹痛发生可能与下列因素有关：①宫颈生理性扩张刺激了盆壁神经，可引起后背下部疼痛；②宫缩时的子宫移动引起腹部肌肉张力增高；③宫缩时子宫血管收缩引起子宫缺氧；④胎头压迫引起会阴部被动伸展而致会阴部位固定性疼痛；⑤分娩过程中膀胱、尿道、直肠受胎儿压迫而引起疼痛。因对疼痛的敏感性和耐受性不同，产妇可以有呻吟、呼叫、哭喊等不同的表现。

【护理评估】

1. 健康史 根据产前检查记录了解产妇的一般健康状况、婚育史、家族史等，对既往有不良孕产史者要了解原因。本次妊娠经过情况，有无高危因素，有无阴道流血或液体流出等情况。询问规律宫缩开始的时间、强度及频率。评估产妇对疼痛的耐受性等。

2. 身心状况

（1）一般情况 评估产妇生命体征、体重、心肺有无异常、骨盆大小、胎产式、胎方位等。

（2）产程进展与胎儿宫内情况 了解子宫收缩的持续时间、间歇时间、强度；定时肛门检查以了解宫颈扩张和胎先露下降情况，必要时阴道检查；同时了解是否破膜，并注意羊水的颜色、性状和量；用胎心听诊器或多普勒仪于宫缩间歇期监测胎心。

（3）心理－社会状况 由于产程较长，产妇精力和体力消耗较大，不能很好地进食和休息，容易产生焦虑、紧张和急躁情绪，可能影响宫缩和产程进展。产妇因害怕疼痛、出血、胎儿畸形、难产等，担心母婴安危，产生恐惧和担忧的心理，则容易造成害怕－紧张－疼痛综合征。分娩环境、氛围、工作人员的态度、其他产妇的表现、家人的关怀态度等，产妇感觉备受关爱或孤独，就会减轻或增加痛感。

3. 辅助检查 常用胎儿监护仪监测胎儿宫内情况。

【护理诊断/问题】

1. 焦虑 与担心分娩能否顺利进行有关。

2. 疼痛 与逐渐加强的子宫收缩有关。

3. 知识缺乏 缺乏分娩的相关知识。

4. 有感染的危险 与多次肛门检查及阴道检查有关。

5. 潜在并发症 胎儿窘迫。

【护理目标】

1. 能说出焦虑的感受，保持稳定的情绪。
2. 产妇疼痛程度减轻。
3. 产妇能描述正常分娩过程，主动参与分娩配合。
4. 产后不发生感染。
5. 胎儿宫内情况正常。

【护理措施】

1. 促进舒适，减轻焦虑

（1）判断产妇临产后，助产人员应安慰产妇，协助办理住院手续，介绍待产室及产房的环境。

(2) 提供良好的住院环境：产房保持清洁，安静无噪音，尽量避免操作时发出的金属碰撞声，减少不良刺激。

(3) 补充热量和水分：鼓励产妇在宫缩间歇期少量多次进食高热量、易消化、清淡食物，注意摄入足够的水分，以保证产程中充足的精力和体力。

(4) 活动与休息：临产后，若宫缩不强且未破膜，鼓励产妇于宫缩间歇期在室内走动，有助于加速产程进展。若初产妇宫口近开全或经产妇宫口已扩张 4cm 时，应卧床，取左侧卧位。

(5) 皮肤清洁卫生：因频繁宫缩产妇出汗较多，加之阴道分泌物、羊水外溢等，产妇常有不适感，应协助产妇擦汗、更衣、更换床单等，大小便后及时会阴冲洗。保持外阴清洁卫生，剃净阴毛，预防感染。

(6) 排尿及排便：临产后，鼓励产妇每 2～4 小时排尿 1 次，以免膀胱充盈影响宫缩及胎头下降。因胎头压迫引起排尿困难者，应注意有无头盆不称，必要时给予导尿。初产妇宫口扩张 3cm 以下、经产妇 2cm 以下时应行温肥皂水灌肠，既可清除粪便，避免分娩时排便污染，又能通过反射作用刺激宫缩，加速产程的进展。常用的灌肠溶液有 0.2% 肥皂水 500～1000mL，温度 39℃～42℃。但胎膜早破、阴道流血、胎头未衔接、胎位异常、有剖宫产史、宫缩强、估计 1 小时内即将分娩以及患有严重心脏病者禁忌灌肠。灌肠后，产妇有便意时，护士应陪伴如厕。

2. 减轻疼痛与不适　鼓励产妇描述对疼痛的感受，向产妇解释引起疼痛的原因。宫缩时，鼓励产妇做深呼吸，并可按摩腹部或腰骶部，以缓解腹部疼痛与腰部不适。宫缩间歇期，指导产妇放松休息，增加睡眠，进食富含热量、易消化的营养食品，恢复体力。也可通过播放轻音乐、谈话、讲故事等方法转移产妇的注意力，减轻其疼痛的感觉。必要时遵医嘱配合应用镇静剂、麻醉药。

3. 介绍分娩的相关知识　加强与产妇的沟通，建立一个良好的护患关系，增强产妇对自然分娩的信心；耐心讲解分娩是正常的生理过程，及时提供产程过程中的相关信息，帮助其采取相应的应对措施，促使产妇在产程过程中密切配合助产人员，以便能顺利分娩。

4. 观察产程进展与胎儿情况

(1) 观察宫缩　触诊法是最简单的方法，由助产人员一手手掌放置于产妇腹壁上，感觉宫缩时宫体部隆起变硬，间歇期松弛变软的情况。定时连续观察子宫收缩持续时间、间歇时间、强度及频率，并及时记录。用胎儿监护仪描记的宫缩曲线，可以连续了解每次宫缩持续时间、强度和频率，是较全面反映宫缩的客观指标。

(2) 子宫颈扩张或胎先露下降情况　临产后应适时在宫缩时进行肛门检查，了解宫颈厚薄、软硬程度，宫颈口扩张程度，是否破膜，骨盆腔大小，确定胎位并判断胎先露下降程度。肛查次数不应过多。一般临产初期每隔 4 小时查 1 次，经产妇或宫缩频者应缩短间隔时间。

①肛查方法　产妇仰卧，两腿屈曲分开。检查者站在产妇右侧，检查前用消毒纸遮盖阴道口避免粪便污染阴道。右手戴手套，示指蘸肥皂水或润滑油轻轻伸入直肠内，拇

指伸直，其余各指屈曲以利示指深入（图4－9）。示指指腹向上，沿直肠前壁向后触及尾骨尖端，了解尾骨活动度，再触摸两侧坐骨棘是否突出并确定胎头高低，然后用指端掌侧探查子宫颈口，摸清其四周边缘，估计宫颈口扩张程度。当宫颈口近开全时仅能摸到一窄边。当宫颈口开全时，则摸不到宫颈口边缘。未破膜者在胎头前方可触到有弹性的羊膜囊。已破膜者能直接触到胎头，若胎头无水肿，则能扪清颅缝及囟门的位置，有助于确定胎位。

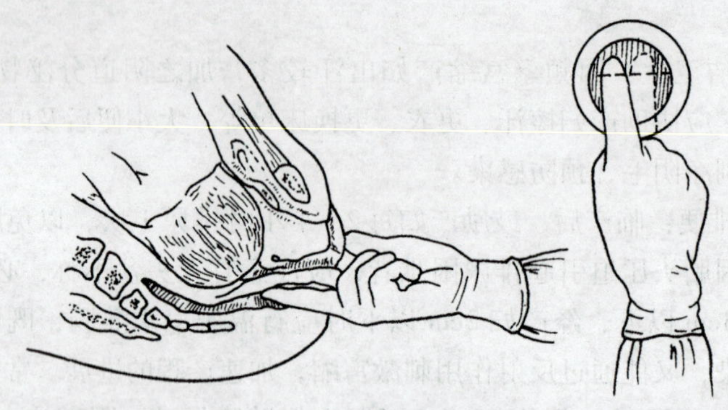

图4－9　肛查宫口扩张情况

②阴道检查　为避免感染，应在严密消毒后进行。阴道检查能直接触及胎头的矢状缝及囟门，确定胎位及宫颈口扩张程度，决定分娩方式。适用于肛查胎儿先露部不明，宫颈口扩张及胎头下降程度不明，疑有脐带先露或脐带脱垂，轻度头盆不称经试产4～6小时产程进展仍缓慢者。

（3）胎心监测　可用胎心听诊器听诊，潜伏期于宫缩间歇时每隔1～2小时听胎心一次。进入活跃期后，宫缩频繁，应每15～30分钟听一次，每次听诊1分钟并做好记录。此方法虽简便，但仅能获得每分钟的胎心率，不能分辨瞬间变化，不能识别胎心率的变异及其与宫缩、胎动的关系。临床上多用胎儿监护仪，动态观察胎心率的变异及其与宫缩、胎动的关系。

（4）破膜及羊水观察　胎膜多在宫颈口近开全时自然破裂，前羊水流出。一旦发现胎膜破裂，应立即听胎心，并观察羊水颜色、性状和流出量，有无脐带脱垂及宫缩，并记录破膜时间。破膜超过12小时尚未分娩者应遵医嘱给予抗生素预防感染。

（5）观察血压　宫缩时血压会升高5～10mmHg，间歇期复原。产程中应每隔4～6小时测量血压1次。若发现血压升高，应酌情增加测量次数，并给予相应处理。

【护理评价】

1. 产妇情绪稳定，乐观。

2. 产妇疼痛减轻，保持适当的摄入与排泄，没有痛苦面容。

3. 产妇在分娩过程中能积极配合，适当休息、活动。

4. 产妇体温正常，无感染征象。

5. 胎心音正常。

（二）第二产程妇女的护理

【临床表现】

1. 子宫收缩增强　进入第二产程后，宫缩较第一产程增强，持续约1分钟或以上，间歇期仅1～2分钟。宫颈口开全后，胎膜多已自然破裂，破膜后，宫缩常暂时停止，产妇略感舒适，随后宫缩重新出现且较前增强。若仍未破膜，会影响胎头下降，应行人工破膜。

2. 胎儿下降及娩出　当胎头降至骨盆出口时，压迫骨盆底组织，产妇有排便感，不由自主向下屏气，增加腹压，协同宫缩使胎儿进一步下降。随着产程进展，会阴逐渐膨隆和变薄，肛门括约肌松弛。胎头于宫缩时露出阴道口，在宫缩间歇期又缩回阴道内，称胎头拨露。经几次拨露后，当胎头双顶径越过骨盆出口，宫缩间歇时胎头不再回缩，称胎头着冠（图4－10）。此时会阴极度扩张，产程继续进展，胎头枕骨于耻骨弓下露出，出现仰伸动作，使胎头娩出，随即复位和外旋转，胎儿前肩、后肩和胎体相继娩出，羊水流尽。经产妇的第二产程短，有时仅需几次宫缩即可完成胎头的娩出。

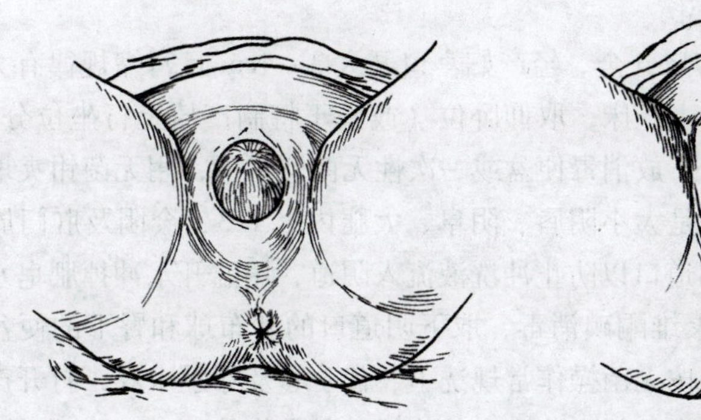

图4－10　胎头着冠示意图

【护理评估】

1. 健康史　了解产程进展和胎儿宫内情况，同时了解第一产程的经过及其处理，监测产妇生命体征，评估产妇膀胱充盈情况。

2. 身心状况　了解子宫收缩的持续时间、间歇时间、强度和胎心情况，询问产妇有无排便感，观察胎头拨露和着冠情况，评估会阴局部情况，预计胎儿大小。评估产妇有无焦虑、急躁、恐惧情绪，对分娩的信心等。

3. 辅助检查　胎儿监护仪监测胎心率及其基线变化情况，及时发现异常并处理。

【护理诊断/问题】

1. 焦虑　与缺乏顺利分娩的信心及担心胎儿健康有关。

2. 疼痛　与宫缩及会阴部伤口有关。

3. 有受伤的危险　与分娩中可能的会阴裂伤、新生儿产伤等有关。

【护理目标】

1. 产妇情绪稳定，有信心正常分娩。

2. 产妇疼痛减轻。

3. 产妇及新生儿没有产伤。

【护理措施】

1. 一般护理 监测产妇的生命体征，护士应陪伴产妇，告知其产程进展情况，给予产妇安慰、心理支持和鼓励，协助产妇饮水、擦汗等生活护理，以缓解其紧张和恐惧心理。

2. 观察产程进展 此期宫缩频而强，应勤听胎心，通常每5～6分钟听胎心音1次，最好用胎儿监护仪监测胎心率及其基线变异，仔细观察胎儿有无急性缺氧情况。若发现胎心减慢，应立即做阴道检查，尽快结束分娩。若发现第二产程延长，应及时查找原因，并采取措施结束分娩，避免胎头长时间受压。

3. 指导产妇屏气 宫口开全后，指导产妇正确运用腹压。方法是：产妇取仰卧位，两腿屈曲分开，双足蹬在产床上，两手握住产床上的把手，宫缩时深吸气屏住，然后如解大便样向下用力屏气以增加腹压。宫缩间歇时，产妇全身肌肉放松休息。如此反复屏气用力，以加速产程进展。

4. 正确接产，防止母婴受伤

（1）接产准备 初产妇宫口开全、经产妇宫口开大3～4cm且宫缩规律有力时，应送入产房准备接生。协助产妇上产床，取仰卧位（或坐于特制产椅上行坐位分娩），两腿屈曲分开，露出外阴部，臀下放消毒便盆或一次性无菌塑料巾，用无菌钳夹取消毒纱布蘸肥皂水擦洗外阴部，顺序是大小阴唇、阴阜、大腿内上1/3、会阴及肛门周围（图4－11）。消毒干纱布球盖住阴道口以防止冲洗液流入阴道，用温开水冲掉肥皂水，再以0.1%苯扎溴铵液冲洗或涂以聚维酮碘消毒，取下阴道口的纱布球和臀下的便盆或塑料巾，铺消毒巾于臀下。接产者按无菌操作常规洗手、戴手套及穿手术衣，打开产包，铺好消毒巾准备接产。巡回护士准备新生儿床和其他接产所需物品。

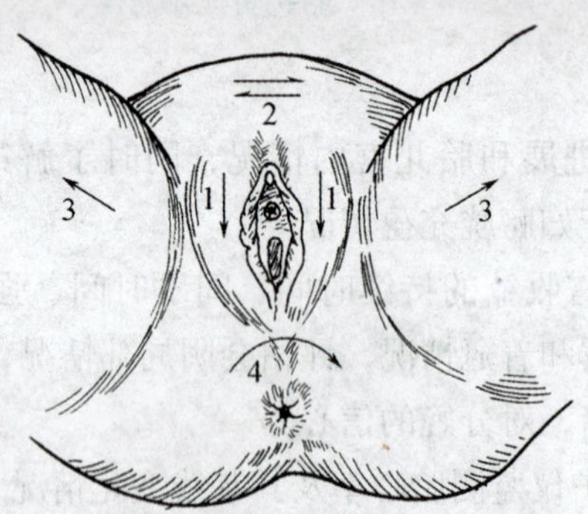

图4－11 外阴部擦洗顺序

（2）接产方法

①评估会阴撕裂的诱因，如会阴水肿、会阴过紧缺乏弹力、耻骨弓过低、胎儿过大、胎儿娩出过快等，均易造成会阴撕裂，接产者在接产前应做出正确的判断，必要时行会阴切开术。

②接产要领：保护会阴的同时协助胎头俯屈，让胎头以最小径线在宫缩间歇时缓慢地通过阴道口，是预防会阴撕裂的关键，产妇屏气必须与接产者配合。胎肩娩出时也要注意保护好会阴。

③接产步骤：接产者站在产妇右侧，当胎头拨露、阴唇后联合紧张时开始保护会阴。方法是：在会阴部盖消毒巾，接产者右肘支在产床上，右手拇指与其余4指分开，利用手掌大鱼际肌顶住会阴部，同时左手持纱布轻压胎头枕部协助俯屈。每当宫缩时接产者右手向内上方托，左手轻轻下压胎头枕部，协助胎头俯屈的同时使胎头缓慢下降。宫缩间歇时，稍放松保护会阴的右手，以免压迫过久引起会阴水肿。当胎头着冠，胎儿枕部在耻骨弓下方露出时，右手抵住会阴，左手协助胎头仰伸。此时若宫缩强，应嘱产妇张口哈气、避免过度使用腹压，以使胎头缓慢娩出而不致娩出过快造成会阴裂伤。让产妇在宫缩间歇时稍向下屏气，使胎头缓慢娩出（图4－12）。若胎头娩出见有脐带绕颈1周且较松时，可用手将脐带顺胎肩推下或从胎头退下。若脐带绕颈过紧或绕颈2周或以上，可用两把血管钳夹住一段后从中间剪断脐带，注意不要损伤胎儿颈部（图4－13）。

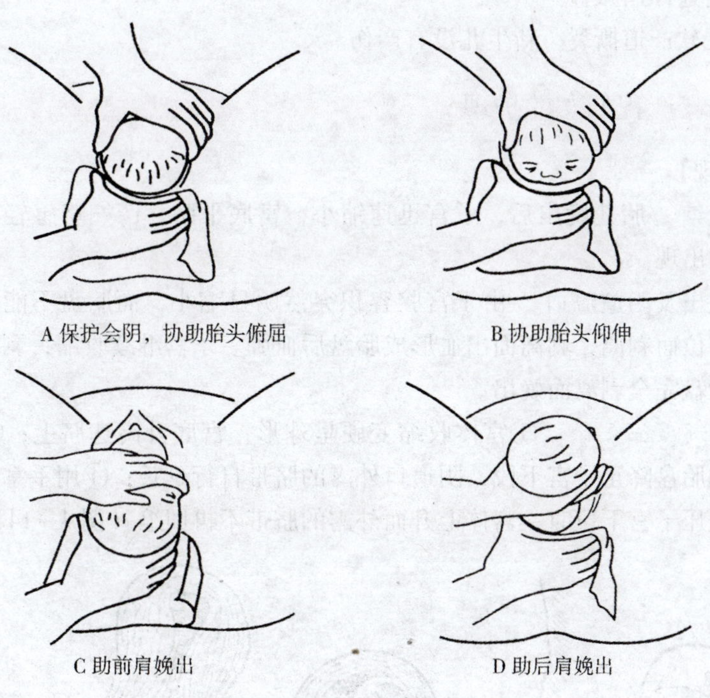

图4－12　接产步骤

胎头娩出后，右手继续保护会阴，左手先自鼻根向下颏挤压，清除口鼻内的黏液和羊水，然后协助胎头复位及外旋转，使胎儿双肩径与骨盆出口前后径相一致。继而左手向下轻压胎儿颈部，使前肩从耻骨弓下先娩出，再托胎颈向上，使后肩从会阴前缘缓慢娩出。双肩娩出后，放松保护会阴的右手，然后双手协助胎体及下肢以侧位娩出，记录胎儿娩出时间。

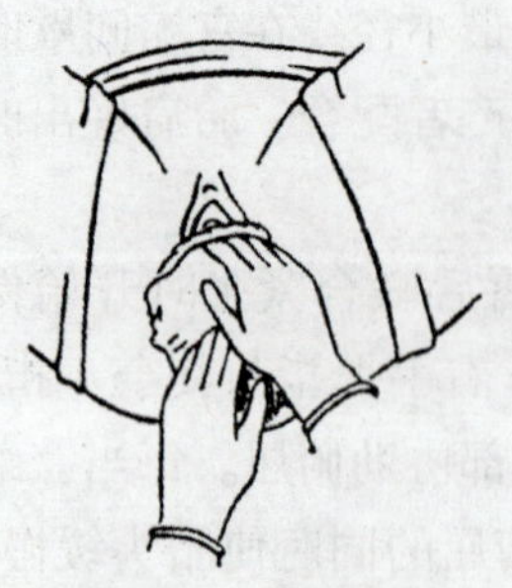

A 将脐带顺肩部推上

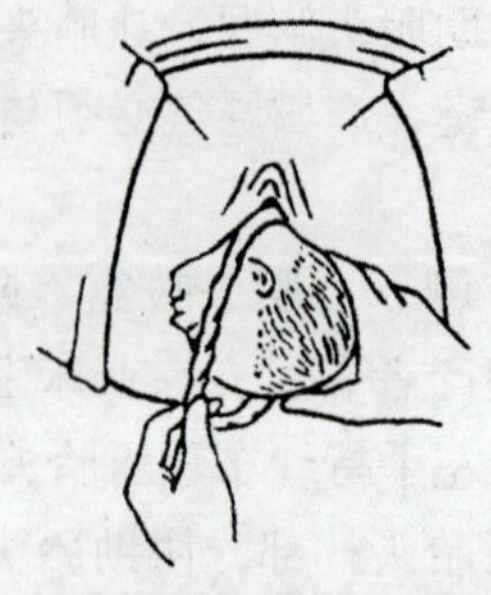

B 把脐带从头上退下

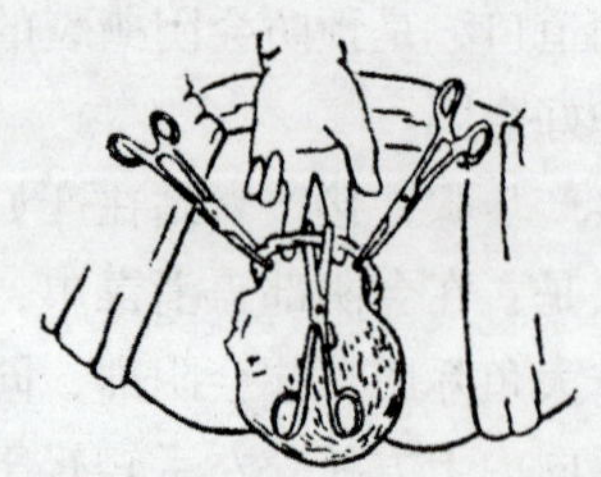

C 用两把血管钳夹住，从中间剪断

图 4-13 脐带绕颈处理

胎儿娩出后立即清理呼吸道，1~2 分钟内断扎脐带，在距脐带根部 15~20cm 处用两把血管钳钳夹，于两钳之间剪断脐带。在产妇臀下放一弯盘接血，以测量出血量。

【护理评价】

1. 产妇情绪稳定，能正确使用腹压，积极参与、控制分娩过程。

2. 产妇自述疼痛减轻。

3. 产妇无软产道撕裂，新生儿没有产伤。

（三）第三产程妇女的护理

【临床表现】

1. 子宫收缩 胎儿娩出后，子宫迅速缩小，宫底平脐，产妇略感轻松，暂停数分钟后宫缩再次出现。

2. 胎盘娩出及阴道流血 由于宫腔容积突然明显缩小，而胎盘不能相应缩小，与子宫壁发生错位而剥离，剥离面出血形成胎盘后血肿。子宫继续收缩，剥离的面积继续扩大，直至胎盘完全剥离而娩出。

（1）胎盘剥离征象有 ①宫体收缩变硬呈球形，宫底升高达脐上；②阴道少量流血；③剥离的胎盘降至子宫下段，阴道口外露的脐带自行延长；④用手掌尺侧在产妇耻骨联合上方轻压子宫下段时，宫体上升而外露的脐带不再回缩（图 4-14）。

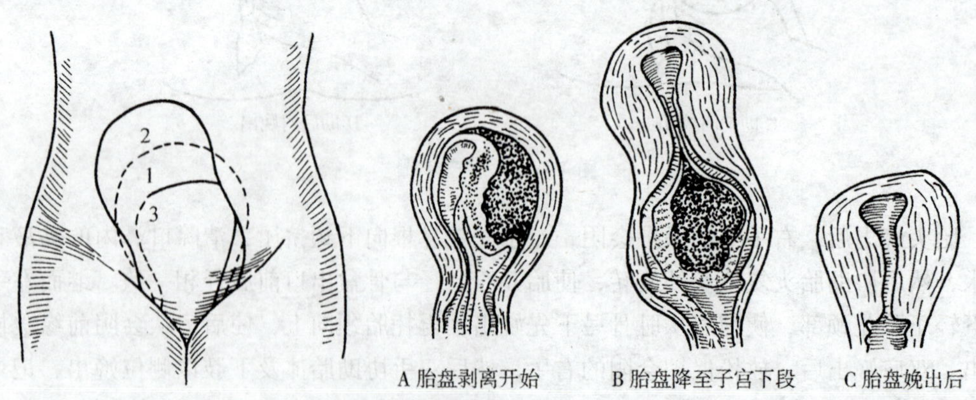

A 胎盘剥离开始　B 胎盘降至子宫下段　C 胎盘娩出后

图 4-14 胎盘剥离时子宫形态

（2）胎盘剥离及排出方式有两种　①胎儿面娩出式：胎盘从中央开始向周围剥离，其特点是胎盘胎儿面先排出，随后见少量阴道流血。②母体面娩出式：胎盘从边缘开始剥离，血液沿剥离面流出，其特点是先有较多量阴道流血，随后胎盘母体面排出，此方式少见。

【护理评估】

1. 健康史　了解第一、第二产程的经过及其处理。

2. 身体状况

（1）胎盘、胎膜情况　胎盘娩出前，评估子宫收缩的强度、频率、胎盘剥离的征象、阴道出血的颜色和量。胎盘娩出后，评估胎盘、胎膜是否完整，有无胎盘小叶或胎膜残留，胎盘周边有无断裂的血管残端，判断是否有副胎盘。

（2）产后情况　产后在产房观察 2 小时，重点评估产妇的子宫收缩情况、宫底高度、膀胱是否充盈、阴道出血量、会阴伤口、阴道有无血肿、血压和脉搏等。

（3）新生儿的健康状况　进行新生儿 Apgar 评分（表 4－1），判断有无新生儿窒息及窒息的程度，评估新生儿身高、体重，体表有无畸形等。

3. 心理－社会状况　评估产妇对新生儿性别、健康及外形等接受情况，有无进入母亲角色。

4. 辅助检查　根据产妇情况选择必要的检查。

【护理诊断/问题】

1. 清理呼吸道无效　与清理呼吸道方法不当有关。

2. 外周组织灌注量不足　与产后出血有关。

3. 有父母不称职的危险　与初为父母或对新生儿性别不满意有关。

【护理目标】

1. 新生儿呼吸道通畅，面色红润。
2. 产妇不发生产后出血，表现为外周组织灌注正常。
3. 产妇开始接受并学会护理新生儿。

【护理措施】

1. 新生儿护理

（1）清理呼吸道　胎儿娩出后，用新生儿吸痰管轻轻吸出新生儿咽部、鼻腔的黏液和羊水，以免发生新生儿窒息和新生儿吸入性肺炎。确认呼吸道黏液和羊水已吸净而仍无啼哭时，可用手轻拍新生儿足底。新生儿大声啼哭表示呼吸道已通畅。

（2）Apgar 评分　新生儿出生后 1 分钟时进行 Apgar 评分，评估新生儿有无窒息及严重程度，评估内容包括心率、呼吸、肌张力、喉反射及皮肤颜色 5 个方面，每项 0～2 分，满分为 10 分（表 4－1），8～10 分属正常新生儿，只需进行一般处理；4～7 分为轻度窒息，需清理呼吸道、人工呼吸、吸氧、用药等措施才能恢复；0～3 分为重度窒息，缺氧严重，需紧急抢救，行喉镜在直视下气管内插管并给氧。对缺氧较严重的新生儿，应在出生后 5 分钟、10 分钟时分别评分，直至连续两次均≥8 分为止。1 分钟评分反映新生儿出生时情况，5 分钟及以后评分则反映复苏效果。

表 4-1 新生儿 Apgar 评分法

体征	0 分	1 分	2 分
每分钟心率	0	<100 次	≥100 次
每分钟呼吸	0	浅、慢且不规则	佳
肌张力	松弛	四肢稍屈曲	四肢活动好
喉反射	无反射	有些动作	咳嗽、恶心
皮肤颜色	全身苍白	躯干红，四肢青紫	全身粉红

（3）保暖　新生儿娩出后用无菌巾擦干全身的羊水与血迹，尽快放置在事先准备好的保暖处理台上进行常规护理。

（4）脐带处理　目前用气门芯、棉线、脐带夹等方法处理脐带。

①气门芯结扎法　将气门芯剪成约 2mm 宽的小橡皮圈，穿一棉线作牵引，浸泡在消毒液中备用。使用前先用无菌生理盐水冲净消毒液，套于止血钳上备用。用 75% 乙醇消毒脐带根部周围，用套有气门芯的血管钳于脐轮上 0.5～1cm 处钳夹，在血管钳上 0.5～1cm 处断脐，牵引气门芯上棉线，将橡皮圈绕过止血钳顶端，套在止血钳下方，检查无脐轮组织套入，挤净残血，用 2.5% 碘酒和 75% 乙醇或 20% 高锰酸钾消毒脐带断面，用高锰酸钾溶液消毒时，注意药液切不可接触新生儿皮肤，以免发生皮肤灼伤。待脐带断面干后，用无菌纱布覆盖好，脐带布包扎。②棉线结扎法：75% 乙醇消毒脐带根部周围，在距脐根 0.5cm 处用无菌粗丝线结扎第 1 道，再在结扎线外 0.5cm 处结扎第 2 道。丝线结扎时要注意扎紧，防止脐出血，同时避免用力过猛造成脐带断裂。在第 2 道结扎线外 0.5cm 处剪断脐带，挤出残余血，同法消毒与包扎。

（5）常规护理　预防新生儿眼结膜炎可用 0.25% 氯霉素或 5% 弱蛋白银眼药水滴眼。擦净新生儿足底胎脂，打足印及产妇拇指印于新生儿病历上，仔细体格检查后，系上标明母亲姓名、床号、住院号、新生儿性别、体重和出生时间的手腕带。

2. 协助胎盘娩出　确认胎盘已完全剥离，于宫缩时以左手握住宫底（拇指置于子宫前壁，其余 4 指放于子宫后壁）并按压，同时右手轻拉脐带，协助胎盘娩出。当胎盘娩出至阴道口时，接产者用双手接住胎盘，向一个方向旋转的同时缓慢向外牵拉，协助胎盘胎膜完整娩出（图 4-15）。若在胎膜娩出过程中，发现胎膜有部分断裂，可用血管钳夹住断裂上端的胎膜，再继续顺原方向旋转，直至胎膜完全娩出。胎盘胎膜娩出后，按摩子宫以刺激子宫收缩、减少出血，同时注意观察并测量出血量。

3. 检查胎盘、胎膜完整性　先检查胎盘母体面，将胎盘铺平，擦干胎盘母体面血液，检查胎盘小叶有无缺损。然后将胎盘提起，检查胎膜是否完整，再检查胎盘胎儿面边缘有无血管断裂，及时发现副胎盘。副胎盘与正常胎盘分离，但两者间有血管相连。若有副胎盘、部分胎盘残留或大部分胎膜残留时，应在无菌操作下徒手清宫。若确认仅有少许胎膜残留可给予子宫收缩剂待其自然排出。

4. 检查软产道有无裂伤　胎盘娩出后，应仔细检查会阴、小阴唇内侧、尿道口周围、阴道及宫颈有无裂伤。若有裂伤，应立即缝合。

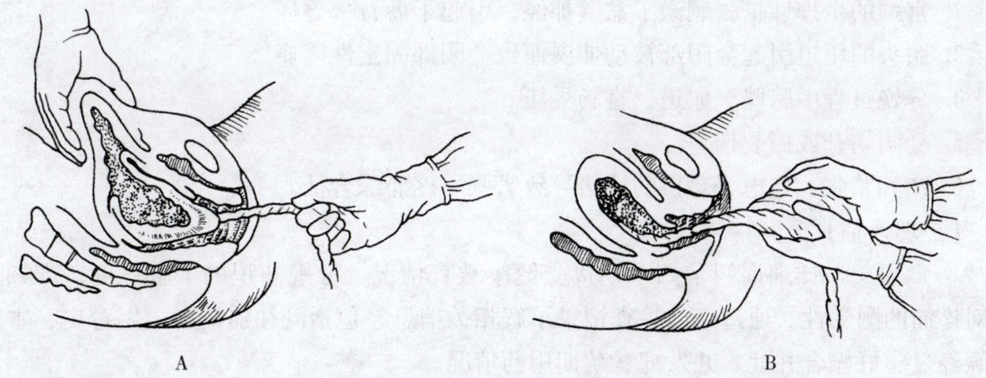

图4-15　协助胎盘娩出

5. 加强母体护理，预防产后出血　正常分娩出血量多数不超过300mL。遇有产后出血史或易发生宫缩乏力的产妇，可在胎儿前肩娩出时静注麦角新碱0.2mg，或缩宫素10IU加于25%葡萄糖液静注，也可在胎儿娩出后立即经脐静脉快速注入生理盐水20mL内加缩宫素10IU，促使胎盘迅速剥离减少出血。若胎盘未完全剥离出血多，应行徒手取胎盘术。若胎盘娩出后出血多，可经下腹部直接注入宫体肌壁内或肌注麦角新碱0.2~0.4mg，并将缩宫素20IU加于5%葡萄糖液500mL内静脉滴注。

分娩后产妇在产房观察2小时，重点观察子宫收缩情况、宫底高度、阴道出血量，嘱产妇及时排空膀胱。每15~30分钟测量血压、脉搏1次，及时为产妇擦汗更衣，更换床单及会阴垫，提供清淡、易消化流质饮食，帮助产妇恢复体力。

6. 情感支持，促进亲子互动　新生儿出生后1小时内，若无异常情况，应裸体与母亲进行皮肤接触，将新生儿放置于母亲胸部进行早开奶30分钟，吸吮母亲的乳房，促进早下奶，预防产后出血，也建立了母婴情感交流。

【护理评价】

1. 新生儿呼吸道通畅，每分钟呼吸40~60次，面色红润。

2. 产妇出血量<500mL。

3. 产妇接受新生儿并开始与新生儿进行目光交流、皮肤接触和早吸吮。

第五节　分娩期疼痛的护理

【概述】

疼痛是个体在应对有害刺激过程中所经受的不舒适体验。分娩期疼痛是产妇在阴道分娩时感受到不同程度的疼痛，是间断性的“痉挛性、压榨性、撕裂样”疼痛，不仅限于下腹部，还会放射至腰骶部及大腿根部，由轻、中度疼痛开始，随宫缩的力度加大逐渐加剧。对于大多数产妇尤其是初产妇而言是极其痛苦的，这使得更多的产妇因为畏惧疼痛放弃了自然分娩，选择剖宫产。分娩的疼痛可能与以下因素有关：

1. 宫缩时子宫血管收缩引起子宫缺血缺氧。

2. 宫颈的生理性扩张刺激了盆壁神经，引起了后背部疼痛。

3. 胎头的压迫引起会阴部被动伸展而致会阴部固定性疼痛。

4. 分娩过程中膀胱、尿道、直肠受压。

5. 会阴切开或撕裂伤。

6. 产妇紧张、焦虑、恐惧的情绪导致紧张－疼痛综合征。

【护理评估】

1. 健康史 详细询问孕妇孕期接受健康教育情况，分娩知识的了解程度，产妇过去对疼痛的耐受性。通过产前检查记录了解相关信息，包括既往痛经史、生育史、本次妊娠经过、妊娠合并症、并发症、孕期用药情况。

2. 身体评估 对产妇的身高、体重、骨盆等因素进行全面评估。一些产妇疼痛时感觉身不由己、不能自控、疲惫不堪，表现为浑身发抖、呻吟、哭泣等。疼痛还可以引起汗出、呕吐、心率加快、血压升高等生理反应，需要硬膜外麻醉等镇痛疗法的产妇应该评估针刺部位皮肤的完整性。

3. 心理－社会状况 产妇分娩时畏惧疼痛会增加疼痛的敏感性，如果产妇相信自己有能力战胜分娩疼痛，对分娩有信心，则有助于减轻分娩疼痛。分娩的环境、氛围、对分娩过程的认知、其他产妇的表现、家人的鼓励支持等均会影响分娩疼痛的程度。

4. 辅助检查

（1）胎儿心电监护。

（2）实验室检查测血、尿常规和出凝血时间。

5. 治疗要点 分娩镇痛不仅可以降低产妇分娩时的痛苦，而且能够减少产妇不必要的耗氧量及能量消耗，理想的分娩镇痛方法是既能达到止痛的目的，又不影响产程的进展，还要保证母婴安全。一般可以采用非药物性镇痛和药物性镇痛两类。

【护理诊断/问题】

1. 恐惧 与缺乏应对镇痛的相关知识有关。

2. 个人应对无效 与过度疼痛未采取应对措施有关。

【护理措施】

1. 非药物性分娩镇痛的护理 非药物性分娩镇痛对产程和胎儿是最安全的，适合于轻中度疼痛的产妇，临床镇痛效果往往不满意。

（1）导乐陪伴分娩 在整个分娩过程中有一个富有生育经验的妇女陪伴在身旁，传授分娩经验，不断提供生理、心理、感情上的支持，充分调动产妇的主观能动性，使产妇能在轻松、舒适的环境下充分发挥自己的能力，顺利完成分娩过程。根据产妇的需要可选择丈夫或母亲陪伴，导乐陪伴人员应接受专业培训，并能在产前与孕妇建立互相信任的关系。

（2）精神预防性镇痛 焦虑和恐惧会加重分娩阵痛，应在产前对孕妇进行教育使其对分娩过程有基本的了解，让产妇有充分的思想准备，增加分娩自信心和自控感，即可提高疼痛的阈值和耐受性，会减少惧怕心理而使产程中的疼痛减轻。精神预防镇痛的效果还与医护人员的服务态度、服务质量有着密切关系。

(3) 拉梅兹呼吸法　指导产妇在分娩过程中采取各种呼吸方法，达到转移注意力、放松肌肉、减少紧张和恐惧的心理，有效减轻分娩疼痛。护士应根据宫缩的强度、频率和持续时间以及产程分期指导产妇主动的调整呼吸频率和节律以缓解疼痛。

(4) 水中分娩　指在充满温水的分娩池中利用水的浮力和适宜的温度、自然分娩的过程。在水中通过温热的水温和按摩的水流缓解产妇紧张的情绪，使身体肌肉放松，软产道弹性增加，水的向上托力减轻胎儿对会阴部的压迫，适宜的水温可减少疼痛信号向大脑传递，从而减轻分娩的疼痛。水中分娩要实施系统化管理，严格遵守无菌操作的原则。

(5) 针刺镇痛法　是我国传统医学的一种止痛方法，常用于分娩镇痛的穴位是合谷、三阴交、足三里等，通过针刺穴位达到抑制痛觉信号的传递，以达到镇痛的目的。

此外，还有催眠镇痛法、香薰镇痛法、经皮神经电刺激镇痛法等。

2. 药物性分娩镇痛的护理　药物分娩镇痛的效果优于非药物镇痛，但药物对母儿有一定影响，临床上要注意观察药物的不良反应，如恶心、呕吐、呼吸抑制等；严密观察麻醉的并发症，如硬膜外感染、硬膜外血肿、神经根损伤、下肢感觉异常等，一旦出现异常，应及时按医嘱对症护理。

(1) 硬膜外镇痛　是当前国际公认的镇痛效果最可靠、使用最广泛的分娩镇痛方法。常用药物是丁哌卡因、芬太尼，随着新技术的不断改进和新药物的应用，目前临床上的镇痛水平已经达到了运动阻滞最小的硬膜外镇痛，即“可行走的硬膜外镇痛”。

(2) 肌注镇痛药物　临床上常用地西泮和哌替啶，由于均可通过胎盘抑制新生儿的呼吸，要根据情况严格掌握给药剂量和给药时间。

(3) 吸入镇痛药物　吸入氧化亚氮抑制中枢神经系统兴奋性神经递质的释放及神经冲动的传导，达到镇痛的作用。

分娩疼痛是产妇的主观感受，镇痛只能减轻痛感而不是完全无痛，应该对分娩镇痛有正确的认识，应根据产程的进展情况和产妇的不同需求，选择适合自己的镇痛方式。

思　考　题

1. 如何描述分娩？决定分娩的因素有哪些？
2. 叙述枕左前位的分娩机制。
3. 临产的重要标志是什么？临床上是如何对分娩的全过程进行分期的？
4. 如何观察产程进展？如何对新生儿进行 Apgar 评分？
5. 请书写 1 份各产程的护理计划。

第五章　产褥期母婴的护理

学习目标

1. 解释产褥期、子宫复旧、恶露、产后宫缩痛、泌乳热的概念。
2. 说出产褥期妇女生理及心理变化、主要症状和体征。
3. 描述正常新生儿的特征。
4. 能初步识别和处理产褥期母婴常见护理问题，进行营养、休息、产后锻炼、母乳喂养及计划生育的健康教育指导。
5. 能够独立完成产后会阴擦洗、乳胀处理、新生儿沐浴及抚触、新生儿脐带和臀部护理。

第一节　产褥期母体的变化

案例引导

王女士，28 岁，G1P1，1 天前经阴道娩出足月女性新生儿。产妇无内、外科疾病史，饮食、睡眠好；体格检查：T 36.7℃，P 70 次/分，R 16 次/分，BP 110/80mmHg，子宫底于脐下二横指处，子宫位于腹部正中、呈球形，恶露为红色、量少、无臭味，会阴轻度水肿，乳房无胀痛。请问：

1. 该妇女处于什么时期，其生理和心理有什么变化？
2. 该产妇主要护理问题有哪些？
3. 其护理措施有哪些？

从胎盘娩出至产妇全身各器官（除乳腺外）恢复至正常未孕状态所需的一段时期，称为产褥期（puerperium），通常为6 周。在产褥期，产妇的全身各系统尤其是生殖系统有较大的生理变化，需要一个适应过程。同时，伴随新生儿的出生，产妇及其家庭经历着心理和社会的适应过程。

一、产褥期妇女的生理变化

（一）生殖系统

1. 子宫 产褥期子宫变化最大。妊娠子宫自胎盘娩出后逐渐恢复至未孕状态的过程称子宫复旧，主要变化为子宫体肌纤维缩复、子宫内膜的再生、子宫下段和宫颈的复原等。

（1）子宫体肌纤维缩复 子宫复旧不是肌细胞数目减少，而是肌细胞胞质蛋白质被分解排出，使肌细胞体积缩小。随着子宫体肌纤维的不断缩复，子宫体积及重量均发生变化。产后 1 周子宫缩小至约妊娠 12 周大小，产后 10 日子宫降至骨盆腔内，产后 6 周子宫恢复到妊娠前大小。子宫重量也逐渐减少，分娩结束时约重 1000g，产后 1 周时约重 500g，产后 2 周时约重 300g，产后 6 周恢复至 50～70g。

（2）子宫内膜再生 胎盘、胎膜从子宫蜕膜分离娩出后，残留的蜕膜分为 2 层，表层发生变性、坏死、脱落，形成恶露的一部分自阴道排出，接近肌层的子宫内膜基底层逐渐再生新的功能层，形成新的子宫内膜。产后 3 周除胎盘附着部位以外的子宫内膜基本修复，胎盘附着部位的内膜修复需要至产后 6 周。

（3）子宫下段及宫颈变化 产后子宫下段肌纤维缩复，逐渐恢复为非孕时的子宫峡部。胎盘娩出后，子宫颈松软，壁薄皱起，宫颈外口呈袖口状。产后 2～3 日宫口可容 2 指。产后 1 周宫颈内口关闭，宫颈管复原。产后 4 周宫颈恢复至非孕时形态。由于分娩时宫颈外口 3 点及 9 点处发生轻度裂伤，使初产妇的宫颈外口由产前的圆形（未产型）变为产后的“一”字形横裂（已产型）。

2. 阴道 分娩后，阴道腔扩大，阴道壁松弛，肌张力低下，黏膜皱襞消失，阴道黏膜及周围组织水肿。产褥期，阴道肌张力逐渐恢复，阴道腔逐渐缩小，阴道黏膜皱襞约在产后 3 周重新出现，但至产褥期结束时阴道紧张度仍不能完全恢复至未孕时的状态。

3. 外阴 分娩后外阴轻度水肿，于产后 2～3 日逐渐消退。会阴部血液循环丰富，会阴部缝合伤口可于产后 3～5 日愈合。处女膜因分娩撕裂形成残缺的处女膜痕。

4. 盆底组织 盆底肌肉及其筋膜在分娩时过度扩张，弹性减弱，且有部分肌纤维断裂。若产褥期能坚持产后康复锻炼，盆底肌可能恢复至接近未孕状态。若盆底肌及其筋膜发生严重断裂，加之产褥期过早参加体力劳动，可导致阴道壁膨出，甚至子宫脱垂等。

（二）乳房

产后乳房的主要变化是泌乳。分娩后，产妇体内雌激素、孕激素水平急剧下降，对垂体催乳素的抑制作用降低，在催乳素的作用下，乳房腺细胞开始泌乳。婴儿吸吮乳头时可反射性产生更多的垂体催乳素和缩宫素，促进乳汁的分泌和排出。吸吮是保持乳腺不断泌乳的关键，而不断排空乳房是保持乳腺不断泌乳的重要条件。此外，乳汁分泌量与乳房的发育、产妇营养、休息、睡眠、情绪和健康状态密切相关。

产后7日内分泌的乳汁称初乳，因含β-胡萝卜素呈淡黄色，含较多有形物质而质稠，产后3日每次哺乳可吸出初乳2~20mL。初乳中蛋白质及矿物质较多，脂肪和乳糖含量较少，极易消化，是新生儿早期最理想的天然食物。产后7~14天分泌的乳汁为过渡乳，蛋白质含量逐渐减少，脂肪和乳糖含量逐渐增多。产后14日后分泌的乳汁为成熟乳，蛋白质占2%~3%，脂肪约占4%，糖类占8%~9%，无机盐占0.4%~0.5%，还有维生素等。初乳中含有多种抗体，尤其是分泌型IgA（sIgA）。初乳和成熟乳中均含有大量免疫抗体，有助于新生儿抵抗疾病的侵袭。

（三）血液循环系统

妊娠期血容量增加，于产后2~3周恢复至未孕状态。产后最初3日，子宫胎盘血循环终止，子宫缩复，大量的血液从子宫流入体循环，加之妊娠期潴留的组织间液回吸收，产妇循环血量增加15%~25%，应注意预防心衰的发生。

产褥早期，产妇血液仍处于高凝状态，有利于胎盘剥离创面形成血栓，减少产后出血量；血纤维蛋白原、凝血酶、凝血酶原于产后2周降至正常。血红蛋白水平于产后1周左右回升。白细胞总数于产褥早期较高，可达（15~30）$\times 10^9$/L，中性粒细胞增多，淋巴细胞稍减少，一般于产后1~2周恢复正常。血小板数增多。红细胞沉降率于产后3~4周降至正常。

（四）消化系统

妊娠期胃肠蠕动及肌张力均减弱，胃液中盐酸分泌量减少，产后需1~2周逐渐恢复。产后1~2日内产妇常感口渴，喜进流食或半流食。产褥期产妇活动减少，肠蠕动减弱，加之腹肌及盆底肌肉松弛，容易便秘。

（五）泌尿系统

妊娠期体内潴留的多量水分产后主要经肾排出，故产后1周尿量增多。妊娠期发生的肾盂及输尿管扩张，产后需2~8周恢复。产褥期，尤其产后24小时内，由于分娩过程中膀胱受压所致的黏膜水肿充血、肌张力降低，加之外阴伤口疼痛、不习惯卧床排尿等原因，产妇容易发生尿潴留。

（六）内分泌系统

产后雌激素及孕激素水平急剧下降，至产后1周降至未孕水平。胎盘生乳素于产后6小时已不能测出。催乳素水平因是否哺乳而异，哺乳产妇的催乳素于产后下降，但仍高于非孕时水平，吸吮乳汁时催乳素明显增高；不哺乳产妇的催乳素于产后2周降至非孕时水平。

月经复潮及排卵时间受哺乳影响。不哺乳产妇通常在产后6~10周月经复潮，产后10周左右恢复排卵。哺乳产妇月经复潮延迟，平均在产后4~6个月恢复排卵。产后月经复潮较晚者，首次月经来潮前多有排卵，故哺乳产妇月经复潮前仍有可能怀孕。

（七）腹壁的变化

妊娠期出现的下腹正中线色素沉着，在产褥期逐渐消退。腹部皮肤受增大妊娠子宫影响，部分弹力纤维断裂，腹直肌出现不同程度分离，初产妇腹壁紫红色妊娠纹变为银白色陈旧妊娠纹，产后腹壁明显松弛，腹壁紧张度需在产后6~8周恢复。

二、产褥期妇女的心理变化

1. 产褥期妇女的心理变化 经过分娩的妇女，特别是初为人母者，回顾分娩过程和面对自己的孩子，会有不同的心理感受，表现为喜悦、幸福、兴奋或疲倦、羞怯、焦虑、易激惹、注意力不集中、思维迟钝、哭泣、失眠等。

2. 影响产褥期妇女心理变化的因素 许多因素能影响产后产妇的心理变化，如产妇的年龄、成长的环境及经历，成年时所处的社会和文化环境，夫妻间及家庭成员间的关系，妊娠期心理状态，对分娩经过的承受能力，环境及社会支持等。

3. 产褥期妇女心理调适 鲁宾（Rubin）经过对产妇行为的研究认为，产后产妇对其成为母亲角色的成长过程一般经历3个时期。

（1）依赖期 产后1~3日。在这一时期产妇没有完全接受母亲角色，表现出被动和依赖。产妇刚刚经历过分娩很疲倦，需要休息和睡眠，产妇较多地谈论自己妊娠和分娩感受，用语言表达对孩子的关心，对新生儿的照顾，如喂奶、沐浴等，主要依赖丈夫、家人及医务人员的帮助。

（2）依赖-独立期 产后3~14日。此期产妇身体开始恢复，已经能够控制自己身体各部分功能，表现出较为独立的个性与行为，开始注意周围的人际关系，主动学习与练习护理自己的孩子，承担起母亲的责任，从依赖到独立过渡。但这一时期，由于分娩后产妇感情脆弱，太多的母亲责任；或因新生儿诞生而产生爱的被剥夺感；或痛苦的妊娠和分娩经历；或体内糖皮质激素和甲状腺素处于低水平等因素，容易产生压抑。产妇可表现出哭泣，对周围漠不关心，停止应该进行的活动等。

（3）独立期 产后2周~1个月。这一时期，新家庭形成并运作。产妇形成母亲角色雏形，用积极的态度去观察和满足新生儿的需求；产妇根据孩子的需要调整自己的生活，与她的家庭结合成为一个整体。家庭中，夫妇两人甚至加上孩子共同分享欢乐和责任，开始恢复分娩前的家庭生活包括夫妻生活。同时，产妇及其丈夫会承受更多的压力，如兴趣与需要、事业与家庭间的矛盾，哺育孩子、承担家务与维持夫妻关系中各种角色的矛盾等。

第二节 产褥期妇女的护理

【护理评估】

1. 健康史 认真阅读产前检查、分娩的相关记录。了解产妇身体健康状况，有无慢性疾病、妊娠期并发症或合并症，分娩是否顺利，产后出血量，会阴撕裂程度，新生儿出生后的 Apgar 评分等情况。

2. 身体状况

（1）生命体征

①体温 多数在正常范围。在产后 24 小时内体温可略升高，一般不超过 38℃，可能与产程中过度疲劳、产程延长有关。产后 3～4 日因乳房血管、淋巴管极度充盈，乳房胀大，体温升高至 37.8℃～39℃，称为泌乳热，一般持续 4～16 小时，体温即下降，不属病态；但需要排除其他原因尤其是产褥感染或乳腺炎引起的发热。

②脉搏 60～70 次/分。产后因子宫胎盘循环停止及卧床休息等因素，脉搏略缓慢，产后 1 周恢复正常。脉搏过快应考虑发热或产后出血引起休克的早期表现。

③呼吸 14～16 次/分。产后腹压降低、膈肌下降，以胸腹式呼吸为主，呼吸深慢。

④血压 产褥期血压维持在正常水平，变化不大。

（2）生殖系统

①子宫复旧 产后当日子宫底平脐或脐下一横指，以后每日下降 1～2cm，产后 1 周在耻骨联合上方 2～3 横指，至产后 10 日子宫降入骨盆腔内（图 5－1）。

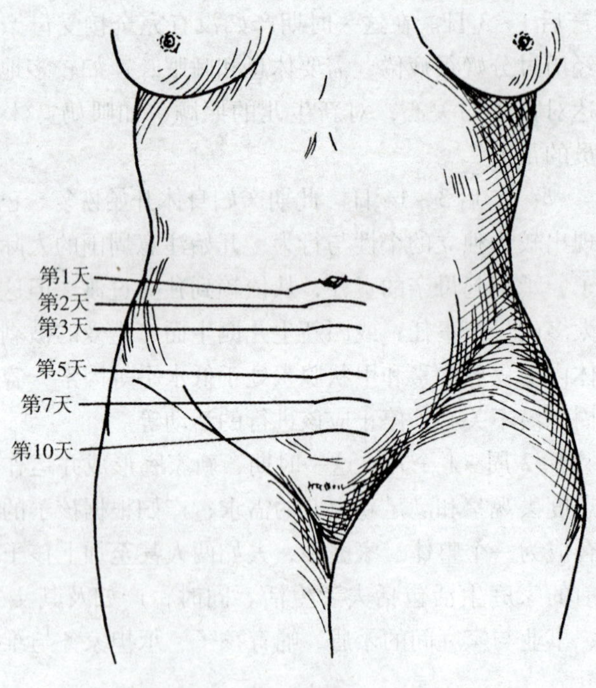

图 5－1 子宫复旧

每日应在同一时间评估产妇的子宫复旧情况。评估前，嘱产妇排尿后平卧，双膝稍屈曲，腹部放松，解开会阴垫，注意遮挡及保暖。先按摩子宫使其收缩后，再手测子宫底高度或尺测耻骨联合上缘至子宫底的距离。正常子宫圆而硬，位于腹部中央。子宫质地软应考虑是否有产后宫缩乏力，子宫偏向一侧应考虑是否有膀胱充盈。子宫不能如期复原常提示异常。

②产后宫缩痛　在产褥早期因子宫收缩引起下腹部阵发性剧烈疼痛，称为产后宫缩痛。于产后 1 ~2 日出现，持续 2 ~3 日自然消失，多见于经产妇。哺乳时反射性缩宫素分泌增多使疼痛加重，不需要用药。

③恶露　产后随子宫蜕膜脱落，含有血液及坏死蜕膜等组织经阴道排出，称为恶露。恶露有血腥味，但无臭味，持续 4 ~6 周，总量 250 ~500mL。因其颜色、内容物及时间不同，恶露分为血性恶露、浆液恶露、白色恶露（表 5 –1）。

每天应观察恶露的量、颜色及气味，常在按压子宫底的同时观察恶露情况。若血性恶露时间延长应考虑有胎盘或胎膜残留或子宫复旧不良；若恶露量多、浑浊有臭味，同时出现子宫复旧不良、下腹部压痛及发热等，应考虑子宫内膜感染。

表 5 –1　正常恶露性状

	血性恶露	浆液恶露	白色恶露
持续时间	产后 1 ~4 日	产后 4 ~14 日左右	产后 14 日以后，持续约 3 周
颜色	鲜红色	淡红色	白色
内容物	大量血液、少量胎膜、坏死蜕膜	少量血液、坏死蜕膜、宫颈黏液、细菌	坏死退化蜕膜、表皮细胞、大量白细胞和细菌

④会阴　阴道分娩者产后会阴有轻度水肿，一般在产后 2 ~3 日自行消退。会阴部有缝线者，如出现疼痛加剧、局部红肿、硬结及分泌物应考虑会阴伤口感染。

（3）排泄

①排尿　产后膀胱充盈可影响子宫收缩，导致产后出血。产后应评估膀胱充盈及第 1 次排尿情况。若第 1 次排尿尿量少，应再次评估膀胱充盈情况，预防尿潴留。

②排便　产妇在产后 1 ~2 日不排便，可能因为产前接受灌肠或产后卧床时间长，加之进食少或产后便秘。

③褥汗　产后 1 周内皮肤排泄功能旺盛，排出大量汗液，以夜间睡眠和初醒时更明显，称为褥汗，不属病态。

（4）乳房

①乳房的类型　评估有无乳头平坦、内陷。

②乳汁的质和量　初乳呈淡黄色，质稠；过渡乳和成熟乳呈白色。哺乳前乳胀明显，婴儿吸吮时乳汁充分，吸空后乳房变软，为乳汁分泌量足；哺乳前乳房松软，婴儿吸吮困难，为乳汁分泌不足。两次喂奶之间婴儿满足、安静，每日小便 6 次或以上，大便每日几次，体重增长理想等情况说明婴儿进食的奶量足够。

③乳房胀痛及乳头皲裂　评估乳房出现胀痛的原因，当触摸乳房有坚硬感，并有明显触痛，提示产后哺乳延迟或没有及时排空乳房。评估产妇有无乳头皲裂及其原因，初产妇孕期乳房护理不良或哺乳方法不当，或在乳头上使用肥皂、酒精等，容易发生乳头皲裂。

3. 心理－社会状况

（1）评估产妇心理状态　产妇在产后2～3日内发生轻度或中度的情绪反应称为产后抑郁，主要表现出易哭、易激惹、忧虑、不安，有时喜怒无常，一般2～3日后自然消失，有时可持续达10日。产后压抑的发生可能与产妇体内的雌、孕激素水平急剧下降，产后的心理压力及疲劳等因素有关。因此，应注意评估产后产妇的心理状态。

①评估产妇的感受　评估产妇对妊娠和分娩的感受是舒适或痛苦，产妇现在的感受是否舒适，对今后自己形体的变化、家庭关系重新定位的看法。产妇对妊娠和分娩的经历及产后自我形象的感受，直接影响产后母亲角色的获得，关系到能否接纳孩子。

②评估产妇的母亲行为　评估产妇作为母亲的行为是属于适应性的还是不适应性的。如产妇能满足孩子的需要并表现出喜悦，积极有效地锻炼身体，学习护理孩子的知识和技能，为适应性行为；相反，产妇不愿意接触孩子，不亲自喂养孩子，不护理孩子或表现出不悦，不愿交流，食欲差等，为不适应性行为。

③评估对孩子行为的看法　评估产妇是否觉得孩子吃得好、睡得好又少哭就是好孩子，因而自己是一个好母亲；认为常哭、哺乳困难，需要常常更换尿布和搂抱的孩子是坏孩子，因而自己是一个坏母亲。产妇能正确理解孩子的行为将有利于建立良好的母子关系。

（2）评估影响因素　研究表明，产妇的年龄、健康状况、性格特征、文化背景、家庭关系、经济状况、社会支持系统等影响产妇的产后心理状态。

4. 母乳喂养评估　评估产妇是否有影响母乳喂养的生理、心理及社会因素。如：严重的心脏病、肝炎的急性期、营养不良、使用某些药物等生理因素；不良的妊娠或分娩体验、自尊紊乱、产后压抑等心理因素；得不到医护人员或丈夫及家人的关心、帮助，工作负担过重或离家工作，青少年母亲或单身母亲等社会因素。评估产妇是否掌握母乳喂养知识及技能。

5. 辅助检查　产后常规体检，必要时进行血、尿常规检查，药物敏感试验等。

【护理诊断/问题】

1. 舒适改变　与产后宫缩痛、会阴伤口疼痛及褥汗等因素有关。

2. 尿潴留　与产时损伤、活动减少及不习惯床上排尿有关。

3. 便秘　与产后活动减少、饮食结构不合理有关。

4. 母乳喂养无效　与母乳供给不足或喂养技能不熟有关。

5. 知识缺乏　缺乏产后自我保健和新生儿护理相关知识。

6. 潜在并发症　产后出血、产褥感染。

【护理目标】

1. 产妇的舒适感增加。
2. 产妇大小便正常。
3. 产妇正确实施母乳喂养。
4. 产妇获得正确的产褥期健康生活指导和新生儿护理指导，表现出自信和满足。
5. 产妇生命体征正常。

【护理措施】

1. 一般护理 产后产妇在产房严密观察2小时无异常后，将产妇连同新生儿送回休养室。

(1) 病室环境 为产妇提供一个空气清新，通风良好，舒适、安静的环境；保持床单位的清洁、整齐。

(2) 休息与活动 保证产妇有充足的睡眠，产褥期产妇睡眠每日8~10小时，指导产妇与婴儿同步休息，生活有规律，护理活动应不打扰产妇的休息。正常分娩者，产后6~12小时内可起床轻微活动，产后24小时可在室内走动，按时做产后健身操，预防下肢静脉血栓形成，促进产妇康复。由于产妇产后盆底肌肉松弛，应避免负重劳动或蹲位活动，以防止子宫脱垂。

(3) 营养与饮食 产后1小时可让产妇进流食或清淡半流食，以后可进普通饮食，建议产妇少食多餐。食物应富有营养、足够热量和水分。哺乳者，应多进食蛋白含量丰富的食物及汤汁类食物，适当补充维生素和铁剂，推荐补充铁剂3个月。避免吸烟、饮酒、咖啡及辛辣刺激性食物等。

(4) 排尿与排便 自产后4小时起即应鼓励产妇尽早自行排尿。如排尿困难，除鼓励产妇坐起排尿，可采用以下方法：①温开水冲洗会阴；②热敷下腹部；③按摩膀胱，刺激膀胱收缩；④针刺两侧气海、关元、阴陵泉、三阴交等穴位；⑤肌内注射甲硫酸新斯的明1mg，兴奋膀胱逼尿肌促进排尿；⑥上述方法均无效时应予导尿，留置尿管1~2日。产后因卧床休息、食物缺乏纤维素，加之肠蠕动减弱，产褥早期腹肌、盆底肌张力降低，容易发生便秘，应鼓励产妇早日下床活动，多饮水，多吃富含纤维素类食物，以预防便秘。对便秘者可口服缓泻剂。

2. 病情观察

(1) 生命体征 每日测体温、脉搏、呼吸及血压2次，如体温超过38℃，应及时向医生汇报，加强观察，协助医生查找原因。

(2) 子宫复旧及恶露 产后1周内每日在同一时间了解子宫复旧情况。每日观察恶露颜色、气味及数量，必要时遵医嘱做好血及组织培养标本的采集。

(3) 会阴 会阴部水肿程度及消退情况。会阴部有缝线者，应每日观察伤口周围有无渗血、血肿、红肿、硬结及分泌物。

3. 对症护理

(1) 会阴护理

①清洁护理 每日2次用0.05%聚维酮碘液或1∶5000高锰酸钾溶液擦洗或冲洗会阴，擦洗顺序为，自上而下、由内向外，会阴伤口单独擦洗，注意无菌操作。勤换会阴垫，大便后用水清洗会阴，保持会阴部清洁及干燥。

②伤口护理 嘱产妇向会阴伤口对侧侧卧（健侧卧位）。会阴部水肿者，可以用50%硫酸镁湿热敷，产后24小时可用红外线照射外阴；有硬结者，可用大黄、芒硝外敷或用95%乙醇湿热敷；会阴切口疼痛剧烈或产妇有肛门坠胀感，应及时报告医生，以排除阴道壁及会阴部血肿；会阴部小血肿者，24小时后可湿热敷或红外线照射，大

的血肿应配合医师切开处理；会阴伤口感染者，应配合医生提前拆线，充分引流，并定时换药；伤口愈合不佳者，可在产后7～10日起给予高锰酸钾溶液坐浴。

（2）子宫复旧护理　每次观察子宫复旧时按压宫底，以免宫腔积血影响子宫收缩，同时按摩子宫，并遵医嘱给予子宫收缩剂，促进子宫复旧。产后当天，禁止用热水袋外敷缓解宫缩痛，以免子宫肌肉松弛造成出血过多。

（3）乳房护理

①一般护理　乳房应保持清洁、干燥。建议哺乳期产妇使用棉质乳罩，避免过紧或过松。每次哺乳前产妇应洗净双手，然后用清水洗净自己的乳头和乳晕，并柔和地按摩乳房，刺激泌乳反射。乳头处如有痂垢，应先用油脂浸软后再用温水洗净。切忌用肥皂或酒精之类擦洗，以免引起局部皮肤干燥、皲裂。哺乳时应让新生儿吸空乳汁；如乳汁充足孩子吸不完时，应用吸乳器将剩余的乳汁吸出，以免乳汁淤积影响乳汁分泌，并预防乳腺管阻塞及两侧乳房大小不一等情况。如吸吮不成功，则指导产妇挤出乳汁喂养。

②平坦及凹陷乳头护理　部分产妇的乳头凹陷，一旦受到刺激乳头呈扁平或向内回缩，婴儿很难吸吮到乳头，可指导产妇进行以下练习：乳头伸展练习：将两示指平行放在乳头两侧，慢慢地由乳头向两侧外方拉开，牵拉乳晕皮肤及皮下组织，使乳头向外突出；接着将两示指分别放在乳头上侧和下侧，将乳头向上、向下纵形拉开（图5－2），如此重复多次。此练习每日2次，每次15分钟。乳头牵拉练习：用一只手托乳房，另一只手的拇指和中、示指抓住乳头向外牵拉（图5－3），重复10～20次，每日2次。配置乳头罩：从妊娠7个月起佩带，对乳头周围组织起到稳定作用。此外，可指导产妇改变多种喂奶的姿势和使用假乳套以利于婴儿含住乳头，也可利用吸乳器进行吸引。哺乳时先吸吮平坦一侧，因婴儿饥饿时吸吮力强，容易吸住乳头和大部分乳晕。

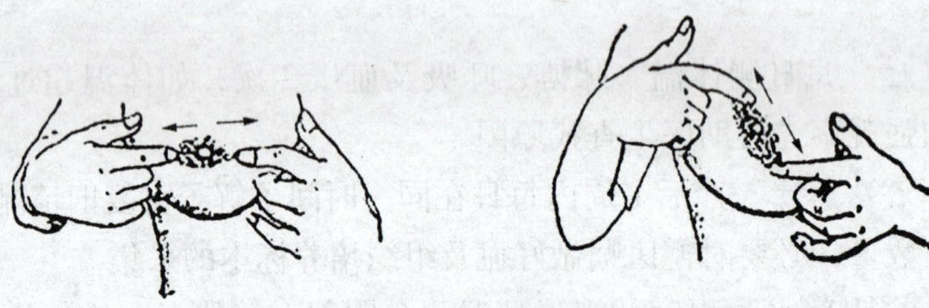

图5－2　乳头伸展练习

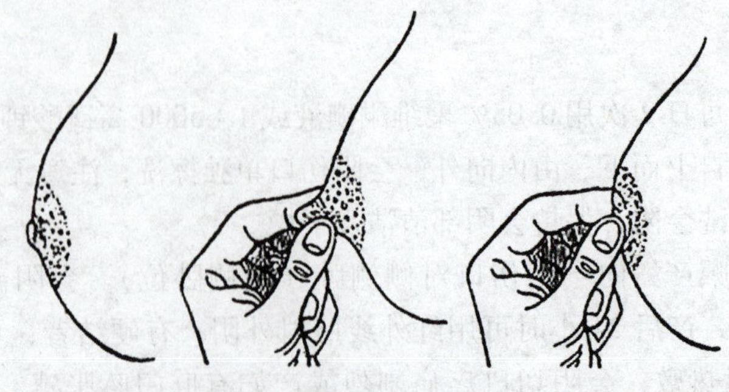

图5－3　乳头牵拉练习

③乳房胀痛护理　产后3日内，因淋巴和静脉充盈，乳腺管不畅，乳房逐渐胀实、变硬，触之疼痛，可有轻度发热。可采用下列方法缓解：尽早哺乳：鼓励并协助产妇在产后半小时内开始哺乳。外敷乳房：哺乳前热敷乳房；在两次哺乳间冷敷乳房，可减少局部充血、肿胀。按摩乳房：哺乳前按摩乳房，方法为从乳房边缘向乳头中心按摩，可使乳腺管畅通，减少疼痛。配戴乳罩：指导产妇穿戴合适的具有支托性的乳罩，以减轻乳房充盈时的沉重感。生面饼外敷乳房。服用药物：可口服维生素 B_6 或散结通乳的中药。

④乳腺炎护理　产妇乳房局部出现红、肿、热、痛症状，或有痛性结节，提示乳腺炎的发生。轻度乳腺炎时，坚持哺乳，哺乳前湿热敷乳房3~5分钟，并按摩乳房，轻轻拍打和抖动乳房，哺乳时先喂患侧乳房，因饥饿时婴儿的吸吮力强，有利于吸通乳腺管。每次哺乳应充分吸空乳汁，同时增加哺乳的次数，每次哺乳至少20分钟。哺乳后充分休息，饮食要清淡。重度乳腺炎应停止哺乳，并进行外科处理。

⑤乳头皲裂护理　哺乳姿势不当是引起乳头皲裂的重要原因。轻者可继续哺乳，指导产妇哺乳时取舒适卧位，哺乳前湿热敷乳房3~5分钟，挤出少许乳汁使乳晕变软，让婴儿含住乳头和大部分乳晕，先吸吮损伤较轻的乳房，以减轻对损伤重侧乳房的吸吮力。哺乳后，挤出少许乳汁涂在乳头和乳晕上，短暂暴露使乳头干燥。增加喂哺的次数，缩短每次喂哺的时间。乳头皲裂严重者应停止直接吸吮，可用乳头罩间接哺乳或用吸乳器将乳汁吸出后进行喂养。

⑥催乳护理　产妇出现乳汁分泌不足，可指导其正确的哺乳方法，按需哺乳，夜间哺乳，调节饮食，服用中药，针刺合谷、外关、少泽、膻中等穴位，同时鼓励产妇树立信心。

⑦退乳护理　产妇因疾病或其他原因不能哺乳或终止哺乳者应尽早退乳。首先应停止哺乳，不排空乳房，少进汤汁。同时可用生麦芽60~90g水煎当茶饮，每日1剂，连服3~5日；亦可用皮硝250g碾碎装布袋分敷于两乳房上并固定，皮硝受湿后应更换再敷，直至乳房不胀。

4. 心理护理

(1) 母婴同室　让产妇更多地接触自己的孩子，在产妇获得充分休息的基础上，让产妇多抱孩子，培养母子感情。

(2) 建立良好的护患关系　产妇入产后休养室时，护理人员应热情接待，与产妇建立良好关系。耐心倾听产妇述说分娩经历和感受，积极回答问题，加强对产妇的精神关怀。

(3) 提供指导　提供母乳喂养、新生儿护理及自我保健指导，帮助产妇减轻身心的不适；鼓励和指导丈夫及家人参与新生儿护理活动，培养新家庭观念，促进适应新的家庭生活。

【护理评价】

1. 产妇生命体征是否保持正常。

2. 产妇的舒适感是否增加。

3. 产妇产后是否及时排尿、排便。

4. 产妇在护士的指导下是否积极参与新生儿护理及自我护理，并表现出自信和满足。

5. 产妇及家属对产褥期保健知识了解的程度。

【健康指导】

1. 一般指导 产妇居室应清洁通风，合理饮食。注意休息，合理安排家务及婴儿护理，注意个人卫生和会阴部清洁，衣着宽大透气，保持良好心境，适应新的家庭生活方式。

2. 母乳喂养指导 介绍母乳喂养的优点。指导和协助早吸吮，一般于产后半小时内开始让新生儿进行吸吮。哺乳原则是按需哺乳。哺乳可以采用坐式、卧式或环抱式，母亲及婴儿均应选择舒适位置，使母婴胸贴胸、腹贴腹、下颌贴乳房；一手扶托乳房，拇指在上，其余4指在下，并用乳头触动婴儿上唇中间部分，当婴儿的嘴巴张开时顺势把乳头和大部分乳晕放入其中，注意使婴儿将乳头和大部分乳晕吸吮住，并防止婴儿鼻部被乳房压迫及头部与颈部过度伸展造成吞咽困难。哺乳应两侧乳房交替进行，先吸空一侧乳房后，再吸吮另一侧。哺乳结束时，用食指轻轻向下按压婴儿下颏使其张口，以免在口腔负压情况下拉出乳头而引起局部疼痛或皮肤损伤。哺乳后，挤出少许乳汁涂在乳头和乳晕上。每次哺乳后，应将婴儿直立抱起轻拍背部1~2分钟，排出胃内空气，以防吐奶。

3. 产后健身操 产后健身操（图5-4）可促进腹壁、盆底肌肉张力的恢复，预防尿失禁、膀胱直肠膨出及子宫脱垂。根据产妇实际情况，运动量由小到大，由弱到强循序渐进练习。一般在产后第2日开始，每1~2日增加1节，每节做8~16次。出院后继续做健身操直至产后6周。

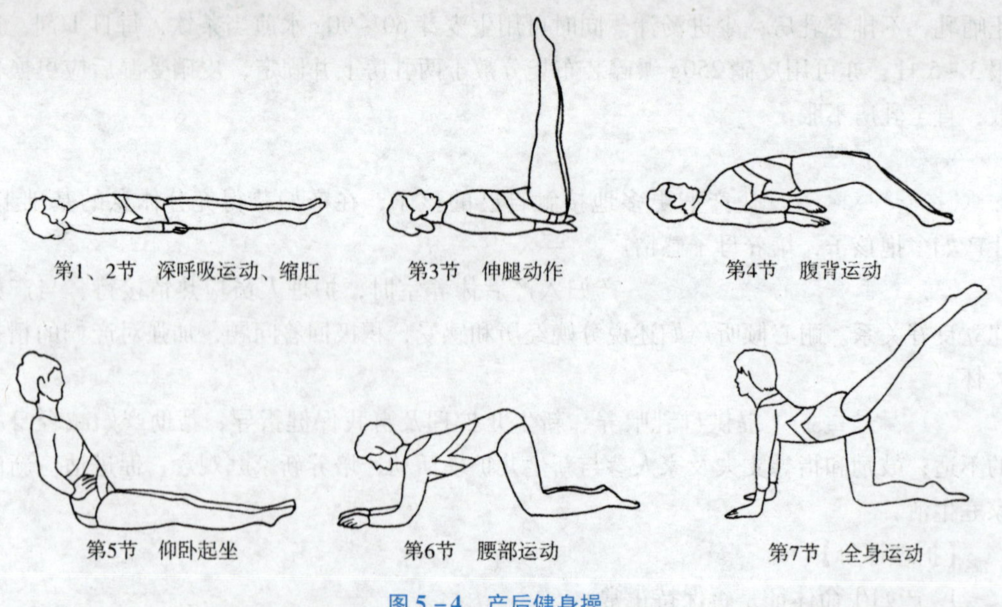

图5-4 产后健身操

第 1 节：仰卧，深呼吸，收腹部，然后呼气。

第 2 节：仰卧，两臂直放于身旁，进行缩肛与放松动作。

第 3 节：仰卧，两臂直放于身旁，双腿轮流上举和并举，与身体呈直角。

第 4 节：仰卧，髋与腿放松，分开稍屈，脚底置于床上尽力抬高臀部及背部。

第 5 节：仰卧起坐。

第 6 节：跪姿，双膝分开，肩肘垂直，双手平放于床上，腰部进行左右旋转动作。

第 7 节：跪姿，双臂支撑在床上，左右腿交替向背后高举。

4. 计划生育指导　产后 42 日内禁止性交。根据产后检查情况，恢复正常性生活，指导产妇选择适当的避孕措施，原则是哺乳者宜选择工具避孕，不哺乳者可选用药物或工具避孕。

5. 产后检查　包括产后访视及产后健康检查。

（1）产后访视　由社区医疗保健人员在产妇出院后 3 日内、产后 14 日、产后 28 日分别进行 3 次产后访视，内容包括：①产妇饮食、睡眠及心理状况；②子宫复旧及恶露；③乳房、哺乳情况；④会阴伤口或剖宫产腹部伤口情况；⑤新生儿生长、喂养及预防接种。通过访视了解产妇及新生儿的健康状况，若发现异常给予及时指导。

（2）产后健康检查　告知产妇于产后 42 日带孩子一起到分娩医院做产后健康检查，包括：①全身检查：血压，脉搏，血、尿常规等；②妇科检查：主要检查盆腔内生殖器是否恢复至非孕状态。

第三节　正常新生儿的护理

案例引导

王女士，28 岁，孕 39 周，经阴道娩出足月女性新生儿。新生儿娩出 1 分钟 Apgar 评分 9 分，体重 3050g，体表无畸形。分娩过程顺利，新生儿出生后 20 分钟，护士帮助新生儿早吸吮。产后 2 小时，母儿被送回母婴同室区。产后第 2 日，护士为新生儿做护理检查：腋下体温 36.5℃，呼吸 36 次/分，心率 140 次/分；面色红润，手、脚发凉，大便为黄绿色、糊状，已换尿片 4 次。请问：

1. 新生儿有何生理特点？
2. 该新生儿主要护理问题有哪些？
3. 其护理措施有哪些？

新生儿期系指胎儿出生后断脐到满 28 天的一段时间。足月新生儿系指孕龄满 37 周至不满 42 周，出生体重≥2500g 的新生儿。

【正常新生儿特点】

1. 体温　新生儿体温调节中枢功能不完善，皮下脂肪少，体表面积相对较大，体温可随外环境温度的变化而波动。

2. 皮肤黏膜 新生儿出生时体表覆盖一层白色乳酪样胎脂，它具有保护皮肤、减少散热的作用。新生儿皮肤薄嫩，易受损伤引起感染。新生儿口腔黏膜血管丰富，两面颊部有较厚的脂肪层，称颊脂体，可帮助吸吮；硬腭中线两旁有黄白色小点称上皮珠，齿龈上有白色韧性小颗粒称牙龈粟粒点，出生后数周自然消失。鼻尖上有许多密集的针尖大小的黄白色小点，略高出于皮肤，也有少数散在于面部，称粟粒疹，是由皮脂堆积引起。

3. 呼吸系统 新生儿肋间肌力弱，以腹式呼吸为主，呼吸浅而快，40～60 次/分，2 日后降至 20～40 次/分。

4. 循环系统 新生儿心率快，平均为 120～140 次/分。新生儿血流多集中分布于躯干及内脏，因此，可触及肝脾，四肢容易发冷、发绀。

5. 消化系统 新生儿胃容量较小，呈水平位，贲门括约肌不发达，哺乳后易发生溢乳。新生儿肠道容量相对较大，胃肠蠕动较快以适应流质食物的消化；新生儿消化蛋白质的能力较好，消化淀粉的能力相对较差。新生儿第一次排便多在出生后 12 小时内，为墨绿色黏稠的胎粪，3～4 日内排完。若超过 24 小时仍未见胎粪排出，应检查是否存在肛门闭锁或其他消化道畸形。

6. 泌尿系统 新生儿一般在出生后 24 小时内排尿，若 48 小时内仍无尿，需查明原因。新生儿肾过滤功能、浓缩功能较低，易发生水、电解质紊乱；输尿管较长，弯曲度大，容易受压或扭转而发生尿潴留或泌尿道感染。

7. 神经系统 新生儿大脑皮质及椎体束发育尚未成熟，故新生儿动作慢而不协调，肌张力稍高，哭闹时可有肌强直；大脑皮层兴奋性低，睡眠时间长；眼肌活动不协调，对明暗有感觉，具有凝视和追视能力。味觉、触觉、温觉较灵敏，痛觉、嗅觉、听觉较迟钝，有吸吮、觅食、握持、拥抱等先天性反射活动。

8. 免疫系统 新生儿特异性和非特异性免疫功能均较差。在胎儿期从母体获得 IgG，故出生后 6 个月内具有抗传染病的免疫力；但缺乏 IgA，易患消化道、呼吸道感染。

9. 特殊生理特点

（1）生理性体重下降 新生儿出生后由于进食少，水分丢失及胎粪排出，在出生后 2～4 日体重下降，下降范围一般不超过体重的 10%，4 日后回升，7～10 日恢复到出生时水平。

（2）生理性黄疸 新生儿出生 2～3 日出现皮肤、巩膜发黄，持续 4～10 日后自然消退，称生理性黄疸。原因是新生儿出生后体内红细胞破坏增加，产生大量间接胆红素，而肝脏内葡萄糖醛酸转移酶活性不足，不能使间接胆红素全部结合成直接胆红素，导致高胆红素血症。

（3）乳腺肿大和假月经 由于受胎盘分泌的雌孕激素影响，新生儿出生后 3～4 日可出现乳腺肿胀，2～3 周后自行消失。女婴出生后 1 周内，阴道可出现白带和少量血性分泌物，持续 1～2 日后自然消失。

【护理评估】

1. 出生时评估　见第四章第四节。

2. 母婴同室入室时评估

（1）健康史　了解家属特殊病史，母亲既往妊娠史、本次孕产史，新生儿出生史，检查出生记录是否完整。

（2）身体状况

1）一般检查：注意新生儿的发育、反应，观察皮肤颜色，有无瘀斑、产伤或感染灶。

2）生命体征　①体温：一般测腋下体温。正常为36℃～37.2℃。②呼吸：于新生儿安静时测1分钟。正常为40～60次/分，2日后降至20～40次/分。③心率：一般通过心脏听诊获得。正常可达120～140次/分。

3）体重、身长　一般在沐浴后测裸体体重，正常体重为2500g至不足4000g。身长为头顶最高点至脚跟的距离，正常45～55cm。

4）头面及颈　观察头颅大小、形状，有无产瘤、血肿及皮肤破损；检查囟门大小和紧张度，有无颅骨骨折和缺损；巩膜有无黄染或出血点；口腔有无唇腭裂等；注意颈部对称性、位置、活动范围和肌张力。

5）胸、腹及脐带　观察胸廓形态、对称性，有无畸形；心脏听诊心率、心律，有无杂音；肺部听诊有无啰音；观察脐带残端有无出血或异常分泌物，有无脐部感染。

6）脊柱、四肢　检查脊柱、四肢发育是否正常，四肢是否对称，有无骨折或关节脱位。

7）肛门、外生殖器　肛门外观有无闭锁。外生殖器有无异常，男婴睾丸是否已降至阴囊，女婴大阴唇有无完全遮住小阴唇。

8）大小便　正常新生儿出生后不久排小便；出生24小时内未排大便者，应检查是否有消化道发育异常。

9）肌张力、活动情况　正常新生儿哭声洪亮、肌张力正常。如中枢神经系统受损可表现为肌张力及哭声异常。

10）反射　观察新生儿觅食、吸吮、拥抱、握持等反射是否存在，了解新生儿神经系统的发育情况。

11）觉醒和睡眠　新生儿睡眠每日需20小时以上，随着大脑皮质的发育，睡眠逐渐减少，觉醒的时间逐渐延长。

（3）心理－社会状况　观察母亲与孩子间沟通的频率、方式及效果，评估母亲是否存在拒绝、拒喂新生儿行为。

3. 日常评估　如母婴同室入室时评估新生儿无异常，以后改为每8小时评估1次或每日评估1次，同时做好评估记录，如有异常应增加评估次数。

【护理诊断/问题】

1. 有窒息的危险　与呛奶、呕吐有关。

2. 有体温改变的危险　与体温调节系统不成熟、缺乏体脂有关。

3. 有感染的危险 与新生儿免疫机制发育不完善和其特殊生理状况有关。

【护理目标】

1. 新生儿呼吸型态有效，未发生窒息。

2. 住院期间新生儿生命体征正常。

3. 新生儿住院期间不发生感染。

【护理措施】

1. 一般护理

（1）环境 母婴同室，母亲床及婴儿床所占面积不少于6m²。室内光线充足、空气流通，室温保持在24℃～26℃，相对湿度在50%～60%。

（2）安全措施 新生儿出生后，将其右脚印及其母亲右拇指印印在病历上，手腕上系上写有母亲姓名、住院号、新生儿性别的腕带。新生儿床应配有床围，床上不放危险物品，如锐角玩具、过烫的热水袋等。

（3）预防感染 医护人员必须身体健康，定期体检，如患有呼吸道、皮肤黏膜、肠道传染性疾病者应暂调离。严格执行探视制度。严格执行消毒隔离制度，加强手消毒。新生儿患有脓疱疮、脐部感染等感染性疾病时，应采取相应的消毒隔离措施。

2. 日常护理

（1）日常观察 定时测新生儿体温，体温过低者加强保暖，过高者采取降温措施。观察呼吸道通畅，保持新生儿取侧卧位，预防窒息。观察新生儿哺乳、哭声、精神状态、睡眠、皮肤颜色、大小便及体重等，若发现异常应警惕疾病发生并及时报告医生。

（2）常规护理

①皮肤护理 新生儿娩出后用温软毛巾擦净皮肤的羊水、血迹，产后6小时内除去胎脂，剪去过长指（趾）甲。新生儿皮肤红斑、胎记、粟粒疹不需要特殊处理。

②脐部护理 保持脐部清洁干燥。每次沐浴后用75%乙醇消毒脐带残端及脐轮周围，避免尿、粪污染脐部。

③臀部护理 选择松紧适中、透气性好、吸湿性好的尿布，及时更换尿布，大便后用温水清洗会阴及臀部，预防红臀。

④新生儿沐浴 新生儿沐浴可以清洁皮肤，预防感染，协助皮肤排泄和散热，促进血液循环，促进新生儿舒适。其主要方法有淋浴、盆浴和擦浴。医院以淋浴为主，家里以盆浴为主。

⑤新生儿抚触 通过抚触者双手对婴儿各部位的皮肤进行有手法技巧的抚摸与按触，让大量温和、良好的刺激通过婴儿皮肤的感受器传到中枢神经系统，产生系列生理效应，促进新生儿健康发育。

3. 喂养护理 新生儿喂养方法有母乳喂养、人工喂养和混合喂养。世界卫生组织提倡母乳喂养。具体喂养方法详见本章第二节及儿科护理学相关内容。

4. 免疫接种

（1）卡介苗 正常新生儿出生后12～24小时应预防接种卡介苗。将卡介苗0.1mL皮内注射于左臂三角肌下端偏外侧。

禁忌证：①体温高于37.5℃；②早产儿；③低体重儿；④产伤或其他疾病者。

（2）乙肝疫苗　正常新生儿出生后24小时、1个月、6个月各注射乙肝疫苗1次。将乙肝疫苗10μg肌内注射于上臂三角肌，同一上臂不接种其他疫苗。

【护理评价】

1. 新生儿哭声是否洪亮，有无发绀，呼吸是否平稳。
2. 新生儿体温是否维持正常。
3. 新生儿脐部、皮肤有无红肿。

【健康指导】

1. 新生儿家庭访视　由社区医疗保健人员在新生儿出院后第3日、第14日、第28日，分别进行新生儿家庭访视，至少3次，高危儿可适当增加访视次数。访视内容主要包括新生儿出生情况、生后的生活状态、新生儿各种反射活动、体重与身长测量、视听觉检查等，系统观察新生儿的生长发育和营养状况，并指导新生儿喂养、日常护理、预防接种等。

2. 新生儿疾病筛查　通过血液检查对某些危害严重的先天性代谢病和内分泌病进行群体筛查，以早期发现、早期诊断、早期治疗。目前，我国规定在新生儿期主要筛查苯丙酮尿症和先天性甲状腺功能减低症。方法是新生儿哺乳48～72小时后，采集足跟末梢血一滴，吸于特制滤纸，送检验科检查。

思考题

1. 简述产褥期妇女的临床表现。
2. 简述子宫复旧观察的时间、方法及内容。
3. 简述产妇会阴及会阴伤口的护理。
4. 简述母乳喂养技巧。
5. 简述新生儿日常护理内容及方法。

第六章　高危妊娠母儿的护理

学习目标

1. 阐述高危孕妇的护理、评估胎儿健康状况的技术、胎儿窘迫的处理及护理要点。
2. 列出胎儿窘迫孕产妇的护理评估、诊断、目标及护理措施。
3. 说出高危妊娠的概念。

第一节　高危妊娠概述

一、定义

高危妊娠指在妊娠期和分娩期，由于某种致病因素和并发症，对孕妇、胎儿、新生儿可能构成危险，并且增加孕产妇和围产儿的发病率、死亡率的统称。识别和系统管理高危妊娠、降低孕产妇死亡率和围产儿死亡率是衡量围生医学质量的指标之一。我国建立三级卫生保健卫生网，实行分级管理、逐级转诊制度，使孕产妇死亡率、围产儿死亡率明显降低。

高危妊娠的病因：①年龄<18 岁或>35 岁；②有异常妊娠史：流产、早产、死胎、死产、难产、新生儿死亡等；③妊娠并发症：妊娠期高血压疾病、前置胎盘、胎盘早剥、胎儿生长受限等；④妊娠合并症；⑤可能发生分娩异常的：胎位异常、巨大儿、多胎妊娠、产道异常等；⑥胎盘功能不全；⑦妊娠期间接触大量放射线、化学性毒物或服用对胎儿有害的药物；⑧盆腔肿瘤或有手术史等。

二、高危因素

从发生时间上分为：固定的高危因素，指孕前已有的高危因素；动态的高危因素，指妊娠期间逐渐出现的高危因素。从危险程度上分为：绝对高危和相对高危。

高危因素包括：①基本情况：年龄、身高<1.4 米、体重、步态、胎产次、家族史等；②既往史；③妊娠分娩史；④本次妊娠有异常情况；⑤产程中异常情况。前 3 项为

绝对高危、固定的高危因素，后两项为动态的高危因素。因此，对高危妊娠的筛查应进行全面仔细的动态监测，按危险程度给予不同的监测和管理。孕早期如不宜妊娠的应终止妊娠；孕28周以后应全面评估、注意高危因素的发展及胎儿发育；孕足月应鉴定、制定分娩时间和方式。

三、高危新生儿

高危新生儿包括：①孕龄<37周或≥42周；②出生体重<2500g；③小于孕龄儿或大于孕龄儿；④出生后1分钟Apgar评分0～3分；⑤产时感染；⑥高危孕妇的新生儿；⑦手术产儿；⑧新生儿的兄姐有严重的新生儿疾病或新生儿死亡等。

四、高危妊娠的管理

高危妊娠的管理包括婚前及孕前咨询、保健（>35岁、畸形胎儿史、遗传病家族史，进行绒毛、羊水或脐血染色体检查）。

1. 孕早期保健　指怀孕13周末以前的保健。这个时期是受精卵胚胎层分化发育形成各器官的重要阶段，对来自各方面的影响特别敏感，如不注意保健，可导致流产或新生儿畸形。孕早期要注意预防遗传病和先天性畸形，异常胎儿应终止妊娠；经过产前筛查、诊断的正常胎儿可继续妊娠。

2. 孕中期保健　指孕14～27周末。重点为高危妊娠的筛查及管理预防。

（1）系统产前检查　其目的为：指导孕期生活；对此次分娩做出估计，根据骨盆情况、胎位及胎儿发育情况，估计分娩方式和时间；及时发现异常并予处理。每次产前检查内容包括：孕妇体重、血压、宫高、腹围、4步触诊、尿蛋白及浮肿情况，必要时绘制妊娠图。产前检查一般为早孕时检查1次；孕5个月左右查1次，此次应询问胎动开始日期，做B超了解胎儿发育情况及有无先天发育异常等。孕28周前每4周1次，孕28～36周，每2周检查1次，孕36周至分娩，每周检查1次。产前检查总次数不能少于10次。

（2）高危妊娠筛查　通过对孕妇既往妊娠史、本次妊娠史、家庭史及全面体格检查和产科检查，筛查有无对妊娠结局、母婴健康的不利因素，以其严重程度分为一般高危、严重高危，并加以系统管理。

3. 孕晚期高危妊娠保健　孕晚期高危妊娠需要住院的患者，除了一般性的治疗之外，需要针对病因治疗。要注意对胎儿生长发育进行安危监护，检测胎儿、胎盘功能和胎儿成熟度综合判断，适时计划分娩。

五、高危因素的处理原则

（一）孕早期高危因素的处理原则

1. 年龄　<18岁或>35岁者常规产前检查，>35岁进行绒毛或羊水或脐血染色体检查。

2. 骨盆异常 如漏斗骨盆、身高＜1.40m者进行常规产科检查。

3. 内科合并症 ①贫血：药物治疗，必要时输血，纠正贫血，预防胎儿宫内缺氧、生长受限、感染；②心脏疾病：孕早期心功能Ⅲ～Ⅳ级等不宜妊娠的应及时终止妊娠，可继续妊娠的加强产前检查，及早发现早期心衰，予预防及治疗，住院观察，避免心衰、预防感染；③肝脏疾病：加强产前检查，转专科医院，避免加重肝损害，保肝处理；④急病期如发热等：转入综合医院。

4. 异常孕产史 加强产前检查。

5. 阴道出血、腹痛 明确诊断，及时住院、治疗。

（二）孕中、晚期高危因素的处理原则

1. 血压升高 加强产前检查，降压，转入上级医院行进一步诊断、治疗，对妊娠期高血压疾病监测病情变化，解痉、镇静、降压、适时终止妊娠。

2. 胎位不正 择期剖宫产。

3. 前置胎盘 加强监护、抑制宫缩、提前住院、配血、必要时剖宫产，做好抢救DIC、产后出血的准备。

4. 胎盘早剥 病情急时急诊手术，配血，做好抢救DIC、产后出血的准备。

5. 子宫过大 加强产检，预防早产、胎膜早破、产后出血，配血、择期剖宫产。

6. 羊水过少、胎儿生长受限 加强监测，促进胎儿生长，适当放宽剖宫产指征。

7. 早产 住院保胎、促进胎肺成熟，分娩时做好新生儿抢救准备，早产儿转新生儿科。

8. 过期妊娠 住院引产，加强胎儿监测，及早发现胎儿窘迫，必要时剖宫产。

9. 妊娠合并性病 孕期监测、治疗，避免胎儿新生儿感染。

10. 胎儿窘迫 入院吸氧、监测，必要时剖宫产，做好新生儿抢救准备。

（三）产时、产后高危因素的处理原则

胎膜早破者预防母儿感染、脐带脱垂，适时终止妊娠，对胎肺不成熟的应促肺成熟；产程延长者积极寻找病因、对因处理，必要时产钳助产或剖宫产；产后出血者寻找病因，对因处理，纠正贫血，必要时输血，预防感染；产褥感染者住院系统治疗。

六、高危妊娠管理的几项制度

1. 高危孕妇的筛查、登记管理 在建围产保健手册时，地段保健科筛查有无固定高危因素，填写“高危孕妇报告卡”，贴在围产保健手册上，并在手册上做高危标记。各医院妇产科门诊负责动态高危因素的筛查，孕28、34、37周行高危评分。二、三级医院开设高危妊娠门诊，由主治医师以上出诊，并随诊。登记《高危孕产妇管理手册》。

2. 报告制度 各医院填写高危孕妇报告卡，随访。对总评分≥10分，＞2周未按时随访的，每周向区县妇幼保健院报告；失访卡寄往孕妇居住地的区县保健院，查无此人的寄到户口所在地/转到所属地段保健院，3日内备案。不宜妊娠的要电话通知妇幼保健院。

3. 追访管理 各医院负责高危妊娠的追访。若失访，将其高危孕妇卡报出，由妇幼保健部门协助追访。追访内容：对适宜妊娠的高危孕妇孕期保健宣教、定期产检、治疗、入院。对不宜妊娠的高危孕妇应终止妊娠。

4. 转会诊制度 先由区县级产科抢救中心会诊、抢救，诊断不明、无条件治疗的联系指定的市级高危孕产妇抢救中心，由该中心安排当地会诊、抢救，做好接诊、抢救。转诊有问题的区县抢救中心通知本区县产科质量管理办公室/卫生局协调，无效的上报市级。接诊医院：明确诊断，安排治疗方案，对转诊医院条件许可、病情平稳、转送途中安全的可转回一级医院。动态高危因素≥10 分转入上级医院；固定高危因素≥10 分转入上级医院；特殊内外科疾病转到专科医院；合并严重的内外科疾病，孕 28、34、37 周评分，内外科会诊。

5. 住院管理目的 改善胎儿宫内生长环境，适时终止妊娠。一级医院将高危孕妇转入二级以上医院住院；严重的高危孕妇转入三级或综合医院住院；二、三级医院住院患者由副主任医师以上负责。

6. 结案管理 访视≥3 次；高危卡转回户口所属区县妇幼保健院；保健院负责指导、监督、检查，专人包片负责。

第二节 胎儿健康评估技术

胎儿健康评估方法主要有胎儿监护、胎盘功能检查和胎儿成熟度检查。

一、胎儿监护

（一）确定是否为高危儿

高危儿包括：①胎龄<37 周或≥42 周；②出生时体重<2500g；③小于正常孕龄儿或大于正常孕龄儿；④生后 1 分钟 Apgar 评分 0～3 分；⑤手术产儿；⑥产时感染；⑦高危妊娠产妇的新生儿；⑧新生儿兄姐有严重的新生儿病史或新生儿期死亡。

知识拓展

对胎儿有害的病毒

①风疹病毒感染：可能使胎儿发生白内障、青光眼、视网膜病变、先天性心脏病、心肌炎、小头、肝脾肿大、黄疸、智力低下；②巨细胞滋养体病毒感染：胎儿可能出现小头、失明、癫痫、耳聋、肝脾大、黄疸、智力低下、溶血性贫血；③单纯疱疹病毒感染：可能致胎儿小头、小眼、脉络膜视网膜炎、晶状体浑浊、心脏异常、短指（趾）、神经或精神障碍；④肝炎病毒感染：可能发生胎儿流产、早产、死产、新生儿窒息，并使婴儿感染或成为病毒携带者。另外，弓形虫感染可使胎儿出现脑积水、脑钙化灶、脉络膜视网膜炎、精神运动障碍等。

（二）胎儿宫内情况的监护

1. 超声检查 妊娠第5周B超可见到妊娠囊，妊娠第7周超声多普勒检查可探测到胎心音。B超检查能显示胎儿数目、胎位、有无胎心搏动以及胎盘位置；能通过测量胎头双顶径、胎儿胸径、股骨长度等估计胎儿的孕龄及预产期；还可估计胎儿体重、有无胎儿体表畸形、胎盘成熟度等。

2. 监测胎心音 从妊娠20周开始，通过胎心听诊发现胎心率的异常变化，从而了解胎儿宫内安危。正常胎心音110～160次/分，如胎心音>160次/分或<110次/分提示胎儿宫内缺氧，应及时治疗。

3. 测量宫底高度和腹围 通常每一次产前检查都要监测这两个指标。孕晚期每孕周腹围平均约增长0.8cm。根据子宫底高度及腹围数值可估算胎儿大小，简易的估算方法为：胎儿体重（g）＝宫底高度（cm）×腹围（cm）＋200。

4. 胎动计数 通过孕妇自测胎动或胎儿监护仪了解12小时胎动情况。胎动计数>30次/12小时为正常，胎动<10次/12小时，提示胎儿缺氧。

5. 羊膜镜检查 在妊娠晚期或分娩期用羊膜镜观察羊水的性状、量及颜色，可早期发现胎儿缺氧。头位胎儿如有窘迫，羊水呈浅绿色（Ⅰ度污染）、深绿色或黄绿色（Ⅱ度污染）、棕黄色（Ⅲ度污染）。胎死宫内时羊水呈红褐色、浑浊如肉汁状。

6. 胎儿心电图监测 临床多采用经腹壁外监测法监护，根据胎儿心电图波形，了解胎儿发育、胎盘功能、有无缺氧等情况。

7. 胎儿电子监护 胎儿电子监护仪可以连续记录胎心率的动态变化，同时观察胎动、宫缩对胎心率的影响。

（1）胎心率监测 用胎儿监护仪记录胎心率（FHR）。可有两种基本变化：基线胎心率（BHR）和一过性胎心率（PFHR）。

1）基线胎心率（BHR） 是在无胎动、无宫缩或宫缩间歇期记录的胎心率。若胎心率持续<120次/分或>160次/分，历时10分钟为心动过缓或心动过速。胎心基线变异又称基线摆动，即在胎心率基线基础上的上下周期性波动，包括胎心率的波动幅度和波动频率。波动幅度是胎心率上下波动的高度，以次/分表示，正常为10～25次/分。波动频率是1分钟内胎心率波动的次数，正常≥6次/分。胎心基线变异说明胎儿有一定的储备能力，是胎儿健康的表现。

2）一过性胎心率（PFHR） 是指与子宫收缩有关的胎心率变化。包括加速和减速两种类型：

①加速 子宫收缩后FHR基线上升，增加的范围约为15次/分以上，持续15秒，至20次/分，可能是因胎儿躯干局部或脐静脉暂时受压造成，散发的、短暂的胎心率加速是无害的。若脐静脉持续受压，则可发展为减速。

②减速 随宫缩出现的短暂性胎心率减慢。可分为以下3种：

早期减速：图形特点是胎心率减速与子宫收缩几乎同时开始，宫缩消失后即恢复正常（图6－1）。胎心率曲线下降幅度<50次/分。与宫缩时胎头受压，脑血流量一时性

减少有关，不因体位或吸氧而改变。

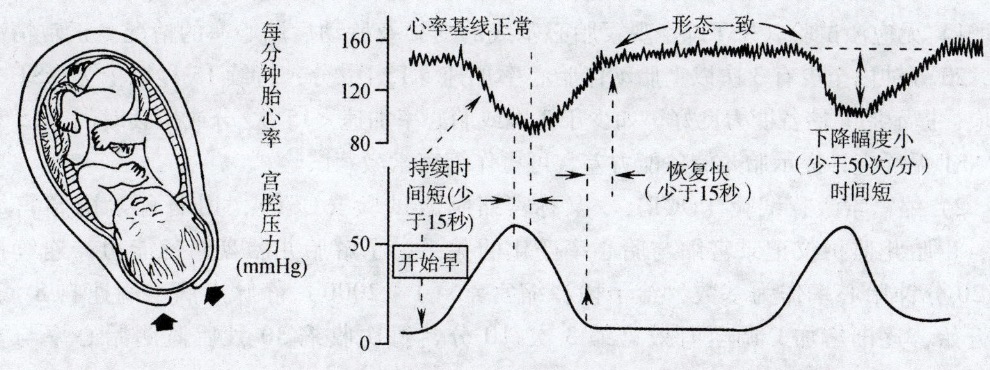

图 6-1　**PFHR 早期减速**

变异减速：宫缩开始后胎心率不一定减慢。减速与宫缩无恒定关系，但减速出现后下降迅速且幅度大（>70 次/分），持续时间长短不一，恢复也迅速（图 6-2）。与子宫收缩时脐带受压兴奋迷走神经有关，嘱孕妇左侧卧位可减轻症状。

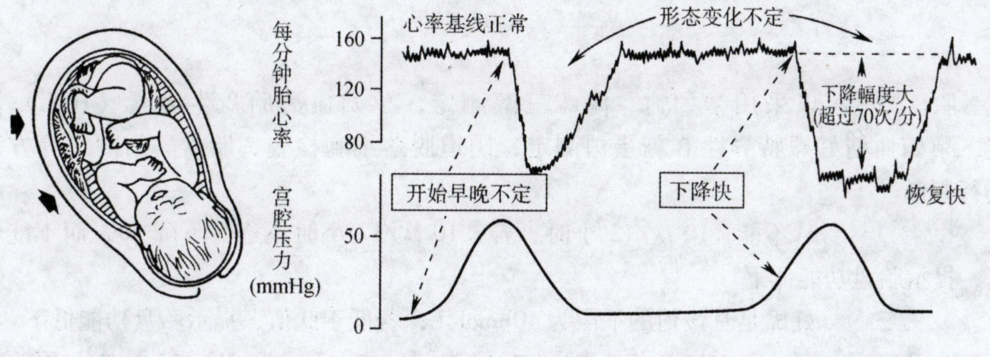

图 6-2　**PFHR 变异减速**

晚期减速：子宫收缩开始后一段时间（一般在高峰后）才出现胎心率减慢，且下降缓慢，下降幅度<50 次/分，持续时间长，恢复缓慢（图 6-3），可能是子宫胎盘功能不良、胎儿缺氧的表现。

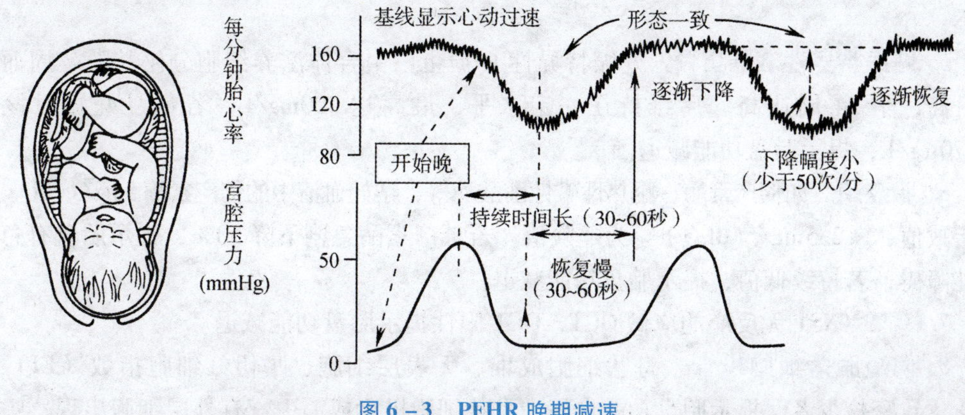

图 6-3　**PFHR 晚期减速**

（2）预测胎儿宫内储备能力 包括无应激试验和缩宫素激惹试验。

1）无应激试验（NST） 观察胎心基线的变异及胎动后胎心率的情况。正常情况下，20 分钟内至少有 3 次以上胎动伴胎心率加速 >15 次/分，持续 15 秒以上为 NST 有反应，提示胎儿储备能力良好。如少于 3 次或胎心率加速 <15 次/分或持续时间 <15 秒称 NST 无反应，提示胎儿储备能力差，可再作缩宫素激惹试验。

2）缩宫素激惹试验（OCT） 又称宫缩应激试验（CST），用缩宫素诱导宫缩后，用胎儿监护仪记录宫缩与胎心率变化的关系，了解胎儿胎盘储备能力。连续描记 20 分钟胎心率作为基数，给予稀释缩宫素（1∶2000）静脉点滴。滴速自 8 滴/分开始，逐渐增加，调至有效宫缩 3 次/10 分，每次收缩 30 秒后监测胎心率与宫缩的关系。

OCT 阳性：胎心率晚期减速连续出现，>3 次/10 分，基线变异振幅减小（<5 次/分），胎动后无胎心率加速，提示胎盘功能减退。

OCT 阴性：胎心率无晚期减速，胎动后胎心率加快，提示胎盘功能良好，胎儿 1 周内无死亡危险。

二、胎盘功能检查

胎盘功能可以采用孕妇血、尿雌三醇测定，孕妇血清胎盘生乳素（HPL）测定，孕妇血清妊娠特异性 β 糖蛋白测定，阴道脱落细胞检查，胎盘酶的测定等方法进行判断。

1. 胎动计数 不能 <10 次/12 小时。若 <10 次/12 小时或逐日下降 50% 而不能恢复，提示胎盘功能低下。

2. 雌三醇 妊娠足月该值的下限为 40nmol/L，若低于此值，提示胎盘功能低下。

3. 尿中雌三醇水平 正常值为 24 小时尿雌三醇应 >15mg，10 ~ 15mg/24h 尿为警戒值，<10mg/24h 为危险值。也可测量孕妇的随意尿中的雌激素/肌酐（E/C）比值，E/C >15 为正常值，10 ~ 15 为警戒值，<10 为危险值。如妊娠晚期连续多次测得此值 <10mg/24h，表示胎盘功能低下。

4. 胎盘生乳素（HPL） 妊娠晚期应为 4 ~ 11μg/L，若 <4μg/L 则提示胎盘功能低下。

5. 妊娠特异性 β 糖蛋白 妊娠特异性 β 糖蛋白由合体滋养细胞分泌，随孕周而逐渐升高，孕 34 周达高峰后维持在一定水平，最高达 200mg/L。若足月妊娠时该值 <170μg/L，提示胎盘功能减退。

6. 胎盘酶 如催产素酶、耐热性碱性磷酸酶等，孕妇血清中的催产素酶 5mg/（dL · h）为警戒值，<2.5mg/（dL · h）为危险值。若催产素酶急剧下降 50%，提示胎盘有急性功能障碍，若持续低值，提示胎盘功能减退。

7. OCT NST 无反应的应做 OCT，OCT 阳性提示胎盘功能减退。

8. 阴道脱落细胞检查 舟状细胞成堆、无表层细胞、嗜伊红细胞指数（EI）<10%，致密核少者，提示胎盘功能良好；舟状细胞极少或消失、有外层细胞出现，嗜伊

红细胞指数 >10%、致密核多，提示胎盘功能减退。

三、胎儿成熟度检查

1. 胎龄。
2. B 超胎头双顶经（BPD） >8.5cm。
3. 宫高及腹围。
4. 羊水检查

（1）卵磷脂/鞘磷脂比值（L/S）　是评估胎儿肺成熟度的最常用方法，L/S >2 提示胎儿肺成熟。

（2）肌酐含量　肌酐值≥176.8μmol/L，提示胎儿肾成熟。

（3）胆红素类物质含量　胆红素类物质 <0.02，提示胎儿肝成熟。

（4）淀粉酶含量　淀粉酶值≥450IU/L，提示胎儿唾液腺成熟。

（5）脂肪细胞出现率　脂肪细胞出现率达 20%，提示胎儿皮肤已成熟。

第三节　高危孕妇的护理

高危孕妇的处理原则是预防并治疗引起高危妊娠的各种病理因素。

【护理评估】

1. 健康史　了解孕妇的年龄、生育史（包括病理产科史）、疾病史（合并内、外科疾病），了解妊娠早期是否使用过对胎儿有害的药物或接受过有害检查（放射线）、是否有过病毒性感染等。

2. 身心状况　了解孕妇的身高、体重、步态。若身高 <140cm 者常伴有骨盆狭窄；体重≤40kg 或者≥80kg 者，高危妊娠的风险增加；步态异常者应检查骨盆有无不对称。测量血压，若血压高于 140/90mmHg 或较基础血压升高 30/15mmHg 者为异常。检查骨盆出口是否偏小，外阴有无静脉曲张。测量宫底高度以及腹围，判断子宫大小与停经周数是否相符，大于或小于正常值 3cm 者为异常。了解胎位有无异常。计数胎动，若 12 小时内胎动次数≤10 次或低于自测胎动规律的 50%，排除药物影响，考虑胎儿是否宫内缺氧。

高危孕妇在孕早期常会担心流产和胎儿畸形，妊娠 28 周以后常担心早产、胎死宫内或死产，孕妇可能会有恐惧、烦躁不安、焦急、无助感等情绪，也可能会产生悲哀和失落的情绪。故应认真评估高危孕妇的心理承受能力、应对机制以及社会支持系统。

3. 辅助检查

（1）实验室检查　血、尿常规检查，肝、肾功能检查，血糖及糖耐量测定，出凝血时间以及血小板计数等检查。

（2）B 型超声　自妊娠 22 周起，每周双顶径增加 0.22cm。若足月时双顶径达 8.5cm 以上，提示胎儿已经成熟。

（3）胎心听诊　见本章第二节。

（4）胎儿心电监护　见本章第二节。

【护理诊断/问题】

1. 角色紧张　与承担母亲的角色感到困难有关。

2. 功能障碍性悲伤　与现实或预感胎儿丧失有关。

【护理目标】

1. 孕妇能正确面对自己及孩子的危险。

2. 孕妇能维持良好的自尊。

【护理措施】

1. 一般护理　保持新鲜的室内空气。

2. 心理护理　提供有利于孕妇倾诉和休息的良好环境，避免不良刺激。进行各种检查和操作前先进行解释，提供指导。减轻和转移孕妇的焦虑和恐惧的情绪，鼓励并指导家人的参与和支持。

3. 遵医嘱进行产科处理　为了提高胎儿的血氧饱和度，遵医嘱给予10%葡萄糖500mL加维生素C 2g静脉缓慢滴注，每日1次，5～7日1个疗程；同时间歇吸氧，每日3次，每次30分钟；嘱孕妇尽可能减少活动以预防早产，如果已经出现宫缩，遵医嘱给予硫酸镁等药物抑制宫缩；适时采取引产或剖宫产终止妊娠，产时加强监护。经阴道分娩者应尽量缩短第二产程，如果已经发生胎儿窘迫者应尽早结束分娩，并做好新生儿抢救的准备。

【护理评价】

1. 孕妇的高危因素得到有效控制，胎儿生长发育良好。

2. 孕妇维持良好的自尊。

【健康指导】

为高危孕妇提供有针对性的健康指导。教会产妇自我监测的方法，如胎动计数的方法：每日早、中、晚各数1小时胎动，3次结果相加后乘以4，即12小时的胎动数。若此值超过10为正常。发现异常情况，应随时到医院就诊，并告诉孕妇定期进行产前检查的重要性。

第四节　胎儿窘迫的护理

胎儿窘迫（fetal distress）是指胎儿在子宫内有缺氧征象，危及胎儿健康和生命者。胎儿窘迫是一种综合症状，主要发生在临产过程中，也可发生在妊娠晚期。

【病因与发病机制】

1. 病因

（1）母体因素　母体血氧含量不足，如严重心脏病（尤其心功能Ⅲ级以上者）、重度贫血、严重肺部疾患、高热、妊娠期高血压疾病、孕妇精神过度紧张、长时间仰卧位低血压、孕妇过量应用镇静剂、缩宫素使用不当、宫缩过强等致子宫胎盘供血不足。

（2）胎儿因素 胎儿严重的心血管疾病、呼吸系统疾病，母儿血型不合，胎儿畸形，胎儿宫内感染、颅内出血等。

（3）脐带、胎盘因素 如脐带过长或过短，脐带脱垂、绕颈、打结、扭转等引起血运受阻；胎盘早剥、妊娠期高血压疾病导致胎盘功能低下等。

（4）分娩过程异常 急产、不协调性子宫收缩，产程延长，麻醉剂或镇痛剂使用不当等。

2. 发病机制 胎儿窘迫的基本病理变化是缺血缺氧引起的一系列变化。首先交感神经兴奋，使血压上升，心率加快。继续缺氧，则迷走神经兴奋，胎儿心率减慢，无氧酵解使丙酮酸、乳酸等增加，胎儿血 pH 值下降，肠蠕动亢进，肛门括约肌松弛使胎粪排出，易发生吸入性肺炎。孕期慢性缺氧，可出现胎儿发育及营养不正常，形成胎儿宫内发育迟缓，临产后会进一步缺氧。

【护理评估】

1. 急性胎儿窘迫 多发生于分娩期。

（1）胎儿窘迫最早的表现是胎心率改变，早期胎心率加快，达 160 ~ 180 次/分，以后减慢至 100 ~ 120 次/分，且不规则。

（2）胎动异常：早期可表现为胎动频繁，晚期胎动弱且次数减少，进而消失。

（3）羊水胎粪污染：胎儿可在宫内排出胎粪，影响胎粪排出最主要的因素是孕周，孕周越大羊水胎粪污染的概率越高，某些高危因素也会增加胎粪排出的概率，如妊娠期肝内胆汁淤积症。10% ~ 20% 的分娩过程中会出现羊水胎粪污染，羊水中胎粪污染不是胎儿窘迫的征象。出现羊水胎粪污染时，如果胎心监护正常，不需要进行特殊处理；如果胎心监护发现异常，存在宫内缺氧的情况，将会引起胎粪吸入综合征，从而造成不良胎儿结局。

2. 慢性胎儿窘迫 多发生于妊娠晚期，常见于高危妊娠。

【辅助检查】

1. 胎盘功能检查 胎儿窘迫的孕妇可于妊娠末期连续多次测定 24 小时尿 E_3 在 10mg/24h 以下，提示胎盘功能减退。

2. 胎心监测 可连续监护和记录胎心率的变化，同时还可观察胎动、宫缩对胎心率的影响，如出现以下情况，提示胎儿缺氧严重：①基线变异频率 <5 次/分；②在无胎动与宫缩时，胎心率 >180 次/分或 <120 次/分持续 10 分钟以上；③无应激试验（NST）无反应：持续监护 20 ~ 40 分钟，胎动时胎心率加速 ≤ 15 次/分，持续时间 ≤ 15 秒；④缩宫素激惹试验（OCT）阳性：出现晚期减速、变异减速。

3. 破膜后采集胎儿头皮血做血气分析 pH <7.20（正常值 7.25 ~ 7.35），$PO_2 <$ 10mmHg（正常值 15 ~ 30mmHg），$PCO_2 >$ 60mmHg（正常值 35 ~ 55mmHg），提示代谢性酸中毒。

【治疗要点】

1. 急性胎儿窘迫 以提高母体血氧含量，改善胎儿缺氧状态为原则。轻者给予吸氧、产妇左侧卧位、静脉点滴葡萄糖和维生素 C 治疗，对病情紧急处理未见好转者，宜酌情结束分娩。

2. 慢性胎儿窘迫 应针对不同疾病预防，并结合孕周、胎儿成熟度等具体情况进行处理。胎儿未足月，应改善胎盘供血，争取延长孕周；如果已接近足月，胎儿生存机会极大，应考虑剖宫产。如遇胎儿不测，应帮助孕产妇度过心理危机。

【护理诊断/问题】

1. 气体交换受损（胎儿） 与胎盘子宫的血流改变有关。

2. 焦虑 与担心胎儿宫内安危有关。

【护理目标】

1. 胎儿组织对缺氧的耐受力增加。

2. 产妇的焦虑减轻，能面对现实。

【护理措施】

1. 一般护理 嘱孕产妇左侧卧位，面罩间断吸氧。

2. 病情观察

（1）观察孕产妇生命体征的变化。

（2）严密监测胎心情况：一般每 15 分钟听胎心 1 次，慢性胎儿窘迫可行胎盘功能检查和胎心监护，指导孕妇计算胎动。

3. 用药护理

（1）遵医嘱给药 如遵医嘱给予 5% 碳酸氢钠 100～200mL 纠正酸中毒；以 50% 葡萄糖液 80～100mL，维生素 C 0.5～1.0g 静脉滴注增加胎儿组织对缺氧的耐受力。

（2）协助医生结束分娩 如宫口开全、胎先露部已达坐骨棘平面以下 3 cm，应协助医生尽快助产娩出胎儿。

4. 心理护理 将胎儿的真实情况告诉孕产妇及其家属，提供医疗措施的目的、预期结果及产妇需要的配合等相关信息，以减轻他们的焦虑，并帮助其面对现实。

如胎儿不幸死亡，可安排一个远离其他婴儿和产妇的单人房间，允许家人陪伴，鼓励他们诉说悲伤，接纳其哭泣表现，作好心理疏导，提供支持与关怀。

【护理评价】

1. 胎儿宫内情况改善。

2. 产妇能有效地应对焦虑，叙述心理、生理上的舒适感增加。

【健康指导】

指导孕妇定期产前检查，有高危妊娠者应增加产前检查次数，酌情提前住院。

思 考 题

1. 简述高危孕妇的护理。
2. 评估胎儿健康状况的技术有哪些？
3. 胎儿窘迫如何处理？请列出护理要点。

第七章　妊娠期并发症妇女的护理

学习目标

1. 阐述流产的病因、分类及临床表现、护理评估、护理措施。
2. 阐述异位妊娠的病因、病理、护理评估、护理措施。
3. 概述妊娠期高血压疾病的病理生理变化、分类、临床特点。
4. 列出硫酸镁的毒性反应及用药注意事项，子痫患者的护理。
5. 简述妊娠晚期出血性疾病的分类、临床特点、护理措施。
6. 说出早产、过期妊娠、双胎妊娠、羊水过多、羊水过少的定义。

妊娠是极其复杂而又十分协调的生理过程。从受孕至胎儿及其附属物娩出的整个妊娠期间，各种内在因素与外界因素的综合作用时常影响着母体和胎儿。若不利因素占优势，妊娠时则会出现一些并发症：如妊娠时限异常可发生流产、早产、过期妊娠；妊娠期出血性疾病有异位妊娠、前置胎盘、胎盘早期剥离；妊娠期特有疾病有妊娠期高血压疾病、妊娠期肝内胆汁淤积症、妊娠期糖尿病、妊娠剧吐以及羊水量异常等。通过本章内容的学习，要求学生能应用护理程序为妊娠期并发症妇女提供整体护理。

第一节　自然流产

案例引导

刘女士，25岁，平时月经规则。因停经55天，伴少量阴道流血2天就诊。查体：体温36.9℃，脉搏84次/分，呼吸18次/分，血压110/80mmHg；尿HCG（+）。妇科检查：阴道内少许暗红色血液，宫口未扩张，子宫大小与妊娠天数相符合。请问：

1. 该患者的医疗诊断是什么？
2. 其护理措施有哪些？

凡妊娠不足28周、胎儿体重不足1000g而终止者，称为流产（abortion）。流产发生于妊娠12周以前者称早期流产，发生在妊娠12周至不足28周者称晚期流产。流产分为自然流产（spontaneous abortion）和人工流产（artificial abortion），本节内容仅阐述自然流产。自然流产的发生率占胚胎着床后的31%，占全部妊娠的10%～15%，其中80%以上为早期流产。约2/3的早期流产为隐性流产，即发生在月经期前的流产，也称生化妊娠。

【病因】

导致流产的原因很多，除了胚胎本身原因外，还有子宫环境、内分泌状态及其他因素等。主要有以下几方面：

1. 胚胎因素 胚胎或胎儿染色体异常是导致早期流产最常见的原因，占早期流产的50%～60%，多由染色体数目异常引起。夫妻任何一方有染色体异常都可遗传至子代。

知识拓展

染色体异常包括：①数目异常：其中常染色体三体多见，通常为13、16、18、21和22三体，其次为X单体，三倍体及四倍体少见；②结构异常：引起的流产不常见，主要有染色体易位、断裂、倒置、重叠、缺失及嵌合体等。除遗传因素外，感染、药物等也可引起胚胎染色体异常。若已流产，妊娠产物多为一空囊或已经退化了的胚胎。极少数至妊娠足月可能娩出畸形儿，或有代谢及功能缺陷。

2. 母体因素

（1）全身性疾病 妊娠期高热可引起子宫收缩而发生流产；细菌毒素或病毒通过胎盘进入胎儿血液循环，导致胎儿死亡而发生流产；孕妇患严重贫血或心力衰竭可致胎儿缺氧，也可能引起流产。

（2）生殖器官异常 子宫发育不良、子宫肌瘤、宫腔粘连等可影响胎儿的生长发育而导致流产。子宫颈重度裂伤，宫颈内口松弛易因胎膜早破而引起晚期流产。

（3）内分泌异常 女性内分泌功能异常如黄体功能异常、高催乳素血症、多囊卵巢综合征、甲状腺功能减退、严重糖尿病等，均可导致流产。

（4）强烈应激与不良习惯 妊娠期严重的躯体刺激（如手术、撞击腹部、性交过频）或心理刺激（如过度紧张、焦虑、忧伤），均可导致流产。孕妇过量吸烟、酗酒、吸毒等不良习惯，可刺激子宫收缩而引起流产。

（5）免疫因素 母体妊娠后母儿双方免疫不适应，导致母体排斥胎儿发生流产；母体内有抗精子抗体也常导致早期流产。

3. 环境因素 过多接触放射线和砷、铅、甲醛、苯、氧化乙烯等化学物质，可引起流产。

【病理】

流产过程是妊娠物逐渐从子宫壁剥离，然后排出子宫的过程。早期流产时胚胎多数先死亡，随后发生底蜕膜出血，造成胚胎的绒毛与蜕膜层分离，已分离的胚胎组织如同异物，引起子宫收缩而被排出。在妊娠8周以内发生的流产，此时胎盘绒毛发育尚不成熟，与子宫蜕膜联系尚不牢固，妊娠产物多数可以完整地从子宫壁分离而排出，出血不多。妊娠8～12周发生流产时，胎盘绒毛发育茂盛，与底蜕膜联系较牢固，妊娠产物往往不易完整分离排出，常有部分组织残留宫腔内影响子宫收缩，致使出血较多，且经久不止。妊娠12周后，胎盘已完全形成，发生流产时往往先有腹痛，排出胎儿，然后胎盘再剥离排出。有时由于底蜕膜反复出血，凝固的血块包绕胎块，形成血样胎块稽留于宫内，也可吸收血红蛋白形成肉样胎块，或钙化后形成石胎。偶有胎儿被挤压，形成纸样胎儿、压缩胎儿、浸软胎儿等病理表现。

【临床类型及表现】

停经后阴道出血和腹痛是流产的主要临床症状。在临床发展的各个阶段，其症状发生的时间、程度不同，相应的处理原则亦不同。

自然流产的临床过程如下：

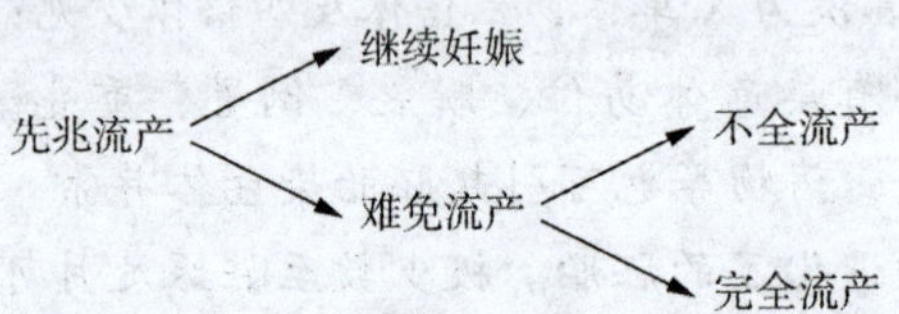

1. 先兆流产 表现为停经后先出现少量阴道流血，常为暗红色或血性白带，量比月经量少，有时伴有轻微下腹痛，腰痛、腰坠。妇科检查：子宫大小与停经周数相符，宫颈口未开，胎膜未破，妊娠产物未排出。经休息及治疗后，若流血停止或腹痛消失，妊娠可继续进行；若流血增多或腹痛加剧，则可能发展为难免流产。

2. 难免流产 一般由先兆流产发展而来，流产已不可避免。表现为阴道流血量增多，阵发性腹痛加重。妇科检查：子宫大小与停经周数相符或略小，宫颈口已扩张，但组织尚未排出，有时可见胚胎组织或胎囊堵于宫口。

3. 不全流产 由难免流产发展而来，妊娠产物已部分排出体外，尚有部分残留于宫内，从而影响子宫收缩，致使阴道出血持续不止，严重时可引起出血性休克。妇科检查：一般子宫小于停经周数，宫颈口已扩张，不断有血液自宫颈口流出及妊娠物堵塞于宫颈口。

4. 完全流产 妊娠产物已完全排出，阴道出血逐渐停止，腹痛随之消失。妇科检查：子宫接近正常大小或略大，宫颈口已关闭。

此外，流产有3种特殊情况：

1. 稽留流产 又称过期流产。是指胚胎或胎儿已死亡滞留在宫腔内尚未自然排出者。胚胎或胎儿死亡后，子宫不再增大反而缩小，早孕反应消失，若已至妊娠中期，孕妇不感腹部增大，胎动消失。妇科检查子宫小于妊娠周数，宫颈口关闭。听诊不能闻及胎心。

2. 复发性流产 指同一性伴侣连续发生3次或3次以上的自然流产。近年多数学者认为连续发生2次自然流产即应高度重视。患者每次流产多发生于同一妊娠月份，其临床经过与一般流产相同。复发性流产多数为早期流产，少数为晚期流产。早期复发性流产的原因常为胚胎染色体异常、免疫功能异常、黄体功能不足、甲状腺功能减退等；晚期复发性流产常见的原因为宫颈内口松弛、子宫畸形、子宫肌瘤等。

3. 流产合并感染 流产过程中，若阴道流血时间过长、有组织残留于宫腔内或非法堕胎等，有可能引起宫腔内感染。严重时感染可扩展到盆腔、腹腔乃至全身，并发盆腔炎、腹膜炎、败血症及感染性休克等，也称感染性流产。

【护理评估】

1. 健康史 应详细询问孕妇的停经史、早孕反应情况；阴道流血的持续时间与阴道流血量；有无腹痛，腹痛的部位、性质及程度。此外，还应了解阴道有无水样排液，以及排液的色、量、有无臭味，以及有无妊娠产物排出等。应全面了解孕妇在妊娠期间有无全身性疾病、生殖器官疾病、内分泌功能失调及有无接触有害物质等，以识别发生流产的病因。应了解既往有无流产史及发生流产的孕周。

2. 身体状况 流产孕妇可因出血过多而出现休克，或因出血时间过长、宫腔内有残留组织而发生感染，因此护士应全面评估孕妇的各项生命体征，判断流产类型，尤其注意与贫血及感染相关的征象。

3. 心理-社会状况 流产孕妇的心理状况常以焦虑和恐惧为特征。孕妇面对阴道流血往往会不知所措，甚至将其过度严重化，同时胎儿的健康也直接影响孕妇的情绪反应，孕妇可能会表现为伤心、郁闷、烦躁不安等。

4. 辅助检查

(1) 实验室检查 连续测定血β-HCG、孕激素等动态变化，有助于妊娠诊断和判断预后。

(2) B型超声显像 超声显像可显示有无胎囊、胎动、胎心等，从而可诊断并鉴别流产类型，指导正确处理。

5. 治疗要点 应根据流产的不同类型进行相应的处理。

(1) 保胎 适用于先兆流产、复发性流产。卧床休息，禁止性生活；减少刺激；必要时给予对胎儿危害小的镇静剂如苯巴比妥；对于黄体功能不足的孕妇，按医嘱每日肌注黄体酮20mg，以利于保胎；并注意及时进行超声检查，了解胚胎发育情况，避免盲目保胎。

(2) 清宫术 适用于难免流产、不全流产、稽留流产。一旦确诊，应尽早促使胚胎及胎盘组织完全排出。稽留流产术前应做凝血功能检查、口服雌激素、备血。

(3) 抗感染 流产合并感染及出血时间较长者，应控制感染后再作相应处理。

(4) 查找病因 复发性流产者，需在下一次孕前对男女双方进行详细检查。

【护理诊断/问题】

1. 有感染的危险 与阴道流血时间过长、宫腔内有残留组织等因素有关。

2. 焦虑 与担心胎儿健康等因素有关。

3. 预感性悲哀 与胎儿可能死亡有关。

【护理目标】

1. 出院时，护理对象无感染征象。
2. 先兆流产孕妇能积极配合保胎措施，继续妊娠。
3. 患者能以正常心态接受此次妊娠失败的现实。

【护理措施】

对于不同类型的流产孕妇，处理原则不同，其护理措施亦有差异。护士在全面评估孕妇身心状况的基础上，综合病史及诊断检查，明确处理原则，认真执行医嘱，积极配合医师为流产孕妇进行诊治，并为之提供相应的护理措施。

1. 先兆流产孕妇的护理 先兆流产孕妇需卧床休息，禁止性生活、禁灌肠等，以减少各种刺激。护士除了为其提供生活护理外，通常遵医嘱给孕妇适量镇静剂、孕激素等。随时评估孕妇的病情变化，如是否腹痛加重、阴道流血量增多等。此外，由于孕妇的情绪状态也会影响其保胎效果，因此护士还应注意观察孕妇的情绪反应，加强心理护理，从而稳定孕妇情绪，增强保胎信心。护士需向孕妇及家属讲明以上保胎措施的必要性，以取得孕妇及家属的理解和配合。

2. 妊娠不能再继续者的护理 护士应积极采取措施，及时做好终止妊娠的准备，协助医师完成手术过程，使妊娠产物完全排出，同时开放静脉，做好输液、输血准备。并严密监测孕妇的体温、血压及脉搏，观察其面色、腹痛、阴道流血及与休克有关征象。有凝血功能障碍者应予以纠正，然后再行引产或手术。

3. 预防感染 护士应监测患者的体温，血象及阴道流血，分泌物的性质、颜色、气味等，并严格执行无菌操作规程，加强会阴部护理。指导孕妇使用消毒会阴垫，保持会阴部清洁，维持良好的卫生习惯。当护士发现感染征象后应及时报告医师，并按医嘱进行抗感染处理。此外，护士还应嘱患者流产后 1 个月返院复查，确定无禁忌证后，方可开始性生活。

【护理评价】

1. 护理对象体温正常，血红蛋白及白细胞数正常，无出血、感染征象。
2. 先兆流产孕妇配合保胎治疗，继续妊娠。
3. 患者以平静的心情接受此次妊娠失败的现实。

【健康指导】

患者由于失去胎儿，往往会出现伤心、悲哀等情绪反应，护士应给予同情和理解，帮助患者及家属接受现实，顺利度过悲伤期。此外，护士还应与孕妇及家属共同讨论此次流产的原因，并向他们讲解流产的相关知识，帮助他们为再次妊娠做好准备。有复发性流产史的孕妇再次妊娠确诊后应卧床休息，加强营养，禁止性生活，补充 B 族维生素和维生素 C、E 等，治疗期必须超过以往发生流产的妊娠月份。病因明确者，应积极接受病因治疗，如黄体功能不足者，按医嘱正确使用黄体酮治疗以预防流产；子宫畸形者需在妊娠前先行矫治手术；宫颈内口松弛者应在未妊娠前做宫颈内口松弛修补术，如已妊娠，则可在妊娠 14 ~ 16 周时行子宫内口缝扎术。

第二节 早 产

案例引导

某孕妇，妊娠 34 周，孕 2 产 0。出现腹痛伴阴道少量流血 4 小时急诊入院。查体：体温 36.2℃，脉搏 74 次/分，呼吸 18 次/分，血压 110/70mmHg，腹痛 4～5 分钟出现 1 次，每次 30 秒左右。胎心 146 次/分，宫口开大 2cm。诊断为早产临产。请问：

1. 早产临产的诊断依据是什么？

2. 目前的处理及护理措施有哪些？

早产（premature delivery）是指妊娠满 28 周至不足 37 周（196～258 日）间分娩者。此时娩出的新生儿为早产儿，体重为 1000～2499g。早产儿各器官发育尚不成熟，出生孕周越小，体重越轻，其预后越差。国内早产占分娩总数的 5%～15%。约 15% 早产儿于新生儿期死亡，出生后 1 岁以内死亡的婴儿约 2/3 为早产儿。

【病因】

诱发早产的常见病因有：

1. 胎膜早破、绒毛膜羊膜炎最常见，30%～40% 早产与此有关。

2. 下生殖道及泌尿道感染，如 B 组溶血性链球菌、沙眼衣原体、支原体感染及急性肾盂肾炎等。

3. 妊娠期合并症与并发症：妊娠期高血压疾病、妊娠期肝内胆汁淤积症、妊娠合并心脏病、病毒性肝炎、急性阑尾炎、慢性肾炎、严重贫血等。

4. 子宫及胎盘因素：子宫畸形、子宫过度膨胀、子宫颈内口松弛，前置胎盘、胎盘早剥、胎盘功能减退等。

5. 其他因素：每日抽烟≥10 支、酗酒、长途旅行、情绪剧烈波动、重体力劳动、腹部撞击、性交等刺激。

【护理评估】

1. 健康史 仔细询问孕妇有无诱发早产的常见原因，如胎膜早破、下生殖道感染、妊娠期高血压疾病、严重贫血、重度营养不良、创伤及性交等病史，既往有无流产、早产病史，有无烟酒等不良嗜好。

2. 身体状况 早产的主要临床表现是子宫收缩。最初为不规则宫缩，常伴有阴道少量流血或血性分泌物，后可发展为规律子宫收缩。临床可分为先兆早产和早产临产两个阶段。

（1）先兆早产 妊娠满 28 周至不足 37 周，有规律或无规律子宫收缩，伴宫颈管进行性缩短。

（2）早产临产 需符合下列条件：妊娠满 28 周至不足 37 周，出现规律子宫收缩≥

4 次/20 分钟，伴宫颈进行性改变；宫颈扩张 1cm 以上；宫颈展平≥80%。

3. 心理 - 社会状况 早产症状的出现，打乱了孕妇原有的生活规律和计划，孕妇及家属担心早产会影响胎儿出生后的生存和健康，孕妇表现出恐惧、焦虑，甚至自责。

4. 辅助检查 B 超可了解胎方位，测量胎儿双顶径、股骨长度，帮助判断胎龄及胎儿体重。

5. 治疗要点 若胎膜未破，在母胎情况允许时应设法抑制子宫收缩，尽可能延长妊娠至 34 周。若胎膜已破，早产不可避免时，应设法提高早产儿的存活率。

（1）一般治疗 卧床休息，取左侧卧位，吸氧。

（2）药物治疗 可给予利托君、硫酸镁等宫缩抑制剂抑制子宫收缩。破膜超过 12 小时未分娩者可预防性使用抗生素。妊娠 34 周前的早产，可给予肾上腺糖皮质激素促进胎儿肺成熟。

知识拓展

促进胎肺成熟的措施

应用肾上腺皮质激素后 24 小时至 7 日内，能促使胎儿肺成熟，降低新生儿呼吸窘迫综合征发病率，并可减少新生儿脑室周围白质软化和坏死性小肠炎发生。在分娩前 7 日内地塞米松针 6mg，肌内注射，12 小时 1 次，共 4 次。紧急时，也可经静脉或羊膜腔内注入地塞米松 10mg。

（3）分娩处理 大部分早产儿可经阴道分娩，临产后慎用吗啡、哌替啶等抑制新生儿呼吸中枢的药物。第二产程可做会阴切开，预防早产儿颅内出血。

【护理诊断/问题】

1. 有围生儿受伤的危险 与早产儿各器官发育不完全有关。

2. 焦虑 与担心早产儿的安危与健康有关。

【护理目标】

1. 新生儿不存在因护理不当而发生的并发症。

2. 患者能平静地面对事实，接受治疗及护理。

【护理措施】

1. 一般护理 卧床休息，取左侧卧位，可减少自发性宫缩，增加子宫胎盘的血流量。保持室内空气流通，温度、湿度适宜。多食新鲜蔬菜及水果，防止便秘。对精神过度紧张，影响休息者，可口服地西泮 2. 5mg，每天 3 次。

2. 病情观察 注意孕妇的主诉，观察孕妇有无腹痛、阴道流血及阴道排液。观察孕妇用药后的疗效和宫缩的相关情况，注意硫酸镁的中毒反应及用药注意事项。监测孕妇的生命体征，如体温升高，考虑感染可能，应及时报告医师。密切监测胎动、胎心，了解有无胎儿窘迫。

3. 分娩期护理 产程过程中给产妇吸氧，可防止胎儿缺氧及颅内出血。停用宫缩抑制剂，尽量缩短第二产程，做好抢救新生儿窒息的准备。

4. 早产儿护理　密切观察早产儿的生命体征，保持呼吸道通畅，注意保暖，遵医嘱应用抗生素预防感染，肌内注射维生素 K_1 预防新生儿颅内出血。适当推迟哺乳及沐浴，加强新生儿日常护理。

5. 心理护理　为孕妇及家属提供心理支持，尽量满足孕产妇的生活需求，跟产妇讨论有关早产儿的护理问题，减轻焦虑、恐惧，帮助产妇建立喂养早产儿的自信，以良好心态承担早产儿母亲的角色。

【护理评价】

1. 孕妇能积极配合医护措施。

2. 母婴顺利经历分娩全过程。

【健康指导】

预防早产是降低围生儿死亡率的重要措施之一。

1. 定期产前检查，指导孕期保健，对可能引起早产的因素如泌尿、生殖道感染、性生活问题等应充分重视并积极避免早产发生。

2. 切实加强对高危妊娠的管理，积极治疗妊娠期合并症及并发症，预防胎膜早破及感染。

3. 宫颈内口松弛者，可于妊娠 14～16 周行宫颈内口环扎术。

第三节　过期妊娠

案例引导

某孕妇，妊娠 43 周尚无分娩发动，自觉胎动明显减少而就诊。自述胎动计数 12 小时 8 次。查体：子宫大小与妊娠周数相符，ROA，宫颈软。缩宫素激惹试验（OCT）出现频繁的胎心晚期减速。随意尿雌三醇与肌酐（E/C）比值为 9。请问：

1. 该怎样处理？

2. 该患者目前的护理措施有哪些？

平时月经周期规则，妊娠达到或者超过 42 周（≥294 天）尚未分娩者，称为过期妊娠（postterm pregnancy）。其发生率占妊娠总数的 3%～15%。过期妊娠使胎儿窘迫、胎粪吸入综合征、胎儿过熟综合征、巨大儿、难产、新生儿窒息、围生儿死亡等不良结局发生率增高，并随妊娠期延长而增加。

【病理】

1. 胎盘　过期妊娠的胎盘病理有两种类型。一种是胎盘功能正常，另一种是胎盘功能减退。

2. 羊水　正常妊娠 38 周后，羊水量随妊娠推迟逐渐减少，妊娠 42 周后羊水量迅速减少，约 30% 减至 300mL 以下；羊水粪染率明显增高，是足月妊娠的 2～3 倍，若同时伴有羊水过少，羊水粪染率达71%。

3. 胎儿过期妊娠 胎儿生长模式与胎盘功能有关，可分以下3种：

(1) 正常生长及巨大儿 胎盘功能正常者，胎儿继续生长，约25%成为巨大胎儿。导致经阴道分娩困难，使新生儿发病率相应增加。

(2) 胎儿过熟综合征 胎盘功能减退和胎盘血流灌注不足者，胎儿不易再继续生长发育，并出现缺氧及营养缺乏。过熟儿的典型表现为：皮肤干燥、松弛、起皱、脱皮，脱皮以手心和脚心明显；身体瘦长，胎脂消失，皮下脂肪减少，表现为消瘦状；头发浓密，指（趾）甲长；新生儿睁眼、警觉、焦虑，容貌似“小老人”。因为羊水减少和胎粪排出，羊水及胎儿皮肤黄染，羊膜和脐带绿染。

(3) 胎儿生长受限 小样儿可与过期妊娠并存，后者更增加胎儿的危险性。

【对母儿的影响】

1. 对围生儿的影响 除上述胎儿过熟综合征及胎儿生长受限外，胎儿窘迫、胎粪吸入综合征、新生儿窒息及巨大儿等围生儿发病率及死亡率明显增高。

2. 对母体的影响 产程延长和难产率增高，使手术产率及母体产伤明显增加。

【护理评估】

1. 健康史 询问孕妇的末次月经日期，既往月经周期是否规则，核准预产期。了解早孕反应及胎动出现的时间，进一步确定妊娠周数。了解有无家族史及本人有无过期妊娠史。

2. 身体状况 动态观察孕妇的体重、宫高及腹围，评估与孕周是否相符。检查胎方位及胎先露是否衔接。听胎心音，了解胎儿在宫内情况。如子宫符合足月妊娠，孕妇体重不再增加或稍减轻，胎先露已衔接，羊水量渐减少，可考虑过期妊娠。

3. 心理－社会状况 孕妇自知妊娠过期，一方面盼望胎儿的降生，另一方面又担心胎儿的健康。孕妇及家属在期待终止妊娠的过程中，情绪紧张、焦虑，担心分娩经过及母儿安危。

4. 辅助检查

(1) 胎动计数 是孕妇自我监护胎儿宫内安危最简便可靠的方法。正常胎动每小时3～5次，≥30次/12小时为正常，如果胎动计数≤10次/12小时或逐日下降50%不恢复，提示胎儿宫内缺氧。

(2) 尿雌激素与肌酐（E/C）比值 孕妇随意尿E/C比值，若>15为正常值，10～15为警戒值，<10为危险值，提示胎盘功能减退。

(3) 胎儿电子监护仪监测 NST为无反应型者需做OCT，反复出现胎心晚期减速，提示胎盘功能减退，胎儿宫内缺氧。

(4) B型超声检查 B超可监测胎儿大小、胎方位、羊水量等，协助了解胎盘功能。

(5) 羊膜镜检查 观察羊水颜色，了解有无羊水胎粪污染。

5. 治疗要点 力求避免过期妊娠的发生。如经核实确属过期妊娠，应及时终止妊娠。根据胎盘功能、胎儿大小、宫颈成熟度综合分析，选择适当的分娩方式。剖宫产指征可适当放宽。

【护理诊断/问题】

1. 知识缺乏 缺乏过期妊娠的相关知识。

2. 潜在并发症 胎儿窘迫、胎位异常、难产等。

【护理目标】

1. 尽量避免发生过期妊娠。

2. 胎儿无缺氧，分娩顺利。

【护理措施】

1. 一般护理 孕妇取左侧卧位，间断吸氧。教会孕妇自测胎动计数，出现异常及时通知医护人员。连续监测胎心，了解有无胎儿宫内缺氧；观察是否破膜，一旦破膜，注意羊水流出的量、颜色及性状。

2. 产科护理 遵医嘱正确使用缩宫素引产，专人看护，调整滴速至有效宫缩。产程过程中密切观察孕妇宫缩及胎先露下降情况，勤听胎心，及早发现胎儿窘迫，并协助医生及时处理。有手术指征需行剖宫产者，应做好术前准备。

3. 加强新生儿护理 按高危儿护理。胎儿娩出前做好抢救新生儿准备，胎儿娩出后立即用吸痰管吸出口腔及气管内容物，减少胎粪吸入综合征的发生。胎儿有酸中毒的应及时纠正。

4. 心理护理 向孕妇及家属介绍过期妊娠的相关知识，让其了解继续妊娠的危害，缓解产妇的紧张及焦虑情绪，鼓励产妇增强信心，有效促进产程的进展。

【护理评价】

1. 孕妇能积极配合医护措施。

2. 母婴顺利经历分娩全过程。

【健康指导】

1. 加强孕期卫生宣教，使孕妇及家属认识过期妊娠的危害性。

2. 强调定期产前检查的重要性，适时结束分娩。

3. 预防过期妊娠并积极处理。孕妇从妊娠 39 周起，每天用湿热的软布敷乳房，并轻轻按摩，可刺激垂体后叶分娩催产素，降低过期妊娠的发生率。对妊娠超过 41 周仍无分娩先兆者，可考虑引产。

第四节 异位妊娠

案例引导

李女士，停经 58 天，曾作尿妊娠实验为阳性。今晨突发腹痛而晕厥，阴道少量流血。入院查血压 66/40mmHg，心率 130 次/分，左下腹明显压痛、反跳痛，阴道后穹隆穿刺抽出暗红色不凝固血液。请问：

1. 该患者最可能的医疗诊断是什么？

2. 该患者需急诊手术，术前应如何护理？

正常妊娠时，受精卵着床于子宫体腔内膜。若受精卵在子宫体腔以外着床发育称异位妊娠（ectopic pregnancy），习称宫外孕（extrauterine pregnancy ）。异位妊娠包括输卵管妊娠、卵巢妊娠、腹腔妊娠、宫颈妊娠及阔韧带妊娠等。此外，剖宫产瘢痕妊娠近年在国内明显增多。在异位妊娠中，输卵管妊娠最为常见，占异位妊娠的95%左右。本节主要阐述输卵管妊娠。

输卵管妊娠是妇产科常见的急腹症，发病率约2%。当输卵管妊娠流产或破裂时，可引起腹腔内严重出血，如不及时诊断、处理，可危及生命。输卵管妊娠因其发生部位不同又可分为间质部、峡部、壶腹部和伞部妊娠（图7－1）。以壶腹部妊娠多见，约占78%，其次为峡部、伞部，间质部妊娠少见。另外，在偶然情况下，可见输卵管同侧或双侧多胎妊娠，或宫内与宫外同时妊娠，尤其多见于辅助生育技术和促排卵受孕者。

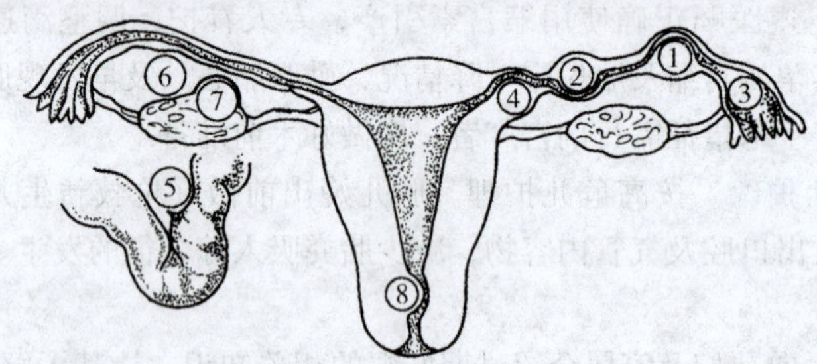

①输卵管壶腹部妊娠；②输卵峡部妊娠；③输卵管伞部妊娠；④输卵管间质部妊娠；
⑤腹腔妊娠；⑥阔韧带妊娠；⑦卵巢妊娠；⑧宫颈妊娠

图7－1　异位妊娠部位

【病因】

任何妨碍受精卵正常进入宫腔的因素均可造成输卵管妊娠。

1. 输卵管炎症　包括输卵管黏膜炎和输卵管周围炎，是引起输卵管妊娠的主要病因。慢性炎症可以使输卵管管腔黏膜粘连，管腔变窄；或纤毛缺损；或输卵管与周围粘连，输卵管扭曲，输卵管壁平滑肌蠕动减弱等，这些因素均妨碍了受精卵的顺利通过和运行。淋病奈瑟菌及沙眼衣原体所致的输卵管炎常累及黏膜，流产和分娩后感染往往引起输卵管周围炎，结核杆菌感染会引起结节性输卵管峡部炎。

2. 输卵管发育不良或功能异常　输卵管过长、肌层发育差、黏膜纤毛缺乏等发育不良，均可成为输卵管妊娠的原因。输卵管蠕动、纤毛活动以及上皮细胞的分泌功能异常，也可影响受精卵的正常运行。此外，精神因素也可引起输卵管痉挛和蠕动异常，干扰受精卵的正常运送。

3. 辅助生殖技术　近年由于辅助生育技术的应用，使输卵管妊娠发生率增加，既往少见的异位妊娠，如卵巢妊娠、宫颈妊娠、腹腔妊娠的发生率增加。

4. 其他　输卵管妊娠史及手术史；避孕失败，包括宫内节育器避孕失败及口服避孕药避孕失败；盆腔肿瘤压迫输卵管；输卵管子宫内膜异位症等。

【病理】

1. 输卵管的变化　输卵管妊娠时，由于输卵管管腔狭窄，管壁薄，蜕膜形成差，不能适应胚胎的生长发育，因此当输卵管妊娠发展到一定程度，可出现以下结局：

(1) 输卵管妊娠流产　多见于妊娠8～12周输卵管壶腹部妊娠。由于输卵管妊娠时管壁形成的蜕膜不完整，发育中的囊胚常向管腔内突出生长，最终突破包膜而出血，导致囊胚与管壁分离（图7－2），若整个囊胚剥离落入管腔并经输卵管逆蠕动排入腹腔，即形成输卵管完全流产，出血一般不多。若囊胚剥离不完整，有一部分组织仍残留于管腔，则为输卵管不完全流产，此时，管壁肌层收缩力差，血管开放，持续反复出血，血液凝聚在子宫直肠陷凹，形成盆腔积血或血肿，量多时流入腹腔，出现腹膜刺激症状。

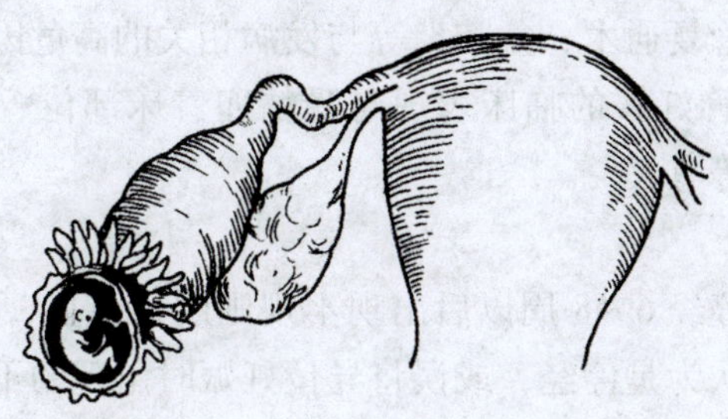

图7－2　输卵管妊娠流产

(2) 输卵管妊娠破裂　多见于妊娠6周左右输卵管峡部妊娠。当囊胚生长时绒毛侵蚀管壁的肌层及浆膜，以致穿破浆膜，形成输卵管妊娠破裂（图7－3）。由于输卵管肌层血管丰富，输卵管妊娠破裂所致的出血远较输卵管妊娠流产严重，短期内即可发生大量腹腔内出血使孕妇发生休克，亦可反复出血，形成盆腔及腹腔血肿。如果间质部妊娠，破裂常发生于孕12～16周，犹如子宫破裂，后果严重。

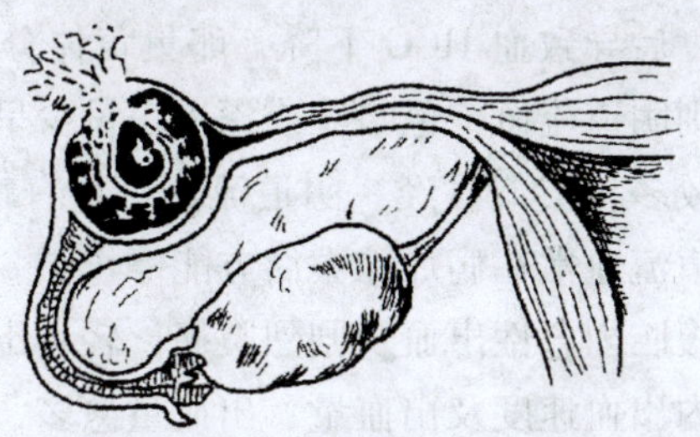

图7－3　输卵管妊娠破裂

(3) 陈旧性宫外孕　有时发生输卵管妊娠流产或破裂后未及时治疗，长期反复内出血形成的盆腔血肿可机化变硬，并与周围组织粘连，临床上称为“陈旧性宫外孕”。机化性包块可存在多年，甚至钙化形成石胎。

(4) 继发性腹腔妊娠　发生输卵管妊娠流产或破裂后，胚胎被排入腹腔，大部分死亡，不会再生长发育。但偶尔也有存活者，若存活胚胎的绒毛组织仍附着于原位或排至腹腔后重新种植而获得营养，可继续生长发育形成继发性腹腔妊娠，若破裂口在阔韧带内，可发展为阔韧带妊娠。

2. 子宫的变化　输卵管妊娠和正常妊娠一样，滋养细胞产生的HCG维持黄体生长，使甾体激素分泌增加，因此月经停止来潮。子宫肌纤维增生肥大，子宫增大变软，但子宫增大与停经月份不相符。子宫内膜出现蜕膜反应。蜕膜的存在与孕卵的生存密切相关，若胚胎死亡，滋养细胞活力消失，蜕膜自宫壁剥离而发生阴道流血，一般出血量不多。有时蜕膜可完整剥离，随阴道流血排出三角形的蜕膜管型，有时则呈碎片排出。排出的组织见不到绒毛，组织学检查无滋养细胞。

【护理评估】

1. 健康史 应仔细询问月经史，以准确推断停经时间。注意不要将不规则阴道流血误认为末次月经，或由于月经仅过期几天，不认为是停经。此外，对不孕、放置宫内节育器、绝育术、输卵管复通术、盆腔炎等与发病相关的高危因素予以高度重视。

2. 身体状况 输卵管妊娠的临床表现与受精卵着床部位、有无流产或破裂及出血量多少与出血时间长短等有关。

（1）症状

①停经 多数患者停经6～8周以后出现不规则阴道流血，但有20%～30%的患者因月经仅过期几天而不认为是停经，或误将异位妊娠时出现的不规则阴道流血误认为月经，可能无停经史主诉。

②腹痛 是输卵管妊娠患者就诊的主要症状。输卵管妊娠未发生流产或破裂前，常表现为一侧下腹部隐痛或酸胀感。输卵管妊娠流产或破裂时，患者突感一侧下腹部撕裂样疼痛，常伴有恶心、呕吐。若血液局限于病变区，主要表现为下腹部疼痛，当血液积聚于直肠子宫陷凹处则出现肛门坠胀感。随着血液由下腹部流向全腹，疼痛亦遍及全腹，当血液刺激膈肌时，可引起肩胛部放射性疼痛及胸部疼痛。腹痛可出现于阴道流血前或后，也可与阴道流血同时发生。

③阴道流血 胚胎死亡后导致血HCG下降，卵巢黄体分泌的激素不能维持蜕膜生长而发生剥离，常有不规则阴道流血，色暗红或深褐，量少呈点滴状，一般不超过月经量。少数患者阴道流血量较多，类似月经。阴道流血可伴有蜕膜管型或蜕膜碎片排出，系子宫蜕膜剥离所致。阴道流血常在病灶除去后方能停止。

④晕厥与休克 由于腹腔内急性出血及剧烈腹痛，轻者出现晕厥，严重者出现失血性休克。休克程度取决于内出血速度及出血量，出血量愈多，速度愈快，症状出现也愈严重，但与阴道流血量不成正比。

⑤腹部包块 当输卵管妊娠流产或破裂后所形成的血肿时间过久，可因血液凝固，逐渐机化变硬并与周围器官（子宫、输卵管、卵巢、肠管等）发生粘连而形成包块，若包块较大或位置较高，可于腹部触及。

（2）体征 输卵管妊娠未发生流产或破裂前，体征不明显。当患者腹腔内出血较多时呈贫血貌，严重者可出现面色苍白，四肢湿冷，脉搏快、弱、细，血压下降等休克症状。体温一般正常，出现休克时体温略低，腹腔内血液吸收时体温略升高，但不超过38℃。下腹有明显压痛、反跳痛，尤以患侧为重，肌紧张不明显，叩诊有移动性浊音。妇科检查：阴道内有少量血液；阴道后穹隆饱满，有触痛；宫颈有举痛及摇摆痛，是输卵管妊娠的主要体征之一；内出血多时，子宫有漂浮感，子宫的一侧或后方可触及边界不清、大小不一、压痛明显的包块。

3. 心理－社会状况 由于输卵管妊娠流产或破裂后，腹腔内急性大量出血及剧烈腹痛，以及妊娠终止的现实都将使孕妇出现较为激烈的情绪反应，可表现出哭泣、自责、无助、抑郁和恐惧等行为。

4. 辅助检查

(1) 阴道后穹隆穿刺　是一种简单可靠的诊断方法，适用于疑有腹腔内出血的患者。由于腹腔内血液易积聚于子宫直肠陷凹，即使血量不多，也能经阴道后穹隆穿刺抽出。用长针头自阴道后穹隆穿刺子宫直肠陷凹，抽出暗红色不凝血液，说明腹腔有内出血。如抽出血液较红，放置 10 分钟内凝固，表明误入静脉。无内出血、内出血量少、血肿位置较高或子宫直肠陷凹有粘连时，可能抽不出血液，但不能排除输卵管妊娠的存在。如有移动性浊音，可做腹腔穿刺。

(2) 妊娠试验　放射免疫法测血中 HCG，尤其是动态观察血 β-HCG 的变化对诊断异位妊娠极为重要。虽然此方法灵敏度高，测出异位妊娠的阳性率一般可达 80%～90%，但 β-HCG 阴性者仍不能完全排除异位妊娠。

(3) 超声检查　B 型超声检查有助于诊断异位妊娠。阴道 B 型超声检查较腹部 B 型超声检查准确性高。诊断早期异位妊娠，单凭 B 型超声检查有时可能误诊。若能结合临床表现及 β-HCG 测定等，对诊断的帮助很大。

(4) 腹腔镜检查　是异位妊娠诊断的金标准，而且可以在确诊的同时行镜下手术治疗。早期异位妊娠患者，腹腔镜可见一侧输卵管肿大，表面紫蓝色，腹腔内无出血或有少量出血。

(5) 子宫内膜病理检查　目前此方法的应用明显减少，主要适用于阴道流血量较多的患者，目的在于排除同时合并宫内妊娠流产。将宫腔排出物或刮出物做病理检查，切片中见到绒毛，可诊断为宫内妊娠，仅见蜕膜未见绒毛者有助于诊断异位妊娠。

5. 治疗要点　处理原则以手术治疗为主，其次是药物治疗。

(1) 手术治疗　应在积极纠正休克的同时，进行手术治疗。根据情况行患侧输卵管切除术或保留患侧输卵管及其功能的保守性手术。近年来，对输卵管妊娠行保守性手术机会增多，若术中未完全清除妊娠物，或残留有存活滋养细胞而继续生长，致术后 β-HCG不下降或反而上升，称为持续性异位妊娠，需及时处理。输卵管妊娠手术可经腹或腹腔镜完成，其中腹腔镜手术是治疗的主要途径。

知识拓展

腹腔镜的应用

腹腔镜是近年治疗异位妊娠的主要方法。输卵管妊娠未破裂时可在腹腔镜直视下穿刺输卵管的妊娠囊吸出部分囊液或切开输卵管吸出胚胎，并注入药物（MTX），也可以行输卵管切除术。输卵管妊娠破裂大出血，除非生命体征不稳定，需快速进腹止血并完成手术，其余情况均可经腹腔镜手术。与经腹手术相比，腹腔镜手术的手术时间、住院日期更短，术后康复更快。

（2）药物治疗　适用于输卵管妊娠未破裂和流产者。根据中医辨证论治方法，合理运用中药，或用中西医结合的方法，对输卵管妊娠进行保守治疗已取得显著成果。近年来常采用化疗药物甲氨蝶呤（MTX）治疗输卵管妊娠，治疗机制是抑制滋养细胞增生、破坏绒毛，使胚胎组织坏死、脱落、吸收。但在药物治疗中若有严重内出血征象，或疑是输卵管间质部妊娠或胚胎继续生长时仍应及时进行手术治疗。

【护理诊断/问题】

1. 潜在并发症　出血性休克。

2. 预感性悲哀　与即将失去胎儿有关。

【护理目标】

1. 患者休克症状得以及时发现并缓解。

2. 患者能以正常心态接受此次妊娠失败的现实。

【护理措施】

1. 接受手术治疗患者的护理

（1）积极做好术前准备　对于严重内出血并发休克的患者，护士应立即开放静脉，交叉配血，做好输血输液的准备，以便配合医师积极纠正休克、补充血容量，并按急诊手术要求迅速做好术前准备。

（2）提供心理支持　护士于术前简洁明了地向患者及家属讲明手术的必要性，并以亲切的态度和切实的行动赢得患者及家属的信任，保持周围环境安静、有序，减少和消除患者的紧张、恐惧心理，协助患者接受手术治疗方案。术后，护士应帮助患者以正常的心态接受此次妊娠失败的现实，向她们讲述异位妊娠的有关知识，一方面可以减轻因害怕再次发生异位妊娠而抵触妊娠的不良情绪，另一方面，也可以增加和提高患者的自我保健意识。

2. 接受非手术治疗患者的护理　对于接受非手术治疗方案的患者，护士应从以下几方面加强护理。

（1）严密观察病情　护士需密切观察患者的一般情况、生命体征，并重视患者的主诉，尤应注意阴道流血量与腹腔内出血量不成比例者，当阴道流血量不多时，不要误以为腹腔内出血量亦很少。护士应告诉患者病情发展的一些指征，如出血增多、腹痛加剧、肛门坠胀感明显等，当患者病情发展时，医患均能及时发现，给予相应处理。

（2）加强化学药物治疗的护理　化疗药物一般采用全身用药，也可采用局部用药。在用药期间，应用B型超声和测血β－HCG进行严密监护，并注意患者的病情变化及药物毒副反应。常用药物为甲氨蝶呤，其不良反应较小，常表现为消化道反应，骨髓抑制以白细胞下降为主，有时可出现轻微肝功能异常、药物性皮疹、脱发等，大部分反应是可逆的。

（3）指导患者休息与饮食　患者应卧床休息，保持大便通畅，避免运用腹压，从而减少异位妊娠破裂的机会。在患者卧床期间，护士需提供相应的生活护理。此外护士还应指导患者摄取足够的营养物质，尤其是富含铁蛋白的食物，如动物肝脏、鱼肉、豆类、绿叶蔬菜以及黑木耳等，以促进血红蛋白的合成，增强患者的抵抗力。

（4）监测治疗效果 护士应协助正确留取血标本，以监测治疗效果。

【护理评价】

1. 患者的休克症状得以及时发现并纠正。

2. 患者以平静的心情接受此次妊娠失败的现实。

【健康指导】

输卵管妊娠的预防在于防止输卵管的损伤和感染，因此护士应指导妇女避免发生盆腔感染，保持良好的卫生习惯，勤洗浴，勤换衣，性伴侣稳定。发生盆腔炎后须立即彻底治疗，以免延误病情。另外，由于输卵管妊娠者中约有10%的再发生率，因此，护士需告诫患者，下次妊娠时要及时就医，并且不宜轻易终止妊娠。

第五节 妊娠期高血压疾病

王女士，29岁，孕2产0，妊娠37周，自觉头晕、头痛、视力模糊2日来医院就诊。自述孕前血压为100/70mmHg，妊娠期未按医嘱严格进行产前检查。入院查体：子宫大小与孕周相符，头先露，胎心音138次/分，检测体温36.9℃，脉搏84次/分，呼吸18次/分，血压155/110mmHg，水肿延及大腿中部，呈凹陷性。取随意尿查尿蛋白（++）。请问：

1. 患者可能的医疗诊断是什么？

2. 目前首选的药物是什么？

3. 该患者首要护理措施有哪些？

妊娠期高血压疾病（hypertensive disorder complicating pregnancy）是妊娠期所特有的疾病。我国发病率为9.4%～10.4%，国外报道7%～12%。多数病例表现为妊娠期一过性高血压、蛋白尿等症状，分娩后随即消失。该病多发生在妊娠20周以后，临床表现为高血压、蛋白尿和水肿，严重时出现抽搐、昏迷，甚至母婴死亡。该病严重影响母婴健康，是孕产妇和围生儿患病及死亡的主要原因之一。

【高危因素与病因】

妊娠期高血压疾病的发病原因至今尚未阐明，但是，在临床工作中确实发现有些因素与妊娠期高血压疾病的发病密切相关，称之为高危因素。其高危因素及主要病因学说如下：

1. 高危因素 依据流行病学调查发现，妊娠期高血压疾病可能与以下因素有关：①初产妇。②高龄孕产妇（年龄≥40岁）者。③精神过度紧张或受刺激致使中枢神经系统功能紊乱者。④寒冷季节或气温变化过大。⑤有子痫前期病史。⑥有慢性高血压、慢性肾炎、糖尿病、贫血、营养不良。⑦体形矮胖者，即体重指数BMI［体重（kg）/身高（m²）］≥35者。⑧子宫张力过高（如羊水过多、双胎妊娠、糖尿病巨大儿等）

者。⑨子痫前期家族史（母亲或姐妹）。

2. 病因学说

（1）免疫学说　对母体而言，胎儿是一个半移植物，成功的妊娠要求母体免疫系统对其充分耐受。子痫前期患者无论是母胎界面局部还是全身均存在着免疫反应过度激活现象，使母体对胚胎免疫耐受降低，引发妊娠期高血压疾病。

（2）“胎盘浅着床”学说　正常妊娠时，子宫螺旋小动脉管壁平滑肌细胞、内皮细胞凋亡，代之以绒毛外滋养细胞，且深达子宫壁的浅肌层，称子宫螺旋小动脉重铸。充分重铸的螺旋小动脉管腔扩大，形成子宫胎盘低阻力循环，以满足胎儿生长发育的需要。子痫前期患者的滋养细胞浸润过浅，只有蜕膜层血管重铸，即所谓“胎盘浅着床”。螺旋小动脉重铸不足使胎盘血流量减少，引起妊娠期高血压疾病。

（3）血管内皮细胞受损　血管内皮细胞损伤是妊娠期高血压疾病的基本病理变化，它使缩血管物质如内皮素（ET）、血栓素 A2 等合成增加，而扩血管物质一氧化氮（NO）、前列环素 I2 等合成减少，促使血管痉挛，诱发血小板凝聚，并对血管紧张因子敏感，血管收缩致使血压进一步升高，并且导致一系列病理变化。

（4）营养缺乏及其他因素　据流行病学调查，妊娠期高血压疾病的发生可能与钙缺乏有关。妊娠易引起母体缺钙，导致妊娠期高血压疾病发生，而孕期补钙可使妊娠期高血压疾病的发生率下降，但其发生机制尚不完全清楚。另外，以白蛋白缺乏为主的低蛋白血症、镁、锌、硒等的缺乏与子痫前期的发生发展有关。此外，其他因素如胰岛素抵抗、遗传等与妊娠期高血压疾病的发生关系密切。

【病理生理变化】

本病的基本病理生理变化是全身小动脉痉挛，使全身各系统各脏器的血液灌注减少。全身小动脉痉挛造成管腔狭窄，局部缺血，内皮损伤，通透性增加，表现为血压上升、蛋白尿、水肿和血液浓缩。对母婴造成危害，甚至导致母婴死亡。

1. 脑　脑血管痉挛，通透性增加，引起脑组织缺氧、水肿、局部缺血，而出现头晕、头痛、呕吐，严重时发生抽搐、昏迷等症状；痉挛时间长时致血管内血栓形成，可使症状加重。颅内压增高可致脑疝甚至死亡。

2. 心血管　冠状血管痉挛，心肌缺血，间质水肿，心肌点状出血与坏死，周围血管痉挛阻力增加，加重心脏负荷，严重时导致心力衰竭。

3. 肾脏　肾血管痉挛，肾小球缺血、缺氧，血浆蛋白自肾小球漏出形成蛋白尿，蛋白尿的多少标志着妊娠期高血压疾病的严重程度。由于血管痉挛，肾血流量及肾小球滤过率下降，血浆尿酸及肌酐值升高，肾脏功能严重损害可致少尿及肾衰竭。病情严重时伴肾皮质坏死，肾功能损伤将无法逆转。

4. 肝脏　肝脏特征性损伤是门静脉周围出血，严重时门静脉周围坏死。肝包膜下出血，可发生肝破裂。

5. 血液　由于全身小血管痉挛，血管壁渗透性增加，血液浓缩。妊娠高血压疾病的重症患者可发生微血管病性溶血，主要表现为血小板减少，血小板 $<100\times10^9/L$，肝酶升高、溶血（即 HELLP 综合征）。

6. 子宫胎盘血流灌注 由于血管痉挛导致胎盘血液灌流下降，胎儿生长受限，胎儿窘迫。若胎盘床血管破裂可导致胎盘早剥，严重时母婴死亡。

【分类及临床表现】

1. 妊娠期高血压疾病分类与临床表现（表7-1）。

表7-1 妊娠期高血压疾病分类与临床表现

分 类	临床表现
妊娠期高血压	妊娠期出现高血压，收缩压≥140mmHg和（或）舒张压≥90mmHg，于产后12周内恢复正常；尿蛋白（-）；少数患者可伴上腹部不适或血小板减少。产后方可确诊
子痫前期	
轻度	妊娠20周后出现收缩压≥140mmHg和（或）舒张压≥90mmHg伴尿蛋白≥0.3g/24h或随机尿蛋白（+）；可伴有上腹部不适、头痛等症状
重度	血压和尿蛋白持续升高，发生母体脏器功能不全或胎儿并发症。出现下述任一不良情况可诊断为重度子痫前期：①收缩压≥160mmHg和（或）舒张压≥110mmHg；②尿蛋白≥5.0g/24h或随机尿蛋白≥（+++）；③持续性头痛或视觉障碍或其他脑神经症状；④持续性上腹部疼痛，肝包膜下出血或肝破裂症状；⑤肝功能异常：血清ALT或AST升高；⑥肾功能异常：少尿（24小时尿量<400mL或每小时尿量<17mL）或血肌酐>106μmol/L；⑦低蛋白血症伴胸腔积液或腹腔积液；⑧血液系统异常：血小板呈持续性下降并<100×10⁹/L；血管内溶血、贫血、黄疸或血LDH升高；⑨心力衰竭、肺水肿；⑩胎儿生长受限或羊水过少；⑪早发型即妊娠34周以前发病
子痫	子痫前期孕妇抽搐，不能用其他原因解释
慢性高血压并发子痫前期	慢性高血压孕妇妊娠前无蛋白尿，妊娠后出现蛋白尿≥0.3g/24h；或妊娠前有蛋白尿，妊娠后尿蛋白明显增加或血压进一步升高或血小板<100×10⁹/L
妊娠合并慢性高血压	妊娠20周以前收缩压≥140mmHg和（或）舒张压≥90mmHg，妊娠期无明显加重；或妊娠20周以后首次诊断高血压持续到产后12周后

★ 妊娠期高血压疾病之水肿无特异性，因此不作为其诊断标准及分类依据。

★ 血压较基础血压升高30/15mmHg，低于140/90mmHg时，不作为诊断依据，但必须严密观察。

2. 子痫 子痫前期的孕妇发生抽搐，不能用其他原因解释称子痫。子痫抽搐进展迅速，前驱症状短暂，表现为抽搐、面部充血、口吐白沫、深昏迷；随之深部肌肉僵硬，很快发展为典型的全身高张性阵挛惊厥、有节律的肌肉收缩和紧张，持续1~1.5分钟，其间患者无呼吸运动；此后患者抽搐停止，呼吸恢复，最后意识恢复，但困惑、易激惹、烦躁。

子痫多发生在妊娠晚期和临产前，称产前子痫。少数发生在分娩过程中，称产时子痫。也有在产后48小时内发生者，称产后子痫。

【护理评估】

1. 健康史 询问既往有无高血压病史及家族史，妊娠后血压变化情况，是否伴有蛋白尿、水肿等；是否存在高危因素；有无头痛、视力改变、上腹部不适等症状。

2. 身体状况 典型的患者表现为妊娠20周后出现高血压、蛋白尿、水肿。根据病变程度不同，不同临床类型的患者有相应的临床表现。护士除评估患者一般健康状况外，需重点评估患者的血压、尿蛋白、水肿、自觉症状以及抽搐、昏迷等情况。在评估过程中应注意：

（1）初测血压有升高者，需休息1小时后再测，方能正确反映血压情况。同时不要忽略测得血压与其基础血压的比较。而且也可经过翻身试验（roll over test，ROT）进行判断，即在孕妇左侧卧位时测血压直至血压稳定后，嘱其翻身仰卧位5分钟再测血压，若仰卧位舒张压较左侧卧位≥20mmHg，提示有发生子痫前期的倾向，其阳性预测值33%。

（2）留取24小时尿进行尿蛋白检查。凡24小时尿蛋白定量≥0.3g者为异常。由于蛋白尿的出现及量的多少反映了肾小管痉挛的程度以及肾小管细胞缺氧及其功能受损的程度，护士应给予高度重视。

（3）妊娠后期水肿发生的原因除妊娠期高血压疾病外，还可由于下腔静脉受增大子宫压迫使血液回流受阻、营养不良性低蛋白血症以及贫血等引起，因此水肿的轻重并不一定反映病情的严重程度。但是水肿不明显者，也有可能迅速发展为子痫，应引起重视。此外，还应注意水肿不明显，但体重于一周内增加超过0.5kg的隐性水肿。

（4）孕妇出现头痛、眼花、胸闷、恶心、呕吐等自觉症状时提示病情的进一步发展，即进入子痫前期阶段，护士应高度重视。

（5）抽搐与昏迷是最严重的表现，护士应特别注意发作状态、频率、持续时间、间隔时间，神志情况以及有无唇舌咬伤、摔伤甚至骨折、窒息或吸入性肺炎等。

3. 心理-社会状况 部分孕妇缺乏对本病知识的了解，不按时作产前检查以致病情发展。评估孕妇及家属对疾病认识程度、应对机制，治疗时是否合作。病情发展或危重时，孕妇及家属是否紧张、恐惧，担心孕妇安危及胎儿健康。

4. 辅助检查

（1）血液检查 包括全血细胞计数、血红蛋白含量、血细胞比容、全血黏度、血电解质及凝血功能检查。

（2）尿液检查 应测定尿比重、尿常规，检查有无蛋白尿，必要时可作24小时尿蛋白定量、定性分析。尿蛋白检查在重度子痫前期孕妇应每日1次。

（1）眼底检查 视网膜小动脉的痉挛程度反映全身小血管痉挛程度，是反映本病严重程度的一项重要标志。观察眼底小动脉可以直接评估体内主要器官的小动脉痉挛程度，严重时可发生视网膜脱离。患者可出现视力模糊或失明。

（4）肝肾功能检查 肝细胞功能受损可致ALT、AST升高。肾功能受损时，血清肌酐、尿素氮、尿酸升高。综合判断肝肾功能。

（5）其他 视患者病情，可做心电图、超声心动图、胎盘功能和胎儿成熟度等检查。

5. 治疗要点

（1）妊娠期高血压 可在家或住院治疗。

①休息 保证充足的睡眠，取左侧卧位。对于精神紧张、焦虑或睡眠欠佳者可给予少量镇静剂，如地西泮。

②饮食 保证充足的蛋白质、维生素的摄入，补充钙、铁、镁等微量元素。对于全

身水肿者应适当限制盐的摄入。

③吸氧　间断吸氧可增加血氧含量，改善全身主要脏器和胎盘的氧供。

④密切监护母儿状态：注意询问孕妇是否出现头痛、视力改变等症状，每日测体重及血压，每2日复查尿蛋白。定期监测血液、胎儿发育及胎盘功能状况。

（2）子痫前期　应住院治疗。治疗原则为休息、解痉、镇静、降压、合理扩容和必要时利尿、密切监测母儿状态、适时终止妊娠。

①休息　同妊娠期高血压。

②解痉　首选药物硫酸镁。

用药指征：控制子痫抽搐及防止再抽搐；预防子痫前期发展为子痫；子痫前期临产前用药预防产时抽搐。

用药方案：可采用静脉给药结合肌内注射。

静脉给药首次负荷剂量为25%硫酸镁20mL加于10%葡萄糖注射液20mL中，缓慢静脉推注（15~20分钟）或加于5%葡萄糖注射液100mL快速静滴，继而25%硫酸镁60mL加于5%葡萄糖注射液500mL静脉滴注，注意控制滴速，以1~2g/h为宜。夜间可肌内注射，用法为25%硫酸镁20mL加2%利多卡因液2mL，臀肌深部注射。24小时硫酸镁用药总量为25~30g，疗程24~48小时。

毒性反应：正常孕妇血清镁离子浓度为0.75~1mmol/L，有效治疗浓度为1.8~3.0mmol/L，若血清镁离子浓度超过3.5mmol/L即可发生镁离子中毒。中毒症状首先表现为膝反射减弱或消失，继之出现全身肌张力减退、呼吸抑制，严重者出现呼吸停止、心搏骤停，危及生命。

注意事项：硫酸镁用药前及用药过程中应注意：定时检查膝腱反射是否减弱或消失；呼吸不少于16次/分；尿量不少于17mL/h或不少于400mL/24h；治疗时需备钙剂，一旦出现中毒反应，立即停药，静脉注射10%葡萄糖酸钙10mL。肾功能不全、心肌病、重症肌无力等应减量或慎用硫酸镁。条件许可，用药期间应监测血清镁离子浓度。

知识拓展

硫酸镁的作用机制：①镁离子抑制运动神经末梢释放乙酰胆碱，阻断神经肌肉接头间信息传导，使骨骼肌松弛；②刺激血管内皮细胞合成前列环素，抑制内皮素合成，降低机体对血管紧张素Ⅱ的反应，缓解血管痉挛状态；③镁离子阻断谷氨酸通道阻止钙离子内流，解除血管痉挛，减少血管内皮损伤；④提高孕妇及胎儿血红蛋白亲和力，改善氧代谢。

③镇静　适当镇静可消除患者的焦虑和精神紧张，达到降低血压，缓解症状和预防子痫发作的作用。常用的镇静药物有地西泮、冬眠药物、苯巴比妥钠等。

④降压　降压药物适用于血压≥160/110mmHg或舒张压≥110mmHg或平均动脉压≥140mmHg者，以及原发性高血压、妊娠前高血压已用降压药者。选用的药物应对胎

儿无毒副作用，不影响心搏出量、肾血流量及子宫胎盘灌注量，不引起血压急剧下降或下降过低。常用药物有肼屈嗪、拉贝洛尔、硝苯地平、尼莫地平、甲基多巴等。禁止使用血管紧张素抑制剂（ACEI）如卡托普利和血管紧张素Ⅱ受体拮抗剂（ARB）如氯沙坦。

⑤扩容 一般不主张扩容治疗，仅用于严重的低蛋白血症、贫血患者。常用扩容剂有人血白蛋白、血浆、全血等。

⑥利尿 仅用于全身水肿、肾功能不全、急性心力衰竭、肺水肿、脑水肿的孕妇。常用药物有呋塞米、甘露醇等。

⑦适时终止妊娠

终止妊娠的指征：子痫前期患者积极治疗24～48小时无明显好转者；子痫前期患者孕周已超过34周；子痫前期患者胎龄未满34周，胎盘功能减退而胎儿已成熟者；子痫前期患者胎龄未满34周，胎盘功能减退而胎儿尚未成熟者，可用地塞米松促胎肺成熟后终止妊娠；子痫控制后2小时。

终止妊娠的方式：引产：适用于宫颈条件较成熟者。人工破膜后加用缩宫素静脉滴注引产。剖宫产：适用于有产科指征者；宫颈条件不成熟，短时间内不能经阴道分娩者；引产失败者；胎盘功能明显减退或已有胎儿宫内窘迫征象者。

（3）子痫的治疗 子痫是妊娠期高血压疾病最严重的阶段，是妊娠期高血压疾病所致母儿死亡的最主要原因，应积极处理。处理原则为迅速控制抽搐，控制血压，纠正缺氧和酸中毒，密切观察病情变化，抽搐控制后及时终止妊娠。

【护理诊断/问题】

1. 舒适改变 与各种因素引起水钠潴留有关。

2. 有母儿受伤的危险 与硫酸镁治疗或子痫抽搐、胎盘血流量减少致胎儿宫内缺氧、胎盘早剥有关。

3. 知识缺乏 缺乏妊娠期高血压疾病的相关知识。

【护理目标】

1. 妊娠期高血压疾病孕妇休息充分、睡眠良好、饮食合理、水肿被控制。
2. 妊娠期高血压疾病孕妇病情缓解，未发生子痫及并发症。
3. 妊娠期高血压疾病孕妇明确孕期保健的重要性，积极配合产前检查及治疗。

【护理措施】

1. 一般护理

（1）休息：嘱孕妇多卧床休息，以左侧卧位为宜，可减轻增大右旋的子宫对腹主动脉、下腔静脉的压迫，增加回心血量，维持有效的子宫胎盘血液循环。睡眠不少于每天10小时。

（2）饮食：指导孕妇进食富含蛋白质、维生素、铁、钙及锌等微量元素的食物，减少脂肪的摄入，全身水肿者应限制食盐。

（3）增加产前检查的次数，重视血压监测。子痫前期的患者须住院治疗，保持病室内安静、整洁。

2. 病情观察

（1）密切观察患者血压变化，尤其是舒张压的变化，以判断病情的变化。

（2）定时送检尿常规及 24 小时尿蛋白定量检查，了解肾小动脉痉挛造成肾小管细胞缺氧及功能受损的程度。

（3）每日或隔日测体重。

（4）定期进行眼底检查，通过视网膜小动脉痉挛程度评估全身小动脉的痉挛程度。

（5）重视孕妇的自觉症状。询问孕妇有无头痛、恶心、呕吐、胸闷、视力下降、上腹部不适等症状。一旦自觉症状出现或加重，表示病情进展，要及时处理。

（6）注意并发症的发生。重症孕妇须注意有无胎盘早剥、DIC、脑出血、肺水肿、急性肾功能衰竭等并发症的发生。

（7）监测胎儿情况。听胎心，计数胎动，加强胎儿宫内监护。必要时间断吸氧，给予 10% 葡萄糖液加维生素 C 静脉注射，增强胎儿对缺氧的耐受能力。

3. 注意观察药物不良反应

（1）硫酸镁　在使用硫酸镁治疗时，应注意观察膝反射是否存在，注意患者呼吸、尿量等情况。注意硫酸镁的用药总量和滴速，防止发生硫酸镁中毒，同时应备有 10% 葡萄糖酸钙 10mL 作为解毒剂。

（2）镇静剂　地西泮有较强的镇静、抗惊厥、肌肉松弛作用，对胎儿及新生儿的影响较小。使用冬眠药物时，应注意氯丙嗪可致肾及子宫胎盘血供减少，导致胎儿缺氧，应注意监测胎心，且氯丙嗪对母儿肝脏有一定的损害。哌替啶及苯巴比妥钠可抑制胎儿呼吸中枢，估计 6 小时内结束分娩者不宜使用。

（3）降压药　应用降压药物时，应严密监测血压，根据血压监测来调节降压药物的滴速，预防因血压大幅度升降引起脑出血或胎盘早剥。为保证子宫胎盘血流灌注，血压不可低于 130/80mmHg。注意观察有无头痛、心悸、心率加快等降压药物副作用。

4. 产科护理

（1）分娩期　第一产程应密切观察产程进展，监测胎儿胎心及子宫收缩情况，保持产妇安静和充分休息。第二产程以会阴侧切、胎头吸引或低位产钳助产缩短产程。第三产程应注意检查胎盘、胎膜是否及时完整娩出，预防产后出血。

（2）产褥期　重度子痫前期患者分娩后 24 ~ 48 小时仍应使用硫酸镁预防发生产后子痫，安排安静的休息环境，每 4 小时测量血压。注意观察子宫收缩情况和阴道流血量，加强会阴护理，防止感染发生。

5. 子痫患者的护理

（1）一般护理：子痫孕妇应安排单间、暗室，避免声、光刺激。医护人员的治疗及护理操作尽可能集中实施，减少对孕妇的刺激。保持病室内空气流通，必要时给予吸氧。

（2）安全护理：床旁备好抢救物品如开口器、拉舌钳、压舌板等，防止抽搐过程中发生舌咬伤或舌根后坠阻塞呼吸道。准备吸痰管及电动吸痰器，随时清除口、鼻腔的痰液及呕吐物。床边加床档，防坠床损伤。有假牙者需取出，防止脱落、误吞。昏迷患者应禁食、禁水，取头低侧卧位，保持呼吸道通畅。

(3) 病情观察：专人看护，密切观察病情，每2小时测量并记录血压、脉搏和呼吸。留置尿管，记录24小时出入量。及时、正确地送检血、尿常规及各项特殊检查。监测胎心变化，观察有无药物不良反应，重视患者自觉症状，及早发现心力衰竭、脑出血、肾功能衰竭等并发症，报告医生，配合医生积极处理。

(4) 抽搐发作时，立即缓慢静脉推注硫酸镁，并应用有效镇静药物。遵医嘱甘露醇快速静脉滴注降低颅内压。

6. 心理护理 妊娠期指导孕妇保持心情愉快，有助于抑制妊娠高血压疾病的发展。告知孕妇疾病的发展过程及治疗的重要性，部分症状及体征在产后会逐渐减轻甚至消失，解除其思想顾虑，增强信心，积极配合治疗。

【护理评价】

1. 妊娠期高血压疾病孕妇休息充分、睡眠良好、饮食合理，病情缓解。

2. 妊娠期高血压疾病重度子痫前期孕妇病情得以控制，未出现子痫及并发症，未出现硫酸镁的中毒反应。

3. 妊娠期高血压疾病孕妇分娩经过顺利。

【健康指导】

1. 加强产前检查，做好孕期保健 强调定期产前检查的重要性，注意观察孕妇血压及体重的变化，注意有无水肿及头晕、胸闷、视力改变、上腹部不适等自觉症状。

2. 指导孕妇合理饮食与休息 孕妇饮食应富含优质蛋白质、维生素、铁等，减少脂肪和过量食盐的摄入。有本病高危因素者，补充钙剂可预防疾病的发生、发展。休息时宜取左侧卧位。

3. 重视高危因素，治疗原发疾病。

第六节 前置胎盘

案例引导

患者，女，33岁，妊娠30周，因无痛性间断阴道大量出血6小时急诊入院。查体：体温36.5℃，脉搏100次/分，呼吸18次/分，血压86/54mmHg，腹部大小与妊娠周数相符，LOA，无宫缩，胎心130次/分。

请问：

1. 该孕妇可能的医疗诊断是什么？

2. 如需确诊，还应作何检查？

正常妊娠时胎盘附着于子宫体部的前壁、后壁或侧壁。孕28周后，若胎盘附着于子宫下段，胎盘下缘达到或覆盖宫颈内口，位置低于胎儿先露部，称为前置胎盘（placenta previa)。前置胎盘是妊娠晚期阴道流血最常见的原因，是妊娠晚期严重并发症之一，若处理不当可危及母儿生命。多见于经产妇及多产妇。前置胎盘的发病率，国外报道是0.5%，国内报道为0.24%～1.57%。

【病因】

本病病因尚不清楚，可能与以下原因有关：

1. 子宫内膜病变或损伤 当子宫内膜有过损伤或瘢痕（如产褥感染、多产、剖宫产或多次刮宫、子宫内膜炎等)，都可引起子宫内膜发育不良或萎缩性病变，受孕时子宫蜕膜血管生长不良、营养不足，致使胎盘为摄取足够的营养而扩大面积，伸展到子宫下段，形成前置胎盘。

2. 胎盘面积过大或胎盘形状异常 常由于多胎妊娠或巨大儿形成过大面积的胎盘，伸展至子宫下段或遮盖了子宫颈内口；或有副胎盘延伸至子宫下段，形成前置胎盘。

3. 受精卵发育迟缓 当受精卵到达宫腔时，因其尚未达到植入条件而继续向下移植入子宫下段，在该处生长发育而形成前置胎盘。

4. 宫腔形态异常 当子宫畸形或子宫肌瘤等原因使宫腔的形态改变致胎盘附着于子宫下段。

5. 其他原因 有报道吸烟、吸毒者可引起胎盘的血流减少，缺氧使胎盘代偿性增大，从而增加前置胎盘的危险性。辅助生殖技术、妊娠中期B超检查提示胎盘前置状态为高危人群。

【分类】

阴道流血时间的早晚、反复发作的次数、流血量的多少与前置胎盘的类型有关。按胎盘边缘与子宫颈内口的关系，前置胎盘可分为完全性、部分性和边缘性3种类型（图7－4)。胎盘边缘与子宫颈内口的关系随着子宫颈管的消失和子宫颈口的扩张而改变，分类也随之改变，如临产前为部分性前置胎盘，临产后因宫口扩张而成为边缘性前置胎盘。目前均以处理前的最后一次检查结果来确定其类型。

A 完全性前置胎盘

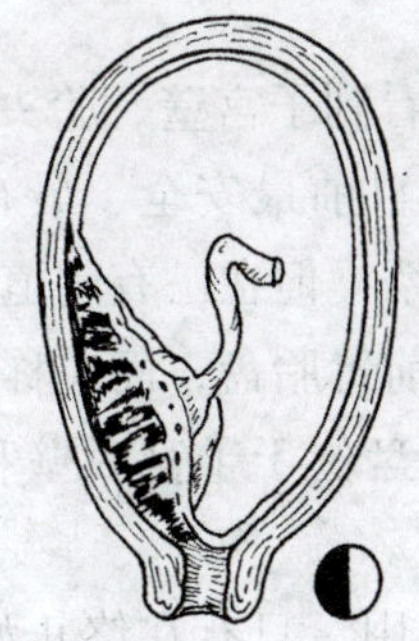

B 部分性前置胎盘

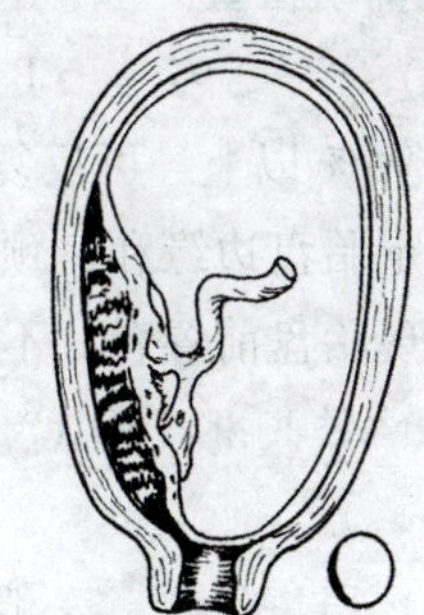

C 边缘性前置胎盘

图7－4 前置胎盘的类型

1. 完全性前置胎盘 指子宫颈内口全部为胎盘组织所覆盖，又称中央性前置胎盘。初次出血的时间多在妊娠28周左右，反复出血的次数频繁，量较多，有时一次大量阴道流血即可使患者陷入休克状态。

2. 部分性前置胎盘 指子宫颈内口部分为胎盘组织所覆盖，出血情况介于完全性前置胎盘和边缘性前置胎盘之间。

3. 边缘性前置胎盘 指胎盘附着于子宫下段，下缘到达子宫颈内口。初次出血发生较晚，多于妊娠37～40周或临产后，量也较少。

胎盘位于子宫下段，胎盘边缘极为接近但未达到宫颈内口，称为低置胎盘。

根据疾病的凶险程度，前置胎盘又可分为凶险性和非凶险性。凶险性前置胎盘指前次有剖宫产史，此次妊娠为前置胎盘，发生胎盘植入的危险性约占50%。

【护理评估】

1. 健康史 除个人健康史外，在孕产史中尤其注意识别有无剖宫产史、人工流产史及子宫内膜炎等前置胎盘的易发因素；此外妊娠经过中特别是孕28周后，是否出现无痛性、无诱因、反复阴道流血症状，并详细记录具体经过及医疗处理情况。

2. 身体状况

（1）症状　妊娠晚期或临产时，突发性无诱因、无痛性反复阴道流血是前置胎盘的典型症状。妊娠晚期子宫峡部逐渐拉长形成子宫下段，而临产后的宫缩又使宫颈管消失而成为软产道的一部分。但附着于子宫下段及宫颈内口胎盘不能相应伸展与其附着处错位而发生剥离，致血窦破裂而出血。初次出血一般不多，但中央性前置胎盘也可初次即发生致命性大出血。随着子宫下段的逐渐拉长，可反复出血。

（2）体征　由于反复多次或大量阴道流血，可致患者出现贫血，贫血程度与阴道流血量及流血持续时间成正比，出血严重者可发生休克。由于子宫下段有胎盘占据，影响胎先露入盆，故常见胎头高浮，并有约1/3患者出现胎位异常，其中以臀先露较为多见。

3. 心理－社会状况 孕妇及其家属可因突然阴道流血而感到恐惧或焦虑，既担心孕妇的健康，更担心胎儿的安危，可能显得恐慌、紧张、手足无措等。

4. 辅助检查

（1）超声波检查　B超可清楚看到子宫壁、胎头、宫颈和胎盘的位置，胎盘定位准确率达95%以上，可反复检查，是目前最安全、最有效的首选方法。阴道B超能更准确地确定胎盘边缘和宫颈内口的关系，但在已有阴道流血时应谨慎使用。妊娠中期B超检查发现胎盘前置者，不能诊断为前置胎盘，而应称为胎盘前置状态。

（2）磁共振（MRI）　对于胎盘位于子宫后壁和羊水较少的孕妇，诊断价值优于B超。

（3）阴道检查　一般不主张应用。只有在终止妊娠前为除外其他出血原因或明确诊断决定分娩方式时考虑采用。要求阴道检查操作必须在输血、输液和做好手术准备的情况下方可进行。怀疑前置胎盘的个案，切忌肛查。

（4）产后检查胎盘及胎膜　胎盘的前置部分可见陈旧血块附着呈黑紫色或暗红色，如这些改变位于胎盘的边缘，而且胎膜破口处距胎盘边缘小于7cm，则为部分性前置胎盘。如行剖宫产术，术中可直接了解胎盘附着的部位并确立诊断。

5. 治疗要点 前置胎盘的处理原则是：抑制宫缩、止血、纠正贫血和预防感染。根据孕妇的一般情况、孕期、胎儿成熟度、阴道出血量、前置胎盘类型、是否临产以及产道条件等综合分析，制订具体方案。凶险性前置胎盘的处理，应该在有条件的医院进行。

（1）期待疗法 其目的是在保证孕妇安全的前提下使胎儿能达到或更接近足月，从而减少早产，提高胎儿成活率。这种方案适用于妊娠不足34周或估计胎儿体重小于2000g，阴道流血量不多，孕妇全身情况良好，胎儿存活者。住院期间严密观察病情变化，为孕妇提供全面优质护理是期待疗法的关键措施。

（2）终止妊娠 适用于入院时出血性休克者，或期待疗法中发生大出血或出血量虽少，但妊娠已近足月或已临产者，应采取积极措施选择最佳方式终止妊娠。其中剖宫产术能迅速结束分娩，既能提高胎儿存活率又能迅速减少或制止出血，是处理前置胎盘的主要手段。阴道分娩适用于边缘性前置胎盘，胎先露为头位、临产后产程进展顺利并估计能在短时间内能结束分娩者。护理的目标在于保证孕妇能以最佳身心状态接受手术及分娩的过程。

【护理诊断/问题】

1. 潜在并发症 出血性休克。

2. 恐惧 与出血、担心胎儿安危有关。

3. 有感染的危险 与前置胎盘剥离面靠近子宫颈口，细菌易上行感染有关。

【护理目标】

1. 接受期待疗法的孕妇血红蛋白不再继续下降，胎龄达到或更接近足月。
2. 出血制止，胎儿安全。
3. 产妇产后未发生产后出血和产褥感染。

【护理措施】

根据病情需立即剖宫产终止妊娠的孕妇，应安排孕妇侧卧位，开放静脉，配血，做好输血准备。在抢救休克的同时，按腹部手术患者的护理进行术前准备，并做好母儿生命体征监护及抢救准备工作。接受期待疗法的孕妇的护理如下：

1. 保证休息，减少刺激 孕妇需住院观察，绝对卧床休息，尤以左侧卧位为佳，定时吸氧，每日3次，每次1小时，以提高胎儿血氧供应。此外，还需避免各种刺激，以减少出血机会。医护人员进行腹部检查时动作要轻柔，禁做阴道检查及肛查。

2. 纠正贫血 除口服硫酸亚铁、输血等措施外，还应加强饮食营养指导，建议孕妇多食高蛋白以及含铁丰富的食物，如动物肝脏、绿叶蔬菜以及豆类等。一方面有助于纠正贫血，另一方面还可增强机体抵抗力，同时也促进胎儿发育。

3. 监测生命体征，及时发现病情变化 严密观察并记录孕妇生命体征，阴道流血的量、色、流血时间及一般状况，监测胎儿宫内状态，按医嘱及时完成实验室检查项目，并交叉配血备用。发现异常及时报告医师并配合处理。

4. 预防产后出血和感染

（1）产妇回病房休息时严密观察产妇的生命体征及阴道流血情况，发现异常及时报告医师处理，以防止或减少产后出血。

（2）及时更换会阴垫，以保持会阴部清洁、干燥。

（3）胎儿娩出后，及早使用宫缩剂，以预防产后大出血。

【护理评价】

1. 接受期待疗法的孕妇胎龄接近（或达到）足月时终止妊娠。

2. 母婴顺利经历分娩全过程。

3. 产妇产后未出现产后出血和感染。

【健康指导】

护士应加强对孕妇的管理和宣教。指导孕前期妇女避免吸烟、酗酒等不良行为，避免多次刮宫、引产或宫内感染，减少子宫内膜损伤或子宫内膜炎。对妊娠期出血，无论量多少均应就医，做到及时诊断，正确处理。

第七节 胎盘早期剥离

案例引导

某孕妇，29岁，妊娠34周。因跌倒发生剧烈腹痛，伴少量阴道流血1小时急诊入院。查体：体温37.5℃，脉搏120次/分，呼吸22次/分，血压76/50mmHg。腹部体征：子宫明显大于孕周，腹壁硬如板状，压痛明显，胎位不清，胎心不清。请问：

1. 该孕妇可能的医疗诊断是什么？

2. 怎样处理？

3. 怎样护理？

妊娠20周后或分娩期，正常位置的胎盘在胎儿娩出前，部分或全部从子宫壁剥离，称为胎盘早期剥离（placental abruption），简称胎盘早剥。胎盘早剥是妊娠晚期的一种严重并发症，往往起病急、进展快，若处理不及时可危及母儿生命。胎盘早剥的发病率，国外报道1%～2%，国内报道为0.46%～2.1%，发病率的高低与分娩后是否仔细检查胎盘有关，轻型胎盘早剥者，无明显症状，此类病例易被忽略。

【病因】

本病确切的病因目前尚不十分清楚，其发病可能与以下因素有关：

1. 孕妇血管病变 妊娠期高血压疾病、慢性高血压、慢性肾脏疾病或全身血管病变的患者常并发胎盘早剥。其原因是妊娠合并上述疾病时，底蜕膜螺旋小动脉痉挛或硬化，引起远端毛细血管缺血坏死以致破裂出血，血液流至底蜕膜层形成血肿，导致胎盘自子宫壁剥离。

2. 机械性因素 当腹部受撞击、挤压，摔伤或行外倒转术纠正胎位动作粗暴等，均可造成血管破裂而发生胎盘早剥。此外，脐带过短或因脐带绕颈、绕体相对过短时，分娩过程中胎儿下降牵拉脐带也能造成胎盘早剥。

3. 子宫静脉压突然升高 妊娠晚期或临产后，孕妇长时间仰卧位时，巨大的妊娠子宫压迫下腔静脉，回心血量减少，血压下降，而子宫静脉瘀血，静脉压升高，导致蜕膜静脉床瘀血或破裂，形成胎盘后血肿，部分或全部胎盘可自子宫壁剥离。

4. 子宫内压力骤减 羊水过多无论是在自然或人工破膜时，如果羊水流出过快或双胎分娩第一个胎儿娩出过快，均可使宫腔内压力骤减，子宫收缩致宫腔缩小而发生胎盘错位引起剥离。

5. 其他 其他一些高危因素包括高龄孕妇、经产妇、吸烟、营养不良、吸毒（如吸可卡因）、孕妇有血栓形成倾向、子宫肌瘤（尤其是胎盘附着部位肌瘤）等与发生胎盘早剥有关。另外，有胎盘早剥史者再次发生的可能性增高10倍。

【病理生理变化及分类】

胎盘早剥的主要病理变化是底蜕膜出血，形成胎盘后血肿，使胎盘自附着处剥离。按病理生理变化特点，分为显性、隐性及混合性剥离3种类型（图7-5）：

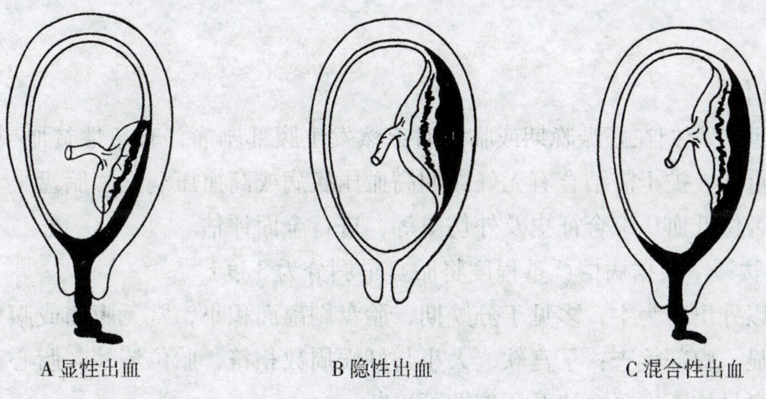

图7-5 胎盘早剥的类型

1. 显性剥离或外出血 剥离面小，出血量少，出血很快停止，血液凝固，临床多无症状，仅在产后检查胎盘时发现胎盘母体面有凝血块及压迹。若底蜕膜继续出血，形成胎盘后血肿，剥离面随之扩大，血液冲开胎盘边缘及胎膜，沿胎膜与宫壁间经宫颈和阴道向外流出，为显性剥离或外出血。

2. 隐性剥离或内出血 血液在胎盘后形成血肿使剥离面逐渐扩大，但胎盘边缘仍附着于子宫壁上，或胎膜与子宫壁未剥离，或胎头入盆，均使血液不能向外流而积聚在胎盘与子宫壁之间，无阴道流血，此为隐性剥离或内出血。

3. 混合性出血 当隐性剥离内出血过多时，血液可冲开胎盘边缘，向宫颈口外流出，形成混合性出血，对母儿威胁大。

内出血严重时，胎盘后血肿压力大，血液向子宫肌层内浸润，引起肌纤维分离、断裂、变性，当血液渗透至子宫浆膜层时，子宫表面呈紫蓝色瘀斑，尤其在胎盘附着处更明显，这种情况称为子宫胎盘卒中，又称库弗莱尔子宫（Couvelaire uterus）。

胎盘早剥时，偶有出血穿破胎膜流入羊水中，形成血性羊水。若胎膜破裂，羊水可经剥离面进入开放的血管，引起羊水栓塞。严重的胎盘早剥可发生凝血功能障碍，主要是由于从剥离处的胎盘绒毛和蜕膜中释放大量的组织凝血活酶，进入母体血液循环，激活凝血系统而发生弥漫性血管内凝血（DIC）。

知识拓展

胎盘早剥对母儿的威胁

发生子宫胎盘卒中时，子宫肌纤维变性分离甚至坏死，失去收缩能力，可致产后大量出血。若合并DIC时，产后出血难以纠正，引起休克、多器官功能衰竭、脑垂体及肾上腺皮质坏死，导致希恩综合征发生，严重威胁产妇生命。而由于胎盘早剥引起的胎儿急性缺氧、新生儿窒息、早产、胎儿宫内死亡等明显增加，围产儿死亡率约为11.9%，是无胎盘早剥者的25倍。尤其重要的是，胎盘早剥新生儿还可遗留显著神经系统发育缺陷、脑性麻痹等严重后遗症。

【护理评估】

1. 健康史 孕妇在妊娠晚期或临产时突然发生腹部剧痛，有急性贫血或休克现象，应引起高度重视。护士需结合有无妊娠期高血压疾病或高血压病史、胎盘早剥史、慢性肾炎史、仰卧位低血压综合征史及外伤史等，进行全面评估。

2. 身体状况 根据病情严重程度将胎盘早剥分为3度：

Ⅰ度 以外出血为主，多见于分娩期，胎盘剥离面积小，常无腹痛或腹痛轻微，贫血体征不明显。腹部检查：子宫软，大小与妊娠周数相符，胎位清楚，胎心音正常。产后检查见胎盘母体面有凝血块及压迹即可诊断。

Ⅱ度 胎盘剥离面1/3左右。常有突然发生的持续性腹痛、腰酸或腰背痛，疼痛的程度与胎盘后积血多少成正比。无阴道流血或流血量不多，贫血程度与阴道流血量不相符。腹部检查：子宫大于妊娠周数，宫底随胎盘后血肿增大而升高，胎盘附着处压痛明显，宫缩有间歇，胎位可扪及，胎儿存活。

Ⅲ度 胎盘剥离面超过1/2。临床表现较Ⅱ度加重。可出现恶心、呕吐、面色苍白、四肢湿冷、脉搏细数、血压下降等休克症状，且休克程度大多与母体失血量成比例。腹部检查：子宫硬如板状，宫缩间歇不能松弛，胎位扪不清，胎心消失。如无凝血功能障碍属Ⅲa，如有凝血功能障碍属Ⅲb。

因此对胎盘早剥孕妇除进行阴道流血的量、色评估外，应重点评估腹痛的程度、性质，孕妇的生命体征和一般情况等，以及时、正确地了解孕妇的身体状况。

3. 心理－社会状况 胎盘早剥孕妇入院时情况危急，孕妇及其家属常常感到高度紧张和恐惧。

4. 辅助检查

（1）B型超声检查 正常位置的胎盘B型超声图像应紧贴子宫体部后壁、前壁或侧壁，若胎盘与子宫壁之间有血肿时，在胎盘后方出现液性低回声区，暗区常不止一个，并见胎盘增厚。若胎盘后血肿较大时，能见到胎盘胎儿面凸向羊膜腔，甚至能使子宫内的胎儿偏向对侧。若血液渗入羊水中，见羊水回声增强、增多，系羊水混浊所致。当胎盘边缘已与子宫壁分离，未形成胎盘后血肿，见不到上述图像，故B型超声诊断胎盘早剥有一定的局限性。重型胎盘早剥时常伴胎心、胎动消失。

（2）实验室检查　主要了解患者贫血程度及凝血功能。重型胎盘早剥患者应检查肾功能与二氧化碳结合力。若并发DIC时进行筛选试验（血小板计数、凝血酶原时间、纤维蛋白原测定），结果可疑者应做纤溶确诊试验（凝血酶时间、优球蛋白溶解时间、血浆鱼精蛋白副凝试验）。血纤维蛋白原＜250mg/L为异常，如果＜150mg/L对凝血功能障碍有诊断意义。情况紧急时，可抽取肘静脉血2mL放入干燥试管中，7分钟后若无血块形成或形成易碎的软凝血块，说明凝血功能障碍。

5. 治疗要点　早期识别、纠正休克、及时终止妊娠、控制DIC、减少并发症是处理胎盘早剥的原则。终止妊娠的方法根据胎次、早剥的严重程度、胎儿宫内状况及宫口开大等情况而定，剖宫产是主要手段。

【护理诊断/问题】

1. 体液及组织灌注不足　与失血过多、循环衰竭有关。

2. 潜在并发症　弥散性血管内凝血。

3. 恐惧　与胎盘早剥起病急、进展快，危及母儿生命有关。

【护理目标】

1. 入院后，孕妇血容量能尽快恢复，血压、脉搏、尿量正常。

2. 患者未出现凝血功能障碍、产后出血和急性肾衰竭等并发症。

3. 患者情绪稳定，病情得到控制，母子平安。

【护理措施】

1. 纠正休克，改善患者一般情况　护士应迅速开放静脉，积极补充血容量，及时输入新鲜血液，既能补充血容量，又可补充凝血因子。同时密切监测胎儿状态。

2. 严密观察病情变化，及时发现并发症　凝血功能障碍者表现为皮下、黏膜或注射部位出血，子宫出血不凝，有时有尿血、咯血及呕血等现象；急性肾衰竭者可表现为尿少或无尿。护士应高度重视上述症状，一旦发现，及时报告医师并配合处理。

3. 为终止妊娠做好准备　一旦确诊，为抢救母儿生命应及时终止妊娠，减少并发症的发生。分娩方式则依孕妇病情轻重、胎儿宫内状况、产程进展、胎产式等具体状态决定，护士需为此做好相应的配合与准备。

4. 预防产后出血　胎盘早剥的产妇胎儿娩出后易发生产后出血，因此分娩前应配血备用。分娩后及时给予宫缩剂，并配合按摩子宫，必要时按医嘱做切除子宫的术前准备。未发生出血者，产后仍应加强生命体征观察，预防晚期产后出血的发生。

5. 产褥期护理　患者在产褥期应注意加强营养，纠正贫血。更换消毒会阴垫，保持会阴清洁，防止感染。根据孕妇身体情况给予母乳喂养指导。死产者及时给予退乳措施，可在分娩后24小时内尽早服用大剂量雌激素，同时紧束双乳，少进汤类；水煎生麦芽当茶饮；针刺足临泣、悬钟等穴位等。

【护理评价】

1. 产妇血压、血红蛋白正常，全身状况得以改善。

2. 患者未出现并发症。

3. 母亲分娩顺利，婴儿平安出生。

【健康指导】

胎盘早剥是妊娠晚期严重危及母儿生命的并发症，积极预防非常重要。孕妇应加强产前检查，作好孕期保健；及时治疗妊娠期高血压疾病、慢性高血压、慢性肾病等；妊娠晚期避免仰卧位及腹部外伤；慎用外倒转术；处理羊水过多和双胎分娩时，应避免子宫腔压力下降过快。

第八节 多胎妊娠

案例引导

某孕妇，28 岁，妊娠 28 周，因呼吸困难、食欲下降、进食减少 1 周就诊。腹部检查：子宫明显大于正常孕周，四步触诊法触及多个肢体，在腹壁不同部位闻及两个胎心音，频率相差 12 次/分，下肢水肿（+++）。诊断为双胎妊娠。请问：

1. 拟定该孕妇的护理措施。

2. 对孕妇进行妊娠期的健康指导。

一次妊娠宫腔内同时有两个或两个以上胎儿时称为多胎妊娠（multiple pregnancy），以双胎妊娠多见。近年来因辅助生殖技术的广泛开展，多胎妊娠发生率明显增加。多胎妊娠使妊娠期高血压疾病、妊娠期肝内胆汁淤积症、贫血、羊水过多、胎膜早破及早产、胎儿发育异常等孕产期并发症增多，而单绒毛膜双胎还可能合并双胎输血综合征、选择性生长受限等特殊并发症，因此，双胎妊娠属高危妊娠范畴。本节主要讨论双胎妊娠。

【双胎类型及特点】

1. 双卵双胎 两个卵子分别受精形成的双胎妊娠称为双卵双胎，约占双胎妊娠的70%。其发生与应用促排卵药物、遗传及多胚胎宫腔内移植有关。由于是两个卵子分别受精形成的受精卵，其遗传基因不完全相同，两个胎儿的性别、血型、容貌可相同或不相同。双卵双胎各自形成自己的胎盘和胎囊，两者血液互不相通，血液循环各自独立，有时胎盘紧贴在一起似融合，但两个胎囊之间仍隔有两层羊膜和两层绒毛膜。

2. 单卵双胎 由一个受精卵分裂而形成的双胎妊娠称为单卵双胎，约占双胎妊娠的30%。形成原因不明，不受种族、遗传、年龄、胎次、医源的影响。一个受精卵分裂形成的两个胎儿，遗传基因相同，故两个胎儿的性别、血型及容貌均相同。单卵双胎的每个胎儿均有 1 根脐带，其胎盘和胎囊则根据受精卵分裂的时间不同而有差异，形成下述 4 种类型：

1. 双羊膜囊双绒毛膜单卵双胎 分裂发生在桑葚期（早期囊胚），即在受精后 3 日内，形成两个独立的受精卵，两个羊膜囊，两个绒毛膜，胎盘为两个或一个（图7－6A）。常被误认为双卵双胎。此类型约占单卵双胎的30%。

2. 双羊膜囊单绒毛膜单卵双胎 分裂发生在受精后第4～8日（胚泡期），已分化出滋养细胞，羊膜囊未形成。胎盘为一个，两个羊膜囊之间仅有两层羊膜（图7－6B）。此类型占单卵双胎的68%。

3. 单羊膜囊单绒毛膜单卵双胎 分裂发生在受精后第9～13日，此时羊膜囊已形成，两个胎儿共存于一个羊膜腔内，共用一个胎盘（图7－6C）。此类型占单卵双胎的1%～2%。

4. 联体双胎 分裂发生在受精后第13日后，原始胚盘已形成，机体不能完全分裂为两个，导致不同程度、不同形式的联体儿，极罕见，其发生率为单卵双胎的1/5000。

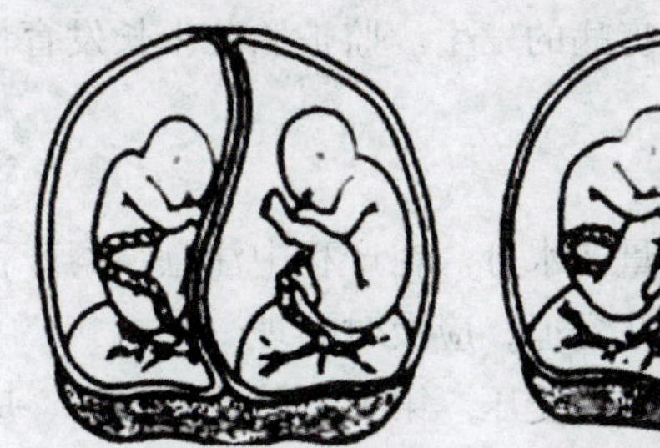

A. 双羊膜囊双绒毛单卵双胎

B. 双羊膜囊单绒毛膜单卵双胎

C. 单羊膜囊单卵双胎

图7－6 受精卵在不同阶段形成单卵双胎的胎膜类型

【护理评估】

1. 健康史 询问家族中有无多胎妊娠史；孕前是否使用促排卵药物如氯米芬；了解孕妇的年龄、胎次，双卵双胎发生率随孕妇年龄增大和胎次增多而增加。

2. 身体状况

（1）症状 妊娠早期早孕反应较重，妊娠中晚期因子宫增大明显，横膈抬高，可引起呼吸困难，胃部受压，食欲下降，摄入减少。孕妇易感到疲劳，腰背部疼痛症状较单胎妊娠明显。孕妇自诉多处有胎动，而非固定于某一处。

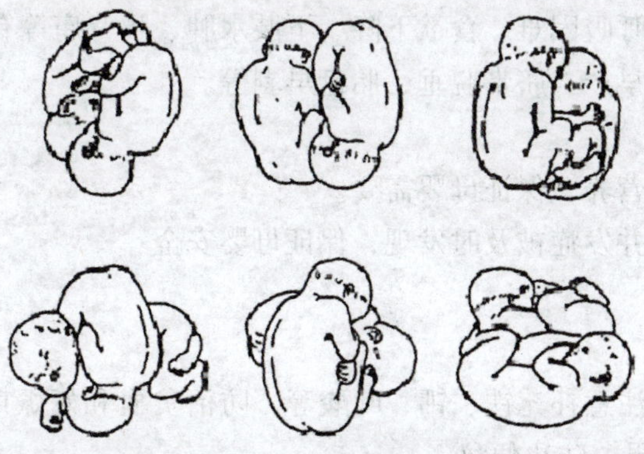

图7－7 双胎胎位

（2）体征 宫底高度大于正常孕周，因胎位不同（图7－7），在腹部的不同部位可触及两个胎头、多个肢体。在腹部的不同部位可听到两个速率不一的胎心音，相差 >10 次/分。过度增大的子宫压迫下腔静脉，引起下肢水肿、静脉曲张等。

3. 心理－社会状况 双胎妊娠的孕妇在孕期必须适应两次角色转变，首先是被告知是双胎妊娠时表现出的喜悦心情；另一方面，当知道了双胎妊娠属于高危妊娠，常发生妊娠及分娩期并发症后，孕妇担心母儿安危，出现焦虑、恐惧。评估孕妇及家属对双胎妊娠的反应，了解孕妇及家属对两个孩子造成的家庭负担的适应情况。

4. 辅助检查 B 型超声检查在妊娠 35 天后可见两个妊娠囊，孕 6 周后可见两个原始心管搏动。B 超还可筛查胎儿结构畸形，确定两个胎儿的胎位。

5. 治疗要点

（1）妊娠期 注意休息，补充足够营养，特别是铁、叶酸及钙的补充，注意预防贫血、妊娠期高血压疾病、早产、羊水过多等疾病的发生。监护胎儿生长发育情况，及时发现联体儿、胎儿畸形等异常情况。

（2）分娩期 多数双胎妊娠能经阴道分娩。

①第一产程 产妇保持良好体力，补充热量及水分。在产程中注意观察产程进展和胎心改变，如发现有宫缩乏力、产程延长或胎儿窘迫，应及时处理。

②第二产程 可行会阴后－侧切开，减轻胎头受压。第 1 个胎儿娩出后，应立即断脐，夹紧胎盘侧脐带，防止第 2 胎儿失血。助手应在腹部固定第二胎儿保持纵产式，并监测胎心、宫缩及阴道流血情况，及时阴道检查了解胎位和排除脐带脱垂，及时发现胎盘早剥。若无异常，等待自然分娩，通常在 20 分钟左右第 2 个胎儿自然娩出。如等待 15 分钟仍无宫缩，可人工破膜或静脉滴注缩宫素促进宫缩。如发现有脐带脱垂或胎盘早剥时，立即产钳助产，迅速娩出胎儿。

③第三产程 第二个胎儿娩出后立即肌注或静滴缩宫素，并使其作用维持到产后 2 小时以上。腹部放置沙袋，防止腹压骤降引起休克。

（3）产褥期 注意观察宫缩情况及阴道流血量，预防发生产后出血，尤其是产后 2～4小时内的迟缓性出血。必要时使用抗生素预防感染。

【护理诊断/问题】

1. 舒适改变 与呼吸困难、食欲下降、下肢水肿、腰背痛等有关。

2. 潜在并发症 早产、脐带脱垂、胎盘早剥等。

【护理目标】

1. 孕妇摄入足够营养，保证母婴需要。

2. 孕妇及胎儿的并发症被及时发现，保证母婴安全。

【护理措施】

1. 一般护理

（1）加强营养，注意补充铁、钙、叶酸等，防治贫血和妊娠期高血压疾病的发生。多食新鲜的蔬菜和水果，防止便秘。

（2）注意休息，取左侧卧位，增加子宫、胎盘的血供。休息时可抬高下肢减轻水肿及静脉曲张。防止跌伤。

2. 妊娠期护理

（1）增加产前检查的次数，监测孕妇宫高、腹围和体重的增长情况。

（2）监护母儿状态，积极预防各种妊娠期并发症和合并症。

（3）出现先兆早产者，遵医嘱卧床休息，服用保胎药物，并监测阴道流血、腹痛或阴道流液的情况，注意胎心及胎动。

3. 分娩期护理

（1）分娩前应想到有发生难产的可能，需做好手术助产、抢救新生儿窒息的相关准备。

（2）严密观察产程进展和胎心率变化，如发现有宫缩乏力、产程延长或胎儿窘迫时，及时报告医生并协助医生进行处理及护理。

（3）胎儿娩出时，要分别记录时间，标示身份。

4. 产褥期护理

（1）产后为预防产后出血的发生，可在第二胎儿娩出后立即肌肉注射或静脉滴注缩宫素。留产妇在产房观察 2 小时，注意宫缩及阴道流血的情况。

（2）腹部放置沙袋或用腹带裹紧腹部，防止腹压骤降引起休克。遵医嘱合理使用抗生素，预防感染。加强会阴护理，观察伤口愈合情况。

（3）双胎妊娠如为早产，产后应加强对早产儿的观察和护理。

5. 心理护理　帮助双胎妊娠的孕妇完成两次角色转变。告知双胎妊娠虽属于高危妊娠，但孕妇不必过分担心母儿的安危，说明保持心情愉快，积极配合治疗的重要性。指导产妇和家属做好照顾双胞胎的心理及环境准备，准备双份新生儿用物。促使孕妇学会合理安排时间，掌握喂养、观察新生儿的常识，减轻父母照顾新生儿时的过度疲劳和不能胜任感。

【护理评价】

1. 孕妇能主动与他人讨论两个孩子的将来并做好分娩的准备。

2. 孕产妇、胎儿或新生儿安全。

【健康指导】

加强卫生宣教，使人们明白：多胎妊娠属于高危妊娠，妊娠期、分娩期并发症多，围生儿死亡率高。在妊娠期应重视产前检查，加强孕期保健，减少妊娠期、分娩期的并发症。告诫人们人为干预“制造”多胎是不可取的。

第九节　羊水量异常

一、羊水过多

案例引导

刘女士，孕 26 周，自觉子宫快速增大 1 周，呼吸困难 3 天入院。产科检查：子宫明显大于孕周，触诊胎位不清，胎心遥远。B 超检查羊水指数 48cm，诊断为羊水过多。请问：

1. 羊水过多有哪些类型，怎样判断？
2. 制定羊水过多的护理计划。

妊娠期内羊水量超过 2000mL 者，称为羊水过多（polyhydramnios）。发生率为 0.5% ~1%。羊水量在数日内急剧增多，称为急性羊水过多；羊水量在数周内缓慢增多，称为慢性羊水过多。

【病因】

约 1/3 羊水过多的原因不明，称为特发性羊水过多。2/3 羊水过多可能与胎儿畸形、多胎妊娠及妊娠期并发症、合并症有关。

1. 胎儿畸形 明显的羊水过多常伴有胎儿畸形，其中以中枢神经系统和消化道畸形最常见。中枢神经系统畸形多见于无脑儿、脊柱裂等神经管缺陷。消化道畸形以食管及十二指肠闭锁最常见。

2. 多胎妊娠 双胎妊娠羊水过多的发生率约为单胎妊娠的 10 倍。以单卵双胎居多，两个胎儿间血循环相通，优势胎儿循环血量多，尿量增加致羊水过多。

3. 妊娠期合并症或并发症 妊娠期糖尿病，羊水过多的发病率约 13% ~36%。孕妇的胎儿血糖高，产生渗透性利尿及胎盘胎膜渗出增多，导致羊水过多。妊娠期高血压疾病、妊娠合并急性病毒性肝炎、母儿血型不合、重度贫血，均易发生羊水过多。

【护理评估】

1. 健康史 评估孕妇有无糖尿病、妊娠高血压疾病、多胎妊娠、巨大儿或母儿血型不合等病史。询问羊水量增多的时间及增快的速度，了解孕妇的自觉症状。

2. 身体状况

（1）症状

①急性羊水过多 较少见。多发生于妊娠 20 ~24 周，由于羊水量急剧增多，在数日内子宫急剧增大，横膈上抬，患者出现呼吸困难，不能平卧，甚至出现发绀，孕妇表情痛苦，腹部因张力过大而感到疼痛，食量减少。

②慢性羊水过多 较多见。多发生于妊娠晚期，由于羊水量增加缓慢，症状较缓和，孕妇多能适应。孕妇可出现胸闷、气急等症状，但能忍受。自诉体重增长过快，不易感觉到胎动。

（2）体征 腹部检查时，增大的子宫明显大于孕周，腹壁皮肤紧绷发亮，严重者皮肤变薄、皮下静脉清晰可见。腹壁张力大，触诊时胎位不清，有液体震荡感，胎心遥远或听不清。常伴有下肢及外阴部水肿和静脉曲张。

3. 心理 - 社会状况 羊水过多常与母体疾病有关，使孕妇产生负疚感。约 25% 羊水过多合并胎儿畸形，孕妇及家属担心胎儿发育情况。羊水增多使孕妇压迫症状重，孕妇出现焦虑、恐惧，害怕妊娠不能足月。

4. 辅助检查

（1）B 型超声检查 是羊水过多的重要辅助检查方法。B 超不仅能了解羊水量，还可了解胎儿情况如无脑儿、脑积水、脊柱裂、双胎等。

知识拓展

B型超声诊断羊水过多的标准

1. 测量羊水最大暗区垂直深度（AFV），≥8cm诊断为羊水过多。AFV 8～11cm为轻度羊水过多，12～15cm为中度羊水过多，>15cm为重度羊水过多。

2. 计算羊水指数（AFI）：将孕妇腹部经过脐横线与腹白线作为标志线，分为4个区，4个区的羊水最大暗区垂直深度之和为羊水指数。AFI≥25cm诊断为羊水过多。AFI 25～35cm为轻度羊水过多，36～45cm为中度羊水过多，>45cm为重度羊水过多。

AFI优于AFV。

（2）羊水甲胎蛋白（AFP）含量测定　当母血、羊水中AFP含量明显增高时，提示胎儿畸形。无脑儿、脊柱裂等神经管缺陷、上消化道闭锁等羊水AFP含量呈进行性增加。

（3）其他　行葡萄糖耐量试验以排除妊娠期糖尿病，检查孕妇Rh、ABO血型，排除母儿血型不合。

5. 治疗要点　处理取决于胎儿有无畸形、孕周及孕妇自觉症状严重程度。

（1）羊水过多合并胎儿畸形、染色体异常者，一经确诊，应立即终止妊娠。

（2）羊水过多但胎儿正常，孕周小于34周、胎肺不成熟者，应尽量延长孕周。自觉症状轻者注意休息，低盐饮食，必要时给予镇静剂。自觉症状重时可经腹羊膜腔穿刺放羊水，缓解孕妇压迫症状。

（3）积极治疗妊娠期合并症及并发症，如妊娠合并糖尿病、妊娠期高血压疾病等。

（4）分娩期处理　严密观察产程，警惕脐带脱垂、胎盘早期剥离的发生，预防产后出血。

【护理诊断/问题】

1. 有胎儿受伤的危险　与羊水过多致胎膜早破、脐带脱垂有关。

2. 焦虑　与担心胎儿可能畸形有关。

【护理目标】

1. 羊水过多但胎儿正常者，母婴健康平安。

2. 羊水过多合并胎儿畸形者，孕妇能面对现实，终止妊娠，顺利度过分娩期。

【护理措施】

1. 一般护理　嘱孕妇卧床休息，左侧卧位，改善胎盘血液供应，避免胎儿宫内缺氧。若有呼吸困难、心悸、下肢水肿等症状，取半卧位，改善呼吸状况，可抬高下肢，增加孕妇的舒适感。低盐饮食，多食新鲜蔬菜、水果，防止便秘，避免增加腹压的活动，以防发生胎膜早破。

2. 治疗配合 急性羊水过多患者症状重时，可经腹壁穿刺放羊水以缓解症状。协助医生穿刺放羊水时应注意严格无菌操作，防止感染。穿刺时，B超监测下定位，避开胎盘部位，放羊水时，速度不宜过快，每小时约500mL，一次放羊水量不超过1500mL。放液过程中注意观察孕妇的生命体征变化，监测胎心，预防胎盘早剥的发生。必要时3～4周后可再次放羊水。

3. 分娩的准备 临产后，可行人工破膜，警惕脐带脱垂和胎盘早剥的发生。破膜后宫缩乏力，可静脉滴注低浓度缩宫素，滴注过程中密切观察宫缩及胎心情况。因妊娠期子宫过度膨胀，易致产后宫缩乏力，注意预防产后出血。

4. 心理护理 加强与孕妇的交流，提供情绪上的支持，帮助其积极参与治疗和自我保健，缓解压迫症状。当孕妇由于胎儿畸形引产后，护士应帮助孕妇及家属正确看待此次妊娠失败，减轻他们对下次妊娠的担心和恐惧。

【护理评价】

1. 母婴安全，无并发症发生。

2. 对于因胎儿畸形终止妊娠者能正确面对现实。

【健康指导】

1. 加强孕期卫生宣教，积极治疗糖尿病等原发疾病，预防羊水过多的发生。

2. 定期产前检查，及早发现羊水过多。

二、羊水过少

案例引导

某女士，27岁，孕3产0，孕36周，自觉胎动时腹痛2天入院。产科检查：子宫明显小于妊娠周数，触摸子宫引起宫缩，头先露，听诊胎心音120次/分。请问：

1. 最可能的医疗诊断是什么？

2. 目前首要的护理措施。

妊娠晚期羊水量少于300mL者，称为羊水过少（oligohydramnios）。发生率为0.4%～4%。羊水过少严重影响围生儿的预后，若羊水量少于50mL，围生儿死亡率高达88%。

【病因】

羊水过少与羊水产生减少或羊水吸收、外漏增加有关，另有一部分原因不明。

1. 胎儿畸形 以胎儿泌尿系统畸形为主，如胎儿肾发育不全、输尿管或尿道梗阻引起少尿或无尿，致羊水过少。

2. 胎盘功能减退 过期妊娠、胎儿生长受限、妊娠期高血压疾病、胎盘退行性变，均可导致胎盘功能异常，胎儿慢性缺氧，为保障脑和心脏的供血，使肾血流量下降，胎儿尿生成减少，导致羊水过少。

3. 羊膜病变 某些原因不明的羊水过少可能与羊膜本身病变有关。

4. 孕妇疾病 孕妇脱水、血容量不足或孕妇服用某些药物（如抗利尿剂、吲哚美辛）等，也可引起羊水过少。

【护理评估】

1. 健康史 详细询问病史，了解孕妇生育史、用药史、有无妊娠合并症、有无先天畸形家族史等，同时了解孕妇感觉到的胎动情况。

2. 身体状况

（1）症状 孕妇于胎动时自觉腹痛。胎盘功能减退时，胎动减少。腹部增大不明显，体重增加较少。

（2）体征 宫高腹围较正常孕周偏小；触诊时子宫敏感，易激惹；临产后阵痛剧烈，宫缩不协调，产程延长。人工破膜后见羊水量少，多有胎粪污染。

3. 心理－社会状况 羊水过少常因胎儿畸形或母体疾病，孕妇及家属担心胎儿畸形和新生儿安危。

4. 辅助检查

（1）B超检查 可以显示羊水量，AFV≤2cm为羊水过少，≤1cm为严重羊水过少；AFI≤5cm为羊水过少，≤8cm为羊水偏少。

（2）胎儿电子监护 羊水过少的主要威胁是脐带及胎盘受压，使胎儿储备力减低，NST呈无反应型，一旦子宫收缩脐带受压加重，则出现胎心变异减速和晚期减速。

5. 治疗要点 根据胎儿有无畸形和孕周大小选择治疗方案。

（1）羊水过少合并胎儿畸形，一经确诊，尽早终止妊娠。可选经腹羊膜腔穿刺注入依沙吖啶引产。

（2）羊水过少但胎儿正常，如妊娠已足月，应立即终止妊娠。若合并胎盘功能减退、胎儿窘迫或羊水胎粪污染严重，短时间不能结束分娩者，应行剖宫产术。如妊娠未足月，胎肺不成熟，可增加羊水量行期待治疗，经羊膜腔灌注液体可缓解脐带受压，延长孕周。

【护理诊断/问题】

1. 有胎儿受伤的危险 与羊水过少致胎儿宫内窘迫、宫内发育迟缓等有关。

2. 焦虑 与担心胎儿畸形有关。

【护理目标】

1. 羊水过少但胎儿正常者，母婴健康平安。

2. 羊水过少合并胎儿畸形者，孕妇能面对现实，积极配合终止妊娠的治疗。

【护理措施】

1. 一般护理 注意休息，左侧卧位，改善胎盘血液供应；吸氧；要求孕妇自我监测胎动计数。

2. 病情观察 定期测量宫高、腹围及体重。勤听胎心，了解胎儿宫内情况。可做NST进行胎盘功能检查及胎儿储备功能检查。及早发现异常，及时处理。一旦决定剖宫产，应积极配合做好术前准备，如备皮、配血、留置尿管等。

3. 羊膜腔灌注液体的护理配合 为延长孕周，可经羊膜腔灌注液体。要求严格无菌操作，B超定位后行羊膜腔穿刺，以每分钟10～15mL速度输入温度为37℃左右的0.9%氯化钠注射液200～300mL。穿刺术后遵医嘱使用宫缩抑制剂预防早产。

4. 做好新生儿抢救准备 准备好吸痰器、气管插管及氧气等，随时配合抢救新生儿。

【护理评价】

1. 母婴安全，无并发症发生。
2. 对于胎儿畸形需终止妊娠，孕妇能积极配合治疗。

【健康指导】

加强卫生宣教，强调产前检查的重要性，做好产前筛查工作。产后注意休息，保持情绪稳定。

思 考 题

1. 比较各种流产类型的临床表现、处理原则及护理措施。
2. 列出输卵管妊娠的病理结局和辅助检查。
3. 使用硫酸镁的注意事项有哪些？子痫患者的护理有哪些？
4. 胎盘早剥最严重的类型是隐性出血，它可能引起哪些并发症？
5. 比较早产和过期产的不同及早产儿和过期儿的差别。

第八章 妊娠期合并症妇女的护理

学习目标

1. 简述妊娠、分娩与心脏病的相互影响，说出妊娠合并心脏病早期心衰的临床表现。
2. 说出各种妊娠期合并症的主要症状和体征、治疗要点及护理措施。
3. 概述各种妊娠期合并症常用的辅助检查及健康指导内容，归纳其护理问题。

第一节 妊娠合并心脏病

案例引导

孕妇刘女士，33 岁，妊娠 2 个月，家务劳动后感心悸、气短、胸闷。查体：心率 118 次/分，呼吸 22 次/分，心尖区可闻及Ⅲ级收缩期杂音，肺底部有湿啰音，下肢水肿。请问：

1. 该患者最可能的医疗诊断是什么？
2. 主要护理问题有哪些？
3. 其护理措施有哪些？

妊娠合并心脏病是围生期严重的妊娠合并症，在我国发病率约为1%，占孕产妇死亡原因第2位，非直接产科死因首位。

在妊娠合并心脏病患者中，先天性心脏病占35% ~50%，位居第1位。而以往发病率较高的风湿性心脏病随着广谱抗生素的应用，发病率逐年下降，但在相对贫困落后的边远地区，妊娠合并风湿性心脏病仍较常见。此外，妊娠期高血压疾病性心脏病、围生期心肌病、病毒性心肌炎、贫血性心脏病等也较常见。

1. 妊娠、分娩对心脏病的影响

（1）妊娠期　妊娠期孕妇的总血容量于妊娠第6周开始增加，孕32 ~34 周达高峰，较妊娠前增加30% ~45%。此后维持较高水平，产后2 ~6 周逐渐恢复正常。血容量增加引起心排出量增加和心率加快。妊娠早期以心排出量增加为主，妊娠 4 ~6 个月时增加最多，平均较孕前增加 30% ~50%。妊娠中晚期需增加心率以适应血容量增多，分娩前 1 ~2 个月心率每分钟平均约增加 10 次。妊娠晚期子宫增大，膈肌上升使心脏向左上方移位、大血管扭曲，使心脏负荷进一步加重，易使心脏病孕妇发生心力衰竭而危及生命。

（2）分娩期　分娩期为心脏负担最重的时期。

①第一产程　每次子宫收缩有 250 ~500mL 血液被挤入体循环，回心血量增加，心排血量增加 24%左右。每次宫缩也使右心房压力增高，使平均动脉压增高 10%，心脏负担进一步加重。

②第二产程　除子宫收缩强度加大外，腹肌和骨骼肌也参加收缩，使周围循环阻力加大；产妇屏气用力，肺循环压力升高；腹压增加的同时使内脏血流涌向心脏。此期心脏的负担更重，极易发生心力衰竭。

③第三产程　胎儿娩出后，腹腔内压力骤减，大量血液流向内脏，回心血量减少；胎盘娩出后，胎盘循环停止，回心血量增加，造成血流动力学急剧变化。此时，心脏病孕妇极易诱发心力衰竭。

（3）产褥期　产后 1 ~3 天内，产妇体内潴留的大量液体于短期内回到循环中，使血容量再度增加，而妊娠期一系列心血管变化，尚不能立即恢复到孕前状态。故心脏病孕妇此时仍应警惕心力衰竭的发生。

综上所述，妊娠 32 ~34 周、分娩期及产褥期的最初 3 日内，是心脏病孕产妇最危险的时期，应严密监护，避免心力衰竭。

2. 心脏病对胎儿的影响　心脏病不影响患者受孕。但当孕妇发生心力衰竭时，可因缺氧引起子宫收缩，发生早产或引起胎儿宫内发育迟缓和胎儿窘迫，甚至胎死宫内。

【护理评估】

1. 健康史

（1）孕妇就诊时应详细、全面了解产科病史和既往病史。包括：有无孕产史、心脏病史及与心脏病有关的疾病史、相关检查、心功能状态及诊疗经过、病情有无加重趋势。了解孕妇对妊娠的适应状况。如药物的使用、日常活动、睡眠与休息、营养与排泄等，动态地观察心功能状态及妊娠经过。

（2）判定有无诱发心力衰竭的潜在因素，妊娠期有无呼吸道感染、贫血、妊娠合并症、过度疲劳等；分娩期及产褥期对血流动力学改变的适应情况。对孕产妇的主诉及临床表现给予正确评估。

2. 身体状况

（1）评估与心脏病有关的症状和体征

①症状　心慌、气短、乏力、活动后加重等。

②体征　舒张期杂音；Ⅲ级以上收缩期杂音；严重心律失常；心脏扩大。

（2）评估早期心衰的表现

①轻微活动后立即出现胸闷、心悸、气短。

②休息时心率每分钟超过110次，呼吸每分钟超过20次。

③夜间常因胸闷而坐起呼吸，或到窗口呼吸新鲜空气。

④肺底部出现少量持续性湿啰音，咳嗽后不消失。

对存在诱发心力衰竭因素的孕产妇，要及时识别心力衰竭指征。

（3）评估心功能状态

Ⅰ级：一般体力活动不受限制（无症状）。

Ⅱ级：一般体力活动稍受到限制，休息时无自觉症状。

Ⅲ级：心脏病患者体力活动明显受制，休息时无不适，轻微日常活动即感不适、心悸，呼吸困难或既往有心力衰竭病史者。

Ⅳ级：不能进行任何体力活动，休息状态下即出现心衰症状，体力活动后加重。

知识拓展

心脏病分级

NYHA1994年采用并行的两种分级方案，第1种即上述患者主观功能量，第2种是根据客观检查手段分为下述4级：

A级：为心血管病的客观依据。

B级：客观检查表明属于轻度心血管病患者。

C级：客观检查表明属于中度心血管病患者。

D级：客观检查表明属于重度心血管病患者。

3. 心理－社会状况　妊娠合并心脏病孕妇，随着妊娠的进展，心脏负担逐渐加重。由于缺乏相关知识，孕产妇及家属的心理负担较重，甚至产生恐惧心理而不能合作。

4. 辅助检查

（1）心电图检查　提示各种严重的心律失常，如心房颤动、Ⅲ度房室传导阻滞、ST段改变、T波异常等。

（2）X线检查　显示有心脏扩大，尤其个别心腔的扩大。

（3）超声心动图　更精确地反映各心脏大小的变化，心脏瓣膜结构及功能情况。

（4）胎儿电子监护仪　预测宫内胎儿储备能力，评估胎儿健康。

5. 治疗要点　心脏病变较轻，心功能Ⅰ～Ⅱ级，无心力衰竭病史，且无其他并发症者，可在密切监护下妊娠，必要时给予治疗。心脏病变较重，心功能Ⅲ～Ⅳ级、既往有心力衰竭病史、肺动脉高压、严重心律失常、右向左分流型先天性心脏病（法洛四联征等）、围生期心肌病遗留有心脏扩大、并发细菌性心内膜炎、风湿热活动期等，因孕期极易诱发心力衰竭和严重感染而死亡，不宜妊娠。不宜妊娠者一旦受孕，应尽早终止妊娠；若到妊娠中期再行引产术，其危险不亚于继续妊娠。

（1）妊娠期　①加强孕期保健，发现异常及时住院治疗；②减轻心脏负担，及时去除心衰诱因；③及时发现并积极控制心衰；④预产期前2～4周提前入院待产。

(2) 分娩期 提前选择分娩方式：心功能Ⅰ~Ⅱ级，胎儿不大，胎位正常，宫颈条件良好者，可在严密监护下经阴道分娩，其余可选择剖宫产术。

(3) 产褥期 ①产后1周尤其是产后3天内，应卧床休息并严密观察；②心功能Ⅲ~Ⅳ级者不宜哺乳，应及时回奶；③预防控制感染。

【护理诊断/问题】

1. 活动无耐力 与妊娠增加心脏负荷，心排出量下降有关。

2. 有感染的危险 与心脏病患者缺氧、抵抗力下降有关。

3. 焦虑/恐惧 与担心自身及胎儿生命安全有关。

4. 潜在并发症 心力衰竭、感染。

【护理目标】

1. 患者心脏负荷有所减轻，能适当增加活动。
2. 患者不出现发热、白细胞升高等感染征象。
3. 患者能表达内心感受，焦虑恐惧感减轻。
4. 患者不出现心力衰竭等并发症。

【护理措施】

1. 一般护理

(1) 保证充分的休息 心脏病孕妇要保证每天至少10小时的睡眠，中午休息2小时。避免过度劳累及情绪激动。休息时应采取左侧卧位或半卧位。

(2) 营养科学合理 心脏病孕妇比一般孕妇更需注意营养的摄取，指导孕妇应摄入高热量、高维生素、低盐低脂、富含钙、铁等矿物质和多种微量元素的食物。少食多餐，多食蔬菜和水果，防止便秘加重心脏负担。避免营养过度而导致体重过度增加，以整个孕期体重增加不超过10kg为宜。适当限制食盐量，自妊娠16周起，一般每日食盐量不超过4~5g。

2. 病情观察

(1) 妊娠期 定时产前检查，确定妊娠时即应开始产前检查，一般孕20周前2周检查1次，孕20周后每周1次，也可按病情确定产前检查时间及次数。必要时进行家庭访视，每次产前检查时，还应进行内科检查，重点评估孕妇的心功能状况和胎儿情况，积极预防和治疗各种引起心力衰竭的诱因。

(2) 分娩期 测产妇的心率、脉搏、呼吸、血压，每15分钟1次；必要时记出入量。了解其自觉症状，动态监测心功能的变化，及时发现早期心力衰竭的征象。观察洋地黄类药物使用后的反应。密切观察产程进展。每30分钟听诊1次胎心音（或做胎儿电子监护），监测胎儿宫内情况。

(3) 产褥期 产后最初3天内也是发生心力衰竭的危险期，仍必须严密观察产妇的心率、脉搏、呼吸及心功能状态，及早发现心力衰竭。

3. 对症及治疗护理

(1) 急性心衰的急救护理 如发现孕产妇出现早期心力衰竭或心力衰竭的征象，立即帮助其取坐位，双腿下垂，减少回心血量，减轻心脏负担；及时给予高流量面罩或加压输氧，一般将50%乙醇置于氧气的滤瓶中，随氧气吸入，以增加气体交换面积；报告内科医师及产科医师共同救治；遵医嘱使用洋地黄类药物、快速利尿剂、镇静剂等；实行专人护理，行心电监护及胎儿电子监护。

(2) 分娩期护理　经阴道分娩者，应严密监护产程进展。

①第一产程　专人陪护，严密观察产程进展，注意子宫收缩、胎头下降及胎儿宫内情况；鼓励产妇取左侧卧位，上半身抬高30°，必要时给予吸氧；每15分钟测产妇血压、脉搏、呼吸、心率各1次，每30分钟测胎心率1次；提供无痛分娩支持，缓解产妇紧张情绪；防止感染，遵医嘱及时给予抗生素，发现异常及时报告医师。

②第二产程　尽量缩短第二产程，减少产妇体力消耗，宫口开全后避免产妇屏气用力，继续无痛分娩支持，积极配合医师行产钳术或胎头吸引术缩短产程，并做好抢救新生儿的准备。胎儿娩出后，腹部立即放置1kg沙袋，持续24小时，防止腹压骤降诱发心力衰竭。预防产后出血：按摩子宫同时静脉或肌内注射缩宫素10～20U以减少出血；出血多者遵医嘱输血或输液，但应严格控制输液速度。

(3) 产褥期护理　遵医嘱给予药物治疗并注意用药后观察。严格无菌操作，给予抗生素治疗持续至产后1周，防止感染发生。

4. 预防措施

(1) 非妊娠期指导　根据心脏病的种类，病变程度，心功能状态及是否手术矫治等具体情况，确定患者是否适宜妊娠。心功能Ⅰ级、Ⅱ级者可以妊娠，但需严密监护；不宜妊娠者，指导患者采取有效措施严格避孕。

(2) 加强孕期保健　定期产前检查或家庭访视，早期发现诱发心力衰竭的各种潜在危险因素。重点评估心脏功能情况及胎儿宫内情况。若心功能Ⅲ级或以上，有心力衰竭者，均应立即入院治疗。孕期经过顺利者，亦应在妊娠36～38周入院待产。

(3) 预防治疗诱发心力衰竭的诱因　预防上呼吸道感染，纠正贫血，治疗心律失常。防治妊娠期高血压疾病和其他合并症与并发症。

5. 心理护理

(1) 促进家庭成员适应孕妇造成的压力，协助并提高孕妇自我照顾能力，完善家庭支持系统。指导孕妇及家属掌握妊娠合并心脏病的相关知识，使其了解孕妇的身心状况，妊娠的进展情况，监护胎儿的方法以及产时、产后的治疗护理方法，以减轻孕妇及家人的心理焦虑。

(2) 给予生理及情绪支持，降低产妇及家属焦虑。护理人员维持环境安静，并陪伴产妇，给予支持及鼓励，及时提供信息，协助产妇及家属了解产程进展情况，并取得配合，减轻其焦虑感，保持情绪平稳，维护家庭关系和谐。

【护理评价】

1. 患者心功能好转，活动能力增强。
2. 患者未出现感染。
3. 患者心态平和、情绪稳定。
4. 患者未出现各种并发症。

【健康指导】

1. 产后根据病情，定期复查。

2. 注意休息、保暖，避免劳累及上呼吸道感染，保持心功能状态稳定。

3. 根据产妇的心功能状态，正确指导心功能Ⅲ级或以上不宜哺乳的患者退奶，指导其家属做好新生儿的护理。

4. 指导计划生育，对不宜再妊娠需做绝育且心功能良好者，应于产后1周做绝育手术。如有心力衰竭，待控制后行绝育手术。未做绝育手术者要采取有效措施，严格避孕。

第二节 妊娠合并糖尿病

糖尿病（diabetes mellitus）是一组以慢性血糖水平增高为特征的代谢疾病群。妊娠期间糖尿病有两种情况，一种为妊娠前已有糖尿病的患者妊娠，又称糖尿病合并妊娠；另一种为妊娠前糖代谢正常或有潜在糖耐量减退，妊娠期才出现或发现糖尿病，又称妊娠期糖尿病（gestational diabetes mellitus，GDM）。糖尿病孕妇中90%以上为GDM，糖尿病合并妊娠者不足10%。GDM发生率世界各国报道为1% ~14%。我国发生率为1% ~5%，近年有明显增高趋势。妊娠合并糖尿病属高危妊娠，母婴死亡率较高，必须引起重视。

妊娠与糖尿病的相互影响体现在以下几方面：

1. 妊娠期糖代谢的特点 在妊娠早中期，随着孕周的增加，胎儿对营养物质需求量的增加，通过胎盘从母体获取葡萄糖是胎儿能量的主要来源。

妊娠期糖代谢的特点：①胎儿从母体获取葡萄糖量增加；②孕妇肾血浆流量及肾小球滤过率均增加，但肾小管对糖的再吸收率不能相应增加，导致部分孕妇排糖量增加；③雌激素和孕激素增加母体对葡萄糖的利用。因此，空腹时孕妇清除葡萄糖能力较非孕期增强。孕妇空腹血糖较非孕妇低，因此孕妇长时间空腹易发生低血糖及酮症酸中毒。妊娠中晚期，孕妇体内拮抗胰岛素样物质增加，使孕妇对胰岛素的敏感性随孕周增加而下降，为维持正常的糖代谢水平，胰岛素需求量必须相应增加。因胰岛素分泌受限的孕妇，妊娠期不能代偿这一生理变化而使血糖升高，使原有糖尿病加重或出现GDM。

2. 妊娠对糖尿病的影响 妊娠可使原有糖尿病患者的病情加重，使隐性糖尿病显性化，使既往无糖尿病的孕妇发生GDM。由于妊娠期糖代谢的复杂变化，若未能及时调整胰岛素用量，部分患者可能会出现低血糖，严重者甚至导致饥饿性酮症酸中毒、低血糖性昏迷等。孕早期空腹血糖较低，应用胰岛素治疗的孕妇如果未及时调整胰岛素用量，部分患者可能会出现低血糖。随妊娠进展，抗胰岛素样物质增加，胰岛素用量需要不断增加。分娩过程中体力消耗较大，进食量少，若未及时调整胰岛素用量，部分患者可能会出现血糖过低或过高，严重者甚至导致低血糖昏迷及酮症酸中毒。

3. 糖尿病对妊娠的影响 糖尿病对母儿的影响及其程度取决于糖尿病病情及血糖控制水平。病情较重或血糖控制不良者，对母儿影响大，母儿近、远期并发症较高。

（1）对孕妇的影响

①糖尿病患者因代谢紊乱，卵巢功能障碍，月经不调，其不孕症发生率约为2%。

②因高血糖可使胚胎发育异常甚至胚胎死亡，流产率达15%～30%。

③妊娠期高血压疾病发生率为正常妇女的3～5倍，当并发肾脏疾病时，其发生率高达50%以上。因糖尿病可导致血管病变，小血管内皮细胞增厚，管腔狭窄，组织供血不足，孕妇及围生儿预后较差。

④糖尿病患者易导致羊水过多，较非糖尿病孕妇高10倍以上，可能与胎儿高血糖，高渗性利尿导致胎尿排出增多有关，而羊水过多又可增加胎膜早破和早产的发生率。

⑤巨大儿发生率明显增高，故手术产率、产伤及产后出血发生率明显增高。

⑥易引发酮症酸中毒。由于妊娠期复杂的代谢变化，加之高血糖及胰岛素相对或绝对不足，代谢紊乱进一步发展到脂肪分解加速，血清酮体急剧升高，发展为代谢性酸中毒。

（2）对胎儿的影响

①巨大儿发生率高达25%～42%　其原因为孕妇血糖高，胎儿长期处于高胰岛素血症环境中，促进胎儿在宫内过度生长。

②胎儿畸形发生率为6%～8%　可能与母体妊娠早期高血糖、酮症酸中毒、缺氧或与糖尿病药物毒性有关。在胚胎发育时期，孕妇高血糖可导致胎儿严重畸形发生。

（3）对新生儿的影响

①新生儿呼吸窘迫综合征（RDS）发生率增高　高血糖刺激胎儿胰岛素分泌增加，形成高胰岛素血症，使胎儿肺表面活性物质产生及分泌减少，导致胎儿肺成熟延迟，RDS发生率增加。

②新生儿低血糖　新生儿出生后仍存在高胰岛素血症，若不及时补充糖，易发生新生儿低血糖，严重时危及新生儿生命。

【护理评估】

1. 健康史　了解糖尿病史及糖尿病家族史，有无反复发生外阴阴道假丝酵母菌病、不明原因反复流产、死胎、巨大儿或分娩足月新生儿呼吸窘迫综合征儿史、胎儿畸形、新生儿死亡等不良孕产史等；本次妊娠经过、病情控制及目前用药情况；有无胎儿偏大或羊水过多等潜在高危因素。同时，注意了解有无肾、心血管系统及视网膜病变等合并症情况。

2. 身体状况

（1）孕妇有无糖代谢紊乱症候群，即三多一少症状（多饮、多食、多尿、体重下降），重症者症状明显。有无皮肤瘙痒，尤其外阴瘙痒。因高血糖可导致眼房水、晶体渗透压改变而引起眼屈光改变，患病孕妇可出现视力模糊。

（2）孕妇有无并发症，如低血糖、高血糖、妊娠期高血压疾病、酮症酸中毒、感染等。确定胎儿宫内发育情况，注意有无巨大儿或胎儿生长受限。分娩期重点评估孕妇有无低血糖及酮症酸中毒症状，如心悸、出汗、面色苍白、饥饿感或出现恶心、呕吐、视力模糊、呼吸快且有烂苹果味等。

3. 心理－社会状况 孕妇及家人对疾病知识的了解程度，认知态度，有无焦虑、恐惧心理，社会及家庭支持系统是否完善。

4. 辅助检查

（1）血糖测定 两次或两次以上空腹血糖≥5.8mmol/L者。

（2）糖筛查试验 用于GDM筛查，建议孕妇于妊娠24～28周进行。方法：葡萄糖50g溶于200mL水中，5分钟内服完，服后1小时测血糖≥7.8mmol/L为糖筛查阳性。阳性者应查空腹血糖，如正常需进行葡萄糖耐量试验（OGTT）。

（3）葡萄糖耐量试验（OGTT） 禁食12小时后，口服葡萄糖75g。GDM诊断标准为：空腹血糖5.6mmol/L，1小时后血糖10.3mmol/L，2小时后血糖8.6mmol/L，3小时后血糖6.7mmol/L，若其中有2项达到或超过正常值，即可诊断为GDM。一项异常则诊断为糖耐量异常。

（4）其他检查 肝肾功能检查、24小时尿蛋白定量、尿酮体及眼底等相关检查。

知识拓展

糖化血红蛋白检查

一般认为糖化血红蛋白测定可反映前8～12周的血糖水平，可以弥补空腹血糖只反映瞬时血糖值的不足，可监测病情的控制情况。糖化血红蛋白4%～6%时血糖正常，6%～7%时比较理想，7%～8%时控制一般，8%～9%时为不理想。

5. 治疗要点 糖尿病妇女于妊娠前应判断糖尿病的程度，确定妊娠的可能性。允许妊娠者，需在内科、产科密切监护下，尽可能将血糖控制在正常或接近正常范围内，正确选择分娩方式，防止并发症发生。分娩时间：原则上在控制血糖，确保母儿安全的前提下，尽量延长孕周以接近预产期。血糖控制不良，伴有严重的合并症及并发症，则在促胎肺成熟后，立即终止妊娠。分娩方式：胎儿发育正常，宫颈条件较好者，可经阴道分娩。妊娠合并糖尿病伴胎位异常、巨大儿或因病情严重需终止妊娠时，多选择剖宫产。

【护理诊断/问题】

1. 营养失调：低于或高于机体需要量 与血糖代谢异常有关。

2. 知识缺乏 缺乏饮食控制的相关知识。

3. 有胎儿受伤的危险 与血糖控制不良导致胎盘功能低下、巨大儿、畸形儿有关。

4. 有感染的危险 与糖尿病对感染的抵抗力下降有关。

【护理目标】

1. 患者及家人能说出监测及控制血糖的方法。
2. 患者能够保持良好的自我照顾能力，以维持母儿健康。
3. 胎儿没有受伤。

4. 患者未发生感染。

【护理措施】

1. 妊娠期护理

(1) 一般护理

1) 饮食治疗　糖尿病的基础治疗是控制饮食。由于妊娠的特殊需要，孕妇必须摄入足够的热量和蛋白质，既要保证胎儿发育所需的营养，又要避免发生危害胎儿的餐后高血糖或饥饿酮症。糖尿病孕妇的热量以146.3～158.8kJ（35～38kcal）/（kg·d）为宜，蛋白质1.5～2g/（kg·d）。碳水化合物占总热量的50%～60%，蛋白质占总热量的15%～20%，脂肪占总热量的20%～30%。还应少食多餐。同时，遵医嘱每日应补充钙剂1.0～1.2g，叶酸0.5mg，铁剂1.5mg。

2) 运动治疗　通过适当运动达到降低血糖、提高对胰岛素的敏感性、体重增加控制在正常范围。运动方式可有：极轻度运动（如散步）、轻度运动（如中速步行），持续20～40分钟，每日至少1次，在餐后1小时进行。一般散步30分钟，可消耗热量约376.2 kJ（90kcal）；中速步行30分钟，可消耗热量约647kJ（150kcal）。通过饮食和适度运动，使孕妇体重增加控制在10～12kg范围内。

(2) 病情观察　加强孕期监护，孕早期每周产前检查1次至第10周，孕中期每2周检查1次，孕32周后每周检查1次，以确保母儿健康。

①孕妇监护　妊娠可能导致母体糖尿病并发症的加重；对必须继续妊娠者除常规的产前检查内容外，应对孕妇进行严密的内分泌及产科监护，使血糖值接近正常水平。血糖监测：临床上常用血糖值和糖化血红蛋白作为监测指标，空腹血糖＜7.0mmol/L，餐后2小时血糖＜10mmol/L，每月查1次糖化血红蛋白HbAlc＜6%。肾功能监测及眼底检查：每次产前检查应做尿常规，因15%孕妇餐后出现糖尿，尿糖也易出现假阳性，所以尿常规检查多用于监测尿酮体和尿蛋白。每月1次肾功能测定及眼底检查，预防并发症的发生。

②胎儿监护　为了及时发现胎儿畸形、智力障碍、死胎，必须监护胎儿健康状况。定期行B超检查，确定有无胎儿畸形、监测胎头双顶径、羊水量、胎盘成熟度等。胎儿超声心动图是产前诊断胎儿心脏结构异常的重要方法。妊娠28周以后，为预防胎死宫内，指导孕妇掌握自我监护胎动的方法，若12小时胎动数＜10次，或胎动次数减少超过原计数50%而不能恢复，则表示胎儿宫内缺氧。自妊娠32周开始，每周1次无激惹试验（NST）检查，36周后每周2次，了解胎儿宫内储备能力。连续动态测定孕妇尿E3及血中HPL值可及时判定胎盘功能。

(3) 对症护理　出现酮症酸中毒症状，遵医嘱输液、给药，配合抢救，测中心静脉压，根据中心静脉压调节输液速度及输液量。如患者清醒，可饮水。

2. 分娩期护理　严密监测血糖、尿糖和尿酮体，为使血糖不低于5.6mmol/L，可按每4g糖加1U胰岛素比例给予静脉输液，提供热量，预防低血糖。阴道分娩者，鼓励产妇左侧卧位，改善胎盘血液供应。密切监护胎儿状况，产程时间不超过12小时，如产程大于16小时易发生酮症酸中毒。糖尿病孕妇在分娩过程中，仍需维持身心舒适，给予支持以减缓分娩压力。

3. 产后护理

(1) 产妇护理　产后由于胎盘的娩出，抗胰岛素激素迅速下降。因此，分娩后 24 小时内胰岛素减至原用量的 1/2，48 小时减少到原用量的 1/3，产后需重新评估糖尿病的情况。密切观察有无出汗、脉搏快等低血糖症状，若有应喂食糖水或静脉注射 5% 葡萄糖 40 ~ 60mL，并及时通知医师。

(1) 新生儿出生时处理　新生儿出生时应留脐血，进行血糖、胰岛素、胆红素、血细胞比容、血红蛋白、钙、磷、镁的测定。无论出生状况如何，均视为高危新生儿，注意保暖和吸氧，加强监护，观察新生儿有无出现低血糖、呼吸窘迫综合征及其他并发症的症状。重点防止新生儿低血糖，应在开奶同时，定期滴服葡萄糖液。发现异常情况，及时报告医师。

4. 预防措施

(1) 为了保护母亲的健康与安全，减少胎儿畸形的发生，糖尿病妇女应当避孕。显性糖尿病妇女在妊娠前应由内分泌科医师和产科医师共同研究，确定糖尿病的病情程度，先将血糖严格控制在正常范围内后再妊娠。

(2) 糖尿病孕产妇较一般妇女更易感染，应采取措施预防感染。

5. 心理护理　妊娠期与孕妇及家属讨论如何面对糖尿病对母儿健康的威胁，鼓励他们说出内心的感受与担心之事，帮助其以积极向上的方式应对压力，如遵医嘱复诊，监测血糖值，严格进行饮食、运动、胰岛素的综合治疗等。分娩期陪伴产妇，提供产程进展的信息，使其顺利度过。产褥期协助产妇、家属与新生儿尽快建立亲子关系。指导轻症者进行母乳喂养。对此次怀孕失败者，为其提供环境和机会疏导情绪。

【护理评价】

1. 孕产妇未发生感染。
2. 孕产妇能自觉遵守饮食计划，血糖控制好。
3. 糖尿病孕妇妊娠、分娩经过顺利，围产儿没有受伤。
4. 孕产妇未发生低血糖和产后出血。

【健康指导】

1. 指导孕妇正确控制血糖，提高自我监护和自我护理能力，与家人共同制定健康教育计划，使其了解有关糖尿病的一般知识、妊娠合并糖尿病的特点及危害、饮食指导、运动指导、血糖自我监测及结果的意义。向护理对象讲解妊娠合并糖尿病的危害，预防各种感染，缓解心理压力的方法，发生高血糖及低血糖的症状及紧急处理步骤，鼓励孕妇外出携带糖尿病识别卡及糖果，避免发生不良后果。

2. 指导产妇定期接受产科和内科复查，尤其 GDM 患者应重新确诊，如产后正常也需每 3 年复查血糖 1 次。

3. 产后应长期避孕，最好不用药物及宫内避孕器具。

第三节　妊娠合并急性病毒性肝炎

病毒性肝炎是严重危害人类健康的传染病。病原体主要包括甲型（HAV）、乙型（HBV）、丙型（HCV）、丁型（HDV）及戊型（HEV）5种病毒，分别形成了这5种类型的肝炎，以乙型肝炎最常见，可发生在妊娠任何时期。各型病原体不同，但临床表现相似，表现为疲乏、食欲减退、肝大及肝功能异常，部分患者可出现黄疸。临床上病毒性肝炎可分急性肝炎、慢性肝炎、重型肝炎等类型。妊娠合并急性病毒性肝炎严重威胁孕产妇生命安全，死亡率占非产科因素第2位，仅次于妊娠合并心脏病。

【病毒性肝炎对妊娠的影响】

1. 对母体的影响　患病毒性肝炎的孕妇在妊娠早期早孕反应加重。妊娠晚期妊娠期高血压疾病发生率高，可能与肝病时醛固酮灭活能力下降有关。分娩时，由于肝功能的损害和凝血功能的减退易发生产后出血，重型肝炎常并发DIC。与非孕期比，妊娠合并肝炎易发展为重型肝炎，以乙型、乙型重叠丁型或戊型多见；妊娠合并重型肝炎死亡率高达60%。

2. 对胎儿的影响　妊娠早期患肝炎时，胎儿发生畸形率高。由于肝炎病毒可以通过胎盘感染胎儿而易造成流产、早产、死胎、死产和新生儿死亡，围生儿死亡率明显增高。

3. 母婴传播　病毒性肝炎母婴传播越来越引起人们的注意，尤其是乙型肝炎病毒，母婴传播有3种途径：①宫内感染：在子宫内主要经胎盘传播（产后免疫接种失败的主要原因）。②产时感染：是母婴传播的主要途径。分娩时通过软产道接触母血或羊水传播。③产后感染：产后可能通过接触母亲唾液或乳汁传播。在我国，约8%的人群是HBV携带者，而高达50%的慢性HBV感染是母婴传播造成的。HBV感染时年龄越小，成为慢性携带者的概率越高，发展为肝硬化、肝癌的可能性也越大，因此母婴传播阻断对控制慢性乙肝至关重要。

【临床表现】

1. 与急性病毒性肝炎相关的表现　常见有乏力、食欲减退、恶心、呕吐、腹胀及肝区痛等。部分患者有畏寒、发热、黄疸及皮肤一过性瘙痒。妊娠早、中期检查可触及肝大，肝区有触痛或叩击痛。

2. 妊娠合并重型肝炎的表现　多见于妊娠晚期，起病急，病情重，表现为畏寒发热、食欲极度减退、尿色深黄、皮肤巩膜黄染迅速、频繁呕吐、肝臭气味、腹胀腹水，肝脏进行性缩小，甚至出现肝性脑病，如嗜睡、烦躁、神志不清，甚至昏迷。

3. 产科情况　早孕反应时间早、症状重，部分甚至发展为妊娠剧吐。其他并发症有流产、妊娠期高血压疾病、早产、胎死宫内及产后出血等。妊娠早期急性发病者可导致胎儿畸形。

【护理评估】

1. 健康史　了解急性病毒性肝炎病史及诊治情况，了解近期有无与肝炎患者密切接触史、半年内是否有输血、注射血制品史，咨询有无肝炎家族史及肝炎流行地区生活史等。

2. 身体状况

(1) 症状　询问本次妊娠过程，了解恶心、腹胀等症状出现的时间，评估病情发展过程，警惕有无重症肝炎倾向等。

(2) 体征　腹部检查了解肝脏大小，有无触痛；产前检查了解胎儿发育情况，注意胎心胎动，评估有无其他异常，如妊娠剧吐、流产、早产及妊娠期高血压疾病等。

3. 心理－社会状况　评估孕妇及家人对疾病的认知程度。因担心感染胎儿，孕妇可出现焦虑、矛盾及自卑等心理反应。了解孕妇家庭社会支持系统是否完善。

4. 辅助检查

(1) 肝功检查　血清谷丙转氨酶（ALT）增高、血清胆红素在 17μmol/L 以上、尿胆红素阳性等。

(2) 病原学检查　甲型肝炎抗 HAV－IgM 阳性有诊断意义；乙型肝炎表面抗原及 E 抗原阳性等；丙型肝炎抗 HCV 抗体阳性。

(3) 重型肝炎　凝血酶原时间百分活度（PTA）＜40%；血清总胆红素＞171μmol/L 有助于诊断。

5. 治疗要点　肝炎患者原则上不宜妊娠。妊娠后，病情较轻者处理原则与非孕期相同，出现黄疸立即住院，防治重症肝炎发生。加强分娩监护，防止产后出血，阻断肝炎病毒的母婴传播。

【护理诊断/问题】

1. 营养失调：低于机体需要量　与恶心呕吐、食欲不振、摄入不足有关。

2. 知识缺乏　缺乏病毒性肝炎感染途径、传播方式、母儿危害等预防保健知识。

3. 潜在并发症　肝性脑病及产后出血等。

4. 预感性悲哀　与肝炎病毒感染导致的不良结局有关。

【护理目标】

1. 孕妇摄入增加，营养状况良好。
2. 孕妇能描述妊娠合并病毒性肝炎的自我保健及隔离措施。
3. 孕产妇不发生肝性脑病及产后出血等。
4. 帮助建立良好的家庭支持系统，减轻孕妇负面情绪。

【护理措施】

1. 妊娠期护理　护理措施与非孕期一致，应特别注意以下几点：

(1) 注意休息、营养：每日保证 9 小时睡眠和适当午休，避免重体力劳动；提供高蛋白、高维生素、足量糖类和低脂肪饮食，多摄入新鲜蔬菜水果，保持大便通畅。

(2) 加强产前检查，防止交叉感染：及时发现各种妊娠期并发症，防止感染，避免加重病情。严格执行消毒隔离制度，避免交叉感染。

(3) 阻断母婴传播：乙肝表面抗原阳性孕妇从妊娠 28 周起每 4 周肌注 1 次乙肝免疫球蛋白 200IU，直至分娩。

(4) 孕妇经治疗病情好转可继续妊娠；病情继续发展可考虑终止妊娠；妊娠中晚期积极防治妊娠期高血压疾病，若病情发展亦可考虑终止妊娠。

2. 分娩期护理

(1) 将产妇安置在隔离待产室和产房，避免交叉感染；严格执行各项操作程序，避免产道损伤和新生儿产伤等，防止母婴传播。

(2) 密切观察产程进展，避免不良刺激，提供无痛分娩措施，防止并发症。缩短第二产程，必要时配合医师行阴道助产术。

(3) 防止产后出血：产前备新鲜血液。产前1周肌注维生素 K_1，每日20～40mg，产后按医嘱给予维生素 K_1 肌内注射，第二产程胎肩娩出后立即遵医嘱静脉注射缩宫素20U，产前4小时及产后12小时内不宜使用肝素。

3. 产后护理

(1) 产妇护理 密切观察子宫收缩及阴道出血情况；遵医嘱继续使用保肝药物，选用肝损害小的抗生素；HBsAg阳性孕妇所分娩的新生儿，联合使用乙肝疫苗和乙肝免疫球蛋白后，可以母乳喂养。HBeAg阳性的产妇，母乳喂养是否安全尚无定论。

(2) 新生儿护理 新生儿出生后12小时内和1个月时各肌内注射乙肝免疫球蛋白100～200IU；出生后24小时内、1个月、6个月分别注射乙肝疫苗10～20μg，10μg，10μg，可显著提高阻断效果。

4. 心理护理 提供安静、舒适的家庭休养环境或住院环境。向孕妇及家属讲解病毒性肝炎相关知识及常用隔离方法，争取患者及家属的配合。关心安慰鼓励孕产妇，帮助消除自卑心理，消除紧张恐惧等不良情绪。

【护理评价】

1. 产妇营养不良明显改善。
2. 产妇学会病毒性肝炎的自我保健及隔离措施。
3. 产妇分娩顺利，母儿无并发症发生。
4. 产妇负面情绪明显减轻。

【健康指导】

1. 孕前咨询 育龄妇女应常规检测乙肝五项指标，若无抗体，应接种乙肝疫苗，预防孕期感染HBV。感染HBV的育龄妇女孕前应检测肝功、血清HBV DNA及肝脏B超。受孕的最佳时机是肝功正常、血清HBV DNA低水平、肝脏B超无特殊改变。孕前若有抗病毒指征，首选干扰素。停药半年可考虑妊娠。

2. 指导产妇按时完成乙肝主动免疫计划。

第四节 妊娠合并贫血

贫血（anemia）是较常见的妊娠合并症。由于妊娠期血液系统的生理变化，血液呈稀释状态，出现“生理性贫血”。因此，妊娠期贫血的诊断标准不同于非孕期妇女。如血红蛋白 <110g/L及血细胞比容 <0.33，即可诊断妊娠期贫血。血红蛋白 >60g/L为轻度贫血，血红蛋白≤60g/L 为重度贫血。WHO 最近资料表明，50% 以上孕妇合并贫血，而缺铁性贫血则最为常见，占妊娠期贫血的 95%。

【病因】

正常成年非孕期女性体内铁总量为 35～40mg/kg，每日需消耗 20～25mg 用于造血，为维持体内铁平衡，每日需从食物中摄取铁 1～15mg。妊娠妇女由于血容量增加需铁 650～750mg，胎儿生长发育需铁 250～350mg，仅妊娠期约需铁 1000mg。因此，每日需从食物中摄取至少 4mg 铁。妊娠晚期铁的最大吸收率虽已达 40%，但仍不能满足需求，如不及时给予补充铁剂，则易造成贫血。

【贫血与妊娠的相互影响】

1. 对母体的影响 妊娠可使原有贫血病情加重，而贫血则使孕妇妊娠风险增加。贫血使母体耐受力差，孕妇易产生疲倦感，而长期倦怠感会影响孕妇在妊娠期的心理适应，将妊娠视为一种负担而易影响亲子间的感情及产后心理康复。重度贫血可导致贫血性心脏病、妊娠期高血压疾病性心脏病、产后出血、失血性休克、产褥感染等并发症的发生，危及产妇生命。

2. 对胎儿影响 因孕妇骨髓和胎儿竞争摄取母体血清铁的过程中，一般以胎儿组织占优势，并且铁通过胎盘的转运为单向性运输，因此胎儿缺铁程度不会太严重。当母体缺铁严重时，会影响骨髓造血功能致重度贫血，胎儿生长发育所需的营养物质及氧缺乏，造成胎儿生长受限、胎儿窘迫、早产、死胎或死产等不良后果。

【护理评估】

1. 健康史 评估既往有无月经过多或消化道疾病引起的慢性失血性病史，有无因不良饮食习惯或胃肠道功能紊乱导致的营养不良病史。

2. 身体状况

(1) 症状 轻度贫血者多无明显症状，严重贫血者可表现为头晕、乏力、耳鸣、心悸、气短、面色苍白、倦怠、食欲不振、腹胀、腹泻等症状，甚至出现贫血性心脏病、妊娠期高血压疾病性心脏病、胎儿生长受限、胎儿窘迫、早产、死胎、死产等并发症的相应的症状。

(2) 体征 皮肤黏膜苍白，毛发干燥无光泽易脱落，指（趾）甲扁干、脆薄易裂或反甲（指甲呈勺状），并可伴发口腔炎、舌炎等，部分孕妇出现脾脏轻度肿大。

3. 心理－社会状况 重点评估孕妇因长期疲倦或知识缺乏而引起的倦怠心理。同时评估孕妇及家人对缺铁性贫血疾病的认知情况，以及家庭、社会支持系统是否完善等。

4. 辅助检查

(1) 血象 外周血涂片呈小细胞低色素性贫血。血红蛋白 <100g/L，红细胞比容 <0.30 或红细胞计数 $<3.5\times10^{12}/L$，则可诊断为妊娠期贫血。因妊娠所致的生理性贫血，血红蛋白在 100～110g/L 之间。

(2) 血清铁测定 孕妇血清铁 <6.5μmol/L 为缺铁性贫血。

5. 治疗要点

(1) 去除病因 如改善饮食，积极治疗消化系统疾病等。

（2）补充铁剂　可口服硫酸亚铁等，或肌内注射右旋糖酐铁。

【护理诊断】

1. 活动无耐力　与贫血导致的疲劳有关。

2. 有受伤的危险　与贫血引起的头晕、眼花等症状有关。

3. 有感染的危险　与贫血导致机体抵抗力低下有关。

【护理目标】

1. 妊娠期、分娩期母婴维持最佳的身心状态，活动耐力增加。

2. 孕产妇住院期间得到满意的生活护理，未受伤。

3. 孕产妇住院期间未发生感染。

【护理措施】

1. 一般护理

（1）饮食指导　通过建立良好的用餐环境，菜式的多样化及色、香、味等帮助孕妇改变偏食、厌食的不良习惯。选择多样化的高铁、高蛋白、高维生素 C 食物，进食动物肝脏、瘦肉、家禽、蛋类、胡萝卜等。食物中如蔬菜、谷类、茶叶的磷酸盐、植酸、丹宁酸等可影响铁的吸收，因此，应注意食物的搭配，避免影响机体对铁的吸收。

（2）充分休息　贫血孕妇应注意充分休息。血红蛋白在 70g/ L 以下者应全休，避免机体增加耗氧量。行动要注意安全，避免疲乏、头晕而发生意外。

2. 病情观察

（1）初次产前检查时常规检查血红蛋白、红细胞总数，及时发现病情并诊治。产时复查，了解贫血程度。

（2）分娩期观察子宫收缩、出血量，防治产后出血，以免加重贫血。

3. 对症及治疗护理

（1）妊娠期　应正确使用铁剂。从妊娠 4 个月起至产后期，遵医嘱口服硫酸亚铁，每日 200～600mg，同时服 10% 稀盐酸 1 mL、维生素 C 300mg，3 次/日，促进铁的吸收。服用铁剂可产生恶心、呕吐等副反应，宜饭后服用，服用后大便呈黑色。如口服疗效差、不能耐受或病情较重时，可遵医嘱深部肌内注射。

（2）分娩期

①临产前遵医嘱给予卡巴克络（卡巴克洛）、维生素 K_1 及维生素 C 治疗，并配鲜血备用。

②接近预产期或短期内行剖宫产术者，宜少量多次输血，以浓缩红细胞为最好，输血时避免因加重心脏负担诱发急性左心衰竭。同时积极预防产后出血和产褥感染。

③配合医师缩短第二产程，减少产妇的体力消耗。

（3）产褥期

①哺乳方式　劝导严重贫血的产妇不宜哺乳，要退奶，应注意避免用对肝有损害的雌激素退奶。同时教会产妇及家人人工喂养的方法。

②充分休息　避免劳累，并注意避孕。

4. 心理护理　对孕妇在治疗配合上的进步给予赞扬，增强其对治疗的信心。分娩期为产妇提供心理支持；产褥期提供家庭支持，加强亲子互动，避免产后抑郁。

【护理评价】

1. 妊娠分娩经过顺利，母婴健康，活动耐力正常。

2. 孕产妇住院期间未受伤。

3. 孕产妇住院期间未发生感染。

【健康指导】

告知孕产妇积极查找贫血的原因，坚持对因与对症联合治疗，如治疗引起贫血的疾病、养成良好的饮食习惯等。纠正偏食、适度增加营养，必要时补充铁剂。遵医嘱定期复查，了解治疗效果。

思　考　题

1. 妊娠合并心脏病在哪 3 个时期容易发生心衰？为什么？

2. 妊娠合并心脏病孕妇的主要护理措施有哪些？

3. 妊娠合并糖尿病对母儿有哪些影响？如何护理？

4. 妊娠合并哪种类型的贫血最常见？用药的护理措施有哪些？

第九章　异常分娩妇女的护理

学习目标

1. 说出异常分娩的定义及影响因素。
2. 归纳产力异常、产道异常、胎位及胎儿异常的分类。
3. 阐述产力异常、产道异常、胎位及胎儿异常的护理评估和护理措施。

案例引导

赵女士，26 岁，初产妇，妊娠38 周，出现规律宫缩17 小时，阴道有少量淡红色液体流出，宫缩每6～8 分25 秒，胎心音150 次/分，肛查：宫口开大2cm，宫颈轻度水肿，胎头S－2，无明显骨产道异常。请问：

1. 该产妇产程有无异常？有何异常？
2. 如果观察半小时后胎心110 次/分，CST 监护出现频繁的晚期减速，应如何护理？

影响分娩能否顺利进行的因素是产力、产道、胎儿和精神心理因素。其中任何一个或一个以上因素发生异常，且各因素之间不能相互适应而使分娩进展受到阻碍时，称为异常分娩，俗称难产（dystocia）。难产处理不当会给母儿造成严重危害，若处理得当，也可转为顺产。因此，在处理难产时，必须严密观察产程，认真收集资料，综合分析影响分娩的各个因素及它们之间的关系，及时正确处理，确保母婴安全。异常分娩主要包括产力异常、产道异常和胎儿异常。

第一节　产力异常

产力包括子宫收缩力、腹肌和膈肌收缩力及肛提肌收缩力，其中以子宫收缩力为主。在分娩过程中，子宫收缩失去正常的节律性、对称性、极性或频率及强度有改变，称为子宫收缩力异常。临床上分为子宫收缩乏力（简称宫缩乏力）和子宫收缩过强（简称宫缩过强）两类，每类又分为协调性与不协调性两种（图9－1）。临床上以协调性宫缩乏力多见。

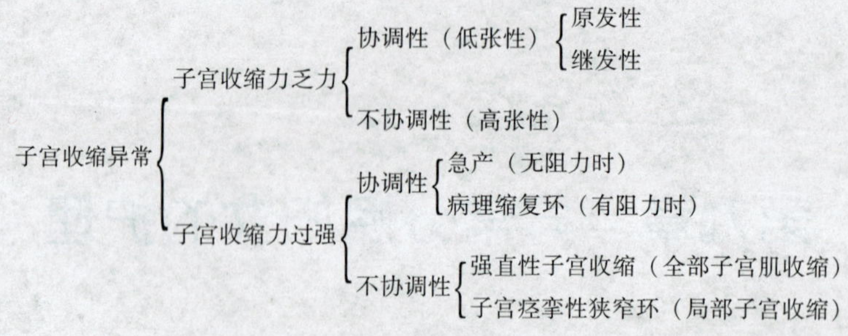

图 9－1　子宫收缩力异常的分类

一、子宫收缩乏力

【病因】

引起宫缩乏力的原因较复杂，往往是多种因素的综合，常见的有：

1. 头盆不称或胎位异常　临产后，当骨盆异常或胎位异常时，胎先露不能紧贴子宫下段和压迫宫颈部，因而不能刺激子宫阴道神经丛引起有力的反射性子宫收缩，是导致继发性子宫收缩乏力最常见的原因。

2. 子宫因素　多胎妊娠、羊水过多、巨大胎儿等可使子宫肌纤维过度伸展，失去弹性；经产妇、子宫肌纤维变性、子宫肌瘤、子宫发育不良、子宫畸形等，均能引起子宫收缩乏力。

3. 精神因素　多见于初产妇，尤其是35岁以上的高龄初产妇，对分娩产生强烈的恐惧心理，致大脑皮层功能紊乱而影响子宫收缩力。

4. 药物影响　妊娠末期，尤其是临产后不适当地使用大剂量镇静剂或镇痛剂，如哌替啶、苯巴比妥、硫酸镁等，可以使子宫收缩受到抑制。

5. 内分泌失调　临产后，产妇体内雌激素、缩宫素、前列腺素、乙酰胆碱等分泌不足，孕激素下降缓慢，子宫对乙酰胆碱的敏感性降低而影响子宫兴奋阈，易致子宫收缩乏力。

6. 其他因素　营养不良、贫血和其他慢性全身性疾病所致体质虚弱者；临产后进食与睡眠不足、过多的体力消耗；过早使用腹压或直肠、膀胱充盈等均可致宫缩乏力。

【护理评估】

1. 健康史　通过详细询问病史，了解患者年龄、孕产史；既往有无慢性全身性疾病及子宫病变；本次妊娠有无合并症；产妇心理状态；骨盆大小、胎儿情况以及临产后是否使用大量镇静剂或止痛剂等。

2. 身体状况

（1）协调性宫缩乏力　其特点是子宫收缩具有正常节律性、对称性和极性，但收缩力弱，持续时间短、间歇时间长且不规律，宫缩每10分钟 <2次。当子宫收缩达极期时，子宫体部不隆起变硬，用手指按压子宫底部肌壁仍可出现凹陷，宫内压力低，故又称低张性宫缩乏力，对胎儿影响不大。产妇随着产程延长可出现疲劳、肠胀气、尿潴

留等。

（2）不协调性宫缩乏力　其特点是子宫收缩失去正常的节律性、对称性，甚至极性倒置。宫缩不是起自两侧子宫角部，兴奋点来自子宫的一处或多处，节律不协调；宫缩时宫底部不强，而是子宫下段强，宫缩间歇期子宫壁也不完全松弛，宫腔内压力处于持续性高张状态，故又称高张性宫缩乏力。因宫内压高，胎位触不清，下腹部有压痛，产妇自觉腹部疼痛难忍，拒按，烦躁不安。严重者可出现脱水、电解质紊乱、肠胀气、尿潴留等，胎儿可因胎盘循环障碍较早出现宫内窘迫。

（3）产程异常　无论何种宫缩乏力，均可使宫口扩张及胎先露下降缓慢甚至停滞，从而使产程进展受阻，主要表现为以下几种：

①潜伏期延长　从临产规律宫缩开始至宫口扩张3cm，称潜伏期。初产妇潜伏期约需8小时，最大时限16小时，超过16小时称潜伏期延长。

②活跃期延长、停滞　从宫口扩张3cm开始至宫口开全，称活跃期。初产妇约需4小时，最大时限8小时，超过8小时称活跃期延长。进入活跃期后，宫口不再扩张达2小时以上，称活跃期停滞。

③第二产程延长、停滞　第二产程初产妇超过2小时，经产妇超过1小时尚未分娩，称第二产程延长。第二产程达1小时以上胎头下降无进展，称第二产程停滞。

④胎头下降延缓、停滞　活跃晚期及第二产程，胎头下降速度初产妇每小时少于1cm、经产妇少于2cm，称胎头下降延缓。活跃晚期胎头停留在原处不下降达1小时以上，称胎头下降停滞。

⑤滞产　总产程超过24小时称滞产，应避免发生滞产。

3. 心理－社会状况　主要评估产妇精神状态及其影响因素。初产妇临产时往往有紧张情绪，加之产程延长，分娩结果难以预料以及害怕手术等，产妇更加焦虑与恐惧。经产妇若以前有妊娠分娩失败的经历，则心情也极为恐惧与悲观。倘若家属对异常分娩认识不足、对新生儿性别偏爱、家庭经济拮据等，则更增加了产妇的心理压力。

4. 辅助检查　血液生化检查了解有无二氧化碳结合力下降、低血钾，胎儿电子监护仪能准确监测子宫收缩及胎心音的变化。

5. 治疗要点　宫缩乏力的临床特点主要为产程延长和体力衰竭，易引起产后出血及产褥感染。防治原则是仔细观察产程，消除病因，协调性宫缩乏力以加强宫缩，促进产程进展为主；不协调性宫缩乏力以镇静、调整宫缩为主；二者均需防治产后出血及感染。

【护理诊断/问题】

1. 疲乏　与产程延长、进食少、睡眠少及体力消耗有关。

2. 焦虑　与产妇担心自身和胎儿安危，害怕手术有关。

3. 有体液不足的危险　与产程延长、过度疲乏影响摄入有关。

4. 有感染的危险　与产程延长、多次阴道检查或手术产有关。

5. 潜在并发症　产后出血。

【护理目标】

1. 产妇精力充沛，自诉疲劳感减轻，舒适感增加。

2. 产妇情绪稳定，安全度过分娩期。

3. 产妇摄入充足水分或给予及时补充。

4. 产妇不发生发热、恶露臭等感染征象。

5. 产妇不发生产后出血或护士通过观察能及时发现产后出血征象，并配合医生进行处理，使病情得以控制。

【护理措施】

1. 一般护理

(1) 补充营养　鼓励产妇多进易消化、高热量的饮食，不能进食者每日液体摄入量不少于2500mL，可将维生素C 1～2g加入5%～10%葡萄糖液500～1000mL中静脉滴注。

(2) 保证休息　嘱产妇左侧卧位休息，保证睡眠，避免过多消耗体力。过度疲劳时，可给地西泮10mg缓慢静脉注射，或哌替啶100mg肌内注射，经过一段时间的休息或睡眠，精神及体力得到恢复，有利于宫缩的好转。

(3) 保持膀胱或直肠空虚　及时排空大小便，避免直肠、膀胱充盈影响宫缩。临产后督促产妇每2～4小时排尿一次；初产妇胎膜未破、宫口开大不足3cm时，可用温肥皂水灌肠，既可排气排便，避免分娩时污染，又可促进肠蠕动，刺激子宫收缩。

2. 病情观察

(1) 严密观察产程进展　观察宫缩的频率、强弱；勤听胎心音；检查宫口扩张及胎先露下降的程度；是否破膜、羊水性状；注意有无头盆不称。

(2) 观察产妇一般情况　定时测生命体征，观察产妇精神状况，注意有无酸中毒。检查膀胱是否充盈，有无肠胀气等。发现异常及时报告医师。

3. 对症及治疗护理

(1) 第一产程　如经以上一般处理仍子宫收缩乏力，且确诊为协调性宫缩乏力，产程无明显进展，排除头盆不称、胎位异常、骨盆狭窄、前置胎盘、胎儿窘迫、瘢痕子宫等，则遵医嘱选用下列方法加强宫缩：

①针刺穴位　通常针刺合谷、三阴交、太冲、支沟等穴位，有增强宫缩的效果。

②刺激乳头　可加强宫缩。

③人工破膜　宫口扩张≥3cm、无头盆不称、胎头已入盆者，可行人工破膜。破膜后，胎头直接紧贴子宫下段及宫颈内口，引起反射性子宫收缩，加速产程进展。破膜时必须检查有无脐带先露，破膜应在宫缩间歇、下次宫缩将要开始前进行。破膜后术者手指应停留在阴道内，经过1～2次宫缩待胎头稍下降后，术者再将手指取出。

④地西泮静脉推注　地西泮能使宫颈平滑肌松弛、软化宫颈、促进宫口扩张，适用于宫口扩张缓慢及宫颈水肿时。常用剂量为10mg缓慢静脉推注，与缩宫素联合应用效果更佳。

⑤缩宫素静脉滴注　先用5%葡萄糖液500mL静脉滴注，开始速度调至8～10滴/

分，然后加入缩宫素2.5U摇匀，根据宫缩强弱逐步调整输液的速度至宫缩持续40～60秒，间隙2～3分钟。通常不超过40滴/分。对于不敏感者，可酌情增加缩宫素剂量。缩宫素静脉滴注过程中，应有专人护理，严密观察宫缩、胎心率及血压并做好记录。若出现宫缩过强、血压升高或胎心音异常，应立即停滴，以免引起子宫破裂或胎儿窘迫。

不协调性宫缩乏力者，先用适当的镇静剂，如地西泮、哌替啶等肌注，让产妇充分休息，经睡眠后多能恢复为协调性子宫收缩，未恢复之前禁用缩宫素。恢复后若子宫收缩仍弱，再按以上方法加强宫缩。

通过以上处理，若宫缩仍无好转，产程延长或停滞，或出现胎儿宫内窘迫，应做好剖宫产的术前准备工作。

（2）第二产程　若此时子宫收缩乏力，在无头盆不称的前提下，也应用缩宫素静滴加强宫缩。若胎先露≥+3，可等待自然分娩或做好阴道助产术准备；若胎先露在坐骨棘以上或伴胎儿窘迫，应做好剖宫产术前准备及抢救新生儿的准备工作。

（3）第三产程　当胎肩娩出时，可给缩宫素10U肌注或静注，同时严密观察血压、脉搏、呼吸、面色，并注意阴道出血量、子宫收缩情况，以预防产后出血。凡破膜超过12小时、总产程超过24小时、肛查或阴道检查过多者，应遵医嘱使用抗生素，预防感染。

4. 心理护理　首先耐心听取产妇的诉说，分析心理焦虑恐惧的原因及其程度。向产妇介绍周围环境及有关异常分娩的知识，消除因陌生而产生的紧张焦虑情绪；耐心地解答产妇提出的有关问题，解释目前产程进展及治疗护理计划；说明精神因素对分娩的影响，并教会放松术，使其保持愉快的心情。手术时说明手术的必要性及可靠性，增加其安全感，使其乐意接受手术。鼓励家属陪伴分娩，给予关爱、体贴。对产妇疼痛时拒绝触摸腹部要理解、同情，要用温和的语气劝说，以增加其对医护人员的信任感，并积极配合处理。

【护理评价】

1. 产妇无水、电解质失衡与酸中毒问题，且舒适感增加。
2. 产妇情绪稳定，积极配合医师处理。
3. 产妇未发生体液不足。
4. 产妇体温正常，伤口无红肿，恶露无臭味，血象正常。
5. 产妇子宫收缩良好，阴道流血少，生命体征正常。

【健康指导】

1. 作好产前宣教，使孕妇了解精神因素在分娩过程中的重要性。
2. 定期产前检查，尽早发现病理妊娠及异常胎位，并及时处理。

二、子宫收缩过强

【病因】

根据子宫收缩特点的不同，分为协调性子宫收缩过强与不协调性子宫收缩过强两种。病因目前尚不明确，但与下列因素有关：

1. 急产几乎都发生于经产妇，主要原因为软产道阻力变小。

2. 缩宫素使用不当，如剂量过大、用药途径错误、个体对缩宫素很敏感等。

3. 分娩发生梗阻或胎盘早剥血液浸润肌层，可导致强直性子宫收缩。

4. 待产妇精神过度紧张、产程延长、多次粗暴地产科检查，均可引起子宫某部位肌肉痉挛性不协调性宫缩过强。

【护理评估】

1. 健康史 了解既往有无急产史，本次妊娠胎儿及骨盆是否异常，临产后是否行粗暴的产科检查及不适当地使用缩宫素。

2. 身体状况 子宫收缩过强主要表现为剧烈腹痛，产程进展过快或产程停滞。

（1）协调性子宫收缩过强　其特点为子宫收缩的节律性、对称性和极性均正常，仅子宫收缩力过强、过频（10 分钟内有 5 次以上宫缩）。

①急产　此种宫缩在产道无阻力时，可使宫口迅速开全，胎先露迅速下降，分娩在短期内结束。总产程不足 3 小时者称急产，经产妇多见。

急产时因产程进展过快，软产道未充分扩张以及来不及保护会阴，可致软产道损伤；接产时来不及消毒可致产褥感染；胎儿娩出后子宫肌纤维缩复不良可致胎盘滞留或产后出血；胎儿娩出过快，胎头在产道内受到的压力突然解除可致新生儿颅内出血；来不及接产可致新生儿坠地外伤、产后感染等。

②病理性缩复环　在产道梗阻时，过强过频的宫缩使子宫体部肌肉增厚缩短，而子宫下段被拉长变薄，两者间形成明显环状凹陷，此凹陷逐渐上升达脐部或脐部以上，称为病理缩复环。

检查腹部呈现葫芦状，子宫下段有压痛，并出现血尿。可致宫口扩张缓慢，胎先露下降受阻，产程延长或停滞，严重者引起子宫破裂。

（2）不协调性宫缩过强　其特点为子宫收缩失去其正常的特点，表现为强直性子宫收缩与子宫痉挛性狭窄环。

①强直性子宫收缩　几乎均是外界因素异常造成。例如临产后由于分娩发生梗阻，或不适当地应用缩宫素，或胎盘早剥血液浸润子宫肌层，均可引起宫颈内口以上的子宫肌肉全部出现强烈收缩，宫缩间歇期短或无间歇。产妇出现持续而剧烈的腹痛，烦躁不安，拒按。胎位、胎心不清，有时可出现病理缩复环、血尿等先兆子宫破裂征象。

②子宫痉挛性狭窄环　是指子宫体部的某局部肌肉处于强烈的收缩状态，持续不放松，形成痉挛性狭窄环，而环上、下肌肉放松。此环可发生在宫颈、宫体的任何部分，多在子宫上、下段交界处，也可围绕在胎体某一狭窄部，如胎颈、胎腰处（图 9－2），将胎体紧紧卡住，致产程停滞。此环位置不随宫缩而上升，腹型无改变，阴道检查在宫腔内可扪及紧张无弹性的环。此环若发生在第三产程，可导致胎盘滞留。

3. 心理－社会状况 因宫缩过频过强，产妇精神过度紧张、情绪急躁，与医护人员极不合作，呼叫疼痛难忍，盼望尽早结束分娩。家属对此也盲目焦虑、恐惧。倘若家庭经济拮据，未能配合医院及时处理，耽误了时间，则更加重了产妇的不良情绪。

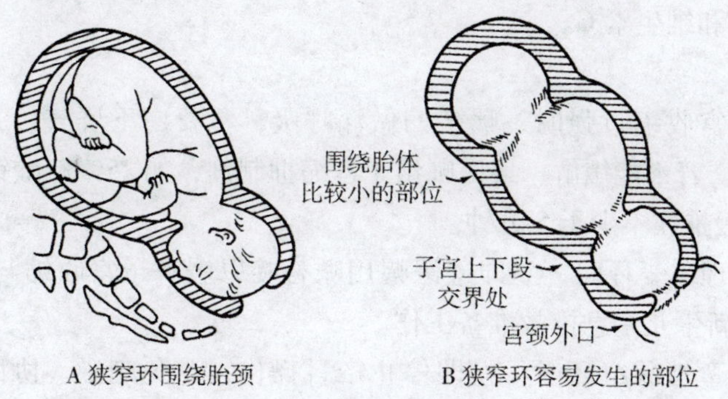

图 9－2 子宫痉挛性狭窄环

4. 治疗要点 子宫收缩过强主要表现为剧烈腹痛，产程进展过快或产程停滞。其治疗原则：协调性子宫收缩过强，在产道无阻力时，提前做好接产准备，减慢分娩过程，尽可能避免母儿损伤；产道梗阻出现病理性缩复环时，立即行剖宫产结束分娩。不协调性子宫收缩过强，迅速抑制宫缩，根据胎先露高低、宫口扩张程度、胎儿情况决定分娩方式。

【护理诊断/问题】

1. 疼痛 与过强过频、痉挛性的子宫收缩有关。

2. 有受伤的危险（母儿双方） 与急产、手术产有关。

3. 潜在并发症 子宫破裂。

【护理目标】

1. 产妇能应用减轻疼痛的技巧，疼痛减轻。
2. 分娩顺利，产妇未受伤，新生儿健康。
3. 未发生子宫破裂等并发症。

【护理措施】

1. 一般护理 经常巡视孕妇，嘱其勿远离病房；一旦临产，提前做好接产准备，不宜灌肠，嘱左侧卧床休息；需解大小便时，先查宫口大小及先露高低情况，以防分娩在厕所内造成意外伤害。

嘱产妇疼痛时不要大声喊叫，宫缩间歇时注意休息，保证良好的体力与精力。鼓励多进食，协助产妇擦汗与喂水。产后提供产妇一个舒适、安静的休息环境。加强会阴护理，预防产褥感染。协助母乳喂养。

2. 病情观察 严密观察宫缩的频率及其强度，勤听胎心音；检查宫口扩张及胎先露下降的程度；注意有无破膜及羊水性状，有无胎头水肿；定时测生命体征，仔细观察产妇腹部有无病理性缩复环，子宫下段有无压痛，有无血尿，发现异常及时报告医师。

3. 对症护理 发生急产时，护士要沉着、冷静，动作敏捷。鼓励产妇做深呼吸，嘱其不要向下屏气，以免胎儿娩出过快来不及消毒及保护会阴。尽快作好接产准备，协助接产人员尽可能消毒或比较完善条件下娩出胎儿，避免发生母儿损伤。产后协助检查软产道并协助缝合裂伤的部位。认真观察新生儿有无外伤、颅内出血的表现，遵医嘱常

规肌注维生素 K_1 和维生素 C。

4. 治疗护理

（1）出现子宫收缩过强时，嘱产妇做深呼吸，不要向下屏气，并提供背部按摩，以减慢分娩过程。若不能缓解，遵医嘱给予宫缩抑制剂，如25%硫酸镁20mL加入25%葡萄糖20mL缓慢推注不少于5分钟。

（2）出现病理缩复环时，立即遵医嘱用哌替啶以缓解子宫收缩与镇痛，同时积极做好剖宫产术及新生儿窒息抢救准备工作。

（3）出现痉挛性狭窄环时，立即停止产科操作，避免刺激。协助医师查明原因，遵医嘱用镇静解痉药，如哌替啶、阿托品、0.1%肾上腺素等，使狭窄环缓解，多能自娩或阴道助产娩出。如经上述处理无效且伴胎儿窘迫，应做好剖宫产术的术前准备。

5. 心理护理

（1）向产妇耐心解释疼痛的原因，分散并转移其注意力，必要时触摸腹部或按摩腰部，缓解疼痛。

（2）介绍医院医疗设施及技术水平，说明各种处理的必要性及可靠性，消除其紧张、恐惧感，增加其安全感，使其乐意接受治疗。

（3）多与产妇沟通，详细解答产妇问题，以良好的服务态度，赢得产妇的信任。同时鼓励其家属陪伴分娩，给予关爱与体贴，增加产妇分娩时的信心。

【护理评价】

1. 产妇能应用减轻疼痛的技巧，舒适感增加。
2. 产妇分娩经过顺利，无分娩并发症，母子平安。
3. 产妇未发生子宫破裂。

【健康指导】

有急产史者，应嘱其提前2周住院待产，以防院外分娩引起意外；加强围产期宣教，避免过度紧张。

第二节 产道异常

产道是胎儿经阴道娩出的通道，包括骨产道（骨盆腔）和软产道（子宫下段、宫颈、阴道、外阴及盆底）两部分。产道的异常可使胎儿娩出受阻，致使分娩发生困难。临床上以骨产道异常较为常见。

一、骨产道异常

骨产道异常又称狭窄骨盆，是指骨盆的径线过短或形态异常，致使骨盆腔小于胎儿先露部可通过的限度，阻碍胎儿先露部下降，影响产程顺利进展。临床上，狭窄骨盆往往影响胎先露部入盆或胎头内旋转异常，引起继发性宫缩乏力，导致产程延长或停滞。

【病因】

狭窄骨盆多因先天性骨盆发育不良，既往患有佝偻病、结核病以及骨质软化症与外伤引起。

【分类】

临床上通常将狭窄骨盆分为4种类型。

1. 骨盆入口平面狭窄　入口平面呈横扁圆形，其前后径短，骶耻外径小于18cm，对角径小于11.5cm，前后径小于10cm。常见有单纯扁平骨盆和佝偻病性扁平骨盆两种（图9-3）。

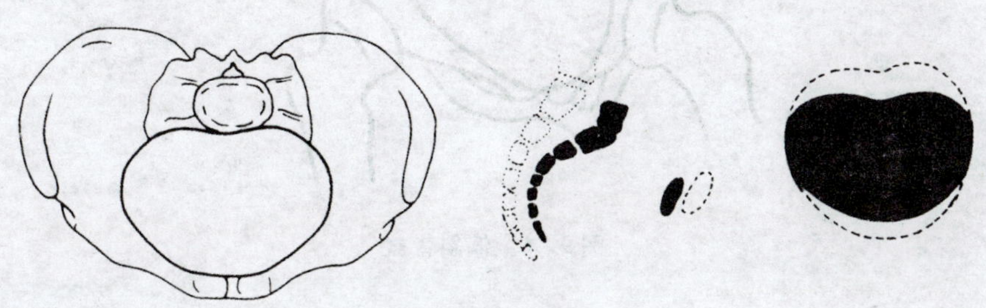

图9-3　扁平骨盆

2. 中骨盆平面及出口平面狭窄　骨盆入口平面各径线均正常，由于骨盆两侧壁自上而下向内倾斜呈漏斗状，中骨盆及出口平面明显狭窄。坐骨棘间径小于10cm，坐骨结节间径小于8cm，常见于漏斗骨盆（图9-4）。

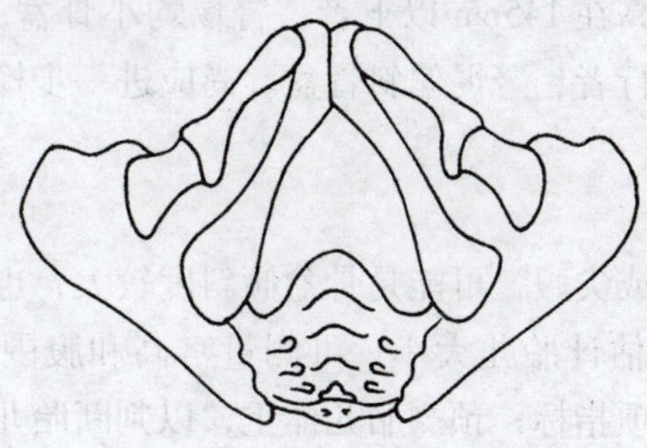

图9-4　漏斗骨盆

3. 骨盆3个平面狭窄　骨盆形态正常，各平面径线均小于正常值2cm或以上，又称均小骨盆（图9-5）。多见于身材矮小、体型匀称的妇女。

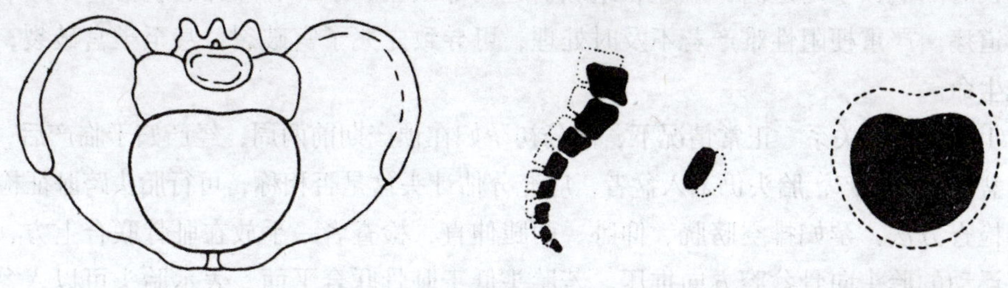

图9-5　均小骨盆

4. 畸形骨盆　骨盆失去正常形态及对称性，如骨质软化症骨盆及偏斜骨盆（图9-6）。

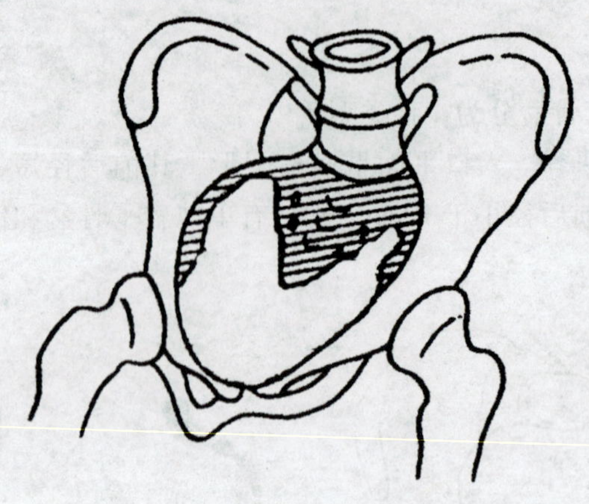

图 9-6 偏斜骨盆

【护理评估】

1. 健康史 询问产妇幼年有无佝偻病、脊髓灰质炎、脊柱和髋关节结核以及外伤史。若为经产妇，应了解既往有无难产史及其难产原因，新生儿有无产伤等。

2. 身体状况

（1）一般检查 特别注意产妇的身高、体形、步态、脊柱弯曲度、米氏菱形窝是否对称等情况。若产妇身高在 145cm 以下者，警惕均小骨盆；体形粗壮、颈部较短者，警惕男性化漏斗骨盆；跛行者，警惕偏斜骨盆。尚应进一步检查产妇脊柱、髋关节及下肢有无异常。

（2）腹部检查

①腹部形态 悬垂腹或尖腹，可能是骨盆倾斜度较大，也可能是骨盆狭窄。

②胎儿大小及胎位 估计胎儿大小，可测量宫高和腹围。B 型超声测量胎头双顶径、胸径、股骨长度等多项指标，预测胎儿体重，以判断胎儿能否通过产道。在妊娠末期或临产后，初产妇若骨盆入口平面狭窄，常影响胎先露的衔接，容易发生胎位异常，如肩先露、臀先露等。由于胎先露部在骨盆入口之上，常引起宫缩乏力，导致产程延长或停滞。若为中骨盆平面狭窄，则影响胎头内旋转，容易发生持续性枕横位或枕后位。胎头长时间嵌顿于产道内，压迫软组织引起局部缺血、水肿、坏死、脱落，于产后形成生殖道瘘。严重梗阻性难产若不及时处理，可导致先兆子宫破裂，甚至子宫破裂，危及母儿生命。

①估计头盆关系 正常情况下，部分初孕妇在预产期前两周，经产妇于临产后，胎头应入盆。若已临产，胎头仍未入盆者，应充分估计头盆是否相称，可行胎头跨耻征检查。

检查方法：孕妇排空膀胱、仰卧、两腿伸直，检查者一手放在耻骨联合上方，另一手将浮动的胎头向骨盆腔方向推压。若胎头低于耻骨联合平面，表示胎头可以入盆，头盆相称，称胎头跨耻征阴性；若胎头与耻骨联合在同一平面，表示可疑头盆不称，称胎头跨耻征可疑阳性；若胎头高于耻骨联合平面，表示明显头盆不称，称胎头跨耻征阳性。胎头跨耻征阳性者（图 9-7），应让产妇取两腿屈曲半卧位，再以同法检查胎头能否入盆。倘若能入盆，表示骨盆倾斜度异常，并非头盆不称。

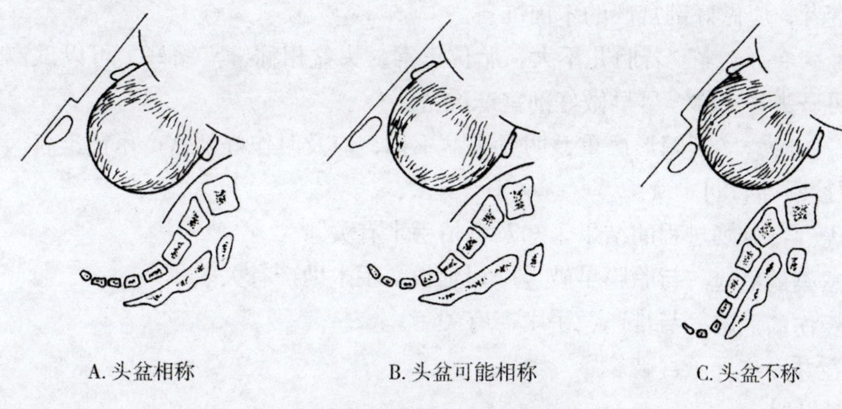

A. 头盆相称　　B. 头盆可能相称　　C. 头盆不称

图9-7　检查头盆相称程度

（3）骨盆测量

①骨盆外测量　骨盆外测量骶耻外径 <18cm 为扁平骨盆；坐骨结节间径 <8cm，耻骨弓角度 <90°，为漏斗骨盆；各径线小于正常值 2cm 或以上为均小骨盆；骨盆两侧斜径（以一侧骨盆髂前上棘至对侧髂后上棘间的距离）与同侧直径（从骨盆髂前上棘至同侧髂后上棘间的距离）相差 >1cm 为偏斜骨盆。

②骨盆内测量　骨盆外测量发现异常，应进行骨盆内测量，宜于妊娠 24～36 周，阴道松软时进行。若对角径 <11.5cm，骶岬突出为骨盆入口平面狭窄，属扁平骨盆。中骨盆平面狭窄及骨盆出口平面狭窄往往同时存在，应测量骶骨前面弯曲度、坐骨棘间径、坐骨切迹宽度（即骶棘韧带宽度）。若坐骨棘间径 <10cm，坐骨切迹宽度 <2 横指，为中骨盆平面狭窄。若坐骨结节间径 <8cm，应测量出口后矢状径及检查骶尾关节活动度，估计骨盆出口平面的狭窄程度。若坐骨结节间径与出口后矢状径之和 <15cm，为骨盆出口平面狭窄。

3. 心理－社会状况　产妇与家属临产前对狭窄骨盆的危害认识不够，思想准备不充分，临产后表现为紧张、焦虑及恐惧的心理。

4. 辅助检查　B 型超声检查能较准确测量胎头双顶径、股骨长度，估计胎儿大小，帮助判断胎先露与骨盆的关系。

5. 治疗要点　其治疗原则是：临产后明确狭窄骨盆的类型和程度，结合产力、胎儿大小及胎位综合判断，选择合适分娩方式。

（1）骨盆入口平面狭窄　明显头盆不称、胎头跨耻征阳性者，足月活胎不能经阴道分娩，应做好剖宫产术的术前准备工作。

（2）中骨盆平面狭窄　宫口开全后，若胎头双顶径仍在坐骨棘水平以上者，应做好剖宫产术前准备；若胎头双顶径已达坐骨棘水平以下，应做好会阴侧切、阴道助产术的准备，同时做好新生儿窒息抢救的准备工作。

（3）骨盆出口平面狭窄　出口平面是产道最低部位，应在临产前对胎儿大小、头盆关系作充分估计，决定分娩方式，出口平面明显狭窄者不宜试产。若出口横径与后矢

状径之和 >15cm，胎儿体重 <3500g 者，多数可经阴道分娩；若胎儿体重 >3500g，或伴胎位异常者，应做好剖宫产的术前准备。

（4）3 个平面狭窄　若胎儿不大，胎位正常，头盆相称，宫缩好，可以试产；若胎儿较大，明显头盆不称，尽早做好剖宫产准备。

（5）畸形骨盆　若畸形严重，明显头盆不称，应及时作好剖宫产术前准备。

【护理诊断/问题】

1. 焦虑　与分娩过程的结果未知及害怕手术有关。

2. 有感染的危险　与胎膜早破、产程延长、手术助产有关。

3. 有受伤的危险　与难产、手术产有关。

4. 潜在并发症　子宫破裂。

【护理目标】

1. 产妇情绪稳定，积极配合医师处理。

2. 产妇的感染征象获得预防和控制。

3. 母儿不出现产伤。

4. 护士通过观察能及时发现难产及子宫破裂的先兆，并配合医师处理，使病情得以控制，不出现各种并发症。

【护理措施】

1. 一般护理

（1）产道异常者往往产程延长，故在生活上多关心、体贴产妇，充分供给营养和水分，必要时静脉滴注葡萄糖液，补充电解质、维生素 C，以保证良好精力与体力。

（2）产道异常容易引起胎膜早破、脐带脱垂。临产后应嘱产妇卧床休息，少做肛查，勿灌肠，避免胎膜破裂。若胎膜已破，头先露未衔接或胎位异常者应抬高床尾，防止脐带脱垂。

（3）产后加强会阴护理，并指导母乳喂养。

2. 病情观察　对于骨盆入口平面狭窄、胎头跨耻征可疑阳性者，应在严密监护下试产。试产时应有专人守护，密切观察宫缩及胎心音变化，检查宫口扩张及胎先露下降的程度，评估产程进展。试产必须以宫口开大 3～4cm，胎膜已破为试产的开始，胎膜未破者可在宫口开大 3cm 时行人工破膜。若破膜后宫缩加强，产程进展顺利，多数能经阴道分娩。试产过程中若出现子宫收缩乏力，可用缩宫素静脉滴注加强宫缩。试产中不宜使用止痛、镇静剂。试产时间一般为 2～4 小时，破膜较早者，试产时间可适当缩短。若发现有不协调性子宫收缩，胎头下降受阻，产妇腹部呈葫芦形，立即报告医师，并遵医嘱使用宫缩抑制剂，防止子宫发生破裂。

3. 治疗护理　胎儿娩出后，应及时给产妇注射缩宫素，防止产后出血。保持外阴清洁。胎先露长时间压迫阴道或出现血尿者，应留置导尿管 8～12 日，且保持导尿管通畅，定时更换橡皮管及接尿瓶，遵医嘱用抗生素防治感染。

4. 心理护理

（1）提供有关资料，说明骨盆狭窄对母儿的影响，提高产妇对骨盆狭窄造成危害的认识。

（2）向产妇解释病情，详细讲解有关阴道助产术或剖宫产术的必要性及可靠性，增加其安全感，消除其恐惧心理。

（3）多与产妇接触，与产妇建立良好的护患关系。教会放松术，使产妇心情舒畅，对分娩充满信心。

【护理评价】

1. 产妇心情平静，能复述狭窄骨盆对分娩的影响。

2. 产妇定期做产前检查，对阴道助产术或剖宫产术有足够的思想准备。

3. 新生儿健康，无颅内出血、产伤等。

4. 产妇生命体征正常，未出现子宫破裂、生殖道瘘等并发症。

【健康指导】

1. 幼年时注意多晒太阳，补充鱼肝油、钙剂，防止佝偻病的发生；加强营养，勿与结核患者接触，防止结核病的发生。

2. 避免患脊髓灰质炎、外伤等。

3. 加强产前检查，发现有骨盆狭窄者嘱适当提前来医院待产，避免在家分娩造成滞产。

二、软产道异常

【分类】

软产道包括子宫下段、宫颈、阴道及骨盆底软组织构成的弯曲管道。软产道异常主要分为外阴异常、阴道异常及子宫颈异常3种。主要表现为会阴坚韧或水肿，阴道纵隔、横隔，阴道瘢痕及子宫颈瘢痕、水肿等。临床上软产道异常导致难产者少见，易被忽略。

【护理评估】

1. 健康史 了解产妇年龄，分娩史，既往有无妇科手术、感染史及阴道内用药史等。

2. 身体状况

（1）产程进展慢 软产道异常主要阻碍胎儿先露部下降和影响宫口扩张，导致产程延长，多为活跃晚期及第二产程的延长。

（2）妇科检查

①外阴异常 常见于：会阴坚韧：初产妇，尤其是高龄初产妇较多见。由于组织坚韧，缺乏弹性，会阴伸展性差，使阴道口狭小，在第二产程阻碍胎头娩出，致第二产程延长。外阴水肿：多见于妊娠期高血压疾病、重度贫血、心脏病、慢性肾炎及营养不良的产妇。重度外阴水肿，分娩时妨碍胎先露下降，造成组织损伤、感染和愈合不良等情况。外阴瘢痕：外伤、烧伤、手术或感染等遗留瘢痕挛缩，外阴失去伸展性或阴道口狭窄而影响胎先露下降。

②阴道异常 常见：先天性阴道横隔、纵隔：横隔较坚韧，多位于阴道上段。在横

隔中央或稍偏一侧常有一小孔，易被误认为宫颈外口。若仔细阴道检查，在小孔上方可触及逐渐开大的宫口边缘，而该小孔的直径并不变大，阻碍胎先露下降。阴道纵隔多较薄弱，当胎先露下降时，往往使其自行断裂或被挤向一侧而不影响胎儿娩出。阴道瘢痕性狭窄：由产伤、药物腐蚀、手术感染致使阴道瘢痕挛缩形成狭窄，影响第二产程的进展。阴道囊肿和肿瘤：阴道壁囊肿较大或实质性肿瘤可妨碍胎先露下降。

③宫颈异常　常见：宫颈外口粘连：多在分娩受阻时发现。宫颈管已消失而宫口却不扩张，仍为一个很小的孔，通常用手指稍加压力分离黏合的小孔后，宫口即可在短时间内开全。宫颈坚韧：常见于高龄初产妇，宫颈缺乏弹性或精神过度紧张使宫颈挛缩，宫颈不易扩张。宫颈水肿：多见于滞产或枕后位，产妇过早运用腹压，子宫颈前唇长时间受压于胎头与耻骨联合之间，引起水肿。宫颈瘢痕：宫颈锥形切除术后、宫颈裂伤修补术后等所致，使宫口扩张缓慢或停滞。宫颈癌：宫颈组织硬而脆，缺乏伸展性，临产后影响宫口扩张，若经阴道分娩，有发生大出血、裂伤、感染及癌细胞扩散等危险。宫颈肌瘤：位于子宫下段或子宫颈部位的较大肌瘤，阻塞产道，影响胎头入盆与下降。

3. 心理－社会状况　产妇对软产道异常的原因认识不够，故而有羞耻感、忧虑感。另产程延长，害怕手术及担心自身与胎儿安危，产妇心情尤为紧张、恐惧。

【治疗要点】

妊娠早期常规行妇科检查，了解软产道有无异常，尽早处理。临产后根据软产道异常阻碍分娩的程度，选择适当分娩方式。

【护理诊断/问题】

1. 焦虑　与产程延长、担心难产及胎儿安全有关。

2. 有新生儿受伤的危险　与产程延长及手术产有关。

3. 组织完整性受损　与外阴、阴道、宫颈不同程度的裂伤有关。

【护理目标】

1. 产妇焦虑程度减轻。
2. 新生儿健康，未受损伤。
3. 未发生软产道的损伤或仅有轻度损伤。

【护理措施】

1. 一般护理　临产前后鼓励多进食，多休息，宫缩痛时不高声喊叫，以保证良好体力与精力。及时排空大小便，避免引起宫缩乏力。产后多巡视病房，随时解决产妇的生活需要。加强会阴护理，协助指导母乳喂养。

2. 病情观察　临产后密切观察胎心音、宫缩、胎先露下降及宫口扩张情况，发现异常及时报告医师。

3. 对症及治疗护理

（1）胎儿窘迫时，遵医嘱吸氧、用药，增加胎儿对缺氧的耐受性及纠正酸中毒等处理。

（2）外阴水肿影响组织弹性，可用50%硫酸镁湿热敷。临产后仍有严重水肿时可在严格消毒下，用针多点穿刺放液，分娩时协助医师行会阴切开术，产后加强局部护理，严防伤口感染。

（3）外阴坚韧、阴道瘢痕较轻者，做好会阴侧切缝合术及阴道助产术的准备工作。

（4）阴道横隔较薄者，协助医师在直视下将横隔作“X”形切开，待胎儿娩出后，再用肠线将切缘间断缝合。

（5）宫颈水肿者常用0.5%利多卡因5～10mL宫颈两侧注入，或地西泮10mg静脉推注，待宫口近开全时，用手上推宫颈，使宫颈逐渐扩张越过胎头，常可经阴道分娩。

（6）各种严重的软产道异常，明显阻碍胎先露下降者，应做好剖宫产术的术前准备以及新生儿窒息抢救准备工作。术后保持外阴清洁卫生，遵医嘱用抗生素防治感染。

4. 心理护理

（1）向产妇及家属说明阴道分娩的可能性及优点，增强其自信心。

（2）解释有关检查及治疗的必要性与可靠性，增加其安全感。

（3）鼓励家属多关心、体贴产妇，并劝产妇配合医师处理。

【护理评价】

1. 产妇焦虑情绪明显减轻。

2. 新生儿健康，未受损伤。

3. 未发生软产道的损伤或仅有轻度损伤。

【健康指导】

在妊娠早期常规行妇科检查，发现软产道异常及时处理，避免分娩时阻碍产程进展。

第三节　胎位及胎儿发育异常

分娩时除枕前位（约占90%）为正常胎位外，其余均为异常胎位，是造成难产的常见原因之一。临床上所见的异常胎位：①胎先露的异常（臀先露、肩先露等）。②胎头衔接不良（高直位、前不均倾位）。③胎头俯屈不良（面先露、额先露、前囟先露）。④胎头内旋转异常（持续性枕后位和枕横位）。此外还有复合先露，即除胎头或胎臀为主要先露之外，同时伴有小肢体为先露者。胎儿发育异常指胎儿发育过大及胎儿畸形。以上各种胎儿异常，若诊断不及时，处理不恰当，常给母儿造成严重危害。以下仅介绍几种常见的异位胎位及胎儿发育异常。

一、持续性枕后位、枕横位

在分娩过程中，胎头以枕后位或枕横位衔接。在下降过程中，胎头枕部因强有力的宫缩绝大多数能向前转135°或90°自然分娩。仅有5%～10%胎头枕骨不能转向前方，直至分娩后期仍持续位于母体骨盆后方或侧方，致使分娩发生困难者，称持续性枕后位或持续性枕横位。

【病因】

本病多因骨盆异常、胎头俯屈不良、子宫收缩乏力等影响胎头内旋转所致。

【护理评估】

1. 健康史 了解产妇骨盆有无异常。孕产史中有无异常胎位、难产、死产及手术产史。

2. 身体状况

(1)产程进展慢 由于枕后位、枕横位的胎先露部不易紧贴子宫颈及子宫下段，常导致协调性宫缩乏力及宫颈扩张缓慢，致产程延长。多见于活跃晚期及第二产程延长。若在阴道口虽已见胎发，历经多次宫缩时屏气，却不见胎头继续下降时，可能是持续性枕后位或枕横位。

(2)产妇过早屏气用力 枕后位者因枕骨持续位于骨盆后方压迫直肠，产妇自觉肛门坠胀及有排便感，致使子宫颈口尚未开全时，过早向下屏气用力使用腹压，容易导致宫颈前唇水肿和产妇疲劳、肠胀气、尿潴留，进一步影响产程进展。

(3)腹部检查 在宫底部触及胎臀，胎背偏向母体的后方或侧方，腹部前方可清楚触及胎儿肢体。胎心音多在脐下偏外侧听得最清楚。

(4)肛门或阴道检查 当宫口开大或开全时，若为枕后位，可触及胎头矢状缝在骨盆斜径上，大囟门在其侧前方，且盆腔后部较空虚。若为枕横位，则胎头矢状缝在骨盆横径上，大小囟门分别在其两侧。若肛门检查触不清楚，经阴道检查能清楚地触及矢状缝、囟门或耳郭的方向以确定胎位。

3. 心理－社会状况 临产初期，产妇对持续性枕后位、枕横位认识有限，无明显心理负担。随着产程延长，不断向下屏气用力，已感体力衰竭却不见胎儿娩出，产妇产生高度紧张、焦虑不安的心理。倘若家属支持不够，医护人员不够负责，使产妇心情更为焦虑与恐惧。

4. 辅助检查 B型超声检查可探查胎头枕部及颜面的位置以确定胎方位。

5. 治疗要点 其处理原则应根据产程的进展，结合产力、产道、产妇精神状况进行综合分析，采用适当的分娩方式结束分娩。

【护理诊断/问题】

1. 焦虑 与担心难产、胎儿安全、害怕手术产有关。

2. 疲乏 与过早使用腹压、产程延长、进食少、睡眠不足有关。

3. 有新生儿受伤的危险 与产程延长、胎头受压过久及手术助产有关。

4. 有感染的危险 与产程延长、多次阴道检查及手术产有关。

【护理目标】

1. 产妇情绪稳定，焦虑感减轻。
2. 产妇精神饱满，积极配合医师处理。
3. 新生儿正常。
4. 产妇体温正常，伤口无红肿等感染征象。

【护理措施】

1. 一般护理

（1）鼓励产妇进食与休息，让其朝向胎背的对侧方向侧卧，以利胎头枕部转向前方。并嘱产妇不要过早屏气用力，以免宫颈水肿。

（2）督促产妇每 2 小时排尿一次，避免膀胱充盈阻碍胎头下降。

（3）临产后不要过早干涉产程，尽量减少不必要的肛门检查及阴道检查，严格执行无菌操作。

（4）产后注意外阴卫生，加强会阴护理，遵医嘱使用抗生素。

2. 病情观察　严密观察宫缩、胎心音变化情况及产程进展。仔细辨别胎方位，检查有无破膜、羊水量及性质、有无胎头水肿。观察产妇全身情况及精神状况，如发现异常及时报告医师并协助处理。

3. 对症护理

（1）若宫口开全，胎头双顶径已达坐骨棘平面以下，应做好阴道助产术的准备工作。

（2）若胎头位置高或胎儿窘迫，做好剖宫产术的术前准备及抢救新生儿窒息的准备工作。

4. 心理护理　向产妇解释持续性枕后位、枕横位多可从阴道顺利分娩，嘱其耐心等待，不要有急躁情绪。对不能自然分娩者，说明有关阴道助产术或剖宫产术的必要性及可靠性，增加其安全感，消除恐惧感。医护人员语言要亲切，态度要和蔼，及时正确解答产妇提出的有关问题。鼓励家属陪伴分娩，给产妇精神安慰，消除紧张、焦虑的心理。

【护理评价】

1. 产妇情绪稳定，焦虑感减轻。
2. 产妇精神饱满，积极配合医师处理。
3. 新生儿正常，无产伤。
4. 产妇体温正常，未发生感染。

【健康指导】

1. 加强产前检查，及早发现骨盆异常及妊娠并发症。
2. 鼓励临产后多进食，注意休息，避免子宫收缩乏力引起胎头内旋转异常而致持续性枕后位、枕横位。

二、臀先露

臀先露是最常见的异常胎位，指以胎臀、足或膝为先露，以胎儿骶骨为指示点在母体骨盆的前、后、侧方，构成 6 种胎位的总称，亦称臀位，占足月分娩总数的 3% ~ 4%。因胎头比胎臀大，臀位分娩时后出头无明显变形，往往娩出困难，加之脐带脱垂较多见，使围生儿死亡率升高，为枕先露娩出的 3 ~ 8 倍。

【病因】

本病多由骨盆狭窄、前置胎盘、胎儿在宫腔内活动范围过大或受限引起。

【分类】

临床上根据胎儿两下肢所取的姿势分为 3 种类型：

1. 单臀先露（腿直臀先露） 胎儿双髋关节屈曲，双膝关节伸直，以胎臀为先露者，最多见。

2. 混合臀先露（完全臀先露） 胎儿双髋关节及膝关节均屈曲犹如盘膝坐，以臀部与双足为先露者，较多见。

3. 不完全臀先露 以一足或双足，一膝或双膝或一足一膝为先露。膝先露是暂时的，分娩开始后即转为足先露，临床上少见。

【护理评估】

1. 健康史 了解产妇年龄、是否为经产妇、有无羊水过多、双胎、骨盆异常及前置胎盘等。

2. 身体状况

（1）症状 孕妇常感肋下有圆而硬的胎头，临产后由于胎臀不能紧贴子宫下段及宫颈，常导致宫缩乏力，宫口扩张缓慢，先露下降慢，致使产程延长。第一产程可见胎足脱出阴道，单臀者有胎粪排出。

（2）体征

①腹部检查 子宫呈纵椭圆形，在子宫底部可触及圆而硬、有浮球感的胎头；在耻骨联合上方可触及宽而软不规则的胎臀，胎心音在脐的左上方或右上方听得最清楚。

②肛门及阴道检查 肛门检查时，可触及软而不规则的胎臀或触到胎足、胎肢。阴道检查时，如胎膜已破可直接触到胎臀、外生殖器及肛门。但应该注意鉴别臀与面部。若为胎面部，可触及口与两颧骨突出点呈三角形，手指放入口内可触及齿龈和弓状的下颌骨。若为胎臀，可触及肛门与两坐骨结节连在一条直线上，手指放入肛门内有环状括约肌收缩感，取出手指可见胎粪。若触及胎儿足部时，应与胎手相鉴别。

3. 心理－社会状况 产妇及家属对臀先露分娩时的危险性估计不足，任其自然。产程延长时担心胎儿安全，害怕手术，从而焦虑、恐惧。

4. 辅助检查 B 型超声检查能探清臀先露类型、胎儿大小、胎心搏动情况及胎盘的位置。

5. 治疗要点 其处理原则是：妊娠期适时纠正胎位，分娩期结合产妇年龄、产次、产力、产道、胎儿情况及有无合并症等综合分析决定分娩方式。

【护理诊断/问题】

1. 知识缺乏 缺乏臀先露对分娩危害的认识。

2. 焦虑 与担心胎儿安危、害怕手术有关。

3. 有新生儿受伤的危险 与胎儿脐带脱出、后出头困难及臀助产术有关。

4. 有感染的危险 与胎膜早破、产程延长及手术产有关。

【护理目标】

1. 产妇能说出臀位的危害性并在孕期积极纠正胎位。

2. 产妇焦虑、恐惧感减轻。

3. 新生儿健康。

4. 产妇恶露无臭味、无发热及血象升高等感染征象。

【护理措施】

1. 一般护理

(1) 生活上多关心、体贴产妇，补充营养，防止宫缩乏力。

(2) 注意卧床休息，临产后尽量少做肛查及不必要的阴道检查。

(3) 严密观察宫缩，勤听胎心音。督促每2~4小时小便一次。

(4) 产后遵医嘱用药，指导母乳喂养，加强会阴护理。

2. 病情观察

(1) 严密观察宫缩、胎心音情况及产程进展，注意有无破膜。若已破膜，仔细观察羊水量及性质，检查有无脐带脱垂。

(2) 宫口未开全、胎足脱出者，应注意堵臀。堵臀时要注意观察有无先兆子宫破裂的征象。发现异常及时报告医师。

3. 对症及治疗护理

(1) 协助矫正臀位　妊娠30周前臀位多能自然转成头先露。若妊娠30周后仍为臀先露，应予矫正。矫正方法常用以下几种：

①胸膝卧位　让孕妇排空膀胱、松解裤带，做胸膝卧位姿势（图9-8），每日2次，每次15分钟，连做1周后复查。这种姿势可使胎臀退出盆腔，借助胎儿重心改变，使胎头与胎背所形成的弧形顺着宫底弧面滑动而完成胎位矫正。

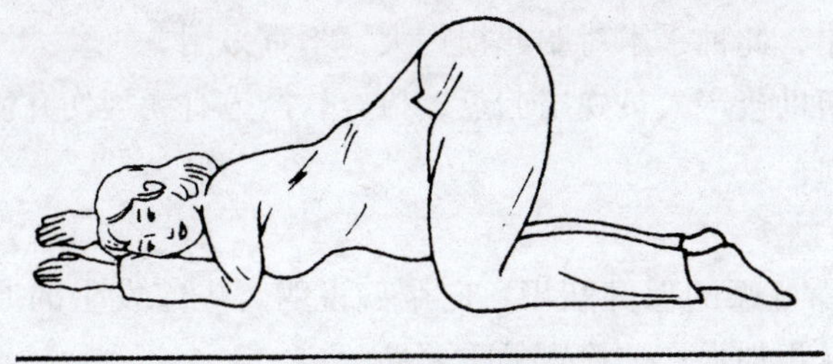

图9-8　胸膝卧位

②激光照射或艾灸至阴穴　近年多用激光照射两侧至阴穴（足小趾外侧趾甲角旁0.1寸），也可用艾条灸，每日1次，每次约15~20分钟，5次为1个疗程。

③外转胎位术　应用上述方法矫正无效时，于妊娠32~34周时可行外转胎位术，应由技术熟练的医师完成。

(2) 协助剖宫产术　对高龄初产、有难产史、不完全臀先露、骨盆狭窄、软产道严重异常、胎儿体重大于3500g且存活、胎儿窘迫等均应做好剖宫产术的术前准备工作。

(3) 协助阴道分娩

①第一产程　嘱产妇左侧卧位休息，少活动，少肛查，禁止灌肠，避免胎膜早破、脐带脱垂。一旦胎膜破裂，应立即听胎心音，抬高床尾，并作肛门或阴道检查，了解宫

口大小及有无脐带脱垂。发现异常立即吸氧并报告医师。当宫口开大4～5cm时，胎足即可经宫口脱出至阴道口。为了避免胎足下降，让胎臀下降，应消毒外阴，在子宫收缩时用手掌垫以无菌巾堵住阴道口，直至宫口开全（图9－9）。保证软产道充分扩张，防止后出头困难。

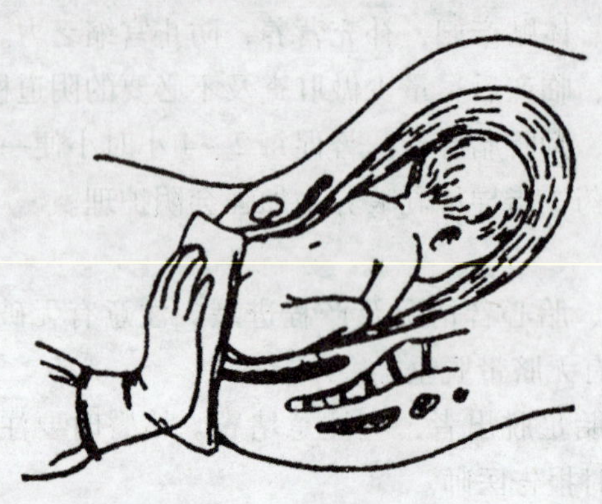

图9－9　手堵外阴助胎臀下降

②第二产程　接产前导尿，做好会阴侧切及臀助产术的准备，协助接产人员行臀助产术。臀位阴道分娩方式有3种：自然分娩：指接产人员不作任何牵拉，胎儿自然娩出。少见，仅见于经产妇、胎儿小、宫缩强、产道正常者。臀助产术：指胎儿脐以下部分自然娩出，而脐以上部分则由接产者协助娩出。注意脐部娩出后，一般应在2～3分钟娩出胎头，最长不超过8分钟。后出头有困难者可用产钳助产。臀牵引术：指胎儿全部由接产者牵拉娩出，此种手术对胎儿损伤大，不宜采用。

③第三产程　协助接产人员娩出胎盘，检查软产道有无裂伤并协助缝合，遵医嘱用缩宫素防治产后出血。

4. 心理护理

（1）宣传臀先露妊娠的保健知识，向孕妇说明臀先露发生的原因，分娩时给母儿带来的危害性，以认识加强产前检查的重要性。

（2）解释剖宫产的必要性及可靠性，增加安全感，消除恐惧感。

（3）主动与产妇沟通，以良好的态度、亲切的语言、精湛的技术赢得产妇的信任。

【护理评价】

1. 产妇能说出有关臀先露的保健知识，有效执行医嘱。

2. 产妇心情舒畅，焦虑、恐惧感减轻。

3. 新生儿无窒息、无产伤。

4. 产妇无腹痛、恶露无臭味，体温、血象正常，未发生感染。

【健康指导】

1. 加强产前检查，尽早发现胎位异常并予矫正。若矫正失败，提前1周住院待产。

2. 临产后根据头盆关系，臀位类型等选择正确分娩方式。

三、肩先露

【定义及分类】

胎体纵轴与母体纵轴相垂直，胎儿横卧于骨盆入口之上，以肩为先露者称为肩先露，亦称横位。根据胎头及肩胛骨与母体骨盆的关系分肩左前、肩右前、肩左后及肩右后4种胎位。约占足月分娩总数的0.1%~0.25%，是对母儿最不利的胎位，发生原因与臀先露相同。

【护理评估】

1. 健康史 询问产妇年龄、孕产史，了解有无羊水过多、子宫畸形、骨盆异常等。

2. 身体状况

(1) 产程停滞 肩先露者，胎肩不能紧贴子宫下段及宫颈内口，缺乏直接刺激，容易发生宫缩乏力；胎肩对宫颈压力不均，容易发生胎膜早破；破膜后羊水迅速外流，胎儿上肢或脐带容易脱出，导致胎儿窘迫甚至死亡。随着子宫收缩不断加强，胎肩及一部分胎儿胸廓被挤入盆腔内，胎体折叠弯曲，胎颈被拉长，上肢脱出于阴道口外，胎头和胎臀仍被阻于骨盆入口上方，形成忽略性或嵌顿性横位，致产程停滞。若宫缩继续加强，可引起病理缩复环，甚至引起子宫破裂。

(2) 腹部检查 产妇腹部呈横椭圆形，子宫底高度低于妊娠周数，但横径宽。腹部触诊：子宫底部及耻骨联合上方较空虚，在母体腹部一侧可触及胎头，另一侧可触及胎臀。肩前位时，腹部一侧可触及宽而平坦的胎背；肩后位时，可扪及不规则胎儿肢体。听诊：胎心在脐周两侧最清楚。

(3) 肛查或阴道检查 若胎膜未破，先露位置高，肛门检查不易触及胎先露。若胎膜已破，宫口扩张，阴道检查能触到胎儿手、肩胛骨和腋窝。并根据腋窝尖端指向母体左或右方，肩胛骨朝向母体前或后方确定胎位。

3. 心理－社会状况 产妇和家属对肩先露的认识不足，致使肩先露得不到及时矫正。一旦产妇得知横位的危害，担心自身及胎儿安危，表现出异常焦虑、恐惧的心理。分娩时胎手脱出，如果家属不配合治疗，耽误挽救时间，可造成母儿双亡。

4. 辅助检查 B型超声检查能准确探清肩先露且确定具体胎方位。

5. 治疗要点 妊娠期适时矫正胎位，方法同臀先露；分娩期根据胎儿是否存活、宫口开大、母体情况分别采用剖宫产术或内转胎位术后阴道结束分娩。

【护理诊断/问题】

1. 知识缺乏 缺乏预防肩先露的知识。

2. 有新生儿受伤的危险 与分娩受阻、手术产有关。

3. 有感染的危险性 与胎膜早破、手术产有关。

4. 潜在并发症 子宫破裂。

【护理目标】

1. 产妇能说出肩先露的危害性并在孕期积极纠正胎位。

2. 分娩顺利，新生儿健康。

3. 产妇未发生感染。

4. 产妇未出现子宫破裂。

【护理措施】

1. 一般护理 临产后尽量减少不必要的阴道检查，及时做好术前准备工作，严格无菌操作。术后提供舒适安静的休养环境，把呼叫器放到随手可及的地方，为产妇擦汗、喂水，及时倾倒排泄物。加强腹部切口护理，保持外阴清洁、干燥。遵医嘱用药，指导母乳喂养。

2. 病情观察 严密观察宫缩、胎心音变化及生命体征，检查腹部有无病理性缩复环，阴道有无胎手脱出，发现异常及时报告医师。

3. 对症及治疗护理

（1）嘱产妇左侧卧位休息，禁灌肠，避免胎膜早破。

（2）足月分娩者，临产后尽早做好剖宫产术的术前准备及抢救新生儿窒息的准备工作。

（3）若胎儿已死，无先兆子宫破裂者，待宫口开全后协助医师进行毁胎术。

4. 心理护理 介绍有关肩先露对分娩影响的知识。向产妇说明横位者足月胎儿不能从阴道分娩，是绝对难产，强行从阴道分娩，后果不堪设想。说明剖宫产术的必要性及术前、术后注意事项，安全措施，使其乐意接受手术。

【护理评价】

1. 产妇能说出肩先露的危害并在孕期积极纠正。

2. 分娩顺利，新生儿健康。

3. 产妇未发生感染。

4. 产妇未出现子宫破裂。

【健康指导】

1. 加强产前检查，及时发现胎位异常，并尽早纠正。

2. 嘱出院后注意休息，加强营养。遵医嘱继续服用抗生素，防治腹部切口感染。

四、胎儿发育异常

【分类】

胎儿发育异常包括胎儿发育过大（如巨大胎儿）及胎儿畸形（如脑积水、无脑儿、联体双胎等），也可引起难产，不容忽视。

1. 巨大儿 胎儿体重达到或超过4000g者，称巨大儿。常见于妊娠合并糖尿病、父母身材高大、孕妇营养过度、过期妊娠等。因胎儿巨大，肩周径显著增大，常引起头盆不称，肩难产而致母子受伤等不良后果。

2. 胎儿畸形 常见的有脑积水和无脑儿。

脑积水指胎头脑室内外有大量脑脊液（500～3000mL或更多）潴留于颅腔内，使颅腔体积增大，颅缝明显增宽，囟门显著增大者。胎儿常伴脊柱裂、足内翻等畸形，发生率为0.5‰。因头围过大，常引起相对头盆不称致分娩困难。

无脑儿指胎头缺乏颅盖骨，颅底部脑髓暴露于外面，眼球突出。常与脊椎裂畸形并存。多伴有羊水过多，易引起早产。部分无脑儿因其胎头狭小，不能紧贴子宫下段，使子宫下段缺乏应有的刺激，常引起过期妊娠，胎儿不能存活。

【护理评估】

1. 健康史

（1）询问产妇既往有无糖尿病史、难产史、巨大胎儿分娩史，了解产妇身材是否高大、是否营养过度或过期妊娠。

（2）询问妊娠早期是否有病毒感染、药物影响或接触过放射线等，以往家族中有无同类疾患史。

2. 身体状况

（1）巨大儿　孕妇自觉腹部增大迅速，且有沉重感，有时可出现呼吸困难。触诊：宫高、腹围大于妊娠月份；胎体大，先露高浮；胎心音听诊位置较正常稍高。

（2）胎儿畸形

①脑积水　腹部检查感胎头胎体比例不相称，可触及较大、软且有弹性的胎头。肛门检查感盆腔内有空虚感。阴道检查：胎头较大，颅缝囟门较宽，颅骨软而薄，触压有乒乓球样弹性感。若为臀先露，则在子宫底部可触及宽大胎头。

②无脑儿　腹部检查发现胎头较小，若合并羊水过多，则胎头常触不清，易误诊为臀位。阴道及肛门检查：可触及凹凸不平的颅底部，易误诊为面先露或臀先露，应加以鉴别。

3. 心理－社会状况　产妇因担心巨大儿难产及手术产而焦虑恐惧不安。若胎儿有畸形，又多感自卑、自责、内疚。若家属不理解，亲朋好友歧视，则更加重了产妇的忧郁、悲观情绪。

4. 辅助检查

（1）实验室检查

①疑糖尿病者，孕产妇应做血糖、尿糖检查。

②胎儿畸形者，孕妇血清或羊水中甲胎蛋白（AFP）含量明显增高。无脑儿孕妇尿E_3常呈低值。

（2）B型超声检查　探查胎体及胎头双径顶均大，双顶径＞10cm时，考虑巨大胎儿的可能性大，同时可与双胎、羊水过多、胎儿畸形相鉴别。胎头双顶径＞11cm，侧脑室增大、对称。脑室内可见不规则液性暗区者考虑脑积水。探测胎头无双顶径及颅顶骨图像者考虑为无脑儿。

（3）X线检查　无脑儿可清楚地看到颅盖骨缺损。

5. 治疗要点

（1）巨大儿处理原则　根据有无头盆不称施行剖宫产术或阴道助产术。

（2）胎儿畸形的处理原则　一旦确诊，以保护母体为原则，尽早终止妊娠。

【护理诊断/问题】

1. 有新生儿受伤的危险　与巨大儿产程延长、手术产有关。

2. 焦虑/预感性悲哀 与担心难产、手术产及胎儿畸形有关。

3. 组织完整性受损 与巨大儿娩出损伤软产道有关。

4. 潜在并发症 子宫破裂。

【护理目标】

1. 新生儿健康。
2. 产妇焦虑程度减轻。
3. 未发生软产道的损伤或仅有轻度损伤。
4. 产妇不发生子宫破裂。

【护理措施】

1. 一般护理 临产前后鼓励产妇多进食，注意休息，保证体力与精力。鼓励产妇小便，避免膀胱充盈影响宫缩。产后提供舒适休养环境，保持外阴清洁，避免感染。

2. 病情观察

（1）临产后严密观察宫缩，胎心音及产程进展情况。

（2）观察母体情绪及全身情况。

（3）产后仔细检查软产道有无裂伤，新生儿有无产伤。

3. 治疗护理

（1）巨大儿 临产前后协助医师充分估计胎儿大小，头盆关系，防止肩难产。医师决定行剖宫产术者，护士应做好剖宫产术的术前准备工作；决定行阴道助产术者，应做好阴道助产术及抢救新生儿的准备工作。操作时动作轻柔准确，避免新生儿产伤。产后协助检查软产道，有裂伤者及时缝合。术后遵医嘱使用宫缩剂及抗生素，预防产后出血及感染。

（2）胎儿畸形

①因胎儿无生存价值，确诊后孕期应协助医师行羊膜腔内依沙吖啶注射引产术。

②临产后以保护母体为原则。脑积水者，根据宫口扩张程度，协助行颅缝穿刺术并放出脑脊液，等待自然分娩。

③产后协助检查软产道有无裂伤，并协助及时缝合。

4. 心理护理

（1）说明巨大儿对分娩的影响。介绍医院环境及医疗设施、技术力量，消除焦虑、恐惧心理。

（2）评估产妇悲观情绪的程度，允许产妇用哭泣表达悲哀，对产妇的自责、内疚要给予同情、安慰。

（3）向产妇解释胎儿畸形并非她的过错，帮助寻找原因，指导下次妊娠应注意的事项。

（4）鼓励丈夫陪伴关心、体贴。劝其面对现实，学会放松术。

【护理评价】

1. 新生儿健康。
2. 产妇焦虑程度减轻。

3. 未发生软产道损伤或仅有轻度损伤。

4. 产妇未发生子宫破裂。

【健康指导】

1. 加强孕期保健，注意合理饮食与休息，孕早期避免病毒感染，避免接触有害物质。

2. 家族中有胎儿畸形分娩史者，孕早期应行产前诊断。发现畸形尽早终止妊娠。

3. 加强产前检查，尽早发现并发症与合并症，及时处理。

4. 胎儿巨大、头盆不称者，嘱提前入院选择适当分娩方式。

5. 胎儿死亡者，指导产妇回奶方法，可口服中药；芒硝外敷双侧乳房；穿紧身内衣等。并指导个人卫生及宣教下次妊娠时的保健知识。

思考题

1. 产程异常的原因有哪些？

2. 协调性子宫收缩乏力和不协调性子宫收缩乏力的区别点有哪些？

3. 狭窄骨盆的分类及主要特征是什么？主要护理措施有哪些？

4. 宫缩乏力的主要护理措施有哪些？

第十章 分娩期并发症妇女的护理

学习目标

1. 解释胎膜早破、产后出血、子宫破裂、羊水栓塞的概念。

2. 说出胎膜早破、子宫破裂、羊水栓塞的病因，典型症状和体征，治疗要点及护理措施。

3. 阐述产后出血的病因、主要症状和体征、治疗要点及护理措施，能对产后出血病例进行全面的护理评估，识别和处理其常见护理问题。

4. 能识别分娩期并发症急危重者，并对其进行初步紧急救治。

第一节 胎膜早破

案例引导

孕妇李女士，30岁，G2P0，孕38周，因阴道流液1个多小时入院。孕期经过顺利，无头晕眼花症状，无阴道流血。1小时前，无明显诱因开始出现阴道流液，不能自控，遂急诊入院。体格检查：T 36.9℃，P 90次/分，R 20次/分，BP 110/80 mmHg，心肺听诊正常。产科检查：宫高30cm，腹围101cm，无宫缩，胎位LOA，胎心音140次/分，骨盆外测量正常，宫口未开，上推胎头时有少许液体自阴道口流出。请问：

1. 该孕妇最可能的医疗诊断是什么？

2. 主要护理问题有哪些？

3. 其护理措施有哪些？

胎膜早破（premature rupture of membranes，PROM）是指临产前胎膜自然破裂。其发生率国外报道为5%～15%，国内为2.7%～7%。胎膜早破可引起早产、胎盘早剥、羊水过少、脐带脱垂、胎儿窘迫和新生儿呼吸窘迫综合征，孕产妇及胎儿感染率和围生儿病死率显著升高。

【病因】

导致胎膜早破的因素很多，常是多因素相互作用的结果。

1. 生殖道感染　病原微生物上行感染，引起胎膜炎，使胎膜局部张力下降而破裂。

2. 胎膜受力不均　头盆不称、胎位异常使胎先露部不能衔接，前羊膜囊承受压力不均，导致胎膜破裂。

3. 羊膜腔压力增高　双胎妊娠、羊水过多、巨大儿等，导致宫内压力增加，覆盖于宫颈内口处的胎膜自然成为薄弱环节而容易发生破裂。

4. 营养因素　缺乏维生素C、锌及铜，可使胎膜抗张能力下降而破裂。

5. 其他　细胞因子IL－6、IL－8、TNF－α升高，可激活溶酶体酶，破坏羊膜组织导致胎膜早破。宫颈内口松弛、人工剥膜、妊娠晚期性交或创伤等均可导致胎膜早破。

【护理评估】

1. 健康史　详细询问病史，了解诱发胎膜早破的原因，确定破膜时间、孕周、破膜后处理情况，有无宫缩及宫内感染发生。

2. 身体状况

（1）症状　孕妇突感有较多液体自阴道流出，继而少量、间断性排出，当咳嗽、打喷嚏、大笑等腹压增加时，即有液体流出。

（2）体征　肛诊上推胎先露部时，则阴道流液量增多。阴道窥器检查见阴道后穹隆有羊水积聚或有羊水自宫口流出，即可确诊胎膜早破。阴道流液有臭味，并有发热、母儿心率增快、子宫压痛，应考虑羊膜腔感染。胎膜早破可导致脐带脱出于胎先露的前方，严重时甚至经宫颈进入阴道或显露于外阴部，形成脐带脱垂。

3. 心理－社会状况　由于突然发生不可自控的阴道流液，孕妇可能惊惶失措、焦虑不安，担心胎儿安全及自身健康。有些孕妇可能开始设想胎膜早破带来的种种后果，而产生恐惧心理。

4. 辅助检查

（1）阴道液酸碱度检查　正常阴道液pH值为4.5～5.5；羊水pH值为7.0～7.5。若流出液pH≥6.5，视为阳性，准确率90%。血液、尿液、宫颈黏液、精液及细菌污染可出现假阳性。

（2）阴道液涂片检查　阴道液干燥片镜检见羊齿植物叶状结晶或胎儿上皮细胞，均可确定为羊水，准确率95%。

（3）胎儿纤连蛋白（fFN）测定　当宫颈及阴道分泌物内fFN含量>0.05mg/L时，易发生胎膜早破。

（4）B超检查　连续检查羊水量减少可协助诊断。

（5）羊膜镜检查　可直视胎先露部，见不到前羊膜囊，即可确诊胎膜早破。

（6）羊膜腔感染监测　①羊水细菌培养；②羊水涂片革兰染色检查细菌；③羊水白介素6测定：IL－6>7.9ng/mL，提示羊膜腔感染；④血C－反应蛋白>8mg/L，提示羊膜腔感染。

5. 治疗要点　妊娠<24周的孕妇应终止妊娠；妊娠28～35周的孕妇若胎肺不成

熟，无感染征象和胎儿窘迫，可期待治疗；若胎肺成熟或有明显感染时，应立即终止妊娠；胎儿窘迫，妊娠>36周者，终止妊娠。

【护理诊断/问题】

1. 有感染的危险 与胎膜破裂后，下生殖道内病原体上行感染有关。

2. 有胎儿受伤的危险 与脐带脱垂或早产儿肺部不成熟有关。

3. 焦虑 与担心胎儿能否存活及自身健康有关。

【护理目标】

1. 孕妇不发生感染。
2. 胎儿无并发症发生。
3. 孕妇及家属能面对现状，对治疗和护理感到满意。

【护理措施】

1. 一般护理 协助孕妇做好生活护理，如洗漱、进食、穿脱衣等。

2. 病情观察 密切观察胎心率的变化，监测胎儿宫内安危。定时观察羊水的性状、颜色、气味等；头先露者，如发现羊水胎粪污染，则是胎儿宫内缺氧的表现，应给予吸氧等处理。严密观察产妇的生命体征，白细胞计数，了解有无感染。

3. 治疗护理

(1) 防止脐带脱垂 嘱胎膜早破胎先露未衔接者绝对卧床休息，取左侧卧位，注意抬高臀部，避免增加腹压的动作，防止脐带脱垂。注意监测胎心变化，必要时进行阴道检查确定有无脐带先露或脐带脱垂，一旦确诊，应在数分钟内结束分娩。

(2) 预防感染 保持孕妇外阴清洁，每日用1‰苯扎溴铵（新洁尔灭）棉球擦洗会阴两次，放置吸水性好的消毒会阴垫，勤更换，保持外阴清洁干燥。破膜超过12小时，遵医嘱使用抗生素预防感染。

(3) 预防早产及新生儿呼吸窘迫综合征 遵医嘱给予子宫收缩抑制剂及促胎儿肺成熟的药物，预防早产，减少新生儿呼吸窘迫综合征的发生，降低围生儿死亡率。

4. 心理护理 鼓励孕妇及家属表达其担忧的问题和心理感受，给予科学的解释和疏导，鼓励正确面对现实。帮助孕妇及家属做好迎接新生儿的准备，提供护理早产儿的方法，缓解其焦虑情绪。

【护理评价】

1. 孕产妇体温是否正常，白细胞计数是否正常，有无感染发生。
2. 胎儿是否发生并发症。
3. 孕妇及家属是否积极配合治疗及护理，对胎膜早破的处理是否满意。

【健康指导】

1. 重视妊娠期卫生保健，加强产前检查，尽早治疗下生殖道感染，及时矫正异常胎位。
2. 妊娠后期禁止性生活，避免负重及腹部受碰撞。
3. 宫颈内口松弛者，于妊娠14～18周行宫颈环扎术并卧床休息。
4. 注意营养平衡，补充足量的维生素、钙、锌及铜等营养素。

5. 一旦发生胎膜早破应立即平卧，抬高臀部，勿直立行走，及时抬送医院。

第二节　产后出血

案例引导

白女士，30 岁，初产妇，经阴道娩出一男婴，重 4000g。胎儿娩出后阴道流血不断，约 800mL，色暗红。检查胎盘胎膜完整，子宫柔软，轮廓不清。产妇神志淡漠，面色苍白，手足湿冷，测 T 36℃，P 126 次/分，R 24 次/分，BP 70/45mmHg。请问：

1. 该患者最可能的医疗诊断及其原因是什么？
2. 主要护理问题有哪些？
3. 目前应该采取的护理措施有哪些？

产后出血（postpartum hemorrhage，PPH）是指胎儿娩出后 24 小时内失血量超过 500mL，剖宫产时超过 1000mL，是分娩期的严重并发症，居我国产妇死亡原因首位。80% 的产后出血发生在产后 2 小时内。

【病因】

子宫收缩乏力、胎盘因素、软产道裂伤及凝血功能障碍是产后出血的主要原因，这些原因可单独存在，也可共存、相互影响或互为因果。

1. 子宫收缩乏力　是产后出血最常见原因，占产后出血总数的 70% ~80%。可由全身因素和局部因素引起。

（1）全身因素　产妇精神过度紧张、体力衰竭、体质虚弱或合并慢性全身性疾病，临产后大量使用镇静剂、麻醉剂或子宫收缩抑制剂。

（2）局部因素　①子宫肌纤维过度伸展，如多胎妊娠、羊水过多、巨大儿。②子宫平滑肌水肿或渗血，如前置胎盘、胎盘早剥、妊娠期高血压疾病、宫内感染等。③子宫肌壁损伤，如剖宫产史、肌瘤剔除术、产次过多等。④子宫病变，如子宫肌瘤、子宫畸形、子宫肌纤维变性等。

2. 胎盘因素　根据胎盘剥离情况，导致产后出血的胎盘因素有：

（1）胎盘滞留　胎盘多在胎儿娩出后 15 分钟内娩出，若 30 分钟后仍未排出，将导致出血。常见原因有膀胱充盈、胎盘嵌顿、胎盘剥离不全。

（2）胎盘粘连或植入　胎盘绒毛全部或部分仅穿入子宫壁表层不能自行剥离者称为胎盘粘连。胎盘绒毛穿透子宫壁表层而植入子宫肌层者称为胎盘植入。根据粘连或植入的面积，分为完全性或部分性。完全性胎盘粘连或植入因胎盘未剥离而无出血；部分性粘连或植入因胎盘部分剥离导致子宫收缩不良，已剥离面血窦开放发生致命性出血。

（3）胎盘部分残留　指部分胎盘小叶、副胎盘或部分胎膜残留于宫腔，影响子宫收缩而出血。

3. 软产道裂伤　软产道裂伤后，尤其未及时发现，可导致产后出血。常见原因有：

①外阴组织弹性差或软产道未充分扩张，如外阴水肿、子宫收缩过强、产程进展过快、产力过强致软产道未充分扩张。②阴道分娩助产操作不规范，如会阴切口过大、缝合止血不彻底，产钳助产、臀牵引术等导致宫颈或阴道穹隆裂伤。

4. 凝血功能障碍 任何原发或继发的凝血功能异常，均能造成产后出血。临床包括两种情况。

（1）妊娠合并凝血功能障碍性疾病，如原发性血小板减少、再生障碍性贫血、肝脏疾病等。

（2）妊娠并发症导致凝血功能障碍，如重度妊娠期高血压疾病、重度胎盘早剥、羊水栓塞、死胎滞留过久等均可影响凝血功能，发生弥散性血管内凝血（DIC）。

【护理评估】

1. 健康史 护士应重点收集与产后出血有关的健康史。孕前是否患有影响凝血功能的疾病，如血液病、重症肝炎等；有无子宫肌壁损伤史，如剖宫产史、多次人工流产史等；妊娠是否并发妊娠期高血压疾病、前置胎盘、胎盘早剥、羊水过多、双胎、巨大儿等；分娩期产妇是否精神过度紧张，过多地使用镇静剂、麻醉剂或子宫收缩抑制剂；是否有产程过长，产妇衰竭、急产或阴道助产等；了解胎盘剥离及娩出情况。

2. 身体状况 产后出血的主要临床表现是阴道流血、贫血、继发性感染及失血性休克。其程度与出血速度、出血量及产妇的全身状况有密切关系。一般情况，出血的开始阶段产妇有代偿功能，失血体征不明显；一旦出现失代偿状况，产妇可出现面色苍白、出冷汗、打哈欠、懒言或表情淡漠、烦躁不安、呼吸急促、血压下降、脉搏细数，主诉口渴、心慌、头晕。阴道壁血肿的产妇会有尿频或肛门坠胀感，且有排尿疼痛。不同原因引起的产后出血，临床表现也各有不同。

（1）子宫收缩乏力出血 阴道流血多为阵发性，色暗红。宫底升高，子宫质软、轮廓不清，按压子宫有较多的血液和血块流出；按摩子宫后，子宫变硬，阴道流血减少或停止。

（2）胎盘因素出血 胎盘娩出前，阴道大量流血，暗红色，呈间歇性，多为胎盘剥离不全；胎盘娩出后常规检查胎盘胎膜的完整性，确定有无残留或副胎盘。

（3）软产道裂伤出血 多表现为胎儿娩出后，阴道持续性流血，色鲜红，能自凝；腹部检查子宫收缩良好，子宫轮廓清晰；检查软产道可见不同程度的裂伤。会阴阴道裂伤按裂伤程度分为4度（图10－1）。

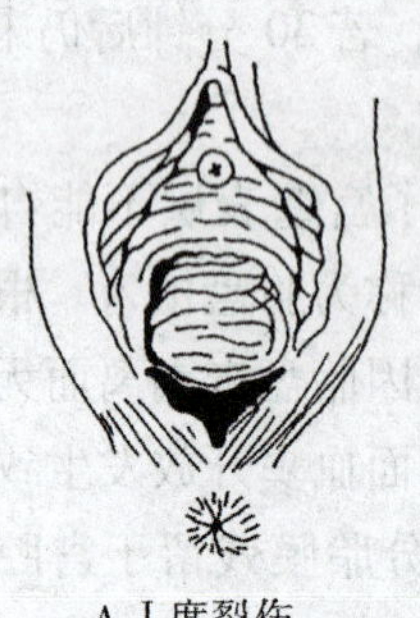

A Ⅰ度裂伤

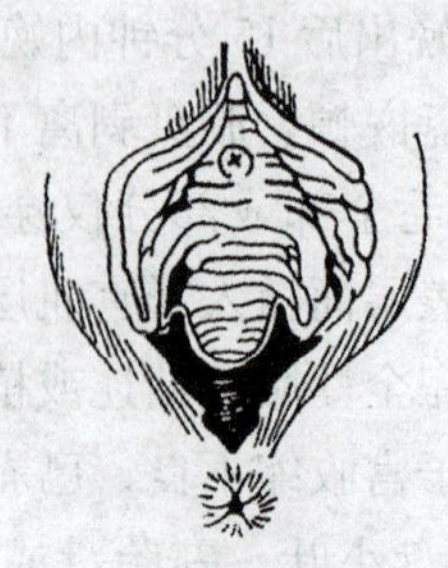

B Ⅱ度裂伤

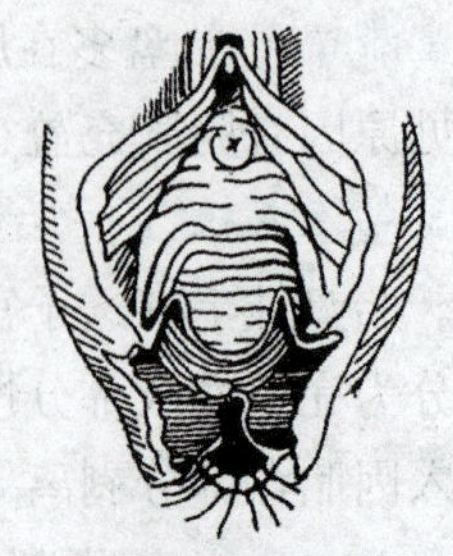

C Ⅲ度、Ⅳ度裂伤

图10－1 会阴裂伤分度

①Ⅰ度裂伤　指会阴部皮肤及阴道入口黏膜撕裂，出血不多。

②Ⅱ度裂伤　指裂伤已达到会阴体筋膜及肌层，累及阴道后壁黏膜，向阴道后壁两侧沟延伸并向上撕裂，出血较多。

③Ⅲ度裂伤　指裂伤向会阴深部扩展，肛门外括约肌已断裂，直肠黏膜尚完整。

④Ⅳ度裂伤　指肛门、直肠和阴道完全贯通，直肠肠腔外露，组织损伤严重，出血量可不多。

(4) 凝血功能障碍出血　表现为持续性阴道流血，且血液不凝固。经检查子宫收缩良好，软产道无损伤，胎盘娩出完整，应考虑凝血功能障碍。

3. 心理－社会状况　一旦发生产后出血，产妇及家属会异常恐慌，手足无措，担心产妇生命安危，甚至由于出血过多与精神过度紧张，有些产妇很快进入休克昏迷状态。

4. 辅助检查

(1) 评估产后出血量　注意观察阴道流血是否凝固，同时估计出血量。目前常用：①容积法：用有刻度器皿收集阴道流血，可简便准确地了解出血量；②称重法：失血量(mL)=［胎儿娩出后接血敷料湿重（g）－接血前敷料干重（g）］/1.05（血液比重g/mL）；③面积法：将血液浸湿的面积按10cm×10cm为10mL计算。另外目测失血量往往只有实际出血量的一半。

(2) 测量生命体征与中心静脉压　如改变体位时收缩压下降＞10mmHg，脉率增加＞20次/分，提示血容量丢失20%～25%；呼吸短促，脉细数，体温低于正常，提示产妇休克；观察体温变化识别感染征象。中心静脉压＜2cmH_2O，提示右心房充盈压力不足，即静脉回流不足，血容量不足。

(3) 实验室检查　检查血常规，出、凝血时间，凝血酶原时间及纤维蛋白原测定等。

5. 治疗要点　针对出血原因，迅速止血；补充血容量，纠正失血性休克；防止感染。

【护理诊断/问题】

1. 潜在并发症　失血性休克。

2. 活动无耐力　与产后出血过多导致贫血有关。

3. 有感染的危险　与失血后抵抗力降低有关。

4. 恐惧　与大量出血危及生命有关。

【护理目标】

1. 产妇的血容量能尽快得到恢复，血压、脉搏、尿量正常。
2. 产妇生活需要得到满足。
3. 产妇住院期间无感染征象。
4. 产妇情绪稳定，积极配合治疗及护理。

【护理措施】

1. 预防措施

(1) 加强孕期保健　定期进行产前检查，及时治疗高危妊娠，必要时及早终止妊娠。对有出血倾向的孕妇，如妊娠期高血压疾病、肝炎、贫血、血液病等应提前入院。

（2）产时预防　正确处理3个产程。

①第一产程　密切观察产程进展，防止产程延长，保证产妇基本需要，避免产妇衰竭状态，必要时给予镇静剂、输液以保证产妇休息和营养供给。

②第二产程　指导产妇正确使用腹压，适时适度做会阴侧切，胎儿娩出不宜过快，胎肩娩出后立即肌内注射或静脉滴注缩宫素。

③第三产程　正确处理胎盘娩出及测量出血量。胎盘未剥离前，不可过早牵拉脐带或按摩、挤压子宫；待胎盘剥离征象出现后，及时协助胎盘娩出，并仔细检查胎盘胎膜的完整性，检查软产道有无裂伤，并及时缝合裂伤。

（3）产后预防　产后2小时内，产妇留产房继续接受监护，密切观察产妇的子宫收缩、阴道流血及会阴伤口情况，定时测量产妇的生命体征。督促产妇及时排空膀胱，以免影响子宫收缩致产后出血。早开奶，刺激子宫收缩，减少阴道流血量。对可能发生产后出血的高危产妇，注意保持静脉通畅，充分做好输血和急救的准备。

2. 病情观察

（1）严密监测生命体征、意识、皮肤黏膜颜色。

（2）注意子宫收缩情况，准确估计阴道流血量。

（3）监测体温变化，观察恶露有无异常，宫腔及伤口有无感染迹象。

（4）观察膀胱是否充盈，注意尿量、尿色。

3. 治疗护理　针对原因止血，纠正失血性休克，并注意预防感染的发生。

（1）子宫收缩乏力出血　加强子宫收缩能迅速止血。导尿排空膀胱后可采用以下方法。

①按摩子宫　腹部按摩子宫法：胎盘娩出后，术者一手置于产妇腹部，触摸子宫底，拇指置于子宫前壁，其余4指并拢握住子宫后壁，均匀而有节奏地按摩子宫，即单手按摩子宫法（图10-2）；或一手在产妇耻骨联合上缘按压下腹中部，将子宫向上托起，另一手握住子宫体，两手在子宫底部有节奏地按摩子宫，即双手按摩子宫法（图10-3）。腹部-阴道双手按摩子宫法：术者一手戴无菌手套后，握拳置于阴道前穹隆，顶住子宫前壁，另一手在腹部按压子宫后壁，使宫体前屈，两手相对紧压并均匀有节奏地按摩子宫（图10-4）。

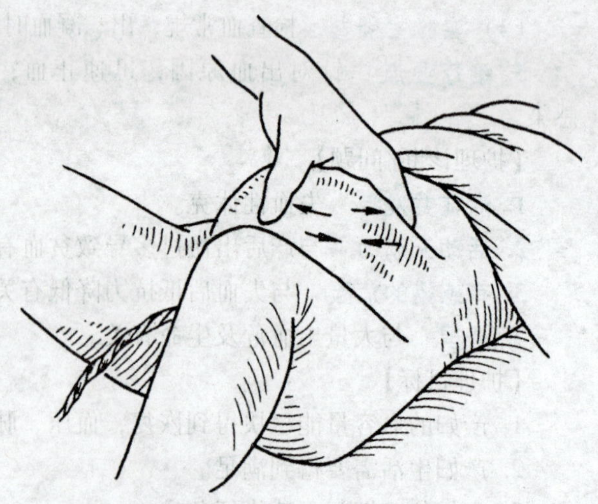

图10-2　单手按摩子宫法

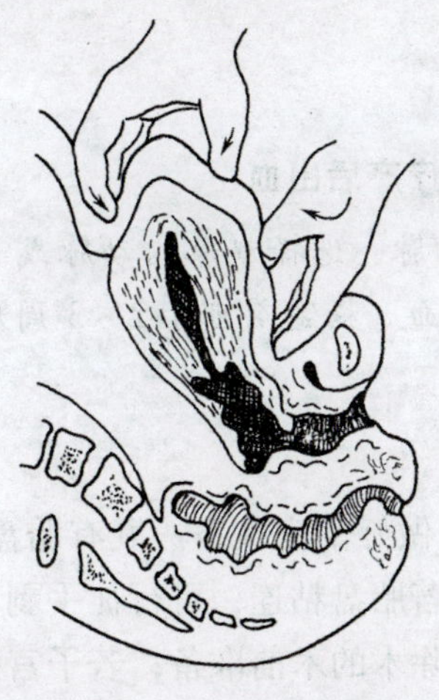

图 10-3 双手按摩子宫法

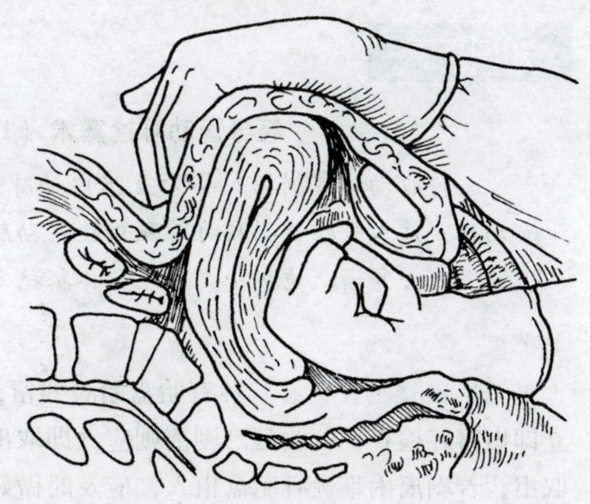
图 10-4 腹部-阴道双手按摩子宫法

②应用宫缩剂 按摩子宫的同时，可以遵医嘱应用宫缩剂，促进子宫收缩而止血。缩宫素：10U 加于 0.9% 氯化钠注射液 500mL 中静脉滴注，必要时缩宫素 10U 直接宫体注射。前列腺素类药物：米索前列醇 200μg 舌下含化，或卡前列甲酯栓 1mg 置于阴道后穹隆。

③宫腔纱条填塞 助手在腹部固定子宫，术者将无菌纱布条自宫底由内向外有序填入宫腔，压迫止血（图 10-5）。注意逐层填紧，不留死腔，以免影响子宫收缩而造成隐性出血。24 小时后取出纱布条，取出前使用宫缩剂，并给予抗生素预防感染。也可采用宫腔放置球囊代替纱布条填塞止血。

④子宫压缩缝合术 常用 B-Lynch 缝合法。在剖宫产时使用更方便。

⑤结扎盆腔血管 经上述处理无效仍出血不止，为抢救产妇生命，可经阴道结扎子宫动脉上行支，若无效应迅速开腹结扎。

⑥切除子宫 经积极抢救无效、危及产妇生命时，行子宫次全切除或子宫全切除术，以挽救产妇生命。

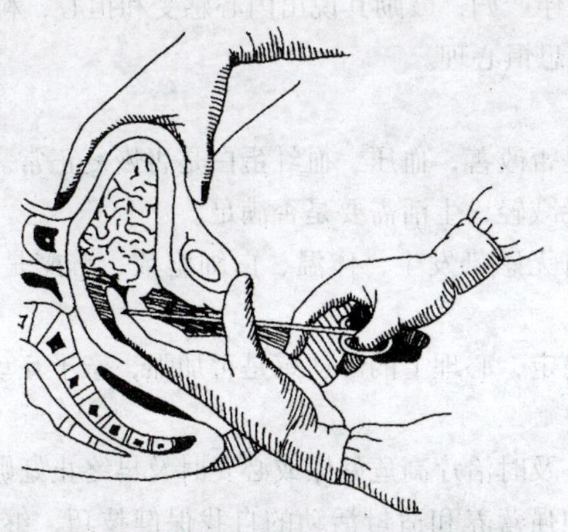
图 10-5 子宫腔内填塞纱布条法

知识拓展

经导管动脉栓塞术（TAE）治疗产后出血

行股动脉穿刺插入导管至髂内动脉或子宫动脉，选择双髂内动脉或子宫动脉，注入吸收性明胶海绵颗粒栓塞动脉制止出血。栓塞剂可于2～3周后吸收，血管复通。适用于产妇生命体征稳定时进行。

(2) 胎盘因素出血　疑有胎盘胎膜残留，必要时做好刮宫准备。疑有胎盘滞留时，立即做宫腔检查；若胎盘已剥离则应立即取出胎盘；若胎盘粘连，可行徒手剥离胎盘后取出；若剥离困难疑有胎盘植入，应及时做好子宫切除术的术前准备；若子宫狭窄环导致胎盘嵌顿者，应配合使用麻醉，待环松解后徒手协助胎盘娩出。

(3) 软产道损伤出血　应彻底止血，按解剖层次逐层缝合裂伤。软产道血肿应切开血肿、清除积血，彻底止血、缝合，必要时放置引流条。

(4) 凝血功能障碍出血　首先应排除子宫收缩乏力、胎盘因素、软产道损伤等原因引起的出血。尽快输新鲜全血，补充血小板、纤维蛋白原或凝血酶原复合物、凝血因子等。若并发DIC应按DIC处理。

(5) 失血性休克的急救护理

①患者取去枕平卧位，保暖，吸氧，密切观察生命体征、意识、皮肤黏膜，并记录。

②呼叫相关人员，迅速建立有效静脉通道，遵医嘱快速补充液体，做好输血前准备，维持有效循环血量，应用宫缩剂或止血药。

③协助医生查找出血原因，争分夺秒进行抢救。抢救过程中，注意无菌操作，遵医嘱使用广谱抗生素，预防感染。

4. 心理护理　护理人员应保持镇静，运用娴熟的技巧及良好的服务态度，赢得产妇及家属的信任。多陪伴产妇，鼓励其说出内心感受和担心，科学解释病情，给予安慰和心理支持，消除产妇恐惧心理。

【护理评价】

1. 产妇全身状况是否改善，血压、血红蛋白是否恢复正常。

2. 产妇疲劳感有无减轻，生活需要是否满足。

3. 产妇住院期间有无感染发生，体温、白细胞数、恶露是否正常，伤口是否恢复良好。

4. 产妇情绪是否稳定，心理上的舒适感是否加强，亲子互动是否增加。

【健康指导】

1. 加强产前检查，及时治疗高危妊娠或必要时及早终止妊娠。

2. 指导产妇有关加强营养和适量活动的自我保健技巧，继续观察子宫复旧及恶露情况，发现异常及时就诊。

3. 指导产妇会阴护理及母乳喂养，注意休息。

4. 产褥期禁止盆浴及性生活，提供避孕指导。

第三节　子宫破裂

案例引导

吴女士，35 岁，G2P0，孕 39 周，临产后在卫生所待产，因产程进展缓慢使用缩宫素 10U 加入 5% GS 500mL 中静脉点滴。1 小时后，产妇疼痛难忍转入当地县医院。入院检查：T 37.5℃，P 98 次/分，R 21 次/分，BP 80/55mmHg，急性痛苦面容，面容苍白。腹部压痛、反跳痛、腹肌紧张，胎体触及清楚，胎心音未听及。请问：

1. 该产妇最可能的医疗诊断是什么？
2. 主要护理问题有哪些？
3. 目前应该采取的护理措施有哪些？

子宫破裂（rupture of uterus）是指子宫体部或子宫下段于妊娠晚期或分娩期发生破裂，是产科最严重的并发症之一，直接威胁母儿生命，多发生于经产妇。国内报道子宫破裂的发生率为0.14%～0.55%，随着剖宫产率增加有上升趋势。

【病因】

1. 瘢痕子宫　是近年来导致子宫破裂的常见原因。如剖宫产术、子宫肌瘤剔除术、宫角切除术、子宫成形术后，在妊娠晚期或分娩期由于宫腔内压力增高可使瘢痕破裂。

2. 梗阻性难产　主要见于高龄产妇、骨盆狭窄、头盆不称、软产道阻塞、宫颈瘢痕、胎位异常、胎儿畸形等因胎先露下降受阻，为克服阻力子宫强烈收缩，使子宫下段过度拉长变薄发生子宫破裂。

3. 宫缩剂使用不当　胎儿娩出前肌内注射缩宫素或过量静脉滴注缩宫素，或未正确使用前列腺素类制剂等，均可导致子宫收缩过强，加之瘢痕子宫或先露下降受阻可造成子宫破裂。

4. 手术创伤　多发生于不适当或粗暴的阴道助产手术，如宫口未开全时行产钳或臀牵引术，中－高位产钳牵引、毁胎术、穿颅术、内倒转术操作不慎，或植入性胎盘强行剥离，均可造成子宫破裂。

5. 其他　子宫发育异常或多次宫腔操作，局部肌层菲薄也可导致子宫破裂。

【护理评估】

1. 健康史　主要了解是否存在引起子宫破裂的相关既往史与现病史，如有无子宫手术瘢痕、剖宫产史，此次妊娠是否胎位不正、头盆不称，是否有滥用缩宫素史，是否有阴道助产手术操作史等。

2. 身体状况　子宫破裂大多发生在分娩过程中，也可发生在妊娠晚期尚未临产时。子宫破裂发生通常是渐进的，多数可分为先兆子宫破裂和子宫破裂两个阶段；但瘢痕子宫破裂和损伤性破裂则无先兆子宫破裂征象或不明显。

（1）先兆子宫破裂　常见于产程长、有梗阻难产因素的产妇。先兆子宫破裂的4大临产表现是病理性缩复环、下腹部压痛、胎心率改变及血尿。具体表现为：

①子宫呈强直性或痉挛性过强收缩，产妇烦躁不安，表情极其痛苦，呼吸急促，脉搏加快，下腹剧痛难忍。

②因先露部下降受阻，子宫收缩过强，子宫体部肌肉增厚变短，子宫下段肌肉变薄拉长，两者间形成环状凹陷，称病理性缩复环（图10－6）。此环逐渐上升达脐部或脐上，压痛明显。

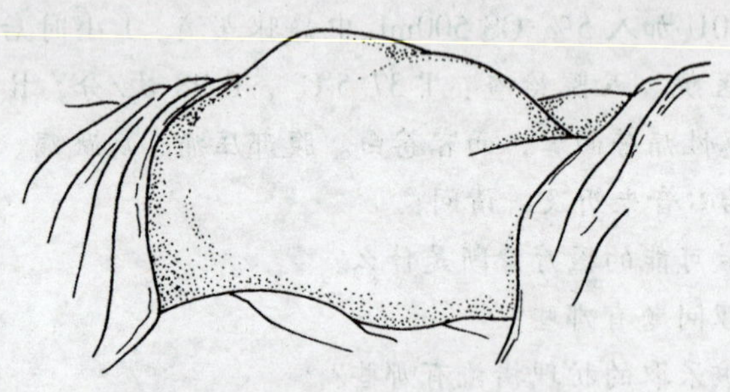

图10－6　先兆子宫破裂时腹部外观

③胎先露使膀胱受压充血，出现排尿困难及血尿。

④因宫缩过强、过频，胎儿触不清，胎心率加快或减慢或听不清。

（2）子宫破裂　根据破裂程度分为不完全性子宫破裂和完全性子宫破裂。

①不完全性子宫破裂　子宫肌层部分或全层破裂，但浆膜层完整，宫腔与腹腔不相通，胎儿及其附属物仍在宫腔内，称为不完全性子宫破裂。多见于子宫下段剖宫产切口瘢痕破裂，常缺乏先兆子宫破裂症状，仅在破裂处有压痛，体征也不明显。若破裂口累及两侧子宫血管可导致急性大出血或形成阔韧带内血肿，腹部检查可在子宫一侧扪及逐渐增大且有压痛的包块，多有胎心率异常。

②完全性子宫破裂　子宫肌壁全层破裂，宫腔与腹腔相通，称为完全性子宫破裂。继先兆子宫破裂症状后，产妇突感下腹部撕裂样剧痛，随后子宫收缩骤然停止，腹痛略有缓解；但很快出现全腹持续性疼痛，并伴有低血容量休克的征象，产妇出现面色苍白、出冷汗、呼吸急促、脉搏细速、血压下降；全腹压痛明显、有反跳痛，腹壁下可清楚扪及胎体，子宫位于侧方，胎心胎动消失；阴道检查可有鲜血流出，胎先露部升高，开大的宫颈口缩小，部分产妇可扪及宫颈及子宫下段裂口。

3. 心理－社会状况　出现先兆子宫破裂时，产妇和家属感到胎儿及产妇的生命受到严重威胁，情绪出现很大变化，可表现出震惊、拒绝、手足无措。当产妇知道胎儿已死亡或自己可能不会再怀孕时感到悲哀、愤怒、否认甚至哭泣。评估产妇有无焦虑，甚或恐惧，以及心里的感受和期盼。

4. 辅助检查

（1）实验室检查　血常规显示血红蛋白下降，白细胞计数增加。尿常规检查可见红细胞或肉眼血尿。

(2) 腹腔穿刺　可证实腹腔内出血。

(3) B超检查　可协助发现子宫破裂的部位及胎儿与子宫关系，仅适用于可疑子宫破裂病例。

5. 治疗要点

(1) 先兆子宫破裂　立即抑制子宫收缩，如肌内注射哌替啶100mg或全麻，立即行剖宫产术。

(2) 子宫破裂　在积极抢救休克的同时，无论胎儿是否存活均应尽快手术治疗。手术前后给予大量广谱抗生素控制感染。

【护理诊断/问题】

1. 疼痛　与强直性子宫收缩、病理性缩复环或子宫破裂血液刺激腹膜有关。

2. 潜在并发症　失血性休克。

3. 预感性悲哀　与切除子宫及胎儿死亡有关。

【护理目标】

1. 强直性子宫收缩得到抑制，产妇疼痛减轻。

2. 产妇低血容量得到纠正和控制。

3. 产妇情绪得到调整，能面对现实。

【护理措施】

1. 预防子宫破裂

(1) 建立健全三级保健网，宣传孕妇保健知识，加强产前检查。

(2) 对有剖宫产史或有子宫手术史的患者，应在预产期前2周住院待产。

(3) 严格掌握缩宫素、前列腺素等子宫收缩剂的使用指征和方法，避免滥用。

2. 病情观察

(1) 严密观察宫缩及产程进展，注意胎心音变化并记录。

(2) 观察腹部疼痛部位、性质、程度，腹部子宫外形，及时发现病理性缩复环。

(3) 严密观察并记录生命体征、出入量。

3. 治疗护理

(1) 先兆子宫破裂产妇的护理

①严密观察产程进展，勤听胎心，及时发现导致难产的诱因。

②在待产过程中，如产妇出现宫缩过强、下腹部压痛，或腹部出现病理性缩复环时，应立即报告医生并停止缩宫素引产及一切操作，同时检测产妇的生命体征，按医嘱给予抑制宫缩、吸氧并做好剖宫产的术前准备。

③协助医生向产妇家属交代病情，取得治疗配合。

(2) 子宫破裂产妇的护理

①迅速给予输液、输血，短时间内补足血容量；纠正酸中毒及水电解质紊乱；积极进行抗休克处理。同时做好剖宫产的术前准备。

②术中、术后按医嘱应用大剂量抗生素以防感染。

③严密观察并记录生命体征、出入量，全面评估失血量以指导治疗护理。

4. 心理护理

（1）鼓励孕妇及家属表达其担忧的问题和心理感受，向产妇及家属介绍子宫破裂的诊疗计划及对再次妊娠的影响。

（2）对于胎儿已死亡的产妇，要帮助其度过悲伤阶段，允许其表现悲伤情绪，甚至哭泣，倾听产妇诉说内心感受，并表示理解和同情。

（3）为产妇及家属提供舒适环境，给予生活上的护理和更多的陪伴，鼓励进食，以更好地恢复体力。

（4）为产妇提供产褥期的休养计划，帮助产妇尽快调整情绪，接受现实，以适应现实生活。

【护理评价】

1. 强直性子宫收缩是否得到抑制，产妇疼痛是否减轻。

2. 产妇的血容量是否得到纠正和控制，手术是否顺利。

3. 孕妇及家属情绪是否稳定，能否积极配合治疗及护理。

【健康指导】

1. 加强产前检查，及早发现头盆不称、胎位异常等影响胎先露下降的因素。

2. 做好计划生育工作，避免多产、多次刮宫，减少对宫壁的损伤。

3. 子宫破裂行子宫修补术的产妇，应避孕 2 年再怀孕，避孕方法可选择药物避孕或工具避孕。

4. 为产妇提供产褥期休养计划。

第四节 羊水栓塞

案例引导

韩女士，29 岁，孕 39 周，未规律产检，规律腹痛 7 小时，入某县医院，查宫口开大 2cm，1 小时后自娩一活女婴，10 分钟后胎盘娩出，持续活动性鲜血流出，查胎盘胎膜完整，子宫收缩好，宫颈 3 点处有一直径 2cm 裂伤，少许活动性出血，阴道纵向裂伤 3cm，给予缝合。处理过程中，产妇烦躁不安、呼吸急促，检查：BP 75/50mmHg，P 132 次/分；随后出现昏迷、心搏骤停。请问：

1. 该产妇最可能的医疗诊断是什么？

2. 主要护理问题有哪些？

3. 其护理措施有哪些？

羊水栓塞（amniotic fluid embolism，AFE）是指在分娩过程中羊水突然进入母体血循环引起急性肺栓塞、过敏性休克、弥散性血管内凝血（DIC）、肾衰竭等一系列病理改变的严重分娩并发症。也可发生在妊娠 10 ~ 14 周钳刮术时。发病率各国报道不一，死亡率高达60%以上，是孕产妇死亡的主要原因之一。

近年研究认为，羊水栓塞主要是过敏反应，建议命名为“妊娠过敏反应综合征”。

【病因】

一般认为羊水栓塞是由于羊水中的有形物质（胎儿毳毛、角化上皮细胞、胎脂、胎粪）进入母体血循环引起。羊膜腔内压力增高、胎膜破裂和宫颈或宫体损伤处有开放的静脉或血窦，是导致羊水栓塞的基本条件。高龄初产妇、多产妇、子宫收缩过强、急产、胎膜早破、前置胎盘、胎盘早剥、子宫不完全破裂、剖宫产术等是羊水栓塞的诱发因素。

【病理生理】

羊水进入母体血循环后，可引起一系列病理生理变化。

1. 肺动脉高压 羊水中有形物质如胎儿毳毛、角化上皮细胞、胎脂、胎粪等直接形成栓子，阻塞肺内小血管，并刺激血管活性物质释放使肺小血管痉挛；同时羊水有形物质激活凝血过程，使肺毛细血管内形成弥散性血栓进一步阻塞肺小血管。肺小血管阻塞引起的肺动脉高压直接导致急性右心衰竭，继而呼吸循环功能衰竭，出现休克，甚至死亡。

2. 过敏性休克 羊水有形物质成为致敏原作用于母体，引起Ⅰ型变态反应，导致过敏性休克。

3. 弥散性血管内凝血（DIC） 羊水中含有多量促凝物质可激活凝血系统，在血管内产生大量的微血栓，消耗凝血因子及纤维蛋白原，致使DIC发生。DIC时，大量凝血物质消耗和纤溶系统激活，产妇血液系统由高凝状态迅速转为纤溶亢进，而致血液不凝，极易发生严重产后出血及失血性休克。

4. 急性肾功能衰竭 由于休克和DIC使得母体多脏器受累，最常见为急性肾缺血、缺氧，导致肾功能障碍和衰竭。

【护理评估】

1. 健康史 评估可导致羊水栓塞发生的各种诱因，如是否有胎膜早破或人工破膜、前置胎盘、胎盘早剥、宫缩过强或强直性宫缩、中期妊娠引产或钳刮术及羊膜腔穿刺术等。

2. 身体状况 羊水栓塞起病急，临床表现复杂。多发生于分娩过程中，尤其是胎儿娩出前后的短时间内。病情轻重与妊娠月份、羊水进入量及速度有关，典型羊水栓塞病例经过3个阶段。

（1）心肺功能衰竭和休克 在分娩过程中，尤其刚破膜不久，产妇突然发生寒战、呛咳、气急、烦躁不安、恶心、呕吐等，继而出现呼吸困难、发绀、抽搐、昏迷，脉搏细数，血压急剧下降，肺底部湿啰音，短时间内进入休克状态。病情严重者，产妇仅突然惊叫一声或打哈欠或抽搐一下后呼吸心搏骤停，于数分钟内死亡。

（2）出血 心肺功能衰竭和休克之后，进入凝血功能障碍阶段，出现以子宫出血为主的全身出血倾向，表现为大量阴道流血且血液不凝固、切口及针眼渗血、全身皮肤黏膜出血、血尿、消化道大出血等。

(3) 急性肾功能衰竭　本病全身脏器均受损害，除心脏外，肾脏是最常受损器官。存活的患者出现少尿（或无尿）和尿毒症表现。

上述3个阶段的临床表现通常按顺序出现，有时也可不完全出现，或出现的症状不典型。护理人员应严密观察产妇的表现，及早发现羊水栓塞的症状和体征。

3. 心理－社会状况　羊水栓塞因发病突然，病情凶险，产妇会感到万分恐惧。家属毫无精神准备，因产妇和胎儿的生命受到威胁而焦虑不安、惊惶失措，一旦抢救无效会对医务人员产生抱怨，甚至愤怒。

4. 辅助检查

(1) 实验室检查　下腔静脉血查出羊水有形物质；DIC各项血液检查指标呈阳性。

(2) 床旁胸部X线摄片　双肺弥散性点片状浸润影，沿肺门周围分布，伴右心扩大。

(3) 床旁心电图或心脏彩色多普勒超声检查　提示右心房、右心室扩大。

5. 治疗要点　一旦怀疑羊水栓塞，立刻抢救。抗过敏、纠正呼吸循环功能衰竭和改善低氧血症、抗休克、防止DIC和肾衰竭发生。

【护理诊断/问题】

1. 气体交换受损　与肺动脉高压、肺水肿有关。

2. 组织灌注不足　与弥散性血管内凝血（DIC）及失血有关。

3. 有胎儿窘迫的危险　与母体呼吸循环功能衰竭有关。

【护理目标】

1. 产妇胸闷、呼吸困难症状有所改善。

2. 产妇能维持体液平衡，并维持最基本的生理功能。

3. 胎儿或新生儿安全。

【护理措施】

1. 羊水栓塞的预防

(1) 加强产前检查，注意诱发因素，及时发现前置胎盘、胎盘早剥等并发症并及时处理。

(2) 严密观察产程进展，正确掌握缩宫素的使用方法，防止宫缩过强；严格掌握破膜时间，人工破膜宜在宫缩的间歇期，破口要小并控制羊水的流出速度。

(3) 中期妊娠引产者，羊膜穿刺次数不应该超过3次；钳刮术应先刺破胎膜，待羊水流出后再钳夹胎块。

2. 急救护理

(1) 取半卧位，正压给氧，必要时气管插管或气管切开，保证给氧，减轻脑水肿，改善脑缺氧。

(2) 迅速建立静脉通道，遵医嘱给药。

(3) 发生羊水栓塞时如正在静脉滴注缩宫素应立即停用缩宫素，停止手术操作，配合医生积极实施抢救。

(4) 立即抽血，进行必要的检验。

3. 病情观察

（1）严密观察患者的生命体征变化、尿量，并做好记录。

（2）观察全身情况，如皮肤黏膜有无出血点及瘀斑；观察阴道流血量，血液凝固情况；记录出入量。

（3）观察产程进展，宫缩强度及胎儿情况。

（4）监测肺部有无湿啰音。

4. 治疗护理

（1）抗过敏 遵医嘱立即静脉推注地塞米松 20～40mg，根据病情维持静脉滴注，也可使用氢化可的松。

（2）解除肺动脉高压 应用解痉药缓解肺动脉高压，预防右心衰竭所致的呼吸循环衰竭。①盐酸罂粟碱：为首选药，30～90mg 加于 10%～25% 葡糖糖注射液 20mL 缓慢静脉推注。可松弛平滑肌，扩张冠状动脉、肺和脑小动脉，与阿托品同时应用效果更佳。②阿托品：1mg 加于 10%～25% 葡糖糖注射液 10mL，每 15～30 分钟静脉推注 1 次，直至面色潮红、症状缓解为止。③氨茶碱：250mg 加于 25% 葡糖糖注射液 20mL 缓慢推注。可松弛支气管平滑肌，解除肺血管痉挛。④酚妥拉明：5～10mg 加于 10% 葡糖糖注射液 100mL，以 0.3mg/分钟速度静脉滴注。能解除肺血管痉挛，消除肺动脉高压。

（3）抗休克 ①补充血容量：尽快补充新鲜血和血浆；选用低分子右旋糖酐-40、葡糖糖注射液 250～500mL 静脉滴注，滴速 20～40mL/min。②升压药：休克症状急剧而严重，或血容量已补足而血压仍不稳定者，可用多巴胺 20～40mg 加入 10% 葡糖糖注射液 250mL 中静脉滴注，根据血压调整滴速。③纠正酸中毒：用 5% 碳酸氢钠 250mL 静脉滴注。④纠正心衰：常用毛花苷 C 0.2～0.4mg 加于 10% 葡萄糖注射液 20mL 中缓慢静脉推注，或毒毛花苷 K 0.125～0.25mg 同法使用。

（4）防治 DIC 早期应用肝素抗凝，补充凝血因子；晚期抗纤溶同时补充凝血因子。

（5）预防肾衰竭 当血容量补足后，仍少尿，遵医嘱应用呋塞米 20～40mg 静脉注射，或 20% 甘露醇 250mL 快速静脉滴注，扩张肾小球动脉预防肾衰，无效者提示急性肾衰竭，应尽早采取血液透析等急救处理。

（6）预防感染 选用肾毒性小的广谱抗生素预防感染。

（7）产科处理 若发生于胎儿娩出前，应积极改善呼吸循环功能，防止 DIC，抢救休克，待好转迅速结束分娩。第一产程发病者剖宫产终止妊娠；第二产程发病者阴道助产，并密切观察子宫出血情况；对无法控制的子宫出血在抢救休克的同时行子宫切除术。

5. 心理护理 如产妇神志清醒，应给予鼓励，使其增强信心并相信自己的病情会得到控制。对于家属的恐惧情绪表示理解和安慰，耐心解释，适当的时候允许家属陪伴患者，并向家属介绍患者病情的严重性，以取得配合。待产妇病情稳定后与其共同制订康复计划，针对产妇具体情况提供健康教育与出院指导。

【护理评价】

1. 实施处理方案后，产妇胸闷、呼吸困难症状是否改善。

2. 产妇血压、尿量是否正常，阴道流血有无减少，全身皮肤、黏膜出血是否停止。

3. 胎儿及新生儿有无生命危险，产妇出院时有无并发症。

【健康指导】

1. 定期进行产前检查，倡导自然分娩，避免不必要的剖宫产。

2. 注意休息，加强营养，多进食富含铁、蛋白质的食物。

3. 注意保持局部卫生，预防感染。

4. 加强随访，积极防治并发症。

思考题

1. 说出胎膜早破、产后出血、子宫破裂及羊水栓塞的概念、典型症状和体征及治疗要点。

2. 说出常见分娩期并发症的急救护理措施。

3. 列举产后出血的主要病因及相应护理措施。

4. 试述常见分娩期并发症妇女及家属的心理变化及相应护理措施。

第十一章　产褥期异常母儿的护理

学习目标

1. 解释产褥感染、产褥病率、晚期产后出血、产后抑郁症、新生儿窒息的概念。

2. 说出产褥感染的病因、病理及临床表现、处理原则。

3. 简述产后抑郁症、晚期产后出血的临床表现和护理要点。

4. 列举新生儿窒息不同程度的临床特点，能判断新生儿窒息，配合医生实施初步抢救措施。

5. 能识别和处理常见异常产褥妇女的主要护理问题。

第一节　产褥感染

案例引导

产妇李女士，27 岁，G1P1，因宫缩乏力行产钳助产术，产后出血 500mL。现术后第 3 天，产妇发热，红色恶露、量多，会阴切口疼痛明显。

查体：T 38.7℃，P 90 次/分，R 20 次/分，BP 105/82mmHg。腹软，下腹正中有压痛，子宫收缩中等，宫底位于脐下两横指，恶露量多、色鲜红、淡臭味，外阴伤口红肿、少许分泌物，乳汁分泌正常、无乳胀及乳头皲裂。

请问：

1. 该产妇目前出现的是什么情况？

2. 该产妇主要护理问题有哪些？

3. 其护理措施有哪些？

产褥感染（puerperal infection）是指分娩及产褥期生殖道受病原体侵袭，引起局部或全身感染，其发病率为 6%。产褥病率（puerperal morbidity）是指分娩 24 小时以后至 10 日内每日测量口温 4 次，有 2 次达到或超过 38℃。

产褥病率最常见原因是产褥感染，此外还有泌尿系统感染、上呼吸道感染、急性乳腺炎等原因引起。

【病因】

1. 诱因 正常妊娠和分娩通常不会给产妇增加感染的机会。只有在机体免疫力、细菌毒力和细菌数量三者之间的平衡失调时，才会增加感染的机会，导致感染发生，如产妇体质虚弱、营养不良、孕期贫血、孕期卫生不良、胎膜早破、羊膜腔感染、慢性疾病、产科手术、产程延长、产前产后出血过多、手术操作等。

2. 病原体 正常女性阴道寄生大量微生物，包括需氧菌、厌氧菌、真菌、衣原体和支原体，可分为致病微生物和非致病微生物。有些非致病微生物在一定条件下可以致病，但即使致病微生物也需要达到一定数量或机体免疫力下降时才会致病。产褥感染可为单一的病原体感染，也可为多种病原体的混合感染，以混合感染多见，厌氧菌为主。常见病原体有链球菌、大肠杆菌、葡萄球菌等。

3. 感染途径

（1）内源性感染 寄生于正常孕妇生殖道的微生物，当抵抗力降低和（或）病原体数量、毒力增加等感染诱因出现时可致病。

（2）外源性感染 指外界病原体进入产道所致的感染。常由被污染的衣物、用具、各种手术器械或妊娠晚期不洁性交、盆浴等，将致病菌带入生殖道引起感染。

【护理评估】

1. 健康史 详细询问病史及孕产史，了解产妇是否有孕期、分娩期及产后引起感染的诱发因素。

2. 身体状况 发热、疼痛、异常恶露为产褥感染三大主要症状。由于感染部位、程度、扩散范围不同，其临床表现也不同。评估产妇全身状况；检查宫底高度、子宫软硬度、有无压痛及其疼痛程度；观察会阴部有无疼痛、局部红肿、硬结及脓性分泌物，并观察恶露量、颜色、性状、气味等；用窥阴器检查阴道、宫颈及分泌物的情况，双合诊宫颈有无举痛、子宫一侧或双侧是否扪及包块。

（1）急性外阴、阴道、宫颈炎 分娩时会阴部损伤或手术导致感染。会阴伤口感染表现为会阴部疼痛，坐位困难，局部伤口红肿、发硬，伤口裂开，压痛明显，有脓性分泌物，较重时可出现低热。阴道炎和宫颈炎表现为黏膜充血、水肿、溃疡、脓性分泌物增多；感染部位较深时，可引起阴道旁结缔组织炎；宫颈裂伤感染向深部蔓延，引起盆腔结缔组织炎。

（2）急性子宫内膜炎、子宫肌炎 为最常见的病理类型，两者常伴发。子宫内膜炎一般发生在产后3～4天，表现为低热，下腹疼痛，恶露多、浑浊有臭味，子宫复旧不良、压痛明显。子宫肌炎全身症状重，寒战，高热，体温可高达40℃，脉搏加快，血白细胞增多。

（3）急性盆腔结缔组织炎、急性输卵管炎 病原体经淋巴、血行扩散至宫旁组织引起盆腔结缔组织炎，累及输卵管时形成输卵管炎。表现为下腹痛伴肛门坠胀，持续高热、寒战、全身不适，子宫复旧不良，宫旁一侧或两侧结缔组织增厚、压痛，严重者累及整个盆腔形成"冰冻骨盆"。患者白细胞持续增高，中性粒细胞明显增多。

（4）急性盆腔腹膜炎及弥漫性腹膜炎　炎症继续发展，扩散至子宫浆膜，形成盆腔腹膜炎，甚至弥漫性腹膜炎。患者全身中毒症状明显如寒战、高热，全腹剧痛，伴有呕吐、腹胀；腹部压痛、反跳痛明显，伴腹肌紧张。若脓肿波及肠管与膀胱时，可出现腹泻、里急后重与排尿困难。

（5）血栓性静脉炎　多发于产后1～2周，常表现为盆腔血栓性静脉炎与下肢血栓性静脉炎两类。来自胎盘剥离处的感染性栓子，经血行播散引起盆腔血栓性静脉炎，表现为寒战、高热，症状可持续数周或反复发作；局部检查不易与盆腔结缔组织炎鉴别。下肢血栓性静脉炎患者表现为弛张热，下肢持续性疼痛，局部静脉压痛或触及硬索状，因血液回流受阻，引起下肢水肿、皮肤发白，习称"股白肿"。

（6）脓毒血症及败血症　是产褥感染最严重阶段。表现为寒战、持续高热、体温高达40℃以上，全身明显中毒症状，甚至出现感染性休克，可危及生命。

3. 心理－社会状况　患者身体虚弱，加之产后持续高热、寒战、局部疼痛使产妇产生焦虑、烦躁情绪。观察产妇及家属的情绪与心理状态，评估其心理反应、家庭－社会支持状况。

4. 辅助检查

（1）血液检查　检查白细胞计数增高，中性粒细胞升高明显；血清C－反应蛋白>8mg/L，有助于早期诊断感染。

（2）细菌培养　通过宫腔分泌物、脓肿穿刺物、后穹隆穿刺物做细菌培养和药物敏感试验，必要时做血培养，确定病原体及敏感的抗生素。

（3）B超、彩色多普勒、CT及磁共振成像检查　对感染形成的炎性包块、脓肿及静脉血栓做出定位及定性诊断。

5. 治疗要点　积极控制感染并纠正全身状况。

（1）支持治疗　纠正贫血和水、电解质紊乱。

（2）清除感染灶　会阴伤口或腹部切口感染，及时切口引流。疑盆腔脓肿可经腹或后穹隆切口引流。胎盘胎膜残留者及时清除宫腔内残留物。子宫严重感染，经积极治疗无效，必要时行子宫切除术。

（3）抗生素治疗　未确定病原体时，选用广谱高效抗生素。然后依据细菌培养和药物敏感试验结果，调整抗生素种类和剂量。中毒症状严重者，短期加用肾上腺皮质激素。

（4）肝素治疗　血栓性静脉炎时，加用肝素；口服双香豆素、阿司匹林等，也可用活血化瘀中药治疗。

【护理诊断/问题】

1. 疼痛　与产褥感染有关。

2. 体温过高　与感染因素的存在有关。

3. 焦虑　与疾病及母子分离或护理孩子的能力受影响有关。

4. 知识缺乏　缺乏产褥感染相关的知识。

【护理目标】

1. 产妇感染得到控制，疼痛减轻。

2. 产妇体温恢复正常，水、电解质维持平衡。

3. 产妇焦虑减轻，情绪稳定，能积极配合治疗及护理。

4. 产妇了解产褥感染的相关护理。

【护理措施】

1. 一般护理

(1) 病室环境　保持病室安静、整洁、通风良好，注意保暖。保持床单位的清洁、整齐。产妇用物及时消毒、更换。严格做好床边隔离措施，防止交叉感染。

(2) 体位　指导产妇采取健侧半卧位或抬高床头，利于恶露流出，防止感染扩散。

(3) 营养与饮食　鼓励产妇进食高蛋白、高热量、高维生素、易消化饮食，摄入足够的液体，提高机体抵抗力。

(4) 个人卫生　指导产妇做好会阴、乳房、全身皮肤清洁卫生，及时更换消毒卫生垫。

2. 病情观察

(1) 生命体征、全身及局部症状　严密观察产妇的生命体征变化，定时测量并记录。观察是否有全身乏力、恶心、呕吐、腹胀、腹痛等症状。

(2) 子宫复旧及恶露　观察子宫复旧情况，子宫有无压痛，两侧有无包块及包块的大小、性质、与子宫的关系。观察恶露色、质、量、气味，并记录持续时间。

3. 对症护理

(1) 高热　给予物理降温。遵医嘱使用抗生素。

(2) 疼痛　遵医嘱应用敏感、足量、高效抗生素，有效控制感染；应用宫缩剂，促进子宫收缩，防止炎症扩散。

4. 治疗护理

(1) 根据医嘱进行支持治疗，注意抗生素使用的间隔时间，维持血液中有效浓度。

(2) 用0.05%聚维酮碘擦洗外阴，每日2次，大、小便后及时擦洗。外阴伤口感染者早期行红外线照射，每日2次，每次20～30分钟。配合做好脓肿引流术、清宫术、后穹隆穿刺术等的术前准备及护理。下肢血栓性静脉炎，患肢抬高并制动，局部可湿热敷，促进血液循环，减轻肿胀。

(3) 严重病例有感染性休克或肾功能衰竭者应积极配合抢救。

5. 心理护理　鼓励产妇说出心理的担心及感受，提供母婴接触的机会、给予护理支持，减轻产妇的焦虑。

【护理评价】

1. 产褥感染症状是否消失，疼痛是否减轻，舒适感是否增加。

2. 产妇体温是否正常，有无并发症发生。

3. 产妇焦虑是否减轻，是否积极参与治疗、护理活动。

4. 产妇能否采取预防感染的措施，做好自我护理。

【健康指导】

1. 指导孕妇加强营养，增强体质，建立良好的卫生习惯，做好会阴护理，临产前两个月禁止性生活及盆浴，产后注意保持外阴清洁，降低产褥感染的发病率。

2. 指导产妇进食高热量、高蛋白、高维生素饮食，并保证足够的液体摄入。

3. 教会产妇识别产褥感染复发征象，如发热、腹痛、恶露异常等，如有异常情况及时就诊。

4. 指导产妇正确实施母乳喂养，做好乳房护理。

5. 鼓励家属及亲友为产妇提供良好的家庭-社会支持。

第二节　晚期产后出血

案例引导

杨女士，30 岁，G2P1，10 天前经阴道娩出一足月男婴，产程顺利，胎盘胎膜自然娩出，产后母子情况均正常，行母乳喂养，产后 1 周阴道流血基本停止。今日产妇突然出现阴道较多量鲜血流出，随即入院。检查 T 36.5℃，P 80 次/分，R 18 次/分，BP 100/70mmHg。请问：

1. 该产妇最可能的医疗诊断？

2. 主要护理问题有哪些？

3. 目前应该采取的护理措施有哪些？

晚期产后出血（late puerperal hemorrhage）是指分娩 24 小时后，在产褥期内发生的子宫大量出血。以产后 1～2 周发病最常见，亦有迟至产后 6 周发病者。

【病因】

1. 胎盘、胎膜残留　为阴道分娩最常见的原因，多发生于产后 10 天左右。

2. 蜕膜残留　蜕膜多在产后一周内脱落，并随恶露排出。若蜕膜剥离不全、长时间残留，影响子宫复旧，继发子宫内膜炎，引起晚期产后出血。

3. 子宫胎盘附着面感染或复旧不全　多发生在产后 2 周左右。

4. 感染　以子宫内膜炎症多见。

5. 剖宫产术后子宫切口裂开　常因切口感染导致肠线溶解脱落，血窦重新开放，引起大量阴道流血。由于近年多采取子宫下段横切口剖宫产，横切口裂开引起大量出血病例有所增加。

6. 其他　产后子宫滋养细胞肿瘤、子宫黏膜下肌瘤等，均可引起晚期产后出血。

【护理评估】

1. 健康史　了解分娩方式，评估晚期产后出血的原因。阴道分娩者，应注意产程进展及产后恶露变化，有无反复或突然阴道流血病史；若为剖宫产，应了解手术指征，术式及术后恢复情况。

2. 身体状况

（1）症状

①阴道流血　产后10日发生的阴道流血多因胎盘胎膜残留、蜕膜残留引起。胎盘附着部位复旧不良常发生在产后2周左右，可以反复多次阴道流血，也可突然大量阴道流血。剖宫产子宫切口裂口愈合不良所致的阴道流血，多发生在术后2～3周，常常是子宫突然大量出血，可导致失血性休克。

②腹痛和发热　常合并感染，伴发恶露增加、恶臭。

③全身症状　继发性贫血，严重者因失血性休克危及生命。

（2）体征　检查子宫复旧不佳，子宫大而软，宫口松弛，有时阴道或宫口有残留组织和血块，伴有感染者子宫明显压痛。

3. 心理－社会状况　因反复阴道流血、腹痛、发热，会使产妇情绪抑郁。而突然的阴道流血，尤其大量阴道流血会引起产妇惊惶失措、恐惧，因不能很好照顾婴儿而烦躁不安。家属担心产妇身体健康而忧虑。

4. 辅助检查

（1）血常规　了解贫血和感染情况。

（2）B超检查　了解子宫大小、宫腔内有无残留物及子宫切口愈合情况。

（3）病原菌和药物敏感试验　宫腔分泌物培养，发热时行血培养。

（4）血HCG测定　有助于排除胎盘残留及绒毛膜癌。

（5）病理检查　宫腔刮出物或切除子宫标本，应送病理检查。

5. 治疗要点

（1）药物治疗　少量或中等量阴道流血，应给予足量广谱抗生素、子宫收缩剂、支持治疗。

（2）手术治疗　疑有胎盘、胎膜、蜕膜残留或胎盘附着部位复旧不全者，应行刮宫术；刮出物送病理检查，以明确诊断。阴道大量流血需积极抢救，此时刮宫手术应慎重。疑有剖宫产术子宫切口裂开，少量或中等量应住院给予抗生素并严密观察；若多量阴道流血，可行剖腹探查，可选择清创缝合以及髂内动脉、子宫动脉结扎法止血而保留子宫。否则，酌情做子宫次全切除术或子宫全切除术。

【护理诊断/问题】

1. 体液不足　与子宫出血有关。

2. 有感染的危险　与阴道流血时间长、侵入性操作、贫血易造成感染有关。

3. 焦虑　与担心自身健康和婴儿喂养有关。

4. 潜在并发症　失血性休克。

【护理目标】

1. 产妇出血得到控制，维持体液平衡。

2. 产妇生命体征正常，无感染征发生。

3. 产妇情绪稳定，焦虑减轻，积极配合治疗及护理。

4. 产妇血容量恢复正常。

【护理措施】

1. 预防

（1）产后应仔细检查胎盘、胎膜是否完整，若残缺应及时取出。在不能排除胎盘残留时应行宫腔探查。

（2）做好剖宫产术后患者护理，严密观察伤口及恶露情况，及时发现异常。

（3）严格无菌操作，遵医嘱合理应用抗生素，避免产褥感染。

2. 一般护理　为患者提供安静的环境，保证休息。加强营养，多吃含铁、蛋白质丰富的食物。

3. 病情观察　严密观察生命体征，及时发现失血性休克和感染征象。观察子宫复旧情况、有无压痛，阴道流血情况等。

4. 治疗护理　遵医嘱应用抗生素，维持有效血药浓度。配合医生行刮宫术或剖腹探查术，做好术前准备、术后护理。及时送检病理标本。积极抢救失血性休克患者。

5. 心理护理　鼓励产妇表达担心和心理感受，耐心向产妇及家属讲解晚期产后出血的有关知识及诊疗计划，消除其顾虑以取得配合。

【护理评价】

1. 产妇出血是否得到控制，有无体液失衡。
2. 产妇体温是否正常，血常规白细胞计数是否正常。
3. 产妇情绪是否稳定，焦虑是否减轻，能否积极配合治疗及护理。
4. 产妇生命体征是否正常，有无失血性休克发生。

【健康指导】

1. 提倡自然分娩，避免不必要的剖宫产术，降低剖宫产率，减少剖宫产术引起的晚期产后出血。
2. 加强产后访视，指导产妇产后生活，增强体质避免感染。
3. 教会产妇识别晚期产后出血征象，如持续反复阴道流血、突然阴道流血等，发现异常情况及时就诊。
4. 指导产妇加强营养，合理安排活动与休息，纠正贫血，避免感染。

第三节　产后抑郁症

案例引导

贺女士，30岁，G2P1，1周前经阴道娩出一足月男婴，产程顺利，产后生命体征正常，子宫复旧良好，阴道少量流血，行母乳喂养。产妇情绪不稳定，易激惹，总担心自己不能照顾好婴儿，常哭泣，不思茶饭，奶水明显减少。请问：

1. 该产妇最可能的医疗诊断？
2. 主要护理问题有哪些？
3. 目前应该采取的护理措施有哪些？

产后抑郁症（postpartum depression，PPD）是指产妇在产褥期出现抑郁症状，是产褥期精神综合征最常见的一种类型。其发病率国外报道为3.5%～33.0%，国内为3.8%～16.7%。产后抑郁症不仅影响产妇的生活质量，还影响其家庭功能和产妇的亲子行为，影响婴儿认知能力和情感的发展。

【病因】

本病病因不明，目前认为可能与下列因素有关：

1. 分娩因素 产妇经过分娩，身体疲惫，尤其产时、产后的并发症，难产、滞产、手术产等给产妇带来的紧张与恐惧、神经系统功能状态不佳，促使内分泌功能状态的不稳定。

2. 内分泌因素 分娩后产妇体内人绒毛促性腺激素、人胎盘生乳素、雌激素、孕激素含量急剧下降，可能在产后抑郁症起重要的作用。

3. 心理因素 最主要的是产妇的个性特征。敏感（神经质）、自我为中心、情绪不稳定、社交能力不良、好强求全、固执、内向性格等个性特点的人容易发生产后心理障碍。

4. 社会因素 孕期发生不良生活事件，如夫妻分离、亲人病丧、家庭不和睦、家庭经济条件差、居住环境低劣、缺少家庭和社会的支持与帮助，尤其是缺乏来自丈夫与长辈的理解、支持与帮助等，是影响产后抑郁症发病和恢复的重要因素。

5. 遗传因素 有精神病家族史特别是家族抑郁症病史的产妇发病率高。

【护理评估】

1. 健康史 了解有无抑郁症、精神病的个人史和家族史，有无重大精神创伤史；详细询问妊娠及分娩过程是否顺利，有无难产、滞产、手术产及产时产后的并发症；了解婴儿健康状况、婚姻家庭关系及社会支持系统等因素；识别发病诱因。

2. 身心状况 观察产妇情绪变化、自我评价及对生活的信心等。

（1）情绪改变：心情压抑、沮丧、情绪淡漠，甚至焦虑、恐惧、易怒，夜间加重；有时表现为孤独、不愿见人或伤心、流泪。

（2）自我评价降低：自暴自弃、自罪感，对身边的人充满敌意，与家人、丈夫关系不协调。

（3）创造性思维受损，主动性降低。

（4）对生活缺乏信心，觉得生活无意义，出现厌食、睡眠障碍、易疲倦、性欲减退。严重者甚至绝望、自杀或杀婴倾向，有时陷于错乱或昏睡状态。

3. 社会状况 评估母婴之间的接触和交流情况、产妇对婴儿的喜恶程度、产妇人际交往能力与社会支持系统。

4. 辅助检查 可采用心理测量仪及心理量表判断，如产后抑郁筛查量表（PDSS）、爱丁堡产后抑郁量表（EPDS）。

知识拓展

产后抑郁症的诊断标准

美国精神病学会（1994）在《精神疾病的诊断与统计手册》一书中，制定了产后抑郁症的诊断标准：

1. 在产后2周内出现下列5条或5条以上的症状，必须具备①②条：①情绪抑郁；②对全部或多数活动明显缺乏兴趣或愉悦；③体重显著下降或增加；④失眠或睡眠过度；⑤精神运动性兴奋或阻滞；⑥疲劳或乏力；⑦遇事皆毫无意义或自罪感；⑧思维力减退或注意力溃散；⑨反复出现死亡想法。

2. 在产后4周内发病。

5. 治疗要点

（1）心理治疗　为重要的治疗手段。包括心理支持、咨询与社会干预等。

（2）药物治疗　适用于中重度抑郁症及心理治疗无效患者。应在专科医生指导下用药为宜。尽量选用不进入乳汁的抗抑郁药，首选5-羟色胺再吸收抑制剂，如盐酸帕罗西汀和盐酸舍曲林。

【护理诊断/问题】

1. 个人应对无效　与情绪抑郁、心理沮丧有关。

2. 家庭运行中断　与无法承担母亲角色有关。

3. 有对自己（或他人）施行暴力的危险　与产后严重的心理障碍有关。

【护理目标】

1. 产妇的情绪稳定，能配合医护人员及家人采取有效应对措施。
2. 产妇能进入母亲角色，能关心爱护婴儿。
3. 产妇的生理、心理行为正常。

【护理措施】

1. 预防　加强孕期保健，利用孕妇学校等多种渠道普及有关妊娠、分娩常识，减轻孕产妇对妊娠、分娩的紧张、恐惧心情，完善自我保健。分娩过程中，医护人员要充满爱心和耐心，尤其对产程长、精神压力大的产妇，更需要耐心解释分娩过程。对照看产后妇女的卫生职业人员及家属加强宣传，使得产后抑郁症能够被早期识别，并得到正确治疗。有精神疾患家族史的产妇，应定期密切观察，给予更多的关爱、指导，避免一切不良刺激。更多关心高危人群，包括不良分娩史、死胎、畸形胎儿的产妇，用友善、亲切、温和的语言鼓励产妇增加信心。

2. 一般护理　为患者提供温暖、舒适的环境，合理安排饮食，保证产妇的营养摄入和良好的哺乳能力。合理安排产妇的活动，保证足够的睡眠。

3. 病情观察　观察产妇的情绪变化、食欲、睡眠、疲劳程度及集中能力。观察产妇的日常活动和行为，如自我照顾能力与照顾婴儿的能力。观察母婴之间接触和交流的情况，了解产妇对婴儿的喜恶程度。观察产妇的暴力行为倾向。

4. 对症护理

(1) 协助并促进产妇适应母亲角色　帮助产妇适应角色的转换，指导产妇与婴儿进行交流、接触，并鼓励产妇多参与照顾婴儿，培养产妇的自信心。

(2) 防止暴力行为发生　注意安全保护，谨慎地安排产妇生活和居住环境。产后抑郁症产妇的睡眠障碍主要表现为早醒，而自杀、自伤等意外事件就发生在这种时候。

5. 治疗护理　遵医嘱指导产妇正确应用抗抑郁症药，并注意观察药物疗效及不良反应。重症患者需要请心理医生或精神科医生给予治疗。

6. 心理护理　心理护理对产后抑郁症非常重要。使产妇感到被支持、尊重、理解，信心增强，加强自我控制，建立与他人良好交流的能力，激发内在动力去应付自身问题。护理人员要具备温和、接受的态度，鼓励产妇宣泄、抒发自身的感受，耐心倾听产妇诉说的心理问题，做好心理疏通工作。同时，让家人和（或）朋友给予更多的关心和爱护，减少或避免不良的精神刺激和压力。

【护理评价】

1. 产妇的情绪是否稳定，能否配合医护人员及家人采取有效应对措施。
2. 产妇能否进入母亲角色，是否能关心爱护婴儿。
3. 产妇的生理、心理行为是否正常。

【健康指导】

1. 加强孕期保健，普及妊娠、分娩相关知识，减轻孕产妇对妊娠、分娩的紧张、恐惧心理，完善自我保健。
2. 做好出院指导与家庭随访工作，为产妇提供心理咨询机会。

第四节　新生儿窒息

案例引导

陈女士，25 岁，G2P0，孕 40 周阴道流液 2 小时后出现规律腹痛，遂即入院。经检查生命体征正常，子宫每 3～4 分钟收缩 35 秒，胎心音 134 次/分，宫口开大 2cm，胎先露“－2”，骨产道未见异常。宫口开至 6cm 时，胎心音 168 次/分，给予左侧卧位、吸氧处理后，胎心逐渐恢复正常。3 小时后经阴道自娩一活男婴，出生时心率 94 次/分，无呼吸，四肢稍屈，无喉反射，全身皮肤青紫。请问：

1. 该新生儿目前是什么情况？
2. 该新生儿主要护理问题有哪些？
3. 其护理措施有哪些？

新生儿窒息（neonatal asphyxia）是指新生儿出生 1 分钟后，仅有心跳而无呼吸或未建立规律呼吸的缺氧状态，是引起新生儿死亡和儿童伤残的重要原因之一，必须紧急抢救，精心护理。

【病因】

1. 胎儿窘迫。

2. 呼吸道阻塞：胎儿吸入羊水、黏液，导致呼吸道阻塞。

3. 呼吸中枢受到抑制或损害：

（1）缺氧、滞产、产钳术使胎儿颅内出血及脑部长时间受压引起呼吸中枢受到损害。

（2）产程中麻醉剂、镇静剂使用不当，抑制了胎儿的呼吸中枢直至出生。

4. 先天发育异常：早产、肺发育不良、呼吸道畸形。

【护理评估】

1. 健康史　了解产妇有无引起胎儿窘迫的全身性疾病或妊娠合并症、并发症存在；有无胎盘功能减退、脐带受压打结现象。注意产程进展是否顺利，有无产程延长及药物使用情况。了解新生儿有无早产、颅内出血等。

2. 身体状况　重点评估窒息程度。根据新生儿出生后 1 分钟、5 分钟的 Apgar 评分进行判断。

（1）轻度（青紫）窒息　Apgar 评分 4 ~ 7 分。新生儿面部及全身皮肤呈青紫色；呼吸表浅或不规律；心跳规则且有力，心率减慢（80 ~ 110 次/分）；对外界刺激有反应；喉反射存在；肌张力好；四肢稍屈。如果抢救不及时，可转为重度窒息。

（2）重度（苍白）窒息　Apgar 评分 0 ~ 3 分。新生儿皮肤苍白；口唇暗紫；无呼吸或仅有喘息样微弱呼吸；心跳不规则，心率 <80 次/分且弱；对外界刺激无反应；喉反射消失；肌张力松弛。如果不及时抢救可至死亡。

3. 心理 - 社会状况　产妇因担心新生儿的安危出现焦虑、恐惧心理。产妇及家属神情不安，急切询问新生儿的情况。窒息可能导致伤残，后续的巨额医疗费用会加重产妇及家属焦虑、悲伤、恐惧的心理。注意评估患儿家庭对本病的认识程度、经济和心理承受能力。

4. 辅助检查　血氧饱和度监测；新生儿动脉血气分析，pH 值降低、PaO_2 降低、$PaCO_2$ 升高。

5. 治疗要点　以预防为主，一旦发生及时复苏。在 ABCDE 复苏原则下，新生儿复苏步骤包括：①最初评估；②初步复苏；③气囊面罩正压通气或气管插管正压通气；④胸外心脏按压；⑤药物治疗。评估 - 决策 - 措施的基本程序在整个复苏中不断重复（图 11 -1）；评估主要基于 3 个体征：呼吸、心率、血氧饱和度，通过评估这 3 个体征中的每一项来确定每一步骤是否有效，其中，心率对于决定进入下一步骤是最重要的。

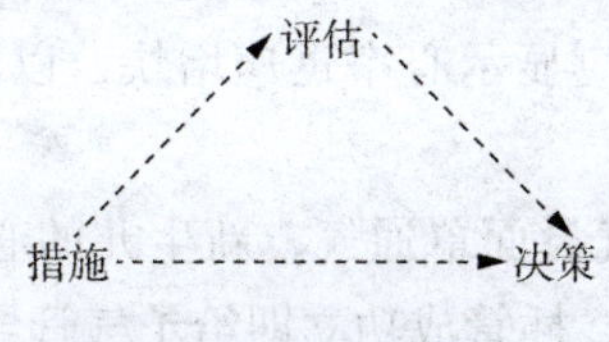

图 11 -1　复苏的基本程序

【护理诊断/问题】

1. 新生儿

（1）气体交换受损　与呼吸道阻塞或肺部损伤或肺循环障碍有关。

（2）有受伤的危险　与抢救操作、脑缺氧有关。

2. 母亲

（1）功能障碍性悲伤　与现实的或预感失去孩子及孩子可能留有后遗症有关。

（2）恐惧　与新生儿的生命受到威胁有关。

【护理目标】

1. 新生儿被抢救成功。

2. 新生儿并发症降低至最小。

3. 母亲情绪稳定，积极面对现实。

【护理措施】

1. 配合医生，积极抢救新生儿。

（1）最初评估　出生后立即用几秒钟的时间快速评估4项指标：

①足月吗?

②羊水清吗?

③有哭声或呼吸吗?

④肌张力好吗?

以上4项中有1项为“否”，则进行以下初步复苏。

（2）初步复苏

①保暖　将新生儿放在辐射保暖台上或因地制宜采取保温措施，如用预热的毯子裹住新生儿以减少热量散失等。

②体位　置新生儿头轻度仰伸位（鼻吸气位）。

③清理呼吸道　胎肩娩出前助产者用手挤出新生儿口、咽、鼻中的分泌物。娩出后用吸球或吸管清理分泌物，先口咽后鼻腔。

④擦干　快速擦干全身，拿掉湿毛巾。

⑤刺激　用手拍打或用手指轻弹新生儿的足底或摩擦背部2次，以诱发自主呼吸，如这些努力无效，表明新生儿处于继发性呼吸暂停，需要正压通气。

（3）改善通气　新生儿复苏成功的关键在于建立充分的正压通气。

①指征　呼吸暂停或喘息样呼吸；心率100次/分。

②气囊面罩正压通气　通气压力需要20～25cmH_2O，少数病情严重的新生儿可用2～3次30～40cmH_2O，以后维持在20$cm\ H_2O$。通气频率40～60次/分（胸外按压时为30次/分）。③有效的正压通气应显示心率迅速增快，以心率、胸廓起伏、呼吸音及氧饱和度来评价。

③气管导管内给氧　如经气囊面罩通气，新生儿的心率不增，皮肤颜色没有改善，则应进行气管插管（图11－2），插管成功立即给予气管导管内给氧。

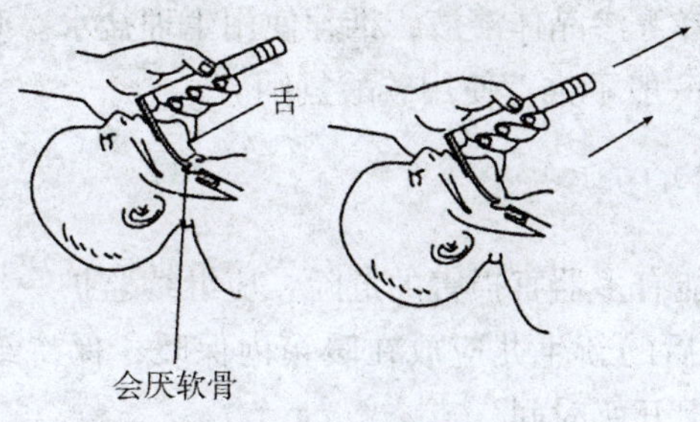

图 11-2　气管插管

（4）改善循环

①指征　充分正压通气 30 秒后心率 <60 次/分。在气管插管正压通气同时进行胸外按压。

②方法（图 11-3）　在新生儿两乳头连线中点的下方，即胸骨体下 1/3 进行按压。拇指法：双手拇指端压胸骨，根据新生儿体型不同，双拇指重叠或并列，双手环抱胸廓支撑背部。双指法：右手食、中手指尖放在胸骨上，左手支撑背部。按压深度约为前后胸直径的 1/3，产生可触及脉搏的效果。按压和放松的时间比例为按压时间稍短于放松时间，放松时拇指或其余手指不应离开胸壁。

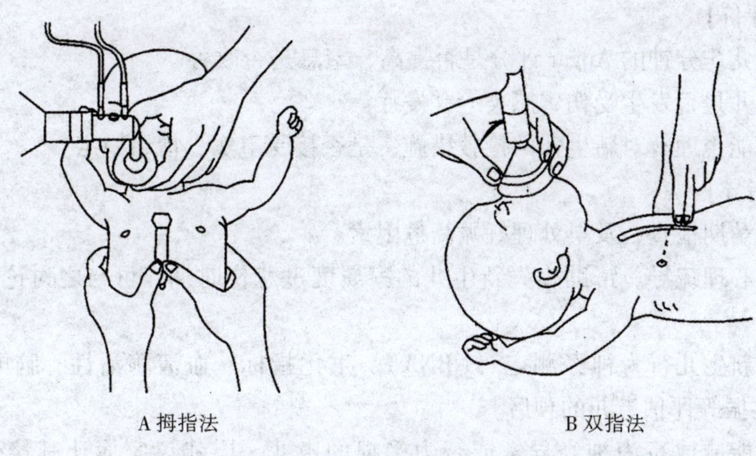

图 11-3　胸外心脏按压法

（3）胸外按压和正压通气需默契配合　胸外按压和正压通气的比例应为 3∶1，即 90 次/分按压和 30 次/分呼吸，达到每分钟约 120 个动作。因此，每个动作约 0.5 秒，2 秒内 3 次胸外按压加 1 次正压通气。30 秒重新评估心率，如心率仍 <60 次/分，除继续胸外按压外，考虑使用肾上腺素。

5. 药物治疗　新生儿复苏时，很少需要用药。

（1）肾上腺素：心搏停止或在 30 秒的正压通气和胸外按压后，心率持续 <60 次/分的患儿，遵医嘱应用 1∶10000 肾上腺素，静脉注入 0.1～0.3mL/kg 或气管注入 0.5～1mL/kg，必要时 3～5 分钟重复 1 次。

（2）扩容剂：有低血容量、怀疑失血或休克的新生儿对其他复苏措施无反应时，考虑扩充血容量。可选择等渗晶体溶液，推荐使用生理盐水。必要时输血。

（3）新生儿复苏时一般不推荐使用碳酸氢钠。

（二）复苏成功后护理

复苏后的新生儿可能有多器官损害的危险，应继续监护。

1. 一般护理 复苏后的新生儿应放在暖箱内保暖；保持绝对安静；取侧卧位，保持呼吸道通畅；适当延迟开奶时间。

2. 病情观察 ①生命体征、面色、哭声；②神志、瞳孔、前囟张力、肌张力、有无抽搐；③末梢循环、氧饱和度、大小便等。

3. 对症护理 复苏后继续面罩或暖箱内给氧，呼吸平稳 1～2 小时后经 X 线胸片检查无异常可停止给氧。如仍有呼吸困难，胸片有异常改变，可视病情严重程度和血气分析结果采用氧疗或机械通气治疗。

4. 治疗护理 遵医嘱给予抗生素及维生素 K1 注射，发生严重并发症者转 NICU 做进一步治疗。

5. 心理护理 抢救操作沉着、有序，以获得母亲及家属的信任。提供情感支持，适时适宜告知新生儿具体情况。

【护理评价】

1. 新生儿 5 分钟的 Apgar 评分是否提高，窒息是否改善。

2. 新生儿是否发生受伤、感染等并发症。

3. 母亲能否理解对新生儿的抢救措施，是否接受事实、情绪稳定。

【健康指导】

1. 加强孕期检查，及早处理妊娠高危因素。

2. 做好心理疏导。帮助丧失新生儿的家属度过悲伤时期，可与之讨论原因，提供心理安慰。

3. 利用新生儿行为神经测定（NBNA）、生化指标、血清酶活性、脑电图、B 超、CT 甚至磁共振等评估患儿的预后。

4. 对可能造成行为神经异常或智力受损的患儿，应建议家属让其接受专业康复治疗。

思 考 题

1. 说出产褥感染、产褥病率、晚期产后出血、产后抑郁症、新生儿窒息的概念。

2. 简述产褥感染与产褥病率的区别。

3. 简述产褥感染的主要表现及护理要点。

4. 简述晚期产后出血及产后抑郁症的主要表现及护理要点。

5. 简述重度窒息新生儿的急救护理措施。

第十二章　产科常用手术及护理

学习目标

1. 说出各种产科常用手术的适应证、禁忌证。
2. 归纳各种产科常用手术的注意事项。
3. 概述产科常用手术的主要护理措施。

产科手术是产科学中的重要一节，产科中一些复杂、疑难问题仍需产科手术协助解决。主要包括会阴切开缝合术、胎头吸引术、产钳术、臀位助产术及剖宫产术等。

第一节　会阴切开缝合术

【目的】

目的是避免会阴条件不好造成的分娩阻滞及严重裂伤。常用会阴侧-斜切开和会阴正中切开两种术式（图12-1，图12-2）为最常用的产科手术。

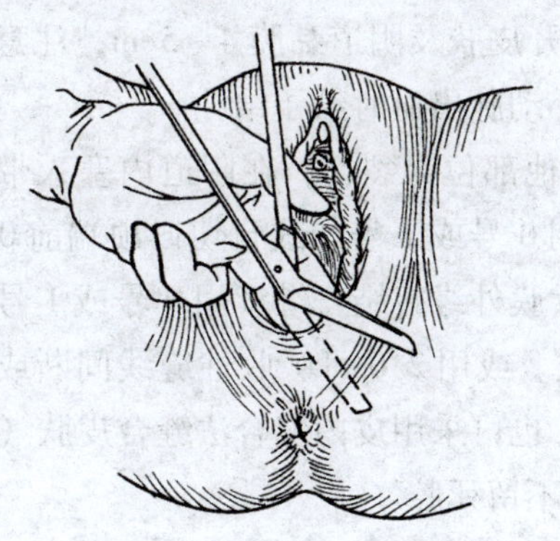

图12-1　会阴侧-斜切开

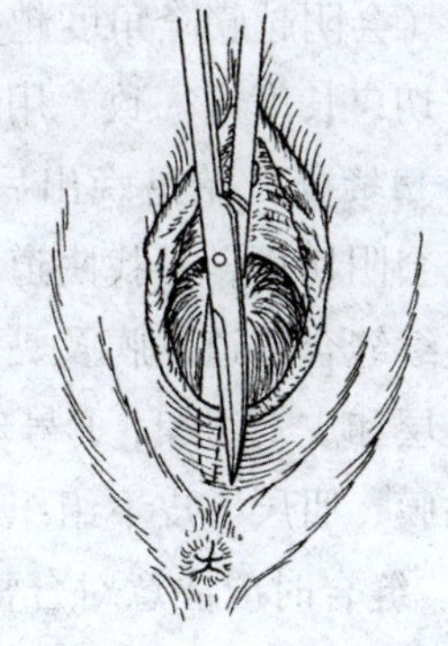

图12-2　会阴正中切开

【适应证】

1. 初产妇需行阴道助产术，如产钳术、胎头吸引术及臀位助产术。
2. 宫缩乏力致第二程延长者。

3. 会阴撕裂可能性较大者，如胎儿过大，会阴体较长及伸展不良。

4. 需缩短第二产程者，如重度子痫前期、妊娠合并心脏病、胎儿宫内窘迫等。

5. 防止早产儿因会阴阻力引起的颅内出血。

【用物准备】

会阴侧切剪1把，止血钳2把，血管钳2把，长镊子2把，组织镊1把，20mL空针1支，长穿刺针头1个，持针钳1把，2号圆针1枚，3号三角针1枚，治疗巾4块，纱布10块，带尾纱布卷1卷，1号丝线1团，0号肠线1支或2/0可吸收性缝线1根，2%利多卡因5mL，棉球若干，碘伏溶液等。

【操作方法】

1. 会阴侧－斜切开缝合术

(1) 麻醉　可用阴部神经阻滞麻醉或局部浸润麻醉（图12－3）。

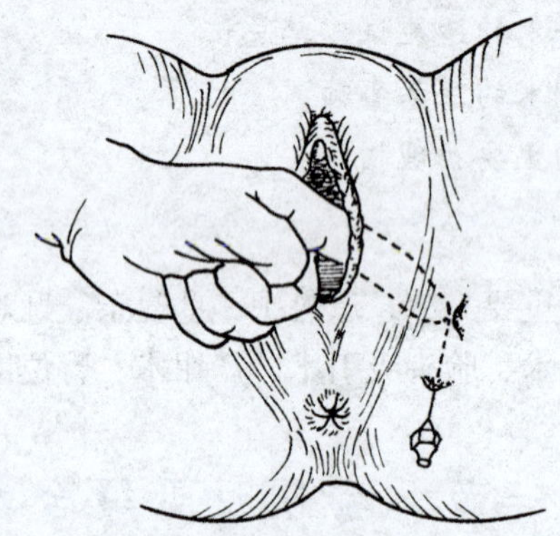

图12－3　阴部神经阻滞麻醉或局部浸润麻醉

(2) 会阴切开　左手食、中两指伸入胎先露和阴道侧后壁之间，以保护胎儿并指示切口的位置，右手持剪刀自会阴后联合正中偏左0.5cm处向左下方，与正中线成45°~60°角（会阴越膨隆角度越大），于宫缩时剪开皮肤及阴道黏膜4~5cm，注意阴道黏膜与皮肤切口长度应一致。用纱布压迫止血，小动脉出血时给予结扎。

(3) 会阴缝合　胎盘娩出后，检查阴道及其他部位无裂伤，在阴道内塞入带尾纱布卷。检查会阴切口，寻找阴道黏膜切口顶端，用0号或1号肠线自切口顶端前0.5cm处间断或连续缝合阴道黏膜及黏膜下组织，至处女膜外缘打结，继续用0号或1号肠线间断缝合肌层和皮下组织，1号丝线间断缝合皮肤。或用2/0可吸收性缝线间断或连续缝合阴道黏膜、肌层、皮下组织，常规缝合皮肤，也可采用皮内缝合法缝合皮肤（此法可不拆线）。缝合时应注意对合整齐，松紧适宜，不留死腔。

(4) 缝合完毕　取出阴道内纱布卷，行肛门指诊，了解有无缝线穿过直肠黏膜及有无阴道血肿。

2. 会阴正中切开缝合术　消毒后沿阴唇后联合中点沿正中线向下垂直剪开2~3cm。此法出血少，易缝合，但分娩过程中应注意避免会阴切口延长，造成重度会阴裂伤。其他步骤同会阴侧－斜切开术。

【护理要点】

1. 向产妇讲解会阴切开术的目的是为了避免阴道、外阴撕裂使切口整齐，便于愈合，以取得产妇的配合。

2. 密切观察产程进展，准备好会阴切开各种用物，协助医生在最佳时机切开会阴。

3. 护理人员陪伴在产妇身边，指导产妇屏气用力，利用宫缩间歇休息，并为产妇擦汗、喂水，给予关怀安慰等心理上的支持。

4. 术后为产妇更衣，垫好卫生巾，洗手擦脸，注意保暖。定时查看宫缩及阴道流血情况，观察2小时无异常送回休息室。

5. 因会阴侧切一般采取左侧切口，故产妇以右侧卧位为佳，以免恶露浸渍切口，影响愈合。

6. 术后保持外阴部清洁、干燥，及时更换会阴垫，每日进行外阴冲洗2次，大便后及时清洗会阴。

7. 注意观察外阴伤口有无渗血、红肿、脓性分泌物及硬结等，如有异常及时通知医生处理。

8. 外阴伤口肿胀疼痛明显者，可用50%的硫酸镁或95%的酒精湿热敷，然后配合烤灯、理疗，以利于伤口愈合。

9. 会阴侧切伤口一般术后5日拆线，正中切口术后3天拆线。

第二节　胎头吸引术

【目的】

胎头吸引术是采用胎头吸引器置于胎头，形成一定负压后吸住胎头，按胎头娩出机制，通过牵引以协助娩出胎头的方法。目前常用的胎头吸引器有金属锥形、金属牛角形及金属扁圆形3种（图12－4）。

A 直形胎头吸引器

B 牛角形胎头吸引器

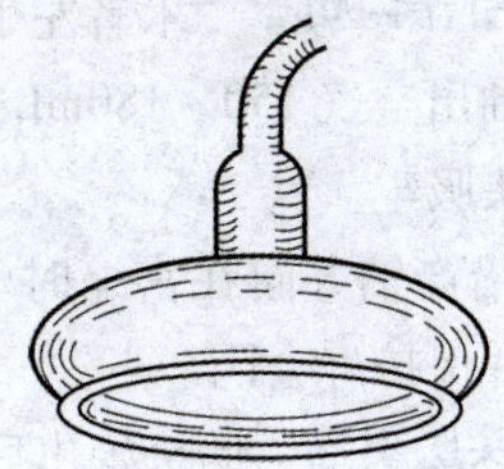

C 扁圆形胎头吸引器

图12－4　胎头吸引器

【适应证】

1. 产妇有妊娠期高血压疾病、心脏病、宫缩乏力或胎儿窘迫等疾病，需缩短第二产程者。

2. 第二产程延长者或胎头拨露于会阴部达半小时，胎儿未能娩出者。

3. 有剖宫产史或子宫有瘢痕，不宜过分用力者。

【禁忌证】

1. 胎儿不能或不宜从阴道分娩者。如严重头盆不称、产道阻塞、子宫颈癌、尿瘘修补术后。

2. 除枕先露、顶先露以外的其他异常头位，如面先露、额先露等。

3. 宫口未开全或胎膜未破者。

4. 胎头位置高，未达阴道口者。

【用物准备】

胎头吸引器1个，50mL空针1支，止血钳1把，治疗巾2块，纱布4块，棉球若干，碘伏溶液，无菌手套1副，无菌导尿管1根，供氧设备、新生儿低压吸引器1台，一次性吸引管1根，吸氧面罩1个，抢救药品等。

【操作方法】

1. 产妇取膀胱截石位，导尿排空膀胱。

2. 阴道检查确定宫口已开全，胎先露已达S+3以下，排除禁忌证。胎膜未破者予以人工破膜。

3. 初产妇会阴过紧者应先行会阴侧切术。

4. 放置胎头吸引器 将吸引器胎头端涂以润滑剂。左手食、中指撑开阴道后壁，右手持吸引器沿阴道后壁进入，再以左手食、中指掌面向外拨开右侧阴道壁，使吸引器胎头端从该侧滑入阴道内，继而向上提拉阴道前壁，使胎头吸引器从前壁进入，再以右手食、中指向外撑起左侧阴道壁，整个胎头吸引器滑入阴道内，使其边沿与胎头顶部紧贴，注意避开囟门。

5. 检查吸引器 以右手食指伸入阴道，沿吸引器头端检查一周，确认无阴道壁及宫颈组织夹于吸引器与胎头之间，调整吸引器横柄，使之与胎头矢状缝一致，作为旋转胎头的标记。

6. 形成吸引器内负压 术者左手扶持吸引器，助手用50mL空针连接吸引器的橡皮管，逐渐缓慢抽出空气150～180mL形成负压。用血管钳夹紧橡皮管，等候2～3分钟，使吸引器与胎头吸牢。

7. 牵引 沿产轴方向在宫缩时牵引，宫缩间歇时停止牵引，按头位的分娩机制协助胎头娩出，并保护好会阴。

8. 取下胎头吸引器 胎头娩出后，放开夹橡皮管的血管钳，取下吸引器。

【护理要点】

1. 向产妇讲解胎头吸引助产的目的、方法，以取得产妇的配合。

2. 注意吸引器的压力适当，如负压不足容易滑脱、负压过大则易使胎儿受损；胎头娩出阴道口时，应立即解除负压以便取下吸引器。

3. 牵引时间不宜过长，最长不超过20分钟。

4. 如因阻力过大或负压不足发生吸引器滑脱，可重新再放置，一般不宜超过2次。

否则应改用产钳助产或剖宫产。

5. 术后应认真检查软产道，如软产道有撕裂伤应立即缝合。

6. 由于阴道操作次数多，术后常规应用抗生素，预防感染。

7. 新生儿护理

（1）密切观察新生儿头皮产瘤位置、大小及有无头皮血肿、颅内出血的发生，以便及时处理。

（2）注意观察新生儿面色、反应、肌张力等，并作好新生儿抢救的准备。

（3）新生儿静卧 24 小时，避免搬动，3 日内禁止洗头。

（4）按医嘱给予新生儿维生素 K_1 10mg 肌内注射，防止颅内出血。

第三节 产 钳 术

产钳术是应用产钳牵引，协助胎儿娩出的手术。产钳由左、右两叶组成。左叶又名左下叶，右叶又名右上叶。每叶又分钳叶（钳匙）、钳胫、钳锁及钳柄 4 个部分（图 12－5）。钳叶内面凹、外面凸，称为头弯，适合夹持胎头。钳叶向上弯行，称为盆弯，以适应产道弯曲。钳叶中间有一宽孔，使胎头受钳叶挤压时有一定伸展余地。

【目的】

应用产钳牵引，协助胎儿娩出。

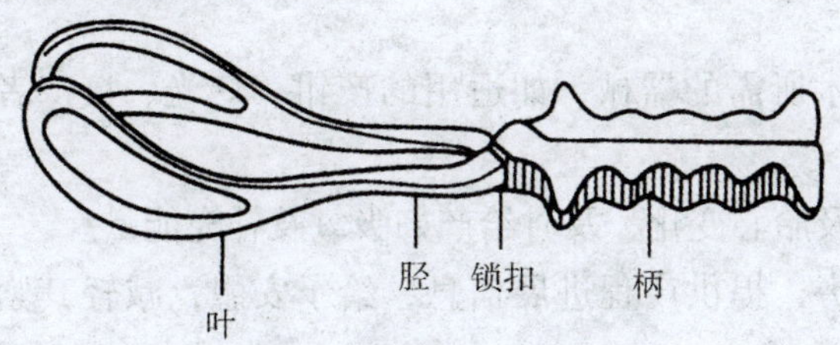

图 12－5 常用产钳及其构造

【适应证】

1. 需缩短第二产程者。
2. 宫缩乏力，第二产程延长者。
3. 胎头吸引术失败者。
4. 臀位后出胎头娩出困难者。
5. 剖宫产娩头困难者。

【禁忌证】

1. 胎头未衔接者。
2. 宫口未开全，胎膜未破。
3. 有明显头盆不称。
4. 异常胎位，如颏后位、额先露、高直位或其他异常胎位。
5. 确定为死胎、胎儿畸形者。

【操作方法】

1. 产妇取膀胱截石位，导尿排空膀胱。

2. 阴道检查了解子宫颈口开大情况，检查胎方位及先露高低，了解施术条件并排除禁忌证。胎膜未破者予以人工破膜。

3. 初产妇应先行会阴侧切术。

4. 放置左叶产钳：术者以右手掌面 4 指伸入阴道后壁和胎头之间，左手持左叶产钳钳柄使钳叶垂直向下，将左叶沿右手掌面伸入手掌与胎头之间，在右手引导下将钳叶缓缓向胎头左侧及深部推进，将钳叶置于胎头左侧，钳叶与钳柄处于同一水平面，由助手持钳柄固定。

5. 放置右叶产钳：术者右手持右叶钳柄，左手 4 指伸入阴道右壁与胎头之间，引导产钳叶至胎头右侧，达左叶产钳对应位置。产钳放置后做阴道检查，了解钳叶与胎头之间有无软组织及脐带夹入，胎头矢状缝是否在两钳叶正中。

6. 合拢钳柄：产钳右叶在上，左叶在下，左右产钳锁扣吻合，左右钳柄内面自然对合。

7. 牵拉产钳：宫缩时术者将合拢的产钳先向外向下，然后再沿水平方向牵拉，当胎头着冠时逐步将钳柄上提，使胎头仰伸娩出。

8. 取出产钳：当胎头牵出后，应取下产钳。先取右叶产钳，后取左叶产钳。然后按分娩机制娩出胎体。

【护理要点】

1. 备好产钳助产术所需的器械，如适用的产钳、灯光、接产者坐凳及接产台、新生儿抢救物品等。

2. 严密观察宫缩及胎心变化，及时给产妇吸氧及补充能量。

3. 陪伴在产妇身旁，提供产程进展信息，给予安慰，减轻其紧张情绪，指导产妇协助完成分娩。

4. 产程长的产妇，双腿因架于腿架上会出现麻木感或肌肉痉挛，应及时为其作局部按摩，协助伸展下肢，并指导产妇配合宫缩正确使用腹压。

5. 臀位后出头困难者在产钳助产时，护理人员应协助按压产妇耻骨上方使胎头俯屈，以利娩出。

6. 产后常规检查软产道，并注意子宫收缩、阴道流血及排尿情况。

7. 检查新生儿有无产伤，其他新生儿护理同胎头吸引术。

第四节　剖宫产术

【目的】

剖宫产术是指妊娠 28 周及以后经腹切开子宫取出胎儿及其附属物的手术。剖宫产术是为解决困难的阴道分娩或阴道分娩对母儿危害较大时采取的手术方式，对母儿有一定危害，应严格掌握适应证，合理使用，不宜滥用。

【适应证】

1. 母体适应证　骨盆严重狭窄或轻度狭窄试产失败；高危妊娠（如子痫前期、子痫、合并心脏病、心功能不全等）；经阴道助产手术失败而胎儿仍存活；先兆子宫破裂；合并严重尖锐湿疣或淋病；产道畸形；合并生殖器瘘管、直肠或盆腔肿瘤梗阻产道；产道手术后等。

2. 胎儿适应证　胎儿窘迫；胎位异常（如持续性枕后位及枕横位、臀位、横位、颏后位、额先露、胎头高直位等）不能经阴道分娩；多胎妊娠；巨大儿；珍贵儿；脐带脱垂或脐带先露；联体双胎等。

3. 母儿适应证　前置胎盘、前置血管或胎盘边缘血窦破裂出血较多；胎盘早剥；胎盘功能降低；胎膜早破伴羊水污染或宫内感染。

【禁忌证】

死胎及胎儿畸形，不应行剖宫产术。

【用物准备】

剖宫产手术包1个，内有：25cm不锈钢盆1个，治疗碗1个，弯盘1个，卵圆钳6把，短有齿镊2把，短无齿镊2把，长无齿镊1把，18cm弯形止血钳6把，10cm和12cm及14cm直止血钳各4把，Allis钳4把，组织剪2把，线剪1把，持针器3把，巾钳6把，压肠板1个，吸引器头1个，皮肤拉钩1个，直角拉钩1个，"S"形拉钩2个，手术刀柄3个，刀片3个，双层剖腹单1块，手术衣6件，治疗巾10块，长盐水纱垫1块，纱布垫6块，纱布20块，手套10副，丝线团（1、4、7号）各1个，铬制肠线2管或可吸收缝线2根。

【麻醉方式】

以持续硬膜外麻醉为主，特殊情况可采用局麻或全身麻醉。

【手术方式】

1. 子宫下段剖宫产术　是指妊娠末期或临产后，经腹膜内切开子宫膀胱反折腹膜，推开膀胱，切开子宫下段娩出胎儿及其附属物的手术。即在子宫下段切开子宫膀胱腹膜反折，下推膀胱，暴露子宫下段，在子宫下段前壁正中做横小切口，并钝性撕开10～12cm，取出胎儿、胎盘。此术式切口出血少，术后愈合好，与盆腔粘连少，再次妊娠时发生子宫破裂的机会少，是最常用的术式。

2. 子宫体剖宫产术（子宫上段剖宫产术）　子宫体剖宫产术又称古典式剖宫产术，是取子宫体部正中纵切口取出胎儿及其附属物的手术。手术方法较易掌握，可用于妊娠任何时期。但术中出血多，切口缝合不易，术后愈合较差，切口易与周围脏器粘连，再次妊娠时发生子宫破裂的可能性较大。此手术仅用于急于娩出胎儿或胎盘前置不能做子宫下段剖宫产者。

3. 腹膜外剖宫产术　是指打开腹壁，不切开腹膜，在腹膜外分离推开膀胱，暴露子宫下段并作横切口，取出胎儿及其附属物的手术。此术式术后肠功能恢复快，肠胀气、肠麻痹等并发症减少，但手术较复杂，时间较长，有损伤膀胱的可能，子宫下段显露不足，易致胎儿娩出困难。多用于子宫腔有严重感染或潜在感染者。

4. 新式剖宫产术 新式剖宫产术为子宫下段剖宫产术的改良。腹壁切口在两侧髂前上棘连线下2～3cm处，横形切开皮肤，钝性撕开皮下脂肪、腹直肌、壁腹膜，反折腹膜切开一小口后钝性撕开并下推膀胱，子宫下段先切开一个小口，再向两侧撕开。关腹时不缝合脏层及壁腹膜，皮肤及皮下脂肪组织全层缝合2～3针，有利于切口愈合，减少瘢痕形成。手术时间缩短，胎儿娩出快，术后恢复快。

【护理要点】

1. 术前护理

（1）向家属讲解剖宫产术的必要性、手术的过程及术后的注意事项，消除患者紧张心理，以取得患者家属的配合。

（2）腹部备皮同一般腹部手术。

（3）药物过敏试验：做普鲁卡因、青霉素等药物过敏试验。

（4）核实交叉配血情况，协助医生联系好血源，做好输血准备。

（5）指导产妇演习术后在病床上翻身、饮水、用餐、双手保护切口咳嗽、吐痰的技巧。

（6）术前禁用呼吸抑制剂，以防新生儿窒息。

（7）留置导尿管，排空膀胱。

（8）做好新生儿保暖和抢救准备工作。

（9）产妇取仰卧位，必要时向左倾斜手术台15～30°，可防止或纠正仰卧位低血压综合征和胎儿窘迫。

（10）密切观察胎心，并做好记录。

2. 术中配合

（1）密切观察并记录产妇的生命体征。若因胎头入盆太深致取胎头困难，助手可在台下戴无菌手套自阴道向宫腔方向上推胎头。

（2）观察并记录导尿管是否通畅、尿量及尿液颜色；当刺破胎膜时，应注意产妇有无咳嗽、呼吸困难等症状，监测羊水栓塞的发生。

（3）助产士：携带新生儿衣被、抢救器械、药品等到手术室候产。胎儿娩出后协助医生抢救新生儿。

3. 术后护理 按一般腹部手术后常规护理及产褥期妇女护理，还应注意：

（1）硬膜外麻醉患者平卧6～8小时，术后12～24小时改半卧位，情况良好者，鼓励尽早下床活动，有利恶露排出和术后恢复。

（2）观察伤口有无渗血及感染征象。如有异常及时报告医生处理。

（3）注意宫缩及阴道流血情况，遵医嘱用宫缩剂加强宫缩，防止产后出血。

（4）鼓励产妇6小时以后进流食，以后根据肠道功能恢复的情况逐步过渡到半流、普食，以保证患者营养，有利乳汁的分泌。酌情补液2～3天，有感染者按医嘱加用抗生素。

（5）术后留置导尿管24～48小时，拔管后注意产妇排尿情况。

（6）做好出院指导。保持外阴部清洁；进食营养丰富、全面的食物，以保证产后恢复及母乳喂养的进行；鼓励产妇坚持母乳喂养；坚持做产后保健操，以帮助身体的恢复；产后 42 天到门诊复查子宫复旧情况。产褥期结束后应采取避孕措施，坚持避孕 2 年以上。

第五节　人工剥离胎盘术

【目的】

术者用手剥离并取出滞留于宫腔内的胎盘。

【适应证】

1. 胎儿娩出后，胎盘部分剥离引起子宫大量出血者。

2. 胎儿娩出后 30 分钟，胎盘尚未剥离排出者。

【用物准备】

无菌手套 1 副，导尿管 1 根，无齿长镊 2 把，干棉球及棉签若干，0.5% 聚维酮碘溶液，阿托品 0.5mg 及哌替啶 50mg，5mL 注射器 2 支，缩宫素 1 支，麦角新碱 1 支，急救药品等。

【操作方法】

1. 产妇取膀胱截石位，导尿排空膀胱，重新消毒外阴，术者更换无菌手套。

2. 术者右手五指并拢呈圆锥形沿脐带进入子宫腔，找到胎盘边缘，手背紧贴子宫壁，以手掌的尺侧缘将胎盘从边缘开始，慢慢与子宫壁分离，左手在腹部按压宫底。胎盘完整剥离后，手握胎盘取出。

【注意事项】

1. 当宫颈内口较紧、手不能伸入宫腔时，可肌注阿托品 0.5mg 及哌替啶 50mg。

2. 严格执行无菌操作，动作应轻柔，切忌粗暴，尽量一次进入宫腔，不可多次进出。若剥离确实困难，应考虑胎盘植入的可能，切不可强行剥离。

【护理要点】

1. 术前应向产妇说明手术目的，做好输液输血准备。

2. 密切观察产妇生命体征。

3. 术后注意观察子宫收缩及阴道流血情况，宫缩不佳应按摩子宫，并按医嘱注射缩宫素或麦角新碱等。

4. 仔细检查胎盘、胎膜是否完整，若有少量胎膜残留，可用大号刮匙轻刮子宫 1 周。

5. 监测有无体温升高、下腹疼痛及阴道分泌物异常等，按医嘱应用抗生素预防感染。

思 考 题

1. 胎头吸引术的禁忌证是什么？主要护理要点有哪些？
2. 产钳术的禁忌证和主要护理措施有哪些？
3. 手取胎盘术的注意事项是什么？如何护理？
4. 剖宫产的适应证有哪些？术后护理要点有哪些？

第十三章　妇科常用特殊检查及护理配合

学习目标

1. 妇产科常用特殊检查的适应证与禁忌证。
2. 妇产科常用特殊检查的物品准备及护理要点。

第一节　阴道分泌物检查

女性生殖系统分泌的液体，主要由阴道黏膜渗出液、宫颈腺体及子宫内膜分泌物混合而成，总称阴道分泌物，又称“白带”（leucorrhea）。

【目的】

阴道分泌物检查，可通过分泌物的量、色、质地、气味几方面观察是否正常，然后通过涂片法、悬滴法和培养法查阴道内的病原体，从而确定诊断。

【适应证】

卵巢功能与雌激素水平判断；各种类型的阴道炎、慢性子宫颈炎、子宫内膜炎、子宫积脓、女性生殖道肿瘤等。

【禁忌证】

月经期、阴道异常出血时不能检查。

【用物准备】

除妇科检查用物外，另备生理盐水、10%氢氧化钾、小玻璃试管、清洁玻片。

【操作方法】

阴道分泌物通常由妇产科医务人员采集。已婚妇女一般通过阴道窥器，在阴道深部或阴道后穹隆、子宫颈口等处，用无菌棉拭子旋转采集阴道分泌物，未婚女子不可使用窥阴器暴露。取材所用的消毒的吸管或棉拭子必须干燥，不粘有任何化学药品或润滑剂。检查方法有涂片法、悬滴法、培养法。

涂片法：用棉签蘸取阴道后穹隆分泌物少许直接涂片，作瑞氏或姬姆萨液染色后镜检滴虫。

悬滴法：用棉签蘸取阴道后穹隆分泌物少许，放入1mL生理盐水试管内即刻送检，亦可滴1~2滴生理盐水或10%氢氧化钾（疑有假丝酵母菌者）于玻片上，将少许白带直接置入玻片上的生理盐水中或10%氢氧化钾中摇匀后立即镜检。如在低倍镜下见到运动状的滴虫或假丝酵母菌均用“+”表示。

培养法：对可疑患者，多次行悬滴法未能发现病原体，则取标本送培养。一般准确率可达98%左右。

【护理要点】

1. 术前热情接待患者，向患者讲解阴道分泌物检查的目的、流程，解除患者的焦虑情绪，使患者主动配合。准备好所需物品。

2. 嘱患者检查前应注意饮食，尽量避免食用油腻、不易消化的食物，还应禁酒，避免一些对肝、肾功能有损害的药物。

3. 嘱患者白带常规检查前3天，应注意避免冲洗阴道，以免癌细胞冲洗掉，从而影响了检查的结果。在检查的前一天应用温水清洗一下外阴部，保持外阴部清洁干爽。

4. 嘱患者检查前应避免阴道用药及性生活，以免影响检查结果的准确性。

5. 白带常规检查最佳时间是在月经干净3天之后，以保证检查结果的准确性。

6. 给已婚妇女放置阴道窥器前不涂润滑剂，可涂生理盐水，以免影响检查结果。

第二节　阴道及宫颈细胞学检查

【目的】

由于阴道及宫颈细胞受卵巢激素的影响而出现周期性变化，妊娠期亦有变化，因此，通过检查阴道及宫颈脱落细胞，可了解体内性激素水平，又可协助诊断生殖系统恶性肿瘤及观察治疗效果。这是一种简便、经济实用的辅助检查方法。

【适应证】

1. 宫颈癌早期筛查：30岁以上已婚女性应每年检查1次。

2. 生殖系统炎症检查。

3. 协助诊断阴道、宫颈等部位的肿瘤。

4. 卵巢功能检查。

5. 胎盘功能检查：适用于妊娠期间怀疑胎盘功能减退者。

【禁忌证】

急性生殖器炎症、月经期。

【用物准备】

阴道窥器1个，宫颈刮片2个或宫颈刷1个或宫颈吸管1个，大镊子、无菌干燥长棉签及棉球若干。脱脂处理载玻片2张，吸管、无菌注射器若干，标本瓶1个内装95%乙醇固定液，0.9%氯化钠溶液。

【操作方法】

1. 受检者排空膀胱，取膀胱截石位。

2. 放置阴道窥器充分暴露宫颈。若阴道分泌物多者，先用无菌干燥棉球轻轻擦拭后再取标本。

3. 取材

(1) 阴道涂片 主要了解卵巢功能和孕妇的胎盘功能。

①对于已婚妇女，用阴道窥器扩张阴道，从阴道上1/3段侧壁，用无菌干燥棉签轻轻刮取黏液少许及浅层细胞，薄而均匀地涂在载玻片上，避免将深层细胞混入而影响诊断，置于95%乙醇溶液中固定。忌来回重复涂抹于玻片上。

②幼女及未婚妇女：用卷紧的无菌棉签在0.9%氯化钠溶液中浸湿后伸入阴道，在阴道上1/3段侧壁轻卷，取出棉签横放玻片向一个方向滚涂，置95%乙醇溶液中固定。

(2) 子宫颈刮片 是筛查早期宫颈癌的重要方法。在宫颈外口鳞-柱状上皮交接处取材，以宫颈外口为中心，用刮片轻轻刮一周，避免损伤组织引起出血而影响涂片质量和检查结果，然后均匀地涂在玻片上并固定。对于白带过多者，应先用无菌干燥棉签拭去黏液后再取材。

(3) 子宫颈管涂片 用于了解宫颈管内情况。先用无菌长棉签将宫颈表面分泌物拭净，用宫颈细胞刷置于宫颈管内，达宫颈外口上方10mm左右，在宫颈管内旋转1周后取出，旋转细胞刷将附着于小刷子上的标本均匀分布在玻片上。

(4) 子宫腔吸片 了解子宫腔内有无恶性病变。选择直径1~5mm不同型号塑料管，一端连于干燥注射器，用大镊子可将吸管轻轻放入子宫底部，上下左右方向移动吸取分泌物，将所吸标本均匀涂在玻片上并固定。取出吸管时停止抽吸，以免将宫颈管内容物吸入。

知识拓展

宫颈细胞学诊断标准及临床意义

目前我国使用较多的是分级诊断，常用巴氏5级分类法。近年来推广应用TBS（the Bethesda system）分类法。

巴氏5级分类法：

Ⅰ级：未见不典型或异常细胞，提示正常。

Ⅱ级：发现不典型细胞，但无恶性特征细胞，提示炎症。

Ⅲ级：发现可疑恶性细胞，性质不明，细胞可疑，或怀疑恶性。

Ⅳ级：发现不典型癌细胞，待证实。提示高度可疑癌。

Ⅴ级：发现癌细胞，形态典型。提示为癌。

【护理要点】

1. 检查前护理

(1) 操作前向受检者做好解释工作，使其积极配合检查。

(2) 告知受检者检查前2天内禁止性交、阴道检查及阴道用药治疗。

2. 检查中护理配合

（1）准备用物。

（2）操作动作应稳、准、轻，避免损伤组织引起出血。

（3）涂片必须均匀向同一方向涂抹，禁忌来回涂抹。

（4）标本制好后做好标记，立即固定，及时送检。

3. 检查后护理 叮嘱患者按时复诊。

第三节 宫颈黏液检查

【目的】

宫颈黏液是宫颈腺体的分泌物。在激素的影响下，宫颈黏液发生周期性变化。临床上根据宫颈黏液检查，可了解卵巢的功能状态。

【适应证】

该检查适用于不孕症、月经不调、闭经、早孕等。

【禁忌证】

月经期及子宫出血时禁忌检查；孕妇及绝经者不用做此检查。

【用物准备】

准备阴道窥器、手套、注射器、干燥长镊子、长棉签、清洁玻片、棉球等用物。

【操作方法】

患者取膀胱截石位，用阴道窥器暴露子宫颈，先观察宫颈口黏液的量与性状，拭净宫颈及阴道穹隆的分泌物；然后用干燥长镊子伸入子宫颈管内 0.5 ~ 1cm 处夹取少量宫颈黏液，取出后缓慢张开镊子，观察黏液拉丝度，再将黏液涂于玻片上，待干燥后在低倍镜下观察其结晶形态。

【护理要点】

1. 取材前 24 小时避免阴道冲洗、检查、上药、性交。向患者说明检查的意义和步骤，消除思想顾虑取得患者的配合。

2. 协助患者取合适体位，取材时动作应轻巧，避免出血。

3. 检查前保持正常的饮食和作息时间，不要熬夜。

第四节 宫颈或颈管活体组织检查

案例引导

吴女士，33 岁，G2P1，2 年前因宫颈重度糜烂样改变，行慢性宫颈炎的微波疗法，近日出现接触性出血，来院就诊。宫颈刮片细胞学检查，结果为巴氏 III 级。请问：

1. 患者可能为什么疾病？

2. 下一步还应进行哪项检查？

3. 检查时如何定位取材？如何进行护理配合？

宫颈或颈管活体组织检查简称宫颈活检，是自宫颈或宫颈管病变部位或可疑病变部位采取少量组织进行冰冻或常规病理学检查，以确定子宫颈病变性质的一种检查方法。绝大多数宫颈活体组织检查是诊断最可靠的依据。常用的取材方法有局部活组织检查和诊断性宫颈锥形切除术。

一、宫颈或宫颈管局部活体组织检查

【适应证】

1. 宫颈脱落细胞学涂片检查巴氏Ⅲ级及Ⅲ级以上者；宫颈脱落细胞学涂片检查巴氏Ⅱ级经抗感染治疗后仍为Ⅱ级；TBS 分类鳞状细胞异常者。

2. 阴道镜检查反复可疑阳性或阳性者。

3. 宫颈柱状上皮异位，有接触性出血，疑有宫颈癌需确定病变性质者。

4. 宫颈有溃疡或赘生物需明确诊断者。

5. 疑为宫颈尖锐湿疣等特异性炎症需明确诊断者。

【禁忌证】

1. 外阴、阴道急性炎症 应治愈后再取活检。

2. 月经前期及月经期 月经前期不宜做活检，以免与活检处出血相混淆；月经来潮时创口不易愈合，有增加内膜在切口种植的机会。

3. 妊娠期 原则上不做活检，以免发生流产或早产，但临床高度怀疑宫颈恶性病变者仍应检查。

【用物准备】

孔巾 1 块，阴道窥器 1 个，纱布，干棉球或棉签若干，带尾线的棉球或纱布卷 1 个，长镊子 2 把，宫颈钳 1 把，宫颈活检钳 1 把，小刮匙 1 把，手套 1 双。复方碘溶液（碘 30g，碘化钾 0. 6g，加蒸馏水至 100mL)，0. 5% 聚维酮碘溶液，装有固定液的小标本瓶 4 ~6 个等。

【操作方法】

1. 嘱患者取膀胱截石位，用阴道窥器暴露宫颈，拭净宫颈表面黏液及分泌物，用消毒棉球消毒宫颈、阴道。

2. 用活检钳在宫颈外口鳞 - 柱状上皮交接处或肉眼观察糜烂较深或特殊病变处取材。可疑宫颈癌者在宫颈 3、6、9、12 点 4 处取材，也可做单点取材。为提高取材准确率，可在阴道镜指导下进行定位活检，或在宫颈阴道部涂以复方碘溶液，选择不着色区取材。必要时用小刮匙搔刮宫颈管组织送检。

3. 将所取组织立即分装于标本瓶内，并做好标记送检。

4. 用带有尾线的纱布卷填塞、压迫钳取部位，并将尾线留在阴道口外，嘱患者 24 小时后自行取出。

【护理要点】

1. 术前准备 向患者介绍宫颈活检的目的、基本操作过程、做病理学检查的临床意义及对疾病诊断的重要性，以取得患者的配合。协助医生填写宫颈活组织检查知情同意书并请患者签字。准备好所需物品。

2. 术中配合 为医生提供活检所需物品；标本瓶应注明患者姓名、取材部位，封好瓶口送检；护理人员应陪伴在患者身边，观察术中反应，给患者提供心理支持。

3. 术后护理 嘱患者于24小时后自行取出阴道内带尾线的纱布卷，如带尾线的纱布卷不能取出或出血较多者，须立即就诊；指导患者正确服用抗生素及止血药物；保持外阴清洁；2周内禁止盆浴及性生活。

二、诊断性宫颈锥形切除术

【适应证】

1. 宫颈刮片细胞学检查多次找到恶性细胞，而宫颈多处活检及分段诊刮病理检查均未发现癌灶者。

2. 宫颈活检为原位癌或镜下早期浸润癌，而临床可疑为浸润癌，为明确病变累及程度及决定手术范围者。

3. 宫颈活检确定为重度不典型增生者

【禁忌证】

同宫颈局部活体组织检查。

【用物准备】

无菌导尿包1个，孔巾1块，阴道窥器1个，手套1双，长镊子2把，宫颈钳1把，宫颈扩张器4~7各1个，尖手术刀1把（或高频电切仪1台，环形电刀1把，等离子凝切刀1把，电凝球1个），刮匙1把，子宫探针1根，肠线，持针器1把，圆针1枚，纱布、干棉球或棉签若干，带尾线的棉球或纱布卷1个。复方碘溶液，0.5%聚维酮碘溶液，装有固定液的小标本瓶1个等。

【操作方法】

1. 患者在蛛网膜下腔麻醉或硬膜外阻滞麻醉下，取膀胱截石位。

2. 常规消毒外阴、阴道，铺无菌孔巾，导尿。

3. 暴露宫颈，消毒阴道和宫颈。

4. 宫颈钳夹住前唇向外牵拉，扩张宫颈管，行宫颈管搔刮术，刮取物装入标本瓶中送检。

5. 在病灶外围或碘不着色区外0.5cm处，用尖刀在宫颈表面做环形切口，深约0.2cm，按30°~50°向内做宫颈锥形切除。根据不同的手术指征，可深入颈管1~2.5cm处，作锥形切除。

6. 于切除组织12点处做标记，装入标本瓶中送检。

7. 退出窥器，以带尾棉球或带尾纱布卷局部填塞压迫止血，嘱患者术后24小时自行取出。若有动脉出血，可用肠线缝扎止血，也可加用吸收性明胶海绵或止血药粉止血。

【护理要点】

1. 术前告知患者在月经干净后 3～7 天内手术，介绍手术过程，耐心解答患者提问，减轻患者的心理压力。

2. 术中配合医生做好导尿、止血、标本标记与固定送检。

3. 让患者在观察室观察 1 小时，注意有无阴道出血、头晕及血压下降等反应，有异常及时处理。

4. 术后留置导尿管 24 小时，持续开放。嘱患者离开观察室后注意阴道出血情况，出血多应立即就诊。

5. 嘱患者术后休息 3 日；遵医嘱应用抗生素预防感染；保持外阴清洁；2 个月内禁止盆浴及性生活。术后 6 周到门诊复查宫颈管有无狭窄。

第五节　诊断性刮宫

案例引导

李女士，65 岁，绝经 13 年，阴道少许血水样分泌物 6 个月，有臭味。妇科检查：阴道黏膜充血，宫颈萎缩，子宫如孕 40 天大小，质软，双附件正常。请问：

1. 初步考虑什么疾病？

2. 下一步首选哪项检查项目？

3. 简述操作步骤及护理要点。

诊断性刮宫简称诊刮，是刮取子宫内膜和内膜病灶行病理检查，以明确诊断并指导治疗，是诊断宫腔疾病最常采用的方法。如疑有子宫颈管病变者，需对宫颈管及宫腔分别进行诊断性刮宫，简称分段诊刮。

【适应证】

1. 子宫异常出血或阴道排液需证实或排除宫颈管癌、子宫内膜癌等。

2. 功能失调性子宫出血长期多量出血或流产宫腔内有组织残留时，彻底刮宫有助于诊断，并有迅速止血效果。

3. 不孕症或闭经，了解子宫内膜改变。

4. 怀疑子宫内膜结核者，诊刮有助于确诊。

5. 分段诊刮适用于区分子宫内膜癌及宫颈管癌、绝经后子宫出血或老年患者疑有子宫内膜癌，或需要了解宫颈管是否被侵犯时。

【禁忌证】

外阴、阴道及宫颈急性炎症，急性或亚急性盆腔炎症。

【用物准备】

人工流产包 1 个，内有：阴道窥器 2 个，长持物钳 1 把，宫颈钳 1 把，子宫探针 1

根，宫颈扩张器1套，有齿卵圆钳1把，子宫刮匙1把，弯盘1个，孔巾1块，腿套2个，纱布2~3块，棉球数个，装有固定液的小标本瓶2个。

【操作方法】

1. 受检者排尿后取膀胱截石位，常规外阴消毒后铺巾，双合诊查清子宫的位置、大小及附件情况。

2. 暴露宫颈，清除阴道分泌物，并消毒宫颈及颈管，然后用宫颈钳钳夹宫颈前唇或后唇。

3. 用探针测量宫颈管及宫腔深度后，用宫颈扩张器逐号扩张宫颈管至8号扩张器能放入，送入中型刮匙。

4. 用刮匙自子宫前壁、侧壁、后壁、子宫底部自上而下沿宫壁刮取内膜组织（避免来回刮），夹出组织，置于无菌纱布上。

5. 术毕，取下宫颈钳及阴道窥器。将刮出的全部组织放入标本瓶内送病理检查。

6. 如需分段刮宫者，先不探查宫腔深度，以免将宫颈管组织带入宫腔混淆诊断。用小刮匙自宫颈内口至外口顺序刮宫颈管一周，将所刮取组织置纱布上，然后刮匙进入宫腔再自上而下刮取子宫内膜一周。刮出的宫颈管组织及宫腔内膜组织分别装瓶、固定，送病理检查。

7. 术中严格无菌操作。对于功能失调性子宫出血患者，在刮宫过程中应彻底清除肥厚的内膜；对绝经期疑有子宫内膜癌患者，刮宫时应轻柔操作，刮出物以够用为度，当刮出豆腐渣样物时，应立即停止诊刮，以防出血、癌扩散或子宫穿孔；如疑内膜结核者，须注意刮取子宫两角部的组织。

【护理要点】

1. 术前准备

（1）一般刮宫者应术前禁止性生活5天。术前禁用激素类药物。

（2）检查当日热情接待患者，向患者讲解诊断性刮宫的目的、手术过程，指导患者放松自己，避免过度紧张。使患者主动配合手术。准备好刮宫所需物品。备好各种抢救用物，以便术中出现出血、子宫穿孔、感染等情况时进行抢救。

2. 术中配合 填写好病理检查单，备好固定标本的小瓶。陪伴在患者身边，教患者放松技巧。将刮出的组织放入已做好标记、装有固定液的小瓶内立即送病理检查，并做好记录。

3. 术后护理 观察患者有无腹痛和阴道出血，1小时后方可离院。按医嘱服用抗生素3~5天。

4. 健康教育 嘱患者术后保持外阴清洁，防止感染。1个月内禁止性生活及盆浴。1周后门诊复诊，了解病理结果。

第六节 基础体温测定

基础体温（Basal Body Temperature，BBT）又称静息体温，是指机体经过较长时间

（6～8 小时以上）的睡眠，醒来未进行任何活动之前所测得的口腔温度。它反映了静息状态下的基础能量代谢，未受到运动饮食或情绪变化影响，是机体一昼夜中的最低体温。

【适应证】

1. 判断甲状腺功能状态。

2. 判断卵巢功能状况，确定有无排卵、排卵日期、黄体功能。

3. 诊断早孕。

【禁忌证】

患有传染病或慢性消耗性疾病。

【用物准备】

经消毒处理后的电子体温计。

【操作方法】

1. 置备一支体温表，每晚临睡前将体温表水银柱甩至 35℃以下，如果是电子体温计则变成初始值，放在醒来后伸手可及的地方。目前常用的女性基础体温计一般不使用含水银的体温计，大多数采用更安全的电子体温计，精度一般为 ±0.05℃。电子体温计由液晶屏直接显示测量结果，一目了然，数字式反映所测温度，灵敏而清晰，无需费力观察水银体温计上细微的刻度，也保障了测量结果的准确性。

2. 每天清晨醒后，未进行任何活动，立即将体温计放在舌下，测口腔温度 5 分钟后拿出来读数，并记录在特制的表格上。

3. 每日测量的时间最好固定，一般在早上 5～7 时，夜班工作者应休息 6～8 小时后测量。

4. 同时应将生活中有关情况如感冒、失眠、性生活、月经期、饮酒、服药、情绪等可能影响体温的因素及所采取的治疗记录在基础体温单上，以便随时参考。

5. 将测量到的基础体温正确地记录在体温记录单上，能反映出卵巢的功能情况。纵轴坐标表示体温的度数，每一小格为 0.1℃；横轴坐标表示日期和月经周期日，每一小格为 1 天。从月经来潮的第 1 天开始，将每天所测量到的体温度数用小点画在相应的体温记录单的格子中，直到下次月经来潮的前 1 天为止，最后将各个小点用直线按顺序连接起来，就成为 1 个月经周期的基础体温曲线。

6. 必须坚持连续测定体温至少 3 个月，并力求准确，否则不能反映卵巢功能。

【护理要点】

1. 向受检者说明检查的目的、方法和要求，一般需连续测量 3 个月经周期以上，故需要向受检查者说明。

2. 指导受检者将每日的测量结果及时标记在体温单上，并学会正确的记录方法。

第七节　阴道后穹隆穿刺检查

阴道后穹隆穿刺检查是指在无菌条件下，用穿刺针经阴道后穹隆刺入盆腔，抽取直肠子宫陷凹处积存的液体进行相应检查，以协助诊断的检查。直肠子宫陷凹为腹、盆腔的最低点，是腹腔内游离的积液、积血、积脓积存的部位，位于阴道后穹隆顶端。因此，是妇产科常用的辅助诊断方法之一。

【适应证】

1. 怀疑腹腔内出血，盆腔内积液、积脓时，可明确积液的性质。对于脓肿患者可经本途径直接引流和向病灶注药治疗。

2. B 型超声引导下的输卵管妊娠部位和卵巢子宫内膜异位囊肿的注药治疗。

3. B 型超声引导下的穿刺取卵，用于辅助生殖技术。

【禁忌证】

1. 盆腔严重粘连，较大肿块占据直肠子宫陷凹部位，并凸向直肠者。

2. 肠管与子宫后壁粘连严重者。

3. 高度怀疑盆腔恶性肿瘤者。

4. 异位妊娠准备采用非手术治疗者，避免穿刺引起感染。

【用物准备】

穿刺包 1 个，内含：阴道窥器 1 个，宫颈钳 1 把，弯盘 1 个，长镊子 1 把，22 号穿刺针 1 个或 8 号注射针头 1 个，孔巾 1 块，棉球、纱布若干。5mL、10mL 注射器各 1 支，无菌标本瓶 2 个。

【操作方法】

1. 患者排空膀胱，取膀胱截石位，常规消毒外阴、阴道，戴手套，铺无菌巾。

2. 放置并固定阴道窥器，充分暴露宫颈及阴道后穹隆，消毒。

3. 用宫颈钳夹持宫颈后唇并向前上方提拉，充分显露阴道后穹隆，用碘酊、乙醇再次消毒穿刺部位。

4. 注射器接穿刺针并确认通畅，在后穹隆正中或稍偏病灶侧，距宫颈阴道黏膜交界处下方，平行宫颈管进针。当穿过阴道壁后失去阻力，有落空感时，表示进入直肠子宫陷凹，进针深度为 2 ~ 3cm，立即抽吸标本 5mL。若无液体抽出，可以边退出边抽吸。

将抽吸到的液体先肉眼观察再及时送检。如抽出物为血液，可静置 6 分钟以上，血液凝固者为血管内血液，应改变穿刺部位和方向重新穿刺。若血液不凝固，提示为腹腔内出血。如抽出浅红色稀薄液，多为盆腔炎性渗出液。若抽出脓液，可涂片、染色后显微镜下检查，并送标本作细菌培养及药物敏感试验。

5. 拔出针头，穿刺点无菌纱布压迫止血片刻，血止后取出宫颈钳和窥器。

【护理要点】

1. 术前护理 介绍操作的目的及注意事项，取得患者的配合。为患者提供心理护理。

2. 术中会配合

（1）及时观察患者病情变化，如有面色苍白、血压下降等，应及时配合抢救。

（2）协助医生完成穿刺。

（3）注意进针的方向和深度，告知患者禁止移动身体，避免损伤直肠和子宫。如误入直肠，立即拔针，重新消毒，更换针头和注射器再次穿刺。

3. 术后护理

（1）协助患者卧床休息 1～2 小时。

（2）注意观察患者阴道出血情况。嘱其半卧位休息。

4. 健康教育　嘱患者保持外阴部清洁，2 周内禁止盆浴和性生活。

第八节　输卵管通畅检查

输卵管通畅检查是检查输卵管是否通畅，了解宫腔和输卵管的形态及阻塞部位，并且在重新疏通输卵管的过程中还可达到治疗的效果。常用方法有输卵管通液术和子宫输卵管造影术。

【适应证】

1. 不孕症，男方精液正常，怀疑有输卵管阻塞。
2. 检验和评价输卵管绝育术、输卵管再通术或输卵管成形术的效果。
3. 对输卵管黏膜轻度粘连者有疏通治疗作用。

【禁忌证】

1. 生殖道急性炎症或慢性炎症急性或亚急性发作者。
2. 月经期或不规则阴道流血者。
3. 严重的全身性疾病，不能耐受检查者。
4. 碘过敏者不能作输卵管造影术。
5. 体温 >37.5℃。
6. 产后、流产后、刮宫术后 6 周内。
7. 可疑妊娠者。

【用物准备】

1. 物品　阴道窥器 1 个，弯盘 1 个，卵圆钳 1 把，子宫探针 1 个，宫颈导管 1 根，宫颈钳 1 把，宫颈扩张器，棉签、棉球、纱布若干，治疗巾。压力表。10mL、20mL 注射器各 1 支。氧气等抢救用品。

2. 药物　0.9% 氯化钠溶液，抗生素溶液（庆大霉素 8 万 U、地塞米松 5mg，透明质酸酶 1500U、注射用水 20mL）。子宫输卵管造影术需 40% 碘化钠造影剂 1 支。

【操作方法】

（一）输卵管通液术

1. 患者取膀胱截石位，消毒外阴及阴道，铺无菌巾。双合诊检查子宫大小及位置。

2. 阴道窥器充分暴露宫颈，充分消毒阴道及宫颈。宫颈钳夹持宫颈前唇使宫颈前伸。

3. 将注射器与宫颈导管相连，并使宫颈导管内充满生理盐水或抗生素溶液。排出空气后，沿宫腔方向将其置入宫颈管内，缓慢推注液体，压力不超过160mmHg。观察推注时阻力大小、经宫颈注入的液体是否回流、患者下腹部是否疼痛等。

4. 手术结束取出宫颈导管，再次消毒宫颈、阴道，取出阴道窥器。

（二）子宫输卵管造影术

1. 同输卵管通液术操作方法1、2。

2. 将宫颈导管置入宫颈管内，往导管内缓慢注入40%碘化油，在X线透视下观察碘化油流经输卵管及宫腔情况并摄片，24小时后再摄盆腔平片，观察腹腔内有无游离碘油。若用泛影葡胺液造影，应在注射后立即摄片，10～20分钟后第2次摄片，观察泛影葡胺液流入盆腔情况。

【护理要点】

1. 术前护理

（1）向患者讲解检查的目的及注意事项，减轻患者紧张情绪。

（2）月经干净后3～7日进行检查为宜，术前3日禁止性生活。

（3）检查用物、器械是否完备，各种导管是否通畅，通水用的生理盐水应加温至接近体温，以免引起输卵管痉挛。

（4）如行输卵管造影术，应询问患者有无过敏史，并做碘过敏试验。

（5）嘱患者排空膀胱，清洁肠道，使子宫位于正常位置。

（6）术前半小时肌内注射阿托品0.5mg解痉。

2. 术中护理配合

（1）操作过程中，宫颈导管须紧贴宫颈，以免漏液。

（2）推注液体不可过快，注意观察患者下腹疼痛的性质、程度，若有异常情况出现应及时处理。

（3）碘油造影过程中注意观察患者生命体征及有无过敏征象。

（4）若透视下发现造影剂进入异常通道，同时患者出现咳嗽，应警惕发生油栓，立即停止操作，取头低脚高位，严密观察。

3. 术后护理 按医嘱应用抗生素预防感染。

4. 健康宣教 术后2周内禁止性生活及盆浴。

第九节 内窥镜检查

内窥镜检查是用冷光源探视镜头经人体自然孔道或人造孔道，探视人体内部情况，是妇产科临床诊断和治疗的常用技术。在用于检查的同时还可对病变进行治疗。

一、阴道镜检查

阴道镜是双目放大镜式光学窥镜。阴道镜检查是利用阴道镜在强光源照射下将阴道和宫颈上皮放大10～40倍，观察这些部位的异常上皮结构、异形血管及早期癌变，以便准确选择可疑部位做活体组织检查，提高确诊率。

【适应证】

1. HPV DNA 检测 16 或 18 型阳性者。

2. 宫颈细胞学检查 LSILs 及以上、ASCUS 伴高危型 HPV DNA 阳性或 AGS 者。

3. 妇科检查怀疑宫颈病变者。

4. 宫颈锥切术前确定切除范围。

5. 可疑外阴、阴道上皮内瘤样病变；阴道腺病、阴道恶性肿瘤。

6. 宫颈、阴道及外阴病变治疗后复查和评估。

【禁忌证】

1. 月经期或活动性子宫出血者。

2. 生殖道急性、亚急性炎症。

【用物准备】

1. 物品 弯盘 1 个，阴道窥器 1 个，宫颈钳 1 把，卵圆钳 1 把，宫颈活检钳 1 把，尖手术刀 1 把，标本瓶 6 个，纱布 4 块，棉球、棉签若干。阴道镜。

2. 药物 复方碘溶液（碘 30g，碘化钾 0.6g，加蒸馏水至 100mL），3% 醋酸溶液。

【操作方法】

1. 患者排空膀胱后协助取膀胱截石位，阴道窥器充分暴露阴道及宫颈。用棉球轻轻拭去宫颈分泌物。

2. 移动阴道镜距阴道口 10cm 处打开照明开关，调整物镜位置及焦距，至物像清晰为止。先用低倍镜观察被检部位。

3. 醋酸白溶液：在子宫颈表面涂 3% 醋酸溶液，以鉴别宫颈鳞状上皮和柱状上皮。柱状上皮在醋酸作用下水肿，微白呈葡萄状。必要时进一步加滤镜观察。

4. 碘试验：涂复方碘液，正常鳞状上皮呈棕褐色，为碘试验阳性；涂碘后不着色为阴性，因不典型增生和癌变上皮不含糖原而不着色。用相对高倍镜仔细观察碘试验不着色区或可疑部位。

5. 在碘试验不着色区域进行活检。按压止血。

【护理要点】

1. 检查前护理

（1）使用阴道窥器时不蘸润滑油，以免影响观察。

（2）术前 24 小时内避免性交及阴道检查、冲洗等操作，以免影响检查结果。

2. 检查中护理 做好配合，标本装瓶及时送检。

3. 检查后护理 术后观察局部出血情况。

4. 健康宣教 保持局部清洁，2 周内禁止盆浴和性生活。

二、宫腔镜检查

宫腔镜检查是应用膨宫介质扩张宫腔，通过插入宫腔的玻璃导光纤维窥镜直视宫颈管和子宫腔内情况，用于指导诊刮、活检和手术，是目前临床常用的诊疗手段。

【适应证】

1. 宫腔镜检查 ①异常子宫出血；②复发性流产；③异位妊娠；④原因不明的不孕；⑤节育器定位；⑥子宫造影异常；⑦疑宫腔粘连及畸形；⑧超声检查有异常宫腔回声及占位病变.

2. 宫腔镜治疗 ①子宫内膜息肉；②子宫黏膜下肌瘤及部分突向宫腔的肌壁间肌瘤；③宫腔粘连分离；④子宫内膜切除；⑤子宫中隔切除；⑥宫腔内异物取出，如嵌顿节育器及流产残留物等；⑦腔镜引导下输卵管插管通液、注药及绝育术。

【禁忌证】

1. 月经期或活动性子宫出血者。

2. 生殖道急性、亚急性炎症。

3. 3 个月内子宫手术史者。

4. 宫颈恶性肿瘤者。

5. 严重心、肺疾病不能耐受检查者。

【用物准备】

1. 物品 阴道窥器 1 个，宫颈钳 1 把，敷料钳 1 把，卵圆钳 1 把，子宫探针 1 根，刮匙 1 把，宫颈扩张器，小药杯 1 个，弯盘 1 个，纱球 2 个，纱布 2 块，治疗巾 4 块或洞巾 1 块。宫腔镜。

2. 药物 庆大霉素 8 万 U，地塞米松 5mg，0.5% 聚维酮碘溶液，必要的急救物品等。膨宫药液：单极电切或电凝时选择 5% 葡萄糖，糖尿病患者可选用 5% 甘露醇；双极电切或电凝则选用 0.9% 氯化钠溶液。

【操作方法】

1. 嘱患者排空膀胱后取截石位。

2. 手术时采用硬膜外或静脉麻醉；检查时不用麻醉或宫颈局部麻醉。

3. 常规外阴消毒铺巾。放置并固定阴道窥器，充分暴露宫颈及阴道，再次消毒阴道及宫颈，宫颈钳夹持宫颈，探针了解宫腔深度和方向，扩张宫颈至大于镜体外鞘直径半号。

4. 接通液体膨宫泵，调节压力在 100mmHg 左右，排净管内气体，向宫腔内注入膨宫药液，将宫腔镜与冷光源及膨宫装置相连，宫腔镜直视下按其宫颈管轴径缓缓插入宫腔，冲洗宫腔内血液至液体清净，调整液体流量，使宫腔内压达到所需压力宫腔扩展即可看清宫腔和宫颈管。

5. 先观察宫腔全貌，宫底、宫腔前后壁、输卵管开口，在退出过程中观察宫颈内口和宫颈管。

6. 按需要进行宫腔操作。

7. 取出宫腔镜。

【护理要点】

1. 检查前护理 术前评估患者身体情况，排除禁忌证；术前禁食 6 ~8 小时；月经净后 3 ~7 日检查为宜。

2. 检查中护理

（1）术中鼓励安慰患者，减轻患者紧张、恐惧心理。

（2）配合医师控制宫腔总灌流量，葡萄糖液体进入受检者血液循环量不应超过 1L，否则易发生低钠水中毒。

（3）术中应注意观察患者的面色、生命体征、有无腹痛等，及时发现有无类似人工流产术时可能引起的“心脑综合征”发生，如有异常应及时处理。

3. 检查后护理 术后卧床休息 30 分钟，观察宫腔镜检查的并发症有宫颈裂伤、子宫穿孔、感染等，应注意观察病情，发现异常及时处理。术后使用抗生素 3～5 天预防感染。

4. 健康宣教 嘱患者术后 2～7 天可能有少量血性分泌物，应保持外阴清洁。术后禁止性生活和盆浴 2 周。

三、腹腔镜检查

腹腔镜检查是将腹腔镜自腹壁插入腹腔或盆腔内，观察病变的部位、形态，必要时取活组织行病理学检查，以明确诊断的方法。目前，临床已普遍用于腹腔或盆腔疾病的检查和治疗。

【适应证】

1. 腹腔镜检查 ①子宫内膜异位症（腹腔镜是诊疗的金标准）；②确定不明原因急、慢性腹痛和盆腔痛的原因；③明确腹盆腔肿块性质；④明确或排除引起不孕的盆腔疾病；⑤计划生育并发症的诊断，如寻找和取出异位宫内节育器、确诊吸宫术导致的子宫穿孔等。

2. 腹腔镜手术 ①有适应证实施经腹手术的各种妇科良性疾病；②早期子宫内膜癌分期手术和早期子宫颈癌根治术；③中晚期子宫颈癌化放疗前后腹膜淋巴结取样；④计划生育节育手术，如异位宫内节育器取出、绝育术等。

【禁忌证】

1. 严重心、肺疾病不能耐受检查者，膈疝、脐疝、脐部感染者。
2. 腹腔内有广泛粘连。
3. 盆腔肿块过大，超过脐水平。
4. 晚期卵巢癌。
5. 过于肥胖或过于消瘦者。
6. 凝血功能障碍者。

【用物准备】

1. 物品 阴道窥器 1 个，宫颈钳 1 把，巾钳 1 把，卵圆钳 1 把，子宫探针 1 根，细齿镊 2 把，刀柄 1 把，组织镊 1 把，持针器 1 把，举宫器，小药杯 2 个，缝线、缝针、刀片、棉球、棉签、纱布，内镜，CO_2气体，2mL 注射器 1 支。

2. 药物 局麻药，0.9% 氯化钠溶液。

【操作要点】

1. 腹腔镜检查可选用局麻或硬膜外麻醉；腹腔镜手术选用全身麻醉。

2. 消毒腹部皮肤及外阴阴道，放置导尿管和举宫器。

3. 人工气腹操作　于脐轮下缘切开皮肤 10～12mm，用巾钳提起腹壁，以 90°插入气腹针，接 CO_2 气腹机，以 1～2L/min 速度充气。当充气 1L 后，调整患者体位至头低臀高位（倾斜度为 15°～25°）。当腹腔内压力达 12～15mmHg 时停止充气，拔出气腹针。

4. 体位采用头低臀高位，倾斜 15°～25°。

5. 放置腹腔镜，打开冷光源，按顺序观察盆腔内各器官。

6. 根据需要行进一步检查或手术。根据不同手术种类选择下腹部不同部位的其他穿刺点。

7. 操作完毕，0.9%氯化钠溶液冲洗，检查无出血及内脏损伤，取出腹腔镜，放尽气体，拔出套管。必要时缝合穿刺口，以无菌纱布覆盖弹力胶布固定。

【并发症】

1. 出血　是手术中最常见的并发症。小出血可用压迫、电凝、缝合等方法止血，若伤及大血管引起大出血应马上施行开腹手术。

2. 脏器损伤　误伤邻近器官（膀胱、直肠）等。

3. 皮下气肿　与气腹针未能正确穿入腹腔有关。

4. 感染　原有感染灶扩散或术中无菌观念不强所致。

【护理要点】

1. 检查前护理

（1）认真评估患者身心状况，讲解检查的相关知识，使患者消除顾虑，积极配合。

（2）检查准备同一般妇科腹部手术。腹部皮肤准备时注意清洁脐孔。

2. 检查中配合

（1）当 CO_2 气体进入腹腔，按医生要求及时更换所需体位。

（2）观察患者生命体征，如有异常及时处理。

（3）准确为医生提供的术中用品，鼓励安慰患者放松心情，积极与医生配合。

3. 检查后护理

（1）卧床休息至少半小时，密切观察患者生命体征，注意有无并发症，发现异常及时报告处理。

（2）说明因腹腔残留气体可能引起肩痛及上肢不适，会逐渐缓解。

（3）观察脐部伤口情况，鼓励患者每天下床活动，以利尽早排尽腹腔气体。

（4）术后当日可进半流食，次日可摄入正常饮食。

4. 健康教育　术后 2 周内禁止性交。嘱按时复查。如有发热、出血及腹痛等应及时到医院就诊。

思　考　题

1. 子宫颈病变的检查手段有哪些？检查的目的是什么？
2. 说出宫颈活检的定位方法及护理要点。
3. 分段诊刮时刮出豆腐渣样物时应如何处理？护理要点是什么？
4. 阴道后穹隆穿刺的目的和适应证是什么？
5. 简述内窥镜在妇产科的运用。

第十四章 妇科常用护理技术

学习目标

1. 概述会阴擦/冲洗、阴道灌洗、会阴湿热敷及宫颈上药的方法。

2. 说出会阴擦洗/冲洗、阴道灌洗、会阴湿热敷、坐浴常用的溶液及水温。

3. 归纳阴道灌洗、会阴湿热敷、阴道和宫颈上药、坐浴的护理要点。

4. 能独自完成会阴擦洗/冲洗、阴道灌洗、会阴湿热敷、宫颈上药、坐浴的基本操作。

案例引导

张女士，36岁，已婚，近一周白带增多，伴外阴瘙痒来院就诊。妇科检查分泌物呈灰黄色泡沫状，有臭味，诊断为滴虫性阴道炎。医嘱每晚0.5%醋酸溶液行阴道冲洗，然后甲硝唑栓阴道填塞，连用7日。请问

1. 护士应如何指导患者行阴道填塞？

2. 如在医院行阴道冲洗，操作方法和护理要点是什么？

妇科的临床护理工作中有一些常用的护理操作技术，是治疗妇科疾病的重要手段，主要包括会阴擦洗/冲洗、阴道灌洗、会阴湿热敷、阴道或宫颈上药、坐浴等内容。

第一节 会阴擦洗/冲洗

【目的】

会阴擦洗/冲洗能保持会阴及肛门部清洁，增加舒适度和促进会阴伤口愈合，预防生殖系统、泌尿系统的逆行感染。常用于会阴阴道手术后、产后1周内、会阴有伤口或留置导尿管者、阴道流血或流液者及长期卧床生活不能自理的患者。

【用物准备】

1. 用物 会阴擦洗无菌包内放治疗碗1个，弯盘1个，镊子2把，治疗巾1块，干纱布2块，干棉球若干个。橡胶中单或一次性垫巾1块，一次性手套1双，会阴擦洗盘1个，会阴冲洗备冲洗壶和便盆各1个，必要时备屏风。

2. 溶液 0.2‰碘伏溶液或1∶5000高锰酸钾溶液或0.1%苯扎溴胺溶液，冲洗液水温一般40℃~42℃，以患者感到舒适为宜。

【操作方法】

1. 携带用物到患者床旁，核对床号及姓名，说明目的和注意事项，以取得理解及配合。

2. 请病房内多余人员（特别是异性）暂时回避，以减轻患者心理压力。

3. 关闭门窗，调节室温，屏风遮挡。保持病房适宜的温度和光线。

4. 嘱患者排空膀胱后取屈膝仰卧位，暴露外阴。

5. 护士戴一次性手套，会阴擦洗者臀下铺一次性垫巾或无菌治疗巾；会阴冲洗者臀下铺橡胶中单及一次性垫巾或无菌治疗巾，垫便盆。

6. 护士用一把无菌镊子夹取浸有0.2‰碘伏或1∶5000高锰酸钾溶液或0.1%苯扎溴胺溶液的棉球放入弯盘，用另一把无菌镊子夹取弯盘中的药液棉球擦洗外阴。一般擦洗3遍。第1遍的擦洗顺序为由上到下，由外到内，初步擦净会阴部的分泌物、血迹等；第2遍以伤口或阴道口为中心，由内向外，自上而下，最后擦洗肛门和肛门周围。每擦洗一个部位更换一个棉球。第3遍同第2遍。还可根据患者的情况增加擦洗的次数，直至擦净，最后用干纱布擦干。

如需冲洗者，使用冲洗壶和便盆，调节好冲洗液的温度（一般40℃~42℃），边冲边擦洗，冲洗的顺序同会阴部擦洗。注意冲洗时用无菌纱布堵住阴道口，以防污水流入阴道引起逆行感染。

7. 擦洗或冲洗完毕，撤去用物（冲洗者先用干纱布擦干会阴），协助患者穿好衣裤，采取舒适卧位，整理好床单。

8. 整理用物，脱去手套，洗手。做好护理记录。

9. 开门窗，撤屏风。

【护理要点】

1. 擦洗时，注意观察会阴伤口的愈合情况，有无红肿及分泌物产生。发现异常及时记录并向医生汇报。

2. 留置导尿管者，要将尿道口周围反复擦洗干净并注意保持尿管通畅，避免尿管脱落或打结，注意尿液的颜色与性状。

3. 擦洗前后护理人员应洗净双手，严格无菌操作；有伤口感染者最后擦洗，以免交叉感染。

4. 会阴部有伤口时，先擦洗伤口部位。若伤口感染，则最后擦洗伤口部位。

5. 会阴擦洗每日2次，大便后及时擦洗。

第二节 阴道灌洗

【目的】

阴道灌洗具有收敛、热疗和消炎的作用，能改善阴道血液循环，缓解局部充血，减少阴道分泌物，达到预防和治疗炎症的目的，是妇科手术前阴道准备的内容之一。临床常用于阴道炎、宫颈炎的局部治疗，经腹全子宫切除术或阴道手术前常规准备，妇产科恶性肿瘤腔内放疗后常规清洁冲洗等。

【用物准备】

1. 用物 无菌灌洗包：长卵圆钳2把，干纱球数个，方纱布2块，治疗碗或弯盘1个，阴道窥器1个。消毒灌洗筒1个，带调节器的130cm长的橡皮管1根，冲洗头1个，或一次性冲洗袋1个。橡胶中单或一次性中单1块，治疗盘，一次性垫巾，一次性手套。便盆、污物桶、输液架。

2. 灌洗液 0.02%碘伏溶液，1∶5000高锰酸钾溶液，0.1%苯扎溴胺溶液，4%硼酸溶液，0.5%醋酸溶液，1%乳酸溶液，生理盐水，2%~4%碳酸氢钠溶液等。根据病情选用灌洗液，常用量为500~1000mL，水温41℃~43℃。

【操作方法】

1. 给患者解释操作目的、方法及可能的感受，以取得患者配合。

2. 嘱患者排空膀胱后，协助患者上妇科检查床，取膀胱截石位，暴露外阴，臀下垫橡胶中单及一次性垫巾，放便盆。

3. 根据病情配制灌洗液于灌洗桶内；将灌洗筒挂于输液架上，其高度距床沿60~70cm，并排去橡皮管内空气，试水温（41℃~43℃）适宜后备用。

4. 操作者戴一次性手套，用右手持冲洗头，先用灌洗液冲洗外阴部，然后用左手将小阴唇分开，将灌洗头沿阴道纵侧壁的方向缓慢插入达阴道后穹隆部，边冲洗边在阴道内上下左右轻轻移动；或用窥阴器暴露宫颈后再灌洗，灌洗时旋转窥阴器，将宫颈、穹隆及阴道侧壁冲洗干净。当灌洗液剩下100mL时，夹住橡胶管，拔出灌洗头，再次冲洗外阴部，然后扶患者坐于便盆上，使阴道内残液流出。

5. 灌洗结束后，用干纱布擦干会阴，撤去用物，协助患者穿好衣裤。

6. 整理用物，脱去手套，洗手。做好护理记录。

【护理要点】

1. 灌洗液以41℃~43℃为宜，温度不可过低或过高。

2. 阴道灌洗时，动作要轻柔；避免压力过大，水流过速，冲洗筒与床沿的距离不超过70cm。

3. 月经期及不规则阴道出血者、产后或人工流产术后宫口未闭者、宫颈癌患者有活动性出血者，禁做阴道灌洗，只做会阴擦洗。

4. 某些妇产科手术2周后的患者，若合并阴道分泌物异常、阴道伤口愈合不良等，可行低位阴道灌洗，灌洗筒高度一般不超过床沿30cm，避免污物进入宫腔或损伤阴道残端伤口。

5. 选用灌洗液应注意：滴虫性阴道炎患者，应用酸性溶液冲洗；阴道假丝酵母菌病患者，应用碱性溶液冲洗；而非特异性炎症者，用一般消毒液或生理盐水。

6. 灌洗头插入不宜过深，灌洗的弯头应向上，避免刺激后穹隆引起不适，或损伤局部组织引起出血。用窥阴器冲洗时，应轻轻旋转窥阴器，使灌洗液能达到阴道各部。

7. 未婚妇女可用导尿管进行阴道灌洗，不能使用阴道窥器。

第三节　会阴湿热敷

【目的】

会阴湿热敷可促进局部血液循环，使炎症局限或消散，减轻疼痛，有利于脓肿局限和吸收，促进局部组织的生长和修复。常用于会阴水肿、血肿、伤口硬结及早期感染等患者。

【用物准备】

1. 物品　会阴擦洗盘内放无菌弯盘 2 个，镊子或止血钳 2 把，棉垫 1 块，纱布数块，有盖搪瓷缸或治疗碗 1 个。橡胶中单，一次性垫巾各 1 块，一次性手套，医用凡士林，热源（热水袋或电热包）或红外线灯。必要时备屏风。

2. 药液　煮沸的 50% 硫酸镁溶液或 95% 乙醇溶液。

【操作方法】

1. 携带用物到患者床旁，核对床号及姓名，向患者做好解释工作，以取得理解及配合。

2. 关闭门窗，调节室温，屏风遮挡。

3. 请病房内多余人员（特别是异性）暂时回避，以减轻患者心理压力。

4. 嘱患者排空膀胱，取屈膝仰卧位，暴露外阴，臀下垫橡胶中单和一次性垫巾。

5. 行会阴擦洗，清洁局部。

6. 病变部位先涂一薄层凡士林，盖上无菌纱布，把所需的热敷溶液倒入消毒缸或治疗碗内，放入纱布浸透，然后用镊子将浸透热敷溶液的纱布拧至不滴水，抖开敷于患处，再盖上棉垫保温。

7. 每 3 ~5 分钟更换一次热敷垫，亦可将热水袋放在棉垫外或红外线灯照射，减少更换次数。一次热敷 15 ~30 分钟，2 ~3 次/日。

8. 热敷完毕，移去热敷垫和纱布，观察热敷部位皮肤。擦净会阴，撤去用物，协助患者穿好衣裤。

9. 整理用物，洗手。做好护理记录。

【护理要点】

1. 热敷面积应是病损范围的 2 倍。

2. 热敷溶液的温度一般为 41℃ ~48℃，不宜过高，防止烫伤。对休克、昏迷及术后感觉不灵敏的患者尤应注意。

3. 对有伤口者进行湿热敷时，严格执行无菌操作，热敷后给伤口换药，预防感染。

4. 定期检查热源袋的完好性，防止烫伤，对休克、虚脱、昏迷及术后感觉不灵敏者应特别注意。

5. 在热敷过程中，应随时评价热敷的效果，并为患者提供生活护理。

第四节 阴道或宫颈上药

【目的】

阴道或宫颈上药应用广泛而简单，一般在妇科门诊进行，也可教会患者在家自己局部上药。通过局部用药，消除局部炎症，促进伤口愈合。用以治疗阴道及宫颈的各种炎症及术后阴道残端炎症。

【用物准备】

1. 用物 阴道灌洗用物1套，消毒干棉球，阴道窥器，无菌长镊子1把；无菌带尾线的大棉球，长棉签，纱布若干。一次性垫巾，一次性手套。

2. 药液 0.9%氯化钠，1%甲紫，20%～50%硝酸银，20%铬酸，2%碘甘油等溶液，喷雾剂和栓剂等药物。

【操作方法】

操作前核对床号及姓名，向患者说明操作目的和注意事项，取得合作。嘱患者排空膀胱，取膀胱截石位（自行放置可取蹲位），暴露外阴，臀下垫一次性垫巾。上药前先作阴道冲洗或坐浴，用阴道窥器暴露宫颈，然后用干棉球吸干阴道及穹隆部积水，拭去宫颈黏液或炎性分泌物，即可敷药。这样可使药物直接接触炎性组织面而取得疗效。上药方法有以下几种：

1. 涂擦法 长棉签蘸取药液后，均匀涂擦在宫颈或阴道病变处。应用腐蚀性药物时，只涂于病灶局部，应特别注意保护周围正常组织，以免造成不必要的灼伤。如应用20%～50%的硝酸银溶液治疗慢性宫颈炎时，先在阴道穹隆部垫上干棉球或纱布，然后用长棉签蘸药液涂遍宫颈糜烂面，再插入宫颈管内约0.5cm，用生理盐水棉球洗去表面多余的药液，最后用干棉球吸干，每周期1次，1个月为1个疗程。

2. 喷撒法 阴道或宫颈用药的粉剂均可用喷粉器喷撒，使药物粉末均匀散布于炎性组织表面上。也可将药喷洒在带尾线的大棉球上，再将棉球塞于子宫颈部，使尾线留于阴道口外，并嘱患者12小时后自行取出。

3. 纳入法 药片、药丸、栓剂可直接放入后穹隆部，或用带尾线的棉球将药片推送至宫颈口处，线尾留在阴道外，12～24小时后嘱患者取出棉球。也可指导患者自行放药，方法是：临睡前洗净双手，用家用型阴道冲洗器冲洗阴道，然后戴上无菌指套或一次性无菌手套，用一手食指将药片推进至阴道后穹隆部。

【护理要点】

1. 用腐蚀性药物时，上药前应将纱布或小棉球垫于阴道后壁及后穹隆部，以免药液下流灼伤阴道壁及正常组织。宫颈上如有腺囊肿，应先刺破，挤出黏液后再上药。

2. 经期或子宫出血者不宜阴道给药。

3. 用药后应禁止性生活。指导患者用药期间使用卫生巾保持衣裤清洁。

4. 未婚女性上药时禁用阴道窥器，可用手指将药片推入阴道后穹隆部，也可用长棉签涂抹药液。涂药时棉棍上的棉花必须捻紧，须顺同一方向转动，以防棉花落入阴道。

第五节　坐　浴

【目的】

坐浴是妇产科常用的局部治疗方法，通过水温及药物作用，促进局部血液循环，减轻炎症及疼痛，使创面清洁而利于修复。适用于各种外阴、阴道炎症及子宫脱垂的辅助治疗，外阴和阴道术前准备，会阴切口愈合不良的治疗等，方法简便易行。

【用物准备】

1. 用物　坐浴盆 1 个，30cm 高的坐浴架 1 个，无菌纱布或小毛巾 1 块。

2. 溶液　温热溶液 2000mL，常用溶液有 0.5% 醋酸，1% 乳酸，1∶5000 的高锰酸钾溶液，10% 洁尔阴，2% ~4% 碳酸氢钠溶液或单方、复方中药制剂等。

【操作方法】

1. 携带用物到患者床旁，核对床号及姓名，向患者做好解释工作，以取得理解及配合。

2. 关闭门窗，调节室温，屏风遮挡。

3. 请病房内多余人员（特别是异性）暂时回避，以减轻患者心理压力。

4. 根据病情需要按比例配制好坐浴液 2000mL，将坐浴盆置于坐浴架上。

5. 嘱患者排空膀胱，坐浴前擦洗干净外阴及肛门周围，然后将整个臀部和外阴全部浸泡于溶液中，持续 20 分钟左右。结束后用无菌纱布或小毛巾擦干外阴部。

根据患者病情选择不同温度的坐浴液进行坐浴：①热浴：适用于急性炎症和渗出性病变，一般先熏后坐，水温为 41℃ ~43℃，保持 22 分钟左右。②温浴：适用于慢性盆腔炎、手术前准备，水温为 35℃ ~37℃。③冷浴：适用于膀胱阴道松弛、性无能及功能性无月经等，水温 14℃ ~15℃，持续 2 ~5 分钟。

【护理要点】

1. 坐浴溶液严格按比例配制，浓度太高容易造成黏膜烧伤，浓度太低影响治疗效果。

2. 根据病情选用坐浴液：滴虫性阴道炎患者，应用酸性溶液如 0.5% 醋酸、1% 乳酸；阴道假丝酵母菌病患者，应用碱性溶液如 2% ~4% 碳酸氢钠溶液；而非特异性炎症者，用一般消毒液如 1∶5000 的高锰酸钾溶液，10% 洁尔阴或生理盐水或单方、复方中药制剂。

3. 月经期妇女、阴道流血者、孕妇、产后 7 日内的产妇禁止坐浴。

4. 坐浴过程中注意室温及保暖，防止受凉。

思考题

1. 请说出会阴擦洗的顺序是什么？护理要点有哪些？
2. 请概述阴道或宫颈局部上药的护理要点。

第十五章　女性生殖系统炎症患者的护理

学习目标

1. 解释女性生殖器官的自然防御功能。

2. 说出各种阴道炎的典型症状和体征，慢性宫颈炎的病理类型、治疗要点及护理措施。

3. 了解淋病、尖锐湿疣、梅毒、生殖器疱疹的典型症状、体征及护理措施。

第一节　概　　述

女性生殖系统炎症是妇科常见病、多发病，主要包括外阴炎、阴道炎、宫颈炎及盆腔炎。炎症可以是急性，也可以是慢性；可以局限于一个部位，也可以同时累及多个部位。近年来由于性传播疾病的增多，生殖系统炎症变得更为复杂。因此，对生殖系统炎症应及时预防。

一、女性生殖器官的自然防御功能

1. 外阴　两侧大阴唇自然合拢，遮盖阴道口、尿道口，防止外界微生物污染。

2. 阴道　由于盆底肌的作用，阴道口闭合，阴道前、后壁紧贴，减少外界微生物的侵入。生理情况下，阴道上皮在卵巢分泌的雌激素影响下增生变厚，增加抵抗病原体侵入的能力，同时上皮细胞内含有丰富的糖原，在阴道杆菌的作用下分解为乳酸，使阴道维持正常的酸性环境（pH4～5），可抑制部分病原体的生长繁殖，称为阴道自净作用。

3. 子宫颈　子宫颈内口紧闭，宫颈管黏膜分泌大量碱性黏液形成胶冻状黏液栓，可防止外界病原体的侵入；黏液栓内含乳铁蛋白、溶菌酶等，可抑制细菌侵入子宫内膜。

4. 子宫内膜　育龄妇女子宫内膜周期性剥脱，是消除宫腔感染的有利条件。

5. 输卵管　输卵管黏膜上皮细胞的纤毛向子宫腔方向摆动以及输卵管的蠕动，均有利于阻止病原体的侵入。

虽然生殖器官有较强的自然防御功能，但由于阴道与尿道和肛门相毗邻易污染，又是性交、分娩及各种宫腔操作的必经之路，特别是在月经期、分娩、手术或损伤时，生殖道防御功能降低，病原体容易侵入或原有条件致病菌生长繁殖引起炎症。

二、病原体

1. 细菌 多为化脓菌，如葡萄球菌、链球菌、大肠杆菌、厌氧菌、淋病奈瑟菌、结核杆菌等。

2. 原虫 阴道毛滴虫最常见，其次为阿米巴原虫。

3. 真菌 阴道假丝酵母菌、放线菌。

4. 病毒 疱疹病毒、人乳头瘤病毒较为多见。

5. 其他 沙眼衣原体、解脲支原体、螺旋体等。

三、传播途径

1. 沿生殖器黏膜上行蔓延 病原体侵入外阴、阴道后，沿黏膜上行，经宫颈、子宫内膜、输卵管黏膜至卵巢及腹腔。葡萄球菌、淋病奈瑟菌、沙眼衣原体常沿此途径扩散（图 15－1）。

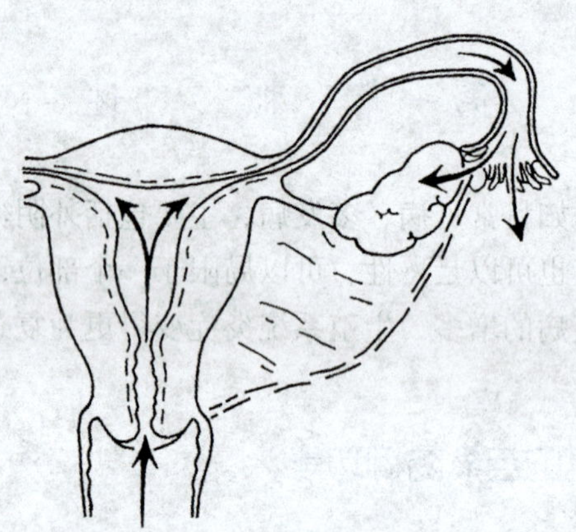

图 15－1 炎症经黏膜上行蔓延

2. 经血液循环扩散 病原体先侵入人体的其他系统，再通过血液循环至生殖器官。结核杆菌常沿此途径传播（图 15－2）。

3. 经淋巴系统扩散 病原体经外阴、阴道、宫颈及宫体等创伤处的淋巴管侵入盆腔结缔组织及内生殖器的其他部分，是产褥感染、流产后感染的主要传播途径。多见于链球菌、大肠杆菌、厌氧菌感染（图 15－3）。

4. 直接蔓延 腹腔中其他脏器感染后直接蔓延至内生殖器官。如阑尾炎可引起右侧输卵管炎。

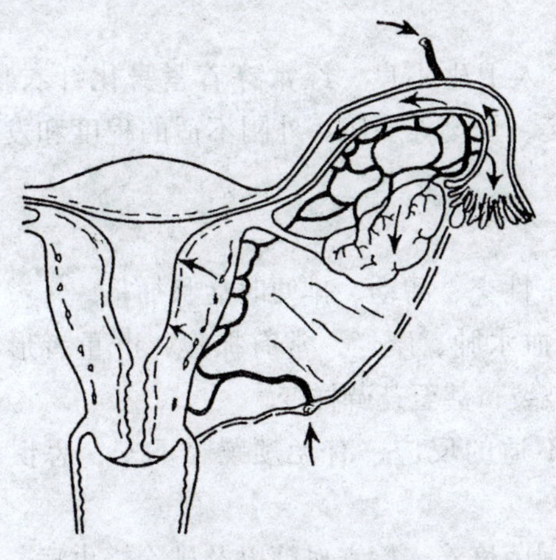
图 15-2　炎症经血行蔓延

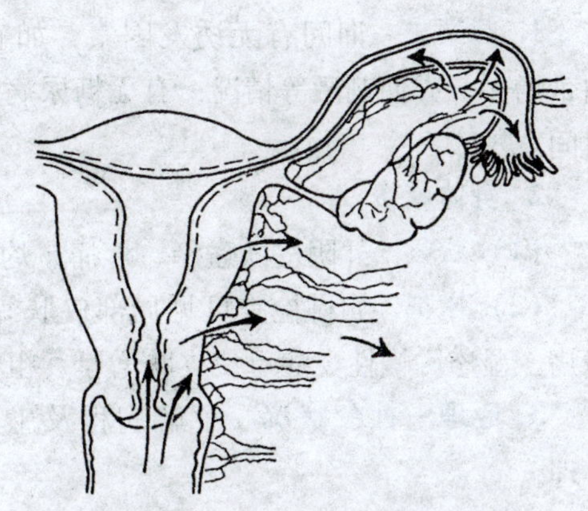
图 15-3　炎症经淋巴系统蔓延

第二节　外阴部炎症

案例引导

张女士，36岁，已婚。外阴包块反复发作已有2年。发作时肿胀、疼痛，行走不便。两年前第1次发作时，局部清洗及口服抗炎药物，7天后自行破溃，流出较多脓液后痊愈。之后又反复发作3次。体检：右侧大阴唇后下方一约5cm×3cm囊性包块，边界清晰，红肿，触痛（+），触之有波动感。请问：

1. 该患者最可能的医疗诊断是什么？
2. 主要护理问题有哪些？
3. 处理的方法是什么？
4. 如何预防疾病的发生？

一、非特异性外阴炎

外阴炎（vulvitis）主要指外阴皮肤与黏膜的炎症。其中以非特异性外阴炎（non - specific vulvitis）为常见，是由物理、化学因素而非病原体所致的外阴皮肤或黏膜的炎症，各年龄阶段均可发生。

【病因】

外阴与尿道、肛门临近，经常受到经血、阴道分泌物、尿液、粪便刺激，若不注意外阴清洁易引起外阴炎；其次穿化纤紧身内裤、经期使用卫生巾等可使局部透气性差、外阴潮湿诱发炎症；糖尿病患者的糖尿刺激、粪瘘患者粪便刺激以及尿瘘患者尿液长期浸渍也易发生外阴炎。局部使用化学药物过敏等也可引起发病。

【护理评估】

1. 健康史 询问有无诱发因素，如有无个人卫生不良、经常穿着紧身化纤衣物、白带增多、粪便刺激等情况；有无糖尿病、尿瘘、粪瘘等疾病。外阴不适的程度和发病时间。

2. 身体状况

（1）症状 外阴皮肤瘙痒、疼痛、灼热感，性交、活动、排便时症状加重。

（2）体征 妇科检查可见局部皮肤黏膜充血水肿、糜烂，常有抓痕，严重者形成溃疡、湿疹。慢性炎症可使皮肤增厚、粗糙、皲裂，甚至苔藓样变。

3. 心理－社会状况 了解病程及患者对不适的反应，有无烦躁、不安、恐惧等心理。

4. 辅助检查 阴道分泌物检查，必要时做细菌培养。检查血糖以及排除蛲虫病。

5. 处理要点

（1）病因治疗 积极寻找病因并给予去除，糖尿病患者应及时治疗糖尿病。尿瘘、粪瘘患者，应及时进行修补术。

（2）局部治疗 局部可用1∶5000高锰酸钾溶液或0.1%聚维酮碘液坐浴，每日2次，每次15～30分钟，5～10次为1个疗程；坐浴后可涂抗生素软膏或紫草油。急性期还可选用微波或红外线局部物理治疗。

【护理诊断/问题】

1. 皮肤黏膜完整性受损 与局部炎症有关。

2. 焦虑 与疾病影响生活及治疗效果不佳有关。

3. 舒适改变 与瘙痒、疼痛、分泌物多有关。

【护理目标】

1. 患者皮肤完整性恢复正常。
2. 患者情绪稳定，积极配合治疗。
3. 患者的痛苦减轻，自觉舒适感增加。

【护理措施】

1. 生活护理 指导患者保持外阴清洁、干燥，消除刺激来源。嘱患者不能挠抓皮肤，以防皮肤破溃继发感染。

2. 治疗配合 教会患者坐浴方法，局部使用1∶5000高锰酸钾溶液（肉眼观为淡玫瑰红色）或0.1%聚维酮碘液坐浴，溶液温度41℃～43℃为宜，每次20分钟，每日2次。经期停止坐浴。

【护理评价】

1. 患者受损的皮肤及黏膜修复。
2. 患者睡眠良好，情绪稳定，生活形态正常。
3. 患者自述症状减轻或消失。

【健康指导】

指导患者注意个人卫生，勤洗勤换内衣，保持外阴干燥、清洁。尤其做好经期、孕期和产后的卫生保健。向妇女宣教疾病预防知识，使用消毒卫生用品，穿着棉质内衣裤等。

二、前庭大腺炎

病原体侵入前庭大腺引起炎症，称为前庭大腺炎（bartholinitis）。包括前庭大腺脓肿和前庭大腺囊肿。此病以育龄妇女多见，幼女及绝经后妇女少见。

【病因】

前庭大腺开口于阴道前庭后方的小阴唇与处女膜之间，在性交、月经、流产、分娩等情况下，外阴部易受到污染，病原体易侵入腺管内而致腺管充血、水肿引起炎症。如炎性分泌物堵塞管口，脓液积聚不能外流，形成前庭大腺脓肿。如急性炎症消退后，腺管口粘连闭塞，分泌物不能排出，脓液逐渐转清则形成前庭大腺囊肿。

【护理评估】

1. 健康史　了解个人卫生习惯，是否处在经期或产后。询问局部不适的程度和病程情况。

2. 身体状况

（1）症状　初起时局部疼痛、肿胀、烧灼感、压痛明显，行走不便，发热等。

（2）体征　脓肿多发于一侧，脓肿形成时呈鸡蛋大小，表面发红，有波动感，疼痛加剧。前庭大腺囊肿较大时（直径 >6cm），外阴有坠胀或性交不适。

3. 心理－社会状况　了解患者有无焦虑、悲观情绪等。

4. 治疗要点　急性炎症发作，应卧床休息，局部保持清洁。可取前庭大腺开口处分泌物作细菌培养和药敏试验，针对性使用抗生素治疗。也可选用清热、解毒中药局部坐浴或热敷。脓肿形成后需行切开引流及造口术，并放置引流条。

【护理诊断/问题】

1. 皮肤黏膜完整性受损　与局部囊肿、脓肿有关。

2. 疼痛　与炎症刺激有关。

3. 焦虑　与知识缺乏、羞耻感有关。

【护理目标】

1. 患者皮肤完整性受到保护。

2. 患者疼痛减轻或消失。

3. 患者及家属对炎症的认知提高，心情恢复平静。

【护理措施】

1. 急性期卧床休息，教会患者热敷和坐浴方法。

2. 遵医嘱使用抗生素和止痛剂。

3. 脓肿或囊肿切开术后，局部放置引流条引流，引流条需每日更换。外阴用 1∶5000氯已定（洗必泰）擦洗，每日 2 次，伤口愈合后，改用 1∶8000 呋喃西林溶液坐浴，每日 2 次。

【护理评价】

1. 伤口愈合良好。

2. 症状缓解或消失。

3. 正确叙述预防及治疗的有关知识。

【健康指导】

指导患者注意外阴清洁，经期、产褥期禁止性交，经期使用消毒卫生巾预防感染等。

第三节 阴道炎症

案例引导

丁女士，35 岁，已婚，平素月经规律，白带正常。9 天前，曾去公共澡堂洗澡，近一周出现外阴瘙痒、白带增多，遂来院就诊。妇科检查：外阴潮红、水肿，阴道窥器检查可见阴道内有大量灰黄色、稀薄、泡沫状白带，拭去白带后可见阴道黏膜充血、水肿，阴道壁有散在的出血点，后穹隆尤甚。请问：

1. 该患者最可能的医疗诊断是什么？
2. 主要护理问题有哪些？
3. 处理的方法是什么？治疗期间需要注意哪些内容？

阴道炎症是妇科常见病，可发生于任何年龄，以生育期及绝经后妇女多见。常见有滴虫阴道炎、外阴阴道假丝酵母菌病和萎缩性阴道炎。阴道炎的共同特点是外阴、阴道黏膜充血，分泌物增多，伴外阴瘙痒、烧灼感甚至疼痛，波及尿道口可出现尿频、尿痛。

一、滴虫阴道炎

【病因】

病原体为阴道毛滴虫。滴虫呈梨形，体积约为多核白细胞的 2 ~ 3 倍，虫体顶端有 4 根鞭毛，体部有波动膜。活的滴虫透明无色，呈水滴状（图 15 －4），适宜在 pH5.2 ~ 6.6、温度 25℃ ~ 40℃的潮湿环境中生长和繁殖，在 pH5.0 以下或 7.5 以上的环境中停止生长。月经前、后因阴道 pH 值发生变化，月经后接近中性，故隐藏在腺体

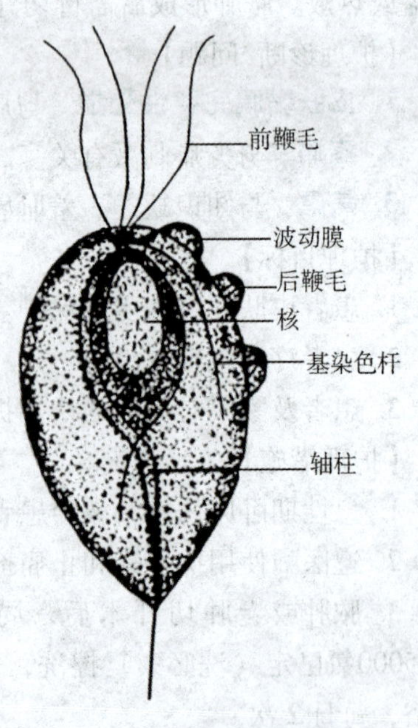

图 15 －4　阴道毛滴虫

和阴道皱襞中的滴虫于月经前、后得以繁殖，引起炎症发作。滴虫能消耗或吞噬阴道上皮细胞内的糖原，阻碍乳酸生成，使阴道 pH 值升高。滴虫阴道炎患者的阴道 pH 值在 5.0～6.5 之间。滴虫能消耗氧，使阴道成为厌氧环境，易致厌氧菌繁殖。约 60% 患者合并细菌性阴道病。

【传播途径】

1. 直接传播　经性交传播。

2. 间接传播　经公共浴池、浴具、游泳池、坐式马桶或污染的衣物等。

3. 医源性传播　污染的检查器械、敷料等。

【护理评估】

1. 健康史　询问既往阴道炎病史，发病、治疗经过及不适程度。了解个人卫生习惯，分析感染途径，如有无不洁性生活史，与污染的公共浴池、浴盆、浴巾、游泳池、坐式便器、衣物及医疗器械等接触史。

2. 身体状况

(1) 症状　阴道分泌物增多，伴外阴瘙痒，间或有灼热、疼痛、性交痛等。分泌物典型特征为灰黄色、稀薄、泡沫状、有臭味。若合并尿道感染，可有尿频、尿痛，有时可见血尿。阴道毛滴虫能吞噬精子，并阻碍乳酸生成，影响精子在阴道内存活，可致不孕。

(2) 体征　视诊可见阴道黏膜充血，严重者有散在出血点，甚至宫颈有出血斑点，形成“草莓样”外观，后穹隆可见大量灰黄色、稀薄、泡沫状分泌物。带虫者阴道黏膜无异常改变。

3. 心理－社会状况　患者因外阴局部不适影响工作、睡眠和性生活而情绪低落、焦虑，因易复发、久治不愈、担心被人歧视而忧心忡忡。

4. 辅助检查　阴道分泌物悬滴法和细菌培养，找到阴道毛滴虫，可确诊。

5. 治疗要点　切断传染途径，杀灭阴道毛滴虫，恢复阴道自净功能。

(1) 局部治疗　先用 1∶5000 高锰酸钾液或 1% 乳酸或 0.5% 醋酸溶液冲洗阴道或坐浴，改变阴道内环境，抑制滴虫生长，然后用甲硝唑阴道泡腾片 200mg，每晚置入阴道深处，连用 7 日。

(2) 全身用药　口服甲硝唑 400mg，每日 2 次，连服 7 日。口服药物的治愈率为 90%～95%。性伴侣应同时接受治疗，以防交叉感染。

知识拓展

甲硝唑治疗的注意事项

甲硝唑可通过胎盘，对胎儿可能有致畸作用，孕 20 周前禁用；甲硝唑能通过乳汁排泄，哺乳期用药期间及用药后 24 小时内不宜哺乳；滴虫转阴后应于下次月经干净后继续治疗 1 个疗程，以巩固疗效。

【护理诊断/问题】

1. 组织完整性受损 与炎症刺激、搔抓或用药不当有关。

2. 焦虑 与治疗效果不佳有关。

3. 知识缺乏 缺乏阴道炎预防和治疗的相关知识。

【护理目标】

1. 破损的皮肤及黏膜逐渐恢复。

2. 患者焦虑程度减轻。

3. 患者能叙述滴虫阴道炎的有关知识，夫妻同时治疗。

【护理措施】

1. 生活护理

（1）指导患者配合治疗，做外阴和阴道分泌物悬滴法检查时，告知患者取分泌物前24～48小时避免性生活、阴道灌洗和局部用药。

（2）治疗期间注意外阴清洁卫生，避免性生活。

（3）指导患者自我护理的方法，将内衣裤、清洗用具煮沸消毒5～10分钟，避免交叉感染。

2. 用药护理

（1）指导患者正确用药，教会其阴道灌洗方法，注意灌洗液的温度、浓度。

（2）阴道外用药物时，注意手的清洁卫生，减少感染。阴道塞药时应将药片或栓剂送入阴道后穹隆处。

（3）应用甲硝唑的患者，嘱其饭后或临睡前服用，减少胃肠道刺激。注意观察药物不良反应，如恶心、呕吐、食欲下降等胃肠道反应，偶可见头痛、皮疹、白细胞减少等，一旦发现及时停药。

3. 心理护理 关心、理解患者，告知患者坚持按医嘱规范治疗即可治愈，缓解焦虑。

【护理评价】

1. 患者受损的黏膜恢复完整。

2. 患者情绪稳定，积极配合治疗。

3. 患者正确叙述预防及治疗的有关知识。

【健康指导】

解释阴道炎的病因、传播途径，增强自我保健意识，注意局部清洁卫生，消除诱因。治疗期间禁止性生活，性伴侣应同时治疗。向患者解释彻底治疗的必要性，督促患者按时复查，滴虫阴道炎于月经后易复发，应于每次月经干净后复查1次白带，连续3次检查均阴性方为治愈。

二、外阴阴道假丝酵母菌病

【病因】

本病主要由白假丝酵母菌引起，适宜在pH值为4.0～4.7酸性环境中生长。白假丝酵母菌是条件致病菌，平时即可寄生在阴道内，但菌量少，无症状。条件适宜可大量繁殖引起感染，故在孕期、患糖尿病、接受大量雌激素或免疫抑制剂治疗时，阴道内糖原增多，酸度增高，有利于阴道内的白假丝酵母菌生长和繁殖，导致阴道炎。白假丝酵母菌不耐热，加热至60℃，1小时即可死亡，但对干燥、日光、紫外线及化学制剂抵抗力较强。

【传播途径】

1. 自身传播　为主要传播途径。白假丝酵母菌作为条件致病菌，除可寄生在阴道，也可寄生于口腔、肠道，一旦条件适宜可引起感染。这3个部位的假丝酵母菌可互相传染。

2. 直接传播　经过性交传播。

3. 间接传播　接触被污染物品而间接感染。

【护理评估】

1. 健康史　询问患者末次月经，了解是否妊娠；详细了解患者有无糖尿病、是否使用抗生素或激素类药物、用药时间；询问患者发病、治疗的经过及不适程度等。

2. 身体状况

（1）症状　外阴、阴道奇痒，可伴有尿频、尿痛及性交痛。阴道分泌物稠厚，呈白色凝乳块状或豆渣样。

（2）体征　妇科检查可见外阴红斑、水肿、抓痕，阴道黏膜红肿、小阴唇内侧及阴道黏膜附有白色块状物，擦除后露出红肿黏膜面，急性期还可能见到糜烂及浅表溃疡。

3. 心理－社会状况　因外阴严重瘙痒、病情反复而致患者异常痛苦，影响正常的工作、休息、性生活；有些患者因为害羞而不能及时就诊。

4. 辅助检查　阴道分泌物悬滴法或革兰染色法检查找到白假丝酵母菌孢子及假菌丝。难治性或复发性外阴阴道白假丝酵母菌病可用阴道分泌物细菌培养以确诊。

5. 治疗要点

（1）消除诱因　积极治疗糖尿病、及时停用广谱抗生素、雌激素及免疫抑制剂。

（2）局部用药　以2%～4%碳酸氢钠溶液进行外阴阴道冲洗或坐浴，然后选用克霉唑、硝酸咪康唑或制霉菌素栓剂，每晚1粒，塞入阴道深处，7～10天为一疗程。外阴瘙痒严重者，用上述药物的霜剂涂抹，以缓解局部症状。

（3）全身用药　对未婚妇女、局部用药效果较差或病情顽固者，可选用口服药物。常用药物有氟康唑、伊曲康唑。

（4）妊娠期用药　以局部治疗为主，禁止口服药物。可选用克霉唑、硝酸咪康唑或制霉菌素栓剂，坚持治疗。

【护理诊断/问题】

1. 组织完整性受损　与炎症刺激、搔抓有关。

2. 舒适改变　与瘙痒、分泌物多有关。

【护理目标】

1. 黏膜完整性受到保护。

2. 患者阴道分泌物转为正常性状，瘙痒、疼痛症状减轻，舒适感增加。

【护理措施】

1. 生活护理 指导患者自我护理，保持外阴清洁、干燥，尽量避免搔抓外阴部致皮肤受损。勤换洗内裤，内裤及洗涤用具应煮沸消毒5～10分钟以消灭病原体，避免交叉和重复感染的机会。治疗期间避免性生活。

2. 治疗配合 口服药物治疗时，孕妇和有肝病史者禁用伊曲康唑、氟康唑、酮康唑等；鼓励患者坚持治疗，不可随意中断疗程，以免影响治疗效果；治疗期间禁止性生活或性交时使用避孕套；病情顽固者，性伴侣应同时进行念珠菌的检查和治疗；注意糖尿病患者血糖监测，消除病因。

【护理评价】

1. 患者黏膜恢复正常。

2. 患者分泌物转为正常，瘙痒症状消失，舒适感增加。

【健康指导】

1. 加强对患者的知识宣教，积极治疗糖尿病，正确使用抗生素、雌激素，避免诱发外阴阴道假丝酵母菌病。

2. 向患者解释坚持疗程的必要性。强调坚持用药，按时复查。

3. 注意外阴瘙痒时禁用刺激性药物擦洗或搔抓。居家治疗中，专用物品要及时煮沸消毒，以防交叉感染。

4. 为妊娠患病者讲解治疗的意义和方法，消除顾虑，配合治疗。

三、细菌性阴道病

【病因】

细菌性阴道病为阴道内正常菌群失调导致的混合性感染，但临床及病理特征无炎症改变。导致阴道菌群失调的原因尚不清楚，可能与个人卫生不良、多个性伴侣、频繁性交或阴道灌洗使阴道碱化有关。

【护理评估】

1. 健康史 询问有无诱发因素：如患者个人的性生活及卫生情况，性伴侣健康状况，使用女性护理液者应了解护理液的酸碱性及使用方法。病程较长者应询问其疾病的发作情况，治疗、护理措施以及疗效。

2. 身体状况

（1）症状 10%～40%患者临床无症状，有症状者的主要表现为阴道分泌物增多，有鱼腥臭味。可伴有轻度外阴瘙痒或烧灼感，多在性交后或月经后加重。

（2）体征 外阴可有外阴炎的改变，并以阴道前庭为明显。阴道内分泌物增多，呈灰白色，均匀一致，稀薄，黏度低，容易将分泌物从阴道壁拭去。阴道黏膜无充血的炎症表现。

3. 心理-社会状况　外阴瘙痒明显者可影响工作、生活及睡眠，妊娠期细菌性阴道病患者担心疾病影响胎儿的正常发育，因此，患者常出现明显的焦虑、烦躁不安等心理反应。

4. 辅助检查

（1）阴道分泌物 pH>4.5（pH 多为5.0~5.5）。

（2）胺试验　取阴道分泌物少许放在玻片上，加入10%氢氧化钾1~2滴，分泌物中的胺遇碱后释放氨，产生烂鱼肉样腥臭气味即为阳性。

（3）线索细胞阳性　取少许分泌物放在玻片上，加1滴0.9%氯化钠溶液混合，置于高倍光镜下见到>20%的线索细胞。线索细胞为阴道脱落的表层细胞，于细胞边缘贴附大量颗粒状物（加德纳细菌），细胞边缘不清。

5. 治疗要点　应选用抗厌氧菌药物，如甲硝唑、克林霉素。甲硝唑能抑制厌氧菌生长，但不影响乳酸杆菌生长，常为首选药物。同时用1%~3%的过氧化氢溶液或1%的乳酸溶液、0.5%醋酸溶液冲洗，改善阴道内环境以提高疗效。

【护理诊断/问题】

1. 舒适感改变　与外阴瘙痒、疼痛与分泌物增多有关。

2. 皮肤完整性受损　与外阴瘙痒、搔抓有关。

【护理目标】

1. 患者舒适感增加。

2. 患者皮肤完整性受到保护。

【护理措施】

1. 一般护理　指导患者自我护理，保持外阴部清洁干燥，避免搔抓。注意性卫生，治疗期间性生活时宜用避孕套，停用碱性女性护理液。

2. 心理护理　做好解释工作，鼓励患者积极配合治疗。

【护理评价】

1. 患者外阴瘙痒、疼痛等症状消失，舒适感增加。

2. 患者受损的皮肤黏膜恢复正常。

【健康指导】

指导患者注意个人卫生，不穿化纤内裤和紧身衣；保持外阴清洁、干燥，做好经期、孕期、分娩期及产褥期卫生，每日清洗外阴，更换内裤；注意性卫生，避免不洁性行为；局部严禁搔抓，勿用刺激性药物或肥皂擦洗。

四、萎缩性阴道炎

【病因】

本病常见于自然绝经后或人工绝经后妇女，也可见于产后闭经或药物假绝经治疗的妇女。因卵巢功能衰退，体内雌激素水平降低，阴道上皮萎缩，黏膜变薄，上皮细胞内糖原减少，阴道自净作用减弱，局部抵抗力下降，致病菌侵入引起炎症。

【护理评估】

1. 健康史 了解患者年龄，月经史，是否闭经及闭经时间，有无手术切除卵巢、盆腔放射治疗或药物性闭经史。

2. 身体状况

(1) 症状 外阴瘙痒，灼热不适。阴道分泌物量增多、稀薄，呈淡黄色，严重者为脓血性，有臭味。由于阴道黏膜萎缩，可伴有性交痛。

(2) 体征 妇科检查可见阴道皱襞消失，上皮菲薄，黏膜充血，有散在小出血点或浅表溃疡。溃疡偶可引起阴道粘连，导致阴道闭锁。

3. 心理－社会状况 由于外阴不适、白带增多甚至出血致患者心情不畅。有些患者不愿意诊治，需评估影响其不愿就医的因素，家庭支持系统及以往应对问题的方式。

4. 治疗要点

(1) 局部用药 用0.5%醋酸或1%乳酸溶液阴道冲洗或坐浴后，每晚将甲硝唑200mg或诺氟沙星100mg，放入阴道内深处，每日1次，7~10日为1个疗程。若与己烯雌酚配合使用效果更佳。

(2) 全身用药 对较重患者，在排除癌症后，可口服小剂量的尼尔雌醇或妊马雌酮，维持2~3个月。

【护理诊断/问题】

1. 舒适改变 与外阴、阴道瘙痒、白带增多有关。

2. 焦虑 与担心癌症的发生有关。

【护理目标】

1. 患者阴道分泌物转为正常性状，瘙痒、疼痛症状减轻或消失，舒适感增加。

2. 患者焦虑减轻或消失。

【护理措施】

1. 加强健康教育，告知患者要保持会阴部清洁、干燥，勤换内裤。向患者讲解治疗方法和注意事项。

2. 鼓励家属多关心和帮助老年患者。自己用药有困难者，指导其家属协助用药或由医务人员帮助其完成治疗。

【护理评价】

1. 患者自述局部症状减轻，舒适感增加。

2. 患者情绪稳定，积极配合治疗。

【健康指导】

对绝经过渡期、绝经后期妇女进行健康教育。使其掌握萎缩性阴道炎的预防措施；指导患者及家属阴道上药的方法，注意操作前洗净双手、消毒器具，以免感染。

五、婴幼儿外阴阴道炎

婴幼儿阴道炎多发生于5岁以下的幼女，因阴道炎多伴有外阴炎，因此，常统称为婴幼儿外阴阴道炎。常见病原体有大肠埃希菌、葡萄球菌和链球菌等。目前，淋病奈瑟菌、阴道毛滴虫和白假丝酵母菌也较常见。常通过衣物、毛巾、浴盆、患病母亲或保育员的手等间接传播。

【病因】

由于婴幼儿的解剖、生理特点，容易发生炎症。

1. 外阴发育未完善，不能遮盖尿道口及阴道前庭，细菌容易侵入。

2. 阴道内环境抵抗力差：婴幼儿阴道上皮薄，乳酸菌为非优势菌，阴道内糖原少，pH 值高（6～8），抵抗力低。

3. 外阴局部卫生不佳：外阴不洁，大小便污染、外阴损伤或蛲虫感染，均可引起炎症。

4. 阴道异物：婴幼儿好奇，将花生米、豆类、发夹、别针、小石头等塞入阴道，由于异物造成阴道上皮损伤，而发生继发性感染。

【护理评估】

1. 健康史　婴幼儿语言表达能力差，收集健康史应询问其母亲或保育员患儿患病经过，并注意母亲或保育员的健康状况、有无阴道炎等。

2. 身心状况

（1）症状　阴道分泌物增多，呈脓性。大量分泌物刺激可引起外阴痛痒，患儿哭闹、烦躁不安或搔抓外阴。部分患儿会出现尿频、尿急、尿痛等症状。若有小阴唇粘连，排尿时尿流变细、分道或尿不成线等。

（2）体征　检查可见外阴、阴蒂、尿道口、阴道口黏膜充血、水肿，有时可见抓痕和溃疡，炎症以阴道口和尿道口为明显，甚至可见脓性分泌物自阴道流出。慢性病程长者可见小阴唇粘连。

3. 辅助检查　用棉拭子或吸管取阴道分泌物送检，必要时做细菌培养。

4. 治疗要点　保持外阴清洁、干燥，减少摩擦；针对病原体选择相应口服抗生素治疗或用吸管将抗生素溶液滴入阴道；有蛲虫者，给予驱虫治疗；小阴唇粘连者应予以分离，并涂以抗生素软膏；若阴道有异物，应及时取出。

【护理诊断/问题】

1. 舒适感改变　与外阴瘙痒、白带增多有关。

2. 知识缺乏　缺乏婴幼儿护理的知识。

【护理目标】

1. 患儿症状减轻，舒适感增加。

2. 患儿家属了解疾病护理的相关知识并积极配合治疗。

【护理措施】

1. 一般护理　避免搔抓，减少活动；指导患儿及家长保持患儿会阴部清洁，给予外阴冲洗或坐浴；清洁消毒卫生用物，防止交叉感染；选择柔软宽松的棉质内衣裤；多喝水，不食辛辣食物。

2. 病情观察　观察患儿的睡眠情况，排尿是否困难，治疗后阴道分泌物有无减少。

3. 对症护理　尽量避免患儿搔抓外阴，保持局部皮肤清洁干燥，勤换内裤，促进舒适。

4. 治疗护理

(1) 抗感染治疗　遵医嘱给予有效的抗生素，指导正确用药。阴道置药应采用吸管滴入。

(2) 驱虫治疗　合并蛲虫感染者，遵医嘱给予驱虫药物。服药后注意观察有无不适。

(3) 异物取出术　阴道异物者应积极配合医生实施异物取出术，术后加强抗感染治疗。

(4) 发生小阴唇粘连的患儿　遵医嘱涂以雌激素软膏，以达松解目的，严重者应配合医生实施粘连分离术。

5. 心理护理　讲解疾病的发生发展过程，介绍婴幼儿的解剖和生理特点，提供应对措施。

【护理评价】

1. 患儿瘙痒疼痛症状减轻，受损的外阴皮肤经治疗愈合，舒适感增加。
2. 患儿家属能叙述该病的预防及护理要点，并积极配合治疗。

【健康指导】

婴幼儿尽量不穿开裆裤，应选择柔软宽松的棉质内衣裤；养成良好的卫生习惯，每日清洗外阴，保持外阴清洁干燥；婴幼儿衣物单独洗涤，不与成人衣物混放，必要时消毒后再穿。

第四节　宫颈炎症

案例引导

田女士，40岁，阴道分泌物增多，呈乳白色黏液状，有时呈淡黄色脓性，伴腰酸，偶有性生活后出血2年。检查外阴正常，宫颈肥大，Ⅲ度糜烂，有接触性出血。请问：

1. 该患者可能是什么疾病？需要进一步做什么检查？
2. 应该选择哪种治疗方案？

宫颈炎症是妇科最常见的疾病之一，有急性和慢性之分，临床以慢性宫颈炎多见。正常情况下，宫颈具有多种防御功能，可以阻止病原体侵入上生殖道。但一些特殊情况，如分娩、性交、宫腔操作等易损伤宫颈，且宫颈管单层柱状上皮抗感染能力较差，容易发生感染。并且由于宫颈管黏膜皱襞多，一旦发生感染，很难将病原体完全清除，而导致慢性宫颈炎症。

【病因】

1. 急性宫颈炎　常见于分娩、流产、宫颈损伤后，病原体侵入引起感染。常见的病原体主要由性传播疾病的病原体淋病奈瑟菌及沙眼衣原体所致。其次为葡萄球菌、链球菌、肠球菌及厌氧菌。

2. 慢性宫颈炎　慢性宫颈炎多由急性宫颈炎转变而来，常因急性宫颈炎治疗不彻底，病原体隐藏于宫颈黏膜内形成慢性炎症。也有的患者无急性宫颈炎健康史，直接表现为慢性宫颈炎。卫生不良或雌激素缺乏，局部抗感染能力差，也容易引起慢性宫颈炎。慢性宫颈炎的病原体主要为葡萄球菌、链球菌、大肠杆菌及厌氧菌。目前沙眼衣原体、淋病奈瑟菌、单纯疱疹病毒感染引起的慢性宫颈炎亦日益增多，已引起注意。

【病理】

1. 急性宫颈炎的病理改变 肉眼见宫颈红肿，宫颈管黏膜充血、水肿。光镜下见血管充血，宫颈黏膜及黏膜下组织、腺体周围大量嗜中性粒细胞浸润，腺腔内可见脓性分泌物，分泌物可经宫颈外口流出，显示为急性炎症改变。

2. 慢性宫颈炎 根据病变特点有以下几种类型。

（1）宫颈糜烂 宫颈糜烂是慢性宫颈炎常见的一种病理改变。宫颈外口处的宫颈阴道部外观呈细颗粒状的红色区，称宫颈糜烂。

临床上分为 3 种类型：①单纯型：见于炎症初期，宫颈糜烂面仅为单层柱状上皮所覆盖，表面平坦。②颗粒型：炎症继续发展，由于腺上皮过度增生并伴有间质增生，糜烂样改变面凹凸不平呈颗粒状。③乳突型：当间质增生显著，表面不平现象更加明显，呈乳突状突起。

根据宫颈糜烂大小，将宫颈糜烂分为 3 度（图 15－5）：①轻度（Ⅰ度）：指糜烂样改变面积小于整个宫颈面积的 1/3。②中度（Ⅱ度）：指宫颈糜烂面积占整个宫颈面积的 1/3～2/3。③重度（Ⅲ度）：指宫颈糜烂面占整个宫颈面积的 2/3 以上。临床上描述宫颈糜烂时应同时表示出宫颈糜烂面积和糜烂样改变深度，如轻度宫颈糜烂样改变单纯型。

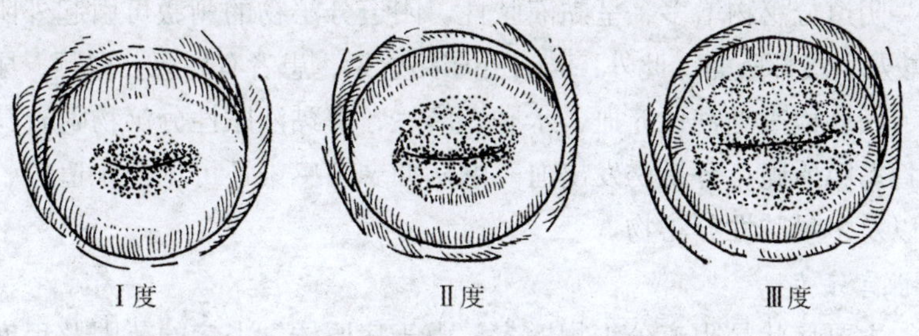

A 轻度（Ⅰ度） B 中度（Ⅱ度） C 重度（Ⅲ度）

图 15－5 宫颈糜烂分度

（2）宫颈肥大 由于慢性炎症的长期刺激，宫颈组织充血、水肿，腺体和间质增生，使宫颈呈不同程度的肥大，但表面多光滑，有时可见到潴留囊肿突起。最后由于纤维结缔组织增生，使宫颈硬度增加。

（3）宫颈息肉 慢性炎症长期刺激使宫颈管局部黏膜增生，子宫有排除异物的倾向，使增生的黏膜逐渐自基底部向宫颈外口突出而形成息肉（图 15－6）。检查见子宫颈息肉通常为单个，也可为多个，色红，呈舌形，质软而脆，易出血，可有蒂，蒂宽窄不一，根部多附着于宫颈管外口，也可在子宫颈管内。由于炎症存在，除去息肉后仍可复发。

（4）宫颈腺囊肿 在宫颈糜烂愈合过程中，新生的鳞状上皮覆盖宫颈腺管口或伸入腺管，将腺管口阻塞。腺管周围的结缔组织增生或瘢痕形成压迫腺管，使腺管变窄甚至阻塞，腺体分泌物引流受阻、潴留形成囊肿（图 15－7）。检查时可见宫颈表面突出数个青白色小囊泡，内含无色黏液。若囊肿感染，则外观呈白色或淡黄色。

（5）宫颈黏膜炎　或称宫颈管炎。病变局限于宫颈管黏膜及黏膜下组织。宫颈阴道部外观很光滑，仅见宫颈口充血水肿，宫颈外口有脓性分泌物堵塞。有时宫颈管黏膜增生，向外口突出，可见宫颈口充血发红。由于宫颈管黏膜及黏膜下组织充血、水肿、炎性细胞浸润和结缔组织增生，可使宫颈肥大。

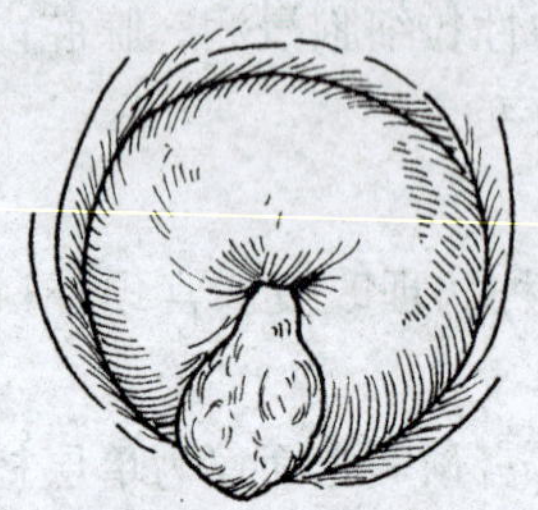

图 15－6　宫颈息肉

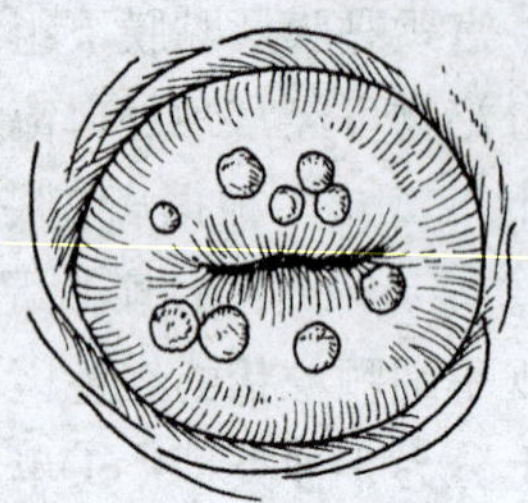

图 15－7　宫颈腺体囊肿

【护理评估】

1. 健康史　详细询问婚育史，有无阴道分娩史、妇科手术史等造成子宫颈损伤，以评估其发病原因。并了解有无白带增多、病程时间、治疗方法及效果等。

2. 身体状况

（1）急性宫颈炎

①症状　阴道分泌物增多，呈黏液脓性，阴道分泌物的刺激可引起外阴瘙痒及灼热感，伴有腰酸及下腹部坠痛。此外，若合并尿路感染，患者有尿急、尿频、尿痛的表现。

②体征　妇科检查见宫颈充血、水肿、糜烂，有黏液脓性分泌物附着甚至从宫颈管流出。宫颈管黏膜质脆，容易诱发出血。淋病奈瑟菌感染还可见到尿道口、阴道口黏膜充血、水肿以及多量脓性分泌物。

（2）慢性宫颈炎

①症状　主要症状是阴道分泌物增多。由于病原体、炎症的范围及程度不同，分泌物的量、性质、颜色及气味也不同。分泌物多呈乳白色黏液状，有时呈淡黄色脓性，伴有息肉形成时易有血性白带或性交后出血。当炎症沿宫骶韧带扩散到盆腔时，可有腰骶部疼痛、盆腔部下坠痛等。宫颈黏稠脓性分泌物不利于精子穿过，可造成不孕。

②体征　窥器检查时可见宫颈有糜烂样改变，或有黄色分泌物覆盖宫颈口或从宫颈口流出，有时可见宫颈肥大、息肉、裂伤、外翻及宫颈腺囊肿。

3. 心理－社会评估　由于患者的白带增多有异味，常伴有害羞、烦躁、焦虑等情绪。血性分泌物或接触性出血患者，易引起患者及家属的惊恐不安、害怕癌变、拒绝性生活等现象。

4. 辅助检查　根据临床表现不难做出诊断，但明确病原体较困难，故对于有性传播疾病的高危妇女，应做淋病奈瑟菌及沙眼衣原体的检查。慢性宫颈炎在治疗前必须进行检查以排除早期宫颈癌，如宫颈刮片细胞学检查等。

5. 治疗原则

（1）急性宫颈炎

治疗主要针对不同病原体选用不同的抗生素治疗。

（2）慢性宫颈炎

可采用物理治疗、药物治疗及手术治疗，而以物理治疗最常用。

①物理治疗：是目前常用的有效治疗方法。临床上常用激光、冷冻、微波及红外线凝结等方法。

②药物治疗：适用于糜烂面积小和炎症浸润较浅的病证。过去局部涂硝酸银或铬酸腐蚀，现已少用。中药有许多验方、配方，临床应用有一定疗效。康妇特栓剂，每晚阴道用药1次，连续使用7～10天，效果较好；干扰素1粒，阴道内用药，隔日1次，7次为1疗程，有抗病毒、抗肿瘤作用和免疫调节活性。

③手术治疗：有宫颈息肉者行息肉摘除术。对宫颈肥大、糜烂面较深广且累及宫颈管者，可考虑做宫颈锥切术，由于此术出血多，并且大多数慢性宫颈炎通过上述方法可治愈，因此现已很少采用。

【护理诊断/问题】

1. 组织完整性受损 与炎症刺激有关。

2. 知识缺乏 缺乏该病的相关知识。

【护理目标】

1. 患者症状减轻或者消失，未出现组织受损。

2. 患者获得疾病的有关知识，焦虑减轻。

【护理措施】

1. 一般护理 医护人员严格遵守无菌操作规程，嘱患者注意个人卫生，以防感染；指导育龄妇女采取有效的避孕措施，减少人工流产的发生；告知患者正确用药的方法和注意事项。急性宫颈炎患者应保证充分休息，做好生活护理，及时更换衣物，保持外阴清洁，指导患者高维生素、高蛋白饮食，并密切观察病情变化，遵医嘱应用抗生素。

2. 物理治疗的护理 物理治疗是目前治疗慢性宫颈炎效果理想、疗程最短的方法，应注意以下几点：

（1）在治疗之前，应常规做宫颈刮片细胞学检查以排除宫颈癌。必要时行宫颈活组织检查，协助明确诊断。

（2）有急性生殖器炎症者禁忌。

（3）治疗时间应该选择在月经干净后3～7天进行。

（4）物理治疗后因炎症组织坏死，阴道分泌物增多，甚至大量排液，故患者应注意观察，并保持外阴清洁，每日清洗外阴2次，以促进舒适并预防感染。

（5）治疗后1～2周脱痂可有少量出血，出血量较少时可嘱患者观察，若出血多应立即就诊，局部用止血粉或压迫止血，必要时加用抗生素。

（6）在创面尚未完全愈合期间（4～8周）禁盆浴、性交和阴道冲洗。

（7）物理治疗后有引起出血、宫颈管狭窄、不孕及感染的可能，应定期复查。一般于2

次月经干净后复查，观察创面愈合情况直至痊愈。效果不佳者可择期进行第2次治疗。

3. 手术患者护理 手术时间为月经干净后3~7天，术前测血压、体温，嘱其排空膀胱，并做好心理疏导以消除患者的紧张情绪；术后保持外阴清洁，嘱其术后次日晨取出阴道内纱布；术后10天左右为局部结痂期，避免剧烈活动及过度负重，以免引起出血；术后2个月禁止性生活、盆浴和阴道冲洗；术后定期复查（2周、4周、2个月）。

4. 心理护理 向患者及其家属讲解宫颈炎的相关知识，做好解释工作，减轻患者心理负担鼓励患者积极配合治疗。

【护理评价】

1. 患者症状缓解或消失，舒适感增加。
2. 患者获得正确的宫颈炎知识，定期随访。

【健康指导】

指导患者保持个人局部卫生，避免不洁性生活，保持会阴部清洁、干燥；科学接生，避免分娩时损伤宫颈，发现宫颈裂伤应及时缝合；规范操作，避免计划生育手术及宫腔镜检查中宫颈损伤；月经期、妊娠晚期及产褥期禁止性生活；定期行妇科检查，发现宫颈炎症予以积极治疗。

第五节 盆腔炎症

案例引导

丁女士，28岁，人工流产后阴道少量流血半月余，近两日自觉下腹疼痛，自服头孢氨苄片，未见好转，今晨起腹痛加重，伴发热、头痛、食欲减退，自觉恶心，急诊来院。查体：急性病容，体温39.2℃，脉搏106次/分，呼吸20次/分，血压115/85mmHg。心肺听诊未见异常，未触及肝脾；下腹部有压痛、反跳痛、肌紧张，无移动性浊音。妇科检查：阴道可见大量脓血性分泌物，有臭味；宫颈充血、水肿，宫颈外口有脓血性分泌物流出；宫颈举痛明显；宫体稍大，有压痛，活动受限；双附件区增厚、压痛明显，未触及明显包块。请问：

1. 该患者最可能的诊断是什么？
2. 请拟定护理方案。
3. 应该给患者做什么健康指导？

女性内生殖器及其周围的结缔组织、盆腔腹膜发生炎症时，称为盆腔炎。为妇科常见病，主要包括子宫内膜炎、输卵管炎、输卵管卵巢脓肿、盆腔腹膜炎。盆腔炎多发生于性活跃期妇女。急性盆腔炎发展可引起弥漫性腹膜炎、败血症、感染性休克，严重者可危及生命。

【病因】

产后或流产后感染为急性盆腔炎的常见原因，如分娩或流产后产道损伤，胎盘、胎膜残留于宫腔或无菌技术操作不严，均可引起急性盆腔炎。此外，宫腔内手术操作，如刮宫术、输卵管通液术、子宫输卵管造影术及宫腔镜检查等，可因手术损伤生殖道黏膜，或手术导致病原体上行感染而引起急性炎症。部分患者也因性卫生不良，如经期性交、使用不洁月经垫和性伴侣不稳定、性交过频等引起。邻近器官炎症，如阑尾炎、腹膜炎等，也可通过直接蔓延的方式引起盆腔炎症。

慢性盆腔炎常为急性盆腔炎治疗不及时、未能彻底治疗或患者体质较差病程迁延导致。也有些患者无急性盆腔炎健康史，如沙眼衣原体感染所致输卵管炎。

【病理】

1. 急性盆腔炎

①急性子宫内膜炎及急性子宫肌炎　常见于流产、分娩后。病原体经胎盘剥离面侵入子宫蜕膜层甚至侵入到子宫肌层，称为急性子宫内膜炎、急性子宫肌炎。

②急性输卵管炎、输卵管积脓　急性输卵管炎主要由化脓菌引起。若炎症沿子宫内膜向上蔓延，可首先引起输卵管炎，输卵管黏膜肿胀，间质充血，大量中性粒细胞浸润。严重者可出现输卵管上皮发生退行性变或成片脱落，引起输卵管黏膜粘连，导致输卵管管腔及伞端闭锁，若有脓液积聚于管腔内则形成输卵管积脓。

③输卵管卵巢炎、输卵管卵巢脓肿　有炎症的输卵管伞端与卵巢粘连而发生卵巢周围炎，称为输卵管卵巢炎，习称附件炎。炎症通过卵巢排卵的破孔侵入到卵巢实质而形成卵巢脓肿，可与输卵管脓肿粘连贯通，而形成输卵管卵巢脓肿。

④急性盆腔结缔组织炎　病原体经淋巴进入盆腔结缔组织而引起结缔组织充血、水肿及中性粒细胞浸润。以宫旁结缔组织炎最常见。

⑤急性盆腔腹膜炎　盆腔内器官发生严重感染时，可直接蔓延至盆腔腹膜，引起腹膜充血、水肿及渗出，形成急性盆腔腹膜炎。

⑥败血症及脓毒血症　当病原体毒性强，数量多，患者抵抗力降低时，常发生败血症、感染性休克，甚至死亡。发生盆腔感染后，若身体其他部位发现多处炎症病灶或脓肿者，应考虑有脓毒血症存在，可行血培养证实。

2. 慢性输卵管炎

①慢性输卵管炎与输卵管积水　慢性输卵管炎双侧居多，输卵管肿大，伞端可闭锁与周围组织粘连。如伞端与峡部粘连闭锁，浆液性渗出物积聚而形成输卵管积水，或因输卵管积脓的脓液被吸收，由浆液性渗出液替代形成输卵管积水，其表面光滑，管壁薄，形似腊肠（图15-8左）。

②输卵管卵巢炎及输卵管卵巢囊肿　当输卵管炎症波及卵巢时，两者可相互粘连形成炎性包块。有时输卵管伞端与卵巢粘连并贯通，液体渗出而形成输卵管卵巢囊肿（图15-8右）。

③慢性盆腔结缔组织炎　盆腔结缔组织增生、增厚，呈扇形扩散至盆壁；子宫常固定不动，称之为“冰冻骨盆”。

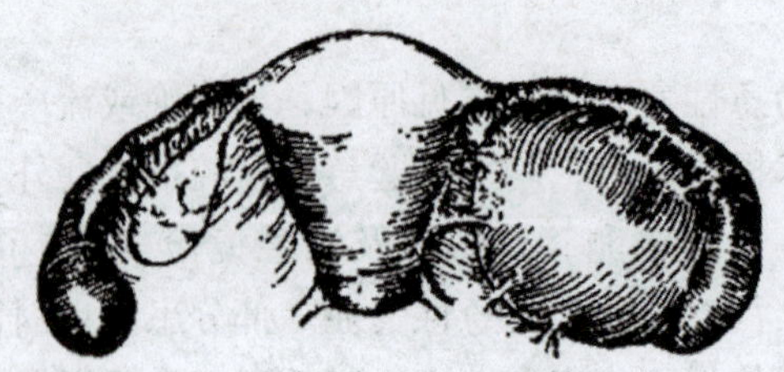

图 15-8 输卵管积水（左）、输卵管卵巢囊肿（右）

【护理评估】

1. 健康史 了解患者的年龄，婚育史，发病原因，宫腔内手术史，急性盆腔炎发作史，腹痛、腰痛的时间、程度，治疗经过（包括方法、用药及疗效等）。

2. 身体状况

（1）急性盆腔炎

①症状 可因炎症轻重及范围大小不同而有不同的临床表现。轻者表现为持续性下腹部疼痛、发热、阴道分泌物增多。病情严重时可有高热、寒战、头痛、食欲缺乏和下腹坠胀或剧烈疼痛。有腹膜炎时，可伴有恶心、呕吐、腹胀、腹泻。如形成脓肿，因其位置不同还可有尿频、尿痛和排尿困难、腹泻、里急后重及排便困难。毒力强的细菌感染可出现感染性休克。

②体征 患者呈急性病容，体温多在 39℃ ~40℃，心率加快，下腹压痛、反跳痛，有时可触及肿块。妇科检查可见阴道内有脓性分泌物，宫颈举痛，子宫稍大、压痛，活动度受限。附件区增厚压痛明显，有时可扪及固定、压痛的肿物。子宫旁结缔组织炎时，可扪及下腹一侧或两侧有片状增厚，严重时呈冰冻样骨盆。如有位置较低的盆腔脓肿形成，可在后穹隆触到有波动的包块。

（2）慢性盆腔炎

①症状 全身症状多不明显，有时可有低热、不适、易感疲劳等。常有白带增多，下腹坠胀痛和腰骶部疼痛，劳累、性生活后及月经前后加重。有的还可出现月经失调、经量增多、经期延长和继发性痛经。输卵管粘连阻塞时可造成不孕。

②体征 妇科检查子宫多后倾，活动受限或固定。慢性输卵管炎，在宫旁可触及条索状增粗、有压痛，多为双侧；输卵管积水或输卵管卵巢囊肿，可在宫旁扪及边界不清、活动受限、不规则的囊性肿块；盆腔结缔组织炎，则在宫旁有片状增厚、压痛。子宫底韧带增粗、压痛、变硬。

3. 心理-社会状况 患者可因起病急而有怀疑、否定的心理，因病程发展较快或需手术而产生恐惧感。由于病程长，反复发作，甚至导致患者不孕而影响患者的健康、工作及家庭生活，容易出现焦虑、抑郁，缺乏治疗的信心。

4. 辅助检查

（1）血液检查 白细胞总数及中性粒细胞数均升高，血沉增快。体温达 39℃ 以上者做血培养及药敏试验。

（2）宫颈分泌物检查 取宫颈管分泌物行涂片检查，或细菌培养加药敏试验。

(3) 阴道后穹隆穿刺检查　临床怀疑子宫直肠陷凹脓肿形成者，行此项检查，抽出脓液即可确诊。

(4) B超或其他影像学检查　可见充满液体的增粗输卵管（伴或不伴有盆腔积液）或输卵管卵巢脓肿。

(5) 腹腔镜检查　仅在诊断困难，或怀疑输卵管卵巢脓肿破裂时应用。

5. 治疗要点　积极控制感染，防止炎症迁延；病程长、病情反复发作者，应采用综合措施，给予合理的治疗。

(1) 急性盆腔炎

①一般治疗　休息时取半卧位，以利炎症局限。给予高热量、高蛋白、高维生素饮食，补充液体，纠正脱水和电解质紊乱。必要时给予多次少量输血，以增加抵抗力。避免不必要的妇科检查，以免感染扩散。高热时用物理降温。

②抗生素治疗　为主要治疗方法。多采用联合用药。常用的抗生素有青霉素类、头孢菌素类、氨基糖甙类、大环内酯类、四环素类、喹诺酮类及尼立达唑类。

③中药治疗　主要为活血化瘀、清热解毒药物。

④手术治疗　当盆腔脓肿形成或破裂、并发弥漫性腹膜炎时，应手术治疗。

(2) 慢性盆腔炎　单一治疗效果差，采用综合治疗为宜。

①物理疗法　常用短波、超短波、离子透入（可加入各种药物如青霉素、链霉素等）等。原理为温热刺激可促进盆腔局部血液循环，改善组织的营养状态，提高新陈代谢，以利炎症的吸收和消退。

②药物治疗　根据病情选择性应用抗生素，同时采用α-糜蛋白酶或透明质酸酶肌内注射，以利于粘连分解和炎症吸收。也可用清热利湿、活血化瘀的中药外敷或小剂量灌肠。

③手术治疗　输卵管积水或输卵管卵巢囊肿可行手术治疗；反复发作的盆腔炎病灶宜手术治疗，可行单侧附件切除术或子宫全切除术加双侧附件切除术。对年轻妇女应尽量保留卵巢功能。

【护理诊断/问题】

1. 疼痛　与炎症有关。

2. 睡眠型态紊乱　与病程长、疼痛引起的心理障碍有关。

3. 焦虑　与治疗效果不理想或不孕有关。

【护理目标】

1. 疼痛减轻，体温恢复正常。

2. 睡眠质量较好。

3. 焦虑程度减轻。

【护理措施】

1. 急性盆腔炎　指导患者注意个人卫生，尤其是经期、孕期、产褥期及性生活卫生；出现高热应采取物理降温；遵医嘱给予足量有效抗生素，并注意纠正电解质紊乱和酸碱失衡；手术患者应做好围手术期护理。

2. 慢性盆腔炎

(1) 一般护理　嘱患者劳逸结合，积极锻炼身体，改善睡眠质量；保持外阴清洁卫生，指导患者节制性生活。

(2) 综合治疗护理

①中药治疗　遵医嘱为患者煎服中药，也可用中药外敷腹部或保留灌肠。

②抗生素治疗　遵医嘱给予足量有效抗生素，告知患者用药剂量、方法及注意事项，抗生素不宜长期使用。

③手术治疗　遵医嘱为需要手术的患者做好术前准备及术后护理。

【护理评价】

1. 患者感觉症状好转，疼痛消失。

2. 患者睡眠状态良好。

3. 患者精神愉快，食欲增加，生活自理，能积极配合治疗。

【健康指导】

1. 做好经期、孕期及产褥期的卫生宣传。

2. 严格掌握产科、妇科手术指征，做好术前准备；术时注意无菌操作；术后做好护理，预防感染。

3. 及时彻底治疗急性炎症，防止转为慢性。

4. 注意性生活卫生，减少性传播疾病，经期禁止性生活。

第六节　性传播疾病

一、尖锐湿疣

【病因】

尖锐湿疣（condyloma acuminate，CA）是由人乳头瘤病毒（HPV）感染引起的性传播疾病，为鳞状上皮疣状增生病变。发病率仅次于淋病，占第2位。早年性交、多个性伴侣、免疫力低下、吸烟以及高性激素水平是发病高危因素。

【传播途径】

1. 直接传播　经性交直接传播为主要的传播途径。

2. 间接传播　比例较小，可以通过污染的衣物、器械或敷料间接传播。

3. 母婴传播　新生儿可通过患病母亲的产道传播。

【护理评估】

1. 健康史　询问有无不洁的性生活史、有无白带增多、外阴瘙痒等生殖道炎症的表现及严重程度。注意为患者保密。

2. 身体状况

(1) 症状　潜伏期为3周～8个月，患者以20～29岁年轻妇女居多。症状多不明显，部分患者可有外阴瘙痒、灼痛、性交后疼痛不适。

（2）体征　病变多发生在外阴性交时易受损的部位，如阴唇后联合、小阴唇内侧、阴道前庭、尿道口等部位。典型体征初起为微小散在的小而尖的丘疹，质地较硬，孤立、散在或簇状增生，粉色或白色，或为微小散在的小乳头状疣，软，其上有细小的指状突起。病灶逐渐增大、增多时，互相融合成鸡冠状、桑葚状或菜花状，顶端可有角化或感染溃烂。

3. 心理－社会状况　由于患者就医多有顾虑，多否认不洁性交或性乱事实，有些患者表现为紧张、难为情或恐惧，害怕影响夫妻感情和传染给新生儿，因此评估患者对疾病的心理反应，有无紧张、恐惧感。

4. 治疗要点

（1）局部治疗　药物治疗（50% 三氯醋酸、5% 氟尿嘧啶、干扰素），物理治疗（激光、冷冻、电灼、微波）。

（2）手术治疗　巨大尖锐湿疣可直接用微波刀或手术切除。

【护理诊断/问题】

1. 舒适改变　与瘙痒、烧灼痛有关。

2. 自尊紊乱　与社会不认同性传播疾病的患者有关。

【护理目标】

1. 患者的症状消失，舒适度增加。

2. 患者能正确对待所患疾病。

【护理措施】

1. 一般护理　注意个人卫生，保持外阴清洁。治疗用物、器械、被污染的衣裤及生活用品要严格消毒，避免交叉感染。

2. 病情观察　观察外阴、宫颈等部位乳头状疣的变化。

3. 治疗护理　嘱患者坚持治疗，治疗期间避免性生活，做好术前准备；对患尖锐湿疣的孕妇，为避免垂直传染，分娩应选择剖宫产。

4. 心理护理　护士要以诚恳的态度对待患者，了解并解除患者的顾虑。

【护理评价】

1. 患者主诉症状消失。

2. 患者自尊得到维护，积极配合治疗和护理。

【健康指导】

进行性知识教育，提高防病意识，避免不洁及混乱的性关系，宣传疾病预防为主的重要性。

二、淋病

【病因】

淋病（gonorrhea）是淋病奈瑟菌（简称淋菌）引起的以泌尿生殖系统化脓性感染为主要表现的性传播疾病。近年来发病率居我国性传播疾病首位。

【传播途径】

成人主要通过性交经黏膜直接感染，极少间接感染；幼女多经过接触污染衣物、毛巾、床单、洗浴用具以及消毒不严格的医疗器械等间接感染；新生儿通过产道时接触污染的阴道分泌物感染。

【护理评估】

1. 健康史 详细询问性病接触史及发病经过，有无尿急、尿频、尿痛、白带增多、外阴烧灼感，是否进行治疗。

2. 身体状况

①急性淋病 在感染淋病后1～14日出现尿频、尿急、尿痛等急性尿道炎的症状，白带增多呈脓性，外阴部红肿、有烧灼样痛。宫颈感染时宫颈充血、水肿，有脓性分泌物。淋菌侵入输卵管、卵巢可致急性盆腔炎，患者自觉下腹两侧剧痛，有寒战、高热、恶心、呕吐等。

②慢性淋病 急性淋病未治疗或治疗不彻底可转为慢性。临床表现为慢性尿道炎、慢性宫颈炎、输卵管积水。淋菌可长期潜伏在尿道旁腺、前庭大腺深处，可反复发作。

3. 心理－社会状况 患者出现临床症状后，产生恐惧心理，往往不敢去医院就诊，错过早期诊断和治疗的时机，容易转为慢性且反复发作，导致患者心理负担重、思想压力大。

4. 治疗要点 遵循及时、彻底、足量、规范用药的原则。急性期以药物治疗为主，首选第3代头孢菌素（头孢曲松钠、头孢噻肟钠），可同时加用喹诺酮类（红霉素、阿奇霉素）药物，并夫妻双方同治。病情发展为慢性时，需采用支持疗法、物理疗法、封闭疗法、对症处理及手术治疗等综合治疗方案。

【护理诊断/问题】

1. 舒适改变 与疾病产生的症状有关。

2. 恐惧 与不知疾病发展及预后有关。

【护理目标】

1. 患者的症状消失，舒适感增加。
2. 患者的恐惧感减轻或消失。

【护理措施】

1. 一般护理 急性期患者应卧床休息，采取消毒隔离措施，严禁性交；患者接触过的生活用品，必须进行严格消毒灭菌，防止交叉感染。

2. 病情观察 治疗后7天复查分泌物，以后每月查1次，连续3次阴性为治愈；复查时还应同时查滴虫和梅毒血清反应，因三者可同时感染。

3. 治疗护理 嘱患者家属检查淋菌，阳性者同时治疗，其子女有症状者也应检查。淋病产妇娩出的新生儿均用1%硝酸银滴眼，预防淋菌性眼炎，预防用头孢曲松钠肌注或静脉注射。

4. 心理护理 尊重患者，给予适当的关心、安慰，解除患者求治的顾虑。向患者强调急性期及时、彻底治疗的重要性和必要性，帮助患者树立治愈的信心。

【护理评价】

1. 患者主诉症状消失。

2. 患者能叙述疾病的发生、发展及治疗。

【健康指导】

加强性知识的教育，注意性生活卫生；教会患者及家属自行消毒隔离的方法，患者所接触的物品用1%石炭酸溶液浸泡；患者的内裤、浴盆、毛巾应煮沸消毒5～10分钟。

三、生殖器疱疹

【病因】

生殖器疱疹（genital herpes）是由单纯疱疹病毒（HSV）所引起的一种性传播疾病。主要引起生殖器及肛门皮肤溃疡，易复发。

【传播途径】

单纯疱疹病毒在体外不易存活，主要由性交直接传播。妊娠合并单纯疱疹病毒感染，多数经软产道感染新生儿，少数可通过胎盘造成胎儿宫内感染。

【护理评估】

1. 健康史　询问有无不洁性接触史、发病时间及经过、是否治疗。

2. 身体状况

①原发性疱疹　潜伏期为3～14日。患者多在不洁性生活后感到外阴刺痛或烧灼感。检查可发现外阴及肛门丘疹，单簇或散在多簇，继之形成水疱（疱液中含病毒）。2～4日疱疹破裂形成糜烂或溃疡，疼痛明显，随后结痂自愈。发病前可有全身症状，如发热、头痛或全身不适等。几乎所有患者均出现腹股沟淋巴结肿大、触痛。

②复发性疱疹　50%～60%原发性感染患者在半年内复发。发病前局部烧灼感、针刺感或感觉异常，随后群簇小水疱很快破溃形成糜烂或浅溃疡。复发患者症状轻，水疱和溃疡数量少，面积小，愈合时间短，无明显全身症状。

3. 心理－社会状况　疾病多系不洁性生活引起，疼痛明显，患者多担心和害怕，病程较长、反复发作者心理负担更加明显。

4. 治疗要点　目前尚无彻底治疗方案。主要为减轻症状，缩短病程，控制疱疹病毒传染性。一般选择抗病毒治疗，如阿昔洛韦等抗病毒药物；皮损处涂3%阿昔洛韦软膏等。

【护理诊断/问题】

1. 舒适感改变　与外阴疼痛等症状有关。

2. 自尊紊乱　与社会不认同性传播疾病有关。

【护理目标】

1. 患者的疼痛减轻或消失，舒适感增加。

2. 患者正确对待所患疾病。

【护理措施】

1. 一般护理　加强休息，避免劳累。保持外阴清洁、干燥，每天清洗外阴，必要时可选择特殊护理液清洗外阴。避免搔抓，禁用刺激性强的药品。治疗期间禁止性生活。复发性生殖器疱疹患者性生活时应使用避孕套。

2. 病情观察 主要观察患者生殖器及肛门部位皮肤溃疡的变化。

3. 治疗护理 保护疱疹，不要挤破，外阴保持清洁、干燥，防止继发感染；遵医嘱使用阿昔洛韦等抗病毒药物治疗。

4. 心理护理 讲解疾病的相关知识，介绍病毒感染病程特点，尊重患者，解除患者心理负担。

【护理评价】

1. 患者症状消失，舒适感增加。
2. 患者正确认识疾病并积极配合治疗。

【健康指导】

开展与疾病相关知识的宣传，包括疾病传播的途径、复发的诱因、患者自我管理技术、心理社会支持等；给予患者及性伴侣正确的咨询和指导，并示教安全套的使用方法及注意点；向孕龄患者解释新生儿 HSV 感染的危险性和危害性，加强孕前指导。

四、梅毒

【病因】

梅毒（syphilis）是由苍白螺旋体引起的一种慢性全身性疾病。苍白螺旋体在体外不易生存，煮沸、干燥、肥皂水和一般的消毒剂很容易将其杀死。

【传播途径】

性接触是梅毒的主要传播途径，占 95% 以上；可母婴垂直传播，导致先天梅毒；少数也可通过间接感染，如患者污染的衣物、用具、医疗器械或输入含有梅毒螺旋体患者的血液等。

【护理评估】

1. 健康史 询问有无不洁性交史、输血史、发病时间及经过、是否治疗等。

2. 身体状况 Ⅰ期梅毒主要表现为硬下疳；Ⅱ期梅毒主要表现为梅毒疹；Ⅲ期梅毒主要表现为永久性皮肤黏膜损害，愈后留有瘢痕。故早期主要表现为皮肤黏膜损害，晚期能侵犯心血管、神经系统等重要脏器，产生各种症状和体征，造成劳动力丧失甚至死亡。

3. 心理－社会状况 患者由于不洁性生活史，出现典型临床表现并产生恐惧心理，但又不敢及时就医，失去治疗的时机而使疾病由早期转为晚期，病情加重，又造成患者思想负担。

4. 治疗要点 以青霉素治疗为主，遵循早期诊断、及时治疗、用药足量、疗程规则的原则。

【护理诊断/问题】

1. 舒适感改变 与疾病产生的症状有关。

2. 恐惧 与担心疾病发展与预后有关。

【护理目标】

1. 症状改善。

2. 恐惧感减轻或消失。

【护理措施】

1. 一般护理　教会患者自行做好消毒隔离，内裤、浴盆、毛巾应煮沸消毒 5 ~ 10 分钟，所接触的物品及器具用肥皂液及一般消毒剂浸泡。在治疗期间禁止性生活，性伴侣也应进行梅毒检查及治疗。

2. 病情观察　注意观察患者皮肤黏膜的损伤情况；是否有腹股沟及全身淋巴结肿大；是否有骨骼关节、感觉器官及神经损害。

3. 治疗护理　治疗前询问患者有无药物过敏史，遵医嘱做好皮试，预防过敏性休克，密切观察病情，出现药物反应及时报告医生，以便及时处理。

4. 心理护理　多与患者沟通，取得患者信赖，保护其隐私，有目的地进行心理疏导，帮助患者树立正确的人生观和价值观。鼓励患者家属多关心和体贴患者，尊重患者的人格，不要孤立和歧视患者，使患者摆脱心理阴影和压力，积极配合治疗。

【护理评价】

1. 患者症状减轻，舒适感增加。

2. 患者正确认识疾病，恐惧感消失，积极配合治疗。

【健康指导】

梅毒经规范治疗后，应随访 2 ~ 3 年。第 1 年每 3 个月随访 1 次，以后每半年随访 1 次，包括观察病情及血清学检测。若在治疗后 6 个月梅毒症状及体征持续存在或血清滴度未下降 4 倍，应加倍量重复治疗，并做脑脊液检查，以观察有无神经梅毒。有生育要求者，应随访至少 2 年后可再次妊娠。

思　考　题

1. 请说出女性生殖系统有何防御机制。

2. 试比较各种阴道炎的阴道分泌物有何特点、护理措施有何不同。

3. 慢性宫颈炎的病理类型有哪些？宫颈糜烂的临床分度如何进行？治疗要点是什么？

第十六章 月经失调患者的护理

学习目标

1. 解释功能失调性子宫出血、闭经、经前期综合征、绝经综合征的概念。
2. 说出功血的分类及各类的临床特点、无排卵性功血的治疗原则、功血的用药护理。
3. 概述闭经的分类；痛经的护理措施；经前期综合征的临床特点及护理措施；绝经综合征的临床特点及护理措施。

第一节 功能失调性子宫出血

案例引导

某女士，45 岁。既往月经规律，近一年来月经紊乱，现停经 3 个月，突然出现阴道出血，淋沥不净十余天。查体：贫血貌。心肺无异常，腹软，无压痛及反跳痛。妇科检查：阴道少量出血，宫颈无异常，宫口未开，子宫前位，正常大小，双附件未及异常，尿 HCG（－）。请问：

1. 该患者最可能的医疗诊断是什么？为确诊还需要做什么检查？
2. 治疗要点是什么？
3. 护理措施有哪些？

功能失调性子宫出血（dysfunctional uterine bleeding，DUB）简称功血，是由于调节生殖的神经内分泌机制失常引起的异常子宫出血，而全身及内外生殖器官无明显器质性病变存在。常表现为月经周期长短不一、经期延长、经量过多和不规则阴道出血。功血分为无排卵性功血和排卵性月经失调两大类，可发生于月经初潮至绝经间的任何年龄。

【病因及病理生理】

1. 无排卵性功血 最常见，约占功血的 85%，多发生于青春期和绝经过渡期女性，亦可见于育龄期妇女。在青春期，下丘脑－垂体－卵巢轴的反馈调节功能尚未成熟，大脑中枢对雌激素的正反馈作用存在缺陷，FSH 呈持续低水平，无促排卵性 LH 高峰形成而不能排卵；在绝经过渡期，因卵巢功能不断衰退，卵巢对垂体促性腺激素的反应性降低，卵泡发育受阻而不能排卵；育龄期妇女可因内外环境暂时改变，如应激、流产、产后康复阶段、手术或疾病等引起短暂无排卵。亦可因肥胖、多囊卵巢综合征、高泌乳素血症等因素存在，引起持续无排卵。各种原因引起的无排卵均可导致子宫内膜受单一雌激素刺激而无黄体酮对抗，呈现增生期或增生过长等改变，少数可呈萎缩性改变；随体内雌激素水平的波动而交替出现脱落、出血、修复、增生现象。

2. 排卵性月经失调 较无排卵性功血少见，多发生于育龄期妇女。患者有周期性排卵，但黄体功能异常，常见有两种类型：

（1）黄体功能不足 由于神经内分泌调节功能紊乱，卵泡期 FSH 缺乏，卵泡发育缓慢，雌激素分泌减少，进而对垂体和下丘脑的正反馈不足，LH 峰值不高及排卵峰后 LH 低脉冲缺陷，使黄体发育不全，孕激素分泌不足，导致子宫内膜分泌反应不良。

（2）子宫内膜不规则脱落 在月经周期中，患者有排卵，黄体发育良好，但萎缩过程延长。退化不及时的黄体持续、少量分泌孕激素，使子宫内膜持续受孕激素的影响，不能如期完整脱落，于月经期第 5～6 天仍见分泌期子宫内膜。

【护理评估】

1. 健康史

（1）询问患者年龄，发病时间，持续时间，出血量，诊治经过及所用药物名称、剂量、效果等。询问月经史、婚育史、避孕措施、用药史等。评估有无精神紧张、情绪剧烈变化、过度劳累、营养不良、环境和气候骤变及全身性疾病等诱因。

（2）评估异常子宫出血的类型

①月经过多 周期规则，但经量过多（>80mL）或经期延长（>7 日）。

②月经频发 周期规则，但短于 21 日。

③不规则出血 月经周期不规则，在两次月经周期之间任何时候发生子宫出血。

④月经频多 周期不规则，血量过多。

2. 身体状况 不同类型的功血，患者的表现也有所不同。

（1）无排卵性功血 最常见的症状为子宫不规则出血，特点是月经周期紊乱，经期长短不一，出血量时多时少。有时先有数周或数月停经，然后发生大量阴道不规则流血，血量往往较多，持续 2～4 周或更长时间，不易自止。也可表现为类似正常月经的周期性出血，但量较多。出血期无下腹疼痛或其他不适，出血多或时间长者常伴贫血。

（2）排卵性月经失调

①黄体功能不足 临床特点为月经周期缩短，月经频发，有时月经周期虽然在正常范围内，但因卵泡期延长，黄体期缩短，育龄妇女常有不孕或妊娠早期流产史。

②子宫内膜不规则脱落 临床特点为月经周期正常，但经期延长，可长达 10 日以上，且出血量多。

3. 心理－社会状况　年轻患者常因害羞或其他顾虑而不及时就诊，随着病程延长并发感染或大量出血而使患者感到紧张、恐惧或无助感。绝经过渡期患者因担心疾病的严重程度或怀疑有肿瘤而焦虑、恐惧。

4. 辅助检查

（1）盆腔B型超声检查　可了解子宫内膜厚度及回声，以明确有无宫腔占位性病变及其他生殖道器质性疾病。

（2）诊断性刮宫　简称诊刮，其目的是止血和明确子宫内膜病理诊断。对年龄 > 35岁、药物治疗无效或存在子宫内膜癌高危因素的异常子宫出血患者，应行诊刮明确病变。不同类型功血选取刮宫时间亦有不同：如明确有无排卵或了解黄体功能，应于月经来潮前或月经来潮6小时内诊刮；如明确是否子宫内膜不规则脱落，应在月经期第5～6天诊刮；不规则出血或大出血者可随时进行刮宫。

（3）基础体温测定（BBT）　不仅有助于判断有无排卵，还可提示黄体功能不足和子宫内膜不规则脱落。

①无排卵性功血　基础体温呈单相型（图16－1）。

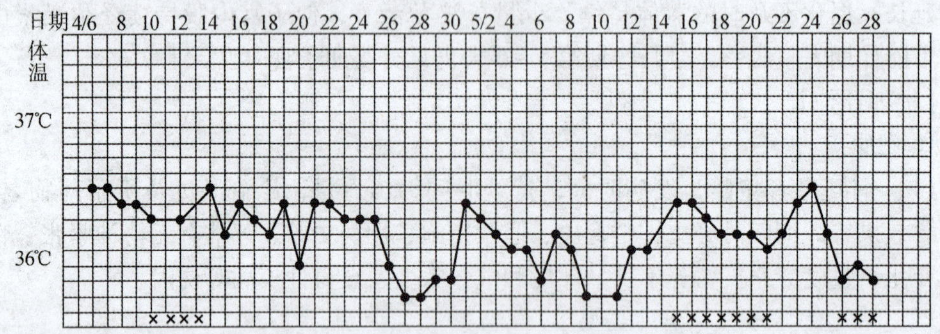

图16－1　基础体温单相型（无排卵性功血）

②排卵性月经失调　基础体温呈双相型。黄体功能不足，排卵后体温上升缓慢，上升幅度偏低，升高时间仅维持9～11日即下降（图16－2）；子宫内膜不规则脱落，基础体温呈双相型，但下降缓慢（图16－3）。

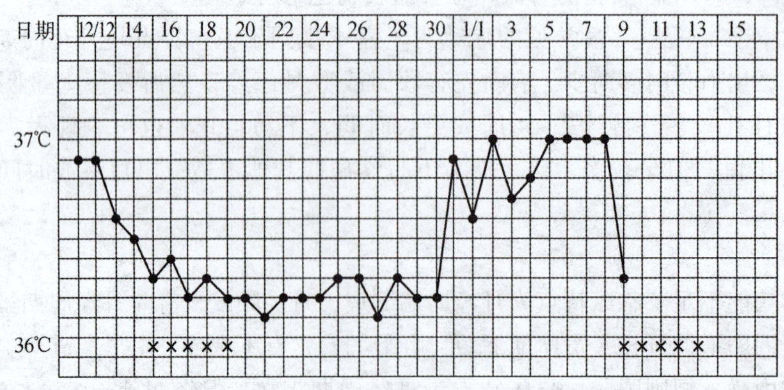

图16－2　基础体温双相型（黄体功能不足）

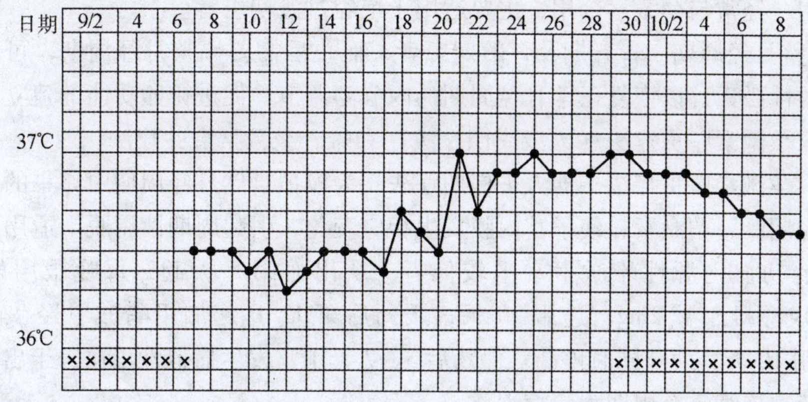

图 16－3　基础体温双相型（子宫内膜不规则脱落）

（4）宫腔镜检查　通过宫腔镜直视子宫内膜的形态，选择病变区进行活检，可提高对宫腔病变如子宫内膜息肉、子宫黏膜下肌瘤、子宫内膜癌的诊断率。

（5）激素测定　酌情检查 FSH、LH、E_2 及 P。通过测定血清黄体酮或尿孕二酮来判断有无排卵。疑高催乳激素血症者检查催乳激素（PRL）。

（6）宫颈黏液结晶检查　经前取宫颈黏液涂片镜检为羊齿植物叶状结晶而无椭圆体提示无排卵。

（7）阴道脱落细胞涂片检查　以判断雌激素影响程度。

5. 治疗要点　功血的主要治疗方法是药物治疗。青春期及生育年龄无排卵性功血的治疗原则为止血、调整周期、促排卵；绝经过渡期功血治疗原则为止血、调整周期、减少经量，防止子宫内膜病变。青春期临床一般采用性激素止血，已婚者一般首选刮宫术止血。

（1）药物治疗　功血的首选治疗方法。

1）止血　对于少量出血患者，使用最低有效剂量激素；对大出血患者，要求 8 小时明显见效，24～48 小时内血止。96 小时以上仍不止血，应考虑诊断有误。性激素药物有雌激素、孕激素、雄激素等，可单一用药也可联合用药，性激素联合用药的止血效果优于单一用药。

①孕激素联合用药　口服避孕药对于治疗青春期和育龄期无排卵性功血效果明显，绝经过渡期患者可用三合激素（黄体酮、苯甲酸雌二醇、丙酸睾酮）肌内注射。

②雌激素　大剂量雌激素可迅速促进子宫内膜生长，短期内修复创面而止血。适用于内源性雌激素不足的青春期功血患者。常用药物有妊马雌酮、己烯雌酚、苯甲酸雌二醇等。血止后 2 周加用孕激素（如甲羟孕酮），可使子宫内膜转化为分泌期，与雌激素同时停药，停药后 3～7 天发生撤药性出血。

③孕激素　也称“药物性刮宫”，可以使增生期或增生过长的子宫内膜转化为分泌期，停药后内膜彻底剥脱而止血。主要适用于体内有一定雌激素水平的功血患者。常用药物有甲羟孕酮、甲地孕酮、炔诺酮（妇康片）。

④雄激素　可以增强子宫平滑肌与血管张力，减轻盆腔充血而减少出血量。一般不

会单独使用，经常与孕激素合用，主要适用于绝经过渡期患者。

2）调整月经周期 青春期及育龄期患者，血止后需要调整月经周期，可定期给予生理剂量的性激素，以恢复正常月经周期的内分泌调节，促进排卵功能的建立。常用的方法有雌、孕激素序贯疗法（人工周期疗法）和雌、孕激素合并疗法。

①雌、孕激素序贯疗法 即人工周期疗法。为模拟自然月经周期中卵巢的内分泌变化，序贯应用雌、孕激素，使子宫内膜发生相应变化，引起周期性剥脱。适用于青春期及生育年龄功血内源性雌激素水平较低者。从出血第5天起，每晚服用妊马雌酮1.25mg或戊酸雌二醇2mg，连服20天，服药后第11日起加用醋酸甲羟孕酮，每日10mg，连用10天，两药同时停药。停药后3~7天子宫发生撤退性出血，于出血第5天再重复用药。连续3个周期为一疗程。

②雌、孕激素合并疗法 适用于生育期功血内源性雌激素水平较高者和绝经过渡期患者。口服避孕药Ⅰ号，全量或半量，自出血第5天起，每晚1片，连服20天，停药后出现撤药性出血，出血较少，连续3个周期为1个疗程。

③后半周期疗法 适用于绝经过渡期功血。于月经周期后半期（出血的第16~25天）服用醋酸甲羟孕酮10mg，每日1次，连服10天为1个周期，3个周期为1个疗程。

3）促排卵 青春期功血患者经上述药物调整周期几个疗程后，通过雌、孕激素对中枢的反馈调节作用，部分患者可恢复自发排卵。青春期一般不提倡使用促排卵药物，有生育要求的无排卵不孕患者，可针对病因采取促排卵方法治疗，常用的药物有氯米芬、人绒毛膜促性腺激素等。

（2）手术治疗

①诊断性刮宫 能迅速有效止血，刮出物送病理检查明确诊断，临床最常用。适用于急性大出血或存在子宫内膜癌高危因素的功血患者。

②子宫内膜切除术 利用宫腔镜下金属套环、激光、滚动球电凝或热疗等方法，使子宫内膜组织凝固或坏死。适用于药物治疗无效、不愿或不适合子宫切除术的患者。

③子宫切除术 经药物治疗效果不佳，并了解所有治疗功血的可行方法后，可在患者和家属知情的情况下选择子宫切除。

知识拓展

如何进行宫腔镜下子宫内膜切除？

宫腔镜子宫内膜切除术是应用高频电通过宫腔电切镜的单级环形电极系统切除子宫内膜的功能层、基底层及其下方2~3mm的肌肉组织的手术，是目前替代子宫切除术治疗功能性子宫出血的一种安全、有效的手段。术前一个月可口服达那唑或孕三烯酮使子宫内膜萎缩，子宫体积缩小，减少血管再生，出血减少，易于施术，增加手术安全性。治疗优点是微创、有效，可减少月经量80%~90%，部分患者可达到闭经效果。

【护理诊断/问题】

1. 有感染的危险 与子宫不规则出血、出血量多导致严重贫血，机体抵抗力下降有关。

2. 营养失调：低于机体需要量 与长期出血导致贫血有关。

3. 活动无耐力 与子宫异常出血导致继发性贫血有关。

4. 知识缺乏 缺乏正确使用性激素的相关知识。

【护理目标】

1. 患者体温正常，没有发生感染。
2. 患者能获得机体所需营养，贫血改善。
3. 患者能够完成日常活动。
4. 患者获得相关知识，能正确使用性激素。

【护理措施】

1. 一般护理 补充营养，改善全身状况，向患者推荐高蛋白、含铁丰富的食物，如蛋黄、猪肝等。出血量多者，督促其卧床休息，避免过度疲劳和剧烈活动。做好会阴护理，保持局部清洁卫生。

2. 病情观察 维持正常的血容量，观察并记录患者的生命体征、出入量、嘱患者保留出血期间使用的会阴垫，便于准确估计出血量。严密观察与感染有关的征象，如体温、脉搏、子宫体压痛等，如有感染征象，及时与医师联系并遵医嘱进行抗生素治疗。观察患者的精神和营养状况，有无肥胖、贫血貌、出血点、紫癜、黄疸等，进一步检查患者的身体状况。

3. 用药护理 嘱患者按时按量服用性激素，以保持药物在血液中的有效浓度，血止后开始减量，每 3 天减量 1 次，每次减量不能超过原剂量的 1/3，直至维持量。一般在停药后 3 ~ 7 天发生撤药性出血。

4. 心理护理 鼓励患者表达内心感受，耐心倾听患者的述说；了解患者的疑虑。向患者解释病情及提供相关信息，帮助患者解答疑问，解除思想顾虑，摆脱焦虑与不安。

【护理评价】

1. 患者没有发生感染，表现为体温正常，白细胞正常。
2. 患者营养得到纠正，对日常活动的耐受能力提高。
3. 患者正确认识疾病，能积极配合治疗，按规定正确服药。

【健康指导】

1. 正确认识功血的药物治疗 性激素药物是治疗月经失调的有效药物，服药期间出现轻度副作用应坚持服用；血止后不可随意停药或漏服，否则会出现子宫再次出血；若按医嘱正确服药仍出现不规则出血，应及时就诊。

2. 注意阴道出血的自我护理，避免生殖道感染 阴道出血期间禁止性生活、游泳、盆浴。应选择用合格的卫生护垫，保持局部卫生；加强营养，增强体质，建议平时多服富含铁元素的食物，经期可额外补充铁剂、维生素 C 和蛋白质。

第二节 闭 经

案例引导

王女士，30岁，已婚。停经半年，自觉消瘦，怕冷。3年前足月分娩，产时产钳助产，产后大出血，抢救及治疗情况不详。产后母乳喂养，半年后月经复潮。月经周期长，经量少，且逐渐减少至停经。曾经接受雌孕激素治疗，有出血。妇科检查无异常。请问：

1. 该患者最可能的诊断是什么？
2. 请制定合适的护理方案。

闭经（amenorrhea）是妇科的常见症状，表现为无月经或月经停止。根据既往有无月经来潮，将闭经分为原发性和继发性两类。原发性闭经指年龄超过16岁（有地域性差异），第二性征已发育，月经还未来潮；或年龄超过14岁，第二性征尚未发育且无月经来潮者。继发性闭经是指曾有规律月经，以后因某种病理原因致月经停止连续6个月以上者，或按自身原来月经周期计算，停经3个周期以上者。根据闭经发生原因，可分为生理性和病理性两大类，青春期前、妊娠期、哺乳期及绝经后的月经不来潮均属生理现象，本节不予讨论。

【病因及分类】

正常月经的建立和维持有赖于下丘脑－垂体－卵巢轴的神经内分泌调节，以及靶器官子宫内膜对性激素的周期性反应和下生殖道通畅，其中任何一个环节发生障碍均可导致闭经。

原发性闭经较少见，多为遗传学原因或先天性发育缺陷所致。继发性闭经发生率明显高于原发性闭经，病因复杂，根据控制正常月经周期的4个主要环节，按病变部位分为：

1. 下丘脑性闭经 下丘脑性闭经最常见，以功能性原因为主。中枢神经系统及下丘脑功能失调或病变可影响GnRH的分泌，导致闭经，病因最为复杂。

（1）精神性闭经 精神性闭经是最常见的原因之一。如精神创伤、环境改变、情感变化、盼子心切或畏惧妊娠等，可引起过度紧张、恐惧、忧虑、寒冷等应激状态，均可引起中枢神经系统及下丘脑之间的功能失调，导致闭经。

（2）运动性闭经 长期剧烈运动或芭蕾舞、现代舞等训练易致闭经。与肌肉/脂肪比率增加、总体脂肪减少及运动后GnRH的释放受抑制有关。

（3）体重下降和神经性厌食 体重与月经关系密切，不论是单纯性营养不良或疾病引起的体重下降还是神经性厌食，体重下降为正常体重的85%以下均可诱发闭经。

（4）药物性闭经 长期服用甾体类避孕药及某些药物，如吩噻嗪衍生物（奋乃静、氯丙嗪）、利血平等，可引发继发性闭经。其机制是药物抑制下丘脑分泌GnRH或通过抑制下丘脑多巴胺，使垂体分泌催乳素增加而导致闭经。药物性闭经通常是可逆的，一般停药3~6个月后月经自然恢复。

(5) 颅咽管瘤 较罕见。瘤体增大可压迫下丘脑和垂体柄时，可引起闭经、生殖器萎缩、肥胖、颅内高压、视力障碍等症状，也称肥胖生殖无能营养不良症。

2. 垂体性闭经 腺垂体的器质性病变或功能失调可影响促性腺激素的分泌，继而影响卵巢功能引起闭经。主要表现为继发性闭经。常见有垂体梗死（希恩综合征，Sheehan syndrome）、垂体肿瘤、空蝶鞍综合征等。

3. 卵巢性闭经 闭经的原因在卵巢。卵巢的性激素水平低落，子宫内膜不发生周期性变化而导致闭经。如先天性无卵巢及卵巢发育不全、卵巢功能早衰、多囊卵巢综合征、卵巢功能性肿瘤、卵巢已切除或卵巢组织被破坏等。

4. 子宫性闭经 闭经的原因在子宫。月经调节功能正常，但因子宫内膜受到破坏或对卵巢激素不能产生正常的反应，而导致闭经。此种闭经往往表现第二性征发育正常。临床见于子宫内膜损伤、Asherman综合征、子宫内膜炎症、子宫切除后或子宫腔内放射治疗后等。

5. 其他内分泌功能异常性闭经 如肾上腺、甲状腺、胰腺等功能异常都可引起闭经。常见的疾病，如甲状腺功能减退或亢进、肾上腺皮质功能亢进、肾上腺皮质肿瘤、糖尿病等均可影响下丘脑功能导致闭经。

【护理评估】

1. 健康史 详细询问月经史（初潮年龄、月经周期、经期、经量、有无痛经）、闭经的时间及伴随症状（如多毛、泌乳、肥胖、头疼、腹痛等）、发病前有无引起闭经的诱因（如精神因素、环境改变、体重增减、剧烈运动、各种疾病及用药情况等）。已婚妇女需详细询问其生育史（流产、刮宫史）及产后并发症史。原发性闭经应询问第二性征发育情况，了解生长发育史，有无先天性缺陷或其他疾病，家族史有无类似疾病者。

2. 身体状况

(1) 症状 年满16岁无月经来潮或以往月经规律，以后月经停止达6个月以上。

(2) 体征 注意患者的全身发育情况、有无畸形、智力、身高、体重、精神状态、四肢与躯体的比例；注意患者第二性征发育情况，如音调、毛发分布、乳房发育，是否有乳汁分泌等。妇科检查注意内、外生殖器的发育，有无先天性缺陷、畸形和肿瘤等。

3. 心理－社会状况 患者常因担心闭经对自己的健康、性生活及生育能力的影响，或反复治疗效果不佳而加重心理压力，表现为情绪低落、沮丧，对治疗和护理失去信心。

4. 辅助检查 育龄妇女首先排除妊娠。通过健康史、体格检查对闭经的原因和病变环节有初步的了解，再有选择地做辅助检查以明确诊断。

(1) 子宫功能检查 主要了解子宫的发育情况，子宫内膜状态及功能。

①诊断性刮宫 适用于已婚妇女，可了解宫腔深度，宫颈管和宫腔有无粘连，宫腔是否通畅。刮取子宫内膜做病理学检查，了解子宫内膜对卵巢激素的反应，刮出物同时

做结核菌培养，还可排除子宫内膜结核。

②子宫镜检查　在子宫镜直视下观察子宫腔及内膜有无宫腔粘连，可疑结核病变，常规取材送病理学检查。

③子宫输卵管碘油造影　了解宫腔形态、大小及输卵管情况，用以诊断生殖系统发育不良、畸形、结核及宫腔粘连等病变。

④药物撤退性试验　常用孕激素试验和雌、孕激素序贯试验。

孕激素试验：用来检测内源性雌激素水平。黄体酮肌注每日 20mg 或甲羟孕酮口服每日 10mg，连用 5 天。停药后 3 ~ 7 天出现撤药性出血为阳性反应，提示子宫内膜已受一定水平的雌激素影响，为Ⅰ度闭经。若无撤药性出血为阴性反应，应进一步做雌、孕激素序贯试验。

雌、孕激素序贯试验：每晚睡前口服己烯雌酚 1mg 或妊马雌酮 1.25mg，连续 20 日，最后 10 天加用甲羟孕酮，每日口服 10mg。停药后 3 ~ 7 天发生撤药性出血为阳性反应，提示子宫内膜功能正常，可排除子宫性闭经，闭经原因是体内雌激素水平低落，为Ⅱ度闭经，应进一步寻找原因。无撤药性出血为阴性反应，重复 1 次试验，若仍无出血，提示子宫内膜有缺陷或破坏，可诊断为子宫性闭经。

（2）卵巢功能检查　通过基础体温测定、阴道脱落细胞检查、宫颈黏液结晶检查、血甾体激素测定等，可帮助了解病因在卵巢、垂体或下丘脑。

（3）垂体功能检查　雌、孕激素序贯试验阳性者，为确定原发病因在卵巢、垂体或下丘脑，需作血清 PRL、FSH、LH 放射免疫测定，垂体兴奋试验（GnRH 刺激试验）。疑垂体肿瘤时应作蝶鞍 X 线摄片、CT 或 MRI 检查。

5. 治疗原则　改善全身的健康状况；针对病因进行治疗；激素治疗纠正下丘脑 - 垂体 - 卵巢轴功能紊乱；针对不同的器质性疾病，采取相应的手术治疗。

（1）全身治疗　在闭经治疗中占重要地位。包括积极治疗全身性疾病，提高机体体质，供给足够营养，保持标准体重。

（2）病因治疗　闭经因器质性病变引起，应针对病因治疗。如 Asherman 综合征可行宫腔镜直视下宫颈 - 宫腔粘连分离后放置避孕环。先天性畸形，如处女膜闭锁、阴道横隔或阴道闭锁，均可行手术切开或成形术，使经血流畅。子宫内膜结核导致闭经，应积极抗结核治疗。卵巢或垂体肿瘤者应按制订的相应方案治疗。

（3）心理治疗　继发于精神心理和应激反应的闭经要给予及时的精神支持和医学咨询，以促进患者建立正确的健康观念和生活方式。对神经性厌食患者，应给予足够的关怀和心理疏导，鼓励循序渐进地进食。

（4）内分泌治疗　明确病变环节及病因后，应用相应激素补充机体激素不足或拮抗其过多，以达到治疗目的。

①性激素替代治疗　雌激素替代疗法适用于无子宫者。雌、孕激素人工周期疗法适用于低雌激素性腺功能减退者；孕激素疗法适用于体内有一定内源性雌激素水平的Ⅰ度闭经患者。

②促进排卵　适用于有生育要求患者。常用药物有氯米芬、促性腺激素、促性腺激

素释放激素及溴隐亭等。

【护理诊断/问题】

1. 营养不良　与神经性厌食有关。

2. 功能障碍性悲哀　与长期闭经及治疗不明显有关。

【护理目标】

1. 患者加强营养，体重增加。

2. 患者能够主动诉说病情及忧虑。

【护理措施】

1. 一般护理　鼓励患者适当锻炼身体，增强体质，合理饮食，保持标准体重。避免过度劳累和剧烈运动。

2. 病情观察　观察患者的病情变化，协助医生对患者进行全面的体格检查。

3. 治疗护理　指导患者正确用药，说明性激素的作用、副作用、剂量、用药方法及时间等问题，不能随意减量、增量、漏服和停药，并注意观察性激素治疗后的不良反应。

4. 心理护理　建立良好的护患关系，鼓励患者表达自己内心的感受，向患者提供诊疗信息，解除患者的心理压力，使其端正心态，保持心情舒畅，正确对待月经。同时，需告知患者引起闭经的原因较多，确诊前需要逐步检查，历时较长，因此，要耐心地按时、按规定配合医生做好相关检查。

【护理评价】

1. 患者能正常进食，营养状况良好。

2. 患者心态正常，情绪稳定，积极配合诊疗方案。

【健康指导】

1. 树立正确的健康观念，养成良好的生活方式。提倡健康自然美，避免过度节食，合理营养；适当参加运动，避免过于剧烈。

2. 正确认识疾病，保持心情舒畅。

3. 对有明显性格缺陷的女性，应指导帮助她们提高对外界的适应能力，保持情绪的稳定性。

第三节　痛　　经

案例引导

某学生，18 岁，未婚。主诉每次月经期间均有下腹坠痛，疼痛较重时影响学习及生活。妇科检查：肛腹诊未见异常。B 超提示盆腔少量积液，余无异常。请问：

1. 该学生最可能的诊断是什么？

2. 应提供什么样的护理措施？

痛经是妇科最常见的症状之一，凡在月经前后或月经期出现下腹疼痛、坠胀，伴腰酸或其他不适，严重影响工作、学习及生活者，称为痛经。痛经分为原发性和继发性两类。原发性痛经是指生殖器官无器质性病变的痛经，占痛经 90% 以上，常见于青春期少女；继发性痛经是指因盆腔器质性病变而致的痛经，如子宫内膜异位症、子宫腺肌病、盆腔炎等，常见于生育期妇女。本节仅讨论原发性痛经。

【病因】

痛经可能与下列因素有关：

1. 内分泌因素 原发性痛经的发生主要与月经时子宫内膜前列腺素（PG）含量增高有关。研究表明，痛经患者子宫内膜和月经血中 $PGF_{2\alpha}$ 和 PGE_2 含量较正常妇女明显升高。$PGF_{2\alpha}$ 高是造成痛经的主要原因，$PGF_{2\alpha}$ 可以引起子宫痉挛性收缩，子宫血流减少，子宫缺血、缺氧而导致痛经。痛经常发生在有排卵的月经周期，无排卵性子宫内膜因无黄体酮刺激，所含 PG 浓度甚低，一般不发生痛经。

2. 子宫因素 任何导致经血外流不畅的因素均可造成痛经，如子宫颈管狭窄、子宫极度屈曲、月经期子宫内膜整体脱落等。

3. 精神神经因素 精神紧张、焦虑、恐惧、寒冷刺激、过度敏感、月经期剧烈运动及生化代谢产物均可通过中枢神经系统刺激盆腔疼痛纤维引起痛经。

4. 遗传因素 有家族痛经史。

【护理评估】

1. 健康史 了解患者的年龄、月经史和婚育史，询问有无痛经的相关因素。疼痛与月经的关系，疼痛发生的时间、部位、性质、程度及伴随症状，疼痛时用药情况及治疗效果。

2. 身体状况

（1）症状 原发性痛经在青春期多见，常在初潮后 1～2 年内发病，主要表现为下腹部疼痛：①疼痛常于月经来潮后开始，最早出现在经前 12 小时，以行经第 1 天疼痛最剧烈，持续 2～3 天后缓解，疼痛常呈痉挛性。通常位于下腹部耻骨上，可放射至腰骶部和大腿内侧。②可伴有恶心、呕吐、腹泻、头痛、烦躁等，甚至出现四肢厥冷、面色苍白、出冷汗等虚脱症状。2～3 天后随着月经血排出通畅，疼痛即可缓解。

（2）体征 妇科检查无明显的实质性病变，偶尔触及子宫过度前倾或过度后倾后屈位。

3. 心理－社会状况 由于每个月经周期都会出现以疼痛为代表的一系列症状，患者多表现为焦虑和恐惧，甚至神经质倾向，进而影响身体健康、工作学习和生活质量。

4. 辅助检查 为了排除器质性病变如子宫内膜异位症、子宫腺肌病、子宫肌瘤、盆腔粘连、盆腔感染等疾病引起的痛经，可做 B 型超声检查和腹腔镜检查。

5. 治疗要点 避免精神过度紧张和过于疲劳，必要时应用镇痛、镇静、解痉药。避孕妇女的痛经可采用口服避孕药治疗方法。未婚少女可用雌、孕激素序贯疗法，还可配合中医中药治疗。

【护理诊断/问题】

1. 疼痛　与月经期子宫痉挛性收缩，子宫肌组织缺血缺氧，刺激疼痛神经元有关。

2. 恐惧　与长时期痛经造成的精神紧张有关。

3. 睡眠型态紊乱　与痛经症状有关。

【护理目标】

1. 痛经症状缓解。

2. 月经来潮前及经期无恐惧感。

3. 在月经期得到足够的休息和睡眠。

【护理措施】

1. 一般护理　经期保证充足睡眠，避免剧烈运动及过度劳累，注意保暖，注意摄取足够营养，勿食生冷和辛辣食物。

2. 病情观察　观察患者腹痛的程度，腹痛出现及持续的时间，有无恶心、呕吐等伴发症状。

3. 对症护理　疼痛明显时嘱患者卧床休息，腹部局部热敷或按摩，以促进血液循环，喝热饮可减轻疼痛。

4. 治疗护理　遵医嘱给予药物治疗，指导患者按医嘱口服前列腺素合成酶抑制剂。若未婚少女采用雌、孕激素序贯疗法，应指导其正确的用药方法，避免漏服，告知服药期间可能出现的不良反应，如恶心、食欲不佳等。若是因每一次经期习惯服用止痛剂，则应痛止即停药，防止药物成瘾。中医可应用当归、芍药、川芎、茯苓、白术、泽泻组成的当归芍药散治疗原发性痛经效果明显，

5. 心理护理　给患者耐心解释有关痛经的知识，消除患者的恐惧心理，使其能够正确认识到月经期小腹轻度不适及腰酸属于生理现象，不必过于紧张。婚后生育，随着子宫内环境的改变，痛经的发生率会下降。

【健康指导】

1. 正确认识月经，保持心情舒畅　规律的月经是女性生殖功能正常的外在标志，月经期应避免精神刺激和情绪波动，加强心理沟通，以减轻精神压力，保持心情舒畅。

2. 注意经期卫生　避免生殖道感染的发生，经期保持外阴清洁，每天清洗外阴，勤换卫生垫及内裤。经期可以淋浴，不宜盆浴，更不可游泳，禁止性生活、阴道冲洗或上药。

3. 经期注意保暖，适当休息　经期避免淋雨、冷水浴以免着凉。经期保证充足的睡眠，最好每日午睡1～2小时。不宜参加剧烈的运动和重体力劳动，合理饮食。

4. 加强营养　经期应多饮水，多吃新鲜蔬菜，保持大小便通畅。

第四节　经前期综合征

案例引导

周女士，35岁，半年前因家庭吵架不和，出现好激动，情绪不稳定，乏力，失眠，肌肉酸痛，乳房胀痛和下肢浮肿，自觉与月经周期有关，每当月经周期后半期，月经来潮前十天左右开始出现上述症状，月经前3天症状最明显，月经来潮后上述症状自然消失。现来我院就诊。请问：

1. 该患者最可能的诊断是什么？
2. 目前主要的护理问题是什么？应如何护理？

经前期综合征（premenstrual syndrome，PMS）是指妇女反复在黄体期出现生理、精神以及行为方面改变，严重者影响学习、工作和生活质量，月经来潮后，症状自然消失。发病率为30%～40%，严重者占5%～10%。

【病因】

其病因尚无定论，可能与以下因素有关：

1. 精神社会因素　研究发现，经前期综合征患者在臆想、抑郁、神经衰弱及精神内向方面的评分高于无经前期综合征的对照组。经前期综合征患者对安慰剂治疗的反应率高达30%～50%，提示社会环境与患者精神心理因素间的相互作用参与经前期综合征的发生。

2. 卵巢激素失调　以前认为雌、孕激素比例失调是经前期综合征的发病原因，患者孕激素不足或组织对孕激素敏感性失常，雌激素水平相对过高，引起水钠潴留，体重增加。近年研究发现，经前期综合征患者体内并不存在孕激素绝对或相对不足，补充孕激素不能有效缓解症状。目前认为可能与黄体后期雌、孕激素撤退有关。临床给患者补充雌、孕激素合剂减少性激素周期性生理变动能有效缓解症状。

3. 神经递质异常　经前期综合征患者在黄体后期循环中类阿片肽浓度异常降低，表现内源性类阿片肽撤退症状，影响精神、神经及行为方面的变化。

【护理评估】

1. 健康史　评估患者生理、心理方面的健康史，既往妇科、产科健康史；排除精神病及心、肝、肾等疾病引起的水肿。

2. 身体状况　经前期综合征多见于25～45岁妇女，症状常在月经前1～2周开始，逐渐加重，至月经前2～3天最为严重，月经来潮后迅速减轻直至消失。主要临床表现包括3个方面。

（1）躯体症状　①水钠潴留症状：手足、颜面水肿，体重增加；腹部胀满，腰围增粗。②疼痛：乳房胀痛，以乳房外侧缘及乳头部为重；头痛多位于颞部或枕部，可伴有恶心、呕吐或腹泻；腰骶部痛；盆腔痛或全身各处疼痛。有时出现低血糖等症状。

（2）精神症状 可分为两种类型。①焦虑型：如精神紧张，易怒，情绪波动，琐事就可引起感情冲动且不能自制，争吵哭闹；②抑郁型：无精打采，表情淡漠，忧愁不乐，健忘，失眠，判断力减弱，有时精神错乱，偏执妄想。

（3）行为改变 注意力不集中，工作效率低，神经质，易激动等。

以上症状周期性反复出现为经前期综合征的临床表现特点。

3. 辅助检查 经前期综合征没有特殊的实验室检查，必要时配合相关检查以排除心、肝、肾等疾病引起的水肿。

4. 治疗要点 临床处理分为非药物治疗和药物治疗。

（1）非药物治疗 给予心理安慰与疏导，使精神松弛，重新调整生活状态。

（2）药物治疗 以解除症状为主，如利尿、镇静、止痛等。常用药物有镇静剂（艾司唑仑）、抗抑郁药（氟西汀）、利尿剂（螺内酯）、孕激素、溴隐亭及维生素 B_6。

【护理诊断/问题】

1. 焦虑 与周期性经前出现不适症状有关。

2. 体液过多 与雌、孕激素比例失调有关。

3. 疼痛 与精神紧张有关。

【护理目标】

1. 在月经来潮前两周及月经期能够消除焦虑。
2. 能够叙述水肿的促成因素和预防水肿的方法。
3. 在月经来潮前两周及月经期疼痛减轻。

【护理措施】

1. 心理护理 帮助患者调整心理状态，给予心理安慰与疏导，让其精神放松，有助于减轻症状。同时对家庭成员进行有关疾病保健的宣传教育，让家人了解该病周期性发作的规律和预期的发病时间，协助调整经前期的家庭活动，减少环境刺激。

2. 调整生活状态 合理饮食及营养，戒烟，限制钠盐和咖啡的摄入。鼓励患者进行有氧运动如舞蹈、慢跑，多参与社会交往，多听些抒情的轻音乐，以缓解精神压力。

3. 按医嘱指导患者正确用药。

【护理评价】

1. 患者焦虑感消除，正确面对月经来潮，没有出现明显不适。
2. 患者水肿减轻，没有水肿的体征。
3. 患者自述疼痛减轻。

【健康指导】

1. 高糖低蛋白饮食 目前认为PMS的低血糖样症状，如食欲增加、易怒、神经过敏与雌、孕激素的周期性变化对糖代谢的影响有关。有报道，经前有症状时，摄入富含碳水化合物和低蛋白的饮食，如地瓜、马铃薯等，可以改善经前期综合征的精神症状，包括抑郁、紧张、易怒和疲劳等。

2. 限制咖啡因 咖啡因能增加焦虑、紧张、抑郁及易怒症。

3. 多食富含维生素 B_6 的食物 维生素 B_6 是合成多巴胺和5-羟色胺的辅酶，后二者是影响行为和精神的神经递质，饮食中每天添加50mg 的维生素 B_6 可以减轻症状，为避免对感觉神经的毒性作用，不可长期大量服用。

第五节 绝经综合征

案例引导

刘女士，50 岁。近四年来月经不规律，经量多且淋沥不净，现停经 3 个月，突发阴道较多出血。妇科检查未见异常。给予诊刮止血，刮出组织物病理检查为子宫内膜增生过长。请问：

1. 该患者最可能的医疗诊断是什么？
2. 治疗原则是什么？
3. 请制订合理的护理计划。

绝经（menopause）指月经完全停止一年以上。绝经提示卵巢功能衰退，生殖功能终止，是妇女生命进程中必经的生理过程。我国城市妇女的平均绝经年龄为 49.5 岁，农村妇女 47.5 岁。绝经可分自然绝经和人工绝经。自然绝经指卵巢内卵泡生理性耗竭所致绝经；人工绝经指两侧卵巢经手术切除或受放射线损坏导致的绝经。

围绝经期（perimenopausal period）指绝经前后的一段时期，包括从接近绝经出现与绝经有关的内分泌、生物学和临床特征起至最后一次月经后 1 年。以往人们一直用“更年期”来形容这一变更时期，而目前采用的是 WHO 提出的“围绝经期”这一词。

绝经综合征（menopause period）是指妇女在绝经前后雌激素水平波动或下降，导致以自主神经系统功能紊乱为主，伴有神经生理症状的一组症候群。因卵巢功能衰退，雌、孕激素水平降低，使正常的下丘脑－垂体－卵巢轴的调节失去平衡，出现一系列自主神经功能失调的症状。多发生在 45～55 岁之间，一般持续至绝经后 2～3 年，少数人可持续至绝经后 5～10 年。

【病因】

1. 内分泌因素 多认为卵巢功能衰退，雌激素减少是其根本原因。由于卵巢功能减退，体内雌、孕激素水平低落，导致下丘脑－垂体－卵巢轴平衡失调，影响了自主神经中枢及其所支配的脏器功能，从而出现了一系列自主神经功能失调的表现。

2. 神经递质 绝经后血中β－内啡肽及其自身抗体含量明显降低，引起神经内分泌功能调节紊乱。5－羟色胺（5－HT）水平异常，可以引起情绪变化。

3. 种族、遗传因素 绝经综合征症状发生及严重程度可能与个体人格特征、神经类型、文化水平、职业等有关。绝经综合征患者多有精神压抑或精神创伤史。

【护理评估】

1. 健康史 对 40 岁以上女性，若出现月经紊乱或不规则阴道出血，应详细了解其月经史、婚育史、妇科手术史，有无肝病、高血压以及其他内分泌疾病等。

2. 身体状况　评估患者有无下列表现。

(1) 症状　绝经综合征症状持续时间长短不一，一般为 2～5 年。主要表现为月经紊乱及一系列雌激素下降引起的相关症状。

①月经紊乱　月经紊乱是绝经过渡期的常见症状，绝经前半数以上妇女会有 2～8 年的无排卵型月经，表现为月经周期紊乱、持续时间长、月经量异常。

②血管舒缩症状　主要表现为潮热、出汗，是雌激素降低的特征性症状。其特点是反复出现短暂的面部和颈部皮肤阵阵发红，伴有烘热，继之出汗，持续时间一般为 1～3 分钟。

③自主神经失调症状　常出现心悸、眩晕、头痛、耳鸣、失眠等自主神经失调症状。

④精神神经症状　兴奋型表现为情绪激动、多言多语、失眠和烦躁等；抑郁型表现为情绪低落、忧郁、焦虑、内心不安、多疑及记忆力减退，严重者可发展为抑郁性神经官能症。

⑤泌尿生殖道萎缩症状　出现阴道干燥、性生活困难及反复发生的阴道炎，常有张力性尿失禁、排尿困难、尿急及反复发生的尿路感染。

⑥心血管症状　绝经后妇女糖脂代谢异常增加，动脉硬化、冠心病的发病危险较绝经前明显增加。

⑦骨质疏松　绝经后妇女雌激素缺乏使骨质吸收增加，导致骨量快速丢失而出现骨质疏松。

此外，还有乳房萎缩、下垂，皮肤皱纹增多，皮肤色素沉着，毛发减少等表现。

(2) 体征　妇科检查可见生殖器官萎缩性病变，如外阴皮肤干皱、松弛，阴道干涩、萎缩，皱襞减少，如合并感染，阴道分泌物增多并有臭味；宫颈及子宫体萎缩变小，卵巢萎缩触不到。

3. 辅助检查

(1) 激素测定　检查血清 FSH 值及 E_2 值了解卵巢功能。绝经过渡期血清 FSH > 10U/L，提示卵巢储备功能下降。FSH > 40U/L 且 E_2 < 10～20pg/mL，提示卵巢功能衰竭。

(2) 氯米芬兴奋试验　月经第 5 天起口服氯米芬，每天 50mg，共 5 天，停药第 1 天测血清 FSH > 12U/L，提示卵巢储备功能降低。

(3) 其他检查　B 超检查、心电图、骨密度检查、宫颈刮片、分段诊断性刮宫病理学检查等。

4. 治疗要点

(1) 一般治疗　对绝经过渡期妇女进行心理疏导，向其解释绝经过渡期是每个妇女必经的生理过程，要以积极乐观的心态面对。同时鼓励建立健康的生活方式，包括适当的体育锻炼，健康饮食，增加日晒时间，摄入足量的蛋白质及含钙丰富食物，预防骨质疏松。必要时遵医嘱使用镇静剂以助睡眠，谷维素调节自主神经功能。

(2) 激素补充治疗（hormone replacement therapy，HRT）　针对病因的预防性治疗

措施可有效缓解绝经相关症状，从而改善生活质量。

①适应证 雌孕激素缺乏所致各种症状如老年性阴道炎、泌尿道感染、潮红、潮热及精神症状，也可预防存在高危因素的骨质疏松及心血管疾病。

②禁忌证 绝对禁忌证有已知或可疑妊娠、不明原因子宫出血、已知或可疑乳腺癌、6个月内有活动性血栓性疾病、胆囊疾病及肝脏疾病。相对禁忌证有乳癌病史、复发性血栓性静脉炎病史或血栓、血管栓塞疾病。

③制剂及剂量 主要药物为雌激素，常同时使用孕激素。剂量个体化，以取最小有效量为佳。原则上尽量选用天然性激素，以雌三醇和雌二醇间日给药最为安全有效。我国应用最多的是国产尼尔雌醇，可有效地控制潮热、多汗、阴道干涩和尿路感染。

④用药途径及方案 性激素的用药途径较多，包括口服片剂；经皮肤应用皮贴、涂抹胶；经阴道应用霜、片、栓等；肌内注射油剂及鼻喷用药。常用的治疗方案有雌孕激素序贯给药、雌孕激素联合用药和单用雌激素治疗。

⑤用药时间与剂量 短期用药适用于解除围绝经期症状，待症状消失后即可停药；长期用药用于防止骨质疏松，激素补充治疗至少持续5~10年以上。

【护理诊断/护理问题】

1. 自我形象紊乱 与月经紊乱，出现神经、精神症状有关。

2. 有感染的危险 与绝经期阴道黏膜变薄，局部防御感染能力下降有关。

3. 焦虑 与不适应围绝经期内分泌改变、家庭和社会环境改变等有关。

【护理目标】

1. 能积极参加社会活动，正确评价自己。
2. 绝经期不发生膀胱炎、阴道炎等感染。
3. 能够描述自己的焦虑心态和应对方法。

【护理措施】

1. 一般护理 饮食上应多吃些豆制品，适当摄取钙质和维生素D，可减少因雌激素降低而引起的骨质疏松；参加有规律的运动，如散步、打太极拳、扭秧歌、跳中老年健身操等，可以促进血液循环，维持肌肉良好的张力，延缓老化的速度，还可以刺激骨细胞的活动，延缓骨质疏松的发生。

2. 病情观察 观察患者的一般情况，血压、睡眠及月经情况，有无精神症状，有无心悸、头晕等。

3. 对症护理 出血较多者，督促其卧床休息，避免过度疲劳和剧烈运动；贫血严重者，遵医嘱做好配血、输血、止血措施；严重骨质疏松、反复阴道炎患者遵医嘱使用性激素缓解症状。

4. 治疗护理 帮助患者了解用药目的、药物剂量、适应证、禁忌证、用药时间、可能出现的反应。激素补充治疗必须在专业医师指导下进行，督促长期使用性激素治疗者应定期随访。开始激素补充治疗后，可于1~3个月复诊，以后随诊间隔可为3~6个月，1年后的随诊间隔可为6~12个月。若出现异常的阴道流血或其他不良反应应随时复诊，每次复诊需仔细询问健康史及其他相关问题。

5. 心理护理　加强与围绝经期妇女的沟通，让患者充分表达内心的“痛苦”，以宣泄不良情绪，缓解症状。向患者及家属讲解绝经综合征的相关知识，使家人给予理解、同情和及时的安慰，积极创造良好氛围，减轻患者的症状。

【健康指导】

1. 饮食指导　①多进食优质蛋白质：如牛奶、鸡蛋、牛、羊、猪的瘦肉等；②多吃新鲜水果和蔬菜；③摄取足够的 B 族维生素，如粗粮（小米、玉米、麦片等）、菌类、瘦肉、牛奶、绿叶蔬菜和水果等，可以调节神经系统功能、增加食欲、帮助消化；④低盐饮食可以利尿、消肿、降压；⑤禁食刺激性食物，如酒、咖啡、浓茶及各种辛辣调味品；⑥控制体重；⑦限制高胆固醇的食物。

2. 生活指导　鼓励患者坚持体育锻炼，参加户外活动，合理安排工作和休息，注意劳逸结合，同时积极防治围绝经期妇女常见的全身性疾病。

3. 定期随访　指导督促长期使用性激素治疗的患者定期随访。指导患者熟悉所使用药物的用药目的、药物剂量、适应证、禁忌证、用药时间和可能出现的反应。

思　考　题

1. 请解释什么是功能失调性子宫出血，并说出其分类及临床特点。
2. 闭经的原因有哪些？
3. 简述围绝经期综合征的临床表现及护理要点。

第十七章 妊娠滋养细胞疾病患者的护理

学习目标

1. 说出葡萄胎的概念、症状、体征、辅助检查、处理要点、随访的时间与内容及护理措施。

2. 比较侵蚀性葡萄胎与绒毛膜癌（简称绒癌）的在病理特点、疾病来源、处理原则上的异同点；说出侵蚀性葡萄胎、绒癌患者的护理评估及护理措施。

3. 概述化疗药物的作用机制、毒副作用及化疗患者的护理。

妊娠滋养细胞疾病（gestationaltrophoblasticdisease，GTD）是一组来源于胎盘滋养细胞的疾病，根据组织学将其分为葡萄胎（hydatidiform mole）、侵蚀性葡萄胎（invasive mole）、绒癌及胎盘部位滋养细胞肿瘤，后 3 者又统称为妊娠滋养细胞肿瘤（gestational trophoblastic neoplasia，GTN）。

滋养细胞肿瘤是众多肿瘤中对化疗最敏感者。即使患者已有广泛转移，化疗后大部分患者仍能达到根治效果。侵蚀性葡萄胎和绒癌通过化疗可达到痊愈，是恶性肿瘤中少数通过治疗能完全治愈的疾病之一。

第一节 葡 萄 胎

案例引导

刘女士，女，23 岁，已婚，G2P0，停经 40 天，阴道不规则出血 3 天，前来就诊。妇科检查：阴道出血量较多，子宫颈呈紫蓝色，质软。子宫体积如妊娠 3 个月大小，质软，子宫附件未触及异常。尿妊娠试验呈阳性。B 超检查宫腔内见“落雪状”图像，未见胎儿。请问：

1. 该患者可能的医疗诊断是什么?
2. 该患者确诊后，首选的治疗措施是什么?
3. 请列出 2 个护理诊断，并制定护理措施。

葡萄胎是一种良性滋养细胞病变，主要为妊娠后胎盘绒毛滋养细胞增生，间质水肿变性，各终末绒毛的乳头变为大小不一的水泡，水泡间借细蒂相连成串形如葡萄而得名，又称水泡状胎块（图 17－1）。葡萄胎可发生于任何年龄生育期妇女，年龄＜20 岁及＞35 岁妊娠妇女的发病率明显增高。病因不详，可能与营养不良、病毒感染、内分泌失调、孕卵异常和细胞遗传异常等有关。有过 1 次和 2 次葡萄胎妊娠者，再次妊娠葡萄胎的发生率分别为 1% 和 15% ～20%。

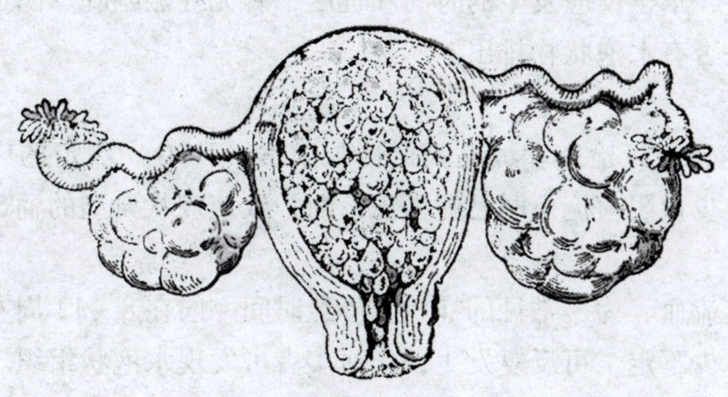

图 17－1　葡萄胎

知识拓展

妊娠滋养细胞

滋养细胞是胎儿的附属物。正常妊娠时，构成绒毛上皮的滋养细胞可直接从母体吸收养分或自身合成蛋白质和葡萄糖，以供胚胎生长。这种滋养细胞有侵蚀周围组织、穿透血管进入血液循环的能力，但其侵蚀范围仅限于蜕膜层内，少数进入子宫肌层，但并不造成破坏。当滋养细胞异常增生，侵入子宫肌层或经血循环至机体的其他部位种植，形成远处转移并造成不同程度的破坏，则形成滋养细胞疾病。

【分类和病理】

葡萄胎分完全性葡萄胎和部分性葡萄胎两类，前者多见葡萄胎病变局限于宫腔内，不侵入肌层，也不发生远处转移。葡萄样水泡壁薄，透亮，内含黏液，水泡间充满血液及凝血块。

1. 完全性葡萄胎（complete hydatidiform mole）　宫腔内充满大小不等的水泡状组织，其间混有蜕膜碎片及血液，无胎儿及其附属物痕迹，镜下为滋养细胞呈不同程度的增生，绒毛间质水肿变性，间质内血管消失。

2. 部分性葡萄胎（partial hydativdiform mole）　部分胎盘绒毛水泡状变性，既有水泡状组织也可有胚胎或胎儿，且胎儿多已死亡，极少达足月，且常伴有发育迟缓或多发性畸形。镜下可见绒毛大小不等，轮廓不规则，常呈扇形，滋养细胞轻度增生，部分绒毛间质水肿，绒毛间质内可见胎源性血管。

由于滋养细胞过度增生，产生大量的绒毛膜促性腺激素（HCG）刺激卵巢内膜细胞，产生过度黄素化反应，形成黄素化囊肿（图 17－1）。黄素化囊肿多为双侧性，多房，大小不等，表面光滑，最大直径可达 20cm 以上，囊壁薄，囊内液清亮或琥珀色，在葡萄胎排出数周或数月后自然消失。

【护理评估】

1. 健康史 询问患者既往史、家族史、月经史、婚育史、有无滋养细胞疾病史；患者本次妊娠经过，早孕反应发生的时间和程度，有无妊娠剧吐、阴道流血等，阴道流血的量和时间，是否有水泡状物排出。

2. 身体状况

（1）症状 由于超声检查和绒毛膜促性腺激素（HCG）测定的广泛应用，患者尚未出现症状或仅有少量阴道流血时已能做出诊断，致使症状典型的葡萄胎已少见，典型症状有：

①停经后阴道流血 为最常见的症状。停经时间一般在 8～12 周左右，以后有不规则阴道流血，量多少不定，可反复发生，出血多者可发现水泡状组织。若葡萄胎组织从蜕膜剥离，使母体血管破裂，可出现大量出血，导致休克，甚至死亡。长时间反复出血，可导致贫血及继发感染。

②卵巢黄素化囊肿 一般无症状，偶可发生扭转。因子宫异常增大，在葡萄胎排空前不易经妇科检查发现，多由 B 型超声检查给予诊断。黄素化囊肿在葡萄胎清除后 2～4 个月可自行消退。

③妊娠呕吐及妊娠期高血压疾病征象 妊娠呕吐出现时间早且严重，持续时间长，未能及时治疗者可发生水电解质紊乱。

④腹痛 因葡萄胎增长迅速致子宫过度快速扩张，可表现为阵发性下腹隐痛或胀痛，常发生于阴道出血前。若为黄素化囊肿急性扭转或破裂时则为急性腹痛。

⑤甲状腺功能亢进征象 约 7% 的患者可出现轻度甲状腺功能亢进表现，如心动过速，皮肤潮湿，震颤，T_3、T_4水平升高等，但突眼很少出现。

部分性葡萄胎除阴道流血外其他症状不典型。

（2）体征

①子宫异常增大、变软 由于绒毛水肿变性及宫腔积血，约半数以上患者的子宫大于停经月份，质地极软。约 1/3 患者的子宫大小与停经月份相符；极少数子宫小于停经月份，其原因可能与水泡退行性变有关。患者常常主诉无胎动感，触不到胎体。

②妊娠期高血压疾病征象 子宫异常增大及 HCG 水平异常升高者，可在妊娠 20 周前出现高血压、蛋白尿和水肿，容易发展为子痫前期。

③贫血及继发感染征象 患者停经后阴道流血，流血时间长又未及时治疗者可致贫血及继发感染。如发生大出血，可出现脸色苍白、血压下降、脉搏细数等症状；大多数患者子宫增长迅速，可有腹部不适感或胀痛，而腹部检查无胎心、胎体，也无胎动感。

④部分性葡萄胎征象 子宫大小与停经月份多数相符或小于停经月份，妊娠呕吐少见并较轻，多无子痫前期症状，常无腹痛，一般也不伴卵巢黄素化囊肿，常被误诊为不全流产或过期流产，仅在对流产组织进行病理学检查时才发现。有时部分性葡萄胎和完

全性葡萄胎较难鉴别，需刮宫后经组织学甚至遗传学检查方能确诊。

3. 心理－社会状态　一旦确诊，患者及其家属常感到不安，担心此次妊娠的结局对今后生育的影响，同时对清宫术也存有恐惧心理。

4. 辅助检查

（1）B型超声检查　是诊断葡萄胎的重要辅助检查方法。完全性葡萄胎可见子宫大于孕周，无妊娠囊或胎心搏动，增大的子宫腔内充满不均质密集状或短条状回声，呈“落雪状”或“蜂窝状”。子宫壁薄，但回声连续，无局灶性透声区。可测到两侧或一侧卵巢囊肿，多房，壁薄，内有部分纤细分隔。部分性葡萄胎宫腔内可见水泡状组织所形成的超声图像及胎儿或羊膜腔，胎儿常合并畸形。

（2）绒毛膜促性腺激素（HCG）测定　正常妊娠时，受精卵着床数日后滋养细胞即开始分泌 HCG，于妊娠 8～10 周达高峰，持续 1～2 周后逐渐下降。葡萄胎时，滋养细胞高度增生，产生大量 HCG，且持续不降。放免法测患者血清中的 β－HCG 常增高，多超过 100kU/L，最高可达 1000kU/L。也可用尿 HCG 酶联免疫吸附法测定。

（3）多普勒超声检查　听不到胎心音。

（4）流式细胞仪测定　完全性葡萄胎的染色体核型为二倍体，部分性葡萄胎为三倍体。

5. 处理要点

（1）葡萄胎的处理　处理原则为一旦确诊，立即行清宫术清除宫腔内容物。术前首先应仔细做全面体检，了解 HCG 水平，注意有无休克、子痫前期、水电解质紊乱及贫血等，必要时先对症处理。在患者病情稳定后，及时清除宫腔内容物，一般选择吸刮术，应在输液、备血条件下进行；术中应充分扩张宫颈管，并选择大号吸管；清宫次数依子宫体积而定，子宫小于妊娠 12 周者，争取 1 次清净，子宫大于妊娠 12 周或术中感觉一次清净有困难者，可于 1 周后再次刮宫。近年来的研究表明，清宫次数与葡萄胎恶变呈正相关。出血不多，不常规用宫缩剂。清除的标本应将宫腔组织与宫壁组织分别送病理检查。

（2）卵巢黄素化囊肿的处理　囊肿在葡萄胎清宫术后会自行消退，一般不需处理。若发生急性扭转，可在 B 型超声或腹腔镜下行穿刺吸液。若扭转时间长发生组织坏死，则手术切除患侧附件。

（3）预防性化疗　关于葡萄胎的预防性化疗目前尚有争议，故不作为常规推荐。主要适用于有高危因素的患者，主要包括：①年龄大于 40 岁。②血及尿 HCG 浓度异常增高。③刮宫前子宫明显大于相应妊娠月份或短期内迅速增大，出现可疑的转移灶。④清宫的组织以小水泡型为主；病理报告提示滋养细胞高度增生或伴不典型增生。⑤有巨大卵巢黄素囊肿。⑥无条件随访的患者。预防性化疗可减少子宫局部侵犯和远处转移，尽可能选在清宫前或清宫时，一般选甲氨蝶呤（MTX）、氟尿嘧啶（5Fu）或放线菌素－D（KSM）等单一药物。

（4）子宫切除术　对于年龄在 40 岁以上、无生育要求、子宫增大迅速或无条件随访的患者，为了防止恶变，避免复发，可行全子宫切除术，保留双侧卵巢。术后仍需定期随访。

【护理诊断/问题】

1. **焦虑** 与担心葡萄胎对身体健康可能的危害及将要接受清宫术有关。

2. **功能障碍性悲哀** 与分娩期望得不到满足及对未来妊娠担心有关。

3. **有感染的危险** 与反复阴道流血致抵抗力下降及未维持会阴清洁有关。

4. **组织灌注量改变** 与反复阴道流血有关。

5. **知识缺乏** 缺乏有关葡萄胎疾病的相关知识。

【护理目标】

1. 患者能掌握减轻焦虑的方法和技巧，并能积极配合清宫术。
2. 患者能接受葡萄胎的结局。
3. 患者体温正常，无感染的发生。
4. 患者的出血能及时被控制，生命体征正常。
5. 患者能正确叙述随访的重要性及具体方法。

【护理措施】

1. **一般护理** 嘱患者进高蛋白、高维生素、易消化食物，保证合理营养。阴道出血期间注意卧床休息，保持外阴清洁。

2. **心理护理** 热情接待患者，讲解关于葡萄胎的性质、治疗、预后等疾病知识，说明尽快清宫术的必要性。详细评估患者对疾病的心理承受能力，鼓励患者表达对疾病和妊娠结局的感受以及对治疗手段的认识，确定其主要心理问题。告知清宫手术后应坚持随访，治愈2年后可正常生育，使患者消除悲哀心理，增强信心，以坦然的心态接受清宫手术和术后随访。

3. **病情观察** 观察腹痛及阴道流血情况，检查阴道排出物内有无水泡状组织，如有必要及时送病检；注意保留纸垫，便于正确估计其流血量。流血过多时，密切观察生命体征。

4. **对症护理** 腹痛及阴道流血者，密切观察生命体征和阴道出血量，做好输血输液准备。体温升高者，行物理降温，保持外阴清洁，遵医嘱应用抗生素。对合并妊娠期高血压疾病者做好相应护理。

5. **治疗护理** 清宫术前行血常规、HCG、血型及交叉配血等检查，配血以备急用，建立静脉通路，准备好抢救药品和物品。嘱患者排空膀胱，取膀胱截石位；术中严密观察患者的生命体征及反应，根据具体情况遵医嘱应用缩宫素；术后将刮出物送病理检查（选择水泡小、贴近宫壁的组织），并注意宫缩及阴道流血情况。

【护理评价】

1. 患者的出血被控制，血压平稳，血常规检查正常。
2. 患者体温正常，无感染发生。
3. 患者能正视葡萄胎流产的结局，能积极配合清宫手术。
4. 患者能接受葡萄胎的结局。
5. 患者能叙述随访的重要性和具体方法，并能配合做好术后随访。

【健康指导】

1. 出院时嘱患者进食高蛋白、高维生素、易消化食物，保证合理营养。

2. 适当活动，保证充足睡眠。

3. 指导患者正确留取尿标本（清晨第1次尿）和定期随访。

4. 保持外阴清洁，清宫术后禁止性生活和盆浴1个月，以防感染。

5. 出院时告诉患者要严格避孕1年，以避孕套为首选，也可口服避孕药，但不用宫内节育器，以免子宫穿孔或混淆子宫出血的原因。

6. 随访指导

（1）向患者及家属讲解随访的重要意义、内容、时间及注意事项。①意义：葡萄胎清宫后恶变率为14.5%，通过随访可及早发现恶变，及早治疗，提高治愈率。②随访时间：第1次葡萄胎清宫术后，每周1次血、尿HCG检测，直至连续3次阴性，以后每个月1次共6个月，然后再每两个月1次共6个月，自第1次阴性后共计1年。③随访内容：询问患者月经是否规则，是否有异常阴道流血、咳嗽、胸痛、咳血等转移灶症状；动态观察血、尿HCG；妇科检查及B超观察子宫复旧、双侧卵巢黄素囊肿消退情况；必要时行X线胸片、胸部CT检查等。④注意事项：随访期间必须严格避孕，首选避孕套，一般不选宫内节育器及避孕药，以免混淆子宫出血的原因。

（2）与患者商定随访日期，建立随访计划，制定书面随访日程表。

第二节　妊娠滋养细胞肿瘤

案例引导

高女士，35岁，足月产后，阴道不规则出血五个月余，近一周来咳嗽、胸痛较明显，痰中有血。检查见子宫稍大，质软。尿妊娠试验呈阳性，X线胸片检查见左下肺有一直径约2.5cm的球形阴影，边界清楚。请问：

1. 该患者可能的医疗诊断是什么？

2. 该患者应如何护理？

妊娠滋养细胞肿瘤包括侵蚀性葡萄胎、绒癌及胎盘部位滋养细胞肿瘤。

侵蚀性葡萄胎指葡萄胎组织侵入子宫肌层引起组织破坏，或转移至子宫以外。大多数侵蚀性葡萄胎继发于葡萄胎排空后6个月内。其具有恶性肿瘤行为，但恶性程度不高，多数只造成局部侵犯，仅4%患者并发远处转移，预后较好。

绒癌是一种高度恶性肿瘤，早期就可通过血行转移至全身。其中50%继发于葡萄胎之后，一般发生在葡萄胎排空后1年以上；25%发生于流产后，22.5%发生于足月分娩后，2.5%发生于异位妊娠之后。患者多为育龄期女性，但也可发生于绝经后女性，因为滋养细胞有隐匿多年的特性。

【病理】

1. 侵蚀性葡萄胎 ①大体检查可见子宫肌壁内有大小不等、深浅不一的水泡状组织，宫腔内可有原发病灶，也可没有原发病灶。当侵蚀病灶接近子宫浆膜层时，子宫表面可见紫蓝色结节。侵蚀较深时可穿透子宫浆膜层或阔韧带，致子宫穿孔或形成阔韧带血肿。②显微镜下检查可见滋养细胞增生和分化不良，增生的滋养细胞有明显的出血及坏死，但仍可见变性或完好的绒毛结构，滋养细胞过度增生及不典型增生的程度不等，具有过度侵蚀能力。

2. 绒癌 ①大体检查可见绒癌多数原发于子宫，肿瘤常位于子宫肌层内，也可突向宫腔或穿破浆膜。病灶可以是单个或多个，大小不一，无固定形态，与周围组织分界清楚，组织质脆，海绵样，暗红色，伴出血坏死。宫旁静脉中常常发现癌栓。②镜下见滋养细胞成片高度增生，排列紊乱，侵入子宫肌层并破坏血管，致组织出血坏死，无绒毛结构。

【护理评估】

1. 病史 询问患者阴道不规则出血的情况，了解患者的既往史、家族史、月经史、婚育史，特别是滋养细胞疾病史、用药史及药物过敏史；重点询问患者葡萄胎清宫的时间、水泡大小、量等，以及刮宫次数和刮宫后阴道流血的量、质、时间；子宫复旧情况；收集血、尿HCG及肺部X射线检查等随访资料；询问有无生殖道、肺部、脑部等转移灶症状，如不规则阴道流血、咳嗽、胸痛、头痛等；是否做过预防性化疗及化疗的时间、药物、剂量、疗效以及用药后的反应情况。

2. 身体状况

(1) 阴道不规则流血 是最主要的症状。侵蚀性葡萄胎表现为葡萄胎清除后6个月内出现不规则阴道流血或月经恢复正常数月后又流血。绒癌表现为产后、流产后，尤其在葡萄胎清宫术后出现不规则阴道流血，量多少不定。也可表现为一段时间月经正常，以后发生停经，然后阴道流血。有时子宫原发灶已消失而继发灶发展，则无阴道流血。评估患者阴道流血情况。

(2) 子宫复旧不良及卵巢黄素化囊肿 葡萄胎排空后子宫未恢复正常大小，或因子宫肌壁内病灶影响致子宫不均匀增大。因HCG持续作用，在葡萄胎清除、流产、足月产、异位妊娠后，两侧或一侧卵巢黄素化囊肿可持续存在。

(3) 下腹部包块及内出血 因子宫复旧不全或不均匀性增大，阔韧带血肿或卵巢黄素化囊肿，可于下腹部扪及肿块。绒癌患者的黄素化囊肿往往不如葡萄胎明显。如肿瘤穿破子宫壁可引起大出血。

(4) 腹痛 一般无腹痛。当癌组织穿透子宫浆膜层时，致腹腔内出血，引起下腹痛，也可因脏器转移灶破裂或卵巢黄素化囊肿发生扭转或破裂而致急性腹痛。

(5) 转移灶症状 多为绒癌的表现，尤其是继发于非葡萄胎妊娠后绒癌。侵蚀性葡萄胎远处转移发生少，仅为4%。其主要转移途径是血行转移，转移发生早且广泛。最常见的转移部位是肺（80%），其次是阴道（30%）、盆腔（20%）、肝（10%）、脑（10%）等。脑转移常继发于肺转移之后，是死亡的主要原因。滋养细胞的生长特点是侵犯破坏血管，故转移灶的共同症状是局部出血。具体表现为：①肺转移的常见症状是咳嗽、咯血、胸痛及呼吸困难等，常急性发作。②阴道转移病灶多位于前壁，表现为紫蓝色结节，破溃后可引起大出血。③肝转移多同时伴脑转移，表现为上腹部或肝区疼痛，病灶突破肝包膜则出现腹腔内出血致死亡。④脑转移者预后凶险，按病情进展分3期。瘤栓期：表现为一过性脑缺血症状，如短暂失语、失明、突然跌倒等；脑瘤期：表现为头痛、喷射性呕吐、偏瘫、抽搐、昏迷；脑疝期：表现为颅内压明显升高，脑疝形成，压迫呼吸中枢而死亡。绒癌的症状重，破坏性强。

3. 心理－社会状态 由于反复阴道流血，患者有不适、恐惧感，担心疾病的预后，害怕化疗，往往表现出焦虑、悲哀、痛苦、无助感，迫切需要医护人员和家属的关心和理解。如需要手术，未生育者会因为将失去生育能力而产生绝望，已生育者则因切除子宫而产生心理负担，故应评估患者和家属对疾病的认知程度及反应。

4. 辅助检查

（1）血清 HCG 测定　HCG 增高是妊娠滋养细胞肿瘤的主要诊断依据。凡符合下列标准中的任何一项，且排除妊娠物残留或再次妊娠即可确定为妊娠滋养细胞肿瘤：①HCG测定4次高水平呈平台状态（±10%），并持续3周或更长时间，即1，7，14，21天；②HCG测定3次上升（>10%），并至少持续两周或更长时间，即1、7、14天。

足月产、流产和异位妊娠后HCG多在4周左右转为阴性，若超过4周血清HCG仍持续高水平，或一度下降后又上升，在排除妊娠物残留或再次妊娠后，可确定为妊娠滋养细胞肿瘤。

（2）组织病理学检查　在子宫肌层或子宫外转移灶中，见到绒毛结构，诊断为侵蚀性葡萄胎。在子宫肌层或子宫外转移灶中，仅见大量的滋养细胞和坏死组织，没有绒毛结构，即可诊断为绒癌。

（3）超声检查　是诊断子宫原发病灶最常用的方法。在声像图上子宫可正常大小或不同程度增大，肌层内可见高回声团块，边界清无包膜；或肌层内有回声不均区域或团块，边界不清且无包膜；也可表现为整个子宫呈弥漫性增高回声，内部伴不规则低回声或无回声。彩色多普勒超声主要显示丰富的血流信号和低阻力型血流频谱。

（4）胸部X线摄片　若患者有咳嗽、咯血、胸痛等肺转移症状，胸部X射线摄片可见结节状阴影，典型表现为棉球状或团块状阴影，以右侧肺及中下部多见。

（5）CT和核磁共振成像　CT主要用于发现肺部较小的转移灶及脑部等部位的转移灶；核磁共振成像主要用于脑、肝转移灶及盆腔病灶的诊断。

（6）其他检查　血细胞和血小板计数、肝肾功能等。

5. 处理要点 采用以化疗为主、手术和放疗为辅的综合治疗。必须在明确临床诊断的基础上，根据病史、体征及各项辅助检查的结果，做出正确的临床分期，并根据预后评分将患者评定为低危或高危，再结合骨髓功能、肝肾功能及全身情况等评估，制定合适的治疗方案，以实施分层治疗。

（1）侵蚀性葡萄胎以化疗为主。病灶在子宫而化疗效果差时可子宫切除。

（2）绒癌以化疗为主，手术、放疗为辅。年轻有生育要求患者尽可能不切除子宫。

需手术者一般主张先化疗，病情基本控制后再手术，尤其是盆腔转移者，减少病灶扩散。放疗主要用于肝、脑转移的重症患者和肺部耐药病灶的治疗。

【护理诊断/问题】

1. 恐惧/焦虑 与接受化疗和担心疾病转归及未来妊娠有关。

2. 活动无耐力 与阴道流血及化疗有关。

3. 潜在并发症 肺转移、阴道转移、脑转移等。

4. 有感染的危险 与化疗导致机体抵抗力降低有关。

5. 角色紊乱 与化疗及化疗副反应有关。

6. 营养失调：低于机体需要量 与化疗所致恶心、呕吐、食欲减退有关。

【护理目标】

1. 患者恐惧感减轻或消失。
2. 患者能参与适当的身体活动。
3. 患者的转移灶未发生破溃出血，未造成严重后果。
4. 患者未发生感染，体温正常。
5. 患者适应角色改变，正确面对疾病。
6. 患者食欲好，营养状况得以改善。

【护理措施】

1. 一般护理 应鼓励患者进食高蛋白、高维生素、易消化食物以保证所需营养。注意休息，避免劳累。指导患者饮食前后漱口，勤换衣物，保持皮肤清洁干燥，预防感染。阴道转移者应卧床休息，以免引起溃破大出血。注意外阴清洁，预防感染。严格探视制度，病室要清洁，空气要流通，定期消毒。

2. 观察病情 注意腹痛及阴道流血情况，出血多者应密切观察患者的血压、脉搏、呼吸，并配合医生做好抢救工作，及时做好手术准备；观察转移灶症状，认真监测生命体征，发现异常，及时通知医生并积极配合治疗。

3. 对症护理

（1）阴道转移患者的护理 ①限制走动，密切观察阴道有无转移病灶破溃出血，禁止做不必要的检查和阴道窥器检查。②配血备用，准备好各种抢救器械和物品（如输血、输液用物、长纱条、止血药、照明灯、氧气等）。③如发生溃破大出血时，立即通知医生并配合抢救。用长纱条填塞阴道压迫止血。必须于24~48小时内取出，如出血未止则再用无菌纱条重新填塞。同时给予输血、输液，按医嘱用抗生素。取出纱条仍应严密观察阴道出血情况及生命体征。同时观察有无感染及休克。

（2）肺部转移患者的护理 ①卧床休息，减轻患者的消耗。有呼吸困难者给予半卧位并吸氧。②积极配合治疗，按医嘱给予化疗及对症治疗。③大量咯血时有窒息、休克甚至死亡的危险，如发现应立即通知医生，同时给予头低足高侧卧位并保持呼吸道的通畅，轻扣背部，排出积血。

（3）脑转移的护理 ①尽量卧床休息，起床时应有人陪伴，以防瘤栓期的一过性脑缺血症状突然跌倒。②观察颅内压增高症状，记录出入水量，严格控制补液总量和速度，以防颅内压增高。③遵医嘱给予止血剂、脱水剂、吸氧等，并采取必要的措施预防抽搐及昏迷状态下的坠地损伤、咬伤及吸入性肺炎、角膜炎、褥疮等发生。④做好腰穿及脑脊液 HCG 测定、CT 等项目的检查配合。⑤昏迷、偏瘫者按相应的护理常规实行护理。

4. 治疗护理 化疗者做化疗护理。手术治疗者按妇科手术前后护理常规实施护理。

5. 心理护理 了解患者既往面对应激情况的反应方式，同家属一起做好患者的思想工作，提供疾病及治疗护理信息，帮助患者及家属树立战胜疾病的信心。让患者诉说心理痛苦及失落感，接受现实。提供有关化疗及护理的信息，减少患者的恐惧及无助感。主动听取患者和家属的意见，要让他们以积极的态度接受治疗。

【护理评价】

1. 患者恐惧感减轻或消失，能参与适当的活动。

2. 患者饮食合理，体重维持正常。

3. 患者没有因护理不当引起并发症或并发症得到及时发现和正确处理。

4. 患者体温正常，无感染发生。

5. 患者与医护人员讨论疾病，与病友友好相处，关心周围发生的事件，参与治疗与护理，没有出现绝望行为（如失眠、拒食、拒治疗、自杀等）。

6. 患者进食尚可，未因化疗等导致营养不良发生，身体状况良好。

【健康指导】

1. 指导患者化疗后营养进食，给予高蛋白（豆类、动物内脏、肉类、蛋类、乳类等）、高维生素食物（新鲜蔬菜和水果、谷类食物）、易消化食物，以增强机体的抵抗力。注意休息，避免劳累。注意外阴清洁，防止感染。

2. 出院后随访指导治疗结束后应严密随访，第 1 次在出院后 3 个月，然后每 6 个月 1 次至 3 年，此后每年 1 次直至 5 年，以后可每两年 1 次。也可Ⅰ～Ⅲ期低危患者随访 1 年，高危患者包括Ⅳ期随访两年。随访内容同葡萄胎。随访期间应严格避孕，一般于化疗停止≥12 个月后方可妊娠。

3. 指导避孕 节制性生活并落实避孕措施，避孕方式同葡萄胎清宫后。有阴道转移者严禁性生活。

第三节 化疗患者的护理

【概述】

化学药物治疗（简称化疗）恶性肿瘤已取得了肯定的功效。通过化学药物治疗，许多恶性肿瘤患者的症状得到缓解。有的甚至基本痊愈。在妇科肿瘤中，滋养细胞肿瘤是对化疗最为敏感的疾病之一，所以首选治疗方案是化疗。随着化疗的方法学和药物学的快速进展，绒癌患者的死亡率已大为下降，经治疗缓解后很少复发。

早在 20 世纪 50 年代，绒癌几乎是一种“不治之症”，死亡率高达 90% 以上，少数幸存者也因手术切除子宫，失去生育能力而造成家庭及精神上的创伤。自发现一系列有效化疗药物之后，恶性滋养细胞肿瘤的治愈率可高达80%～90%，使其成为人类最早得以治疗的实体瘤之一。

化疗药物的主要作用机制为：①影响去氧核糖核酸（DNA）的合成；②直接干扰核糖核酸（RNA）复制；③干扰转录、抑制信使核糖核酸（mRNA）的合成；④阻止纺锤丝形成；⑤阻止蛋白质的合成。

滋养细胞肿瘤化疗药物很多，目前国内常用的化疗药物有甲氨蝶呤（MTX）、放线菌素－D（Act－D）或放线菌素D（KSM）、5－氟尿嘧啶（5－Fu）、环磷酰胺（CTX）、长春新碱（VCR）等。

抗肿瘤药物既能抑制肿瘤细胞的生长，也能影响机体正常细胞的代谢，故均有一定毒性。在治疗时，用量越大，副作用越明显。化疗的主要副作用是造血系统功能障碍，其次为消化道反应、脱发等。心血管系统、肝肾等损害也常见。了解化疗药物的作用机制和毒副作用，观察用药反应，减轻化疗患者不适是化疗患者护理的主要内容。

【护理评估】

1. 病史 采集患者既往用药史，尤其是化疗史及药物过敏史。记录既往接受化疗过程中出现的药物毒副作用反应及处理情况。询问有关造血系统、肝脏、消化系统及肾脏疾病史，了解疾病的治疗经过及病程。采集患者的肿瘤疾病史、发病时间、治疗方法及效果、目前的病情状况。

2. 身体状况 注意检测患者生命体征，了解患者一般情况，包括精神状况，体重变化，每日热量摄入量，皮肤弹性，有无恶心、呕吐及大小便排泄等情况。了解患者血尿常规、肝肾功能，了解化疗药物的毒性反应，特别注意白细胞数目和血小板计数，了解患者局部组织血运情况，静脉通道是否通畅，注射部位皮肤及皮下组织的颜色、质地、是否完整等。口腔黏膜颜色及是否溃疡。全身有无出血点、破溃、皮疹等。

3. 心理－社会状态 了解患者对化疗的反应，有无焦虑、恐惧、悲观甚至绝望情绪，尤其是对有化疗经历的患者。患者通常会对疾病的预后及化疗效果产生焦虑、悲观情绪，也可因长期的治疗产生经济困难而显得闷闷不乐或烦躁。

4. 辅助检查 化疗前应先检查血、尿常规，肝功能，肾功能，测定血β－HCG值，了解骨髓及肝肾功能，用药期间严密观察并监测血常规和肝肾功能，每周测血β－HCG一次，并根据情况及时采取其他相应检查。

【护理诊断/问题】

1. 知识缺乏 患者缺乏化疗过程及化疗药物的毒副反应的相关知识。

2. 营养失调：低于机体需要量 与化疗所致恶心、呕吐、口腔黏膜溃疡、腹泻等有关。

3. 有感染的危险 与化疗引起白细胞减少、机体抵抗力下降有关。

4. 自我形象紊乱 与化疗所致脱发、消耗性消瘦、皮肤色素沉着有关。

【护理目标】

1. 患者了解化疗过程及化疗药物毒性反应，能配合医护人员完成化疗过程。

2. 患者能满足机体营养需要，体重下降很少或增加，皮肤弹性好。

3. 患者无感染征象。

4. 患者对自我形象改变有正确的评价，能实施新的应对模式。

【护理措施】

1. 一般护理　鼓励患者多进食，选择高热量、高蛋白、高维生素、低脂肪、易消化的食物，少食多餐，保证其营养供给及液体摄入，改善患者全身状态；指导患者注意口腔卫生，每天用软毛牙刷刷牙，饭后要漱口，防止口腔并发症的发生；经常擦身更衣，保持皮肤干燥和清洁，注意休息，保持充足睡眠以减少消耗。

2. 病情观察　观察体温，以判断有否感染；观察牙龈出血、鼻出血、皮下瘀血或阴道活动性出血倾向；如有腹痛、腹泻，要严密观察次数及性状，报告医生以警惕伪膜性肠炎，并正确收集大便标本；观察肝脏损害的症状和体征，如上腹疼痛、恶心、腹泻等；观察膀胱炎症状，如尿急、尿频、血尿等；观察皮肤反应，如皮疹；观察神经系统的副作用，如肢体麻木、肌肉软弱、偏瘫等。如有上述发现，应即刻报告医生。

3. 检查配合　治疗期间，患者要进行经常性的体检，如血常规、生化常规、心电图、X线摄片、B超、CT、MRI等，了解化疗的效果。护士要向患者解释检查的目的，并指导其如何配合。

4. 用药护理

（1）化疗前及半疗程时各测体重1次，以便正确计算和调整药物剂量。

（2）根据医嘱严格三查七对，正确溶解和稀释药物，确保剂量准确，并做到现配现用。一般常温下不超过1小时，尤其是氮芥类药物。联合用药应根据药物的性质排出先后顺序。放线菌素D、顺铂等需要避光的药物，使用时要用避光罩或黑布包好。

（3）合理使用静脉血管并注意保护，有计划地从远端开始，注药前、后均推20～30mL生理盐水冲洗，保证用药静脉畅通。注射速度因病情与药物种类而有所不同：如5－氟尿嘧啶静脉推注其副作用大，疗效亦不明显，将其稀释在5%葡萄糖500mL中，于8小时滴注完毕，不但副反应小，而且疗效好；甲氨蝶呤则与其相反，静脉单次推注比静脉或动脉点滴好，副反应轻；环磷酰胺200～400mg，必须一次静脉推注；放线菌素D则宜静滴，4小时滴完。拔针后应轻压穿刺点3～5分钟以免药液外渗。一旦药液外渗应立即拔出输液针，局部按药物使用说明采用热敷或冷敷，并注射拮抗剂或解毒剂。

（4）正确调节输液滴数，保证药物在预定时间内匀速输入，以确保疗效而减少副反应。

（5）腹腔内化疗应注意变动卧位使效果更好。

知识拓展

化疗药外渗后的处理

如发现化疗药物外渗应立即停止滴入，遇到局部刺激较强的药物，如氮芥、长春新碱、放线菌素D等外渗，需立即给予局部冷敷，并用生理盐水或普鲁卡因局部封闭，然后用金黄散外敷，以防止局部组织坏死、减轻疼痛和肿胀。

5. 药物副反应护理

(1) 骨髓抑制　化疗中最为重要的毒副反应，主要表现白细胞减少、血小板下降。治疗期间遵医嘱定时为患者进行血细胞计数和血小板检查，当白细胞 $<3\times10^9$/L，血小板 $<50\times10^9$/L 时，应与医生联系暂停用药，并予以保护性隔离，减少探视，禁止带菌者入室，净化空气，遵医嘱应用抗生素、升白细胞和血小板药物，并采取预防并发症的措施如输新鲜血浆或白细胞等。

(2) 胃肠道反应　胃肠道黏膜上皮细胞增殖旺盛，故对化疗药物极为敏感，常见为厌食、恶心、呕吐，用药后3～4小时出现。告知患者化疗前后勿大量进食，灵活掌握进食时间，改善进餐环境，鼓励患者与家属一起进餐。发生呕吐时给予扶助，呕吐后立即漱口，给予舒适体位，注意观察患者呕吐物的颜色、性质和量。呕吐严重者遵医嘱予止吐剂，适当补液，以防止电解质紊乱。

(3) 口腔溃疡　化疗药物减轻了口腔黏膜的再生能力导致口腔黏膜炎的发生，口腔黏膜出现假膜、溃疡，伴有疼痛、感染、出血等，影响进食。指导患者饭前、饭后要漱口，睡前及晨起用软毛牙刷刷牙，避免损伤口腔黏膜。有疼痛者用0.5%普鲁卡因溶液或1%丁卡因溶液含漱以减轻疼痛，帮助进食。宜进食温流质或无刺激性软食，注意维生素及蛋白质的摄入。有溃疡者可喷双料喉风，用甲紫或紫草油涂抹患处。

(4) 脱发　化疗后不是每个患者都会脱发，脱发程度也不尽相同。用药前告知患者有脱发的副反应，使其有一定的心理准备去应对自我形象的改变，同时告诉患者脱发只是暂时现象，治疗结束后头发可重新长出，指导患者佩戴假发。

(5) 肝肾功能损害　遵医嘱化疗前行肝肾功能检查，必须肝肾功能正常才能使用化疗药物。治疗期间鼓励患者多饮水，注意尿量、转氨酶等，化疗后复查肝肾功能，如有异常应积极护肝肾治疗。

6. 心理护理　倾听患者诉说恐惧、不适及疼痛。体贴、同情患者，鼓励患者多与家人交流、沟通，帮助患者度过脱发等所造成的心理危险期。同时向患者及家属介绍化疗的知识（如化疗方案、化疗前后的注意事项、化疗药物使用的方法）和毒性反应的预防及护理，消除患者的恐惧心理。

【护理评价】

1. 患者了解化疗过程及化疗药物的副反应，了解化疗前后的护理及注意事项。

2. 患者能维持机体能量最低需要，体重下降不明显。

3. 患者化疗期间感染得到控制，无感染发生。

4. 患者对自我形象的修饰满意。

【健康指导】

1. 告之患者化疗过程及化疗时常见的并发症，如恶心、呕吐、疲劳、容易感冒受凉、脱发等，指导患者如何减轻化疗反应，帮助其树立信心。

2. 化疗期间少去人群密集的公共场所，外出时最好戴口罩，避免感冒。

3. 鼓励患者进营养丰富的低脂饮食，少食多餐，粗细搭配，保持大便通畅。

4. 指导患者注意休息，保持充足的睡眠以减少消耗。

5. 出院指导：化疗后患者血象偏低，机体抵抗能力较低，应嘱患者注意查体温，根据天气变化增减衣服，定期检测有无肝、肾、心脏等器官的进行性损害，如有不适，随时就诊。

思　考　题

1. 说出滋养细胞疾病的种类及评估要点。

2. 葡萄胎清宫术后为何要进行随访？随访的时间和内容包括哪些？

3. 试述葡萄胎、侵蚀性葡萄胎和绒癌 3 者之间的关系。

4. 试述妊娠滋养细胞肿瘤患者的转移灶的护理。

5. 试述化疗药物毒副反应及护理。

第十八章　子宫内膜异位症与子宫腺肌病患者的护理

学习目标

1. 解释子宫内膜异位症、子宫腺肌病、卵巢巧克力囊肿的概念。

2. 说出子宫内膜异位症的常见发病部位、主要症状和体征、治疗要点及护理措施。

3. 概述子宫内膜异位症的常用辅助检查方法及健康指导内容，归纳其护理问题。

第一节　子宫内膜异位症

案例引导

刘女士，35岁，已婚，孕1产0，月经史：13岁月经来潮，周期28～30天，经期5～7天，既往月经规律，无痛经。1年前人工流产后出现痛经，逐渐加重，未避孕而未再孕。查体温、脉搏、血压正常，妇科检查：子宫正常大小、后倾固定，盆腔后部扪及触痛性结节。请问：

1. 该患者最可能的医疗诊断是什么？

2. 主要护理问题有哪些？

3. 其护理措施有哪些？

子宫内膜异位症（endometriosis，EMT），简称内异症，是指具有生长功能的子宫内膜组织（包括腺体和间质）出现在子宫腔被覆黏膜以外的身体其他部位。子宫内膜异位症一般见于生育年龄妇女，多发生于25～45岁，发病率近年有明显增高趋势，人群中约有15%的妇女患有此病，与社会经济状况呈正相关。初潮前无发病者，妊娠、使用性激素抑制卵巢功能可抑制其发展，绝经或切除双侧卵巢后可逐渐萎缩吸收，为一种激素依赖性疾病。

组织形态学属良性，但具有种植、侵蚀及远端转移等类似恶性肿瘤的特性。异位的子宫内膜可侵犯全身任何部位，如脐、肾、膀胱、输尿管、肺、胸膜、乳腺、淋巴结甚至手臂、大腿均可发病，但大多数异位于盆腔内，以卵巢、宫骶韧带最常见，其次为直肠子宫陷凹及其他盆腔器官、盆腔腹膜、阴道直肠隔等部位，故又称盆腔子宫内膜异位症（图18－1）。

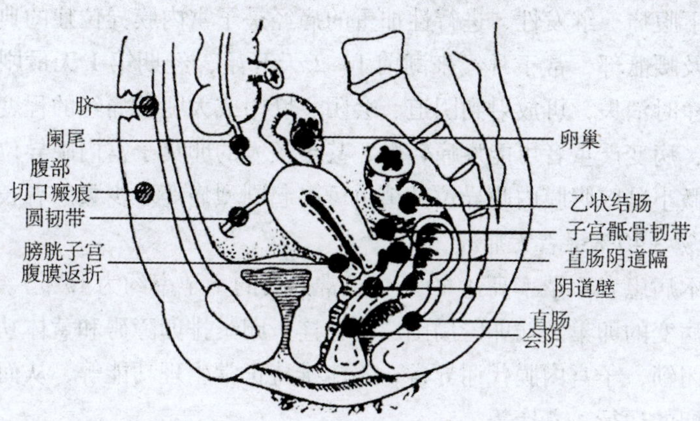

图18－1　子宫内膜异位症的部位

【病因】

子宫内膜异位症的病因至今尚未明确，目前主要有子宫内膜种植学说、淋巴及静脉播散学说、体腔上皮化生学说、诱导学说、遗传学说、免疫调节学说等。

引起子宫内膜异位的人为因素：①人工流产手术：因子宫腔与盆腔、腹腔的压力不平衡，而使子宫内膜组织被吸入盆腔和腹腔。②剖宫产术：手术过程中将子宫内膜带至手术切口处和盆、腹腔各处直接种植。③宫颈、阴道粘连闭锁：经血排出受阻，使子宫内膜组织随经血从输卵管逆流向盆腔和腹腔。

【病理】

子宫内膜异位症的基本病理变化为异位子宫内膜随卵巢激素的周期性变化而出现周期性出血，引起其周围纤维组织增生和粘连，病变区出现紫褐色斑点或小泡，最终形成大小不等的实质性紫褐色结节或包块。卵巢病灶因其反复周期性出血，形成单个或多个大小不一的囊肿，表面呈灰蓝色，内含暗褐色、黏稠、陈旧的血性液体，似巧克力样，又称为卵巢巧克力囊肿；宫骶韧带增粗或结节样改变，后期可致直肠子宫陷凹逐渐变浅、消失；盆腔腹膜在6～24个月出现紫蓝色或黑色结节状典型病灶。其他部位宫颈、输卵管、阑尾、膀胱、直肠等部位可出现紫蓝色或红棕色点、片状病损，偶见会阴及腹壁瘢痕处紫蓝色或陈旧出血异位病灶。子宫内膜异位症病灶镜下早期检查可见子宫内膜上皮、腺体、间质、纤维素及出血等成分，为典型的内膜组织。随着病变的进展异位病灶镜下见其组织结构被破坏，可有少量内膜间质细胞或卵巢囊肿出血。

【护理评估】

1. 健康史　询问患者年龄、家族史、月经史、生育史，特别是继发性痛经史、人工流产史、刮宫史等。不孕者要注意了解有无多次输卵管通液、碘油造影等宫腔操作史。

2. 身体状况

(1) 症状 子宫内膜异位症的症状特征与月经周期密切相关，因人而异，因病变部位不同而有很大差异，约25%的患者无任何症状。主要有：

①痛经及下腹痛 继发性、进行性加重的痛经是子宫内膜异位症的典型症状。疼痛多位于下腹部及腰骶部，常于月经来潮前1～2天开始，经期第1天最剧，以后逐渐减轻，至月经干净时消失，可放射到阴道、会阴、肛门或大腿。痛经的程度与病灶大小并不一定成正比，病变严重者可能疼痛轻微，甚至较大的卵巢子宫内膜异位囊肿亦可无疼痛，而散在的微小盆腔腹膜内膜异位种植也可引起剧烈痛经。少数患者长期下腹痛，经期加剧。有27%～40%患者无痛经。

②不孕 本病患者不孕率高达40%（正常妇女的不孕率约为15%）。其不孕原因复杂，可能是因病变的卵巢及输卵管周围广泛粘连，卵巢排卵障碍和黄体功能不全，输卵管蠕动减慢或闭锁，子宫内膜代谢异常，不能维持正常生理功能等，从而影响卵子的排出、摄取和孕卵的运行、着床等。

③月经异常 可能与子宫内膜异位于卵巢时，使其内分泌功能受损、无排卵或黄体功能不足等有关，有15%～30%的患者表现为经量增多、经期延长、月经淋沥不尽或经前点滴出血。

④性交痛 子宫内膜异位于直肠子宫陷凹、阴道直肠隔时，可表现为深部性交痛，多为月经来潮前性交痛最明显。

⑤其他 随子宫内膜异位的部位不同，可引起局部周期性疼痛、出血和肿块等不同的症状：如子宫内膜异位至膀胱肌壁，常在经期出现尿痛、尿频；侵犯和压迫输尿管时出现一侧或双侧腰痛、血尿；内膜异位至剖宫产或会阴切口，瘢痕处常出现月经周期性疼痛，伴逐渐增大的包块；肠道内膜异位症可出现腹痛、腹泻或周期性少量便血，严重者可压迫直肠或乙状结肠引起肠梗阻；卵巢异位囊肿破裂时主要有突发性剧烈腹痛伴恶心、呕吐、肛门坠胀等，是妇科的急腹症。

(2) 体征 妇科检查盆腔子宫内膜异位症的典型表现为子宫后倾固定，可稍增大；子宫后壁、直肠子宫陷凹及宫骶韧带扪及大小不等的触痛性结节，质地较硬；一侧或双侧附件处触及与子宫粘连且不活动的囊实性包块，有轻压痛；阴道后穹隆或宫颈可见到紫蓝色的斑点或隆起的结节。囊肿破裂可出现腹膜刺激征。

3. 心理－社会状况 痛经和持续性下腹痛使患者的工作、学习、生活劳动受到很大的影响，患者的身心受到疾病的双重折磨，使其产生痛苦、焦虑、恐惧的心理。了解患者经前期和经期的情绪变化，包括紧张、焦虑及对疼痛恐惧的程度，以及希望了解该疾病有关知识的迫切心理，对治疗方法及效果的担忧等。特别注意观察和询问有不孕、流产病史患者的相关心理反应。

4. 辅助检查

(1) 腹腔镜检查 是目前诊断子宫内膜异位症的最佳方法，尤其适用于疑为内异症的不孕症、慢性腹痛及进行性加重的痛经，经盆腔及超声检查无阳性发现的患者，可在镜下取组织活检确诊，并给予一定的相应治疗。此方法不宜作为轻、中度患者的常规检查。

（2）影像学检查 腹部或阴道B型超声检查可确定异位囊肿的位置、大小、形状及盆腔内的包块，是最常用的检查手段。对于盆腔子宫内膜异位症，盆腔CT及MRI也具有一定的诊断价值。

（3）血清 CA_{125} 值测定 血清 CA_{125} 浓度可能增高，但一般低于2000kU/mL，可用于诊断子宫内膜异位症，也可监测本病疗效及是否复发。治疗有效时 CA_{125} 降低，复发时升高。

（4）抗子宫内膜抗体 该抗体是子宫内膜异位症的标志性抗体，特异性90%～100%，但测定方法复杂，敏感性不高。

5. 治疗要点 治疗应根据患者年龄、症状、病变部位和范围以及对生育要求等因素加以全面考虑选择，强调个体化治疗。

（1）期待治疗 适用于症状轻微或无症状的患者，可根据情况定期随访，观察病情的进展情况。对于有生育意愿的患者，应尽快完善相关不孕的各项检查，促使其尽早受孕。

（2）药物治疗

①假孕或假绝经疗法（性激素抑制治疗） 子宫内膜异位症是激素依赖性疾病，妊娠和闭经可避免发生痛经和经血逆流，还能导致异位内膜萎缩、退化，故临床常用孕激素制剂如炔雌醇复合制剂、甲羟孕酮等，雄激素制剂如达那唑、亮丙瑞林及戈舍瑞林等，还有米非司酮、孕三烯酮，使患者假孕或假绝经。但对较大的卵巢异位囊肿，性质未明者，或肝功能异常的患者，不宜药物治疗。

②对症治疗 经期腹痛时给予前列腺素合成酶抑制剂（吲哚美辛、萘普生、布洛芬等）对症处理，经血量多时应行止血调经。

③手术治疗 适用于药物治疗后症状不缓解，局部病变加剧或生育功能仍未恢复者；卵巢内膜异位囊肿直径>5cm，特别是迫切希望生育者。手术方法首选腹腔镜下手术，目前认为以腹腔镜确诊、手术+药物为内异症的金标准治疗。手术方式可分为3种：保留生育功能、保留卵巢功能、根治性手术。开腹手术适用于实施根治性手术或病变粘连较重时。

④联合治疗 单纯的药物治疗存在疗效的个体差异及停药复发现象，单纯的手术治疗如严重粘连时手术不彻底，易有新病灶生长，二者均有局限性。因此采用手术和药物的联合治疗较好，有手术+药物、药物+手术+药物两种。术前给予3～6个月的药物治疗，可以使病灶缩小、软化，利于手术操作。术后给予6个月的药物治疗可推迟复发。

知识拓展

子宫内膜异位症治疗的金标准

子宫内膜异位症单纯的药物治疗，患者一般需用药 3~6 个月，价格昂贵，存在疗效的个体差异及停药复发现象，副作用很大，效果不明显；手术治疗是一种最基本的治疗方法，传统的开腹手术，手术创伤大，恢复时间长。“腹腔镜技术+药物”能够缩小病灶，让异位的子宫内膜安全、快速、彻底地还原，术后复发率低，有效妊娠率高，被国际医学专家称其为治疗子宫内膜异位症的“金标准”。

⑤不孕的治疗　药物治疗效果不佳。腹腔镜手术及促排卵治疗能提高术后妊娠率，术后两年内未孕者再妊娠机会甚微。

【护理诊断/问题】

1. 疼痛　与异位内膜病灶增生、出血刺激周围神经末梢及盆腔组织粘连有关。

2. 焦虑　与不孕、病程长、药物副作用、害怕周期性的疼痛及对疾病预后的担心有关。

3. 知识缺乏　缺乏子宫内膜异位症相关知识。

4. 自尊紊乱　与长期不孕有关。

【护理目标】

1. 患者感觉疼痛减轻，舒适感增加并能运用有效方法消除或减轻疼痛。
2. 患者能坦然面对疾病，焦虑减轻或消失。
3. 患者初步了解子宫内膜异位症的发病原因并掌握疾病的有关保健知识。
4. 患者经治疗怀孕生子，心情愉快。

【护理措施】

1. 一般护理　嘱患者经期注意休息，避免从事重体力劳动，避免食用辛辣食物及受凉；调节生活方式，转移注意力，减轻精神压力，放松心情，保持心情愉快，热敷下腹部从而减轻疼痛。每天用温开水清洗会阴部 1~2 次，保持外阴清洁。

2. 病情观察　注意观察患者疼痛的部位、性质、颜色，有无包块及其特点，与周围组织的关系，与月经周期的关系。痛经患者注意观察引起痛经的诱因及痛经的程度，有无痛经伴随症状如恶心、呕吐，有无盆腔内压迫症状，如尿痛、尿频、腰痛、血尿或腹泻、便秘等。月经异常者，注意观察月经周期有无延长、经量有无过多，有无贫血等。

3. 对症护理　疼痛程度较重者可遵医嘱口服止痛剂镇痛，也可应用热敷下腹部、按摩及穴位疗法等缓解疼痛；子宫后倾者可改变体位，采用俯卧位。对有生育要求者可通过妊娠使异位内膜组织萎缩，以缓解痛经症状。

4. 治疗护理

（1）*药物治疗的护理*　给药前需让患者了解药物的作用及不良反应（如头痛、恶心、体重增加、肝脏损害、不规则阴道出血、潮热、性欲减退、情绪不稳定等），让其明白坚持规范治疗的重要性，解除顾虑，并告知服药期间如有异常应及时就诊。服药过程中重点指导患者掌握正确的用药剂量、方法、时间，遵医嘱按时、按量合理用药，并指出不合理给药如停药或漏服，可导致月经紊乱及异常子宫出血等。服药期间需定期检查肝功能，若发现异常应及时停药。治疗期间要定期随访患者，了解患者用药情况。

（2）手术患者的护理　术前让患者了解手术的必要性、术前准备的内容及各项准备工作所需的时间，必做的检查程序等，使患者对手术的过程有一完整的了解，并按腹部手术的术前准备及术后护理常规进行，减少并发症的发生。详尽记录观察资料，遵医嘱应用抗生素。经腹手术时，应采取保护性措施：如切口周围术野要用纱布垫保护；子宫肌壁缝合时缝线应避免穿透子宫内膜；腹膜关闭后用生理盐水冲洗腹壁切口等，避免医源性子宫内膜异位种植。

5. 心理护理　护理人员应主动热情接待患者，向患者介绍病区环境、主管医生和护士、住院须知等情况，帮助患者熟悉科室工作人员及同病房的其他患者，建立良好的医患关系。对患者积极进行心理疏导，鼓励患者及时表述内心感受，采取相应措施以减轻其焦虑和恐惧，树立其战胜疾病的信心，提倡亲情间的安慰和鼓励，鼓励家属参与照顾患者，使患者保持心情愉悦，以良好的心态接受并配合各种检查及治疗。检查及治疗前应注意做好解释，介绍检查及治疗的目的、方法、注意事项等，指导患者积极配合。

【护理评价】

1. 患者自诉感觉疼痛减轻或消除，舒适感增加。
2. 患者初步了解疾病的相关知识并积极配合。
3. 患者自觉焦虑感减轻，身心舒适。
4. 患者能正确进行自我评价。

【健康指导】

1. 知识宣教　通过各种图片、宣传资料等让患者了解有关子宫内膜异位症的相关知识及治疗过程中可能出现的不适及有效的应对措施。

2. 计划生育指导　帮助患者选择恰当的避孕方法，口服避孕药可降低内异症的发病风险。达那唑停药 4～6 周月经恢复，一般应于月经恢复正常 2～3 次后再考虑受孕。对保守性手术治疗的年轻患者，应于术后半年后方可受孕。

3. 选择合适的手术时间　宫内节育器的放置和取出、输卵管通液、宫颈糜烂的物理治疗或其他宫颈及阴道手术应在月经干净后 3～7 日进行。在月经前期及经期不宜实施各种经阴道及宫颈、宫腔的手术，避免侵入性操作，如人工流产、宫内节育器的放置和取出等。必须行人工流产吸宫术时，宫腔内负压不宜过高，以免突然拔出吸管时使脱落的内膜碎片吸入腹腔而引起异位种植。

4. 防止经血逆流　及时治疗先天性生殖道畸形、闭锁、狭窄和继发性宫颈粘连，阴道狭窄等疾病，以免经血逆流。

第二节 子宫腺肌病

案例引导

贾女士，42岁，经产妇，近两年痛经并逐渐加重，伴经量增多及经期延长，疼痛时需服强止痛药。妇科检查：子宫均匀增大如孕8周，质硬，有压痛，经期压痛明显。请问：

1. 痛经逐渐加重的原因最可能是什么？
2. 为明确诊断还需做何检查？
3. 主要护理问题有哪些？

子宫腺肌病（adenomyosis）是指子宫内膜的腺体及间质侵入到子宫肌层。多发生于30~50岁的经产妇，约50%患者合并子宫肌瘤，约15%患者合并子宫内膜异位症，约30%患者无任何临床症状。

【病因】

子宫腺肌病的发病主要原因是由于多次妊娠及分娩、人工流产、慢性子宫内膜炎等因素导致子宫内膜基底层损伤，子宫内膜基底层侵入肌层生长所致。由于子宫内膜基底层缺乏黏膜下层，且患者常合并子宫肌瘤和子宫内膜增生，高水平雌孕激素刺激可能是促进内膜向肌层生长的原因之一。

【病理】

病理分为弥漫型和局限型两种。弥漫型常见，子宫多呈均匀性增大，一般不超过12周妊娠子宫大小。子宫肌层内病灶多呈弥漫性生长，但后壁居多。剖面可见子宫肌壁显著增厚变硬，无漩涡状结构，肌壁内见粗厚的肌纤维带和小囊腔，腔内有陈旧血液。局限型指异位子宫内膜在肌层中局限性生长形成结节或团块，似肌壁间肌瘤，又称为子宫腺肌瘤（adenomyoma），但无假包膜，与周围的肌层无明显分界，因而难以将其自肌层剥出。镜检特征为肌层内有呈岛状分布的异位内膜腺体及间质，腺体常呈增生期改变。

【护理评估】

1. 健康史 了解患者的年龄和相关病史（孕产史、不孕、痛经、月经异常等病史）。

2. 身体状况

（1）症状

①痛经 其特征是进行性加重的继发性痛经，疼痛部位为下腹正中，常开始于经前1周，止于月经结束。严重时患者常坐卧不安，甚至被迫取蹲位。其疼痛程度与肌层内异位病灶数量有关。

②月经异常 表现为经量增多、经期延长，伴头晕、乏力等症状。部分患者可出现

月经前后阴道点滴性出血，是因肌层内病灶影响子宫收缩所致。

（2）体征 子宫腺肌病患者行妇科检查时，因异位的子宫内膜在肌层内多呈弥漫性生长，其子宫体呈均匀性增大，质地较硬，可有压痛，子宫大小一般为孕8周左右，很少超过孕12周大小，但月经期子宫可增大、质地变软、压痛明显。少数局限性腺肌病病灶或合并子宫肌瘤时，子宫表面呈结节样突起。

3. 心理－社会状况 患者的心理压力主要来自两方面的因素：一是随月经周期性、进行性加重的下腹疼痛使患者对月经期产生恐惧；二是经期延长、经量增多使患者焦虑不安，同时患者的性生活也受到影响。由于患者在月经前期和经期易产生焦虑和紧张，故应评估患者对疼痛恐惧的程度以及相关的心理反应。

4. 辅助检查

（1）超声检查 子宫增大，边界清晰，子宫壁肌层内局部病灶回声增强，尤其是彩色超声可见有粗大的强光点及血流等。

（2）宫腔镜或腹腔镜检查 可辅助诊断子宫腺肌病。

（3）病理检查 宫腔镜或腹腔镜下活体组织检查协助诊断。

5. 治疗要点 应视患者的年龄、症状、对生育的要求等情况而选择适宜的治疗方法。药物治疗适用于年轻、症状较轻、有生育要求及近绝经期的患者；手术治疗适用于症状严重、无生育要求或药物治疗无效的患者。此外，年轻或有生育要求的患者，痛经严重时可采用经腹腔镜骶前神经切除术和骶骨神经切除术治疗，约80%患者疼痛可得到缓解或消失。

【护理诊断/问题】

1. 疼痛 与子宫肌层内的异位病灶因周期性出血刺激周围组织引起痉挛性收缩有关。

2. 焦虑 与疗程长及对疾病预后的担心有关。

3. 知识缺乏 缺乏子宫腺肌病的相关知识。

【护理目标】

1. 患者能有效应对疼痛。

2. 患者能自我采取措施使焦虑减轻或消失。

3. 患者初步了解疾病的相关知识。

【护理措施】

1. 一般护理 注意经期保暖及休息，避免劳累，避免食用过凉、辛辣食物。调节生活方式，转移注意力，减轻精神压力，放松心情，保持心情愉快。每天用温开水清洗会阴部1～2次，保持外阴清洁。

2. 病情观察 同子宫内膜异位症患者。

3. 对症护理 痛经时可用热敷、按摩下腹部等方法来缓解疼痛，疼痛剧烈者可遵医嘱适当口服止痛剂，也可经腹腔镜骶前神经切除术和骶骨神经切除术治疗。

4. 治疗护理

（1）药物治疗的护理 采用药物治疗方法的患者可遵医嘱试用促性腺激素释放激

素激动剂（GnRH－a）治疗。此方法能缓解疼痛，使子宫缩小，但不足之处是一旦停药，可重新出现症状，子宫重又增大。给药前需让患者了解药物的作用及不良反应，并告知服药期间如有异常应及时就诊。服药过程中重点指导患者掌握正确的用药剂量、方法、时间，遵医嘱按时、按量合理用药，并指出不合理给药如停药或漏服，可导致月经紊乱及异常子宫出血等。服药期间需定期检查肝功能，若发现异常应及时停药。治疗期间要定期随访患者，了解患者用药情况。

（2）采用手术治疗方法的患者　按腹部手术的术前准备及术后护理常规进行。

5. 心理护理　积极提供心理支持，鼓励患者及时表述内心感受。与患者多接触，让患者了解子宫腺肌病的相关知识，减轻其心理负担，消除其焦虑和恐惧情绪，使患者积极配合治疗。检查及治疗前应注意做好解释，介绍检查及治疗的目的、方法、注意事项等，指导患者积极配合。

【护理评价】

1. 患者舒适感增加，疼痛缓解或消失。

2. 患者对月经来潮的恐惧感能减轻或消除。

3. 患者能积极配合治疗。

【健康指导】

1. 月经期及月经干净后3日内禁忌性生活，一般不做盆腔检查。

2. 经期注意卫生，避免剧烈运动。

3. 宣传介绍计划生育措施及选择恰当的避孕方法，尽量减少和避免宫腔内侵入性操作，如人工流产与刮宫等。

思　考　题

1. 试比较子宫内膜异位症与子宫腺肌病的异同点。

2. 说出子宫内膜异位症治疗的金标准及护理措施。

3. 为什么临床常用假孕或假绝经疗法治疗子宫内膜异位症？该疗法的护理要点是什么？

第十九章　妇科腹部手术患者的护理

学习目标

1. 归纳妇科腹部手术患者的术前准备、手术日护理、术后护理措施。
2. 比较并说出子宫颈癌、子宫肌瘤、子宫内膜癌、卵巢肿瘤、子宫内膜异位症患者的护理评估、护理诊断和护理措施。
3. 概述子宫肌瘤的分类、卵巢肿瘤的并发症。

第一节　妇科腹部手术患者的一般护理

腹部手术是妇科疾病常用的治疗手段。加强对患者手术前后的护理，减少并发症的发生，使患者平稳地度过围手术期，是手术成功的重要环节。

一、妇科腹部手术的种类

妇科腹部手术按手术范围分为剖腹探查术、全子宫切除术、次全子宫切除术、附件切除术、全子宫加附件切除术、子宫根治手术、肿瘤细胞减灭术等；根据疾病的缓急，分为择期手术、限期手术和急诊手术；按手术的方式分为常规手术和腔镜手术。

二、手术前准备

1. 心理准备　讲解与手术相关的知识及治疗效果，使患者安心配合治疗。

2. 手术前指导

（1）学会胸式呼吸，预防术后坠积性肺炎。

（2）学会使用自控式镇痛泵，减轻和避免并发症的发生。

（3）练习床上翻身和起床的技巧，以利术后康复。

（4）练习床上使用便器，以利术后排泄。

3. 手术前准备

（1）皮肤准备：手术前1日应淋浴、更衣、剪指甲等，生活不能自理者由护士协助完成。备皮尽量安排在近手术时。腹部手术备皮范围是上自剑突下，两侧至腋中线，下至两大腿上1/3处及外阴部的皮肤。尽量使用无损伤性剃毛刀备皮，剃除阴毛，切忌损伤患者表皮，备皮后用温水洗净擦干。脐部用松节油或络合碘棉棒清洁后再用乙醇棉棒擦拭。

（2）遵医嘱抽血做血型及交叉配血试验和药物过敏试验。

（3）手术前晚及手术当日清晨测生命体征，注意有无月经来潮、上呼吸道感染等，发现异常及时与医生联系。

（4）阴道准备：于术前1天行阴道冲洗2次，常用1∶5000的高锰酸钾、1∶20的碘伏或1∶1000的新洁尔灭等。阴道流血者改用0.5%氯已啶醇（洗仪、泰酊）擦洗阴道，每日1次，共3次。未婚妇女不作阴道冲洗。

（5）胃肠道准备：

①妇科一般手术　术前1天应清洁肠道，术前8小时禁止由口进食，术前4小时严格禁水。清洁肠道可口服缓泻剂番泻叶水、蓖麻油、甘露醇、硫酸镁等导泻，如20%甘露醇250mL加生理盐水250mL口服，使患者能大便3次以上即可，也可用1%肥皂水清洁灌肠。服药或灌肠后注意观察患者的反应，如服药后8小时左右患者仍无排便，要给予1%肥皂水灌肠。

②妇科肿瘤患者　由于肿瘤组织有可能侵犯肠道，肠道准备从术前3天开始。术前3天进半流质饮食，口服肠道抑菌药如庆大霉素8万U，每天2次，连服3天；口服番泻叶水代替灌肠，量要适中，每天1次，连服3天。术前2天患者进流食，术前1天禁食，静脉补液，并行清洁灌肠。手术当日清晨清洁灌肠，至排泄物中无粪渣。对年老体弱者清洁灌肠应按其承受力而定，防止腹泻脱水。

（6）术前1晚镇静：术前晚8点，遵医嘱给予镇静安眠药，如异戊巴比妥、地西泮等，保证患者充足睡眠。

三、手术日护理

1. 手术当天早晨测量体温、脉搏、呼吸、血压，并记录在体温单上，询问有无月经来潮，如有月经来潮应及时报告医生，并推迟手术。

2. 子宫全切的患者，手术当日晨行阴道冲洗后，在宫颈、阴道穹隆部涂1%甲紫，作为手术切除子宫颈的标记，行次全子宫切除术、卵巢囊肿剔除术及子宫肌瘤剔除术不需涂甲紫。

3. 术前半小时给基础麻醉药，通常为肌注苯巴比妥0.1g和阿托品0.3mg，以缓解患者的紧张情绪及减少腺体的分泌。术前半小时留置导尿管，保持引流畅通，避免术中损伤膀胱；导尿时注意无菌操作。

4. 进入手术室前为患者取出活动义齿、发卡、手表、首饰及贵重物品等交患者家属保管。

5. 准备好患者去手术室所需的物品，如病历、术中用药等，核对好交给手术室护士。

6. 根据手术种类和麻醉方式，铺好麻醉床，准备好监护仪等监护用具及急救用物。

四、手术后护理

【护理评估】

1. 手术情况　患者被送回病室时，病房值班护士应与手术室护士在床边交接班，了解术中情况，主要包括麻醉的方式及效果、手术范围、术中出血情况、是否输血，术中尿量、输液及用药情况，目前补液所用药物等。

2. 生命体征　及时测量血压，与术前、术中血压相比较；注意呼吸的频率、深度；了解脉率、节律及脉搏是否有力。

3. 神志　观察患者神志，了解患者的麻醉恢复情况，全麻未清醒者应注意观察瞳孔及神经反射。

4. 皮肤　注意切口敷料是否干燥，有无渗血；麻醉针孔处有无渗血；皮肤、骨突出部位有无压红以及下肢感觉是否已恢复等。

5. 疼痛　注意观察患者术后疼痛的部位、性质、程度以及用止痛剂后疼痛的缓解程度等。

6. 留置管道　妇科腹部手术患者常留置尿管及腹腔、盆腔引流管。应注意引流管是否畅通，引流液的量、性质、色泽等，了解腹腔内是否保留有药液，并做好记录。

【护理诊断/问题】

1. 疼痛　与手术创伤有关。

2. 有体液不足的危险　与可能出现术后出血及摄入有限有关。

3. 有感染的危险　与手术有关。

4. 紧张/焦虑　与担心手术伤口及基本愈合有关。

【护理目标】

1. 患者疼痛减轻，能够在床上进行主动运动。
2. 患者术后血压正常，无出血及失血现象发生。
3. 患者术后体温波动正常，无感染征象。
4. 患者紧张或焦虑减轻，手术伤口愈合良好，术后适应良好。

【护理措施】

1. 一般护理

（1）休息与体位　术后根据麻醉方式决定患者体位。全麻患者取去枕平卧位，头偏向一侧，防止呕吐物吸入气管。硬膜外麻醉患者去枕平卧 6～8 小时，腰麻患者去枕平卧 12～24 小时，防止术后头痛。麻醉作用消失后，鼓励患者在床上翻身、进行肢体活动。术后及时止痛，让患者安静休息，保证足够的睡眠。如病情稳定，术后次日晨取半坐卧位。在止痛的前提下，鼓励患者尽早下床活动。

（2）加强营养　术后应禁食，至排气后才能进流汁饮食。一般未涉及肠道手术患者，手术后 6～8 小时可进食流质饮食，但应避免牛奶、豆浆等产气食物，以防肠胀气。肛门排气后，可进食半流质，排便后进普食。能进食的患者应鼓励进高蛋白、高维生素等营养丰富的食物。

(3) 保持外阴清洁干燥　每日擦洗外阴2次，勤换消毒会阴垫。

2. 病情观察

(1) 生命体征　术后24小时内病情变化快，每15～30分钟测量血压一次直至平稳后改4小时一次。每日测生命体征3～4次，直至正常后3天。由于机体对手术创伤的反应，术后1～3日体温可升高，但一般不超过38℃，临床上称吸收热。如体温持续升高，应注意有无切口、肺部、泌尿道等部位的感染。在观察的过程中，如有异常出血倾向，应增加监测次数。

(2) 切口　观察切口有无出血、渗液，切口周围皮肤有无红、肿、热、痛等感染征象，发现异常及时报告医生。对子宫全切的患者，应观察有无阴道流血及阴道分泌物的量、质、色，以判断阴道切口的愈合情况。

(3) 尿管及尿量　保持留置尿管的通畅，注意尿量及性状，术后尿量应保持每小时在50 mL以上，尿量少应排除尿管受压、打折、脱落等情况后，考虑是否入量不足或有内出血可能，发现鲜红色尿则考虑是否损伤输尿管和膀胱。常规妇科手术于术后第1天晨起拔除尿管，妇科恶性肿瘤及阴道手术者保留尿管时间则根据病情和手术情况而定，拔管前应注意训练膀胱功能。

(4) 引流液　观察引流物的量、颜色及性状，有多支引流时应有标记并分别记录，不可混淆。术后24小时内引流液不超过200mL，为淡血性或浆液性。若引流液＞100mL/h并为鲜红色，应考虑有内出血须立即通知医生，必要时测腹围估计有无腹腔内出血及出血量。如引流液为脓性且体温升高，应考虑有感染，引流量逐渐增加，色淡黄要注意是否漏尿。一般24小时引流液＜10mL且患者体温正常可考虑拔除引流管。

(5) 肠道功能的恢复　排气是肠道功能恢复的重要标志。术后由于麻醉药的作用，使肠道暂时处于麻痹状态，所以，应注意观察患者腹胀的程度、肛门排气的时间、肛门排气后腹胀是否减轻等。进行胃肠减压者，及时接通负压吸引器调节适当压力。

3. 对症护理

(1) 疼痛　麻醉作用消失以后至术后24小时疼痛最明显，护士应评估患者疼痛性质与程度，遵医嘱及时给予止痛剂，用哌替啶50mg加异丙嗪25mg肌内注射，6～8小时可重复1次，也可用自控止痛泵。术后12～24小时取半坐卧位，可减轻腹部肌张力，从而减轻切口的疼痛。

(2) 恶心、呕吐及腹胀　一般术后呕吐不需特殊处理，使患者头偏向一侧，弯盘置于嘴角旁，及时清理呕吐物，作好口腔护理。严重呕吐时遵医嘱药物止呕。术后腹胀时，劝患者不要呻吟、抽泣，未排气前勿食用奶制品及甜食，以免增加肠内积气。鼓励帮助患者早期活动，促进肠蠕动，防止肠粘连。48小时未排气，腹胀严重者应查找原因，排除肠梗阻后，可采取热敷腹部、肛管排气、针灸等措施。

(3) 感染　术后鼓励患者定时排尿，增加液体摄入量，防止引起尿潴留和泌尿系感染。如出现尿频、尿痛等症状应及时报告医生，遵医嘱作尿培养及用药。若出现腹部手术切口红、肿、热、痛，阴道分泌物增多等现象应遵医嘱及时抗感染处理。

（4）拆线 术后7天拆线；年老、体弱、过度肥胖者伤口愈合难度较大，应延长拆线时间或间断拆线。

4. 心理护理 术后疼痛与不适是术后前3天不良心理反应的主要原因，护士应及时与患者沟通，鼓励患者表达内心感受，帮助患者减轻疼痛，解除不适，以亲切和蔼的语言进行安慰鼓励，减轻患者的紧张、焦虑情绪。同时，动员家属积极配合，给患者以心理支持，降低术后患者不良心理反应。

【护理评价】

1. 患者疼痛减轻或消失，能够在床上进行主动运动。
2. 患者术后血压正常，无出血及失血现象发生。
3. 患者术后体温波动正常，手术伤口愈合良好，无感染征象。
4. 患者不良情绪和心理反应减轻，能适应术后生活。

【健康指导】

1. 术后多休息，保证足够的睡眠，根据自身耐受力决定活动的时间及活动量。术后两个月内避免提举重物。
2. 注意伤口愈合情况，若伤口出现红肿、硬结、疼痛或发热等症状及时就医。全子宫切除术后7～14天，阴道少量粉红色分泌物，为阴道残端肠线溶化所致，不需处理，适当休息即可。如阴道出血量多如月经量，应及时就诊。
3. 子宫切除术后3个月内禁止性生活及盆浴，子宫肌瘤剔除术、卵巢囊肿剔除术及宫外孕手术后1个月内禁止性生活及盆浴。伤口拆线后可淋浴。妇科手术患者出院后应在1个月至一个半月就医复查。

第二节 子宫颈癌

案例引导

王女士，42岁，因性生活后阴道流血两个月而就医。发病以来，无腹胀、腹痛，无消瘦乏力及体重减轻，大小便及饮食正常。14岁月经初潮，4～6/26～31天，量中等，无明显痛经，G3P1，人工流产2次。节育环避孕。既往体健，爱人及父母无特殊病史。妇科检查：宫颈前唇见直径4.5 cm菜花状肿物，表面有脓血性分泌物，宫颈质脆，触之易出血。妇检：子宫大小正常，双附件（－）。细胞学（TCT）检查：宫颈鳞状细胞癌。请问：

1. 该病例有何临床特点？怎样预防？
2. 该患者护理问题有哪些？
3. 该患者如何进行护理？

子宫颈癌是最常见的妇科恶性肿瘤之一，多发年龄原位癌为30～35岁，浸润癌为

50～55岁。近60年来，由于宫颈脱落细胞学筛查方法的普遍采用，使宫颈癌及癌前病变得以“早发现、早诊断、早治疗”，明显降低了宫颈癌的发病率和死亡率。

【病因与发病机制】

子宫颈癌的确切病因目前尚不完全清楚。国内外大量临床和流行病学资料表明，其发病与人乳头瘤病毒（HPV）感染、多个性伴侣、吸烟、性生活过早（<16岁）、性传播疾病、慢性宫颈炎、多产、早产、经济状况低下和免疫抑制等因素有关。应用核酸杂交技术检测发现90%以上的宫颈癌及癌前病变伴有HPV感染，其中70%与HPV16和HPV18型相关。吸烟可抑制机体免疫功能，增加HPV感染效应。与阴茎癌、前列腺癌或其性伴侣曾患宫颈癌的高危男子有性接触的妇女，其宫颈癌的发病率增加。宫颈癌的发生还与经济状况、种族和地理因素等有关。近年发现应用屏障避孕法可降低宫颈癌发病危险性。

宫颈癌的好发部位在宫颈外口的原始鳞－柱交接部与生理性鳞－柱交接部间所形成的移行带区。移行带区形成的过程中，在一些物质（精子、精液组蛋白、人乳头瘤病毒等）的刺激下发生细胞异常增生，形成宫颈上皮内瘤样病变（cervical intraepithelial neoplasia，CIN）。CIN形成后继续发展，突破上皮下基膜浸润间质，形成宫颈浸润癌。宫颈移行带区上皮化生过度活跃，并在致癌因素作用下也可形成宫颈浸润癌。

【分类及病理】

1. 宫颈上皮内瘤样病变（CIN） 镜下见异型细胞由基底膜以上向表面延伸，从1～2层增至多层，甚至占据上皮大部分；细胞排列紊乱，核增大深染、染色质分布不均。

根据细胞异常的程度将CIN分为3级：

CINⅠ级：即轻度异型。异常增殖细胞位于上皮层下1/3；细胞核稍大，核染色稍深，极性正常，排列稍紊乱。

CINⅡ级：即中度异型（图19－1）。异常增殖细胞位于上皮层下1/3～2/3；细胞异型性明显，核大深染，核分裂相较多，细胞排列紊乱。

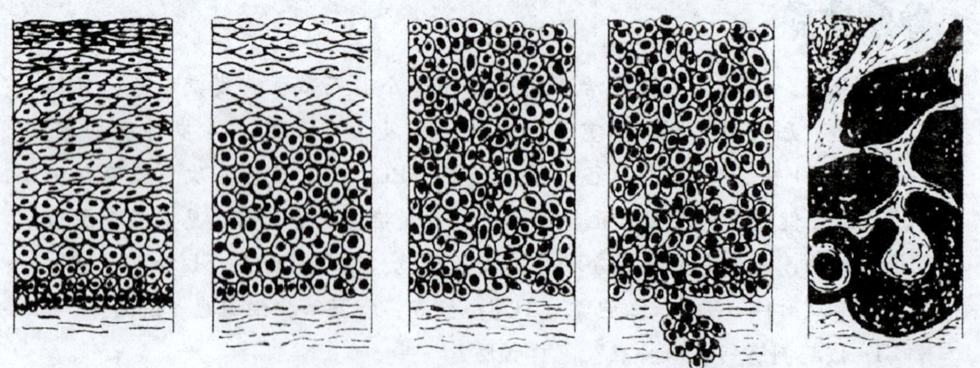

A 正常上皮　B CINⅡ级（癌前病变）　C CINⅢ级（原位癌）　D 镜下早期浸润癌　E 浸润癌

图19－1　宫颈正常上皮、上皮内瘤样病变、浸润癌

CINⅢ级：即重度异型和原位癌（图19－1）。异常增殖细胞位于上皮层下2/3以上或上皮全层，细胞显著异型，极性几乎消失，基底膜完整。

CIN形成后继续发展，突破基底膜，浸润间质，形成宫颈浸润癌（图19－1）。

2. 宫颈浸润癌　有鳞状细胞癌、腺癌、鳞腺癌3种类型。

（1）鳞状细胞癌　占75%～80%。

1）巨检　肉眼观察无明显异常，或类似宫颈糜烂，随着病变逐步发展，有以下4种类型（图19－2）：

①外生型　最常见。病灶向外生长，状如菜花，又称菜花型。组织脆，初起为息肉样或乳头状隆起，触之易出血。

②内生型　癌灶向宫颈深部组织浸润，使宫颈扩张并侵犯子宫峡部。宫颈肥大而硬，表面光滑或仅见轻度糜烂，整个宫颈段膨大如桶状。

③溃疡型　上述两型癌灶继续发展，癌组织坏死脱落形成凹陷性溃疡或空洞样形如火山口。

④颈管型　癌灶发生在宫颈外口内，隐蔽在宫颈管，侵入宫颈及子宫峡部供血层以及转移到盆壁的淋巴结，不同于内生型，后者是由特殊的浸润性生长扩散到宫颈管。

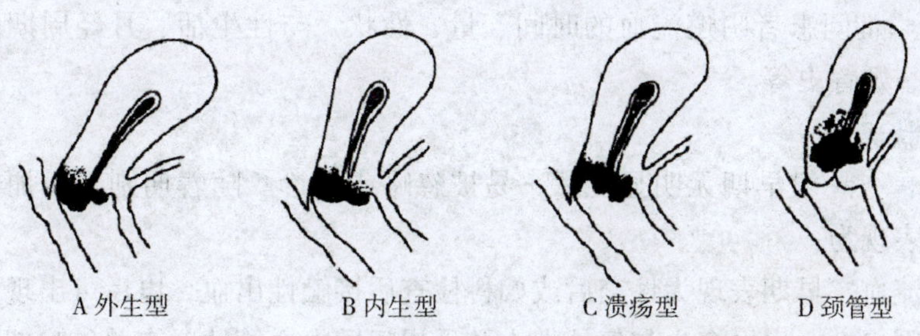

图19－2　宫颈鳞状细胞癌4种病变类型

2）镜检

①镜下早期浸润癌　原位癌基础上，在镜下发现癌细胞小团似泪滴状、锯齿状穿破基底膜，或进而出现膨胀性间质浸润（图19－1）。

②宫颈浸润癌　根据细胞分化程度分3级：Ⅰ级：分化较好，癌巢中有多数角化现象，可见癌珠，核分裂相<2/高倍视野；Ⅱ级：中度分化，达宫颈上皮中层细胞的分化程度，细胞大小不一，癌巢中无明显角化现象，核分裂相2～4/高倍视野；Ⅲ级：多为未分化的小细胞（相当于宫颈上皮底层的未分化细胞），核分裂相>4/高倍视野。

（2）腺癌　占20%～25%。

1）巨检　来自宫颈管，并浸润宫颈管壁。当癌灶长至一定程度即突向宫颈外口，常侵犯宫旁组织。病灶向宫颈管内生长，宫颈外观完全正常，但宫颈管膨大如桶状。

2）镜检　有下列两型：

①黏液腺癌　最常见，来源于宫颈黏膜柱状黏液细胞，镜下见腺体结构。腺上皮细胞增生呈多层，异型性明显。可分为高、中、低分化腺癌。

②恶性腺瘤　又称微偏腺癌，属高分化子宫颈管黏膜腺癌。肿瘤细胞貌似良性，腺体由柱状上皮覆盖，细胞无异型性，表皮为正常宫颈管黏膜腺体，腺体多，大小不一，形态多变。常有淋巴转移。

（3）鳞腺癌　占3%～5%，较少见，由储备细胞发展而来，含腺癌和鳞癌两种成分。

【转移途径】

1. 直接蔓延　最常见。癌组织直接侵犯相邻组织和器官，向下蔓延至阴道，向上经宫颈管累及宫腔；也可向两侧蔓延至主韧带、阴道旁组织甚至骨盆壁；向前、后蔓延侵犯膀胱、直肠等，可形成生殖道瘘。

2. 淋巴转移　癌组织通过病灶周围的淋巴管侵入局部淋巴结，向子宫旁或宫颈旁、闭孔、髂内、髂外、髂总、骶前、腹股沟、腹主动脉旁淋巴结蔓延，晚期可出现锁骨旁淋巴结转移。

3. 血行转移　极少见，发生在晚期。癌组织破坏小静脉后，随体循环转移到肺、肝或骨骼等处。

【护理评估】

1. 病史　询问患者阴道流血的时间、量、性状，与性生活、月经周期的关系，既往妇科病史、婚育史等。

2. 身体状况

（1）症状　一般早期无明显症状，易被忽略或误诊。随着期别的增加，症状逐渐加重，主要表现为：

①阴道流血　早期表现为性交后或妇科检查后接触性出血，以后可出现月经间期或绝经后不规则出血。出血多少与癌灶大小及受累间质内血管情况有关。晚期病灶大可出现大出血，危及生命。一般外生型出血早，量多；内生型出血晚。

②阴道排液　常出现在阴道流血后，开始量不多，白色或血性，无臭味。随着癌组织的破溃，阴道分泌物呈稀薄水样或米泔样，有腥臭。晚期癌组织坏死继发感染，则呈大量脓性或米汤样恶臭白带。

③晚期症状　癌灶累及不同部位出现不同继发症状，如尿频、尿急、便秘、腰骶痛及下肢肿痛等；累及或压迫输尿管可引起输尿管梗阻、肾盂积水及尿毒症等；晚期患者可出现贫血、恶病质等。

（2）体征　早期微小浸润癌可无明显表现，子宫颈光滑或呈糜烂样改变。随着疾病的进展，妇科检查可见外生型、内生型或溃疡型等宫颈局部病变。癌组织侵及阴道壁可见阴道壁赘生物，向宫旁组织侵犯时，妇科检查可扪及两侧盆腔组织增厚，结节状，癌组织浸润达盆壁，可形成冰冻盆腔。

（3）临床分期　采用国际妇产科联盟（FIGO，2009年）修订的临床分期标准（表19－1），以治疗前分期为准，治疗后不再更改。

表 19－1　子宫颈癌的临床分期（FIGO，2009 年）

临床分期	病变范围
Ⅰ期	肿瘤严格局限于宫颈（扩展至宫体将被忽略）
ⅠA	镜下浸润癌。间质浸润≤5mm，水平扩散≤7mm
ⅠB	肉眼可见病灶局限于宫颈，或者临床前病灶＞$Ⅰ_A$期
Ⅱ期	肿瘤超过子宫颈，但未达骨盆壁或未达阴道下 1/3
ⅡA	无宫旁浸润
ⅡB	有明显宫旁浸润
Ⅲ期	肿瘤扩展到骨盆壁和（或）累及阴道下 1/3 和（或）导致肾盂积水或肾无功能
ⅢA	肿瘤累及阴道下 1/3，没有扩散到骨盆壁
ⅢB	肿瘤扩散到骨盆壁和（或）引起肾盂积水或肾无功能
Ⅳ期	肿瘤扩散超出真骨盆或侵犯膀胱和直肠黏膜。泡状水肿不能分为Ⅳ期
ⅣA	肿瘤播散至邻近器官
ⅣB	肿瘤播散至远处器官

3. 心理－社会状况　患者及家属往往对出血表现为恐惧，对检查结果感到震惊、无助、焦虑，对生命安全、治疗的方式和结果很担心，产生绝望感。

4. 辅助检查　根据病史和身体状况，尤其有接触性出血者，应想到宫颈癌的可能，需做详细的全身检查及妇科三合诊检查，并采用以下辅助检查：

（1）宫颈刮片细胞学检查　是目前普查宫颈癌前期病变和早期发现宫颈癌的主要方法。在宫颈外口移行带区取材镜检。国内通常采用巴氏 5 级分类法报告结果：Ⅰ级正常；Ⅱ级为炎症；Ⅲ级为可疑癌；Ⅳ级高度可疑癌；Ⅴ级癌细胞阳性。Ⅱ级按炎症处理后重复涂片进一步检查。Ⅲ、Ⅳ、Ⅴ级涂片者应重复刮片并行宫颈活组织检查。目前正在推广采用 TBS 分类法报告结果：①良性细胞学改变：包括感染（细菌、原虫、真菌等）及反应性细胞学改变（炎症、损伤等）。②鳞状上皮细胞异常：包括不典型鳞状上皮细胞（ASC）；低度、高度鳞状上皮细胞内病变（LSILs、HSILs），鳞状细胞癌。③腺上皮细胞异常：包括不典型腺上皮细胞（AGC）、腺原位癌（AIS）、腺癌。④其他恶性肿瘤：包括小细胞未分化鳞癌。

（2）液基薄层细胞学检查（TCT 检测）　是采用液基薄层细胞检测系统检测宫颈细胞并进行 TBS 细胞学描述性诊断。TCT 检查对宫颈癌细胞的检出率接近 100%，同时还能发现癌前病变，微生物感染如霉菌、滴虫、衣原体等。是目前国际上最先进的一种宫颈癌细胞学检查技术。与宫颈刮片细胞学检查相比较，结果更准确，宫颈癌及癌前病变检出率更高。

知识拓展

液基薄层细胞学检查（TCT）方法

方法是：先将宫颈毛刷的尖端放在宫颈管内，两边紧贴宫颈外口，柔和压力下沿时针方面转动5整周，然后将毛刷放入细胞保存液的小瓶底部，使毛刷全部散开，上下10次，将宫颈脱落细胞漂洗入细胞保存液瓶中，再通过高精密度过滤膜过滤后，将标本中的杂质分离，取滤后的上皮细胞制成直径为20mm薄层细胞于载玻片上，95%酒精固定，经巴氏染色、封片，由细胞学专家肉眼在显微镜下阅片，按TBS法做出诊断报告。

(3) 碘试验　将2%碘溶液直接涂在宫颈及阴道穹隆部，观察碘着色情况。正常宫颈阴道上皮含有丰富的糖原，可被碘液染成棕色。而瘢痕、糜烂及异常的鳞状上皮无糖原，不着色。在不着色区取材活检，可提高宫颈癌的检出率。

(4) 阴道镜检查　凡宫颈刮片细胞学检查巴氏Ⅲ级或Ⅲ级以上者、TBS分类法鳞状上皮内瘤变及以上或高危型HPV DNA阳性者，应在阴道镜检查下，选择可疑癌变区进行宫颈活组织检查，以提高诊断正确率。

知识拓展

高危型HPV DNA检测及其临床价值

HPV感染能够引起宫颈上皮内瘤变（CIN）及宫颈癌的发生，尤其是高危型。临床上用于检测HPV的方法包括细胞学方法、免疫组化、原位杂交、斑点杂交、核酸印迹和PCR等，可同时检测13种高危型HPV，被广泛用于宫颈癌的筛查和复查。该检测可与宫颈细胞学检查联合或单独进行，可有效减少细胞学检查的假阴性结果，可进行受检者患宫颈癌的风险预测。

(5) 宫颈和宫颈管活体组织检查　是确诊宫颈癌前期病变和宫颈癌的最可靠且不可缺少的方法。在宫颈鳞-柱状上皮交界部的3、6、9、12点4处取活体组织送病理检查，或在碘试验不着色区、阴道镜指导下或肉眼观察可疑区取多处组织进行切片检查。如宫颈刮片细胞学检查阳性而活检阴性时，可用小刮匙将宫颈管刮出物送检。

(6) 宫颈锥切术　适用于宫颈刮片细胞学检查多次阳性而宫颈活检为CINⅡ和CINⅢ需确诊者，或可疑微小浸润癌需了解浸润深度和宽度等情况，可采用冷刀切除、环形电切（LEEP），对切除组织应连续行病理切片（连续24～36片）检查。

5. 治疗要点　根据患者的临床分期、年龄、全身情况等综合分析确定治疗方式，原则是手术和放疗为主，化疗为辅的综合治疗。

(1) 宫颈上皮内瘤样病变　确诊为CINⅠ级者，按炎症处理，每3～6个月随访刮片，必要时再次活检，病变持续不变者继续观察。CINⅡ级者，应选用激光、冷凝或宫颈锥切术进行治疗，术后每3~6个月随访一次。CINⅢ级者，主张行子宫全切术。年轻患者若要求保留生育功能，可行宫颈锥切术，术后定期随访。

（2）宫颈浸润癌

①手术治疗　适用于Ⅰ期~Ⅱ期无手术禁忌证的患者。根据病情选择不同手术方式，一般采用子宫根治术加盆腔淋巴结清扫术。优点为年轻患者可保留卵巢及阴道。

②放射治疗　是宫颈癌的主要治疗方法，适用于各期患者。放射治疗分为腔内及体外照射两种。早期以腔内照射为主，体外照射为辅。晚期则以体外照射为主，腔内照射为辅。

知识拓展

放射治疗及照射野的保护

放射治疗简称放疗，分腔内及体外照射两种，是利用放射线如放射性同位素产生的射线和各类X射线治疗机或加速器产生的X射线、电子线、质子束、粒子束等治疗恶性肿瘤的方法。放疗是把双刃剑，在杀灭肿瘤细胞的同时，又可造成正常组织损伤。对放疗照射野的保护包括：放疗前在表皮相应部位标记出照射范围；治疗期间保持该皮肤清洁干燥，禁用力或用肥皂擦洗，若标记不清，应重新描记，切勿让患者自行描画。

③手术加放射治疗　用于癌灶较大，先进行放疗使病灶局限后再行手术治疗或手术后证实有淋巴或宫旁组织转移者，放疗作为手术的补充治疗。

④化疗　主要用于晚期癌症或复发转移的宫颈癌患者。常用药物有顺铂、卡铂、氟尿嘧啶、紫杉醇等，通常采用联合化疗方案。

【护理诊断/问题】

1. 恐惧　与担心宫颈癌危及生命有关。
2. 疼痛　与癌肿浸润或手术创伤有关。
3. 排尿异常　与癌肿浸润、转移及手术损伤有关。
4. 有感染的危险　与生殖道流血、机体抵抗力下降有关。
5. 营养失调：低于机体需要量　与反复阴道出血、放疗及癌症消耗有关。
6. 知识缺乏　缺乏宫颈癌疾病相关知识。
7. 自我形象紊乱　与手术、放疗及化疗造成身心损害有关。

【护理目标】

1. 患者接受诊断结果，配合检查及治疗。
2. 患者经治疗后疼痛缓解或消失。
3. 患者经治疗后膀胱功能恢复良好。
4. 患者术后体温正常，无感染发生。

5. 患者经治疗后营养状况改善。

6. 患者了解疾病的性质及相关的随访、治疗知识。

7. 患者能够接受身体的变化，正确面对疾病。

【护理措施】

1. 一般护理 注意饮食与营养，宫颈癌术前流血较多、手术创伤大，有的患者贫血，应鼓励进食富含高能量、维生素及营养素全面的食物，根据患者的身体状况、饮食习惯，协助患者及家属计划合理食谱，贫血严重者适当输血。协助患者维持个人卫生，保持会阴清洁，勤换内衣、内裤。指导卧床患者进行床上肢体活动，预防并发症。

2. 病情观察 注意观察阴道出血量及阴道排液情况，注意腰骶部疼痛的性质及范围，还应注意双侧腹股沟有无扪及质软的包块（淋巴囊肿）。手术后患者应观察伤口渗血及渗液情况，盆腔引流管是否通畅，引流液的量、颜色、性质等。

3. 对症护理

（1）阴道流血 便后及时冲洗并更换会阴垫，每天冲洗会阴2次。有活动性出血者需消毒纱布填满止血，要做好交接班，按时如数取出纱布。出现阴道大出血时，配合医生作好急救处理。

（2）恶病质 消瘦者加强营养，高热时物理降温，防止并发症。

（3）手术患者 ①术前需每天阴道冲洗2次，冲洗时动作应轻柔，以免损伤宫颈癌组织引起阴道大出血。肠道按清洁灌肠准备。术前教会患者进行肛门、阴道肌肉的缩紧与舒张练习。②术后为协助膀胱功能康复，一般留置尿管7～14天，甚至21天。术后第2天开始作盆底肌肉的练习。在拔尿管的前3天开始夹尿管，连续3天，每2～3小时放尿1次，锻炼膀胱功能，促进排尿功能的恢复。拔管后，嘱患者1～2小时排尿1次，并注意残余尿量，如残余尿连续3次在100mL以下，证明膀胱功能恢复尚可，否则应及时给患者再留置尿管，保留3～5天后，再行拔管。③保持负压吸引管的通畅：宫颈癌根治术的患者，由于创面大，渗出较多，以及清扫了盆腔淋巴结，使淋巴回流受阻，术后常在盆腔放置引流管，一般48～72小时拔出。

（4）放射治疗者 按放疗常规护理方法进行护理。放疗的近期反应有放射性直肠炎和膀胱炎，但一般能自愈。

4. 化疗用药护理 按化疗常规护理方法进行护理。

5. 心理护理 了解患者的心理特点，告诉患者宫颈癌发生、发展的过程及预后，并强调早发现、早治疗的好处。帮助患者树立战胜疾病的信心，以最佳心理状态接受手术治疗。术后向患者讲解较长时间留置尿管的重要性，待膀胱功能恢复后尽早拔出尿管，消除带尿管导致的不良心理反应。

【护理评价】

1. 患者术后接受诊断结果，情绪平稳正常。

2. 患者经治疗后疼痛缓解或消失。

3. 患者术后能恢复排尿功能。

4. 患者经治疗后体温正常，无感染发生，身体抵抗力增强。

5. 患者合理饮食，营养状况较好。

6. 患者了解疾病的相关知识，心情平和，并积极配合诊治的全过程。

7. 患者能接受身体的变化，与人正常交往，树立乐观生活的坚强信心。

【健康指导】

1. 提供预防保健知识 普及与宫颈癌发病有关的高危因素的知识，宣传定期普查、早期发现、早期治疗的重要性。一般妇女应每1~2年普查1次，积极治疗慢性宫颈炎和CIN，围绝经期及绝经后的妇女有异常阴道流血或接触性出血应及时就诊。

2. 出院后康复指导 定期随访很重要，最初每个月1次，连续3个月后改每3个月1次，1年后每半年1次，第3年开始，每年1次。如有症状随时到医院检查。如有淋巴转移，则需继续接受放疗或化疗。少数患者出院时尿管未拔除，应教会患者保留尿管的护理，多饮水，保持外阴清洁，活动时勿将尿袋高于膀胱水平，避免尿液倒流。继续进行盆底、膀胱功能锻炼，及时到医院拔尿管，导残余尿。康复后应逐步增加活动强度，适当参加社交活动或恢复日常工作。

第三节 子宫肌瘤

案例引导

王女士，女，31岁，月经量多5年，有大血块，需用6~7包卫生巾（每包20片），常感头晕、乏力。查体：面色苍白，血压正常，既往体健。妇科检查：子宫前位，增大如妊娠9周大小，质硬，于子宫左前方可触及一直径4cm的硬结，无压痛，双附件（-）。Hb 85 g/L。请问：

1. 该患者还需作哪些辅助检查？

2. 护理应注意的事项有哪些？

子宫肌瘤（myoma of uterus）是女性生殖系统最常见的良性肿瘤，主要由子宫平滑肌和结缔组织组成。多见于30~50岁的妇女。

【病因】

子宫肌瘤确切的病因尚不清楚。研究显示25%~50%的子宫肌瘤存在细胞遗传学上的异常。另外，子宫肌瘤好发于生育年龄的妇女，绝经后肌瘤停止生长，甚至萎缩或消失，提示肌瘤的发生、发展可能与女性雌激素水平过高或长期刺激有关。

【病理】

1. 巨检 肌瘤多为球形实质性的结节，单个或多发，大小不一，表面光滑，与周围肌组织有明显界限。外表有被压缩的肌纤维和结缔组织构成的假包膜。肌瘤表面色淡，质地较硬，切面呈灰白色漩涡状结构。

2. 镜检 可见梭形平滑肌细胞呈漩涡状或栅状排列，中间有不等量的纤维结缔组织，细胞大小均匀，核为杆状。

3. 肌瘤变性 当肌瘤生长过快时，由于其供血不足使肌瘤失去原有典型结构，称肌瘤变性，常见的变性有：

①玻璃样变 又名透明变性，最多见。肌瘤部分组织水肿变软，剖面漩涡状结构消失，被均匀透明样物质取代。镜下见肌细胞消失，为均匀透明无结构区。

②囊性变 继发于玻璃样变，进一步缺氧后肌瘤组织坏死、液化形成多个囊腔，也可融合成一个大囊腔，囊内含清澈无色液体，也可自然凝固成胶冻状。

③红色样变 为一种特殊类型的坏死，多见于妊娠期或产褥期。患者可突发剧烈腹痛，伴发热、白细胞升高等，检查肌瘤迅速增大、压痛等。肌瘤剖面呈暗红色，如半熟的牛肉，质软，腥臭，漩涡状结构消失。

④肉瘤变 少见，为肌瘤恶变。多见于绝经后女性，肌瘤在短期内迅速增大或伴不规则阴道流血和疼痛。瘤体切面呈生鱼肉样，质软脆，色灰黄，与周围组织界限不清。

⑤钙化 多见于蒂细的浆膜下肌瘤及绝经后妇女的肌瘤，X 线摄片可发现钙化阴影。

【分类】

1. 按肌瘤所在部位 分为子宫体肌瘤（90%）及子宫颈肌瘤（10%）。

2. 按肌瘤与子宫肌壁的关系分为以下 3 种类型（图 19 -3）：

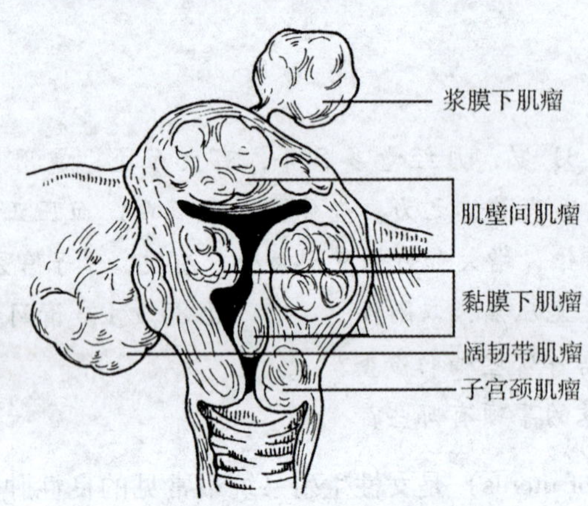

图 19 -3 各型子宫肌瘤示意图

（1）肌壁间肌瘤 瘤体位于子宫肌层内，周围被正常的子宫肌层包围，两者界限清楚，为最常见的类型，占 60% ~70%。

（2）浆膜下肌瘤 肌瘤突向子宫表面向腹腔方向生长，表面由浆膜层覆盖，约占子宫肌瘤的 20%。如肌瘤基底部形成蒂与子宫相连，称带蒂浆膜下肌瘤，易发生蒂部扭转，可并发急腹症。如肌瘤向阔韧带内生长，称阔韧带肌瘤。

（3）黏膜下肌瘤 肌瘤向子宫腔突出，表面由子宫黏膜覆盖，可改变宫腔的形状，但子宫外形可无明显变化。约占子宫肌瘤的 10% ~15%。黏膜下肌瘤易形成蒂与子宫相连，称带蒂的黏膜下肌瘤。当蒂细长时，肌瘤可脱出于子宫颈口或延伸阴道内达外阴口。

子宫肌瘤可单发，也可多发，几种类型的肌瘤可发生在同一子宫，称多发性子宫肌瘤。

【护理评估】

1. 病史　了解年龄，月经史，孕产史，有无使用激素类药物史，诊断治疗情况等。

2. 身体状况

(1) 症状　与肌瘤发生的部位、生长速度及肌瘤有无变性有关，而与肌瘤的大小、数目关系不大。一般浆膜下肌瘤或小型的肌壁间肌瘤多无症状，而黏膜下肌瘤症状出现较早。多数患者无明显的症状，仅妇科检查时发现。

①月经改变　多见黏膜下肌瘤和大的肌壁间肌瘤。主要为月经量增多、经期延长、周期缩短及不规则阴道流血等，这是由于肌瘤使子宫内膜面积增大、子宫收缩受影响或子宫内膜增生过长所致。如肌瘤发生坏死、溃疡、感染时，可有持续性或不规则阴道流血或脓血样排液。

②下腹包块　肌瘤较小时常扪不到下腹部包块，当肌瘤增大超过 3 个月妊娠大时可在下腹部扪及，尤其凌晨膀胱充盈时更易扪及。

③压迫症状　肌瘤长大后压迫膀胱时，可出现尿频、排尿困难或尿潴留；如压迫直肠，可出现里急后重、排便困难；压迫输尿管，可致肾盂积水。

④白带增多　肌壁间肌瘤使宫腔面积增大，内膜腺体分泌增多，导致白带增多，如黏膜下肌瘤脱出于阴道，表面易感染、坏死，可排出大量脓血性液体及腐肉样组织，伴臭味。

⑤继发性贫血　长期月经过多，可出现全身乏力、面色苍白、气短、心悸等症状。

⑥其他　腰酸、腹痛及下腹坠胀，经期加重；当肌瘤发生蒂扭转时，患者可出现急性腹痛；肌瘤红色变性时，腹痛剧烈，并伴发热、白细胞升高等；当肌瘤压迫输卵管，或肌瘤使宫腔变形，妨碍受精、着床可造成不孕；子宫肌瘤使子宫内膜充血，胚胎供血不足，导致流产。

(2) 体征　肌瘤较大者可在下腹扪及质硬、不规则、结节状突起。妇科检查：子宫呈不规则或均匀性增大，质硬，表面可扪及数个结节状的突起。浆膜下肌瘤子宫表面有球状物，可活动。黏膜下肌瘤的子宫多为均匀性增大，当脱出于宫颈口或阴道口时，可见有红色、表面光滑的实质性肿物，如伴有感染，表面可见溃疡，排液有臭味。

3. 心理 – 社会状况　子宫肌瘤无临床症状时，患者常未引起重视；发现肌瘤后或出现症状后则感到吃惊、焦虑、紧张，担心恶变，害怕手术及术后对生活可能的影响。

4. 辅助检查　B 超为常用的辅助检查方法，可帮助了解肌瘤的大小、个数及部位等。也可用腹腔镜、宫腔镜、子宫输卵管造影等协助诊断。

5. 治疗要点　根据患者的年龄、生育要求及肌瘤的部位、大小、数目、有无症状及症状的轻重、全身情况等选择适当的治疗方案。

(1) 保守治疗

1）随访观察　适用于子宫肌瘤小、无症状或症状较轻者，尤其是近绝经期妇女，因激素水平下降，肌瘤可自然萎缩。应 3 ~ 6 个月定期随访 1 次，如肌瘤增大或症状加重，再进一步治疗。

2）药物治疗　适用于肌瘤小于两个月妊娠子宫、症状轻、近绝经期或全身情况不能耐受手术者。一般采用：①雄激素：常用丙酸睾酮，可对抗雌激素，使子宫内膜萎缩，增强子宫平滑肌收缩，减少出血。②促性腺激素释放激素类似物：如亮丙瑞林或戈舍瑞林，可抑制垂体、卵巢功能，降低雌激素水平，使肌瘤缩小或消失。③抗孕激素药物：如米非司酮，与孕激素竞争受体，拮抗孕激素作用。

（2）手术治疗　适用于肌瘤大压迫症状严重、症状明显致继发贫血治疗无效、有蒂肌瘤发生蒂扭转致急腹症、肌瘤致严重腹痛、引起不孕或反复流产及肌瘤疑似恶变者等。年轻未生育、需保留子宫者，可经腹或经腹腔镜下切除肌瘤；突出宫颈口或阴道内的黏膜下肌瘤经阴道或经宫腔镜切除。肌瘤较大、症状明显、药物治疗无效、不需保留生育功能或怀疑有恶变者，可行子宫次全切除术或子宫全切术。年龄50岁以下、卵巢外观正常者应保留卵巢。

（3）其他治疗　近年还有子宫动脉栓塞术、宫腔镜子宫内膜切除术。

【护理诊断/问题】

1. 营养失调：低于机体需要量　与月经过多、长期失血有关。

2. 焦虑　与担心病情恶变及手术后遗症有关。

3. 有感染的危险　与月经增多、机体抵抗力下降有关

4. 舒适度改变　与肿瘤压迫症状及月经改变有关

5. 知识缺乏　缺乏子宫肌瘤相关知识。

【护理目标】

1. 患者经治疗后月经量恢复正常，贫血改善。
2. 患者焦虑减轻或消失。
3. 住院治疗期间患者体温正常，无感染发生。
4. 患者压迫及失血症状缓解或消失，感觉无明显不适。
5. 患者初步了解子宫肌瘤的性质及相关的随访、治疗知识。

【护理措施】

1. 一般护理　注意休息，加强营养，贫血者应予以高蛋白、含铁丰富的食物，减少活动量。

2. 病情观察　对出血多的患者，严密观察患者面色、生命体征，评估并记录出血量。黏膜下肌瘤脱出者，注意观察阴道分泌物的性质、量、颜色。浆膜下肌瘤者应注意观察患者有无腹痛，腹痛部位、程度及性质，若出现剧烈腹痛，应考虑肌瘤蒂扭转，并立即通知医师，作好急诊手术准备。

3. 对症护理

（1）阴道出血　保持外阴清洁与干燥，防止感染。加强营养，纠正贫血。

（2）压迫症状　压迫膀胱出现尿潴留者，应给予导尿，压迫直肠出现便秘者可行番泻叶泡水口服。遵医嘱作好手术前准备，经阴道行黏膜下肌瘤摘除术的患者按阴道手术患者护理。子宫全切或肌瘤切除的患者，术前、术后护理按妇科腹部手术患者的术

前、术后护理。

(3) 剧烈腹痛 应联系医生及时处理，必要时作好经腹急症手术的准备。

(4) 白带增多 黏膜下肌瘤脱出于阴道口者，每日用消毒液行外阴冲洗，并做好外阴皮肤准备，协助医生行蒂部留置止血钳24~48小时，摘除黏膜下肌瘤。

4. 用药护理 按医嘱给予止血药和子宫收缩剂止血，对贫血严重者遵医嘱输血、补液，维持正常血压并纠正贫血状态。对应用激素治疗的患者，讲明药物作用原理、剂量、用药方法、可能出现的不良反应及应对措施，告之服药过程中不能擅自停药或用药过多，以免出现撤药性出血或男性化。

5. 心理护理 建立良好的护患关系，给患者及家属讲解疾病的有关知识，使患者和家属确信子宫肌瘤为良性肿瘤。对症状重，需手术者，让患者及家属了解手术的必要性，纠正错误认识，共同配合治疗与护理，增强康复的信心。

【护理评价】

1. 患者治疗后月经量恢复正常，贫血改善，抵抗力增强。
2. 患者能说出减轻焦虑的措施，并能积极应用。
3. 患者住院治疗期间无感染发生。
4. 患者经治疗症状缓解，舒适感增加。
5. 患者初步了解子宫肌瘤的性质及相关的随访、治疗知识。

【健康指导】

手术后患者出院后不能过早性生活及参加重体力劳动，1个月后到门诊复查，了解患者术后康复的情况，并给予自我保健指导。让保守治疗者明确随访的时间、目的及联系方式，按时接受随访指导，以便根据病情需要修正治疗方案。鼓励患者多参加社会活动，保持心情开朗，情绪乐观。

第四节 子宫内膜癌

案例引导

张女士，75岁，绝经20年，出现无明显诱因的阴道流血2周，量不多，色鲜红。患者发病以来，无发热及阴道排液，无腹痛、腹胀，饮食、睡眠正常，大小便无异常，体重无明显变化。既往月经规律，G1P0，自然流产1次，55岁绝经。高血压病史9年，2型糖尿病史10年。口服药物治疗，血压、血糖控制好。妇科检查：宫颈光，无接触性出血，子宫平位，如孕8周大小，双附件未及异常。B超提示宫腔少量积血。请问：

1. 该患者为确诊还须做何检查？
2. 患者存在的护理问题有哪些？
3. 根据护理问题，制定相应的护理措施。

子宫内膜癌是指子宫内膜发生的癌症，以腺癌为主，又称子宫体癌。为女性生殖道常见的三大恶性肿瘤之一，占女性生殖道恶性肿瘤的20%～30%。平均发病年龄60岁，其中75%发生于50岁以上的妇女。癌肿生长缓慢，发生转移较晚，常以直接蔓延及淋巴转移为主，血行转移少见。病变局限于子宫，预后较好，若蔓延至子宫颈、侵犯子宫肌层或子宫外，则预后极差。

【病因】

子宫内膜癌的确切病因不十分清楚，目前认为有两种发病类型。Ⅰ型为雌激素依赖型，其发生可能与雌激素长期刺激而无黄体酮拮抗的情况下，使子宫内膜增生过长有关。临床见于无排卵性疾病、分泌雌激素的卵巢肿瘤、长期服用雌激素的绝经后妇女及长期服用他莫昔芬的妇女。这种类型多见，为子宫内膜样腺癌，患者年轻，多伴有肥胖、糖尿病、高血压、未婚、少育、未育、月经紊乱及绝经延迟等。Ⅱ型为非雌激素依赖型，其发生与雌激素无明确关系。这种类型少见，患者多年老体瘦，癌灶周围是萎缩的子宫内膜，雌孕激素受体多呈阴性，预后不良。约10%的子宫内膜癌还与遗传有关。

【病理】

本病病变多发生于子宫底部的双侧子宫角，其次是子宫后壁，根据病变的形态及范围分为局限型和弥漫型。

1. 大体观

①局限型　癌灶小，只局限于子宫腔的一小部分，多见于宫底或宫角部，呈息肉或小菜花状，易出血，易侵犯肌层。

②弥漫型　起病时病变侵犯大部分或全部子宫内膜，癌灶常呈不规则菜花状突出于子宫腔，充满宫腔甚至脱出于宫颈口外，癌组织灰白或淡黄，表面有出血、坏死。晚期侵犯全层肌组织，子宫明显增大。阻塞宫颈管，可致宫腔积脓。

2. 镜下观　分为内膜样腺癌（占80%～90%）、腺癌伴鳞状上皮分化、浆液性腺癌（占1%～9%）、黏液性癌（约占5%）和透明细胞癌（占不足5%）5大类型。

【护理评估】

1. 病史　注意高危因素如老年、肥胖、高血压、糖尿病、绝经延迟、少育或不育、激素替代治疗等病史，并需询问家族肿瘤史。有无月经紊乱、月经过多、绝经后阴道出血等情况。

2. 身体状况

（1）症状　早期症状不明显，病程较长，发生转移较晚。随病程进展出现下列症状：

①阴道不规则流血　最典型的症状是绝经后不规则阴道流血。量一般不多，为持续性或间歇性，未绝经者表现为经期延长、经量增多或月经紊乱。

②阴道排液　病变早期多为浆液或浆液血性排液，晚期有感染时可出现有臭味的脓性或脓血性排液。

③疼痛及其他　当癌灶侵犯宫颈，堵塞宫颈管致宫腔积脓时，可出现下腹部胀痛或痉挛性疼痛。晚期癌肿浸润周围组织或压迫神经时出现下腹及腰骶部疼痛，并向下肢或

足部放射。晚期可出现贫血、消瘦及恶病质。

（2）体征　早期无明显异常，随病情发展，妇科检查发现子宫增大，质软，合并感染时子宫腔有脓性液体排出。晚期可触及宫旁的转移包块或不规则结节，癌灶可突出于宫颈口，质脆，触之易出血。癌灶浸润周围组织时，子宫固定或在宫旁扪及不规则结节状物。

（3）手术病理及临床分期　不进行手术者可采用国际妇产科联盟临床分期（FIGO，1971），手术者可采用国际妇产科联盟（FIGO，2009）修订的手术病理分期（表19－2）。

表19－2　子宫内膜癌手术病理分期与临床分期

子宫内膜癌手术病理分期（FIGO，2009）	子宫内膜癌临床分期（FIGO，1971）
Ⅰ期　肿瘤局限于子宫体	0期　腺瘤样增生或原位癌
Ⅱ期　肿瘤侵犯宫颈间质，但无宫体外蔓延	Ⅰ期　癌灶局限于子宫体
Ⅲ期　肿瘤局部和（或）区域扩散	Ⅱ期　癌灶已侵犯子宫颈
Ⅳ期　肿瘤侵及膀胱和（或）直肠黏膜，和（或）远处转移	Ⅲ期　癌灶扩散到子宫以外，但未超出真骨盆
	Ⅳ期　癌灶超出真骨盆或侵犯其他的组织或器官

3. 心理－社会状况　子宫内膜癌多发生于绝经后老年女性，本病的发生会使患者产生严重的焦虑及恐惧。

4. 辅助检查

（1）影像学检查　阴道B超检查可了解子宫大小、宫腔形状及有赘无生物、内膜厚度、肌层有无浸润及深度等。典型的子宫内膜癌超声图像为有实质不均回声区或宫腔线消失、肌层内有不均回声区。也可行MRI检查。

（2）分段诊断性刮宫　是目前早期确诊子宫内膜癌最常用、可靠的方法，可鉴别子宫内膜癌和子宫颈管腺癌。用小刮匙先环刮颈管内膜后探宫腔，再刮取宫腔内膜，标本分瓶做好标记送病理检查。

（3）宫腔镜检查　直接观察宫腔及宫颈管内有无癌灶及大小、部位，可在直视下取材活检则更为准确。

（4）其他检查　子宫内膜抽吸或宫腔刷刷取活检、血清CA125测定（有子宫外转移者血清CA125值升高）等。

5. 治疗要点　应根据子宫大小、肌层是否被癌浸润、癌细胞分化程度及患者全身情况等而定。单一治疗或综合应用。

（1）手术治疗　为首选的治疗方案，特别是早期病例。手术目的：一是进行手术病理分期，确定病变范围及组织学类型；二是切除病变子宫及其可能存在的转移病灶。一般行子宫全切及双附件切除术，和（或）双侧盆腔淋巴结清扫、腹主动脉旁淋巴结清扫术。如癌灶扩散到肌层、子宫颈管，则按子宫颈癌的手术范围。

（2）放射治疗　目前认为，子宫内膜癌是放射敏感性肿瘤，对体质差、期别晚、复发不能手术者，可采用单纯放疗、放疗联合手术及化疗或放疗联合孕激素及化疗。术前及术后加用放疗可提高疗效。

（3）药物治疗　晚期或癌症复发、不能手术或要求保留生育功能者，可选用大剂量孕激素治疗，或用抗雌激素制剂如他莫西芬与孕激素配合使用。化疗主要用于晚期或复发患者，常用顺铂、阿霉素、紫杉醇等，可单独或联合应用，也可与孕激素合并应用。

【护理诊断/问题】

1. 恐惧、焦虑　与子宫内膜癌的确诊及可能预后不良有关。

2. 疼痛　与癌肿浸润或手术创伤有关。

3. 有感染的危险　与生殖道流血、机体抵抗力下降有关。

4. 营养失调：低于机体需要量　与反复阴道出血、癌症消耗及治疗引起食欲下降、摄入减少有关。

5. 知识缺乏　缺乏子宫内膜癌的治疗、护理知识。

【护理目标】

1. 患者焦虑减轻或消失，患者接受诊断结果，配合检查及治疗。
2. 患者经治疗后疼痛减轻或消失。
3. 住院治疗期间患者体温正常，无感染发生。
4. 患者经治疗后营养状况改善。
5. 患者了解疾病相关的治疗、随访、护理知识。

【护理措施】

1. 一般护理　合理饮食，加强营养。鼓励患者进食高蛋白、高维生素等含营养素全面、丰富的食物，增强机体抗病能力。注意会阴部卫生，大量阴道排液者每日冲洗外阴2次。

2. 病情观察　注意观察阴道出血及排液量，出现恶病质应观察记录液体出入量。

3. 对症护理　需手术治疗者，严格执行腹部及阴道手术患者的护理措施；术后6~7天阴道残端缝合线吸收或感染可致残端出血，需严密观察并记录出血情况，此期间患者应减少活动。

晚期病例及考虑放疗、化疗者，按有关的内容护理。接受盆腔内放疗者，事先灌肠并留置导尿管，以保持直肠、膀胱空虚状态，避免放射性损伤。腔内置入放射源期间，保证患者绝对卧床，但应学会床上肢体运动方法，以免出现长期卧床的并发症。取出放射源后，鼓励患者渐进性下床活动及生活自理项目，具体措施按放疗护理内容。

4. 用药护理　对采取孕激素治疗的患者，应强调严格用药的重要性、教会患者口服药物的方法、告诉患者治疗过程中可能出现的反应及预后，如孕激素治疗可能导致水钠潴留、药物性肝炎，但停药后会逐步缓解消失；采取抗雌激素药物治疗时，可能有潮热、畏寒等类似围绝经期综合征的表现，有的患者可出现阴道流血、恶心、呕吐等，如反应严重者应报告医生，及时对症处理。

5. 心理护理　提供有关疾病的知识，缓解焦虑。评估患者对疾病及有关诊治过程的认知程度，鼓励患者及其家属讨论有关疾病及对治疗的疑虑，耐心解答。向护理对象介绍住院环境、诊断检查、治疗过程、可能出现的不适以求得主动配合。为患者提供安静、舒适的睡眠环境，减少夜间不必要的治疗；教会患者应用放松等技巧促进睡眠，必要时按医嘱使用镇静剂，保证睡眠。努力使患者确信子宫内膜癌的病程发展缓慢，是女性生殖器官恶性肿瘤中预后较好的一种，缓解其焦虑程度，增强治病信心。

【护理评价】

1. 患者能说出减轻焦虑的措施，并能积极应用。
2. 患者经治疗后疼痛减轻或消失。
3. 患者住院治疗期间体温正常，无感染发生。
4. 患者经治疗后营养状况改善。
5. 患者初步了解子宫内膜癌的性质及相关的随访、治疗知识。

【健康指导】

1. 作好防癌知识宣传　积极宣传防癌普查的重要性，中年妇女每年接受1次妇科检查，尤其注意子宫内膜癌的高危因素和人群。严格掌握雌激素的用药指征，加强用药期间的监护、随访。督促围绝经期、月经紊乱及绝经后出现不规则阴道流血者进行排查，及时接受正规治疗。

2. 出院指导　治疗后应定期随访，75%～95%的患者在术后2～3年内复发。随访时间：术后2年内，每3～6个月1次；术后3～5年每6～12个月1次。随访中注意有无复发病灶，并根据患者康复情况调整随访间期。另外，性生活恢复时间应经过复查后决定，对治疗后阴道分泌物少，性交困难、疼痛的患者，应指导患者使用局部润滑剂。

第五节　卵巢肿瘤

案例引导

患者20岁，大学生，未婚。腹部膨隆3个月，B超检查发现“右侧卵巢肿物”而入院。患者除腹胀外无其他不适。既往体健，12岁初潮，6～7/26～30天，量中等，轻度痛经，个人、家族史无特殊。体查：肿物位于耻上3指，界限清楚，张力大，无压痛。妇科检查：子宫前位，大小正常，活动好，无压痛，右侧附件可触及12cm×10cm×8cm大小之囊性肿物，表面光滑，活动，无压痛。请问：

1. 该患者的治疗原则是什么？
2. 该患者存在的护理问题有哪些？
3. 该病例的并发症有哪些？

卵巢肿瘤是妇科常见肿瘤，可发生于任何年龄。卵巢组织成分复杂，是全身各脏器原发肿瘤类型最多的器官。卵巢恶性肿瘤是生殖器官三大恶性肿瘤之一，因位置深，早期诊断困难，晚期治疗效果不佳，死亡率为妇科恶性肿瘤的首位，已成为当今严重威胁妇女生命与健康的主要肿瘤。

【病因】

本病病因尚不清楚，目前有学者提出持续排卵假说及“卵巢上皮性癌的卵巢外起源学说”等。发病的高危因素主要有：①遗传和家族因素：20% ~25% 卵巢恶性肿瘤患者有家族史，主要是上皮性癌。②环境因素：工业发达国家卵巢癌发病率高，与饮食中胆固醇含量高可能有关。另外，电离辐射，石棉，滑石粉，吸烟及维生素 A、C、E 的缺乏也可能与发病有关。③内分泌因素：妊娠期停止排卵可能减少卵巢上皮损伤，未产、未孕妇女卵巢肿瘤发病率高。乳腺癌、子宫内膜癌合并卵巢肿瘤的机会较一般妇女高，说明三者都与雌激素有关。

【分类】

卵巢的组织复杂，其分类方法也多。最常用的是按世界卫生组织（WHO，2003）制定的卵巢肿瘤组织学分类法分类。

1. 上皮性肿瘤 包括浆液性肿瘤、黏液性肿瘤（宫颈样型、肠型）、子宫内膜样肿瘤（变异型、鳞状分化）、透明细胞肿瘤、移行细胞肿瘤、鳞状细胞肿瘤、混合性上皮性肿瘤及未分化和未分类肿瘤，均有良性、交界性和恶性之分。

2. 性索－间质肿瘤 包括颗粒细胞－间质细胞瘤（颗粒细胞瘤、卵泡膜细胞瘤－纤维瘤）、支持细胞－间质细胞肿瘤（睾丸母细胞瘤）、混合性或未分类的性索－间质肿瘤及类固醇细胞肿瘤。

3. 生殖细胞肿瘤 包括无性细胞瘤、卵黄囊瘤（内胚窦瘤）、胚胎性癌、多胎瘤、非妊娠性绒癌、畸胎瘤（未成熟型、成熟型及单胚性和高度特异性型）及混合型。

4. 转移性肿瘤。

【常见的卵巢肿瘤及病理特点】

1. 卵巢上皮性肿瘤 是最常见的卵巢肿瘤，有良性、交界性和恶性之分。交界性肿瘤是一种低度潜在恶性肿瘤，生长缓慢，转移率低，复发迟。

（1）浆液性囊腺瘤 占卵巢良性肿瘤的25%。分为单纯性及乳头状两型，单纯性多为单侧，圆形或卵圆形，大小不等，外表光滑，壁薄，单房，囊内有稀薄无色或草黄色的清澈液体；而乳头型常为多房，结节状，可有乳头状物向囊内突起，偶有向外生长。镜下见囊壁为纤维结缔组织，内衬单层立方形或柱状上皮。

（2）浆液性囊腺癌 为最常见的卵巢恶性肿瘤。多为双侧，体积大，囊实性，切面多房，腔内充满乳头，质脆，易出血坏死。镜下见癌细胞为立方形或柱形，异型明显，向间质浸润。

（3）黏液性囊腺瘤 约占卵巢良性肿瘤的20%，体积较大或巨大。单侧、多房，圆形或卵圆形，囊壁光滑，呈灰白色，内含黏稠或胶冻状黏液。镜下见囊壁为纤维结缔组织，内衬单层高柱状上皮；可见杯状细胞及嗜银细胞。少数黏液性瘤破裂继发腹膜黏液瘤，盆腔和（或）腹腔内见丰富的胶冻样黏液团块，极似转移癌，呈良性，分泌旺盛，一般不浸润脏器实质。

(4) 黏液性囊腺癌 约占卵巢恶性肿瘤的10%。多为单侧，瘤体大，囊壁见乳头或实质区，切面呈囊实性，囊液浑浊或呈血性，镜下见腺体密集，间质较少，上皮细胞超过3层，异型明显，有间质浸润。

2. 卵巢生殖细胞肿瘤 是来源于胚胎性腺的原始生殖细胞的一组卵巢肿瘤，好发于儿童和青少年，发病率仅次于上皮性肿瘤。

(1) 畸胎瘤 由多胚层组织构成，大部分为成熟畸胎瘤，质地多为囊性，少数为实性，其恶性程度与组织分化的程度有关。

①成熟畸胎瘤 约占畸胎瘤的95%，属良性肿瘤，好发于任何年龄的女性，以20~40岁居多，肿瘤来源于生殖细胞，包含有外胚层、中胚层及内胚层结构。实性畸胎瘤表面光滑，壁薄质韧，单房，腔内充满油脂和毛发，有时可有牙齿或骨质；囊性畸胎瘤又称皮样囊肿，多为单侧、单房，表面光滑，壁厚。成熟畸胎瘤恶变率为2%~4%。

②未成熟畸胎瘤 属恶性肿瘤，多发生于11~19岁的年轻患者，肿瘤多为单侧实性，可有囊性区域，体积较大，切面像脑组织，由未成熟胚胎组织构成，主要为原始神经组织。该肿瘤易复发及转移，复发后手术时可见到恶性程度的逆转现象，5年存活率约20%左右。

(2) 无性细胞瘤 呈中等恶性，好发于青春期及生育期妇女。肿瘤圆形或椭圆形，中等大，实性，触之如橡皮样，表面光滑呈分叶状，切面呈灰粉或淡棕色；镜下见圆形或多角形大细胞，细胞核大，胞质丰富。对放疗敏感，5年生存率可达90%以上。

(3) 卵黄囊瘤 又称内胚窦瘤，属高度恶性肿瘤，罕见。几乎均为单侧，肿瘤体积较大，直径常大于10cm，呈圆形或分叶状，有包膜。切面实性或部分囊性，组织质脆，有出血、坏死区，呈灰红或灰黄色，易破裂。镜下见疏松网状和内胚窦样结构。生长迅速，易早期转移。对化疗十分敏感。

3. 卵巢性索间质肿瘤

(1) 颗粒细胞瘤 属于低度恶性肿瘤，好发于45~55岁的女性。肿瘤多为单侧，呈圆形、卵圆形或分叶，表面光滑，包膜完整，可为囊性或实性，肿瘤切面囊性的囊内液多为水样、血性或浆胶液。瘤细胞主要为颗粒细胞，能分泌雌激素，有女性化作用。易致青春期早熟，生育期月经紊乱，绝经后不规则阴道出血。常合并子宫内膜增生或癌变。镜下见颗粒细胞环绕成小圆形囊腔，菊花样排列，瘤细胞呈小多边形，胞浆液呈嗜伊红或中性，胞膜边界不清楚，核圆，预后良好，5年生存率可达80%以上。

(2) 卵泡膜细胞瘤 为实性肿瘤，多属良性，单侧，呈圆形、卵圆形或分叶状，质硬，大小不一，表面被覆有纤维包膜，分泌雌激素，有女性化作用，常与颗粒细胞瘤并存。切面实性，灰白色。镜下见瘤细胞呈短梭形，细胞交错排列呈漩涡状，胞浆富含脂质。常合并子宫内膜增生或子宫内膜癌。

(3) 纤维瘤 为常见的良性卵巢性索间质肿瘤。多见于中年妇女，肿瘤多为单侧，中等大小，表面光滑或结节状，包膜完整，切面灰白色、实性，坚硬。镜下见由胶原纤维的梭形瘤细胞组成，排列呈编织状。偶尔患者伴有腹水或胸水，称梅格斯综合征(Meigs syndrome)，手术切除肿瘤以后，胸水或腹水自行消失。

(4) 支持细胞-间质细胞瘤 又称睾丸母细胞瘤，罕见。多发生在40岁以下的妇女。多为单侧实性，较小，表面光滑而湿润，有时呈分叶状，切面灰白色伴囊性变，囊内壁光滑，含血性浆液或黏液。高分化者为良性；中低分化者为恶性，占10%~30%，具有男性化作用；少数无内分泌功能者呈雌激素升高。

4. 卵巢转移瘤 体内任何部位的原发肿瘤均可转移到卵巢。常见原发性癌有乳腺癌、胃肠道癌、泌尿生殖道癌等。其中库肯勃瘤是一种特殊的胃肠道转移腺癌，肿瘤为双侧性，中等大小，多保持卵巢原状或呈肾形。镜下见典型的印戒细胞。能产生黏液，周围是结缔组织或黏液瘤性间质。恶性程度高，预后极差。

5. 瘤样病变 属卵巢非赘生性肿瘤，是卵巢增大的主要原因。多为囊性，属良性病变，常见有滤泡囊肿、黄体囊肿、黄素化囊肿、多囊卵巢等。如症状不严重，无须特殊治疗，须观察1~2月，多数可自行消失。

【转移途径】

卵巢恶性肿瘤以直接蔓延、腹腔种植及淋巴转移为主要转移途径，转移特点是盆、腹腔内广泛转移灶。横膈为转移的好发部位。瘤细胞可直接侵犯包膜，累及邻近器官，并广泛地种植在腹膜及大网膜的表面。广泛微转移中上皮性癌最为典型。淋巴转移主要通过卵巢淋巴管、卵巢门淋巴管及腹股沟淋巴结3种方式转移。血行转移少见。

【并发症】

1. 蒂扭转 为最常见的并发症，也是妇科常见的急腹症。好发于蒂长、活动度大、中等大小、中心偏向一侧的肿瘤，如皮样囊肿。当突然体位改变或妊娠期、产褥期的子宫位置改变时，均易促发蒂扭转（图19-4）。扭转后血液循环障碍，使肿瘤肿胀、出血、坏死、破裂或继发感染。扭转的典型症状为患者突然出现一侧下腹部剧烈疼痛，伴有恶心、呕吐甚至休克。检查时发现下腹部包块，伴腹肌紧张。盆腔检查可扪及张力较大的肿块，有压痛，以瘤蒂处最剧烈。有时扭转可自然复位，腹痛也随之缓解。

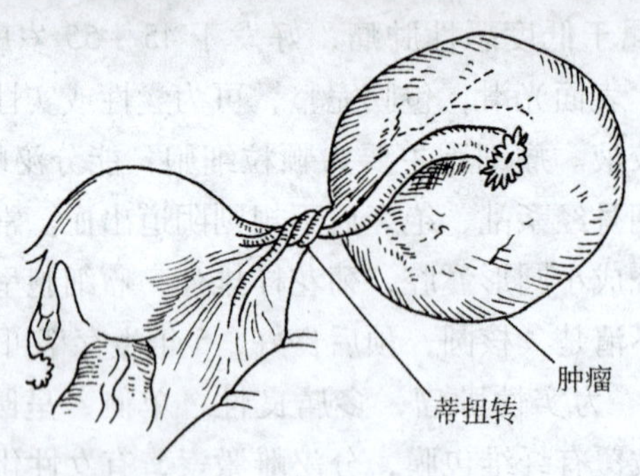

图19-4 卵巢肿瘤蒂扭转

2. 破裂 卵巢肿瘤破裂分自发性及外伤性两种。自发性破裂常由于肿瘤过速生长所致，多数为恶性肿瘤呈浸润性生长穿破囊壁引起；而外伤性破裂常由于挤压、性交、分娩、盆腔检查所致。肿瘤破裂后常伴有腹痛、恶心、呕吐，甚至腹膜炎、休克等症状。其症状的轻重与肿瘤的性质及穿破后流入腹腔的囊液量有关。

3. 感染 多由于肿瘤扭转或破裂后引起，也可由于邻近器官的感染所致，如阑尾脓肿扩散。主要表现为高热、腹痛、肿块、腹部压痛及白细胞升高等腹膜炎征象。

4. 恶变　为卵巢良性肿瘤的并发症。早期不易发现，如囊肿生长迅速时疑恶变，如出现腹水已属晚期。所以，卵巢肿瘤一经确诊应尽早手术。

【护理评估】

1. 病史　询问患者年龄，患病时间，有无家族史；有无高危因素，如环境、饮食、电离辐射、吸烟及孕产史；有无乳腺癌、子宫内膜癌病史。

2. 身体状况

（1）症状

1）卵巢良性肿瘤　早期肿瘤较小，多无症状，往往在妇科检查时偶然发现。肿瘤生长缓慢，增长至中等大时，常感腹胀或腹部扪及肿块，边界清楚。

2）卵巢恶性肿瘤　早期常无症状，一旦出现症状常表现为腹胀、腹部肿块及腹水等。症状的轻重取决于以下因素：①肿瘤的大小、位置、侵犯邻近器官的程度。②肿瘤的组织学类型。③有无并发症。肿瘤若向周围组织浸润或压迫神经，可引起腹痛、腰痛或下肢疼痛；若压迫盆腔静脉，出现下肢浮肿；若为功能性肿瘤，产生相应的雌激素或雄激素过多症状。晚期时表现消瘦、严重贫血等恶病质征象。

（2）体征

1）卵巢良性肿瘤　妇科检查在子宫一侧或双侧触及球形肿块，囊性或实性，表面光滑，与子宫无粘连，蒂长者活动良好。若肿瘤增大可出现压迫症状，如尿频、便秘、气急、心悸等。

2）卵巢恶性肿瘤　肿块多为双侧，实性或半实性，表面高低不平，活动度差或固定不动，常伴有腹水。三合诊检查可在阴道后穹隆触及盆腔内散在质硬结节，有时在腹股沟、腋下或锁骨上可触及肿大的淋巴结。

知识链接

卵巢良性肿瘤与恶性肿瘤的鉴别

	卵巢良性肿瘤	卵巢恶性肿瘤
年龄	生育年龄	幼女、青年妇女、绝经后妇女
病史	病程长，逐渐长大	病程短，长大迅速
体征	单侧多，包膜完整，活动好，囊性、表面光滑，多无腹水	双侧多，固定，实性或囊实性表面结节，常伴腹水，多为血性
一般情况	良好	迅速出现恶病质
B超	为液性暗区，可有间隔光带，边缘清晰	液性暗区内有杂乱光团、光点，肿块周界不清

(3) 卵巢恶性肿瘤分期 按国际妇产科联盟（FIGO）2006 年制定的手术病理分期，大体分为4期（表19－3）。

表19－3 卵巢恶性肿瘤的手术病理分期（FIGO，2006年）

临床分期	病变范围
Ⅰ期	肿瘤局限于卵巢
Ⅱ期	肿瘤累及一侧或双侧卵巢肿瘤，伴有盆腔扩散
Ⅲ期	肿瘤侵犯一侧或双侧卵巢肿瘤，并有组织学证实的盆腔外腹膜种植和（或）局部淋巴结转移；肝表面转移；肿瘤局限于真骨盆，但组织学证实肿瘤细胞已扩散至小肠或大网膜
Ⅳ期	肿瘤侵犯一侧或双侧卵巢肿瘤，伴有远处转移。有胸腔积液且胸腔肿瘤细胞阳性；肝实质转移

3. 心理－社会状况 卵巢肿瘤的性质往往在术后组织病理检查后才能明确，因此大多患者在诊断和治疗期间焦虑情绪明显，一旦确诊为恶性肿瘤，患者易出现悲观绝望的心理反应，甚至对生活失去信心。

4. 辅助检查

(1) B超检查 是目前诊断卵巢肿瘤的重要方法。可检测肿瘤的部位、大小、形态、性质及有无腹水等。临床诊断符合率>90%，但直径<1cm的实性肿瘤不易测出。

(2) 肿瘤标志物 是以免疫、生化等方法来测定卵巢肿瘤制造和释放产物，包括抗原标志物、激素标志物，如卵巢上皮癌的患者，血清中癌抗原（CA125）的浓度高于正常水平，尤其对浆液性腺癌更具特异性；AFP对内胚窦瘤有特异性价值；绒毛膜促性腺激素（β－HCG）增高对原发性卵巢绒毛膜癌有特异性意义；颗粒细胞瘤、卵泡膜细胞瘤产生较高水平雌激素。血清HE4是继CA125后被高度认可的卵巢上皮性癌的肿瘤标志物，可与CA125联合应用。

(3) 腹腔镜检查 是一种直观的检查方法，可直视肿瘤的大体情况，必要时在可疑部位多点活检协助诊断，取腹水行细胞学检查。巨大肿块或有粘连者禁用腹腔镜检查。

(4) 细胞学检查 可通过胸水、腹水或腹腔冲洗液寻找癌细胞，帮助卵巢肿瘤的分期及确定治疗方案。

(5) 其他 若为卵巢畸胎瘤，腹部平片可显示牙齿、骨质；CT、MRI可显示肿瘤的图像及转移情况。

5. 治疗要点 对直径小于5 cm，疑卵巢瘤样病变者可观察随访。其他卵巢肿瘤一经发现，应行手术。手术中作冷冻切片组织学检查，以确定手术的范围。

(1) 良性肿瘤 一经确诊应立即手术，根据患者的年龄、生育要求以及对侧卵巢情况决定手术范围。对年轻需保留生育的妇女一般作患侧卵巢肿瘤切除术或剥出术，保留部分卵巢。围绝经期妇女宜行子宫及双侧卵巢切除术，术中行冰冻切片检查以确定手术范围。

(1) 恶性肿瘤 以手术为主，辅以化疗及放疗。

①手术　一经怀疑恶性肿瘤，即应尽快手术并作病理检查。手术时应全面检查腹腔、盆腔，包括肝、脾、肾、横膈、腹膜、腹腔内的淋巴结等，Ⅰ期常行子宫、双侧附件及大网膜切除；Ⅱ期以上应做肿瘤减灭术，指尽量切除原发病灶及1.5～2cm以上的转移灶，必要时切除部分肠曲，同时行腹膜后淋巴结清扫。

②化学治疗　用于晚期卵巢癌不能手术或手术后的患者，也可用于手术后的补充治疗或为手术创造条件。卵巢癌对化疗敏感，效果好，常用的化疗药物有环磷酰胺、顺铂、阿霉素等，以顺铂最为常用。

③放射治疗　无性细胞瘤最敏感，其次是颗粒细胞瘤及上皮性癌等。常用放射元素有钴^{60}或直线加速器，照射范围包括全腹及盆腔，肝、肾区应加保护，疗程30～40天。

【护理诊断/问题】

1. 焦虑/恐惧　与发现盆腔包块及疑为恶性、预后不好有关。

2. 营养失调：低于机体需要量　与恶性肿瘤消耗、化疗引起食欲下降、摄入减少有关。

3. 潜在并发症　蒂扭转、破裂、感染、恶变及转移等。

4. 预感性悲哀　与切除子宫、卵巢有关。

5. 知识缺乏　缺乏卵巢肿瘤的治疗、护理知识有关。

【护理目标】

1. 患者焦虑、恐惧缓解，情绪稳定。
2. 患者能说出影响营养摄取的原因，并列举应对措施。
3. 患者未发生蒂扭转、破裂、感染、恶变及转移等并发症。
4. 患者能用语言表达对丧失子宫和附件的看法，并积极接受治疗过程。
5. 患者了解卵巢肿瘤相关的治疗、随访、护理知识。

【护理措施】

1. 一般护理　保证休息，鼓励患者加强营养，进食高热量、高蛋白、高维生素的饮食，必要时遵医嘱静脉补充营养，提高机体对手术及化疗的耐受力。活动时要注意，避免体位的突然改变，防止并发症发生。对长期卧床患者做好生活护理，协助患者勤翻身。

2. 病情观察　观察有无并发症及感染；观察有无腹部疼痛及其程度；观察有无转移症状。

3. 对症护理　协助医师完成各种诊断性检查。如需放腹水者，备好腹腔穿刺用物，协助医师完成操作过程。放腹水过程中，严密观察、记录患者的生命体征变化、腹水性质及出现的不良反应；一次放腹水3000 mL左右，不宜过多，以免腹压骤降，发生虚脱，放腹水速度宜缓慢，放后用腹带包扎腹部。

4. 治疗护理

（1）协助患者接受各种检查和治疗，向患者及家属介绍将经历的手术经过、可能施行的各种检查，取得主动配合。

（2）使患者理解手术是卵巢肿瘤最主要的治疗方法，解除患者对手术的各种顾虑。

按腹部手术护理内容认真做好术前准备和术后护理，包括与病理科联系快速切片组织学检查事项，以助术中识别肿瘤的性质，确定手术范围；术前准备还应包括应付必要时扩大手术范围的需要。巨大肿瘤患者，需准备沙袋加压腹部，以防腹压骤然下降出现休克。

（3）需化疗、放疗者，为其提供相应的护理。

5. 心理护理 为患者提供表达情感的机会和环境，经常巡视病房，详细了解患者的疑虑与需求。评估患者焦虑的程度以及应对压力的技巧，耐心向患者讲解病情，解答患者的提问。安排访问已康复的病友，分享感受，增强治愈信心。鼓励患者尽可能参与护理活动，接受患者无破坏性的应对压力方式，以维持其独立性和生活自控能力。

【护理评价】

1. 患者接受诊断结果，情绪稳定，主动配合检查及治疗。
2. 患者合理饮食，营养状况得到改善。
3. 患者住院期间未发生并发症及感染。
4. 患者能用语言表达对丧失子宫和附件的看法，并积极接受治疗过程。
5. 患者了解卵巢肿瘤相关的治疗、随访、护理知识。

【健康指导】

1. 做好随访 对未做手术的卵巢肿瘤应3～6个月检查1次。对良性肿瘤手术后的患者一般术后1个月常规复查；恶性肿瘤常以手术加化疗或放疗，晚期病例需用药10～12个疗程，护士应鼓励患者克服困难，完成治疗计划。卵巢癌易于复发，需长期进行随访和监测。随访时间：术后1年内，每月1次；术后第2年，每3个月1次；术后第3年，每6个月1次；3年以上者，每年1次。

2. 强预防保健意识 增加高蛋白、富含维生素A的饮食，避免高胆固醇饮食，高危妇女宜预防性口服避孕药。30岁以上妇女，每1～2年进行1次妇科检查，高危人群不论年龄大小，最好每半年接受1次检查，以排除卵巢肿瘤。卵巢实性肿瘤或肿瘤直径＞5cm者，应及时手术切除。

思考题

1. 简述子宫肌瘤的处理要点。
2. 如何早期发现子宫颈癌？
3. 辅助诊断子宫内膜癌有哪几种方法？最准确的方法是什么？
4. 卵巢肿瘤有哪些并发症？

第二十章 会阴阴道手术患者的护理

学习目标

1. 详细讲述尿瘘、子宫脱垂的概念、病因、临床分度及表现、治疗要点、护理措施及健康指导。

2. 叙述会阴阴道手术患者的一般护理及子宫脱垂和尿瘘的辅助检查。

3. 简述会阴、阴道创伤的临床表现、治疗要点及护理措施。

4. 说出女性生殖器官发育异常的种类、临床表现及治疗要点。

第一节 会阴阴道手术患者的一般护理

会阴手术是指女性外生殖器部位的手术，包括处女膜切开术、单纯外阴切除术、外阴癌根治术、前庭大腺囊肿造口术等。阴道手术包括阴道局部手术及经阴道手术，如会阴裂伤修补术、阴道成形术、阴道前后壁修补术、尿瘘修补术、宫颈切除术、子宫黏膜下肌瘤摘除术及阴式子宫切除术等。

一、术前护理

【护理评估】

1. 健康史 询问患者年龄、职业及婚育状况等，月经来潮时间，既往身体健康状况、有无药物过敏、外伤史及手术史，了解发病时间、病情发展情况及患者的身体状况、疾病的轻重缓急，以协助医生决定手术方式、范围和时间。了解术前患者心理状态、睡眠质量及对手术的了解程度等。

2. 身体状况 评估患者生命体征、营养状况、饮食情况及辅助检查结果，心、肝、肾、肺等重要脏器功能；手术区域皮肤黏膜有无感染等。其具体内容和方法参考腹部手术。

3. 心理－社会状况 手术暴露的是患者的隐私部位，从而增加患者的心理负担。阴道成形术的患者多为年轻女性，往往不愿意谈及疾病。此外，外阴部手术患者担心疾病预后或手术损伤完整性及影响术后性生活等，常会焦虑、紧张、羞涩、孤独、自我概念紊乱或自尊低下等，故应认真评估患者对疾病、手术及预后的了解程度及反应、情绪变化，了解家属尤其是丈夫的反应及对患者的支持程度。

4. 辅助检查 血、尿常规及出凝血时间检查，此外，还应注意检查心、肝、肾等重要脏器的功能。

【护理诊断/问题】

1. 焦虑 与害怕手术、担心手术效果有关。

2. 知识缺乏 缺乏相应手术及疾病的有关知识。

3. 自尊紊乱 与担心术后性生活受影响有关。

【护理目标】

1. 患者焦虑程度减轻。

2. 患者获得有关外阴阴道手术及疾病的相关知识。

3. 患者维持较好的自尊。

【护理措施】

术前护理基本同腹部手术，但由于会阴阴道位置的特殊性，还应注意以下几点：

1. 心理护理 会阴阴道手术部位是身体隐私部位，尤其是年轻的阴道成形术患者或外阴切除术患者，护士应针对其心理特点，最大限度保护患者的隐私，与患者及家属一起讨论疾病的治疗，尽量消除其紧张情绪，帮助患者维持较好的自尊，并鼓励其选择积极的应对措施。在进行术前准备、检查及手术时应注意使用屏风等进行遮挡，避免闲杂人员，尽量减少暴露部位。同时，还应做好家属的工作，帮助其理解患者，以最佳状态配合治疗及护理过程。

2. 一般准备 根据患者的具体情况，向其介绍相关手术名称，术前准备的目的、方法及主动配合的技巧等；并讲解疾病的相关知识。指导、教会患者对术后症状的应对技巧。教会患者床上肢体锻炼的方法，以预防术后并发症。术前保证患者充足的睡眠，必要时睡前按医嘱给予镇静药。

3. 皮肤准备 术前 1 天行温肥皂水擦洗后剃去阴毛和汗毛，备皮范围：上至耻骨联合上 10cm，下至外阴部、肛周、臀部及大腿内侧上 1/3、两侧至腋中线。需要植皮者，应遵医嘱做好供皮区的准备。

4. 肠道准备 会阴裂伤修补术、阴道成形术等可能涉及肠道的手术应于术前 3 天开始进无渣半流食 2 天、流质饮食 1 天，并按医嘱给予肠道抗生素，常用庆大霉素口服，8 万 U，每日 3 次；术前 1 天晚或手术当天晨行清洁灌肠。

5. 阴道准备 术前 3 天开始阴道准备，可阴道冲洗或坐浴，每日两次，术晨行阴道、宫颈消毒。常用 1∶5000 的高锰酸钾或 1∶20 的碘伏溶液，也可用 1∶1000 的新洁尔灭溶液擦洗阴道。

6. 膀胱准备 嘱患者去手术室前排空膀胱，或根据手术需要留置尿管。

7. 特殊用物准备 根据患者手术的类型及术后采取的体位不同准备相应物品，如支托、小沙袋、软垫、棉垫、绷带、阴道模型、丁字带等。其他术前准备同妇科腹部手术。

8. 密切观察　注意患者的饮食、休息、生命体征、化验检查结果，核实手术适应证，排除禁忌证，并签署手术知情同意书，术前做青霉素皮试、普鲁卡因皮试。

【护理评价】

1. 患者情绪稳定，对手术充满信心。
2. 患者能积极配合术前准备，正确认识疾病，参与护理措施的实施。
3. 患者能正确对待疾病及手术，能表达自我感觉、与人交往良好。

二、术后护理

【护理评估】

1. 健康史　特别了解手术的麻醉方式及效果，手术中患者的一般情况，目前患者的输液药物及剂量等。具体内容和方法同妇科腹部手术。

2. 身体状况　观察患者的生命体征、神志情况；了解切口疼痛情况，敷料是否干燥、有无渗血；观察留置的导尿管、引流管是否通畅，引流液的量、颜色、性状等。

3. 心理－社会状况　应了解患者有无不适、程度及心理反应，注意了解患者和家属（尤其是其丈夫）的关系，让患者、家属一起参与到护理活动中来。

【护理诊断/问题】

1. 疼痛　与病变部位及手术创伤有关。

2. 有感染的危险　与手术创伤、手术部位及机体抵抗力下降有关。

3. 情境性自我贬低　与外阴阴道疾病诊治过程中暴露隐私部位所致的羞愧、内疚有关。

【护理目标】

1. 患者疼痛逐渐减轻直到消失。
2. 患者未发生感染。
3. 患者维持良好自尊，自我贬低的心理状况得到纠正。

【护理措施】

基本同妇科腹部手术，以预防感染和减轻疼痛为目标。特别注意以下几点：

1. 体位　根据手术类型采取相应的体位。外阴癌行外阴根治术患者术后应取平卧位，双腿屈膝外展，膝下垫软枕，以减轻腹股沟和外阴部的张力，利于伤口愈合；处女膜闭锁及有子宫的先天性无阴道患者术后应取半卧位，以利于经血的流出；外阴一侧有伤口者应取健侧卧位，以利于伤口愈合；阴道前后壁修补及盆底修补术后患者以平卧为宜，禁止半卧位。

2. 加强切口护理，保持外阴清洁干燥　观察伤口有无渗血、红肿、硬结、化脓等，还应观察外阴局部皮肤颜色、温度、湿度、有无坏死等；同时注意阴道分泌物的量、性质、颜色及气味。每天外阴冲洗或擦洗2次；阴道内留置纱垫或纱条压迫止血的患者应于术后12～24小时取出。遵医嘱应用抗生素。

3. 缓解疼痛　协助患者采取舒适的体位，给患者解释伤口疼痛的原因、性质和持续时间，给以安慰和心理支持；针对患者的个体差异，指导患者使用不同的缓解疼痛的方法，如放松技术，通过交谈、听音乐、缓慢的深呼吸等分散患者注意力；必要时遵医嘱给予止痛药，并注意观察用药后的止痛效果。

4. 保持大便通畅 为防止大便时污染伤口及排便时牵拉伤口，致患者疼痛，应控制术后首次排便时间。常于术后 5 天内进少渣半流饮食。术后按医嘱应用鸦片酊 5mL，加水至 100mL 口服，每天 3 次，每次 10mL，以抑制肠蠕动，控制术后 4～5 天内不排大便，术后第 5 天开始口服缓泻剂，以软化大便，避免排便困难；常用液状石蜡 30～40mL，每晚 1 次。

5. 导尿管的护理 根据手术类型、范围及病情不同，导尿管可留置 2～14 天，一般留置 5～7 天。术后特别注意保持导尿管的通畅，并注意观察尿量、颜色，尤其是尿瘘修补术后的患者。鼓励患者多饮水，拔尿管前注意膀胱功能的训练。

6. 避免腹压增加 腹压增加会影响局部的血液循环，影响外阴、阴道的伤口愈合。告知患者避免增加腹压的动作，如长时间站立、久蹲、用力大便、咳嗽等。

【护理评价】

1. 患者自述疼痛减轻或消失。

2. 患者伤口无红肿热痛，愈合良好，体温正常。

3. 患者对自己及今后的生活充满信心。

【健康指导】

1. 保持外阴清洁、干燥。

2. 术后应休息 3 个月，并禁止性生活及盆浴，避免重体力劳动及增加腹压的活动。

3. 出院后 1 个月来门诊检查术后恢复情况，术后 3 个月再次来门诊复查，对患者进行术后性生活的指导。有异常情况者随时就诊。

第二节 外阴、阴道创伤

【病因】

外阴、阴道创伤多由分娩损伤、外伤及手术等所致，如外阴部骑跨性损伤，性交损伤，腐蚀性药物损伤或幼女、精神失常妇女将异物放入阴道，手术或治疗时将纱布、棉球等遗留在阴道内所致。其中分娩损伤是其主要原因。

【护理评估】

1. 健康史 详细了解外阴、阴道创伤的原因，判定是创伤或性交损伤，还是误将腐蚀性药物放入阴道损伤等。注意询问创伤发生的时间、采取的处理措施及效果，了解患者目前急需解决的问题及患者的心态。

2. 身体状况 根据损伤的原因、部位、程度及就诊时间的不同，临床表现有所不同。

（1）症状

①疼痛 是外阴阴道创伤的主要症状，轻重不一，严重者可出现疼痛性休克。

②局部肿胀　主要是由于局部水肿和血肿所致。外阴部可有紫蓝色痛性包块，也有表皮裂伤和皮下血肿并存者。外伤由外阴累及到阴道者，可致阴道血肿，如处理不当可向上扩展形成阴道盆腔血肿。

③阴道异物　大量恶臭白带，有时为血性，行阴道检查或肛诊时可触及异物，活动性较大。

④阴道流血　外阴、阴道损伤后可致阴道流血，严重者因大出血而致失血性休克。检查可见外阴阴道撕裂或阴道后穹隆有裂伤，偶可见裂口深达腹膜、膀胱及直肠等。

⑤其他　合并感染者可出现发热、局部红肿热痛等炎性表现。

（2）体征　出血多者可出现贫血或休克。妇科检查可见外阴裂伤、处女膜裂伤或阴道有明显裂口，裂口处可见活动性出血或局部紫蓝色、压痛的血肿；如伤及膀胱和尿道，可见阴道内有尿液流出；如伤及直肠，可见直肠黏膜外翻，大便自阴道排出。

3. 心理－社会状况　因事发突然，患者及家属常表现为明显的恐慌、忧虑和担心，故应评估其对损伤的反应及有无异常的心理反应。

4. 治疗要点　根据损伤的原因及患者具体情况给予相应处理，以止血、止痛、抗休克、抗感染为原则。

【护理诊断/问题】

1. 疼痛　与外阴、阴道创伤有关。

2. 组织完整性受损　与外阴皮肤创伤、阴道黏膜破裂有关。

3. 组织灌注量改变的危险　与外阴、阴道局部血管丰富、出血量多有关。

4. 恐惧　与担心伤口愈合及事发突然有关。

【护理目标】

1. 患者自述疼痛明显减轻。

2. 患者皮肤黏膜完整性受保护。

3. 患者出血得到控制，生命体征正常、平稳。

4. 患者及家属情绪稳定，配合治疗。

【护理措施】

1. 病情观察　严密观察生命体征及病情变化，预防和纠正休克：严密观察患者的生命体征、外出血及血肿的变化情况、疼痛的程度等，并协助医生采取相应的措施。对外出血多或血肿大的患者，严密观察血压、脉搏、呼吸、尿量等并记录，同时注意血肿的大小及变化，发现异常及时报告医生。如已发生休克，遵医嘱迅速建立静脉通路，配合医生，做好手术前各项准备工作。

2. 治疗护理

（1）积极缓解疼痛　外阴血肿小不继续增大采取保守治疗者，可卧床休息，最初24小时内局部冷敷以降低局部血流量，减少出血，减轻疼痛，24～48小时后改为热敷或超短波、红外线等治疗，促进血肿吸收。疼痛严重者，遵医嘱及时给予镇静、止血、止痛剂。保持外阴清洁干燥。

（2）外阴血肿大或有增大趋势者、阴道异物者、性交损伤者，协助医生切开血肿、结扎止血，取出异物，缝合裂口。

（3）充分做好术前准备 需手术者，应做好配血、皮肤准备等术前准备，嘱患者暂时禁食，充分消毒外阴及伤口，并向患者解释手术的相关内容，争取其配合治疗和护理。

（4）术后护理 术后按会阴阴道手术护理常规实施。

3. 心理护理 对患者的恐慌、忧虑和担心表示理解，鼓励患者及家属正确对待，解除其担心，积极配合治疗。

【护理评价】

1. 患者自述疼痛减轻能忍受。

2. 患者皮肤黏膜伤口愈合良好。

3. 患者生命体征正常平稳。

4. 患者及家属能正确对待病情，能主动配合医护人员接受治疗和护理。

【健康指导】

1. 加强对幼女的监护，避免其将异物放入阴道及遭人强暴受到损伤。

2. 宣传性生活知识，避免过度兴奋或粗暴的性交，性交损伤缝合后禁止性生活，直至伤口完全愈合。

3. 有妇科疾病要到正规医院就治，不滥用腐蚀性药物行阴道冲洗或上药。

第三节 外阴癌

外阴癌（carcinoma of vulva）占女性生殖道恶性肿瘤的3%～5%，其组织类型较多，以外阴鳞状细胞癌最常见，其他类型少见，如恶性黑色素瘤、基底细胞癌、前庭大腺癌、肉瘤、疣状癌等。本病多见于60岁以上的妇女。好发于大、小阴唇和阴蒂。近年来发病率有增高趋势。

【病因】

本病病因尚不完全清楚，考虑与以下因素有关：①与外阴慢性皮肤疾病、外阴受慢性长期刺激（如溃疡等）有关。②与性传播性疾病有关，如尖锐湿疣、生殖器官疱疹、淋病等。现已公认单纯疱疹病毒Ⅱ型、人乳头瘤病毒-16型、巨细胞病毒等与外阴癌的发生有关。

【转移途径】

本病以直接浸润和淋巴转移为常见，血行转移者较少见，多发生于晚期。

1. 直接浸润 癌组织可沿皮肤、黏膜直接浸润阴道、尿道及肛门，晚期可累及膀胱及直肠等。

2. 淋巴转移 外阴的淋巴管较丰富，两侧相互交通成网，癌细胞通常经淋巴管扩散，最初至腹股沟浅淋巴结，之后再经腹股沟深淋巴结进入盆腔内髂外、髂内及闭孔淋巴结，最终至腹主动脉旁淋巴结和左锁骨下淋巴结。

3. 血行转移 引起肺、骨转移多见。

【临床分期】

目前有两种分期方法，即国际妇产科联盟（FIGO）2009 年分期法和国际抗癌协会（UICC）的 TNM 分期法。目前国内多用 FIGO 分期法（表 20 - 1）。

表 20 - 1　外阴癌分期（FIGO，2009 年）

FIGO	肿瘤范围
Ⅰ期	肿瘤局限于外阴
ⅠA 期	肿瘤局限于外阴或外阴和会阴，肿瘤最大直径≤2cm 伴间质浸润≤1cm，无淋巴结转移
ⅠB 期	肿瘤局限于外阴或外阴和会阴，肿瘤最大直径 >2cm 或伴间质浸润 >1cm，无淋巴结转移
Ⅱ期	肿瘤侵犯至下 1/3 尿道、下 1/3 阴道、肛门，无淋巴结转移
Ⅲ期	肿瘤有或无侵犯至下 1/3 尿道、下 1/3 阴道、肛门，有腹股沟 - 股淋巴结转移
ⅢA 期	（1）1 个淋巴结转移（≥5mm） （2）1 ~ 2 个淋巴结转移（<5mm）
ⅢB 期	（1）≥2 个淋巴结转移（≥5mm） （2）≥3 个淋巴结转移（<5mm）
ⅢC 期	阳性淋巴结伴囊外扩散
Ⅳ期	肿瘤侵犯上 2/3 尿道、上 2/3 阴道，或远处转移
ⅣA 期	肿瘤侵犯至下列任何部位： （1）上尿道和（或）阴道黏膜、膀胱黏膜、直肠黏膜，或固定于骨盆壁 （2）腹股沟 - 股淋巴结出现固定或溃疡形成
ⅣB 期	包括盆腔淋巴结的任何远处转移

注：浸润深度指自肿瘤邻近最表浅真皮乳头的表皮 - 间质连接处至浸润最深点之间的距离。

【护理评估】

1. 健康史　评估患者的年龄，仔细评估患者各系统的健康状况，并注意了解既往有无长期外阴慢性皮肤病、原因不明的外阴瘙痒及外阴赘生物史等病史，有无性传播疾病史。

2. 身体状况

（1）症状　外阴癌多见于老年妇女，早期症状不明显，主要为久治不愈的外阴瘙痒和各种不同形状的肿物（如结节状、菜花状），可自行溃破。肿物合并感染或晚期癌患者，可出现疼痛、渗液及出血。如癌肿侵犯直肠或尿道，可出现尿频、尿急、尿痛、血尿、便秘及便血等症状。

（2）体征　外阴癌可发生在外阴的任何部位，以大阴唇最多见，也可发生于小阴唇、阴蒂及会阴。早期外阴常有小而硬的丘疹、结节或溃疡，可呈乳头状、菜花样或小溃疡状，晚期可呈不规则肿块或“火山口”样大溃疡。若转移至腹股沟淋巴结，可扪及一侧或双侧腹股沟淋巴结肿大、变硬且固定；晚期可出现恶病质。

3. 心理 - 社会状况　一旦诊断明确，大多患者会情绪低落、焦虑、恐惧、悲哀甚至绝望，或因手术破坏了外阴的完整性而自尊低下、自我形象紊乱等。认真评估患者及家属对疾病的认知程度及焦虑程度，评估家庭经济状况及可提供的社会支持系统。

4. 辅助检查

（1）活体组织检查　是诊断外阴癌的主要依据。检查前外阴病变皮肤可涂1%甲苯胺蓝，待其干后，再用1%醋酸液擦洗脱色，在蓝染区或借助阴道镜定位取活检，可提高活检阳性率。

（2）影像学检查　B型超声、CT及MRI。

（3）其他　膀胱镜检查、直肠镜检查等有助于判断是否有局部或远处转移。

5. 治疗要点　手术治疗为主，辅以放射治疗与化学药物治疗。

（1）手术治疗　是外阴癌的主要治疗方法。根据临床期别、病变部位、肿瘤细胞分化程度、浸润的深度、患者的身体状况和年龄等决定手术范围。手术强调个体化，在不影响预后的前提下，最大限度缩小手术范围，目的是保留外阴的解剖结构，改善生活质量。

（2）放射治疗　主要作为辅助治疗方法。适应证：①不能手术者；②术前局部照射，缩小癌灶再手术；③复发癌；④腹股沟淋巴结转移的补充治疗；⑤术后原发病灶的补充治疗。

（3）化学药物治疗　适用于晚期癌或复发癌的综合治疗。常用方案有单药顺铂和放疗同期进行，或其他联合化疗方案。常采用静脉注射或局部动脉灌注。

【护理诊断/问题】

1. 疼痛　与晚期癌瘤侵犯神经、骨质等有关。

2. 有感染的危险　与手术创面大、患者机体抵抗能力低及年龄大等有关。

3. 焦虑　与担心外阴癌的预后有关。

4. 自我形象紊乱　与外阴切除有关。

【护理目标】

1. 患者自述疼痛减轻。
2. 患者住院期间无感染发生。
3. 患者焦虑程度减轻或消失。
4. 患者术后能正确面对自我。

【护理措施】

1. 心理护理　仔细耐心向患者及家属讲解外阴癌的相关知识，认真倾听患者的主诉，针对具体问题给予耐心解释、帮助、支持及指导。做好术前指导，向患者讲解手术的方式及术前准备对术后康复的重要性，运用支持、疏导、保证等心理护理方法，消除患者的恐惧心理，积极配合治疗。

2. 一般护理　鼓励患者进食，指导患者保持外阴清洁干燥，促进舒适，切忌搔抓外阴。指导患者术前训练，如床上排便、深呼吸、咳嗽、床上翻身等，讲解术后防止便秘等并发症的方法。

3. 做好术前准备　外阴癌患者多为老年人，术前应协助患者完善术前各项检查，做好高血压等内科疾病的检查和治疗，控制危险症状，以排除手术及麻醉的禁忌证。除按外阴阴道手术做好常规术前护理外，外阴癌手术患者在进手术室前排尿，一般不放置导尿管，带导尿包进手术室，待手术结束时安放；外阴需植皮者，还应对供皮部位备皮、消毒后用无菌治疗巾包裹备用。

4. 做好术后护理 除按一般会阴、阴道手术患者护理外，应在准确评估患者疼痛的基础上积极止痛。①外阴癌手术范围广，创面大，渗血较多，术后患者应取平卧位，双腿屈膝外展，膝下垫一软枕，以减轻腹股沟和外阴部的张力以利伤口愈合，并在伤口处放置沙袋压迫12小时。②术后3天内严密观察切口有无渗血，保持引流管的通畅，注意观察引流物的量、色、性状，3天后严密观察切口有无红、肿、热、痛等感染征象及移植皮瓣的湿度、温度、颜色等。③为促进伤口愈合，术后第2天可开始用红外线照射，每天2次，每次20分钟。④留置导尿管5～7天，保持尿管通畅并长期开放，观察尿液的颜色、量及性质，妥善固定。⑤指导患者合理进食，术后第5天遵医嘱口服缓泻剂使大便软化。⑥鼓励患者活动上半身及上肢，协助下肢的被动运动，预防压疮。⑦外阴伤口术后第5天开始间断拆线，腹股沟伤口术后7天拆线。

5. 放疗患者的护理 放射线治疗者常在照射后8～10天出现皮肤反应。由于放射线的刺激，照射野的皮肤可出现红斑、色素沉着、干性脱皮、水泡、溃烂及组织皮层丧失及放疗区疼痛等皮肤反应，且外阴部出汗多、易摩擦，容易发生放射性皮肤损伤。护士应随时注意观察放疗区皮肤颜色及皮肤结构完整性，指导患者保持外阴皮肤清洁干燥，穿柔软宽大透气内裤，不用刺激性强的肥皂、粗毛巾、热水擦洗外阴，外阴皮肤瘙痒切忌用手抓挠，根据皮肤损伤程度遵医嘱给予相应治疗，减轻照射野不适，保护皮肤完整，预防感染。

6. 化疗患者的护理 化疗通常用于较晚期癌或复发癌。外阴癌以老年妇女为多，护士尤其要注意采取合适的心理护理措施，尽量消除患者的悲观情绪，动员患者周围的人关心体贴患者。其他护理同第十七章化疗患者护理。

【护理评价】

1. 患者疼痛减轻。
2. 住院期间患者伤口恢复良好，体温、血象正常。
3. 患者情绪稳定，能正确对待疾病，术后能接受现状。

【健康指导】

1. 加强卫生宣教 保持外阴清洁，防治外阴各种慢性刺激性病变。积极治疗外阴瘙痒，对外阴不痛不痒的结节、溃疡，应及时就诊，可以减少外阴癌的发生。

2. 出院指导 嘱患者于外阴根治术后3个月返回医院复诊，在全面评估术后恢复情况的基础上，医生与患者一起商讨治疗方案及随访计划。

3. 术后随访 术后第1年内每1～2个月1次，第2年每3个月1次，第3～4年每半年1次，第5年及以后，每年1次。

第四节 处女膜闭锁

处女膜闭锁（imperforate hymen）又称无孔处女膜，是泌尿生殖窦上皮未能向前庭部贯穿所致。临床上较常见。月经初潮前无任何症状，初潮后因处女膜闭锁，致使经血排出受阻，积聚在阴道内，以后可逐渐发展为子宫积血、输卵管积血，甚至腹腔内积血。

知识拓展

女性生殖管道的发生

泌尿生殖嵴外侧有两对纵形管道，一对为中肾管，是男性生殖管道始基；另一对为副中肾管，是女性生殖管道始基。若生殖腺发育为卵巢，中肾管退化，两侧副中肾管头段形成两侧输卵管，两侧中段和尾段合并，构成子宫及阴道上段。副中肾管最尾端与泌尿生殖窦相连，并同时分裂增殖，形成一实质圆柱状体，称为阴道板。随后阴道板由上向下穿通形成阴道腔。阴道腔与泌尿生殖窦之间有一层薄膜为处女膜。

【护理评估】

1. 健康史 多数青春期女性因腹痛而就诊，偶有因性生活困难而就诊者，故重点评估患者年龄、有无月经来潮及周期性的下腹痛、肛门坠胀等。

2. 身体状况

（1）症状 多表现为青春期后出现进行性加剧的周期性下腹疼痛而无月经来潮，严重者可伴有便秘、肛门坠胀、尿频或尿潴留等。偶有幼女因大量黏液潴留在阴道内，导致处女膜向外膨出而诊断。

（2）体征 检查可见处女膜向外膨出，呈紫蓝色，无阴道开口；直肠指诊可扪及阴道内有向直肠前壁突出的球状包块；直肠腹部诊时在下腹部可扪及阴道包块上方的另一压痛明显的小包块（潴留经血的子宫），向下按压此包块，可见处女膜向外膨出更明显。

3. 心理－社会状况 青春期女性患者除紧张、害怕以外，也会因羞涩而不对母亲及其他亲人诉说而延误治疗。故应认真评估患者对疾病本身及治疗方案的认知及心理反应。

4. 辅助检查 B型超声见子宫、阴道内有积血。

5. 治疗要点 确诊后应立即手术治疗。幼女可待发育成熟再行手术。青春期患者确诊后即应在骶麻下手术。可先用粗针穿刺处女膜正中膨隆处，抽出积血证实诊断后，将处女膜做“X”形切开。积血排出后，常规检查宫颈是否正常，切除多余的处女膜瓣，修剪处女膜使切口呈圆形，用可吸收线缝合切口边缘。

【护理诊断/问题】

1. 疼痛 与经血潴留有关。

2. 恐惧 与不了解病情并缺乏应对能力、担心手术有关。

3. 情景性自尊低下 与青春期无月经来潮有关。

【护理目标】

1. 患者疼痛消失。

2. 患者情绪稳定，主动配合医护人员手术。

3. 患者能正确面对，自尊逐渐恢复。

【护理措施】

1. 做好心理护理 给青春期女性患者及家长讲解疾病的发生发展过程、处理的方法，并告知其预后良好，争取患者及家属的理解，减轻紧张、焦虑情绪，主动配合治疗护理。

2. 做好术前、术后护理 ①做好术前外阴清洁及皮肤准备；②术后一般选择半卧位或头高脚低位，利于经血排出；③注意保持阴道引流通畅，防止切口创缘粘连；④术后12小时嘱其下床活动；⑤术后留置导尿管1～2日，注意外阴卫生，每天擦洗外阴1～2次直至积血排净为止，应用消毒会阴垫。遵医嘱给予抗生素。

【护理评价】

1. 患者疼痛消失，下次月经来潮通畅。

2. 患者能正确对待疾病，主动配合治疗护理。

3. 患者能自行处理威胁自尊的因素。

【健康指导】

指导患者保持外阴清洁、干燥，术后1个月后复诊。嘱患者及家属注意下次月经来潮是否通畅，如仍有下腹胀痛或肛门坠胀等症状者，应及时就医。

第五节 先天性无阴道

先天性无阴道（congenital absence of vagina）为双侧副中肾管发育不全的结果。先天性无阴道几乎均合并无子宫或仅有始基子宫，但卵巢一般正常，青春期后第二性征发育正常。极少数仍有发育正常的子宫。

【护理评估】

1. 健康史 详细询问患者的年龄、月经史，有无周期性下腹胀痛而无月经来潮史，已婚者注意询问性生活情况，有无性交困难等。

2. 身体状况

（1）症状 患者多因青春期后一直无月经来潮或婚后性交困难而就诊。子宫正常者，则表现为青春期后因经血不能流出致宫腔积血而出现周期性下腹部疼痛。

（2）体征 检查见外阴、第二性征发育正常，但无阴道口或仅于阴道外口处见一浅陷凹。有时可见约2cm的短浅阴道盲端。直肠腹部诊未触及子宫；有正常子宫者，可触及囊性增大、压痛的子宫。

3. 心理－社会状况 评估患者有无因无阴道无子宫而失落、哀伤、自卑，担心被社会否认；评估准备结婚或已婚患者及丈夫对生育的态度。

4. 辅助检查 盆腔B型超声检查无子宫，或见子宫积血。

5. 治疗要点 一般行阴道成形术。准备结婚的先天性无阴道者，婚前6～12个月，依具体情况进行处理；有短浅阴道者可采用机械扩张法形成人工阴道。不宜机械性扩张或扩张无效者可行阴道成形术；手术方法较多，以乙状结肠阴道成形术效果较好，其他方法包括羊膜或盆腔腹膜形成、带血管的肌皮瓣再造阴道等。对于有正常子宫者，初潮时即行人工阴道成形术，引流积血，并将人工阴道与子宫相连，保存生育能力。无法保留子宫者，应予切除。

【护理诊断/问题】

1. 疼痛 与宫腔积血和手术有关。

2. 焦虑 与先天性无阴道担心被社会否认有关。

3. 自尊低下 与无阴道、无子宫不能生育有关。

【护理目标】

1. 患者疼痛消失。
2. 患者能正确地进行自我评价，树立信心。
3. 患者及家属能面对现实，以乐观的态度对待疾病，配合治疗。

【护理措施】

1. 心理护理 加强沟通，给青春期女性患者及家长讲解疾病的发生发展过程、处理的方法及效果，让患者及家属能理解，并能积极面对现实，减轻紧张焦虑情绪；对已婚女性因性生活困难、无生育能力就诊者，护士应让患者及其丈夫积极面对现实，一起制定护理计划，可以通过领养小孩而拥有子女，同时护士要为患者保密。术后鼓励患者积极参与社会活动，重新实现自我。

2. 指导患者正确使用阴道模型 术前根据患者的年龄选择两个适当型号的阴道模型和丁字带，消毒备用。青春期患者阴道成形术后需较长时间使用阴道模型，直到结婚有性生活。应教会患者正确使用方法，选用合适的型号，涂以润滑剂，每天消毒并更换（一般是夜间放置模型，日间取出，这样利于工作和学习）；准备结婚或已结婚患者，阴道伤口完全愈合后方可有性生活。

【护理评价】

1. 患者疼痛消失。
2. 患者能正确认识疾病，情绪稳定。
3. 患者及家属能积极面对现实，能与他人一起讨论应对措施，如抱养孩子等。

【健康指导】

1. 出院前给患者讲解放置阴道模型的重要性，并教会患者阴道模型消毒及放置方法。
2. 鼓励患者出院后坚持每日消毒并更换阴道模型。
3. 术后定期到医院检查。

第六节 尿瘘

尿瘘（urinary fistula）是指生殖道与泌尿道之间形成的异常通道，尿液自阴道流出，不能自控。依发生部位的不同分为膀胱阴道瘘、膀胱宫颈瘘、膀胱宫颈阴道瘘、膀胱尿道阴道瘘、尿道阴道瘘及输尿管阴道瘘。临床以膀胱阴道瘘最多见，有时可有两种或多种类型尿瘘并存。

【病因】

尿瘘的原因以产伤和手术损伤为主。

1. 产伤 产伤曾经为引起尿瘘的主要原因，如今在发达国家已不存在，仅发生在医疗条件落后的地区。多因难产处理不当所致。依发病机制分为两种：①坏死型尿瘘：由于骨盆狭窄或头盆不称，产程过长，尤其是第二产程延长者，阴道前壁、膀胱和尿道长时间受压致局部组织缺血、坏死脱落形成的尿瘘，称为坏死型尿瘘。②创伤型尿瘘：在手术助产或剖宫产手术时，因操作不当直接损伤所致者，称为创伤型尿瘘。

2. 妇科手术损伤 经阴道手术或经腹手术损伤均可导致尿瘘，多由器械操作不当、术时分离组织粘连或解剖层次不清伤及膀胱、尿道或输尿管，致膀胱阴道瘘和输尿管阴道瘘。

3. 其他 膀胱结核、晚期泌尿生殖道肿瘤侵犯、放射治疗、子宫托安放不当、膀胱结石、外伤、局部药物注射治疗等也可导致尿瘘，但较少见。

【护理评估】

1. 健康史 详细询问患者有无难产、阴道助产及妇科手术史，有无接受过放疗、阴道用药、外伤及长时间放置子宫托等，了解既往有无生殖系统肿瘤、结核等病史，找出患者发生尿瘘的原因。详细询问患者漏尿发生的时间、有无自控排尿。

2. 身体状况

（1）漏尿　为最常见、最典型的临床症状。病因及瘘孔位置不同，漏尿出现的时间和表现形式也不同。分娩时压迫及手术时剥离过度所致的坏死型尿瘘多在产后及术后3～7日漏尿；手术直接损伤所致的创伤型尿瘘于术后即开始漏尿；腹腔镜下子宫切除术中使用能量器械所致尿瘘常在术后1～2周发生尿瘘；根治性子宫切除者常在术后10～21日发生尿瘘，多为输尿管阴道瘘。根据瘘孔的位置不同，可表现为持续漏尿、体位性漏尿、压力性尿失禁或膀胱充盈性漏尿等。膀胱阴道瘘患者完全没有自控排尿；尿道阴道瘘在排尿时漏尿；一侧输尿管阴道瘘因健侧尿液可进入膀胱，故漏尿同时仍有自控排尿；膀胱内瘘孔极小或瘘管曲折迂回者，某种体位不漏尿，变更体位后又出现漏尿。

（2）感染　合并尿路感染者可有尿频、尿急、尿痛及下腹部不适等症状。

（3）外阴瘙痒和疼痛　常见尿渍性外阴皮炎。尿液长期浸渍、刺激，致外阴部、臀部甚至大腿内侧可见湿疹或皮炎，患者感外阴痒、烧灼痛，行动不便。

（4）其他症状　月经稀少或闭经、精神抑郁、性交困难及不孕等。

3. 心理－社会状况 因漏尿致身体异味，生活起居极为不便，不愿出门，与他人接触减少，并易遭遇配偶、家人及周围人的疏远，患者内心痛苦、忧虑、自卑、孤独、无助。故应了解患者对疾病的感受及家人对患者的态度和对疾病的看法。

4. 辅助检查

(1) 亚甲蓝或靛胭脂试验　用于评估瘘孔具体位置、大小，辨认位置不明的极小瘘孔。

(2) 膀胱镜、输尿管镜检查　了解膀胱内情况，特别是明确瘘孔位置、大小、数目及瘘孔和膀胱三角的关系等。必要时可行输尿管镜检查以确定输尿管瘘的位置。

(3) 排泄性尿路造影及肾图检查　了解上尿路通畅情况、双侧肾功能及病变的侧别。

5. 治疗要点

(1) 非手术治疗　产后和手术后1周内所发生的膀胱阴道瘘及输尿管小瘘孔，可经留置导尿管或在膀胱镜下置入输尿管导管，以期自然愈合（一般4周至3个月有愈合可能）。结核、肿瘤所致者应针对病因进行积极治疗。年老体弱不能耐受手术者可采用尿收集器治疗。绝经后妇女可以给予雌激素，促进阴道黏膜上皮增生，有利于伤口愈合。治疗过程中，注意治疗外阴皮炎和泌尿系感染，改善患者生活质量。

(2) 手术治疗　为主要方法。根据尿瘘发生的原因、类型、部位，选择合适的手术时间及手术途径。采用最多的是经阴道修补术。创伤型新鲜清洁尿瘘一经发现立即修补。坏死型尿瘘或瘘孔伴感染者应等待3个月，待组织水肿消退，炎症消除、瘢痕软化、局部血供恢复正常后再手术。尿瘘修补失败后至少要3个月后再行手术。月经按时来潮者在月经干净后3~7天手术。同时需进行抗泌尿系感染治疗，绝经后患者可补充雌激素。

【护理诊断/问题】

1. 皮肤完整性受损　与长期尿液刺激外阴皮肤有关。

2. 自尊低下　与漏尿、身体发出难闻气味有关。

3. 社交孤独　与漏尿不愿出门、不愿与人交往有关。

【护理目标】

1. 患者外阴臀部皮炎得到改善，并逐渐痊愈。

2. 患者自尊增强。

3. 患者逐渐恢复社交。

【护理措施】

1. 心理护理　鼓励患者倾吐内心的痛苦、悲伤，正确认识自我，教育家属理解、亲近、关心患者，经常与其交谈，解除思想负担。同时告知患者和家属本病通过手术能治愈，使患者和家属对治疗充满信心。

2. 协助患者选择适当体位　对某些妇科手术所致较小瘘孔的患者应留置尿管，指导患者取正确体位，减少流尿，使小瘘孔自行愈合。一般采取漏孔高于尿液面的卧位。

3. 术前准备　为手术创造有利条件，促进伤口愈合。除会阴阴道手术的一般准备外，还应做到：①术前3~5天用1∶5000高锰酸钾液或0.2‰聚维酮碘液（碘伏液）等坐浴。有外阴部湿疹者坐浴后局部涂氧化锌油膏，待痊愈后再手术。②老年妇女或闭经患者应口服雌激素15天，促进阴道上皮增生以利于分离、缝合、伤口愈合。③尿路感染者应先控制感染后手术。④瘢痕严重者，术前用地塞米松、透明质酸酶10天，促进瘢痕软化。⑤结核或肿瘤放疗所致的尿瘘应在病情稳定1年后择期手术。⑥术前遵医嘱应用抗生素预防感染。

4. 术后护理 是保证手术能否成功的重要环节。除会阴阴道手术术后常规护理外，还应注意：①体位：根据瘘孔的位置协助患者采取相应体位，使瘘孔处于高位，减少尿液对修补伤口的浸泡，利于伤口愈合。膀胱阴道瘘如瘘孔在后底部，应取俯卧位；瘘孔在侧面者，应取健侧卧位。②留置尿管的护理：术后须留置尿管7~14天，注意保持尿管通畅，避免脱落。③术后遵医嘱每天补液不少于3000mL，也可鼓励患者多饮水，以保证膀胱自净。④保持外阴清洁干燥：外阴每天擦洗2次，大便后立即擦洗1次。⑤遵医嘱应用抗生素预防感染。⑥术前已用雌激素者，术后遵医嘱继续服用1个月。⑦保持大便通畅。

【护理评价】

1. 患者外阴臀部皮炎溃疡痊愈。
2. 患者自我肯定，积极自我评价。
3. 患者能与人进行正常的交往，精神舒畅。

【健康指导】

1. 术后3个月内禁止性生活、阴道检查及重体力劳动。
2. 实行计划生育。尿瘘修补术后妊娠者应加强产前检查，提前住院以剖宫产结束分娩。
3. 教会患者保持外阴清洁的方法，出院后出现任何异常情况及时就诊。

第七节 子宫脱垂

案例引导

患者，女，52岁，孕3产3。因阴道口脱出一肿物30年，伴双侧腰痛1个月就诊。自诉30年前分娩后过早下地劳动，之后站立时阴道口即脱出一肿物，休息后回缩，大小便无改变，此后又陆续顺产2次，末次产于16年前，一年来肿物已无法回缩，并伴有双侧腰痛，逐渐加重。妇科检查：阴道口外可见一10cm×8cm×8cm大小肿物，肿物下缘可见宫颈外口，表面已角化，无异常分泌物，附件未见异常。请问：

1. 该患者的临床诊断是什么？
2. 其主要的护理问题有哪些？
3. 针对该患者制定具体的护理措施。

子宫从正常位置沿阴道下降，宫颈外口达坐骨棘水平以下，甚至子宫全部脱出于阴道口外称子宫脱垂（uterine prolapse）。患者常伴阴道前、后壁脱垂，临床以阴道前壁脱垂为多见。子宫脱垂的发病率为1%～4%，山区较平原多，体力劳动者较脑力劳动者多。

【病因】

1. 分娩损伤 是子宫脱垂最主要的病因。分娩过程中，尤其是阴道助产术或第二产程延长，可使盆底肌肉、筋膜以及子宫韧带过度牵拉或损伤而削弱其支撑力，产后未能恢复正常，使子宫失去支托而下垂。此外，产后过早参加体力劳动，尤其是重体力劳动，或腹压增加时更易发生子宫脱垂。

2. 长时间腹压增加 长期慢性咳嗽、习惯性便秘、长期从事举重、肩挑、蹲位或站立位体力劳动者、盆腹腔内巨大肿瘤或大量腹腔积液等，都可因长期腹压增加而发生本病。肥胖尤其是腹型肥胖，也可致腹压增加导致子宫脱垂。

3. 盆底组织发育不良或退行性变 年老体弱妇女盆底组织萎缩退化致子宫脱垂或使脱垂程度加重；偶见于未产妇或处女，多系盆底组织先天性发育不良或营养不良所致，常伴其他脏器下垂。

4. 医源性原因 主要是没有及时充分纠正手术所造成的盆腔支持结构的缺损。

【临床分度】

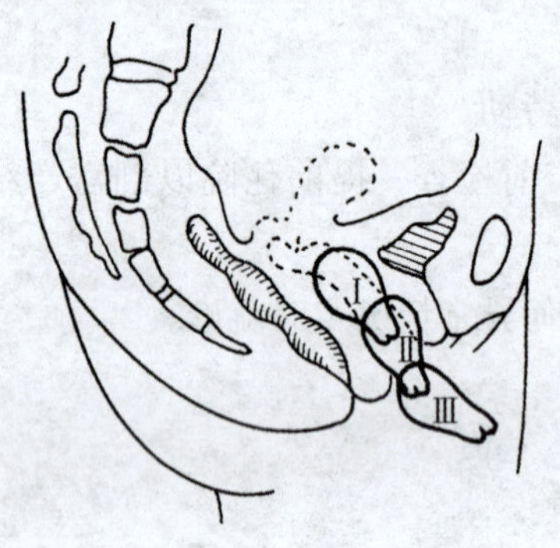

图20－1 子宫脱垂分度

患者平卧用力向下屏气时，根据子宫下降的程度，将子宫脱垂分为3度（图20－1）：

Ⅰ度：①轻型：宫颈外口距处女膜缘<4cm，未达处女膜缘；②重型：宫颈外口已达处女膜缘，但未超越此缘，在阴道口可见到宫颈。

Ⅱ度：①轻型：宫颈已脱出阴道口外，宫体仍在阴道内；②重型：宫颈及部分宫体已脱出至阴道口外。

Ⅲ度：宫颈及宫体全部脱出阴道口外。

【护理评估】

1. 健康史 重点了解患者过去有无阴道助产、产程过长、滞产及盆底组织撕伤史，产后是否过早进行重体力劳动，有无慢性咳嗽、习惯性便秘、长期蹲位劳动等，尤其评估患者是否有营养不良或其他器官的下垂等。

2. 身体状况

（1）症状 轻症者一般无不适，重症者可出现不同程度的临床症状。

①下腹坠胀、腰骶部酸痛 脱垂的子宫牵拉子宫韧带、腹膜、盆底组织及引起盆腔充血所致。其程度不等，站立过久或劳累后症状明显，卧床休息后减轻。

②阴道有肿物脱出 患者自觉在劳动、下蹲或排便、站立过久、行走时有球形物从阴道脱出，卧床休息后可变小或消失。Ⅲ度脱垂者经休息后也不能自行还纳至阴道内。

③阴道分泌物增加 宫颈、阴道壁黏膜长期暴露在外受到摩擦，可致宫颈和阴

道壁发生溃疡、出血或感染，白带增加，可呈脓性或脓血性。日久局部组织增厚角化。

④大小便异常 如伴有阴道前后壁的膨出，影响了相邻器官膀胱、直肠的位置，可出现尿频、排尿困难、尿潴留或压力性尿失禁，也可继发泌尿系感染；还可发生排便困难、便秘。

知识拓展

压力性尿失禁

压力性尿失禁是指在腹压突然增加（如咳嗽、大笑、打喷嚏、提重物等）时，尿液不自主流出。其检查方法：患者不排尿，取仰卧截石位，嘱其咳嗽，观察有无尿液自尿道口溢出。如有尿液溢出，检查者用食、中指伸入阴道内，轻压阴道前壁尿道两侧，再嘱其咳嗽，如不再有尿液溢出，提示有压力性尿失禁。

⑤其他 一般不影响月经。子宫若能还纳也不影响受孕。受孕后子宫可逐渐上升至腹腔不再脱垂，大多能阴道分娩。

（2）体征 患者向下屏气可见不同程度的子宫脱出及阴道前后壁脱出。不能回纳的子宫脱垂常伴阴道前后壁膨出，阴道黏膜多增厚角化，宫颈肥大并延长或溃疡，少量出血或脓性分泌物。

3. 心理－社会状况 患者因子宫脱垂行动不便，影响工作和社交活动，严重者因影响性生活而出现焦虑和情绪低落，故应评估患者对疾病的认知程度及感受，并评估家庭支持方式及程度。

4. 治疗要点 治疗方案要个性化。无症状者无需治疗，有症状者可进行保守治疗或手术治疗，目的是加强或恢复盆底组织及子宫周围韧带的支持作用。以安全、简单和有效为原则。

（1）非手术治疗 目前较普遍采用子宫托。子宫托分为支撑型和填充型（图20－2），前者适用于子宫脱垂程度稍轻者，后者用于重度患者。适用于各度子宫脱垂，尤其适用于患者全身状况不宜手术、妊娠期和产后，对于膨出面有溃疡者术前放置子宫托可促进溃疡的愈合。但Ⅲ度子宫脱垂伴有盆底组织明显萎缩、宫颈或阴道壁有炎症或溃疡者不宜应用。此法简单易行，能使患者自行掌握。此外，通过盆底肌肉锻炼和物理疗法，增加盆底肌群的张力，可改善Ⅰ度和Ⅱ度患者的病情，减轻压力性尿失禁症状，但对Ⅲ度子宫脱垂无效。绝经后患者适当补充雌激素以增强盆底肌肉筋膜的张力。还可应用中药和针灸等方法促进盆底肌张力恢复，缓解局部症状。

（2）手术治疗 适用于非手术治疗无效、Ⅱ度或Ⅲ度子宫脱垂以及伴有阴道前后壁脱垂者。主要是根据患者的年龄、生育要求及全身健康状况进行个体化治疗。手术方式有阴道前后壁修补术、阴道前后壁修补＋主韧带缩短＋宫颈部分切除术（又称 Manchester 手术，即曼氏手术）、经阴道子宫全切除及阴道前后壁修补术、阴道封闭术、盆底重建手术等。

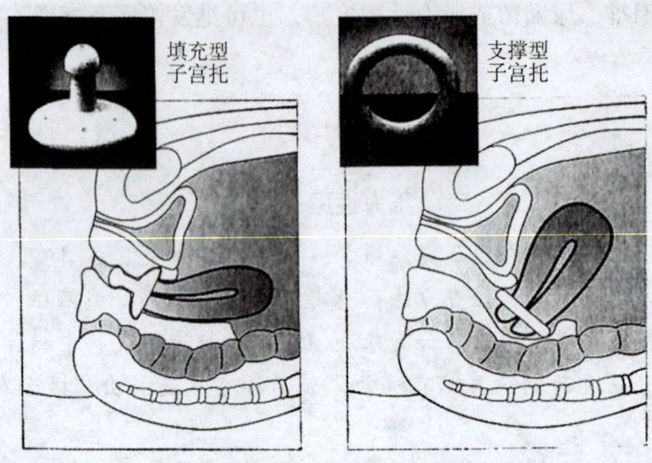

图 20－2　子宫托种类

【护理诊断/问题】

1. 焦虑　与子宫脱垂影响正常生活、害怕手术等有关。

2. 慢性疼痛　与子宫脱垂牵拉子宫韧带、腹膜及盆底组织等有关。

3. 组织完整性受损　与脱出的宫颈、阴道壁受到摩擦有关。

4. 排尿异常　与膀胱膨出、尿道膨出有关。

【护理目标】

1. 患者能进行合适的心理调整，焦虑程度减轻。
2. 患者疼痛减轻或消失，舒适感增加。
3. 患者外露的阴道、宫颈溃疡面缩小或消失。
4. 患者排尿方式正常。

【护理措施】

1. 改善患者一般情况　鼓励患者加强营养，高蛋白、高维生素饮食，增强机体抗病能力；合理安排工作和休息，注意多卧床休息，避免长时间站立或蹲位；积极治疗使腹压增高的慢性病，如习惯性便秘、慢性咳嗽等；加强患者盆底肌的训练，增加盆底组织的弹性。

2. 消除患者焦虑心理　护士鼓励患者说出自己的心理感受，向患者讲解子宫脱垂的疾病知识、防治方法和预后，帮助患者进行适当的心理调适。做好家属对患者的理解支持工作，协助早日康复。

3. 教会患者正确使用子宫托

（1）使用方法　环形托上托前洗净双手，平卧于床上，两腿屈膝分开，一手将大小阴唇分开，另一手将子宫托以斜位徐徐推入阴道内，渐将子宫托放平，并将环托后端慢慢推至阴道后穹隆，最后将前端向上推去，使托的前端卡在耻骨弓内侧。取托时可取

蹲位或侧坐位，用食指和中指伸入阴道，然后用食指钩住托的前端，将其平稳放入阴道内随即轻稳地取出。

(2) 注意事项 ①选择合适大小的子宫托，以放置后不脱出又无不适感为度。②每晨起床后放置，每晚睡觉前取出消毒后备用，避免放置过久发生子宫托嵌顿，甚至引起压迫坏死型生殖道瘘、出血、感染等。③经期和妊娠期停用。④放托后应于第1、3、6个月到医院复查，之后每3~6个月复查一次。⑤在放置子宫托之前体内应有一定水平的雌激素；绝经后妇女可选用阴道雌激素霜剂，一般在用子宫托前4~6周开始使用，并在放托期间持续使用。

4. 做好术前、术后护理

(1) 术前护理 除会阴阴道手术术前一般准备外，应保持外阴清洁，于术前5日行阴道准备，Ⅰ度子宫脱垂患者用1∶5000的高锰酸钾溶液或0.2‰的聚维酮碘（碘伏）液坐浴，2次/日。Ⅱ度或Ⅲ度子宫脱垂特别是有溃疡者，阴道冲洗2次/日，阴道冲洗后局部涂40%紫草油或含抗生素的软膏；之后带上无菌手套将脱垂的子宫还纳入阴道内，并嘱其平卧半小时；为避免烫伤，冲洗液以41℃~43℃为宜。可用清洁的卫生带或丁字带支托下移的子宫，减少对子宫的摩擦；积极治疗局部炎症，遵医嘱应用抗生素及局部涂含雌激素的软膏。

(2) 术后护理 除会阴阴道手术术后常规护理外，还应注意术后卧床休息7~10日，宜采取平卧位，以降低外阴、阴道张力，促进切口愈合；留置导尿管10~14日并给予常规护理；观察阴道分泌物的量、颜色、性质，且每日行外阴擦洗；指导患者避免增加腹压的动作，遵医嘱应用缓泻剂防止便秘、应用抗生素防治感染。

【护理评价】

1. 患者能调整心态，焦虑症状减轻。
2. 患者能正确使用子宫托，下腹坠胀、腰酸背痛感减轻，舒适感增加。
3. 患者阴道、宫颈溃疡面愈合。
4. 患者无排尿困难、尿潴留或张力性尿失禁，排尿方式正常。

【健康指导】

1. 出院指导 术后休息3个月，半年内避免重体力劳动，告知患者出院后1个月、3个月复查；禁止性生活和盆浴，经医生检查确认完全恢复后方可开始。

2. 预防指导 ①指导患者加强营养，教会患者做锻炼盆底肌肉、肛门肌肉的运动。②积极治疗慢性咳嗽、习惯性便秘等原发疾病；避免重体力劳动，保持大便通畅。③提倡晚婚晚育，加强孕期保健，正确处理各产程，避免滞产和第二产程延长，必要时行会阴切开。④产妇避免过早体力劳动，提倡做产后保健操以利生殖器官正常恢复。⑤绝经过渡期及绝经后期妇女在妇科医生的指导下使用激素替代疗法，并定期复查。

思考题

1. 说出外阴阴道手术患者的术前准备及术后护理措施。

2. 说出外阴癌患者的临床表现及术后护理措施。

3. 说出尿瘘的临床表现及不同原因引起的尿瘘手术修补的时间。

4. 解释子宫脱垂的定义，说出引起子宫脱垂的主要原因和分度，如何指导子宫脱垂患者正确使用子宫托？

第二十一章　不孕症妇女的护理

学习目标

1. 解释不孕症的概念，详述其常见原因、女性不孕常用的辅助检查方法、处理原则。
2. 简述不孕症的护理诊断、护理措施、健康指导。
3. 简述常用的辅助生殖技术的种类、适应证、操作方法及护理要点。

不孕症是由多种病因导致的一组生育障碍状态，为育龄夫妇生殖健康的不良事件，虽不是致命性疾病，但可造成家庭不和及个人心理创伤，是影响男女双方身心健康的医学和社会问题。近年来，辅助生殖技术发展迅猛，并帮助许多不孕夫妇获得后代，但因技术本身存在一些伦理和法律问题，需严格管理和规范。

第一节　不　孕　症

案例引导

杨女士，26岁，婚后同居，两次人工流产后未避孕，3年未孕。月经周期、经期、经量正常，无痛经史。既往体健。妇科检查：子宫正常大小，前位，活动，右侧附件稍厚，轻压痛，左侧附件未及异常。请问：

1. 为明确诊断应进行哪些检查？
2. 针对该患者应进行哪些护理？

女性婚后有正常性生活，未避孕至少1年未妊娠者称为不孕症（infertility）。婚后未避孕而从未妊娠者称原发不孕；既往有过妊娠而后未避孕连续1年未妊娠者称继发不孕。夫妇一方或双方有先天或后天解剖生理缺陷，无法纠正而不能受孕者称绝对不孕；夫妇一方或双方因某种因素阻碍受孕导致暂时不孕，阻碍受孕因素一旦得到纠正仍能受孕者称相对不孕。不孕症发病率因国家、民族和地区不同而存在差别，我国不孕症发病率为7%～10%。

【原因】

阻碍受孕的因素很多，可有女方、男方、男女双方因素或不明原因。

1. 女性不孕因素 以输卵管因素和排卵障碍居多。

(1) 输卵管因素 输卵管异常、慢性输卵管炎（由淋病奈瑟菌、结核分枝杆菌、沙眼衣原体等感染）引起输卵管伞端闭锁，输卵管黏膜破坏，致输卵管完全阻塞等，导致不孕。先天性输卵管发育异常、盆腔炎症、结核性盆腔炎、子宫内膜异位症等均可引起局部或广泛的粘连，致盆腔和输卵管功能及结构破坏，也可导致输卵管性不孕。

(2) 排卵障碍 由于卵巢功能紊乱而导致持续不排卵，占女性不孕因素的25%～35%。主要原因有：①下丘脑－垂体－卵巢轴功能紊乱致持续性无排卵。②卵巢病变，如先天性卵巢发育异常、卵巢功能早衰、多囊卵巢综合征、卵巢肿瘤、卵巢子宫内膜异位症、卵巢炎症、卵巢不敏感综合征等。③肾上腺及甲状腺功能异常也可影响卵巢功能导致不排卵；低促性腺激素性性腺功能不良、高催乳素血症；黄素化卵泡不破裂综合征。④全身性因素，如营养不良、肥胖、焦虑、药物副作用等。

(3) 子宫因素 子宫发育不良、子宫畸形、子宫黏膜下肌瘤、子宫内膜息肉、子宫内膜炎、子宫内膜结核、宫腔粘连等均可影响受精卵着床，导致不孕。

(4) 宫颈因素 雌激素分泌异常及宫颈炎症的影响使宫颈黏液分泌异常，以及宫颈黏液免疫环境异常，均可影响精子通过，导致不孕。宫颈息肉、宫颈肌瘤、宫颈粘连、宫颈狭窄等也可致精子穿过障碍而引起不孕。

(5) 阴道因素 先天性阴道发育异常、各种原因引起的阴道损伤后粘连、瘢痕性狭窄等均可影响性生活并阻碍精子进入阴道；严重的阴道炎改变阴道酸碱度，大量微生物和炎性细胞可消耗精液中的能量物质，降低精子活力，缩短其生存时间，甚至吞噬精子等，导致不孕。

2. 男性不育因素 主要是生精障碍与输精障碍。

(1) 精液异常 表现为无精、少精、弱精、精子形态异常、精子发育停滞、畸精症及精液不液化或液化不全等。其性功能正常，主要是先天或后天原因所致的精液异常，常见原因如下：①先天发育异常，如双侧隐睾、先天性睾丸发育不全症等；②全身性疾病，如长期严重的营养不良、慢性消耗性疾病（结核病）、慢性中毒（吸烟、吸毒、酗酒）、放疗、化疗、致癌和致突变物质；③其他，如精神心理障碍、性生活过频、睾丸炎、睾丸结核、精索静脉曲张等。

(2) 精子运送受阻 外生殖器发育不良或勃起功能障碍、早泄、不射精或逆行射精患者常不能使精液进入女性阴道；附睾及输精管炎症使输精管阻塞阻碍精子通过。

(3) 免疫因素 男性生殖道免疫屏障被破坏，精子、精浆在体内产生抗精子抗体，使精子产生自身凝集不能穿过宫颈黏液而致不孕。

(4) 内分泌功能紊乱 下丘脑－垂体－睾丸轴的调节功能紊乱或甲状腺及肾上腺功能障碍或糖尿病等均可影响精子发育过程，导致不孕。

3. 男女双方因素 缺乏性知识，性生活障碍及男女双方急切盼望妊娠造成精神过度紧张等，均可致不孕。

4. 不明原因不孕 属于男女双方均可能同时存在的不孕因素，但目前检测手段尚无法确诊，是一种生育力低下的状态，可能是免疫性因素、潜在的卵子质量异常、受精障碍、隐性输卵管因素、植入失败或遗传缺陷等原因所致。

【护理评估】

1. 健康史 详细询问女性的病史，从起因、症状及发展经过，可为诊断提供重要的依据。重点了解妇女的年龄、不孕时间、月经史、婚育史、是否两地分居、性生活情况，是否采取过避孕措施，所采取的避孕方法及持续时间。了解其生长发育史、既往有无结核病史、有无性病史及治疗情况，尤其是有无盆腹腔结核病史；有无生殖器官炎症病史、内分泌疾病史、盆腔或腹腔手术史、既往重病、外伤史及幼年时特殊患病史、慢性疾病服药史、药物过敏史等。近期心理、情绪、进食、过度运动史、体重改变情况等；家族中有无精神病、结核病、遗传病史、缺陷儿出生史及流产史；追问有无吸烟、酗酒及吸毒史，注意其职业及特殊环境、毒物接触史。继发不孕者，应注意了解以往妊娠、分娩、流产等情况，有无产褥感染、产后出血等病史。

询问男方的健康状况，了解其年龄、不育的时间、性生活史、性交频率及时间，有无性生活障碍和（或）射精障碍，有无结核、腮腺炎、睾丸炎、前列腺炎等病史，有无生殖器官手术（疝修补术、输精管切除术等）或外伤史。了解个人史，如生活习惯、特殊嗜好（烟酒嗜好）情况及工作、生活环境，并了解近期不育的相关检查及治疗经过、家族史等。

2. 身体状况 通过对夫妇双方进行全面体格检查可了解有无全身性疾病，明确不孕的原因，制定适宜的治疗方案。

（1）男方检查 男方除全身检查外，重点检查外生殖器发育情况及有无病变或畸形。

（2）女方检查 全身检查时注意体格发育及营养状况，包括体重、身高、体脂分布特征、乳房发育及甲状腺情况，注意第二性征发育情况及有无雄激素过多的体征（多毛、痤疮、黑棘皮征等）。妇科检查时注意内外生殖器发育情况及阴毛分布，有无畸形、炎症、包块、触痛及压痛，有无泌乳等。

3. 心理-社会状况 由于受封建残余意识的长期影响，不孕症直接影响到家庭和睦和社会的稳定，生育和养育能力被认为是自我实现的具体体现，而不孕的诊断及其治疗给女性带来了生理和心理上的不安。一些不孕妇女担心婚姻的稳定性，并受到社会的压力、家庭的歧视和不理解，而出现不同程度的心理障碍，如沮丧、易激怒、多疑、焦虑、嫉妒、孤独无助、听天由命、负罪感及失落感等，个别人甚至丧失生活的勇气。

4. 辅助检查

（1）男方检查 不孕夫妇应首先作精液常规检查。正常每次排出精液量为2～6mL，平均3mL，pH为7.0～7.8，室温中放置30分钟内完全液化，精子密度（20～200）$\times 10^9$/L，精子活率>50%，正常形态的精子占66%～88%。留取精液标本时应禁欲5～7日。初诊时男方一般要进行2～3次精液检查，以获取基线数据。

（2）女方检查 盆腔B超检查进一步了解内生殖器及盆腔有无异常。必要时拍胸片排除结核、MRI 检查排除垂体病变等。

①卵巢功能检查 常用方法有基础体温测定、B 型超声动态监测卵泡发育及排卵、阴道脱落细胞涂片检查、宫颈黏液检查、月经来潮前子宫内膜活组织检查、女性激素检测（尿促卵泡素、黄体生成素、雌二醇、黄体酮、催乳激素、睾酮）等，以了解卵巢有无排卵及黄体的功能状态。

②输卵管通畅试验 常用的方法主要有输卵管通液术和子宫输卵管造影术。输卵管通液术准确性较差，诊断价值有限，宫腔镜下输卵管插管通液术尚有诊断价值。子宫输卵管造影术可明确输卵管阻塞部位及严重程度，对输卵管通畅性的诊断更准确，且有一定的治疗作用，是目前应用最广、诊断价值较高的方法。

③宫腔镜检查 可了解宫腔形态、内膜的色泽和厚度、双侧输卵管开口情况及有无宫腔粘连、黏膜下肌瘤、内膜息肉、子宫畸形等病变。

④腹腔镜检查 经上述检查未发现异常而仍未受孕者，可进行腹腔镜检查，以了解盆腔情况。通过腹腔镜可直接观察子宫及附件的大小及形态、输卵管形态和盆腔有无病变或粘连，可同时行输卵管通液术，在直视下观察输卵管的形态，确定输卵管通畅度及周围有无粘连。还可行分离粘连及异位病灶电灼术、子宫肌瘤剔除术等，必要时在病变区取活检。约 20% 的患者通过腹腔镜检查可发现术前未能诊断的病变。

⑤其他 性交后精子穿透力试验、宫颈黏液精子相合试验、影像学检查及血沉、甲状腺功能测定，尿 17 酮、血清 17α－羟孕酮及皮质醇的测定。

5. 女性不孕症的治疗要点 引起不孕的原因很多，选择恰当的治疗方案应充分估计到女性卵巢的生理年龄、治疗方案的合理性和有效性及其性能价格比。首先应改善生活方式及全身状况，增强体质和增进健康，保持良好的精神状态，解除心理负担；纠正营养不良和贫血；养成良好的生活习惯，戒烟、戒毒、不酗酒；积极治疗内科疾病；掌握性知识，学会预测排卵期性交，性交次数适度，以增加受孕机会。通过正规、系统的检查，找出原因，针对具体病因进行相应治疗。必要时选择适宜的辅助生殖技术。

【护理诊断/问题】

1. 知识缺乏 缺乏性生殖与不孕的相关知识。

2. 焦虑与绝望 与治疗效果不佳或因不孕受到家庭及周围人群的歧视有关。

3. 自尊紊乱 与诊治过程中繁杂的检查和治疗效果不佳有关。

【护理目标】

1. 夫妇双方了解性生殖知识及不孕的原因，并能积极配合各项检查和治疗。

2. 患者及家庭能坦然面对现实，以乐观的态度积极配合并坚持治疗。

3. 患者能正确评价自我能力。

【护理措施】

1. 帮助不孕症夫妇进行良好的沟通交流，提高自我控制感 使用沟通交流的技巧（如鼓励、倾听等方法）帮助妇女表达自己的心理感受，不可以简单地用对或错来评价妇女的情感。同时要鼓励夫妻之间要多沟通，避免因沟通不畅致误解。另外，在和不孕症夫妇沟通过程中，了解不孕妇女以往处理压力的有效方法，并可利用这些措施来对待不孕带来的压力。指导妇女可以采用放松的方式如适当的锻炼、加强营养、及时提出疑惑等减轻压力，获得自我控制感。帮助不孕症妇女与其家人进行充分沟通，提高自我评价，降低其孤独感。鼓励妇女维持良性的社会活动，并及时提醒其影响治疗效果的行为，如节食。

2. 及时提供信息，纠正错误观念，增强信心　不孕症对夫妇双方来说是一个生活危机，并可引起一系列的心理反应，鼓励他们毫无保留地表达自己内心的真实想法，通过讲解使他们对不孕有正确的认识，纠正错误观念，客观地评价不孕，增强患者战胜疾病的信心和勇气，取得家属的理解和配合。告知他们绝大部分不孕因素可以得到治疗，使他们对治疗充满信心。同时，向他们宣传性生活的基本知识，教会他们通过基础体温测定等预测排卵期的方法，使他们掌握受孕的最佳时机，如选择适当日期性生活、性生活次数适当等。夫妇双方注意生活规律，戒烟酒，均衡饮食，纠正营养不良和贫血；适当体育锻炼，增强身体健康；避免精神紧张等情绪变化，保持健康心态等。

3. 协助完成各项检查　向不孕症夫妇双方解释引起不孕的原因多而复杂，检查项目多、持续时间较长，说服患者及家属耐心地遵医嘱有序检查。说明每项检查的目的、意义、可能引起的不适及注意事项，以取得配合，提高成功率。

4. 协助医师实施治疗方案，并帮助其正视治疗过程及结局　护理人员向不孕症夫妇双方介绍治疗方案，提供相应支持和帮助。需药物治疗者，指导其遵医嘱用药，并告知用药的副作用及应对方法。如治疗效果欠佳，应帮助其正确面对治疗效果，指导其根据具体情况选择停止治疗或继续治疗，并和不孕症夫妇探讨人工辅助生殖技术，供其参考。

【护理评价】

1. 夫妇双方在诊治过程中解除顾虑，表现为积极主动配合。
2. 不孕夫妇能面对现实，并积极寻求解决问题的途径。

【健康指导】

1. 合理膳食，适当锻炼，增强体质。
2. 积极参加社会活动，保持良好心态。

第二节　辅助生殖技术及护理

辅助生殖技术（assisted reproductive techniques，ART）是指采用医疗辅助手段帮助不孕症夫妇妊娠的一组技术，包括人工授精、体外受精－胚胎移植及其一系列衍生技术等。

【种类与方法】

1. 人工授精（artificial insemination，AI）　是以非性交方式将精子注入女性生殖道内，使精子与卵子自然结合而受孕的方法。具体方法有：

（1）丈夫精液人工授精（artificial insemination with husband sperm，AIH）　适用于男方有性功能障碍性疾病（如勃起功能障碍、早泄、尿道下裂等）、女性宫颈因素不育等。

（2）供精者精液人工授精（artificial insemination by donor，AID） 适用于男方无精子症、少（弱）精子症、畸精症、输精管复通失败、射精障碍、夫妻间特殊性血型或免疫不相容或男方为遗传病基因携带者。

供精者精液人工授精在实施中存在很多伦理问题，故按国家法规，目前AID精子来源一律由卫生部认定的人类精子库提供和管理。

目前临床上较常用为宫腔内人工授精（intrauterine insemination，IUI）：精液经过洗涤处理后去除精浆，取0.3～0.5mL精子悬浮液，在女方排卵期通过导管将精子悬浮液注入宫腔内授精。人工授精可在自然周期或促排卵周期进行，加用促排卵方案可提高成功率。

2. 体外受精－胚胎移植（in vitro fertilization and embryo transfer，IVF－ET） 是指从妇女卵巢内取出卵子，在体外与精子受精形成受精卵，经培养3～5日后将发育到一定阶段的胚胎移植到宫腔内，使其着床发育成为胎儿的全过程，俗称"试管婴儿"。这是现代人类新的助孕技术中最基本的技术。

（1）适应证 ①输卵管性不孕症；②原因不明的不孕症；③子宫内膜异位症；④排卵异常所致的不孕症；⑤宫颈因素所致的不孕症；⑥男性因素不育症；⑦免疫因素所致的不孕。这些情况在通过其他常规治疗无法妊娠者均可进行IVF－ET。

（2）主要技术步骤 ①药物促进排卵，监测卵泡发育至成熟；②阴道B型超声介导下取卵，卵细胞培养；③将卵母细胞和精子在体外受精；④受精卵在体外培养3～5日，发育到卵裂期或囊胚期的胚胎，之后将该期的胚胎移植到宫腔内，并同时行黄体支持（使用黄体酮）。移植两周后测定血或尿中HCG以确定妊娠，移植4～5周后可应用阴道超声检查确定宫内妊娠。

（3）体外受精－胚胎移植的衍生技术 包括卵母细胞体外成熟、诱导排卵药物和方案的进展、精子和卵子及胚胎的冷冻技术、卵母细胞捐赠和代孕、囊胚培养、卵细胞质内单精子注射、胚胎植入前遗传学诊断/筛查等技术。

3. 卵细胞质内单精子注射（intracytoplasmic sperm injection，ICSI） 是将单个精子直接注射到卵细胞质内，获得正常卵子受精和卵裂的过程。主要用于治疗重度少精子症、弱精子症、畸形精子症等男性不育者。IVF－ET周期受精失败也是ICSI的适应证。

4. 移植前遗传学诊断/筛查（preimplantation genetic diagnosis/screening，PGD/PDS） 是指从体外受精第3日的胚胎或第5日的囊胚中取出1～2个卵裂球或部分滋养细胞进行细胞或分子遗传学检测，检出带致病基因和异常核型的胚胎，将正常基因和核型的胚胎移植，以保证下一代的健康。主要用于解决有严重遗传病风险和染色体异常夫妇的生育问题。使产前诊断提早到胚胎期，避免了常规妊娠中期产前诊断可能致引产对母亲的伤害。

【常见并发症】

1. 卵巢过度刺激综合征（ovarian hyperstimulation syndrome，OHSS） 是指应用

诱导排卵药物，刺激卵巢，致多个卵泡发育、雌激素水平过高、颗粒细胞黄素化，引起全身血流动力学改变的病理表现。在接受促排卵药物治疗的不孕症妇女中约20%会发生不同程度的卵巢过度刺激综合征。其病理改变为多个卵泡发育，血清雌二醇水平过高，造成血管通透性增加，致血液中水分渗出到体腔，血液浓缩，使用HCG可能会加重发病。轻度仅表现为轻微腹胀、卵巢增大、少量腹腔积液。重度则表现为腹胀明显，腹部膨隆，大量腹腔积液、胸腔积液，少尿，或有呼吸困难，卵巢进一步增大，血液浓缩，重要脏器血栓形成及功能受损，电解质紊乱等，严重者可危及生命。治疗原则主要以增加胶体渗透压扩容为主，防止血栓形成，改善症状为辅。

2. 多胎妊娠　诱导卵巢排卵药物的使用可致多个卵泡发育及多个胚胎的移植使多胎妊娠发生率高达30%以上。多胎妊娠可增加母婴并发症，流产和早产的发生率、围生儿患病率和死亡率均明显增加。目前国内常规限制移植胚胎数目在2～3个。对多胎妊娠可在妊娠早期行选择性胚胎减灭术。

知识拓展

胚胎减灭术

胚胎减灭术是实时超声显像引导下的介入方法，包括经腹和经阴道两种途径，对较早期（孕7周左右）的胚胎可经阴道途径进行胚胎的吸引，较大的胚胎可将10% KCl注入胚心部位致胚胎死亡。妊娠物可逐渐被完全吸收或形成纸样儿，待自然分娩时排出。术后注意监测母体的凝血功能、有无感染、出血等并发症。

3. 其他　经辅助生殖技术治疗获得的妊娠，流产率、早产率、异位妊娠率、宫内外同时妊娠率均较自然妊娠高。

【护理要点】

1. 实施ART前的准备工作　对于计划实施辅助生殖技术的夫妇进行认真详细的全面评估，了解其不孕症的原因，确定适合实施的具体方法。指导其进行阴道清洁度、尿常规、血常规、肝肾功能、凝血功能等检查，必要时进行胸部摄片或氧饱和度检查。并协助医生作好知情同意工作。

2. 做好心理护理　ART的实施往往需经历漫长的检查及治疗过程，不孕症夫妇对妊娠要求迫切，视ART为最后希望。护理人员应通过与其充分交流沟通，鼓励其说出内心的感受及想法，准确掌握他们的心理状态，并向他们介绍所采取辅助生殖技术的具体方法、程序、并发症、注意事项，告知不孕症夫妇会为其作好保密工作，特别说明采取ART的成功率不是100%，应以平和的心态对待ART，积极配合医生。

3. 积极配合治疗

（1）对实施IVF－ET的妇女，要严格按医嘱给予超促排卵药物；协助医师严密监测卵泡发育；做好取卵、精液处理、体外受精和受精卵培养、胚胎移植的各项准备工作并配合实施；胚胎移植后嘱患者卧床休息 6 ~ 24 小时，限制活动 3 ~ 4 日，按医嘱给予黄体酮或 HCG；移植后第 14 日测定血 HCG，明显增高者提示妊娠成功或经 B 型超声确定已妊娠者，应按高危妊娠加强监测及护理管理。

（2）对采用卵细胞质内单精子注射等技术的夫妇，应按医嘱做好各项准备工作，并积极配合医生具体实施，按要求给予相应护理。

（3）对孕早期 B 型超声检查发现为多胎妊娠者，应协助医师进行选择性胚胎减灭术；妊娠期及分娩期按高危妊娠进行护理。

4. 严密观察

（1）ART 妊娠者在妊娠早期的流产率和异位妊娠发生率较高，应告知患者及家属随时注意阴道流血和腹痛，如出现异常情况及时就诊。可以通过合理用药、避免多胎妊娠、充分补充黄体功能、移植前进行胚胎染色体分析、防止异常胚胎的植入、预防相关疾病等措施预防自然流产。

（2）ART 超促排卵注射 HCG 后，嘱患者和家属注意恶心、呕吐、腹胀等症状，一旦出现应及时就诊。一般患者可在门诊严密随访，协助患者进行相关检查；嘱患者卧床休息，定期访视，有异常情况随时就诊。中重度 OHSS 者建议住院治疗，严密观察病情，嘱患者卧床休息，每天测体重、腹围，每 4 小时测一次生命体征，记录液体出入量，指导患者作相关检查（如每天监测血细胞比容、白细胞计数、电解质、肾功能等），防止继发于 OHSS 的并发症，严格按医嘱给予药物治疗并观察其反应。必要时做好终止妊娠或抽胸、腹水的准备工作。

思 考 题

1. 何谓不孕症？不孕症有哪些类型？
2. 女性不孕症的常见原因有哪些？其主要检查方法有哪些？
3. 何谓辅助生殖技术？介绍常用辅助生殖技术的种类。

第二十二章　计划生育妇女的护理与妇女保健

学习目标

1. 详述各种避孕方法的适应证、副作用、并发症及护理措施。
2. 叙述计划生育的概念、内容及妇女各期保健的要点。
3. 说出各种人工终止妊娠方法的适应证、护理措施及妇女保健工作的任务及意义。
3. 简述输卵管结扎术的适应证、禁忌证、护理要点及妇女保健机构的构成。

计划生育（family planning）是指采用科学的方法，通过人类生殖调控，有计划地生育子女，科学地控制人口数量，提高人口素质。实行计划生育是我国的基本国策，是为了实现人口增长与国民经济发展、资源、社会及环境协调发展，同时，搞好计划生育，做好避孕工作，对妇女生殖健康有直接影响。根据我国国情，计划生育的具体内容包括：①晚婚：按国家法定年龄推迟 3 年以上结婚；②晚育：按国家法定年龄推迟 3 年以上生育；③节育：国家提倡一对夫妇只生育一个孩子，育龄夫妻应采用安全、有效、合适的节育方法达到短期避孕或长期不生育的目的；④优生优育：通过计划生育避免先天性缺陷代代相传，防止后天因素影响后天发育，以提高人口质量。

妇女保健工作是我国卫生事业的重要组成部分，深受各级行政部门和卫生部门的重视，该工作主要是为使妇女在生理、心理及社会生活等各方面尽量达到完好状态提供健康保障。

第一节　计划生育妇女的一般护理

计划生育措施包括避孕方法、绝育手术及避孕失败后的补救措施。其中需通过手术方式完成的计划生育措施占有相当比重，是开展计划生育工作的重要内容。计划生育是以避孕为主，创造条件以保障使用者知情选择安全、有效、适宜的避孕措施；实施避孕节育手术，应保证受术者的安全。手术的质量直接关系到妇女一生的健康和家庭幸福，因此，计划生育工作是一项政策性和科学性很强的工作，医护人员在开展这一工作时，要不断提高技术水平，以强烈的责任心、爱心及科学的态度对待每一位受术者，并针对每个人的社会心理状况，提供相应的个性化护理及必要指导。

【护理评估】

1. 健康史 应全面收集病史，通过询问欲采用计划生育措施妇女的现病史、婚育史、月经状况、既往史等，了解既往采取节育措施的类型、反应及自我评价，了解其需求及生育计划，充分评估受术者对所选计划生育措施的认知、心理承受程度及其家属配合情况，进一步核实适应证，排除禁忌证。

2. 身体状况 接受计划生育措施的妇女，绝大多数身体健康，无特殊症状或体征，但也有部分妇女因健康问题暂时不宜妊娠而选择避孕，或因患严重疾病选择治疗性绝育术，这些妇女在检查时存在相关疾病的症状及体征。计划生育工作者应于手术前对受术者进行全面体检以评估其身体状况，如有无发热、妇科检查了解内外生殖器官有无异常（如观察白带性状、颜色、量，检查阴道黏膜、宫颈、子宫及附件情况，除外炎症、肿瘤等异常情况）；核实所选择计划生育措施的适应证，排除禁忌证。

3. 心理－社会状况 由于计划生育国策深入人心，多数妇女具备不同程度的相关知识，但仍有相当数量的受术者由于受传统观念影响、缺乏相关医学知识，在寻求有效避孕方法时显得无助并心存顾虑（如选用药物避孕者尤其是未生育者，担心会影响生育），在出现副反应时束手无策或焦虑不安。况且多数为健康个体，本无须通过手术解除病痛，因而当她们准备接受绝育术时，容易出现恐惧疼痛、怕失去女性特征、担心手术后遗症、担心影响性生活及将来生育等复杂心理活动。为此，术前必须全面评估受术者的心理状态，针对个体的不同特点，按照个体化的原则，为其提供良好的心理支持和最佳的医疗护理服务，使其解除顾虑，自愿地采取相应有效的计划生育措施。

4. 辅助检查

（1）血、尿常规及出、凝血时间；妊娠早期早孕反应较重者注意检查尿酮体。

（2）其他：根据具体情况，按需选择相应的特殊检查，如肝功能、肾功能、心电图、B型超声、人类免疫缺陷病毒及肝炎病毒检查、阴道清洁度、阴道分泌物常规检查或细菌培养等。

【护理诊断/问题】

1. 焦虑 与接受手术、避孕措施的副反应等有关。

2. 知识缺乏 缺乏计划生育的相关知识。

3. 有感染的危险 与腹部手术切口及子宫腔创面有关。

【护理目标】

1. 受术者焦虑减轻，积极配合。
2. 采取计划生育措施的妇女获得相关知识，并能正确面对。
3. 计划生育受术者未发生感染。

【护理措施】

1. 协助选择计划生育措施　育龄夫妇对避孕节育方法有知情权，医护人员首先要做好心理疏导工作，耐心解释其提出的具体问题，尤其是动员其配偶参与并提供支持。根据每对夫妇的具体情况和需求协助选择最佳避孕或节育措施，以落实计划生育措施。

（1）新婚夫妇如短期内不想生育，原则上应选择使用方便、不影响生育的避孕方法。复方短效口服避孕药使用方便，避孕效果好，且不影响性生活，故列为首选；还可选用阴茎套及女用外用避孕药、避孕薄膜，必要时加用紧急避孕法。

（2）有一个子女无再生育计划的夫妇，原则上应选择长效、安全、可靠的避孕方法，以减少因非意愿性妊娠而进行手术所带来的痛苦。可选用宫内节育器（为首选方法）、适用于新婚夫妇的各种方法、长效避孕针或缓释避孕药如皮下埋植剂，一般暂不实施绝育术。

（3）有两个或两个以上子女的夫妇最好采用绝育措施。

（4）哺乳期妇女，原则上选择不影响乳汁质量和婴儿健康的避孕方法。阴茎套是哺乳期选择的最佳避孕方式，也可选择宫内节育器。因哺乳期阴道较干燥，不宜应用避孕药膜。

（5）绝经过渡期妇女一般选用宫内节育器、阴茎套或外用避孕药物。不宜选用复方避孕药及安全期避孕。

（6）探亲夫妇可阴茎套或女用探亲避孕药。

2. 提供高质量服务　要熟知各种计划生育措施的适应证、禁忌证及副反应，耐心答疑，为欲采取计划生育措施妇女提供针对性指导，最大限度减少计划生育措施的副反应，以缓解其焦虑。

3. 减轻不适，预防感染　术前充分评估受术者的身心状况，针对存在的健康问题提供有效的护理措施，纠正机体的一般情况，遵医嘱按手术要求做好术前准备，确保受术者以最佳身心状态接受手术。术后医护人员需与受术者共同讨论、分析引起不适的原因，寻找缓解症状的方法，并为其提供舒适安静的休息环境。根据手术需要及受术者身体状况，可卧床休息 2～24 小时，适时下地活动，渐进性增加活动量。住院期间为受术者定时测量生命体征，密切观察阴道出血、腹部伤口和腹痛情况，及时识别感染征象，督促其保持外阴清洁。遵医嘱给予镇静、止痛、抗生素等药物，以缓解疼痛，预防感染，促进康复。告知放置宫内节育器者一旦出现疼痛及其他异常情况，需及时就医，寻求帮助。

【护理评价】

1. 受术者自述焦虑程度减轻，情绪稳定。
2. 受术者能陈述所选用计划生育措施的名称及注意事项，积极配合手术。
3. 受术者无感染发生，手术切口愈合良好。

【健康指导】

1. 宫内节育器放置、取出术及人工流产手术均可在门诊进行，术后稍经休息受术者即可返回家中休养。医护人员应告知受术者一旦出现阴道流血多、持续时间长、腹痛严重等情况，需及时就诊。放置或取出宫内节育器者术后两周禁止性生活和盆浴，人工流产术后3周禁止性生活。

2. 拟行输卵管结扎术者需住院，术后应休息3～4周，禁止性生活1个月。经腹腔镜手术者，术后应静卧数小时后才可下床活动。术后应严密观察有无腹痛、腹腔内出血或腹腔脏器损伤等征象；并注意避免腹压增高，如有咳嗽等宜用腹带包扎腹部。

3. 钳刮术需住院进行。根据受术者的具体情况，术后休息3～4周，并嘱其保持外阴清洁，1个月内禁性生活及盆浴。术后1个月门诊复查。嘱其如有腹痛、阴道流血多，随时就诊。协助受术者落实避孕措施。

4. 采用其他工具避孕及药物避孕者，应教会其正确的使用方法，告知如何识别其副反应和一般应对措施，并提供随时咨询服务的联系方法。

第二节 常用避孕方法及护理

案例引导

高女士，32岁，已婚，孕2产1，月经规律，量中等，妇科检查：阴道前后壁膨出，宫颈重度糜烂样改变，宫颈重度裂伤，子宫后位，大小正常，附件（－）。请问：

1. 该患者可采用何种避孕方法？
2. 采用该避孕方法的护理措施有哪些？

避孕（contraception）是指采用科学的方法，在不妨碍正常性生活及身心健康的前提下，使妇女暂时不受孕。避孕是计划生育的重要组成部分。理想的避孕方法应符合安全、简便、经济、有效、实用的原则，对性生理和性生活无不良影响，且男女双方均能接受并乐意持久使用。目前常用的女性避孕方法有宫内节育器、药物避孕和外用避孕器具等；男性避孕方法主要是阴茎套和输精管结扎术。

一、宫内节育器

宫内节育器（intrauterine device，IUD）是一种简便、经济、安全、有效、可逆、广大妇女易于接受的避孕器具，目前已成为我国育龄妇女的主要避孕措施。

（一）种类

国内外已有数十种不同类型和形状的宫内节育器（图22－1），大致分为两大类。

1. 惰性宫内节育器 为第一代IUD，是由惰性材料如金属、塑料、硅胶等制作而成。国内主要为不锈钢圆环及其改良品。因其带器妊娠率和脱落率高，已于1993年停止生产使用。

2. 活性宫内节育器　为第二代 IUD，内含活性物质如金属铜离子、激素、药物及磁性物质等，借以提高避孕效果，减少副作用。主要分为带铜 IUD 和含药 IUD 两大类。

（1）带铜宫内节育器　是我国目前应用最广泛的 IUD。在宫内持续释放具有生物活性、有较强抗生育能力的铜离子而起避孕作用。按形态分为 T 形、V 形、宫形等多种形态。①带铜 T 形宫内节育器（TCu－IUD）：是我国目前临床常用的宫内节育器。带有尾丝，便于检查和取出。可放置 10～15 年，其中 TCu－200 应用最广。TCu－380A 的铜丝内有银芯，能延长使用年限，是目前国际公认性能最佳的宫内节育器，我国已着手引进。②带铜 V 型宫内节育器（VCu－IUD）：是我国常用的宫内节育器之一。有尾丝，放置年限 5～7 年。其带器妊娠率、脱落率较低，但出血率较高，故因出血取出率较高。此外，还有母体乐 IUD（具有可塑性，可放置 5～8 年）、宫铜 IUD（无尾丝，可放置 20 年）、含铜无支架 IUD（又称吉妮，有尾丝，可放置 10 年）等。

（2）含药宫内节育器　是将药物储存于节育器内，通过每日微量释放提高避孕效果，降低副作用。我国目前临床主要应用的有含孕激素和含吲哚美辛 IUD。①左炔诺孕酮 IUD：左炔诺孕酮可使子宫内膜发生变化不利于受精卵着床、宫颈黏液黏稠不利于精子穿透，并使子宫肌处于不敏感状态，故带器妊娠率较低，脱落率也低。带有尾丝，放置时间为 5 年。主要副作用：点滴出血，月经量少甚至闭经，取出 IUD 后恢复正常。②含吲哚美辛 IUD：包括活性 γ－IUD 和含铜 IUD 等。通过每日释放一定量的吲哚美辛，减少 IUD 放置后引起的月经过多等副作用。

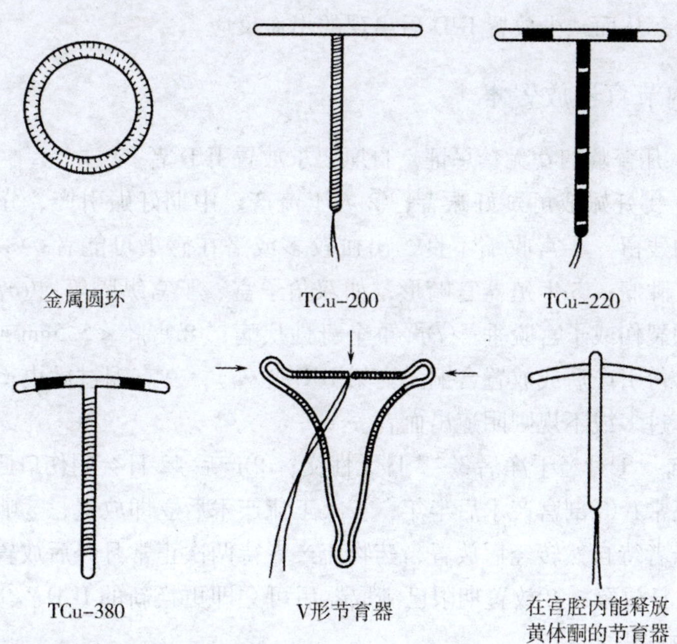

图 22－1　国内常用的宫内节育器

（二）避孕机理

宫内节育器的避孕机理较复杂，目前尚未完全明了。大量研究显示，IUD 的避孕机理主要是局部组织对异物的组织反应而影响受精卵着床。活性 IUD 的避孕机理还和活性物质有关。

1. 对精子和胚胎的毒性作用 ①主要是子宫内膜长期受 IUD 压迫、刺激引起局部无菌性炎症反应，炎性细胞增多并毒害胚胎，同时产生大量巨噬细胞覆盖于子宫内膜，影响受精卵着床，并吞噬精子和影响胚胎发育；②铜离子具有使精子头尾分离的毒性作用，影响精子获能，从而增强避孕效果。

2. 干扰着床 ①子宫内膜因长期异物刺激而出现损伤及慢性炎症反应，产生前列腺素，从而改变输卵管蠕动，使受精卵的运行与子宫内膜发育不同步而影响受精卵着床。②子宫内膜长期受压缺血及吞噬细胞作用，激活纤溶酶原，使局部纤溶活性增强，致使囊胚溶解吸收，而致不孕。③铜离子进入细胞后，影响子宫内膜锌酶系统活性（如碱性磷酸酶和碳酸酐酶），阻碍受精卵着床及胚胎发育；同时还影响糖代谢、雌激素摄入及 DNA 合成，使内膜细胞代谢受到干扰，影响受精卵着床及囊胚发育。

3. 左炔诺孕酮 IUD 的避孕机理 主要是左炔诺孕酮对子宫内膜的局部作用：①使内膜腺体萎缩和间质蜕膜化，间质炎性细胞浸润，不利于受精卵着床；②使宫颈黏液变黏稠不利于精子的穿透。此外还可使少部分妇女抑制排卵。

4. 含吲哚美辛 IUD 的避孕机理 吲哚美辛抑制前列腺素合成，致前列腺素对子宫的收缩作用减少，从而减少放置 IUD 后出现的出血反应。

（三）宫内节育器放置术

1. 适应证 凡育龄妇女无禁忌证、自愿要求放置 IUD 者。

2. 禁忌证 ①妊娠或可疑妊娠者；②人工流产、中期妊娠引产、分娩或剖宫产后疑有妊娠组织物残留、子宫收缩不良、出血较多或潜在感染可能者；③生殖道急性炎症；④生殖器官肿瘤；⑤生殖器官畸形，如双角子宫、子宫纵隔等；⑥宫颈内口过松、重度陈旧性宫颈裂伤或子宫脱垂；⑦严重全身性疾病；⑧宫腔 <5.5cm 或 >9.0cm（足月分娩后、大月份引产后或放置含铜无支架 IUD 除外）；⑨有铜过敏史；⑩近三个月内出现月经频发、过多或不规则阴道出血者。

3. 放置时间 ①月经干净后 3～7 日无性交；②产后 42 日会阴伤口已愈合，恶露已净，子宫恢复正常；③剖宫产术后半年；④人工流产术后立即放置；⑤哺乳期排除早孕者；⑥自然流产者待自然转经后放置，药物流产者待两次正常月经后放置；⑦含孕激素 IUD 在月经第 3 日放置；⑧放置期限已满取器后可立即更换新的 IUD；⑨性交后 5 日内放置是紧急避孕方法之一。

4. 放置方法 双合诊检查了解子宫大小、位置及附件情况。外阴阴道部常规消毒铺巾，阴道窥器窥开阴道暴露宫颈后，消毒阴道、宫颈及宫颈管，宫颈钳钳夹宫颈前唇，用子宫探针顺子宫屈向探测宫腔深度，宫颈管较紧者应以宫颈扩张器顺序扩张至 6

号。用放环器将节育器推送至宫腔底部，中途不能停顿或改变方向，带尾丝的IUD在距宫口2cm处剪断尾丝。观察无出血即可取出宫颈钳及窥器，术毕。

5. 护理要点

（1）术前准备

①节育器的选择及消毒　T型节育器按其横臂宽度（mm）分为26、28、30号3种，可采用高压蒸汽消毒、煮沸消毒或用75%酒精浸泡30分钟消毒备用。根据受术者宫腔深度选择适当大小节育器。②物品准备：阴道窥器1个，消毒钳2把，纱布钳1把，宫颈钳1把，子宫探针1个，弯盘1个，放环器1个，剪刀1把，节育器1个，长方包布1块，孔巾1块，方纱布3块等。此外还应准备消毒液，手套1副，长棉签2支，大棉球若干。③术前应再次核实适应证，并耐心向受术者介绍手术目的、过程、避孕机理、可靠性及注意事项，解除其思想顾虑，取得合作。④受术者准备：嘱受术者术前3日禁止性生活；术前给受术者测量体温，有两次超过37.5℃者，暂不放置。受术者排空膀胱，取膀胱截石位。常规冲洗外阴及阴道。

（2）术中配合　严格无菌操作，防止感染。放置节育器前，检查器械及用物是否齐全，协助术者选择与宫腔大小相匹配且表面光滑的节育器，并让受术者看清所放节育器的类型，以便脱落时能识别。陪伴受术者，尊重其感受，注意观察受术者的反应，了解有无情绪变化；并配合术者顺利完成手术。

（3）术后护理及健康指导　①术后受术者应在观察室休息2小时，无异常者方可回家；②术后休息3日，1周内避免重体力劳动，两周内禁性生活及盆浴；③3个月内每次行经或大便时注意有无节育器脱落；④术后1个月、3个月、半年、1年各复查一次，以后每年复查一次；⑤保持外阴清洁；⑥术后可能有少量阴道流血及下腹不适，如出现腹痛、发热、出血多或持续时间超过7天时应随时就诊。

（四）宫内节育器取出术

1. 适应证　①因副反应经治疗无效或出现并发症者；②拟改用其他避孕措施或绝育者；③带器妊娠者；④计划再生育或不需避孕（如离异或丧偶等）者；⑤放置期限已满需更换者；⑥绝经过渡期停经1年内；⑦确诊节育器嵌顿或移位者。

2. 禁忌证　①急性生殖道炎症者；②全身情况不良或疾病急性期。

3. 取器时间　①月经干净后3～7日；②子宫不规则出血或出血多者随时取出；③带器早期妊娠者于人工流产时取出；④带器异位妊娠者于术前诊断性刮宫时或术后出院前取出。

4. 取器方法　取器前需经B型超声或X线检查确定宫腔内是否存在节育器及其类型。手术体位、消毒方法、所需器械及敷料与节育器放置术基本相同，仅需将放环器换为取环钩，外加血管钳1把。带尾丝者，用血管钳夹住尾丝后轻轻牵引取出。无尾丝者，先用子宫探针查清节育器位置后，再用取环钩或取环钳缓缓牵引取出。如遇取器发生困难，应分析原因，并可在B型超声协助下操作，必要时可在宫腔镜下取出。

5. 护理要点　术后休息1天，禁止性生活和盆浴两周，并保持外阴清洁。根据具体情况提供避孕措施的相关咨询指导。

（五）宫内节育器的副反应及处理

1. 阴道流血 表现为月经量增多、经期延长或不规则出血。常发生于放置 IUD 后 6 个月内，尤其是最初 3 个月内，一般不需处理。出现月经过多者除建议其注意休息、加强营养、严密观察出血的量和持续时间外，应指导患者严格按医嘱使用止血剂。经处理仍无效者，应建议其就医更换 IUD 或改为其他避孕措施。

2. 腰骶部酸痛或下腹部胀痛 节育器可致子宫收缩而引起腰酸或下腹胀痛。轻者不需处理，重者可休息或遵医嘱给予解痉药物，无效者，应就医考虑更换合适的节育器。

3. 白带增多 少数受术者术后出现白带增多，多不需处理，一般于数月后自行减少。

（六）宫内节育器的并发症及处理

1. 感染 多因放置节育器时无菌操作不严或节育器尾丝过长导致上行感染，特别是生殖器官本身存在感染灶时，易导致急性或亚急性盆腔炎。一旦发生感染，遵医嘱应用抗生素积极治疗并取出节育器，同时观察体温，腹痛，阴道流血量或阴道分泌物的量、色、气味。

2. 节育器嵌顿或断裂 多因节育器放置时损伤宫壁、放置时间过长及绝经后 IUD 取出过晚所致，也可因节育器过大或表面不光滑，放置后引起宫壁损伤，致部分器体嵌入子宫肌壁或发生断裂，一经确诊应及时取出。取出困难者应经 X 线定位、在 B 型超声下或宫腔镜下取出。完全嵌入肌层者，则需剖腹切开子宫肌层方可取出。为防止节育器嵌顿，术前注意选择与宫腔大小相适应、表面光滑的节育器。

3. 子宫穿孔、节育器异位 ①多因操作不当致子宫穿孔，将节育器放置于宫腔外，其发生率虽低，但危害极大。②哺乳期子宫薄而软，术中易发生穿孔。子宫穿孔者，严密观察生命体征及患者的反应，配合医生应急处理。③节育器过大过硬，致子宫收缩造成节育器逐渐移位至宫腔外。怀疑 IUD 异位者可通过 B 超、X 线进行诊断，必要时做腹腔镜、宫腔镜检查以明确诊断；确诊后根据其所在部位，经腹、阴道或在腹腔镜下将节育器取出。

4. 宫内节育器下移或脱落 其原因有放器时操作不规范，未将节育器放至子宫底部；节育器与宫腔大小、形态不符；受术者宫颈内口过松、子宫过度敏感或月经过多等。节育器的脱落多发生于带器后 1 年内，约半数发生在最初 3 个月内，故放器 1 年内应定期随访。

5. 带器妊娠 多见于节育器下移、脱落或节育器嵌顿、异位等情况，也可发生于双子宫仅一侧宫腔放置 IUD，另一侧妊娠。一旦确诊，应行人工流产同时取出 IUD。

一旦发生上述并发症，护理人员应在征得医生的同意下，向患者及其家属通报情况，进行解释，并告知他们处理的方法，取得他们的配合；严格遵医嘱用药；做好各种手术准备。

二、激素避孕

激素避孕即女性甾体激素避孕，是指女性应用甾体激素达到避孕效果，属于高效避孕方法。甾体激素避孕药的成分为雌激素和孕激素，其特点为安全、有效、经济、简便。

（一）甾体激素避孕药的作用机制

1. 抑制排卵 通过抑制下丘脑释放 GnRH，使垂体分泌的 FSH 和 LH 减少；同时还可直接影响垂体对 GnRH 的反应，LH 不出现排卵前高峰，从而抑制排卵。

2. 改变宫颈黏液性状 受孕激素影响，宫颈黏液量减少而黏稠度增加，拉丝易断裂，不利于精子穿透。

3. 改变子宫内膜形态与功能 避孕药抑制子宫内膜增殖期变化，使子宫内膜与胚胎发育不同步，不适于受精卵着床。

4. 改变输卵管的功能 在雌、孕激素作用下，输卵管上皮纤毛功能、肌层蠕动频率及输卵管分泌均受到影响，改变了受精卵在输卵管内的正常运送，干扰受精卵着床。

（二）适应证

育龄健康妇女。

（三）禁忌证

1. 严重心血管疾病，如原发性高血压、冠心病等。
2. 急、慢性肝炎或肾炎。
3. 血液病或血栓性疾病。
4. 内分泌疾病，如糖尿病、甲状腺功能亢进者等。
5. 恶性肿瘤、癌前期病变、子宫或乳房肿块者。
6. 哺乳期不宜使用复方口服避孕药。
7. 月经稀少或年龄大于 45 岁者。
8. 精神病生活不能自理者。
9. 有严重偏头痛，反复发作者。
10. 年龄大于 35 岁的吸烟妇女不宜长期服用，以免增加心血管疾病的发生率。

（四）甾体激素避孕药的种类

甾体激素避孕药按剂型分为口服避孕药、注射避孕针、缓释系统避孕药及避孕贴剂，目前常用避孕药物种类见表 22 - 1。

表 22－1 女性常用甾体激素避孕药种类

药物类别		药物名称	药物成分		剂型	给药途径
			雌激素含量（mg）	孕激素含量（mg）		
口服避孕药	短效片	复方炔诺酮片（避孕片 1 号）	炔雌醇 0.035	炔诺酮 0.6	薄膜片	口服
		复方甲地孕酮片（避孕片 2 号）	炔雌醇 0.035	甲地孕酮 1.0	片剂	口服
		复方避孕片（0 号）	炔雌醇 0.035	炔诺酮 0.3 甲地孕酮 0.5	片剂	口服
		复方去氧孕烯片（妈富隆）	炔雌醇 0.03	去氧孕烯 0.15	片剂	口服
		复方孕二烯酮片（敏定偶）	炔雌醇 0.03	孕二烯酮 0.075	片剂	口服
		炔雌醇环丙孕酮片（达英－35）	炔雌醇 0.035	环丙孕酮 2.0	片剂	口服
		屈螺酮炔雌醇片	炔雌醇 0.03	屈螺酮 3.0	片剂	口服
		左炔诺孕酮三相片				
		第一相（1－6 片）	炔雌醇 0.03	左炔诺孕酮 0.05	片剂	口服
		第二相（7－11 片）	炔雌醇 0.04	左炔诺孕酮 0.075	片剂	口服
		第三相（12－21 片）	炔雌醇 0.03	左炔诺孕酮 0.125	片剂	口服
	长效片	复方炔诺孕酮二号片（复甲 2 号）	炔雌醚 2.0	炔诺孕酮 10.0	片剂	口服
		复方炔雌醚片	炔雌醚 3.0	氯地孕酮 12.0		
		三合一炔雌醚片	炔雌醚 2.0	氯地孕酮 6.0 炔诺孕酮 6.0	片剂	口服
	探亲药	炔诺酮探亲片		炔诺酮 5.0	片剂	口服
		甲地孕酮探亲避孕片 1 号		甲地孕酮 2.0	片剂	口服
		炔诺孕酮探亲避孕片		炔诺孕酮 3.0	片剂	口服
		53 号避孕药		双炔失碳酯 7.5	片剂	口服
长效避孕针	复方	复方己酸孕酮	戊酸雌二醇 2.0	己酸羟孕酮 250.0	针剂	肌注
		复方甲地孕酮避孕针	17β－雌二醇 5.0	甲地孕酮 25.0	针剂	肌注
		复方甲羟孕酮注射针	环戊丙酸雌二醇 5.0	醋酸甲羟孕酮 25	针剂	注射
	单方	醋酸甲羟孕酮避孕针		醋酸甲羟孕酮 150	针剂	肌注
		庚炔诺酮注射液		庚炔诺酮 200.0	针剂	肌注
释避孕药	皮下埋植剂	左炔诺孕酮硅胶棒Ⅰ型		左炔诺孕酮 36/根	6 根	皮下埋置
		左炔诺孕酮硅胶棒Ⅱ型		左炔诺孕酮 75/根	2 根	皮下埋置
		依托孕烯植入剂		依托孕烯 68/根	1 根	皮下埋置
	阴道避孕环	甲地孕酮硅胶环		甲地孕酮 200 或 250	只	阴道放置
		左炔诺孕酮阴道避孕环		左炔诺孕酮 5	只	阴道放置

1. 短效口服避孕药

（1）*复方短效口服避孕药* 由雌激素和孕激素组成的复合制剂。

用法及注意事项：复方炔诺酮片、复方甲地孕酮片，自月经周期的第 5 日开始，每晚1片，连服22日不间断；复方去氧孕烯片、复方孕二烯酮片、炔雌醇环丙孕酮片及屈螺酮炔雌醇片，自月经周期的第1日开始，连服21日不间断；一般于停药后2～3日发生撤退性出血。若停药7日尚无阴道流血，则当晚开始第2周期用药。若再次无出血，宜停药并检查原因予以治疗。若漏服必于次日晨补服1片。漏服2片，补服后还应同时加用其他避孕措施。漏服3片应停服，待撤退性出血后再开始服下一周期药。

(2) 三相短效口服避孕药（简称三相片） 三相片模仿正常月经周期中内源性雌、孕激素水平变化，将一个周期服药日数分成3个阶段，各阶段中雌、孕激素剂量均不相同，顺序服用（药盒内的每一相药物颜色不同，每片药旁标有星期几，提醒服药者按箭头所示顺序用药），每日1片，共21日。具体用法为：①第一相，1～6片，浅黄色；②第二相，7～11片，白色；③第三相，12～21片，棕色。第1周期从月经周期的第1日开始，第2周期后改为第3日开始。若停药7日无撤退性出血，则自停药第8日开始服下一周期药物。三相片配方合理，避孕效果可靠，控制月经周期良好，突破性出血和闭经发生率显著低于单相制剂，且恶心、呕吐、头晕等副作用少。

2. 复方长效口服避孕药

(1) 制剂 由长效雌激素和人工合成的孕激素配伍制成。

(2) 作用机制 主要是通过长效雌激素炔雌醚被胃肠道吸收后，储存于脂肪组织内，缓慢释放起长效避孕作用。孕激素促使子宫内膜转化为分泌期，作用消退时引起撤退出血。服药一次可避孕1个月。

(3) 用法 避孕效果与给药方法有关。用药方法有两种：①在月经来潮第5日开始服第1片，第10日服第2片，以后按第1次服用日期每月服1片；②于月经来潮第5日服第1片，第25日服第2片，之后每隔28日服1片。复方长效口服避孕药中激素含量大，副反应较多。

(4) 注意事项 停用长效避孕药时，应在月经周期第5日开始服用短效避孕药3个月，作为过渡期，以免发生月经失调。

3. 长效避孕针 目前有单孕激素制剂和雌、孕激素复合制剂两种，有效率达98%以上。尤其适用于口服避孕药有明显胃肠道反应者。①单孕激素制剂：因不含雌激素，对乳汁的量和质影响小，故可用于哺乳期妇女。醋酸甲羟孕酮避孕针每隔3个月注射1针，避孕效果好；庚炔诺酮避孕针则是每隔2个月肌内注射一次。单孕激素制剂缺点是易并发月经紊乱。②雌、孕激素复合制剂：具体用法为第1个月于月经周期第5日和第12日各肌内注射1支，以后于每次月经周期第10～12日肌内注射1支，一般于用药后12～16日月经来潮。因复合制剂激素剂量大，副作用大，很少用。长效避孕针可致月经紊乱、点滴出血或闭经。

4. 探亲避孕药 适用于夫妇分居两地短期探亲者，服用时间不受经期限制。药物成分除双炔失碳酯外均为孕激素类制剂或雌、孕激素复合制剂，避孕效果可靠，可达98%以上。

(1) 作用机制 通过改变子宫内膜形态与功能，阻碍受精卵着床；用药后宫颈黏液变黏稠，不利于精子穿透；月经前半周期服药者还有抑制排卵作用。

（2）种类及用法：孕激素制剂的服用方法：于探亲前1日或当日中午服用1片，之后每晚服1片，至少连服10～14日。非孕激素制剂53号避孕药的服用方法：于第1次性交后立即服1片，次晨加服1片，之后每日1片，每月不少于12片。如探亲结束尚未服完12片，则需每日服1片，直至服满12片。

5. 缓释避孕药 又称缓释避孕系统，是将避孕药（主要是孕激素）与具备缓释性能的高分子化合物制成多种剂型，一次给药在体内通过持续、恒定、微量释放甾体激素，起到长效避孕的作用。

（1）皮下埋植剂 将左炔诺孕酮置于软硅胶棒内，药物经膜孔缓慢、恒量释放孕激素，进入人体产生避孕作用。月经周期开始的7日内均可以放置。用10号套管针将硅胶棒扇形埋入左上臂内侧皮下，放置后24小时即发挥避孕作用。主要副作用为不规则阴道流血或点滴出血，少数出现闭经，随放置时间延长逐渐改善，一般不需处理。此外，还有少数妇女可出现功能性卵巢囊肿、情绪变化、头痛等副作用。

（2）缓释阴道避孕环 以硅胶为载体含孕激素的阴道环，国产的环内含甲地孕酮，每日释放100μg，一次放置，避孕1年，经期不需取出。

（3）避孕贴剂 避孕药置于特殊贴片内，粘贴于皮肤上，每日释放一定剂量避孕药，经皮肤吸收达到避孕效果。每个周期由3块有效期为7天的贴剂组成。月经周期的第1日开始使用，每周1片，连用3周，停药1周，每月共用3片。

（五）甾体激素避孕药的副作用及处理

1. 类早孕反应 少数妇女服药初期出现头晕、乏力、食欲不振、恶心、呕吐等类似早孕反应，是由于雌激素刺激胃黏膜所致。轻者无须处理，坚持服药数个周期后上述症状可自然消失；症状严重者应考虑更换制剂或停药改为其他措施。

2. 月经变化 一般服药后月经变得规则、经期缩短、经血量减少、痛经减轻或消失。但少数妇女可发生下列情况：①闭经：常发生于月经不规则妇女。对于原有月经不规则妇女慎用避孕药。停经者在排除妊娠后，于停药7日开始服用下一周期的药物，如连续停经3个月，需停药观察。②突破性出血：是指服药期间发生的不规则阴道流血，多发生在漏服后，少数人虽未漏服也可发生；轻者不需处理，流血偏多者，可每晚加服雌激素，与避孕片同时服至第22日停药；若流血量多如月经量或流血时间已近月经期，应停药，作为一次月经来潮，待出血第5日再开始下一周期用药，或更换避孕药。

3. 体重增加 可能因避孕药中其雄激素活性强，促进体内合成代谢，且个别妇女服药后食欲亢进引起，也可能是雌激素致水钠潴留所致。

4. 色素沉着 极少数妇女的颜面部皮肤出现淡褐色色素沉着，停药后多数能自然消退或减轻。

5. 其他 个别妇女用药后出现头痛、乳房胀痛、复视等，可遵医嘱对症处理，必要时停用避孕药行进一步检查。长期应用避孕药者，为避免药物影响，以停药6个月后再受孕为妥。

有关研究资料表明，长期服用避孕药并不增加生殖器官恶性肿瘤的发生率，且可降低子宫内膜癌、卵巢癌的发病率。

三、其他避孕方法

其他避孕方法包括紧急避孕、外用避孕及自然避孕法等。

（一）紧急避孕

在无防护性生活后或避孕失败后几小时或几日内，妇女为防止非意愿性妊娠而采取的补救避孕方法，称为紧急避孕（emergency contraception）。此种方法仅对一次无保护性生活有效，且避孕有效率明显低于常规避孕方法。一个月经周期只能用一次，故不应作为常规避孕方法。紧急避孕是通过阻止或延迟排卵，干扰受精或阻碍着床来达到避孕目的。

1. 适应证与禁忌证　无防护性生活 72～120 小时内可使用紧急避孕方法的对象有：①避孕失败者（如阴茎套破裂、滑脱、过早取出，IUD 脱落，避孕药漏服，错误计算安全期，未能做体外排精等）；②性生活未采用任何避孕方法者；③遭到性暴力者。对于已确定妊娠的妇女不再用此方法。

2. 紧急避孕方法

（1）宫内节育器　主要使用带铜宫内节育器，适用于希望长期避孕且符合放置节育器条件及对激素应用有禁忌证者。放置时间为无防护性生活后 120 小时（5 日）内的妇女，有效率可达 95% 以上。

（2）紧急避孕药　有 3 大类：①雌孕激素复方制剂：如复方左炔诺孕酮片，于无防护性生活后 72 小时内服 4 片，相隔 12 小时再服 4 片。②单孕激素制剂：如左炔诺孕酮片，于无防护性生活后 72 小时内服 1 片，相隔 12 小时再服 1 片；或用 53 号避孕药，性交后立即服 1 片，次晨加服 1 片。③抗孕激素制剂：如米非司酮，在无防护性生活 120 小时内服用 1 片（每片 10mg 或 25mg）即可。激素类药物可有恶心、呕吐、不规则阴道出血等副作用，一般不需处理；如月经延迟 1 周以上，需除外妊娠。米非司酮副反应少而轻。紧急避孕药激素剂量大，副作用亦大，不能替代常规避孕。

（二）外用避孕

1. 阴茎套　阴茎套（condom）也称避孕套，为男用避孕工具，性生活时套在阴茎上，使精液排在套内，作为屏障阻止精子进入阴道而达到避孕目的。

阴茎套为筒状优质薄型乳胶制品，筒径有 29、31、33、35mm 4 种规格，顶端呈小囊状，排精时精液潴留于囊内，容量为 1.8mL。使用前选择合适型号的阴茎套，吹气检查证实确无漏孔，排去小囊内空气后使用。射精后在阴茎尚未软缩时，即捏住套口，连同阴茎一起抽出。事后必须检查阴茎套有无破裂，如有破裂，需采取紧急避孕措施。坚持每次性生活时全程使用，并更换新套，不可反复使用。阴茎套还具有防止性传播疾病的作用。

2. 阴道套（vaginal pouch）　也称女性避孕套，目前我国尚无供应。其既能避孕，又能防止性传播疾病。

3. 外用杀精剂 外用杀精剂是通过阴道给药方法，以杀精或改变精子功能来达到避孕目的。目前临床上常用剂型有避孕栓剂、片剂、胶冻剂、凝胶剂及避孕薄膜等。用法为性交前将其置于阴道深处，待其溶解后即可性交。如能正确使用，避孕效果可达95%以上。注意事项：①每次性交前均需使用。②栓剂、片剂和薄膜放入阴道后，需5～10分钟，药物溶解后才可性交；如放入30分钟尚未性交，必须再次放置。③绝经过渡期妇女阴道分泌物少，不易溶解，最好选用凝胶剂或胶冻剂。

（三）安全期避孕

精子进入女性生殖道可存活2～3日，成熟卵子自卵巢排出后约可存活1～2日，而其受精能力最强的时间是在排卵后24小时内，月经周期规则者排卵时间为下次月经前14日左右，因此，排卵前后4～5日内为易受孕期，其余时间不易受孕，被视为安全期。采用安全期内进行性交而达到避孕目的，称为安全期避孕。因其单靠避开易受孕期性交而不用其他药具避孕，从而达到避孕目的，故又称自然避孕法。护理人员必须教会采用安全期避孕者确定安全期，可通过基础体温测定、宫颈黏液检查或根据月经周期规律监测来判断排卵期。但妇女排卵时间可受情绪、健康状况或外界环境等多因素影响，偶可发生额外排卵，因此安全期避孕法并不十分可靠，不宜推广。

（四）其他

黄体生成激素释放激素类似物避孕、免疫避孕法的抗生育疫苗和导向药物避孕，目前正在研究中。

第三节　女性绝育方法及护理

输卵管绝育术（tubal sterilization operation）是指通过手术将输卵管结扎或用药物使输卵管腔粘连堵塞，阻断精子与卵子相遇达到永久不生育的目的，是一种安全、永久性女性节育措施。目前最常用的女性绝育方法为经腹输卵管结扎术、腹腔镜下输卵管绝育术。药物黏堵术因输卵管复通困难，输卵管再通率低，现已很少应用。

一、经腹输卵管结扎术

经腹输卵管结扎术是国内目前应用最广的绝育方法，其优点为操作简易、切口小、组织损伤小、安全、方便等。

【适应证】

1. 自愿接受绝育术且无禁忌证者。
2. 患有严重全身性疾病不宜生育者。
3. 有严重遗传性疾病、有高风险生育先天缺陷儿不宜生育者。

【禁忌证】

1. 各种疾病的急性期。

2. 全身状况不佳，不能耐受手术者，如心力衰竭、血液病等。

3. 腹部皮肤感染或患急、慢性盆腔炎者。

4. 严重的神经官能症患者。

5. 24 小时内两次体温达 37.5℃或以上者。

【手术时间的选择】

1. 非孕妇女应选择月经干净后 3 ~4 日。

2. 人工流产、分娩后宜在 48 小时内实施手术，剖宫产、剖宫取胎术同时进行；宫内节育器取出后可立即手术。

3. 自然流产月经复潮后。

4. 哺乳期或闭经妇女应排除早孕后，再行绝育手术。

【术前准备】

1. 评估受术者的认知水平、对手术的接受程度，耐心解答提问，讲解手术的原理、方法，使其了解手术简单、时间短、效果可靠，解除其思想顾虑，轻松愉快地接受手术，并积极配合。

2. 详细询问病史，进行全面评估，包括全身检查、妇科检查、实验室检查（肝功能、出凝血时间、血常规及阴道分泌物常规）等，并注意各项检查结果是否正常，排除禁忌证，核实适应证及手术时间。

3. 按妇科腹部手术要求做常规术前准备：备皮，做普鲁卡因皮试，并记录结果。

4. 准备无菌手术器械及敷料，包括甲状腺拉钩 2 个，中号无齿镊 2 把，短无齿镊 1 把，弯蚊式钳 4 把，12cm 弯钳 2 把，巾钳 2 把，鼠齿钳 2 把，持针器 1 个，弯头无齿卵圆钳 1 把，消毒皮肤用钳 1 把，输卵管钩（或指板）1 个，弯剪刀 1 把，刀柄各 1 把，刀片 2 个，弯盘 1 个，酒杯 2 个，5mL 注射器 1 支，9 ×24 弯三角针 1 枚，9 ×24 弯圆针 1 枚，6 ×4 弯圆针 1 枚，0 号及 4 号线各 1 团，双层方包布 1 块，双层特大包布 1 块，腹单 1 块，治疗巾 5 块，手术衣 2 件，细纱布 10 块，粗纱布 2 块，消毒手套 2 副。

5. 测量受术者体温。

6. 术日晨禁食。

【麻醉方式】

采用局部浸润麻醉或硬膜外麻醉。

【手术步骤及配合】

1. 受术者排空膀胱，取仰卧位，留置导尿管，手术野按常规消毒、铺巾。

2. 切口：在下腹正中耻骨联合上方 3 ~4cm（2 横指）处做约 2cm 长纵切口或横切口，产后则在宫底下 2 ~3cm 处做纵切口，逐层进入腹腔。

3. 寻找、提取输卵管：是手术的主要环节。术者左手食指伸入腹腔，沿宫底后方滑向一侧宫角处，到达卵巢或输卵管，摸到输卵管后，右手持卵圆钳将输卵管夹住，轻轻提至切口外，即为卵圆钳取管法。亦可用指板法或吊钩法提取输卵管。

4. 辨认输卵管：用鼠齿钳夹持输卵管，再以两把无齿镊交替使用依次夹取输卵管直至暴露出伞端，确定为输卵管无误，术中须同时检查卵巢有无异常。

5. 结扎输卵管：目前国内多采用抽心包埋法结扎输卵管，其特点：并发症少、血管损伤少、成功率高等。操作方法：用两把鼠齿钳夹持输卵管，在输卵管峡部浆膜下无血管区注入0.5%利多卡因1mL，用尖刀切开膨胀的浆膜层，用弯蚊式钳轻轻游离该段输卵管，再用两把弯蚊式钳钳夹两端，剪除其间输卵管约1cm，用4号丝线分别结扎两断端，之后用1号丝线连续缝合浆膜层，将近端包埋于输卵管系膜内，远端留在系膜外。检查无出血、渗血后，将输卵管送回腹腔。同法处理对侧输卵管。此外还有输卵管银夹法、折叠结扎切除法。

6. 清点纱布、器械等无误，逐层关闭腹腔，手术结束。

【术后并发症及防治措施】

一般不易发生术后并发症。

1. 出血、血肿 多因过度牵拉、钳夹损伤输卵管或其系膜血管所致，也可因创面血管漏扎或结扎不紧引起出血，导致腹腔内积血或血肿。因此，术时应操作轻柔，避免损伤血管，彻底止血。一旦发现出血或血肿，协助医生及时处理。

2. 感染 其原因可为体内原有感染病灶未及时处理，消毒不严或无菌操作规程不严。因此，术前严格掌握手术指征，术中严格无菌操作。一旦发生感染，按医嘱及时应用抗生素控制。

3. 脏器损伤 多因手术者操作不熟练、解剖关系辨认不清或操作粗暴而导致膀胱及肠管损伤。因此，手术操作应认真仔细，一旦发现损伤应及时修补，并注意术后观察。

4. 输卵管再通 由于绝育措施本身的缺陷或技术误差，致绝育术后再孕的情况偶有发生。操作时术者应注意力高度集中，严防误扎或漏扎输卵管，导致输卵管再通，其发生率为1%～2%。

【护理要点】

1. 术前护理 认真做好术前全面评估，核实适应证，排除禁忌证，选择恰当手术时间，并做好受术者的思想工作，解除其顾虑和恐惧。按腹部手术要求做好充分术前准备。

2. 术中护理

（1）全程陪伴受术者，提供心理支持。

（2）术中严密观察受术者的生命体征及反应，有异常情况及时报告医生。

（3）配合医生完成手术过程。

3. 术后护理

（1）术后密切观察生命体征及有无腹痛等，及时发现并发症并报告医生，协助医生进行防治。

（2）严格执行医嘱。

（3）保持伤口敷料清洁干燥，并注意观察伤口的恢复情况。

（4）鼓励早日下床活动，减少腹部和肺部并发症的发生，促进身体恢复。

（5）除硬膜外麻醉外，术后不需禁食。

（6）嘱受术者术后4～6小时自主排尿。

（7）术后休息3～4周，禁止性生活1个月。

（8）术后1个月复查。若有发热、腹痛等应及时就医。

二、经腹腔镜输卵管绝育手术

经腹腔镜行输卵管绝育术简单易行、安全、手术时间短、恢复快、效果好，近年来我国已逐渐推广使用。

【适应证】

同经腹输卵管结扎术。

【禁忌证】

心肺功能不全、腹腔粘连、膈疝等，其他同经腹输卵管结扎术。

【术前准备】

1. 术前晚行肥皂水灌肠，术时取头低臀高仰卧位。

2. 物品准备：腹腔镜，气腹针，弹簧夹或硅胶环2个，CO_2气体，剪刀和刀柄各1把，细齿镊2把，持针器1把，组织镊1把，缝线，缝针，刀片，棉签，棉球，纱布等。

3. 余同经腹输卵管结扎术。

【手术步骤】

采用局麻、硬膜外麻醉或全身麻醉。于脐孔下缘做1～1.5cm的小切口，先用气腹针插入腹腔，充二氧化碳气体2～3L，然后插入套管针放置腹腔镜。在腹腔镜直视下将弹簧夹或硅胶环夹住或环套于输卵管峡部，以阻断输卵管通道，也可采用双极电凝烧灼输卵管峡部1～2cm，检查无出血、绝育部位无误后取出腹腔镜，缝合腹壁切口。有统计表明机械性绝育术较电凝术损毁组织少，可能为以后输卵管复通提供更高成功率。

【术后护理】

1. 术后静卧4～6小时后即可下床活动。

2. 术后应避免使腹压增高的动作，如有咳嗽等可使用腹带包扎腹部。

3. 严密观察受术者的生命体征及有无发热、腹痛、腹腔内出血或脏器损伤的征象。

第四节 避孕失败补救措施及护理

一、早期妊娠终止方法

妊娠早期采用人工方法使妊娠终止的称为人工流产（artificial abortion），是避孕失败的补救措施。临床上常用于避孕失败、因严重疾病或患遗传性疾病不宜继续妊娠、检查发现胚胎异常者。分为手术流产和药物流产两种方式。

（一）手术流产

手术流产（surgical abortion）是指妊娠14周以内用手术方法终止妊娠者，可分为负压吸引术（妊娠10周内）和钳刮术（妊娠10~14周）两种。

1. 适应证

（1）妊娠14周内要求终止妊娠而无禁忌证者。

（2）因各种疾病等因素不宜继续妊娠者。

2. 禁忌证

（1）各种疾病的急性期、严重的全身性疾病或全身情况不良，不能耐受手术者。

（2）生殖器官急性炎症者。

（3）妊娠剧吐酸中毒尚未纠正者。

（4）术前相隔4小时两次体温在37.5℃或以上者。

3. 术前准备及手术操作 物品准备：无菌手术器械及敷料与放置宫内节育器相同，另加宫颈扩张器1套、不同型号的吸管各1个、刮匙1把、小头卵圆钳1把、有齿卵圆钳1把，并备人流负压电吸引器等。

（1）负压吸引术 适用于妊娠10周以内者。

1）术前准备 ①详细询问病史，并进行全身检查、妇科检查及实验室检查（如阴道分泌物常规检查、血常规、凝血方面检测等），排除禁忌证；②根据血、尿HCG测定或B型超声检查确诊早孕；③术前测量体温、血压及脉搏；④加强沟通，解除受术者的思想顾虑；⑤嘱受术者排空膀胱；⑥受术者按常规准备。

2）手术步骤 受术者取膀胱截石位。常规消毒外阴、阴道，铺消毒孔巾。行双合诊检查了解子宫位置、大小及附件情况。阴道窥器扩张阴道暴露宫颈并消毒，用棉签蘸1%丁卡因或利多卡因溶液置于宫颈管内3~5分钟。宫颈钳夹持宫颈前或后唇，用子宫探针探测子宫屈向和深度；宫颈扩张器顺子宫方向扩张宫颈管，自小号开始逐号扩张至比选用的吸管大半号或1号（扩张时注意用力适度，切忌强行伸入）。将吸管连接到负压吸引器上，进行负压吸引试验无误后，按宫腔大小和孕周选择吸管号及负压大小。将吸管缓慢送至宫底，遇到阻力后略向后退。按孕周及宫腔大小给予负压，一般控制在400~500mmHg。按顺时针方向吸引宫腔1~2圈，当感觉子宫缩小，子宫壁粗糙，吸头紧贴宫壁上下移动受阻，仅见少量血性泡沫而无出血时，提示组织吸净，此时将橡皮管折叠取出吸管，之后用小号刮匙轻轻搔刮宫腔一周，尤其是宫底和两宫角处。取下宫颈钳，用棉球拭净宫颈及阴道血迹，观察无活动性出血，取下窥器，术毕。将全部吸出物用纱布过滤，测量血液及组织容量，并仔细检查有无绒毛及胚胎组织，肉眼观察发现异常者，即送病理检查。

（2）钳刮术 适用于妊娠11~14周者。为保证钳刮术顺利进行，应先做好扩张宫颈准备，于术前12小时将16号或18号导尿管慢慢插入宫颈管，次日行钳刮术时取出；术前可口服、肌注或阴道放置前列腺素制剂，以软化、扩张宫颈；术中用宫颈扩张器扩张宫颈管，之后先夹破胎膜，等羊水流尽后，酌情给予子宫收缩药物，用卵圆钳钳夹胎儿及胎盘；必要时用刮匙轻轻搔刮宫腔一周，并注意观察有无出血，如有出血加用宫缩剂。术后注意预防宫腔积血和感染。因胎儿较大且骨骼已经形成，操作较危险，容易造成并发症（如出血多、宫颈裂伤、子宫穿孔等），故应尽量避免大月份钳刮。

4. 手术流产并发症及处理

(1) 子宫穿孔　是人工流产最严重的并发症。多见于哺乳期子宫、瘢痕子宫、子宫过度前倾或后屈等情况下，可由于术者操作技术不熟练所致。术中一旦出现无宫底感觉或手术器械进入的深度已超过原来测得深度，提示子宫穿孔，应立即停止手术，并观察生命体征、腹痛情况。穿孔小、无脏器损伤及明显内出血症状，手术已完成者，可卧床休息，并给宫缩剂和抗生素保守治疗，待病情稳定后出院。若宫内胚胎组织尚未吸净者，可在B型超声引导下或腹腔镜监护下完成手术；尚未进行吸宫操作者，可以观察1周后再清除妊娠物；破口大、有内出血或怀疑脏器损伤者，应立即剖腹探查或行腹腔镜检查，根据情况行相应处理。

(2) 人工流产综合反应　是指手术时因疼痛或局部刺激使受术者在术中或手术结束时出现恶心、呕吐、心动过缓、心律不齐、面色苍白、大汗、胸闷、血压下降，甚至发生昏厥和抽搐等迷走神经兴奋症状。其发生除与受术者精神紧张、不能耐受宫颈扩张牵拉和过高的负压有关外，主要是子宫体、宫颈受机械性刺激导致迷走神经兴奋所致，因此，术前做好受术者的精神安慰、心理护理，术中动作轻柔；吸宫时注意掌握负压适度，进出宫颈时关闭负压，避免反复吸刮宫壁；术前充分扩张宫颈、操作轻柔等，均有利于预防人工流产综合反应的发生。受术者一旦出现以上症状，应立即停止手术，并给予吸氧，一般可以自行恢复；严重者静脉注射阿托品0.5～1mg，即可有效控制。

(3) 吸宫不全　指人工流产术后有部分妊娠组织残留于宫腔，是人工流产术常见的并发症。多见于子宫体过度屈曲、术者技术不熟练者。术后阴道流血时间长，出血量多，或流血暂停后再现多量出血者，应考虑为吸宫不全，经B型超声可确诊。无明显感染征象者，应尽早行刮宫术，刮出物送病理检查，术后给予抗生素预防感染；如同时伴有感染，应控制感染后再行刮宫术。

(4) 漏吸或空吸　漏吸是指施行人工流产术未吸出胚胎及绒毛而导致妊娠继续或胚胎停止发育者。常与孕周过小、子宫过度屈曲、子宫畸形（双子宫）及术者操作技术不熟练等有关，因此，术后检查吸出物未发现妊娠物时，应复查子宫大小及位置，重新探测宫腔及时发现问题，必要时重新吸引。空吸是指误诊宫内妊娠行人工流产术。术毕吸刮出物肉眼未见绒毛，须重复妊娠试验及B型超声检查，宫内未见妊娠囊，则诊断为空吸，必须将吸刮出物全部送病理检查，有助于排除异位妊娠。

(5) 术中出血　多因妊娠月份大，妊娠物不能迅速排出而影响子宫收缩，致出血量多。术中扩张宫颈后，宫颈注射缩宫素促使子宫收缩，同时尽快钳取或吸出妊娠物。

(6) 术后感染　多数因吸宫不全或流产后过早性生活及器械、敷料消毒不严或操作无菌观念不强所致。感染初为子宫内膜炎，治疗不及时可以扩散至子宫肌层、附件、腹膜，严重时可导致败血症。患者需卧床休息，为其提供全身性支持疗法，并积极抗感染。宫腔内有残留妊娠物者，应按感染性流产处理。

(7) 羊水栓塞 少见，行钳刮术时，偶可发生羊水栓塞。主要因扩张宫颈不当致宫颈裂伤、胎盘剥离、血窦开放，为羊水进入母体提供了条件，若此时应用缩宫素可促使其发生。孕早、中期羊水中有形成分少，即使发生羊水栓塞，其症状及严重性均不及晚期妊娠者凶险，死亡率较低。

(8) 远期并发症 宫颈粘连、宫腔粘连、月经失调、慢性盆腔炎、继发性不孕等。

5. 护理要点

(1) 认真做好术前准备和护理，严格掌握手术适应证及禁忌证。

(2) 做好术中配合：①加强与受术者沟通，了解其感受；同时要关心体贴受术者，给予心理支持，指导其术中配合技巧。②术中严密观察受术者的一般情况（如面色、脉搏等），对精神紧张者给予安慰，使其建立信心；有异常情况时随时报告术者，并积极协助治疗。③术中根据情况遵医嘱应用缩宫素。④术后协助检查吸出物，注意有无绒毛组织及胚胎组织是否完全、与孕周是否相符。

6. 术后护理 ①术后在观察室休息1~2小时，注意观察腹痛及阴道流血情况，无异常方可回家。②吸宫术后休息2周；钳刮术后休息2~4周。③嘱其有腹痛或出血多者，应随时就诊。④嘱受术者保持外阴清洁，1个月内禁止盆浴、性生活。⑤指导夫妇双方采用安全可靠的避孕措施。

(二) 药物流产

药物流产（medical abortion）是用药物终止早孕的一种方法。目前临床上应用的药物是米非司酮（RU486）和米索前列醇配伍，完全流产率达90%以上。米非司酮是一种类固醇类的抗孕激素制剂，具有抗孕激素及抗糖皮质激素作用；米索前列醇是前列腺素类似物，具有兴奋子宫和软化宫颈作用。

1. 适应证

(1) 血或尿HCG阳性、B型超声确诊为宫内妊娠、妊娠≤49天、年龄小于40岁、自愿要求使用药物流产的健康妇女。

(2) 瘢痕子宫、哺乳期、宫颈发育不良、严重的骨盆畸形等人工流产术的高危人群。

(3) 有多次人工流产史、对手术流产有恐惧和顾虑者。

2. 禁忌证

(1) 有米非司酮使用禁忌证者，如内分泌疾病、血液疾病、妊娠期皮肤瘙痒史、血栓性疾病、肝肾功能受损等。

(2) 有前列腺素药物使用禁忌证者，如心血管疾病、哮喘、青光眼、癫痫、结肠炎等。

(3) 过敏体质者。

(4) 其他 带器妊娠、疑为异位妊娠、妊娠剧吐，长期应用抗结核药、抗抑郁药、抗癫痫药、抗前列腺素药等。

3. 药物用法及用量 目前国内自制并广泛应用于临床的抗早孕药物是米非司酮及

前列腺素类似物米索前列醇（或卡孕栓）。其用法：①分次小量用药法：空腹或进食两小时后口服米非司酮25mg，每日2次，连用3日，第4日上午服米索前列醇0.6mg或阴道放置卡孕栓1mg，观察6小时，检查胚囊是否排出。②于第1日晨服米非司酮50mg，8～12小时再服25mg，第2日早晚各服米非司酮25mg，第3日上午7时再服25mg，1小时后服米索前列醇0.6mg（每次服药前后至少空腹1小时）或外用卡孕栓；使用卡孕栓者必须卧床2小时，以免药物脱出。

药物流产方法简单，不需宫腔操作，为无创伤性流产。其副反应较轻，近期副反应主要表现为阴道流血时间较长和出血量较多，此外还有恶心、呕吐、腹痛、腹泻等胃肠道症状及乏力等。远期反应还需进一步观察。

4. 护理要点

（1）用药前详细评估健康史及身心状况，核实适应证，排除禁忌证。

（2）向孕妇说明用药方法、注意事项及可能的副反应，例如服药期间忌用拮抗前列腺素的药物，如吲哚美辛（消炎痛）等，最好用凉开水服药。告知孕妇服药后，一般会较早出现阴道出血，部分妇女流血时间较长，少数早孕妇女服用米非司酮后即发生自然流产；80%妇女在使用米索前列醇（或卡孕栓）后，6小时内排出胚囊；约10%的孕妇在服药后1周内排出妊娠物。

（3）选择药物流产前最好行B超检查以排除异位妊娠。

（4）使用药物流产失败者，或因不全流产发生阴道多量流血者，必须行人工流产术或清宫术。

（5）服药过程中少数孕妇出现早孕反应加重情况，或用前列腺素后腹泻、腹痛，或出现心动过缓、出冷汗等迷走神经兴奋现象，轻者无须特殊处理，严重者应到医院就诊。

（6）要求服药者于流产后8、15、43天到门诊复查。

二、中期妊娠终止方法

妊娠13周至不足28周之间用人工方法终止妊娠称为中期妊娠终止。常用方法如下：

（一）乳酸依沙吖啶引产（或利凡诺引产）

1. 适应证

（1）中期妊娠，要求终止而无禁忌证者。

（2）因患各种疾病，不宜继续妊娠者。

（3）孕期接触导致胎儿畸形的有毒因素者。

（4）检查发现胎儿异常。

2. 禁忌证

（1）急、慢性肝肾疾病及严重心脏病，高血压，血液病。

（2）各种疾病的急性期、慢性疾病急性发作期及生殖器官急性炎症。

（3）剖宫产术或肌瘤挖除术两年内者。

（4）术前24小时内两次体温超过37.5℃者。

（5）前置胎盘或局部皮肤感染者。

（6）有乳酸依沙吖啶过敏史者。

3. 术前准备

（1）物品准备

①羊膜腔内注入法　无齿卵圆钳2把，7号或9号腰椎穿刺针1个，5mL注射器2个，弯盘1个，孔巾，纱布，消毒手套，消毒液，0.2%乳酸依沙吖啶液25～50mL等。

②宫腔内羊膜腔外注入法　窥阴器1个，宫颈钳1把，无齿长镊子1把，敷料镊2把，5mL及50mL注射器各1个，橡皮导尿管1根，孔巾，药杯，纱布及10号丝线，消毒液，0.2%乳酸依沙吖啶液25～50mL等。

（2）孕妇准备

①全面评估受术者身心状况，严格掌握适应证及禁忌证。

②B型超声行胎盘定位及穿刺点定位，并了解羊水量。

③术前3天禁止性生活，每日冲洗阴道1次。

④常规准备局部皮肤。

4. 操作方法

（1）羊膜腔内注入法

①受术者排空膀胱后取平卧位，常规消毒铺巾。

②用腰椎穿刺针从B超选定或术时选定的穿刺点垂直进针，经过两次落空感后即进入羊膜腔内。拔出针芯，见羊水溢出，之后接上装有乳酸依沙吖啶的注射器，回抽羊水确定药液无外溢后，将乳酸依沙吖啶50～100mg药液注入羊膜腔。

③插入针芯后拔出穿刺针，局部用消毒纱布2～3块压迫数分钟后胶布固定，观察15分钟无异常方可回病室。

（2）宫腔内羊膜腔外注入法

①受术者排空膀胱后取截石位，常规消毒铺巾。

②窥阴器扩开阴道，暴露宫颈后，阴道宫颈再次消毒，宫颈钳钳夹宫颈前唇，用敷料镊将导尿管送入子宫壁与胎囊间，将稀释的乳酸依沙吖啶液由导尿管缓慢注入宫腔。折叠并结扎外露的导尿管，无菌纱布包裹后放入阴道穹隆部，24小时后取出阴道填塞纱布及导尿管。

5. 术中注意事项

（1）给药量不得超过100mg。

（2）宫腔内羊膜腔外注药，必须稀释。

（3）所有操作应严格无菌。

（4）操作过程中，用药剂量要准确，以免发生危险或引产失败。

6. 并发症

（1）全身反应　偶有体温升高，常在用药后24～48小时内发生，一般不超过

38℃，胎儿排出后恢复正常。

（2）阴道流血　约有80%受术者有出血，量不超过100mL，极少数可超过400mL。

（3）产道损伤　少数受术者可因软产道弹性欠佳或扩张不充分而有不同程度的软产道损伤。

（4）胎盘胎膜残留　其发生率较低，为避免组织残留，多主张胎盘排出后即行清宫术。

（5）感染　发生率不高，但严重者可致死亡。

7. 护理要点

（1）术前护理　术前做好各种准备工作，告知受术者术前3天禁止性生活，并向受术者介绍手术的经过、注意事项，解除其顾虑，利于术中的配合。

（2）术中护理　为受术者提供安静舒适的环境，并在术中陪伴，随时注意观察其心理变化，及时给予开导及鼓励，使其积极配合；术中协助术者完成操作。在注药过程中，注意受术者有无呼吸困难、发绀等羊水栓塞症状。

（3）术后护理　用药后定时测量生命体征，严密观察并记录宫缩出现的时间及强度、胎心和胎动消失的时间及阴道流血等情况。引产期间，孕妇应尽量卧床休息，以防突然破膜等。产后仔细检查软产道及胎盘的完整性，通常待组织排出后常规做清宫术。注意观察产后宫缩情况、有无感染征象、阴道流血及排尿功能的恢复情况。产后即刻采取回奶措施。术后6周内禁止性交及盆浴，并保持外阴清洁。

（4）给药5天后仍未出现宫缩者即为引产失败，通报医生和家属，协商再次给药或改用其他方法。

（5）健康指导　产后注意休息，加强营养。术后6周禁止性生活及盆浴，并为产妇提供避孕指导。告知产妇一旦出现发热、腹痛及阴道流血量增多等异常情况，须及时就诊。

（二）水囊引产

水囊引产是将事先制备好并消毒备用的水囊置于子宫壁和胎膜之间，再向囊内注入一定量的生理盐水，刺激子宫诱发宫缩，使妊娠物排出的引产方式。

1. 适应证　同乳酸依沙吖啶引产。此外，尚有乳酸依沙吖啶过敏或肝肾疾患稳定期且要求中期引产者。

2. 禁忌证　除同乳酸依沙吖啶引产外，尚有子宫瘢痕、宫颈或子宫发育不良、前置胎盘者。

3. 术前准备　受术者的准备、物品准备同乳酸依沙吖啶宫腔内羊膜腔外注入引产。用阴茎套制备水囊，将消毒后的两个阴茎套套在一起排出双层之间的空气，再将18号橡皮导尿管送入阴茎套内，其顶端留2cm，挤出套内空气，用丝线将囊口缚扎于导尿管上。排空囊内空气后将导尿管末端扎紧，消毒备用。

4. 操作步骤

（1）孕妇排空膀胱取截石位，常规消毒铺巾。

(2) 术者复查子宫位置及大小，窥阴器扩开阴道暴露宫颈，常规消毒阴道及宫颈。

(3) 宫颈钳夹持宫颈前唇，并用宫颈扩张器顺序扩张宫颈口达8~10号。之后用敷料镊将水囊送入子宫腔内胎膜和宫壁之间，直到整个水囊全部放入。在放水囊过程中切勿触碰阴道壁，以防感染。

(4) 缓慢将300~500mL生理盐水注入水囊中，注入完毕，将导尿管末端折叠扎紧使其不漏水，再用无菌纱布包裹后放入阴道后穹隆部。

(5) 取下宫颈钳及阴道窥器，测宫底高度，无异常后送回病房。

(6) 填写水囊引产记录表。

5. 注意事项

(1) 水囊注水量不超过500mL。

(2) 水囊放置不得超过2次，再次放置应在无感染情况下于前次取出水囊后72小时进行。

6. 并发症 同乳酸依沙吖啶宫腔内羊膜腔外注入引产法。

7. 护理要点 基本内容同乳酸依沙吖啶引产。在水囊内注入无菌的生理盐水，并加入数滴亚甲蓝以利于识别羊水或注入液。放置水囊后定时测体温、脉搏，观察宫缩，注意有无阴道流血或发热等情况，待出现规律宫缩时应取出水囊。不论有无宫缩，水囊放置的时间最长不超过48小时。如宫缩过强、出血较多或体温超过38℃，则应提前取出，并设法结束妊娠。如果出现宫缩乏力，取出水囊后无宫缩或有较多阴道出血时，应加用缩宫素静脉点滴。

除乳酸依沙吖啶、水囊引产外，根据不同情况中期妊娠引产还可采用前列腺素、天花粉结晶蛋白、甘遂、芫花类药物，甚至剖宫取胎术。

第五节 妇女保健

妇女保健是针对妇女一生各阶段不同的生理特点和心理特点，运用现代医学和社会科学的基本理论、基本技能及基本方法，研究妇女身体健康、心理行为及生理发育特征的变化及规律，分析其影响因素，制定有效的保健措施，对妇女进行系统的健康保健和科学管理工作，以维护妇女的身心健康，提高人口素质。

一、妇女保健工作的意义

妇女保健是以维护和促进妇女健康为目的，以群体为服务对象，以预防为主、临床为基础、保健为中心、基层为重点，防治结合，开展以生殖健康为核心的妇女保健工作。该工作直接关系到后代健康、家庭幸福、民族素质的提高及计划生育政策的贯彻落实，是国富民强的基础工程。

二、妇女保健工作的目的

通过积极预防、保健、普查、监护及治疗等措施，开展以维护生殖健康为核心的贯穿妇女各期的保健工作，降低患病率，控制性传播疾病的传播，消灭和控制遗传病及某些疾病的发生，控制孕产妇及围生儿常见病的发生，最大限度降低孕产妇及围生儿的死亡率，减少患病率和伤残率，促进妇女的身心健康。

三、妇女保健工作任务

1. 加强妇女各期保健工作。

2. 实行孕产妇的系统管理，提高产科质量，降低孕产妇及围生儿死亡率。

3. 定期做好妇女常见病和恶性肿瘤的普查普治工作，每1～2年普查一次，做到早发现、早诊断、早治疗，降低妇科常见病及恶性肿瘤的发病率，提高治愈率。

4. 计划生育技术服务和指导。

5. 建立健全妇女劳动保护制度，注意女性心理和职业特点，确保女职工在劳动工作中的安全与健康。

6. 根据妇女不同阶段的生理特点做好心理保健。

7. 妇女保健信息管理。

四、妇女保健工作的方法

妇女保健工作是一个群众性和社会性系统工程，必须坚持政府领导，多部门密切合作，社会参与的工作策略，充分发挥各级妇幼保健专业机构和三级妇幼保健网的作用，调动各方面的积极性、主动性和竞争性。有计划地组织培训、复训和继续教育，不断提高专业技能和水平。深入调查研究，制定切实可行的工作计划和防治措施，做到群众保健与临床保健相结合，防治结合；开展广泛的社会宣传及健康教育，提高妇女的自身保健和参与意识；建立健全有关法律和法规，加强目标管理和督促监督、开展以生殖健康为核心的妇女保健，保障妇女和儿童的合法权利；做到以人为中心，以服务对象的需求为评价标准，强调预防。

五、妇女保健工作的组织机构

1. 行政机构　为完成妇女保健工作，卫生部内设妇幼保健与社区卫生司（简称妇社司），并下设妇女保健处、儿童保健处、社区卫生处、健康促进和教育处等，领导全国妇幼保健工作；省（直辖市、自治区）级卫生厅内设有妇女保健处和社区卫生处（简称妇社处）；市（地）级卫生局内设有妇幼卫生科或防保科；县（市）级卫生局设妇幼保健所。

2. 专业机构　包括各级妇幼保健机构、各级妇产科医院、儿童医院、综合医院的妇产科、计划生育科、儿科、预防保健科，中医机构中的妇产科和儿科，妇产科及儿科诊所。无论其所有制关系（全民、集体、个体）均属于妇幼卫生专业机构。

各级妇幼保健机构如下：①国家级，目前为国家妇幼保健中心负责管理；②省级（直辖市、自治区）：省级（直辖市、自治区）妇幼保健院及部属院校妇产科、妇幼系；③市（地）级：市（地）级妇幼保健院；④县级：县级妇幼保健院（所）。各级妇幼保健机构为业务实体，必须接受同级卫生行政部门的领导，认真贯彻落实各项妇幼卫生工作方针。

六、妇女各期保健

1. 青春期保健 青春期是女性的生理、心理飞速发展时期，应重视健康与行为问题。

此期保健分为3级，其中以加强一级预防为重点。①一级预防：加强健康教育，指导合理营养，加强卫生指导，养成良好的个人生活习惯，适当参与体育锻炼和体力劳动，注意劳逸结合，进行心理卫生和性知识等教育。②二级预防：可通过学校保健等方式，普及对青少年的定期体格检查，早期发现各种疾病及行为异常，减少危险因素。③三级预防：对女性青少年疾病进行积极治疗和康复。

2. 婚前保健 是指对即将婚配的男女双方在结婚登记前提供包括婚前医学检查、婚前卫生指导与婚前卫生咨询等内容的保健服务。

婚前医学检查是通过医学检查手段发现有影响结婚和生育的疾病，利于及时治疗，并可给出有利于健康和出生子代素质的医学建议。婚前卫生指导能促进服务对象掌握性保健、生育保健和新婚避孕知识，为达到生殖健康奠定良好基础。婚前卫生咨询则可帮助服务对象改变不利于健康的行为，以促进健康、保障健康生育。通过婚前保健，可以保障健康婚配、生育，保护母婴健康及减少严重遗传性疾病患儿的出生，为婚后幸福美满的家庭生活及落实计划生育提供保证，为优生优育打下良好的基础。

3. 生育期保健 主要是维护正常的生殖功能，保证母婴安全，并确保妇女身心健康。

此期保健分为3级，以加强一级预防为重点。一级预防：普及孕产期保健知识和计划生育技术指导；二级预防：早发现、早防治因孕育或节育所致的各种疾病，提高防治质量；三级预防：提高对高危孕产妇的诊治水平，降低孕产妇及围生儿的死亡率。

4. 围产期保健 是指一次妊娠包括妊娠前、妊娠期、分娩期、产褥期、哺乳期、新生儿期为保证孕产妇、胎儿、新生儿的健康而提供的一系列高质量、全方位保健措施，以保障母婴安全，降低孕产妇死亡率和围产儿死亡率。

（1）孕前期保健 孕前为准备妊娠的夫妻提供以健康教育和咨询、孕前医学检查、健康状况评估和健康指导为主要内容的系列保健服务。指导夫妻双方选择最佳的受孕时机，并指导其做好充分的孕前准备，有计划妊娠，以减少高危妊娠及高危儿的发生，确保优生优育。女性生育年龄以21～29岁为佳，男性以23～30岁为佳。

（2）孕期保健 ①妊娠早期：注意防病、防畸形，尽早确诊妊娠，建立孕期保健手册。评估孕前保健情况。做好孕早期相关知识宣教；进行高危妊娠初筛，一旦发现异常，及时请相关学科会诊，积极治疗各种合并症。②妊娠中期：指导加强营养、预防贫血，加强母儿监护，做好高危因素及胎儿畸形筛查，预防和减少并发症，指导胎教及自我监护方法。③妊娠晚期：胎儿生长发育最快，体重明显增加。应指导孕妇注意营养补充，并掌握家庭自我监护胎儿宫内情况的方法，防治并发症，积极治疗合并症，保护孕妇和胎儿在妊娠期的安全、健康；做好分娩前的心理准备，并指导产妇做好乳房的护理以利于产后哺乳。

（3）分娩期保健　是保证母儿安全的关键。提倡住院分娩，高危孕妇应提前入院。给予产妇生理、心理、精神上的帮助和支持，确保分娩顺利，母儿安全。其关键是要做好“五防一加强”“五防”包括防滞产、防感染、防产伤、防产后出血、防窒息，“一加强”是加强产时监护和产程处理。

（4）产褥期保健　加强产褥期卫生宣教及观察，指导营养，预防产后出血、产褥感染等并发症，促进产妇生理、心理恢复。详见第五章。

（5）哺乳期保健　哺乳期是指产妇产后用自己的乳汁喂养婴儿的时期，一般为1年。哺乳期保健的目的是保护母婴健康、降低婴幼儿死亡率。其中心任务是保护、促进和支持纯母乳喂养。

WHO 提出的“促进母乳喂养的十项措施”包括：①向所有卫生保健人员常规传达母乳喂养的政策；②培养所有保健人员，执行此方针；③向孕产妇及家属宣传母乳喂养的优点；④协助产妇产后半小时内开始喂奶；⑤指导母亲喂奶方法及在必须与婴儿分开情况下保持泌乳的方法；⑥除医疗上需要外，只喂母乳，不添加任何其他食品和饮料；⑦实行母婴同室；⑧按需哺乳；⑨不给婴儿吸橡皮奶嘴；⑩促进母乳喂养支持组织的建立，将出院的母亲转给妇幼保健组织。

哺乳期保健人员的职责：①定期访视，评估母亲的身心健康状况，指导其饮食、休息及产后适度活动，评估母乳的喂养情况、婴儿生育发育情况，重点了解日夜哺乳次数，鼓励按需哺乳，亲自观察哺乳姿势并给予及时具体指导；同时注意评估婴儿大小便次数及性状、婴儿睡眠情况、母子情感交流等；②指导产妇采用新的包裹法：即放开新生儿四肢，采用连衣衫裤法；③指导产妇要遵医嘱合理用药；④指导产妇沐浴更衣，养成良好的卫生习惯，并保持室内空气流通、清新；⑤指导产妇正确合理避孕；⑥评估家庭支持系统，完善家庭功能。

5. 绝经过渡期保健　绝经过渡期因卵巢功能的衰退，部分妇女可出现因性激素减少引发的一系列躯体和精神心理症状。此期也是妇科肿瘤好发年龄，故应加强保健。加强绝经过渡期卫生、健康宣教，保持外阴清洁干燥；指导合理膳食、注意锻炼身体、劳逸结合，保持良好心态；定期体检；在医生指导下合理补充激素和钙剂；积极防治绝经前期月经失调；指导避孕达月经停止1年以上。

6. 老年期保健　国际老年学会规定65岁以上为老年期，此期妇女由于各器官功能减退带来的心理和生活的巨大变化，使其易患各种身心疾病，故老年人应保持乐观、自信的心态，定期体检，进行适当的体育锻炼及从事力所能及的工作，保持良好的生活习惯，合理应用激素类药物；同时要关心体贴老年人，使其身心健康，利于健康长寿。

七、妇女保健统计指标

（一）妇女病普查普治的常用统计指标

1. 妇女病普查率＝期内（次）实查人数/期内（次）应查人数×100%
2. 妇女病患病率＝期内患妇女患者数/期内受检查妇女人数×10万/10万
3. 妇女病治愈率＝治愈例数/患妇女病总例数×100%
4. 普治率＝接受治疗人数/患妇女病总人数×100%
5. 某一妇女病发病率＝患某一妇女患者数/妇女实检人数×1000‰

（二）孕产妇保健指标

1. 孕产期保健工作统计指标

（1）产前检查覆盖率＝期内接受一次及以上产前检查的孕妇数/期内孕妇总数×100%

（2）产前检查率＝期内产前检查总人次数/期内孕妇总数×100%

（3）产后访视率＝期内产后访视产妇数/期内分娩的产妇总数×100%

（4）住院分娩率＝期内住院分娩产妇数/期内分娩产妇总数×100%

2. 孕产期保健质量指标

（1）高危孕妇发生率＝期内高危孕妇数/期内孕（产）妇总数×100%

（2）妊娠期高血压疾病发生率＝期内妊娠期高血压疾病患者数/期内孕妇总数×100%

（3）产后出血率＝期内产后出血人数/期内产妇总数×100%

（4）产褥感染率＝期内产褥感染人数/期内产妇总数×100%

（5）会阴破裂率＝期内会阴破裂人数/期内产妇总数×100%

3. 孕产期保健效果指标

（1）围生儿死亡率 ＝（孕28足周以上死胎、死产数＋生后7日内新生儿死亡数）/（孕28足周以上死胎、死产数＋活产数）×1000‰

（2）孕产妇死亡率＝年内孕产妇死亡数/年内孕产妇总数×10万/10万

（3）新生儿死亡率＝期内生后28日内新生儿死亡数/期内活产数×1000‰

（4）早期新生儿死亡率＝期内生后7日内新生儿死亡数/期内活产数×1000‰

（三）计划生育统计指标

（1）人口出生率＝某年出生人数/该年平均人口数×1000‰

（2）人口死亡率＝某年死亡人数/该年平均人口数×1000‰

（3）人口自然增长率＝年内人口自然增长数/同年平均人口数×1000‰

（4）计划生育率＝符合计划生育的活胎数/同年活产总数×100%

（5）节育率＝落实节育措施的已婚育龄夫妇任一方人数/已婚育龄妇女数×100%

（6）绝育率＝男和女绝育数/已婚育龄妇女数×100%

思 考 题

1. 说出计划生育的具体内容。
2. 列举避孕的方法及避孕药应用的禁忌证及副作用。
3. 说出放置和取出宫内节育器的时间。
4. 宫内节育器的并发症及护理要点有哪些?
5. 说出人工流产的并发症及护理要点。
5. 列出妇女保健工作的组织机构、目的及妇女各期保健的内容。

附录1 中医中药在产科中的保健与应用

一、中医药在妇女孕前保健中的应用

孕前保健是为准备怀孕的夫妇在怀孕前至少6个月提供教育、咨询、信息和技术服务，对妇女进行必要的检查、治疗和干预，使妇女在最佳的身体、心理和环境状态下受孕。内容包括身体、心理、经济等方面的准备。

（一）妇女孕前保健的主要内容

1. 调月经 月经周期的准确与否、时间长短、月经量的多少、色质的情况、经期症状等都能反映女性生育健康的问题。准备怀孕的妇女，经中医调整体质，使身体阴平阳秘，使母体的气血处于最佳状态，不仅能提高孕育的品质，而且能为胎儿提供良好的生长环境，孕育的后代更加优秀。一般认为8月受孕，5月出生，为最佳受孕和分娩月份。

2. 调心情 如果准备怀孕，夫妻双方都应保持精神饱满、精神愉快。婚后保持体质的良好状态。陶冶情操，建立有助于两性生活的节律和格调。夫妻良好的精神状况有利于受孕和优生。

3. 调起居 夫妻双方在计划怀孕前的一段时间内，若能有规律的起居和适宜的体育锻炼和运动，有利于受孕、避免怀孕早期即发生流产，还可以减轻孕妇分娩时的难度和痛苦。

4. 调饮食 孕前为健康受孕做好准备，在日常生活中把健康饮食放在首位，中医认为不同体质的人应该选择不同的养生方法。

5. 调体质 中医学将人的体质分为9种类型，分别为平和质、气虚质、阴虚质、阳虚质、痰湿质、湿热质、血瘀质、气郁质、特禀质。孕前的女性可以根据不同体质选择适合自己的饮食，调整好体质，为孕育宝宝做好准备。

（二）常见孕前生理失调的中医药调养保健

1. 孕前女性月经失调的中医调养保健

（1）方药或中成药

①气血两虚型宜气血双补，可选用补中益气丸、十全大补丸、乌鸡白凤丸、八珍益母丸、当归调经丸、当归红枣颗粒、归脾丸、四物合剂等。

②气滞血瘀型可选用逍遥丸、七制香附丸、慈航丸、少腹逐瘀丸、月月舒冲剂、失笑散、当归浸膏片、妇科得生丸、调经补血丸等。

③血寒型选用艾附暖宫丸、田七痛经散、温经丸等。

④肾虚型可选用女宝、嫦娥加丽丸、定坤丹、鹿胎膏等。

⑤血热型可选用两地汤（生地黄、白芍、麦冬、地骨皮、牡丹皮等）、生地四物汤（地黄用生地

黄、芍药用赤芍）。

（2）中医药适宜技术

①经早（针刺法）主穴：关元、三阴交、血海。配穴：实热证者，加太冲或行间；虚热证者，加太溪；气虚证者，加足三里、脾俞；月经过多者，加隐白；腰骶疼痛者，加肾俞、次髎。

②经迟（针刺法）主穴：气海、三阴交、归来。配穴：实寒证者，加子宫；虚寒证者，加命门、腰阳关。

③经乱（针刺法）主穴：关元、三阴交、肝俞。配穴：肝郁者，加期门、太冲；肾虚者，加肾俞、太溪；胸胀痛者，加膻中、内关。

（3）食疗药膳

①参芪大枣汤：黄芪、党参各30g，大枣10枚。将黄芪、党参、大枣洗净，加水适量，用文火煮至汤甜为度，去黄芪，吃参、枣，喝汤。每日1次，适用于气虚之月经先期。本方亦可加入粳米100g，煮粥食用。有外感实热未清者不宜服本方。

②生地粥：生地黄30g，粳米60g。将生地洗净切片，用清水煎煮2次，共取汁100mL；将米淘洗净，加水适量煮粥，候八成熟时入药汁共煮至熟。温热服，每日2～3次，可连服数日。适用于阴虚血热之月经先期或月经过多。

③姜枣红糖汤：姜30g，大枣30g，红糖30g。将二药洗净，干姜切片，大枣去核，加入红糖，水适量煎煮。吃枣喝汤，每日1剂，分2次服。适用于血寒之月经后期。

④当归生姜羊肉汤：当归15g，生姜30g，山羊肉250g。将当归、生姜洗净切片，与羊肉同炖至熟软，调入盐、味精、黄酒即成。食羊肉饮汤，每日1次。适用于血虚偏寒之月经后期。

⑤三七炖鸡蛋方：生三七3g，丹参10g，鸡蛋2枚。上3味加水同煮，鸡蛋熟后去壳再同煮，至药性完全煮出后即可。食蛋饮汤1日1剂。适用于气滞血瘀之月经过少。

⑥藕节茜草汤：藕节5个，茜草炭20g，红糖30g。将藕节洗净劈碎，和茜草炭一起入砂锅内煎煮20分钟，然后加红糖。月经来潮时，每天吃1～2次。适用于月经量多、崩漏（血热型）。

⑦山楂红糖粥：适用于瘀血之月经失调。

⑧牡丹花粥：牡丹花（阴干者）6g（鲜者10～20g），粳米50g，白糖适量。先以米煮粥，待粥沸后，加入牡丹花再煮，粥熟后加入白糖调匀即可。空腹服，每日2次。养血调经。适用于妇女月经不调、经行腹痛。

⑨益母草鸡蛋汤：益母草15g，红枣10g，鸡蛋2只，共煮，喝汤，吃红枣与鸡蛋。用于精血不足夹瘀者。

2. 孕前女性痛经的中医调养保健

（1）方药或中成药

①经前可选用逍遥丸、益母草冲剂（非膏剂）、丹莪复方煎膏、艾附暖宫丸、元胡止痛片。

②于经前及经痛时田七末2～3g，温开水送服，每日1～2次。伤科七厘散，每次1支，每日2～3次，于经前及经痛时温开水送服。

（2）中医药适宜技术

①用中药敷贴和针灸按摩调理，取穴常取气海、关元、血海、内关、足三里、三阴交、丰隆。

②热水袋外敷、腹部按摩。

（3）食疗药膳

①玫瑰花茶：玫瑰花泡茶，40枚/300mL。

②山楂红枣汤：山楂50g，生姜15g，红枣15枚。加水煎服，每日1剂，分2次服。

③山楂红糖散：山楂30g，向日葵15g，红糖60g。将山楂、向日葵子烤焦后研末，加红糖冲服。

分2次服，每日早、晚各1次。于经前1～2日开始服或经来即服。每次月经周期服2剂，连用1～2个月。

3. 孕前女性不孕的中医调养保健

（1）方药或中成药

①肾虚不孕。偏阳虚：婚久不孕，月经后期，量少色淡或月经稀少，闭经。面色晦暗，腰膝酸软，性欲淡漠，小便清长，大便不实，舌淡苔白，脉沉细或沉迟。方药可选用毓麟珠加紫河车、丹参、香附，鹿胎膏。偏阴虚：婚久不孕，月经先期，量少，色红无血块或月经尚正常，但形体消瘦，腰腿酸软，头昏眼花，心悸失眠，性情急躁，口干，五心烦热，午后低热，舌质偏红苔少，脉细数。方药可选用养精种玉汤加女贞子、旱莲草、熟地黄、枣皮、白芍、当归等。

②肝郁型多年不孕，经期先后不定，经来腹痛，行而不畅，量少色暗，有小血块，经前乳房胀痛，精神抑郁，烦躁易怒，舌质正常或暗红，苔薄白，脉弦数。方药可选用开郁种玉汤（香附、白芍、当归、白术、茯苓、牡丹皮）。

③痰湿型婚后不受孕，形体肥胖，经行延后，甚或闭经，带下量多，多黏稠，面色淡白，头晕心悸，胸闷泛恶，苔白腻，脉滑。方药可选用启宫方加石菖蒲。

④血瘀型婚久不孕，月经后期量少，色紫黑，有血块，或痛经，平时少腹作痛，痛时拒按，舌质紫暗或舌边有紫点，脉细涩。方药可选用少腹逐瘀汤或膈下逐瘀汤等。

（2）中医药适宜技术

灸气海、三阴交、足三里。

（3）食疗药膳

①肉桂粥：肉桂粉1～2g，粳米100g，砂糖适量。适用于宫冷不孕、虚寒痛经等。

②当归生姜羊肉汤：当归20g，生姜10g，羊肉500g。将羊肉洗净，切成4cm见方小块，先用沸水淖一下，以去腥膻。清水500mL，加当归、生姜，煎取药汁约200mL，去渣，备用。羊肉入锅内加水，文火焖煮，肉烂熟，加入药汁，兑匀，并加盐、葱、味精等调味品，稍沸，即可食用。温阳补血，益肾调经。适用于肾阳虚亏、精血不足的月经不调而导致的不孕。

③黄精炖肉：黄精30g，瘦猪肉250g。猪肉洗净，切成4cm见方小块，先用沸水淖一下，去腥。将猪肉、黄精加适量的酒、盐、葱、姜、胡椒、味精等调味品，放炖盅内，隔水炖熟，可食黄精、猪肉及汤。补气养血，滋阴补元。适用于肝肾精血不足、月经量少导致的不孕。

④虫草炖鸡：冬虫夏草12条，火腿25g，鸡1只（约重500g）。洗净鸡切成大块，放入锅中加水、料酒，用大火煮沸后改小火煲2小时。冬虫夏草先用水浸，煲熟的鸡肉和汤，倒入炖盅内，放入冬虫夏草、味精、盐等调味，加盖再上笼炖1小时，即可得美味鸡汤食用。补虚益肾，填精养血。此膳对肝肾不足、房事不济之不孕有益。

⑤苁蓉羊肾煲：羊肾1对，肉苁蓉50g。将羊肾洗净，剖开，除去臊腺，放锅中，用清水煮沸，加入少量蒜粒；洗净肉苁蓉，放入汤中，改用文火慢炖，煲2～3小时，加味精、盐、胡椒等调味，喝汤，吃羊肾。温肾补阳，填精益髓。治女子带下、月经量少、阴道干涩、性冷淡及不孕。

⑥仙人粥：制何首乌30～60g，红枣5～9枚，粳米（或糯米）100g。先将何首乌加水煎，取浓汁，去渣。粳米、红枣洗净，入锅中煮成粥时，倾入首乌药汁，再沸，后加适量冰糖，即可食用。健脾和胃，益肾填精。对脾肾不足、阴精虚亏所致女性不孕有促孕之功效。

⑦鹿角胶粥：鹿角胶15～20g，粳米100g，生姜12g。先将粳米煮成粥，鹿角胶用酒水烊化，姜打汁，粥再沸后，调入胶、姜，食粥。补肾壮阳，填精和胃。对肾阳不足而致的女子痛经、月经不调及“宫寒”所致的不孕有效。

二、中医药在妇女孕期保健中的应用

妊娠后，由于生理上的特殊变化，胚胎初结，根基浅薄，血液不足，气易偏盛，机体自身易出现阴阳平衡失调，同时抵抗力下降又易感染外邪。凡此种种，调理失宜，便可导致妊娠疾病的发生。《逐月养胎法》对妊娠期的生活起居、饮食、活动和情志等都提出了具体要求，概括地说就是：劳逸结合、调节饮食、慎戒房事、用药宜慎、注意胎教、定期检查。

（一）分期保健要点

1. 早期养胎气　在此时期，胎来有定形，不宜服食药物，重要是调心。孕妇要做到目不视恶色，耳不听淫声，口不吐傲言，心无邪念，心无恐怯等身心的调养。饮食方面要注意饥饱适中，食物要清淡，饮食要精熟，宜清热、滋补而不宜温补，否则会导致胎热、胎动，容易流产。

2. 中期助胎气　受孕中期，胎儿成长迅速，需调养身心以助胎气，孕妇要动作轻柔，心平气和，太劳会气衰，太逸会气滞，多晒太阳少受寒。饮食方面要注意美味及多样化，营养丰富，但不能大饱，要多吃蔬果利通便。此期阴血常不足，易生血热，宜养阴补血。

3. 后期利生产　怀孕后期，多数孕产妇会脾气虚，不能制水而出现水肿且阴虚血热，胎热不安，易出现早产。此期孕妇衣着要宽松，多行走摇身，心静不可大怒。

（二）常见妊娠疾病的中医药指导

1. 妊娠呕吐　妊娠早期，出现恶心呕吐，头晕厌食，甚至食入即吐，称为“妊娠恶阻”，又称“妊娠呕吐”“阻病”，是妊娠早期常见的病证之一。

（1）中医适宜技术

①点揉内关、足三里、太冲，用食指或中指点揉每穴各1分钟，手法宜轻，以有酸胀感为宜，每日3次。

②耳穴贴压：肝、胃、内分泌、皮质下。

（2）食疗药膳

①生姜、大米各50g。将生姜洗净切碎，捣烂取汁，兑入大米粥，再煮沸即成。每日1剂，适用于脾胃虚寒之妊娠呕吐。

②砂仁粥：砂仁4～6g，粳米100g。砂仁研成细末，粳米淘洗干净。锅入适量水，上火，烧沸后下入粳米，小火煮成稀粥状，调入砂仁粉搅匀，稍煮一会即可。早晚温热食用，或少量多餐服用。适用于妊娠呕吐涎沫、脘腹胀满及食欲不振等症状。

③竹茹9g，陈皮6g，水煎当茶饮。

④生姜甘蔗汁：甘蔗汁100mL，生姜汁10mL，混合后放锅内隔水蒸熟，趁热分3次饮完，每日1剂。

⑤生姜乌梅饮：生姜、乌梅各10g，水煎当茶饮。适用于肝胃不和之妊娠呕吐。

2. 妊娠便秘

（1）中医适宜技术

①点揉中脘、支沟、商阳，用食指或中指点揉每穴各1分钟，手法宜轻以有点酸胀感为宜，每日3次。

②耳穴贴压：大肠、直肠、三焦、脾。

(2) 食疗药膳

①甜杏仁15g，黑胡麻30g，放入研钵中磨碎，加适量水倾入水中煮，煮好用砂糖调味，即可食用。

②作为辅助治疗法，起床后，最好喝适量的凉牛奶或凉开水，经常饮用酸奶可以有效解除便秘。

③主动多吃些可使大便畅通的食物，粗纤维食品如地瓜、萝卜、青菜、小油菜；水果如柚子、李子、无花果、葡萄干、苹果、橘子、枣子；绿色蔬菜如莴苣、卷心菜、菠菜。

④做适当运动，建议适当散步。

3. 妊娠感冒咳嗽

(1) 中医适宜技术

①耳穴贴压：肺、气管、咽喉、肾上腺。

②火罐：取大椎及肺俞穴。

(2) 食疗药膳

①轻度畏寒发热、鼻流清涕的患者，可采用通阳解表之法，取生姜数片，葱白10段，香豆豉10g，苏梗6g，共煎水服下。

②若是暑天感冒发热，可选用鲜藿香、鲜佩兰各25g，薄荷5g，荷叶5g，加水煎服。

③对于伴有咳嗽者，可用以下方法：

冰糖炖梨：将新鲜的梨去皮，剖开去核，加入适量冰糖，放入锅中隔水蒸软即可食用。

川贝炖梨：用去皮、去核的新鲜梨加川贝粉6g，放在锅中隔水蒸软，趁热食用。

白萝卜饴：将白萝卜磨碎，加1/3量的蜂蜜拌匀，再加温水饮用。

4. 妊娠水肿 妊娠中晚期，肢体、面目发生肿胀者，称为“妊娠肿胀”。如在妊娠七八月以后，只是脚部浮肿，休息后可缓解或消退，无其他不适者，为妊娠晚期常有现象，可不必治疗，产后自消。

(1) 中医适宜技术

①点揉足三里、阴陵泉、三阴交。用食指或中指点揉每穴各1分钟，手法宜轻，以有酸胀感为宜，每日3次。

②耳穴贴压：肺、脾、肾、三焦、皮质下。

(2) 食疗药膳

①茯苓粉粥：茯苓粉15g，稻米50g，红枣（去核）7枚，煮作粥，晨起做早餐食用。

②鲤鱼赤小豆粥：鲤鱼1条，去鳞及肚肠，洗净，用水煮熬成白汤，滤渣。再将赤小豆100g煮粥，候豆熟放入鱼汁两三匙调匀，做早餐食用。

③薯蓣粥：生怀山药500g，轧细过箩（现市场有售山药粉），每次食用20～30g，将山药粉和凉开水调入锅内，置炉上，不停以筷搅之，两三沸即成粥。不拘时食用。

④冬瓜瘦肉汤：冬瓜（去皮、子）50g，瘦肉50g（切片），葱、大料、盐、香油适量。先煮冬瓜，放入佐料，再将肉用葱花、香油拌候冬瓜熟时，放入瘦肉，煮沸即可。可做正餐汤菜食用。

⑤鲫鱼羹：鲫鱼（去鳞，肚肠，洗净）500g，大蒜1头，胡椒3g，陈皮3g，砂仁3g，葱、盐少许。将蒜、椒等佐料放入鱼肚内，煮熟作羹，五味调和。可做正餐菜食用。

⑥山药扁豆糕：山药（鲜者）500g，扁豆（鲜者）100g，陈皮丝6g，红枣肉500g。先将山药去皮切成薄片，再将扁豆、枣肉切碎，与陈皮丝共和匀，加入淀粉糊少许，分放在小碗中蒸熟后即成糕，分次食用。

⑦红豆汤：红豆洗净泡8小时用电饭锅煮成红豆汤，一定要连红豆一起吃才有效。

5. 妊娠腰酸背痛

(1) 中医适宜技术 耳穴贴压神门、腰、肾。

(2) 食疗药膳

①核桃仁1个，补骨脂10g，加水煎服。

②杜仲15g，川断12g，加水煎服。

③其他：川断杜仲猪骨汤、杜仲粳米粥、杜仲乌骨鸡等。

6. 妊娠食欲不振、厌食

(1) 中医适宜技术

①耳穴贴压脾、胃、口。

②点揉足三里，用食指或中指点揉每穴各1分钟，手法宜轻，以有酸胀感为宜，每日3次。

③艾灸足三里、公孙，每日1次，6次1个疗程。

④推拿足太阳膀胱经第一、二侧线和华佗夹脊穴，施以弹拨、按揉等手法，并配合捏脊疗法，手法宜轻揉。

(2) 食疗药膳

①山药、扁豆、莲米、姜汁、大米熬粥。②白术鲫鱼粥、白蔻鲫鱼汤或粥。

7. 妊娠失眠多梦

(1) 中医适宜技术

①点按神门、四神聪、内关、百会，用食指或中指点揉每穴各1分钟，手法宜轻，以有酸胀感为宜，每日3次。

②耳穴贴压神门、皮质下、心、肾。

(2) 食疗药膳

①百合莲米粥、甘麦大枣粥。

②泡服菊花茶或莲子心茶，煮食百合鸡蛋汤。

③阿胶鸡子黄汤、百合粥、酸枣仁粥。

8. 妊娠腹痛（先兆流产）

妊娠期间，出现小腹疼痛为主的病证，称为“妊娠腹痛”，又称“胞阻”。本病是孕期常见病，不伴有阴道下血，一般干预后效果良好。本病属于西医学先兆流产的症状之一。

(1) 食疗药膳

①虚寒

香附陈艾炖鸡：香附、陈艾各10g，杜仲15g，仔鸡1只（500g），生姜6g，阿胶15g。将鸡去毛及内脏洗净，同炖至鸡烂熟食用。

②血虚

枣杞鸡汤：红枣（去核）10枚，枸杞30g，仔鸡1只（约500g）。将鸡去毛及内脏洗净，与红枣、枸杞同炖至鸡烂熟，食鸡饮汤。

③气郁

佛手粥：佛手15g，苏梗10g，粳米60g，先将佛手、苏梗洗净，水煎取汁，待粳米粥八成熟时入药汁共煮至熟，入白砂糖少许调味食。

9. 妊娠小腿痉挛

妊娠小腿痉挛是孕妇缺钙的表现，常发生于小腿腓肠肌，妊娠后期多见，常在夜间发作。

(1) 食疗药膳

①大骨熬汤：猪大骨、小鱼干（丁香鱼）各600g，白醋少许，水适量。将猪骨洗净，沸水烫后敲

猪骨裂痕放入锅中，加入小鱼干，再加入材料体积12～15倍的水，最后加入少许的白醋，加盖以大火煮滚改小火煮6小时。去大骨及小鱼干，只取汤食用。

②西红柿炖牛筋或牛肉：西红柿500g，牛筋150g，老姜两片，米酒400mL。所有材料放入锅中以大火煮滚后，再加盖慢炖两个小时，可当点心也可当正餐。

③每天食用100g的小鱼干或吻仔鱼。

④鲜牛奶或鲜羊奶，每日3次，每次150mL。

10. 妊娠身痒

妊娠期间，孕妇出现与妊娠有关的皮肤瘙痒症状，称为“妊娠身痒”。妊娠身痒往往出现较早，且持续时间较长，治疗不及时或病情进一步发展，继则出现黄疸。本病相当于西医学的妊娠期肝内胆汁淤积症。

中医适宜技术

①用生大黄100g，白鲜皮150g，煎水湿敷痛痒部位。

②可选用地肤子煎水擦洗痛痒部位。

11. 妊娠贫血 妊娠期间出现倦怠、乏力、气短、面色苍白、浮肿、食欲不振等，检查呈现血红蛋白或红细胞总数降低，红细胞比容下降，称妊娠贫血。本病相当于西医学的妊娠合并贫血。

（1）气血两虚

证候：妊娠期面色淡白或苍白，神疲乏力，头晕眼花，心悸气短，动则加剧，舌淡，苔薄，脉细滑无力。

方药：可选用八珍汤（当归、白芍、川芎等）。补气养血安胎。

（2）心脾两虚

证候：妊娠期间面色苍白无华，心悸怔忡，失眠多梦，头昏眼花，唇甲色淡，舌淡，苔少，脉细弱。

方药：可选用归脾汤（白术、茯神、黄芪等）。益气补血，健脾养心。

（3）肝肾不足

证候：妊娠期间面色淡白无华，精神萎靡，头晕眼花，口干咽燥，心悸，腰膝酸软，舌质红，苔少，脉细滑数。

方药：可选用左归丸加减（熟地、山药、山茱萸等）。滋阴益肾，养血安胎。

三、中医药在妇女产后保健中的应用

（一）妇女产后中医生理与病理特点

1. 阴血骤虚，元气耗损，而脉空虚由于分娩时的产创出血，产时用力，出汗导致产妇气血虚弱，百脉空虚，容易出现虚弱、怕冷、怕风、多汗微热等现象，谓之“产后一盆冰”。

2. 子宫收缩，排出恶露，泌乳育儿产后宫缩排出恶露，正常的泌乳育儿是产后正常的生理变化，但由于一些产妇素体禀赋的先天不足和产后摄生失慎，若这种异常变化超过生理常态，则可发生疾病。

3. 易发生瘀血阻滞。十月怀胎一朝分娩，元气亏虚，运血无力，气虚血滞，易出现产后腹痛、恶露不绝、便秘等症状。产后病证种种，总以虚、瘀居多。

（二）产后日常中医保健知识

产妇产后的身体状况，可以通过以下几方面进行判断：

1. 审少腹痛与不痛，辨恶露有无停滞。若腹痛拒按，下腹有块则为瘀阻；无腹痛或腹痛喜按则为血虚。

2. 审大便通与不通，验津液的盛衰。大便干结、秘涩不通为津液亏损；若大便通畅则为津液尚充。

3. 审乳汁行与不行和饮食多寡，察胃气的强弱。乳汁量少、质清，乳房柔软不胀，纳谷不馨属脾胃虚弱；乳汁充足，胃纳如常，胃气健旺。

（三）常见产后疾病诊疗常规

1. 产后腹痛

（1）诊断要点 产妇分娩后，小腹疼痛者，称为“产后腹痛”，又称“儿枕痛”。本病相当于西医学的产后宫缩痛及产褥感染引起的腹痛。另外需密切观察子宫缩复情况，注意子宫底高度及恶露变化。若腹痛不止，恶露量少，子宫复旧欠佳，应考虑是否有胎盘、胎膜残留，要及时检查处理。

（2）辨证

①血虚

主要证候：产后小腹隐隐作痛，喜揉喜按，恶露量少，色淡。头晕眼花，心悸怔忡，大便秘结，舌淡红，苔薄白，脉细弱。

治则：补血益气，缓急止痛。

方药：可选用肠宁汤（当归、熟地、阿胶、人参、山药、续断、麦冬、肉桂等）。

②血瘀

主要证候：产后小腹疼痛拒按，得热痛减，恶露量少，色紫暗，夹有血块，块下痛减，形寒肢冷，面色青白，舌淡暗，脉沉紧或沉弦。

治则：活血化瘀，温经止痛。

方药：可选用生化汤（当归、川芎、桃仁、黑姜等）。

（3）中医适宜技术

①经络保健：自我按摩三阴交、太冲、关元。

②耳穴贴压：取子宫、脾、交感、皮质下、神门，每天每个穴位按压1次，每次3分钟，每2天更换1次。

③艾灸（隔姜片灸）关元、气海、足三里、三阴交。适用于血虚型。

④食盐炒热用布包，外敷腹部。适用于血瘀型。

⑤取艾叶、细辛、川乌、附子、桂枝各适量，水煎后倒入痰盂中，产妇坐痰盂上，让药物蒸汽直熏胞宫。

⑥艾叶煮鸡蛋：将鸡蛋煮熟，剥壳用布包，对准神阙穴滚动按摩直至鸡蛋凉。

（4）食疗药膳

山楂15~30g，红糖30g，生姜3片，水煎顿服。适用于血瘀型。

2. 产后缺乳

（1）诊断要点

产后哺乳期内，产妇乳汁甚少或全无，或原有乳汁，情志刺激后突然缺乳，此现象称“缺乳”，又称“产后乳汁不行”。

(2) 体格检查

乳房柔软或胀硬，乳汁清稀或浓稠，乳腺发育不正常或欠佳。

(3) 辨证论治

①气血虚弱

主要证候：产后乳少，甚或全无，乳汁清稀，乳房柔软，无胀满感，神疲食少，面色无华，舌淡，苔少，脉细弱。

治则：补气养血，佐以通乳。

方药：通乳丹（人参、黄芪、当归、麦冬、木通等）加猪蹄、白术、鹿角胶、枣仁等。

②肝气郁滞

主要证候：产后乳汁涩少、浓稠，或乳汁不下，乳房胀硬疼痛，情志抑郁，胸胁胀闷，食欲不振，或身有微热，舌质正常，苔薄黄，脉弦细或弦数。

治则：疏肝解郁，通络下乳。

方药：下乳涌泉散（当归、白芍、川芎等）或通肝生乳汤（当归、白芍、通草、白术、熟地、远志、柴胡）。

③痰湿壅阻

主要证候：产后乳汁不行，乳房胀痛，胸闷不舒，纳谷不香，厌油腻厚味，嗜卧倦怠，头晕头重，舌胖，苔白腻，脉滑。

治则：健脾化痰，通乳。

方药：苍附导痰丸和漏芦散（苍术、附子、半夏等）。

(4) 中医适宜技术

①局部用热水或用葱汤熏洗乳房，或用橘皮煎水湿敷乳房，使用后可疏通气血，促使乳汁分泌。

②耳穴取胸、乳、内分泌、皮质下、肝、脾，使用王不留行籽或磁珠耳穴压豆，每天每个穴位按压1次，每次3分钟，每两天更换1次。

③手指点穴：取乳根、膻中、少泽、足三里等，每天1次，每次每穴3分钟。

(5) 食疗药膳

①猪蹄2只，通草适量，炖熟去通草食猪蹄汤。

②鹿角粉4.5g，温水冲服，每日2次。

③其他食疗方：

清炖乌骨鸡：乌骨鸡洗净切碎1只，放入葱、姜、盐适量，党参15g，黄芪25g，枸杞25g，清炖20分钟即可。主治产后虚弱，乳汁不足。

芪肝汤：猪肝切片洗净500g，加黄芪60g，放水适量同煮。烧沸后加黄酒、盐等调料，用小火煮30分钟。适宜气血不足之少乳者。

花生炖猪蹄：猪蹄洗净，用刀划口2个，花生200g，盐、葱、姜、黄酒适量，武火烧沸后，再用文火熬至烂熟。对阴虚少乳者有效。

母鸡炖山药：母鸡洗净1只，将黄芪30g，党参15g，山药15g，红枣15g置入鸡肚，在药上浇黄酒50g，隔水蒸熟。用于脾胃虚弱少乳者。1~2天内吃完。

催乳鲤鱼汤：鲤鱼1条，猪蹄1个，通草10g，葱白、盐各少许。将鲤鱼去鳞、鳃、内脏，洗净，粗切；猪蹄去毛，洗净剖开。将鲤鱼、猪蹄、通草和葱白、盐一起放入锅内，加适量水，上火煮至肉熟汤浓即可。此汤有通窍催乳作用，适于产后乳汁不下或过少。每日2次，每次喝汤1碗，服用后2~3日即可见效。

3. 产后大便不通

(1) 诊断要点　产后大便艰涩，或数日不解，或排便时干燥疼痛，难以解出者，称为“产后大便难”。

(2) 辨证论治

①血虚津亏

主要证候：产后大便干燥，或数日不解，腹部胀痛，心悸少寐，肌肤不润，面色萎黄。

治则：养血润燥。

方药：可选用四物汤（熟地、当归、白芍等）加麻仁、炒莱菔子、肉苁蓉等。

②脾肺气虚

主要证候：产后大便数日不解，或努责难出，神疲乏力，气短汗多。

治则：补脾益肺，润肠通便。

方药：润燥汤（人参、甘草、当归等）加肉苁蓉、炒莱菔子等。

(3) 中医适宜技术

①经络保健：自我按摩，顺时针摩腹，点按中脘、天枢、支沟。

②耳穴贴压：取大肠、直肠、三焦、脾，每天每个穴位按压1次，每次3分钟，每两天更换1次。

4. 产后身痛

(1) 诊断要点　产妇在产褥期内，出现肢体或关节酸楚、疼痛、麻木、重着者，称为产后身痛。

(2) 辨证论治

①血虚证

主要证候：产后遍身关节酸楚、疼痛，肢体麻木，面色萎黄，头晕心悸，舌淡苔薄，脉细弱。

治则：养血益气，温经通络。

方药：黄芪桂枝五物汤（黄芪、桂枝、白芍等）。

②风寒证

主要证候：产后肢体关节疼痛，屈伸不利，或痛无定处，或冷痛剧烈，宛如针刺，得热则舒，或关节肿胀、麻木、重着，伴恶寒怕风，舌苔薄白腻，脉细弱。

治则：养血祛风，散寒除湿。

方药：独活寄生汤加减（独活、桑寄生、秦艽等）。

③血瘀证

主要证候：产后身痛，尤见下肢疼痛、麻木、发硬、重着，肿胀明显，屈伸不利，小腿压痛，恶露量少，色紫暗夹血块，小腹疼痛、拒按，舌暗苔白，脉弦涩。

治则：养血活血，化瘀祛湿。

方药：可选用身痛逐瘀汤加减（秦艽、川芎、桃仁等）。

④肾虚证

主要证候：产后腰膝、足跟疼痛，俯仰困难，头晕耳鸣，夜尿多，舌淡暗，脉沉细弦。

治则：补肾养血，强腰壮骨。

方药：养荣壮肾汤加减（当归、川芎、独活等）。

(3) 中医适宜技术

①经络保健穴位注射足三里。

②耳穴贴压取枕、肾上腺、神门、皮质下，每天每个穴位按压1次，每次3分钟，每两天更换1次。

③药浴取艾叶、红花、桂枝、细辛各适量，水煎泡足，每日1次。

④隔姜灸将生姜切成厚约4cm的薄片置于疼痛处，将艾条做成柱状点燃，放在姜片上灸，每日可做2~3次。

⑤拔罐局部行火罐、药罐。

⑥针灸局部行温针灸。

(4) 食疗药膳 羊肾杞子粥、蛇肉胡椒汤。

5. 产后乳汁自出

(1) 诊断要点

产妇乳汁不经婴儿吸吮，自然流出者，称为乳汁自出。

(2) 辨证论治

①气血虚弱

主要证候：乳头未经吮吸，乳汁自然点滴而出，乳质清稀，乳房柔软、无胀痛，产妇精神疲倦，气短，胃纳欠佳，舌淡苔薄，脉细弱。

治则：补气益血，佐以固摄。

方药：补中益气汤（黄芪、人参、甘草等）或十全大补汤（去川芎，加五味子、芡实）等。

②肝经郁热

主要证候：乳汁自出，乳质较稠、量多，乳房胀痛，情志抑郁，烦躁易怒，头晕胁胀，口苦而干，舌质暗红，苔薄黄，脉弦细数。

治则：疏肝解郁，清热敛乳。

方药：可选用丹栀逍遥散加减（牡丹皮、栀子、当归等）。

(3) 中医适宜技术

①经络保健自我按摩少泽、膻中、乳根。

②耳穴贴压取胸、肝、神门、交感，每天每个穴位按压1次，每次3分钟，每两天更换1次。

(4) 食疗药膳 麦芽15g，红糖适量，水煎当茶饮。

6. 产后抑郁

(1) 诊断要点 产妇在分娩后出现情绪低落、精神抑郁为主要症状的病证，是产褥期精神综合征中最常见的一种类型。西医学称之为“产褥期抑郁症”。

(2) 辨证论治

①心脾两虚

主要证候：产后焦虑，抑郁，心神不宁，善悲易哭，情绪低落，失眠多梦，健忘，精神萎靡，伴神疲乏力、面色萎黄、纳少便溏、脘闷腹胀，舌淡苔薄白，脉细弱。

治则：健脾益气，养心安神。

方药：归脾汤或养心汤或茯神散。

②瘀血内阻

主要证候：产后抑郁寡欢，默默不语，失眠多梦，神志恍惚，恶露淋沥日久，色紫暗有块，面色晦暗，苔白，脉弦或涩。

治则：活血逐瘀，镇静安神。

方药：调经散或芎归泻心汤（当归、肉桂、没药等）。

③肝气郁结

主要证候：产后心情抑郁，心神不安，夜不入寐，或噩梦纷纭，惊恐易醒，恶露量或多或少，色紫暗有块，胸闷纳呆，善太息，苔薄，脉弦。

治则：疏肝解郁，镇静安神。

方药：逍遥散加减（柴胡、白术、茯苓等，加茯神、枣仁、山栀等）。

(3) 中医适宜技术

①经络保健背部刮痧，点揉合谷、太冲，用食指或中指点揉每穴各1分钟，手法宜轻，以有酸胀感为宜，每日3次。

②耳穴贴压肝、胆、心、三焦。每天每个穴位按压1次，每次3分钟，每两天更换1次。

(4) 食疗药膳 甘草小麦大枣汤、百合鸡蛋汤。

(5) 其他方面 ①避免精神刺激，协助新生儿护理。②鼓励自我调节，适当锻炼（产后瑜伽或产后保健操）。③采用音乐疗法，每次15分钟，每天2次。

7. 产后脱发

(1) 食疗药膳

①将黑芝麻炒熟、捣碎，加糖拌匀，每天2~3次，每次1~2勺，持续服用1个月。

②养生汤：龙眼肉20g，党参、枸杞子各15g，黑豆20g，瘦猪肉150g。

③首乌粳米粥。

(2) 方药或中成药可选用七宝美髯丹、归脾丸。

(3) 中医适宜技术

①耳穴贴压肾、脾、神门、皮质下、顶、枕。

②头部按摩，激发经气，调和气血。

③五指梳头，叩打百会，按摩三阴交、劳宫。

④外用生姜煎水洗头、姜片擦头。

8. 痔疮

因为妊娠后随着子宫的增大腹压增加，特别是妊娠后期，下腔静脉充血扩张，尤其是分娩时，产妇屏气用力极易发生痔嵌顿。

中医可采用以下几种方法预防：①每日坚持做提肛运动。②注意饮食调理，避免便秘的发生，可以进行食疗。③可选取中药百部、苦参、升麻、马齿苋、侧柏叶、五倍子，每日便后坐浴或熏洗。

9. 产后回乳

(1) 炒麦芽200g，蝉蜕5g，煎汤代茶，每日1帖。

(2) 皮硝120g，捣烂分装两个布袋内，排空乳汁后，敷于乳房上（暴露乳头）并扎紧，待湿了后更换。

(3) 回乳时要注意预防乳痈的发生。

附录2 主要参考书目

1. 李丽琼，初钰华．妇科护理学．第2版．北京：中国医药科技出版社，2011.
2. 魏碧蓉．妇科护理学．北京：人民卫生出版社，2009.
3. 谢幸，苟文丽．妇产科学．第8版．北京：人民卫生出版社，2013.
4. 陈贵廷，杨思澍．实用中西医结合治疗学．北京：中国医药科技出版社，1991.
5. 陈小影．妇产科护理学．西安：第四军医大学出版社，2008.
6. 戴鸿英，简雅娟．母婴护理．北京：高等教育出版社，2013.
7. 简雅娟，杨峥．妇科护理学．北京：人民卫生出版社，2011.
8. 简雅娟．母婴护理学．北京：人民卫生出版社，2014.
9. 蒋莉，杨在华．妇产科护理学．北京：中国医药科技出版社，2013.
10. 乐杰．妇产科学．第7版．北京：人民卫生出版社，2008
11. 李滔，李斌．中医药参与孕产妇系统管理．武汉：武汉大学出版社，2012.
12. 林萍．妇产科护理．第2版．北京：人民卫生出版社，2014.
13. 刘贵香．妇产科护理．第2版．西安：第四军医大学出版社，2011.
14. 刘文娜．妇产科护理．第2版．北京：人民卫生出版，2007.
15. 夏海鸥．妇产科护理学．第2版．北京：人民卫生出版，2006.
16. 夏海鸥．妇产科护理学．第3版．北京：人民卫生出版社，2014.
17. 游坤，胡秀丽．妇产科护理学．北京：中国医药科技出版社，2013.
18. 张欣．妇产科护理．第3版．西安：第四军医大学出版社，2015.
19. 张欣．妇科护理学．北京：科学出版社，2015.
20. 张新宇，田小英．妇产科护理．北京：高等教育出版社，2011.
21. 郑修霞．妇产科护理学．第5版．北京：人民卫生出版社，2012.